Geschichte und Geschehen

Berufliche Gymnasien

Herausgegeben und bearbeitet von:
Dr. Jürgen Kochendörfer

Autoren:
Dr. Jürgen Kochendörfer
Henning Küppers
Christian Schulz
Dr. Silke Seemann
Michael Teske

Ernst Klett Verlag
Stuttgart · Leipzig

1. Auflage

1 9 8 7 6 5 | 15 14 13 12 11

Alle Drucke dieser Auflage sind unverändert und können im Unterricht nebeneinander verwendet werden.
Die letzte Zahl bezeichnet das Jahr des Druckes.

Herausgeber: Dr. Jürgen Kochendörfer, Aichwald
Autoren: Dr. Jürgen Kochendörfer, Aichwald; Henning Küppers, Stuttgart; Christian Schulz, Elchingen; Dr. Silke Seemann, Freiburg; Michael Teske, Stuttgart

Redaktion: Carsten Loth; Dr. Carsten Drecoll, Freiburg
Herstellung: Jeanette Frieberg

Satz: Medienbüro Schaltwarte, Leipzig
Reproduktion: Meyle + Müller, Medien Management, Pforzheim
Kartenbearbeitung: Kartografisches Büro Borleis & Weis, Leipzig; Ingenieurbüro für Kartografie Joachim Zwick, Gießen
Druck: Mohn media Mohndruck GmbH, Gütersloh

Printed in Germany
ISBN 978-3-12-416900-6

9 783124 169006

Inhalt

So arbeiten Sie mit dem Buch

Dieses Buch gliedert sich in vier Themeneinheiten, die wiederum in mehrere Kapitel unterteilt sind. Auftaktdoppelseiten leiten die Themeneinheiten ein.

Jedes Kapitel beginnt mit einem einführenden Text, der das Thema kurz vorstellt, Bezüge zur Gegenwart aufzeigt oder Fragen formuliert. Der anschließende Datenkasten nennt die wichtigsten Ereignisse der Epoche. Glossarstichworte erläutern Fachbegriffe.
Der vom Verfassertext abgetrennte Materialteil umfasst Karten, Schaubilder, Statistiken und verschiedene Gattungen von Text- und Bildquellen.

Auf den Werkstattseiten können Sie das selbstständige Erschließen von historisch-politischen Materialien einüben. Methodische Arbeitsschritte erklären den Umgang mit der jeweils vorgestellten Materialgattung. Manche Werkstattseiten geben Ihnen Tipps für die Vorbereitung der Präsentationsprüfung.

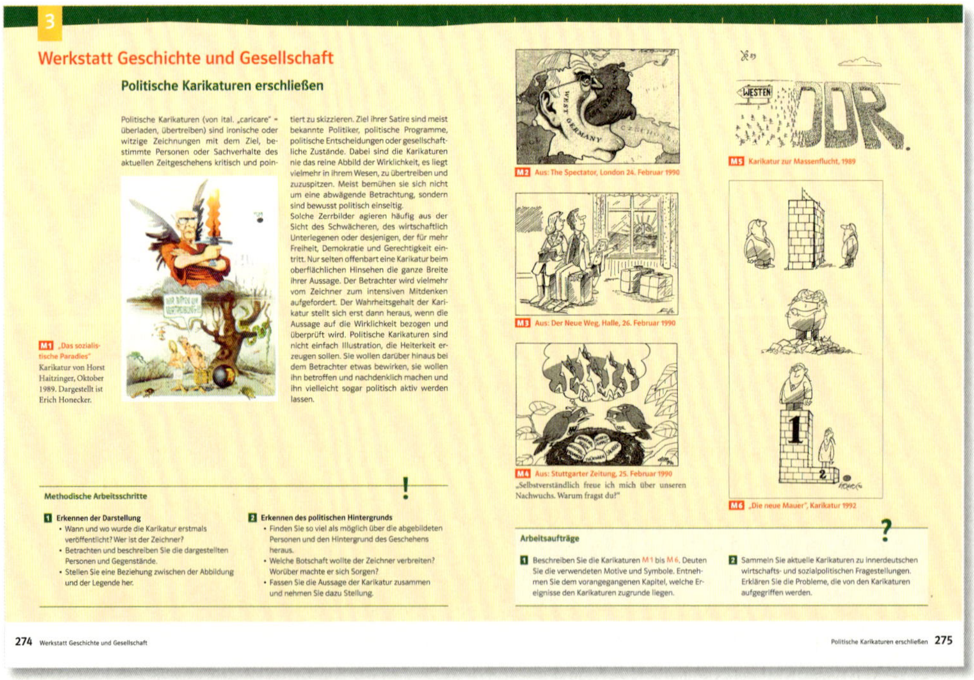

ONLINE-Link
416900-0002

Auf den Auftaktdoppelseiten finden Sie jeweils Hinweise auf einen ONLINE-Link. Mit Hilfe dieser Links gelangen Sie zu zusätzlichen, kapitelbezogenen Informationen im Internet. Einfach auf **www.klett.de/online** gehen und in das ONLINE-Link-Feld die angegebene Nummer eingeben.

Arbeitsaufträge bearbeiten

Die Arbeitsaufträge am Ende der Kapitel werden von so genannten **Operatoren** eingeleitet. Diese **Operatoren** stellen bestimmte Anforderungen, wie Sie die betreffende Aufgabe bearbeiten sollen. Dabei wird zwischen drei verschiedenen Anforderungsstufen unterschieden, die auch im Abitur verwendet werden. In der folgenden Liste finden Sie eine Übersicht über die wichtigsten **Operatoren**:

Arbeitsaufträge ?

1. Beschreiben Sie Ursachen und Verlauf der Weltwirtschaftskrise in den USA und in Deutschland (VT).
2. Veranschaulichen Sie die Daten von M 9 in einem Säulendiagramm. Stellen Sie einen Zusammenhang zwischen der Veränderung öffentlicher Investitionen (M 8) und der Arbeitslosigkeit her.
3. Erörtern Sie Wege und Ziele der Brüningschen Deflationspolitik (VT, M 10). Kennzeichnen Sie die Reaktion der Sozialdemokraten auf diese Politik (M 10, M 11)
4. Vergleichen Sie Ursachen und Verlauf der Weltwirtschaftskrise 1929 mit der 2008 ausgebrochenen internationalen Finanzkrise. Benennen Sie Gemeinsamkeiten und Unterschiede.
5. Stellen Sie Gründe für den Aufstieg der NSDAP in der Endphase der Weimarer Republik zusammen (VT, M 5, M 7).
6. Nennen Sie die Argumente, mit denen Unternehmer in M 12 die Kanzlerschaft Hitlers fordern.
7. Welche Parteien tragen gemäß der Collage (M 3) im Jahr 1932 wohl Regierungsverantwortung? Was hat es mit der Zahl 48 auf sich?
8. Zeichnen Sie mithilfe von M 16 ein Diagramm, in dem zu den Reichstagswahlen vom Mai 1928 bis zum November 1932 jeweils in einer Säule die Stimmanteile der demokratischen Parteien (SPD, Zentrum, DDP bzw. DSP), in einer zweiten Säule die Anteile der NSDAP, in einer dritten Säule die der KPD und in einer vierten Säule die Anteile der konservativ-autoritär-monarchistischen Parteien (DNVP, DVP) aufgezeigt werden. Vergleichen Sie die Ergebnisse.
9. Stellen Sie die in M 14 und M 15 genannten Ursachen für das Scheitern der Weimarer Republik einander gegenüber. Beziehen Sie Stellung: Welcher Position würden Sie sich anschließen?
10. Erläutern Sie die häufig aufgestellte These, Weimar sei eine „Republik ohne Republikaner" gewesen.

A Wiederholen des Gelernten:

- Nennen, Aufzählen: Zielgerichtet Informationen zusammentragen, ohne diese zu kommentieren.
- Schildern, Skizzieren: Sachverhalte, Probleme oder Aussagen erkennen und zutreffend formulieren.
- Zusammenfassen, Wiedergeben: Sachverhalte unter Beibehaltung des Sinns auf Wesentliches reduzieren.
- Beschreiben: Wesentliche Informationen zusammenhängend und schlüssig wiedergeben.
- Charakterisieren: Sachverhalte mit ihren typischen Merkmalen beschreiben und diese dann unter einem bestimmten Gesichtspunkt zusammenfassen.

B Das neu Gelernte mit bereits vorhandenem Wissen in einen Zusammenhang bringen:

- Analysieren: Materialien oder Sachverhalte systematisch untersuchen und auswerten.
- Begründen, Nachweisen: Aussagen durch Argumente stützen, die auf anderen Belegen gründen.
- Erklären: Sachverhalte durch eigenes Wissen und eigene Einsichten in einen Zusammenhang einordnen und begründen.
- Erläutern: Wie „erklären", aber durch zusätzliche Informationen und Beispiele verdeutlichen.
- Vergleichen: Sachverhalte problembezogen gegenüberstellen, um Gemeinsamkeiten, Unterschiede, Ähnlichkeiten oder Gegensätze zu beurteilen.
- Erstellen: Sachverhalte inhaltlich und methodisch angemessen graphisch darstellen.

C Das Gelernte beurteilen und bewerten:

- Interpretieren: Sinnzusammenhänge aus Quellen erschließen und eine begründete Stellungnahme dazu abgeben.
- Beurteilen: Aussagen, Behauptungen oder Vorschläge im Zusammenhang auf ihre Stichhaltigkeit bzw. Angemessenheit prüfen und die dabei angewandten Kriterien nennen.
- Bewerten: Aussagen, Behauptungen oder Vorschläge beurteilen, persönlich Stellung nehmen und dabei die eigenen Wertmaßstäbe darlegen.
- Diskutieren: Zu einer historischen oder politischen Problemstellung eine Argumentation entwickeln, die zu einer begründeten Bewertung führt.
- Prüfen, Überprüfen: Aussagen an historischen Sachverhalten auf ihre Angemessenheit hin untersuchen.
- Erörtern: Eine Problemstellung durch mehrere Für- und Wider- bzw. Sowohl-als-Auch-Argumente auf ihre Sinnhaftigkeit hin abwägen.

Partizipation – Teilhabe an der Herrschaft

M1 Reichstagsgebäude in Berlin
Der 1894 fertiggestellte Bau wurde durch den Reichstagsbrand 1933 und später im Krieg zerstört. Bei der gründlichen Restaurierung nach 1990 wurde auch die Kuppel errichtet.

Der Deutsche Bundestag ist der Mittelpunkt unserer Demokratie. „Dem Deutschen Volke" steht über dem Westportal des Reichstagsgebäudes. Wer hier als Volksvertreter tätig ist, wurde von den Bürgerinnen und Bürgern der Bundesrepublik gewählt.
Bei jeder Bundestagswahl bestimmt die Bevölkerung erneut, wer ihre Interessen vertritt. Das Volk – der Souverän – gibt dabei seine Macht auf Zeit an das Parlament ab. „Alle Staatsgewalt geht vom Volke aus", heißt es dazu in Art. 20 Abs. 2 des Grundgesetzes. Damit ist der Bundestag das höchste Verfassungsorgan Deutschlands. Seine Arbeit bedarf in vielen Fällen der Zustimmung des Bundesrates und seine Gesetzgebung kann von den Verfassungsrichtern überprüft werden.
Auch Parteien, Verbände und Bürgerinitiativen beobachten das Wirken der Abgeordneten kritisch und versuchen, darauf Einfluss zu nehmen. Die oft als „vierte Gewalt" bezeichneten Medien vermitteln die Arbeit der Parlamentarier der Öffentlichkeit. Dass Journalisten ungehindert arbeiten und berichten können, gehört zu den unverzichtbaren Voraussetzungen eines demokratischen Rechtsstaates.

ONLINE-Link
416900-0001

Ein Staat mit einer demokratischen Ordnung ist kein von der Gesellschaft abgehobener „Obrigkeitsstaat". Es ist vielmehr ein entscheidendes Kennzeichen der Demokratie, dass die gesamte Gesellschaft am Prozess der politischen Meinungsbildung und Entscheidung teilhat.
In den folgenden Kapiteln soll untersucht werden, welche Möglichkeiten jeder Einzelne hat, um an der politischen Herrschaft in einer Demokratie zu partizipieren, also aktiv an der Gestaltung des Gemeinwesens mitzuwirken.

M2 Kritiker des umstrittenen Bahnprojekts Stuttgart 21 übergeben Unterschriftenlisten
Bürgerinitiativen trugen 67 000 Unterschriften für einen Bürgerentscheid zusammen und überreichten diese dem Stuttgarter Bürgermeister Schairer, Foto 2007.

M3 Attac-Demonstrantin wirbt für Frieden
Das Foto entstand auf einer Protestkundgebung im Rahmen des G 8-Gipfeltreffens 2007 in Deutschland.

Werkstatt Geschichte und Gesellschaft

Demokratie erfahren – eine Pro-Contra-Diskussion führen

Demokratie lebt von Toleranz
Demokratie ist eine Lebens- und Staatsform, die von der Gleichheit und Freiheit der Bürgerinnen und Bürger ausgeht und die durch das Volk ausgeübt wird. Demokratische Entscheidungsprozesse finden nicht nur auf staatlicher Ebene statt, sondern auch im Freundeskreis, in der Familie, der Schule, in Vereinen oder am Arbeitsplatz. Zu den Kennzeichen demokratischer Prozesse gehören das Treffen von Mehrheitsentscheidungen sowie die Möglichkeit, dass die Minderheit unbehindert zu Wort kommen kann. Die Mehrheit muss gegenüber abweichenden Meinungen Toleranz zeigen und auch die Interessen der Minderheit berücksichtigen.
In einer Erklärung der UNESCO, einer Organisation der Vereinten Nationen für Bildung und Wissenschaft, werden die Grenzen der Toleranz so definiert: „Toleranz ist nicht gleichbedeutend mit Nachgeben, Herablassung oder Nachsicht. Toleranz ist vor allem eine aktive Einstellung, die sich stützt auf die Anerkennung der allgemeingültigen Menschenrechte und Grundfreiheiten anderer. Keinesfalls darf sie dazu missbraucht werden, irgendwelche Einschränkungen dieser Grundwerte zu rechtfertigen."
Bei demokratischen Mehrheitsentscheidungen in Staat und Gesellschaft stehen die Entscheidungsträger manchmal vor einem Dilemma, kann es doch vorkommen, dass keine der denkbaren Wahlmöglichkeiten zu einem befriedigenden Ergebnis führt.

Führen Sie eine Pro-Contra-Diskussion
Simulieren Sie in Gruppenarbeit den demokratischen Entscheidungsprozess in Form einer Pro-Contra-Diskussion.
Erarbeiten Sie in Gruppen jeweils das Für und Wider von zu treffenden Entscheidungen. Sammeln Sie die Pro- und die Contra-Argumente an Pinnwänden. Wägen Sie die Argumente gegeneinander ab und treffen Sie nach einer Diskussion innerhalb Ihrer Gruppe eine Entscheidung. Je eine Schülerin/ein Schüler Ihrer Gruppe vertritt später im Plenum (vor der Klasse) die Pro-, ein anderer die Contra-Argumente. Ein drittes Gruppenmitglied begründet Ihre in der Gruppe mehrheitlich getroffene Entscheidung.

Methodische Arbeitsschritte

1 Themenwahl
- Suchen Sie sich ein Thema aus den nebenstehenden Beispielen aus, an dem Sie mitarbeiten möchten.
- Bilden Sie so die Arbeitsgruppen.

2 Arbeit in den Gruppen
- Wählen Sie in jeder Arbeitsgruppe einen Diskussionsleiter.
- Bilden Sie innerhalb jeder Gruppe zwei Parteien, die entgegengesetzte Meinungen vertreten.
- Sammeln Sie Argumente für Ihre jeweilige Position und heften Sie die Ergebnisse an eine Pinnwand.
- Diskutieren Sie über Ihre Argumente und stellen Sie sich gegenseitig Fragen. Am Ende der Diskussion stimmen Sie in der Gruppe darüber ab, welche Position am besten begründbar ist.

3 Vorstellung im Plenum
- Jeweils ein Mitglied der Pro- und eines der Contra-Gruppe trägt seine Position dem Plenum, also der Klasse, vor. Ein weiteres Gruppenmitglied begründet die Entscheidung der Gruppe für eine der beiden Positionen.

Gruppe 1: „Rauchen ist out" – auch an Schulen?
In Baden-Württemberg gibt es seit 2007 ein Nichtrauchergesetz, das Rauchen an Schulen verbietet. Eine Ausnahme gilt für Berufliche Schulen und Gymnasien. Dort dürfen weiterhin Raucherecken für volljährige Schüler eingerichtet werden. Diskutieren Sie das Für und Wider einer überdachten Raucherzone auf Ihrem Schulhof. Treffen Sie eine Entscheidung, die Sie für demokratisch halten.

Gruppe 2: Soll ein Streetball-Platz in einem Wohngebiet geschlossen werden?
Der Gemeinderat will einen Streetball-Platz endgültig schließen. Obwohl es für die Jugendlichen am Ort kaum andere Möglichkeiten gibt, Sport zu treiben, sehen die Gemeinderäte keine andere Wahl. Die Lärmbelästigung in den Abendstunden und an Sonntagen ist enorm. Außerdem kommt es auf dem Streetball-Platz immer wieder zu nächtlichen Trinkgelagen. Diskutieren Sie das Für und Wider der Schließung. Erörtern Sie Alternativen.

Gruppe 3: Wählen bereits mit 16?
In mehreren Bundesländern, darunter in Nordrhein-Westfalen, können Jugendliche schon mit 16 Jahren an Kommunalwahlen teilnehmen. Wie denken Sie über eine Senkung des aktiven Wahlalters auch in Baden-Württemberg? Sollen 16-Jährige auch an Bundestags- und Landtagswahlen teilnehmen können? Diskutieren Sie das Für und Wider und begründen Sie Ihre Entscheidung.

Gruppe 4: Sollen Abgeordnete an gegebene Versprechen gebunden sein?
Nach der Bundestagswahl hat die gewählte Regierungspartei eine Senkung der Einkommenssteuer abgelehnt, obwohl sie sich vor der Wahl klar dafür ausgesprochen hat. Soll der Bundespräsident in diesem und ähnlichen Fällen das Recht bekommen, Neuwahlen anzuordnen? Wägen Sie das Pro und Contra einer solchen Verfassungsänderung ab und begründen Sie Ihre Entscheidung.

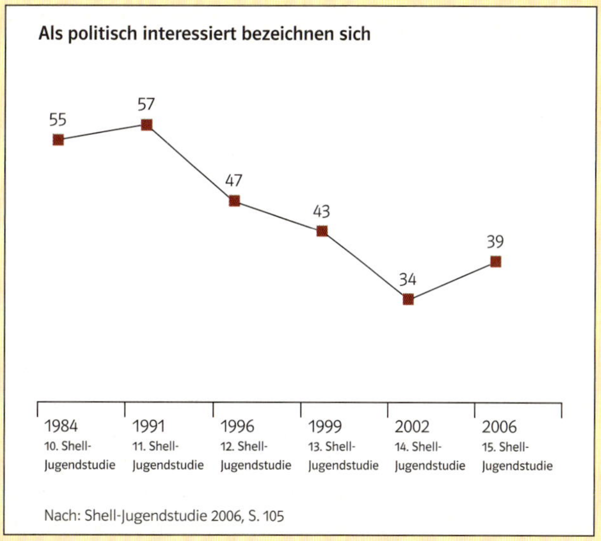

M1 Jugendliche mit politischem Interesse
Befragt wurden Jugendliche im Alter zwischen 15 und 24 Jahren, Angaben in Prozent.

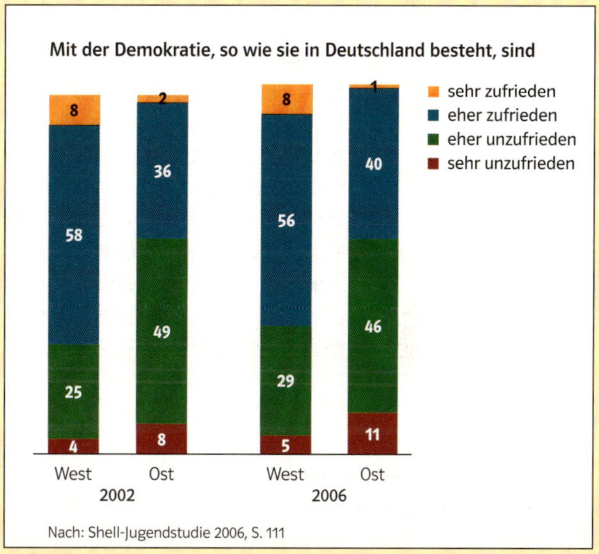

M2 Zufriedenheit mit der Demokratie in Deutschland
Vergleich der beiden Shell-Jugendstudien 2002 und 2006. Befragt wurden jeweils Jugendliche zwischen 15 und 25 Jahren.

Arbeitsaufträge

1 Beschreiben Sie die Schaubilder M1 und M2. Suchen Sie Gründe für das geringe Interesse vieler Jugendlicher am politischen Geschehen und für ihre Zweifel an der demokratischen Staatsform.

2 Der Philosoph Karls Jaspers (1883 – 1969) meinte: „Gleichgültigkeit ist die mildeste Form der Intoleranz." Was wollte er damit ausdrücken?

1 Die politische Willensbildung

1.1 Wer macht eigentlich Politik?

M1 Abgeordnete im Plenarsaal des Deutschen Bundestages

Deutschland ist eine parlamentarische Demokratie. Nach Art. 20 Abs. 2 des Grundgesetzes wird die Staatsgewalt vom Volk in Wahlen und Abstimmungen ausgeübt. Die vom Volk gewählten Abgeordneten des Deutschen Bundestages sind gemäß Art. 38 GG „an Aufträge und Weisungen nicht gebunden und nur ihrem Gewissen unterworfen". Trotzdem sind sie vielerlei Einflüssen ausgesetzt, sei es durch Verbände, Medien, Parteien, Kirchen oder Bürgerinitiativen. Die einzelnen Bürger haben somit vielerlei Möglichkeiten der politischen Partizipation.

Wahlen – Ausdruck der Partizipation

1989/90 waren die Menschen westlich der damaligen deutsch-deutschen Grenze Augenzeugen eines Vorganges von nachhaltiger politischer Tragweite: Bürgerinnen und Bürger in der ehemaligen DDR verlangten mit dem Ruf „Wir sind das Volk", selbst Politik machen zu dürfen. Gemeint waren vor allem freie Wahlen. In Demokratien ist es tatsächlich zuallererst das Volk, das Politik macht. Es wählt auf verschiedenen Ebenen – von der Gemeinde bis zum Bundestag – diejenigen aus, die in seinem Namen und in seinem Interesse politisch tätig werden sollen. Nach den Wahlen tritt das Volk, so erscheint es auf den ersten Blick, als Entscheidungsträger wieder ab. Das ist aber keineswegs so. Die politisch Handelnden sind vielen Einflüssen ausgesetzt und der einzelne Bürger hat durchaus Mitwirkungsmöglichkeiten auf politische Entscheidungsprozesse.

Gemeinsamkeit macht stark

Am deutlichsten sind die Mitwirkungsmöglichkeiten in der Kommunalpolitik. Es gibt dort viele Probleme, die von Verwaltungen und Gemeinderäten nicht immer rechtzeitig erkannt und gelöst werden können. In solchen Fällen treten häufig engagierte Gruppen von Bürgern in Aktion. Sie schließen sich freiwillig zusammen und werden aktiv, um sich gegen etwas zu

---

Partizipation (von lat. particeps = teilhabend): Man versteht darunter das Einbezogensein von Personen in sie betreffende Entscheidungen. Demokratische Willensbildungsprozesse wie Wahlen oder Abstimmungen sollen durch die unmittelbare Einflussnahme der Betroffenen auf den Entscheidungsprozess ergänzt werden. Dies geschieht etwa durch die Mitbestimmung in Betrieben, Unternehmen oder Schulen. Partizipation kann auch durch Einspruchsrechte wahrgenommen werden, wie Demonstrationen, Blockaden oder Streiks.

---

wehren oder sich gemeinsam für etwas einzusetzen.
Nehmen wir an, Sie leben in einer kleinen Gemeinde ohne ausreichende Freizeitangebote für Jugendliche. Sie wollen, dass dort ein Mountainbike-Übungsgelände errichtet wird und sind auch bereit, bei den Geländearbeiten für eine MTB/BMX-Strecke mitzuhelfen sowie während der Öffnungszeiten der Sportanlage zeitweise die Aufsicht zu übernehmen. Wie gehen Sie vor? Sie suchen andere Jugendliche, die mit Ihnen zusammen aktiv werden und überlegen, wem Sie Ihre Pläne vortragen können. Reden Sie mit dem Bürgermeister, Mitgliedern des Gemeinderats oder auch Vorständen von Vereinen. Möglicherweise gibt es in Ihrer Gemeinde sogar einen Jugendgemeinderat, der sich Ihres Anliegens annimmt. Vielleicht ist die Gemeinde oder ein Sportverein bereit, Träger der Einrichtung zu werden. Wenn Sie Erfolg haben wollen, braucht Ihr Vorhaben Sympathien in der Bevölkerung. Vermutlich müssen Sie auch Erwachsene finden, die Sie beraten und bei der Durchführung unterstützen.

Wie machen Bürger auf ihre Ziele aufmerksam?

Aber auch außerhalb des kommunalen Rahmens können Gruppen von Bürgern etwas bewegen. Als 2007 rund 100 baden-württembergische Schulleiter in einem „Offenen Brief" an den Kultusminister die Abschaffung der Hauptschulen forderten, erregte die Initiative großes öffentliches Interesse. Die Medien berichteten ausführlich über die Initiative. Auf einer Internet-Homepage erklärten die Hauptschul-Rektoren, dass sie sich eine Zusammenlegung von Haupt- und Realschulen oder auch ein Schulsystem vorstellen könnten, das bis zur Klasse 10 von allen Schülern gemeinsam genutzt wird.
Der Druck auf die Regierung, Änderungen am Schulsystem vorzunehmen, wächst seitdem.

M2 MTB/BMX-Strecke in der Nähe von Esslingen
Sie wurde vorwiegend von Jugendlichen geplant und errichtet.

Die Schulleiter setzten ihren Protest fort – in Diskussionsforen und in Form von öffentlichen Aktionen und Demonstrationen.
Probleme den politisch Tätigen zu signalisieren, ist eine legitime Aufgabe von Bürgerinnen und Bürgern. Dabei gilt es, den Weg an die Öffentlichkeit zu suchen, sei es über Info-Stände, Handzettel, Demonstrationen oder über das Internet. Wer etwas bewegen will, kann dies auch mit Hilfe von Organisationen tun, die über geeignete Machtmittel verfügen. Denn für politische Entscheidungen sind nicht allein Regierungsmitglieder, Abgeordnete oder Parteiführer verantwortlich. Auf politische Entscheidungen versuchen auch konkurrierende gesellschaftliche Gruppen Einfluss zu nehmen, seien es Bürgerinitiativen, Interessenverbände, Kirchen oder Medien. Die Aufgabe der Politiker ist es schließlich, Kompromisse zu finden.

Arbeitsaufträge ?

1 Berichten Sie Ihren Mitschülern, in welchen Vereinen oder Verbänden Sie tätig sind. Schildern Sie, in welcher Form dort versucht wird, Einfluss auf politische Entscheidungsträger zu nehmen.

2 Erörtern Sie, welche Interessenvertreter wohl auf die Abgeordneten mit unterschiedlichen Zielen einwirken, wenn es um die häufig diskutierte Frage einer Geschwindigkeitsbeschränkung auf Autobahnen geht.

1.2 Bürgerinitiativen und politisch-soziale Bewegungen

M1 Bürger wehren sich gegen die neue Startbahn in Stuttgart
Karikatur von Friederike Groß, 2007

Der Stuttgarter Flughafen liegt inmitten eines dichtbesiedelten Ballungsraums. Versuche der Flughafenbetreiber, zu denen auch das Land Baden-Württemberg gehört, eine zweite Start- und Landebahn zu bauen, stießen auf den erbitterten Widerstand von Bürgern der Umlandgemeinden. Sie gründeten Bürgerinitiativen und setzten sich zur Wehr. Die Landesregierung beugte sich 2008 den Protesten und verzichtete auf die Flughafenerweiterung.
Bürgerinitiativen sind in der Regel spontane, zeitlich begrenzte und lockere Zusammenschlüsse von Bürgerinnen und Bürgern. Ihre Ursprünge liegen einige Jahrzehnte zurück.

Rückblick: Studentenproteste

Mit der Studentenbewegung Ende der 1960er-Jahre erlebte die Bundesrepublik einen Höhepunkt bürgerschaftlichen Engagements und Protests (vgl. S. 259 f.). Immer mehr vor allem junge Menschen waren nicht mehr bereit, Entscheidungen von Politikern oder althergebrachte Zustände hinzunehmen. Ihrer Auffassung nach gab es an den gesellschaftlichen und politischen Verhältnissen vieles zu reformieren. So entzündete sich die Kritik vieler Studenten an den nicht mehr als zeitgemäß betrachteten hierarchischen und autoritären Strukturen an den Hochschulen. Ihr Protest dehnte sich bald zu einer antiautoritären Bewegung aus, die heute von Politikwissenschaftlern auch als „partizipatorische Revolution" bezeichnet wird. Ziel war die Einmischung „von unten" in den parlamentarischen Entscheidungsprozess. Mit frechen Aktionen provozierten die jungen Leute medienwirksam die satte und selbstzufriedene „etablierte Gesellschaft", obwohl sie selbst meist aus eben diesen wohlsituierten Familien stammten.
Ein wesentlicher Grund für das Aufbegehren gegen die etablierte Wertewelt lag auch in der mangelhaften Auseinandersetzung der Eltern-Generation mit den Verbrechen des Nationalsozialismus. Die in den 1960er-Jahren stattfindenden Prozesse gegen NS-Verbrecher ließen bei vielen Jugendlichen die Frage nach dem Verhalten ihrer Eltern in der von vielen totgeschwiegenen NS-Zeit aufkommen – ein Konflikt zwischen den Generationen entstand.
Aber auch aktuelle politische Gegebenheiten wurden kritisiert, etwa die Bildung einer „Großen Koalition" zwischen CDU/CSU und SPD im Jahr 1966. Damit war eine Art „Superregierung" entstanden – fast ohne Opposition. Diese verabschiedete mit der notwendigen Zweidrittelmehrheit die Notstandsgesetze, die für bestimmte Krisensituationen die Einschränkung der Grundrechte vorsahen (vgl. S. 54).

APO

Die Studentenbewegung verstand sich bald als „APO" – als Außerparlamentarische Opposition gegen die etablierte Politik. Aus der Kritik entstanden neue Protestformen, provokative „Happenings" oder „sit-ins", also die weitgehend gewaltlose Besetzung von Räumen oder Gebäuden. In Deutschland wurden die Demonstrationen gegen die Notstandsgesetze und gegen den damals eskalierenden Vietnamkrieg immer heftiger. Es kam zu Straßenschlachten zwischen Demonstranten und der Polizei. Erst mit dem Ende der „Großen Koalition" 1969 ebbten die Studentenproteste ab.

Bürgerinitiativen gegen Kernkraft

Auch nach den 1960er-Jahren gab es Großdemonstrationen – freilich mit anderen Zielsetzungen. Tausende badische und elsässische Bürger gingen 1975 auf die Straße. Sie trugen Buttons und Plakate mit der Aufschrift „Atomkraft? Nein Danke!". Die Demonstranten wollten verhindern, dass in der kleinen Gemeinde Wyhl am Kaiserstuhl ein Kernkraftwerk gebaut wird. Winzer sahen das günstige Weinklima durch die Nebelschwaden aus den Kühltürmen in Gefahr. Die meisten Demonstranten befürchteten eine radioaktive Verseuchung der Umwelt. Binnen vier Wochen meldeten acht Gemeinden, 50 Vereinigungen und 90 000 Bürger Einspruch beim Verwaltungsgericht an. Im Februar 1975 setzten sich 30 000 Menschen in Richtung Bauplatz in Marsch. Für eineinhalb Jahre besetzten die Atomkraftgegner das Gelände – mit Erfolg. Der Reaktor wurde nie errichtet.
In Wyhl war es noch ziemlich ruhig zugegangen – aber im kleinen Dorf Brokdorf in Schleswig-Holstein eskalierte Anfang 1981 die Lage und es spielten sich bürgerkriegsähnliche Szenen ab. Mehr als 100 000 Menschen demonstrierten auf dem Bauplatz gegen den Bau eines Kernkraftwerks. Militante Kernkraftgegner lieferten sich Schlachten mit der Polizei, die Gummiknüppel, Schlagstöcke, „chemische Keulen" und Wasserwerfer einsetzte. Gewalttätige Demonstranten gingen mit Knüppeln und Spaten auf die Polizisten los. Das Gelände konnte letztlich geräumt werden. Der Ort, an dem das Kernkraftwerk 1986 seinen Betrieb aufnahm, gleicht seither einer Festung.

Politisch-soziale Bewegungen

Seit Mitte der 1970er-Jahre begann die Zeit der „Bürgerinitiativen". Diese in der Regel spontanen, parteiunabhängigen, zeitlich begrenzten und lockeren Zusammenschlüsse von Bürgerinnen und Bürgern wirken direkt vor Ort und widmen sich konkreten Fragen wie Ortsumgehungen, Mülldeponien, mehr Kindergärten oder Spielplätzen. Sie kämpfen gegen Lärm- und Abgasbelästigung oder gegen Mobilfunkantennen. Sie versuchen – etwa durch Flugblattaktionen, Infostände, Leserbriefe – andere Bürger aufzuklären und ihre Unterstützung zu gewinnen, um auf diese Weise öffentlichen Druck auf die Entscheidungsträger auszuüben.

M2 Protest von Greenpeace
Aktivisten der Umweltschutzorganisation stellten im Jahr 2003 auf der Wiese vor dem Reichstag 200 Maiskolben mit Halloween-Fratzen auf. Ihr Protest richtete sich gegen die unkontrollierte Ausbreitung genmanipulierter Pflanzen.

Waren es zunächst ganz konkrete Anliegen und häufig die unmittelbaren Eigeninteressen, die die Bürger aufbrachten, so entstanden bald überregional tätige politisch-soziale Bewegungen. Während sich die lokal begrenzten Bürgerinitiativen meist wieder auflösten, wenn ihr Ziel erreicht war, verfolgten die neuen sozialen Bewegungen langfristige Ziele. Sie wollten grundlegende wirtschaftliche, gesellschaftliche, vor allem aber ökologische Veränderungen bewirken.

Umwelt- und Friedensbewegung

Großen Zulauf verzeichneten seit 1980 auch internationale Organisationen wie Greenpeace oder Robin Wood, die mit spektakulären Aktionen auf die fortschreitende Umweltzerstörung aufmerksam machten. Auch die Friedensbewegung gehörte zu den neuen sozialen Gruppierungen. Viele Bürgerinnen und Bürger sahen im Wettrüsten eine Gefährdung des Friedens. Auslöser war vor allem der NATO-Doppelbeschluss (vgl. S. 209) zur Stationierung neuer Mittelstreckenraketen in Westeuropa 1979.
Dieser breite Strom der „politisch-sozialen Bewegungen" führte zur Gründung der Partei der „Grünen". Sie bezeichnete sich als ökologisch, sozial, basisdemokratisch und gewaltfrei. Bald gelang den Grünen der Einzug in mehrere Landtage. Im Jahr 1993 folgte der Einzug der grünen Abgeordneten in den Bundestag. Mit Sonnenblumen auf den Fraktionstischen, mit betont lässiger Kleidung – Turnschuhen und selbstgestrickten Pullovern –, mit dem Fahrrad statt dem Dienstwagen demonstrierten sie den Wandel. Mit der Zeit passten sie sich zunehmend an und entwickelten sich zu einem festen Bestandteil der Parteienlandschaft.

M3 Mögliche Vorgehensweise von Bürgerinitiativen

Phase 1: Einzelne Bürger empfinden bestehende Verhältnisse als misslich oder wollen die Verwirklichung öffentlicher Planungen verhindern.

Phase 2: Die Bürger betreiben Öffentlichkeitsarbeit: Flugblätter, Zeitungsanzeigen, Artikel in der Lokalzeitung.

Phase 3: Briefe an Verwaltung, Gemeinderat, Fraktionen und Parteien

Phase 4: Gründung einer Bürgerinitiative (Schaffung eines organisatorischen Rahmens, Wahlen, Satzungen), verstärkte Öffentlichkeitsarbeit, Gewinnung von Mitstreitern, Einschaltung von Experten (Gutachten)

Phase 5: Parteien schalten sich ein: größere Publizität, Presseerklärungen, Anfragen an die Verwaltung

Phase 6: Verwaltung und Mehrheitsfraktion(en) suchen nach Kompromissmöglichkeiten.

Phase 7: Eine der Kompromisslösungen kann an die Stelle der ursprünglichen Planungskonzeption treten. Die Bürgerinitiative muss sich entscheiden, ob sie sich zufrieden geben und sich auflösen oder aber sich anderen Themen zuwenden will.

Nach: Paul Ackermann: Bürgerhandbuch. Hg. von der Bundeszentrale für politische Bildung. Bonn 2005, S. 150 (Original: Wochenschau-Verlag 2002).

M4 Neue Friedensbewegung?

Millionen demonstrierten in aller Welt gegen den Irak-Krieg, als hätte es die Protestflaute der 1990er-Jahre nie gegeben. Der „Tagesspiegel" schreibt 2003 über die neue Protestbewegung:

Bei den Worten „Neue soziale Bewegung" bekommen die Augen vieler Alt-Linker einen wehmütigen Glanz. Studentenbewegung, Umweltbewegung, Friedensbewegung. Ihre große Zeit waren die 70er- und 80er-Jahre. Dann ging der Kalte Krieg zu Ende. Kaum jemand hatte noch Lust auf Demos zu gehen oder Nistplätze für den Turmfalken zu retten. Sieht man einmal von den Demonstrationen beim Golfkrieg 1991 ab, ostermarschierten die Reste der Friedensbewegung zeitweilig unterhalb der medialen Wahrnehmungsschwelle.

Bis zum 15. Februar: Eine halbe Millionen Menschen protestieren in Berlin gegen den Irak-Krieg. Es sind so viele wie vor mehr als 20 Jahren bei der Bonner Hofgarten-Demonstration gegen die Nachrüstung. In nahezu jeder Stadt gibt es seit Wochen Montagsdemonstrationen, Friedensgebete, Mahnwachen, Schweigemärsche oder Lichterketten – die längste vor zwei Tagen in Berlin. Was ist passiert? Ist sie wiederauferstanden, die tot geglaubte Friedensbewegung? Ist es vielleicht eine ganz neue Antikriegsbewegung, womöglich kraftvoller und überzeugender als die alten Make-love-not-war-Totalverweigerer? Oder gehen die Hunderttausende nur gegen diesen speziellen Krieg auf die Straße, und danach ist wieder Ruhe? […]

Die Forscher tappen noch weitgehend im Dunkeln. Eine soziale Bewegung lässt sich zwar theoretisch beschreiben – klassische Merkmale sind der Protest, ein kollektives „Wir-Gefühl", eine lose Vernetzung und eine gewisse Kontinuität, aber über ihr komplexes Innenleben gibt es kaum aussagefähige Studien. Bewegungen erscheinen von außen wie eine „amorphe Masse", sagt [der „Bewegungsforscher" am Wissenschaftszentrum Berlin Dieter] Rucht. […]

Der Charakter von Bewegungen habe sich verändert – sie seien weniger an soziale Milieus gebunden, bündnisfähiger und thematisch flexibler als früher. Wenn Polizisten, Zahnärzte oder Lehrer demonstrieren, übernähmen sie quasi das Politikmodell der sozialen Bewegung. Rucht hat schon mal darüber nachgedacht, ob wir uns auf dem Weg in eine „Bewegungsgesellschaft" befinden. Der Bundesregierung hat er gerade ein Gutachten geschrieben – Kernaussage: Das „Protestvolumen" nimmt seit 1950 kontinuierlich zu.

Wie also steht es um den lieben Frieden? Er steht weiterhin links, aber er ist nicht mehr so marxistisch-dogmatisch unterwandert wie früher. Wer gegen den Krieg ist, muss sich nicht mehr schämen, dass er sonst recht zufrieden ist. Für den Frieden wird friedlicher gestritten, wenn auch nicht mehr so bewegt. Man hat halt noch anderes zu tun im Leben.

Thomas Lay. In: Der Tagesspiegel, 17. März 2003.

M5 „Wir sind das Volk. Wofür noch Parteien?"

Über Proteste in den neuen Bundesländern gegen die „Hartz IV-Gesetze" schreibt ein Zeitungskommentar im Jahr 2004:

Die neuen Montagsdemonstrationen zeigen, dass ostdeutsche Bürger sich von ihren gewählten Vertretern nicht mehr repräsentiert fühlen. Die Heftigkeit der Proteste gegen das Reformprogramm Hartz IV in Ostdeutschland hat die politische Elite überrascht. Für Brandenburgs Ministerpräsidenten Matthias Platzeck manifestiert sich in den neuen Montagsdemonstrationen sogar eine „gravierende" Erosion in der Unterstützung der Demokratie. Doch welche Motive und Ziele bewegen die Demonstranten?

In den Protestkundgebungen von Rostock bis Erfurt spielt die soziale Gerechtigkeit eine herausragende Rolle. Immer wieder betonen die Redner, dass die Sozialreformen der rot-grünen Bundesregierung massiv gegen die Leitnorm sozialer Gerechtigkeit verstoßen. Hinter diesem Einspruch verbirgt sich die über lange Zeiten hinweg erlernte und eingeübte Vorstellung, Gerechtigkeit als soziale Gleichheit oder soziale Gleichverteilung zu begreifen. Die Aufgabe staatlicher Politik wird darin gesehen, ein hohes Maß an Gleichverteilung zu garantieren – ob bei Chancengleichheit, Einkommensgleichheit oder dem gleichen Zugang zum Arbeitsmarkt. Mag man privat auch bereit sein, Ungleichheiten und differenzierte Leistungsgerechtigkeit bis zu einem gewissen Grade zu akzeptieren, so beharrt man in den öffentlichen Äußerungen doch auf der Norm sozialer Gleichverteilung. Verstöße gegen sie werden nicht nur als Verletzung politischer Gerechtigkeit angesehen, sondern als Zurücksetzung und Herabstufung.

Nur jeder Dritte in Ostdeutschland findet Demokratie unterstützenswert. Diese Wahrnehmung wird zwar durch ökonomische Faktoren beeinflusst, etwa indem eine positive Beurteilung der eigenen wirtschaftlichen Situation (öffentliche) Ungerechtigkeitsurteile vermindert. Gleichwohl haben wirtschaftliche Parameter weitaus weniger Einfluss auf Ungerechtigkeits-Urteile, als man gemeinhin annimmt. Deshalb ist es ein Irrglauben, man könne mit Aufklärungskampagnen und Zahlenbeispielen die negativen Einstellungen in den neuen Bundesländern maßgeblich verändern. Dafür spielen die kulturellen, ideellen und emotionalen – also die immateriellen – Faktoren eine viel zu große Rolle. Kurzum, die Proteste sind vor allem Ausdruck eines tiefer liegenden und dauerhafteren Missvergnügens, wie Hartz IV selbst als Tropfen angesehen wird, der das Fass der Deklassierungsformen zum Überlaufen bringt.

So geht es bei den Hartz-Protesten nicht nur um Verteilungsgleichheit und Solidarität; es geht auch um jene Vertretungslücke ostdeutscher Vorstellungen und Leitideen, die sich im Gefühl des Zurückgesetzt-Seins äußert. Es scheint vor allem jenes Repräsentationsdefizit zu sein, das die Bürger auf die Straße treibt und den Anlass dafür liefert, nach Jahren des Schweigens das Wort zu ergreifen. [...]

Ostdeutsche fühlen sich von den programmatisch mehrheitlich aus Westdeutschland importierten Parteien nicht vertreten. Das lässt sich sowohl an der steigenden Zahl der unzufriedenen Nichtwähler ablesen als auch an der hohen und stetig zunehmenden Volatilität [Schwankung der Entscheidungen] der Wähler. So sehr sie bereit sind, von Wahl zu Wahl die Parteienpräferenz zu ändern, so wenig gelingt es den Parteien, ihre Wähler zu erreichen und zu binden. Mit einem Wort: Die Parteien als die klassischen Agenturen der Interessenvermittlung sind in den neuen Bundesländern vom [Wähler] weitgehend entkoppelt. [...]

So unterstützt die ostdeutsche Bevölkerung insgesamt zwar nur mäßig die Idee der Demokratie, optiert aber fast schon euphorisch für einige ihrer zentralen Prinzipien. Normen wie Meinungsfreiheit, Recht auf Opposition und das Prinzip wechselnder Regierungen stoßen zum Teil auf mehr Sympathie in Ost- als in Westdeutschland. Erstaunlich und manchmal schockierend sind dagegen die Beurteilungen der real existierenden Demokratie. Hier findet im Durchschnitt bestenfalls noch jeder dritte ostdeutsche Bürger, dass die reale Demokratie unterstützenswert sei – Tendenz deutlich fallend. [...]

Es spricht also viel dafür, dass die ostdeutschen Demonstrationen gegen Hartz IV zu einem Gutteil von einem antiparlamentarischen, schließlich antipluralistischen Affekt getragen werden. Dieser Affekt speist sich aus einer langen, in der DDR gepflegten und gelebten deutschen Tradition antiparlamentarischen Denkens. [...] Wer deshalb die Proteste in Ostdeutschland einfach abtut oder mehr oder weniger herablassend Verständnis für die Anliegen äußert und glaubt, zum Tagesgeschäft übergehen zu können, verkennt die Sprengkraft, die in diesen Protesten liegt. Die Proteste mögen und werden nachlassen, die Unzufriedenheit und das Missverständnis von Demokratie werden allerdings bleiben, solange nicht das Parlament wieder zur zentralen Arena gemacht wird.

Alexander Thumfart. In: Die Zeit vom 2. September 2004.

Arbeitsaufträge

?

1 Erläutern Sie, inwieweit die Friedensdemonstrationen gegen den Irak-Krieg Ausdruck einer neuen Protestbewegung waren (M 4). Kennzeichnen Sie die Unterschiede zu den Bewegungen der 1960er- und 1970er-Jahre (VT).

2 Suchen Sie Kontakt zu Mitgliedern ehemaliger oder bestehender Bürgerinitiativen. Fragen Sie nach Zielen, Problemen und Erfolgen ihrer Arbeit.

3 Der Rechtswissenschaftler Herbert von Arnim lehnt Bürgerinitiativen ab, weil dort „selbsternannte Engagierte" zu Wort kämen, ohne Rücksicht darauf, „ob ihre Anliegen wirklich von der Mehrheit der Bürger geteilt werden". Nehmen Sie Stellung zu dieser Behauptung (VT, M 3).

4 Fassen Sie zusammen, warum der Autor in M 5 politisch-sozialen Bewegungen in den neuen Bundesländern kritisch gegenübersteht.

1.3 Politische Parteien – was leisten sie?

M1 Bundestagswahlkampf 2005

Wer sein politisches Mitbestimmungsrecht nicht nur auf Wahlen beschränken möchte, hat die Möglichkeit, über die Mitgliedschaft in einer Partei Einfluss auf die Politik zu nehmen.
Parteien haben im politischen System der Bundesrepublik eine zentrale Stellung. Sie greifen Probleme in der Gesellschaft auf und entwickeln Lösungswege, die den Interessen ihrer Mitglieder entgegenkommen. Dabei treten sie mit anderen Parteien um die politische Macht in Parlamenten und Regierungen in Wettbewerb.
Häufig wird den Parteien in der Bundesrepublik vorgeworfen, sie seien verantwortlich für die Entwicklung einer sogenannten „Politikverdrossenheit", also einer kritischen und ablehnenden Haltung gegenüber dem politischen System. Um dies beurteilen zu können, muss zunächst geklärt werden, was Parteien überhaupt sind, welche Aufgaben sie haben und welche Chancen und Probleme mit einer Parteiendemokratie verbunden sind.

Was kennzeichnet eine Partei?

Der Begriff Partei bezeichnet eine Gruppe gleichgesinnter Personen, die sich an der politischen Willensbildung beteiligt und danach strebt, politische Positionen zu besetzen und ihre programmatischen Ziele durchzusetzen. Parteien sind diejenigen Organisationen, die den Zugang zu politischen Führungspositionen im Staat kontrollieren. Sie sind für das Funktionieren eines modernen demokratischen Gemeinwesens nahezu unverzichtbar, verstehen sie sich doch als zentrale Bindeglieder zwischen Regierungen und Regierten.
Auch die Bundesrepublik ist ein Parteienstaat. Nie zuvor in der deutschen Geschichte haben Parteien eine so zentrale Rolle gespielt wie seit 1949. Erstmals in der deutschen Verfassungsgeschichte werden Parteien im Grundgesetz von 1949 ausdrücklich genannt. Artikel 21 weist ihnen „bei der politischen Willensbildung des Volkes" eine wichtige Funktion zu. Die Bestimmungen des Grundgesetzes werden im Parteiengesetz konkretisiert. Nach diesem Gesetz von 1967 sind Parteien Vereinigungen von Bürgern, die „auf die politische Willensbildung Einfluss nehmen und an der Vertretung des Volkes im Deutschen Bundestag oder einem Landtag mitwirken wollen". Parteien haben somit eine gesamtpolitische längerfristige Wirkung anzustreben. Sie müssen den Willen erkennen lassen, regelmäßig an der politischen Repräsentanz der Bevölkerung teilzunehmen.

Aufgaben der Parteien

Die Aufgaben der Parteien im demokratischen Staatswesen sind vielfältig. Sie sind vor allem zuständig für die Artikulation politischer Interessen. Sie formulieren also öffentliche Erwartungen und Forderungen gesellschaftlicher Gruppen an das politische System, integrieren die vorhandenen unterschiedlichen Interessen aber auch in einem Programm, für das sie um Zustimmung und Mehrheit werben. Indem die Parteien eine Verbindung zwischen dem politischen System und den Bürgern herstellen, ermöglichen sie zum einen allen Interessierten eine politische Mitwirkung und unterstützen zum anderen die Verankerung der politischen Ordnung im Bewusstsein der Bürger.

Problem „Politikverdrossenheit"

Trotz ihrer wichtigen Aufgaben haben die politischen Parteien in den vergangenen Jahren an Anziehungskraft verloren. Als gesellschaftliche Organisationen leiden sie an Mitgliederschwund und Überalterung. Parteispendenaffären, verschleppte politische Probleme und die Besetzung wichtiger öffentlicher Ämter durch Parteifunktionäre (Ämterpatronage) haben dem Ansehen der Parteien geschadet und zu einer in Teilen der Gesellschaft verbreiteten „Politikverdrossenheit" beigetragen.
Oft stößt auch der Streit zwischen den Parteien auf Ablehnung. Aber die Bundesrepublik ist eine pluralistische Demokratie, die der sogenannten Konkurrenztheorie folgt. Diese geht von der Annahme aus, dass in einem Gemeinwesen das sogenannte Gemeinwohl nicht von Anfang an vorgegeben ist. Das Gemeinwohl entstehe vielmehr erst in politischen Willensbildungsprozessen. Unterschiedliche Interessen zu artikulieren ist demnach legitim und sie in Konkurrenz treten zu lassen sogar notwendig. Dass es in jeder Gesellschaft unterschiedliche Interessen und Meinungen gibt, entspricht der täglich erfahrbaren Realität. Die Vorstellung, es gäbe einen einheitlichen Volkswillen, ist eine Illusion.

Parteien in Deutschland: Entwicklung nach 1945

Kennzeichnend für die parteipolitische Entwicklung nach dem Zweiten Weltkrieg in der Bundesrepublik ist vor allem die Konzentration auf wenige Parteien, die sich als Volksparteien verstehen. Nach dem militärischen und politischen Zusammenbruch des NS-Staates bildeten sich in den drei westlichen Besatzungszonen bald wieder neue Parteien. Die Sozialdemokratische Partei Deutschlands (SPD) konnte dabei am ehesten an ihre Tradition aus der Weimarer Republik anknüpfen. Ihr erster Vorsitzender nach dem Krieg wurde Kurt Schumacher (1895–1952). Neu im Parteienspektrum war dagegen die Christlich Demokratische Union (CDU). In ihr sammelten sich ehemalige Mitglieder des früheren katholischen Zentrums sowie der konservativen und der liberalen Parteien. Dabei spielte der Gedanke der Union, Christen beider Konfessionen politisch zusammenzuführen, eine tragende Rolle. Als Parteivorsitzender setzte sich Konrad Adenauer (1876–1967) durch, der spätere erste

M2 Karikatur von Gerhard Mester

Pluralismus (von lat. plures = mehrere): Pluralismus gilt in demokratischen Gesellschaften als sichtbarer Ausdruck der gesellschaftlichen Vielfalt. Das gleichberechtigte grundrechtlich geschützte Nebeneinanderwirken einer Vielzahl von Interessen und vom Staat unabhängiger Parteien wird gewünscht und anerkannt.

Volkspartei Man bezeichnet damit eine politische Organisation von Bürgerinnen und Bürgern, die in der sozialen Zusammensetzung ihrer Mitglieder und Wähler sich nicht auf eine Bevölkerungsschicht oder Interessengruppe beschränkt, sondern mehrere Schichten oder sogar alle Bevölkerungskreise umfasst. Im Gegensatz zu Klassen- und Interessenparteien vermögen Volksparteien breite Wählerschichten anzusprechen und für sich zu gewinnen.

Bundeskanzler. In Bayern entstand die Christlich-Soziale Union (CSU), die bis heute nur in diesem Bundesland zur Wahl antritt und mit der CDU im Bundestag eine gemeinsame Fraktion bildet. Liberale Politiker schließlich gründeten die Freie Demokratische Partei (FDP). Auch in ihr waren zu Beginn Politiker tätig, die schon vor 1933 in den liberalen Parteien aktiv waren, so Theodor Heuss (1884 – 1963), der spätere erste Bundespräsident.

Volksparteien in der Bundesrepublik

Im ersten Jahrzehnt der Bundesrepublik Deutschland existierten neben den beiden großen Gruppierungen CDU/CSU und SPD sowie der FDP zunächst mehrere kleinere, meist konservative Parteien, die bald vor allem in der CDU oder der CSU aufgingen. Diese Vereinfachung des Parteiengefüges beruhte auf der Einführung der Fünfprozentklausel (vgl. S. 45), die eine Zersplitterung der politischen Kräfte wie in der Weimarer Republik verhindern und stabile Mehrheiten ermöglichen soll. Es entstand ein Parteiensystem mit zwei politischen Richtungen, bei dem die FDP im Bundestag und den Landtagen häufig das „Zünglein an der Waage" bildete. Eine neue Situation ergab sich 1983, als die neu gegründete Partei der Grünen als „parlamentarischer Arm" der

M3 Schema einer Parteiorganisation nach dem Parteiengesetz

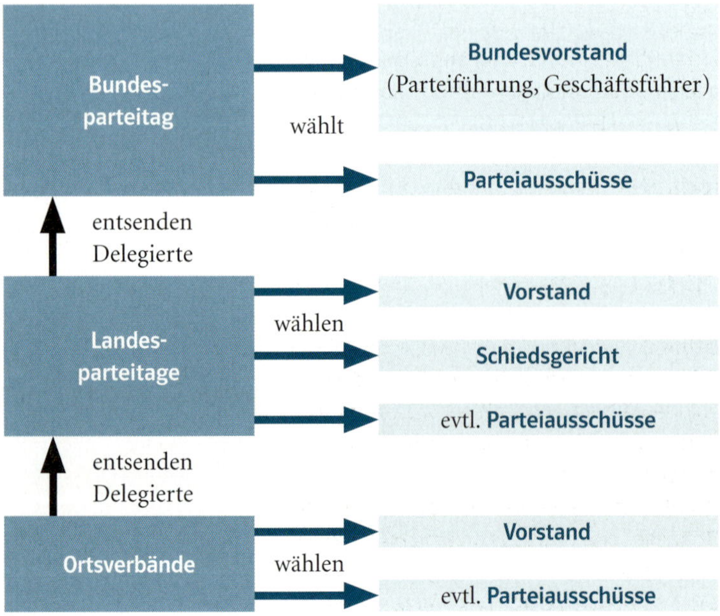

sozialen Bewegungen erstmals die Fünf-Prozent-Hürde übersprang und in den Bundestag einzog.

Parteien in der DDR

Anders verlief die Entwicklung unmittelbar nach dem Krieg in der Sowjetischen Besatzungszone – der späteren DDR. Dort schlossen sich im April 1946, unter dem massiven Druck der sowjetischen Besatzungsmacht, die Kommunistische Partei (KPD) und die dortige Sozialdemokratische Partei zur Sozialistischen Einheitspartei (SED) zusammen. Zwar gab es in der ehemaligen DDR auch andere Parteien wie die CDU, die Demokratische Bauernpartei Deutschlands (DBD), die Nationaldemokratische Partei Deutschlands (NDPD) und die Liberaldemokratische Partei Deutschlands (LDPD). Sie waren jedoch nicht unabhängig, sondern wurden bei den Wahlen mit der SED in der „Nationalen Front" zusammengefasst. Ihre Rolle war es, die unterschiedlichen Gruppierungen der Gesellschaft in der DDR – wie Handwerker, Bauern, Mitglieder der Kirchen und andere – an den sozialistischen Staat heranzuführen. Anders als bei der Konkurrenztheorie in der Bundesrepublik gingen die Machthaber der DDR von einer Identitätstheorie aus. Die Identitätstheorie lehnt Konflikte innerhalb der Gesellschaft ab. Ihr Ziel ist die Angleichung aller individuellen Einzelinteressen zugunsten des Gemeinwohls. Die politische Führung lag somit allein bei der SED, die anderen Parteien anerkannten deren Führungsanspruch.

Parteienlandschaft nach der Wiedervereinigung

Die deutsche Vereinigung 1990 führte zu deutlichen Veränderungen der Parteienlandschaft. CDU und FDP nahmen Teile der ehemaligen Parteien der DDR, vor allem der (Ost)-CDU und der LDPD auf. Die Grünen Westdeutschlands schlossen sich 1992 mit dem im Zuge der Wende von DDR-Bürgerrechtlern neu gegründeten „Bündnis 90" Ostdeutschlands zum Bündnis90/Die Grünen zusammen. Aus der ehemaligen DDR-Staatspartei SED ging die Partei des demokratischen Sozialismus (PDS) hervor. Sie ist seit 1990 im Bundestag vertreten. Seit 2005 nannte sie sich Linkspartei.PDS. Aus der Fusion der vor allem in Ostdeutschland verankerten Linkspartei.PDS mit der westdeutsch geprägten „Wahlalternative Arbeit und soziale Gerechtigkeit" (WASG) entstand dann 2007 „Die Linke". Die WASG war 2005 von regierungskritischen ehemaligen SPD-Mitgliedern und Gewerkschaftern gegründet worden, die es nicht hinnehmen wollten, dass während der Regierungszeit von Bundeskanzler Gerhard Schröder vor allem als Folge des demografischen Wandels viele Sozialleistungen gekürzt wurden.

Wählerspektrum in Deutschland

Im Bundestag und in den meisten Landtagen sind vor allem die Gruppierungen CDU/CSU, SPD und die kleineren Parteien FDP, Bündnis 90/Die Grünen und Die Linke vertreten. Die CDU/CSU fühlt sich traditionell eher einer christlich-konservativen, die SPD einer arbeitnehmerfreundlichen Politik verpflichtet. Unter den Wählern der CDU/CSU waren lange Zeit die Berufsgruppen der leitenden Angestellten und Beamten, der Selbstständigen und Landwirte überproportional vertreten. Das vorherrschende Wählerpotenzial der SPD stellten demgegenüber vor allem Arbeiter und andere geringer verdienende Arbeitnehmergruppen. Diese Berufsgruppenzugehörigkeit der Mitglieder und Anhänger unterschiedlicher Parteien verliert zunehmend an Bedeutung. Nach wie vor lässt sich aber hinsichtlich Wohnort, Religionszugehörigkeit und sozialer Schicht von einer gewissen parteitypischen Stammwählerschaft sprechen. Am deutlichsten zeigt sich das bei den „Linken": Bei der Bundestagswahl 2005 bekam keine Partei einen höheren Anteil an Wählerstimmen aus den neuen Bundesländern, von Arbeitern oder von Konfessionslosen, und keine andere Partei hatte einen geringeren Anteil von katholischen und evangelischen Wählern.
Um ein möglichst breites Spektrum sozialer Profile ansprechen zu können, finden sich in den Volksparteien verschiedene Gruppierungen. Diese sind bei der CDU etwa die Mittelstandsvereinigung als Zusammenschluss mittelständischer Unternehmer, der Wirtschaftsrat als Vertretung von Großunternehmen und die Sozialausschüsse als Arbeitnehmervertretung. Bei der SPD gibt es unter anderem die Arbeitsgemeinschaft für Arbeitnehmerfragen und die Arbeitsgemeinschaft der Selbstständigen. Kleinere Parteien wie FDP, Grüne oder Linke weisen kein so breites Spektrum politischer Interessenvertretung auf.

M4 „Welche Zunge, wo sprechen Sie heute? Mittelstand, Industrie, Gewerkschaft, Frauen?"
Karikatur von Jupp Wolter, 1980

Mittelpunkt der Innenpolitik der FDP ist traditionell die Durchsetzung liberaler Grundsätze in Wirtschaft und Gesellschaft. Das Programm der Grünen basiert auf der Durchsetzung ökologischer Grundsätze. Basisdemokratie, der Schutz der Bürgerrechte und die Verwirklichung sozialer Gerechtigkeit zählen ebenfalls zu ihrem Selbstverständnis. Spätestens seit die Partei 1998 im Bundestag Regierungsverantwortung übernahm, siegte der realpolitische Flügel der Partei gegenüber den sogenannten „Fundamentalisten". Die Grünen akzeptierten seitdem sogar militärische Einsätze der Bundeswehr, etwa im Kosovo oder in Afghanistan.
„Die Linke" im vereinigten Deutschland versucht die Politik der Chancen- und Einkommensgleichheit unabhängig von der beruflichen Qualifikation fortzuführen, die schon die SED geprägt hatte. Sie versteht sich in Westdeutschland vor allem als Arbeiterpartei, im Osten als Interessenvertretung jenes Teils der Bewohner der neuen Bundesländer, die sich von der Einheit eine größere soziale Integration und mehr soziale Gerechtigkeit erhofft hatten.
Rechtsextreme Parteien blieben bisher auf Bundesebene erfolglos. In einigen Bundesländern gelang ihnen der Einzug in die Landtage. Die Nationaldemokratische Partei Deutsch-

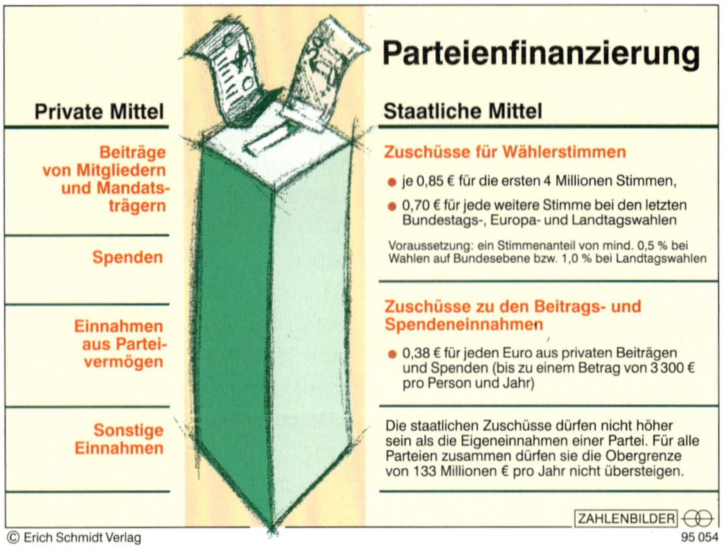

M5 Parteienfinanzierung

lands (NPD), die Deutsche Volksunion (DVU) und die Partei der „Republikaner“ können vor allem in wirtschaftlichen Krisenzeiten und in Regionen mit hoher Arbeitslosigkeit Wähler gewinnen. Übersteigerter Nationalismus, Rassismus und Ausländerfeindlichkeit kennzeichnen ihre Ideologien.

Verbot von Parteien

Aufgrund der Erfahrungen der Parteienverbote während der NS-Herrschaft macht das Grundgesetz ein Verbot von Parteien sehr schwer. Eine Partei kann – anders als andere politische Gruppen, die gegen gesetzliche Bestimmungen verstoßen – nicht durch die Innenminister des Bundes oder der Länder verboten werden, sondern nur durch das Bundesverfassungsgericht (Parteienprivileg). In der Geschichte der Bundesrepublik gab es bislang nur zwei Parteienverbote: 1952 die rechtsextreme SRP (Sozialistische Reichspartei) und 1956 die KPD (Kommunistische Partei Deutschlands).

Damit ein Verfahren zum Verbot einer Partei überhaupt in Gang kommt, ist ein Antrag erforderlich, der nur von der Bundesregierung, dem Bundestag oder dem Bundesrat beim Bundesverfassungsgericht gestellt werden kann. Ein gemeinsam von allen drei Organen eingebrachter Verbotsantrag gegen die rechtsextreme NPD scheiterte 2003 wegen formaler Unzulänglichkeiten.

Finanzierung der Parteien

Parteien müssen zur Erfüllung ihrer Aufgaben weit verzweigte Organisationen vom Ortsverein bis hin zum Bundesverband unterhalten. Sie benötigen hauptamtliche Mitarbeiter und führen kostspielige Wahlkämpfe. Aus Mitgliedsbeiträgen allein können sie diese Kosten nicht bestreiten. Die Parteien finanzieren sich deshalb zusätzlich mithilfe von Spenden und staatlichen Zuschüssen. Sie sind nach Artikel 21 des Grundgesetzes verpflichtet, „über Herkunft und Verwendung ihrer Mittel sowie über ihr Vermögen öffentlich Rechenschaft zu geben“. Bargeld dürfen die Parteien nur bis zu einer Höhe von 1 000 Euro entgegennehmen. Jährliche Spenden, die über 10 000 Euro liegen, müssen in den Rechenschaftsberichten der Parteien unter Nennung des Spenders veröffentlicht werden. Damit soll dem Verdacht entgegengetreten werden, eine Einzelperson oder ein Unternehmen wolle mit der Spende eigennützige Motive verfolgen und politische Entscheidungen zu seinen Gunsten „erkaufen“. Spenden an Parteien können nur in weitaus geringerem Umfang von der Steuer abgesetzt werden als Spenden an gemeinnützige Organisationen. Vor allem in den 1980er-Jahren umgingen einige Parteien diese Schranken, indem sie Parteispenden der Wirtschaft über parteinahe Stiftungen in ihre Kassen lenkten. Diese „Umwegfinanzierung“ erfüllte den Tatbestand der Steuerhinterziehung und hatte für die Spender ebenso wie für einige Parteien empfindliche Strafen zur Folge.

M6 Wahltagbefragung zur Bundestagswahl am 18. September 2005

a Wahlentscheidung nach sozialen Gruppen (Zweitstimme 2005)

Prozentwerte	SPD	CDU/CSU	GRÜNE	FDP	Linke. PDS	Sonst.
Gesamt	34,2	35,2	8,1	9,8	8,7	4,0
Erwerbsstatus						
berufstätig	33	34	9	11	9	5
Rentner	36	41	5	9	8	2
arbeitslos	33	20	7	7	25	8
Berufsgruppe						
Arbeiter	37	32	5	8	12	6
Angestellte	35	35	9	9	9	3
Beamte	33	38	11	10	5	3
Selbstständige	22	41	10	20	5	3
Landwirte	13	65	2	9	6	5
Gewerk.-Mitglied						
ja	47	22	8	6	12	5
nein	32	37	8	11	8	4
Gewerk.+ Arbeiter						
Mitglied	50	21	6	5	12	6
kein Mitglied	34	36	5	8	12	6
Gewerk.+ Angest.						
Mitglied	45	21	11	6	14	3
kein Mitglied	34	37	9	10	8	3

b Wahlentscheidung nach Konfessionen (Zweitstimme 2005)

Prozentwerte	SPD	CDU/CSU	GRÜNE	FDP	Linke. PDS	Sonst.
katholisch	28	48	7	10	4	3
evangelisch	39	34	8	10	6	3
keine	34	21	9	10	20	5

c Wahlentscheidung nach Schulbildung (Zweitstimme 2005)

Prozentwerte	SPD	CDU/CSU	GRÜNE	FDP	Linke. PDS	Sonst.
Hauptschule	38	38	5	8	7	4
Mittlere Reife	33	35	7	10	10	5
Hochschulreife	34	31	13	11	9	3
Hochschule, Uni	29	33	15	12	10	2

Nach: Forschungsgruppe Wahlen

M7 Der politische Einfluss von Parteien

Die Wochenzeitung „Die Zeit“ hinterfragt kritisch, wie Parteien ihre Aufgaben wahrnehmen:

Parteien haben das Ziel, bestimmte Überzeugungen vom Gemeinwohl, bisweilen auch nur begrenzte Politikziele oder Gruppeninteressen durchzusetzen. Voraussetzung dafür ist die Teilhabe an der Staatsmacht. Vom Standpunkt der Parteien aus betrachtet, erscheint daher alles nützlich, was den Machtgewinn und den Machterhalt fördert, und alles schädlich, was dem im Wege steht. [...]

Den Anteil an der Staatsmacht vermittelt in der Demokratie allein die Wahl. Auf sie konzentriert sich daher das Bemühen der Parteien. Von ihr empfängt die Politik auch ihren spezifischen Zeitrhythmus. Wahltermine richten sich freilich nicht nach Problemlagen. Sie folgen der Idee, dass die Machthaber in relativ kurzen Abständen dem Votum des Auftraggebers unterworfen werden sollen, damit sie sich nicht zu weit von dessen Erwartungen und Bedürfnissen entfernen. [...]

Vorteilhaft erscheint es den politischen Parteien, auch in der Verwaltung eine Machtbasis zu besitzen. Sind sie an der Macht, können sie auf besonders engagierte Beamte zählen. Verlieren sie die Macht, können sie sich immer noch Informationen und Einfluss bewahren. In jedem Fall haben sie die Möglichkeit, ihren Anhängern berufliche Positionen in Aussicht zu stellen und ein Auffangnetz für abgewählte Politiker auszuspannen, das die Folgen politischen Scheiterns mildert.

Parteieneinfluss ist aber auch in staatlichen Institutionen zu beobachten, die Politik kontrollieren sollen und deshalb von ihr unabhängig sein müssten. Das ist in erster Linie die Justiz. Die Richterstellen beim obersten Gericht, dem Bundesverfassungsgericht, haben die politischen Parteien so untereinander aufgeteilt, dass im Fall einer Vakanz feststeht, welche Partei den Vorschlag zur Neubesetzung machen darf. Weil das nur mit Zweidrittelmehrheit geht, muss der Kandidat freilich die Zustimmung der Gegenseite finden. Auch bei der Besetzung der obersten Bundesgerichte spielen die Parteien eine wichtige Rolle. Dasselbe gilt für andere Kontrollinstitutionen wie die Rechnungshöfe, Landesmedienanstalten und Datenschutzbeauftragten.

Ähnlich verhält es sich bei den nichtstaatlichen Kontrollinstitutionen der Politik, soweit sie öffentlich-rechtlich organisiert sind, namentlich bei den Fernsehanstalten. Das Fernsehen erfüllt unter anderem die Funktion, das Publikum über die Leistungen der Politik und die Politik über Erwartungen des Publikums ins Bild zu setzen. Es dient damit der Meinungsbildung, die Voraussetzung von politischer Partizipation und kompetenten Wahlentscheidungen ist und die Verbindung zwischen Wählern und Politikern auch zwischen den Wahlen aufrechterhält. Die Medien müssen zu diesem Zweck allerdings Distanz zur Politik wahren können. Sie haben den ihnen eigenen publizistischen Rationalitätskriterien zu folgen und würden ihre Funktion verfehlen, wenn sie sich politischen Interessen dienstbar machten. Gleichwohl versuchen die Parteien aufgrund ihrer Überzeugung, dass im Fernsehen über Wahlausgänge entschieden wird, Einfluss auf Personal und Programme der Sender zu gewinnen […].

Die Einflussnahme der Parteien auf Personalentscheidungen lässt sich ferner dort beobachten, wo die öffentliche Hand Wirtschaftsunternehmen entweder selbst betreibt oder an ihnen beteiligt ist, sei es in Form von (meist kommunalen) Eigenbetrieben, sei es als Eigentümer oder Anteilseigner von Firmen. Verkehrsbetriebe, Energieversorger, Banken und Sparkassen, Spielbanken, Wetteinrichtungen und Wohnungsbaugesellschaften gehören dazu. Allen ist gemeinsam, dass sie nicht nach den Kriterien der Politik, sondern des wirtschaftlichen Wettbewerbs oder der optimalen Versorgung der Bevölkerung mit öffentlichen Gütern zu funktionieren haben. Dennoch wird ihr Führungspersonal politisch rekrutiert und oft genug nach politischen Einfluss- oder Versorgungskriterien ausgewählt.

Schließlich ist es das [über Parteispenden erworbene] Geld, bei dem die Begehrlichkeit der Parteien besonders groß ist, weil daran alles hängt: der Unterhalt der Parteizentralen und lokalen Büros, die Zahl der hauptamtlichen Mitarbeiter, die Publikationen und Werbeaktionen, die Publikums- und Bildungsveranstaltungen, die Mitgliederwerbung und -betreuung und vor allem der Wahlkampf. Geld garantiert zwar nicht den Wahlerfolg, aber ohne ausreichende Mittel verschlechtern sich die Aussichten beträchtlich.

Dieter Grimm. In: Die Zeit vom 11. April 2002.

M8 „Selbstbedienung"

Wenn Parteien mehr Geld beanspruchen, reagieren die Medien äußerst kritisch. Ein Zeitungskommentar von 2007:

Seit geraumer Zeit ist es schon zu beobachten, dass die seit Monaten üppig sprudelnden Steuerquellen die Partner in der Großen Koalition auf allerlei Gedanken bringen. Man will den Menschen etwas Gutes tun und so nebenbei von der größten Steuererhöhung in der Republik [Mehrwertsteuererhöhung von 16 auf 19 Prozent] ablenken, die ja erst zu Jahresbeginn in Kraft getreten ist. Nun aber will man sich selbst auch bedenken und grübelt über eine Erhöhung der staatlichen Parteienfinanzierung. Verwerflich ist das nicht, immerhin können sich Union und SPD doch auf ein Urteil des Bundesverfassungsgerichts berufen, das sogar jährliche Anpassungen an die Teuerungsrate zugebilligt hat. Seit fünf Jahren sei nichts mehr geschehen, sagen Großkoalitionäre treuherzig zu ihren Plänen. Tatsächlich kommt den Parteien in einer repräsentativen Demokratie eine herausragende Rolle zu. Sie sind es, in denen sich engagierte Bürger sammeln, und sie sind es auch, die demokratische Mehrheiten organisieren. Politik in Deutschland ist ohne demokratische Parteien nicht denkbar.

Aber müssen die staatlichen Zuwendungen wirklich so hoch sein wie bei uns? […] Es riecht schon nach ungenierter Selbstbedienung, wenn so viele Millionen mehr in die Parteikassen fließen sollen. Und sehr verdächtig ist auch, dass eine hochrangige SPD-Politikerin jüngst meinte, der Staat müsse einspringen, wenn den Parteien die Mitglieder und damit deren Beiträge ausgingen. Das kann es ja wohl nicht sein: Die Organisationen werden immer kleiner, und zum Ausgleich erhalten sie mehr Steuergeld. Sparen geht anders.

Joachim Worthmann. In: Stuttgarter Zeitung vom 20. August 2007.

M9 Keine Alternative zu den Volksparteien?

Über die Leistungen der Volksparteien schreibt der Politologe Peter Lösche, 1999:

Die Erfolgsgeschichte der Volksparteien hätte nicht geschrieben werden können ohne die gravierenden sozialen und ökonomischen Veränderungen in der Nachkriegsgesellschaft: Es begann mit einem Jahrzehnt der Völkerwanderung, mit Trecks aus den zerbombten Großstädten, aus den Ostgebieten des ehemaligen Reichs, dann aus der Sowjetischen Besatzungszone und später der DDR. Es folgten Modernisierungsschübe und Veränderungen auf dem Arbeitsmarkt, in deren Folge sich „Blaumann" und „weißer Kragen" nicht mehr unversöhnlich gegenüberstanden. Zwischen sie haben sich vielmehr unterschiedlichst getönte „graue Kragen" platziert, alle Arten von Spezialisten, Dienstleistern, Ingenieuren, Selbständigen – eben die „neue Mitte".

Die Bildungsrevolution der Siebzigerjahre („Bildung für alle") tat schließlich ein Weiteres, um Klassengegensätze, die die Weimarer Republik noch tief gespalten hatten, im Nachkriegssozialstaat einzuebnen. Die Widersprüche zwischen den Konfessionen schwächten sich ab […]. Die Parteibindungen der Wähler, aufgrund von Tradition, Gewohnheit oder sozialer Situation, lockerten sich. […]

Genau hier liegt die „neue Mitte", der Ort, an dem sich Sieg oder Niederlage für die Volksparteien entscheidet. Will eine Volkspartei heute mehr als 35 oder gar 40 Prozent der Stimmen, muss ihr ein mehrfacher Spagat gelingen, um eine bunte Wählerkoalition zu schmieden: hin zu Arbeitern, Selbstständigen, angegrünten Yuppies und konservativen Rentnern, Hausmütterchen und Karrierefrauen, zu Ingenieuren und Landwirten, Ossis und Wessis. […]

In den Volksparteien sind die vielen auseinanderstrebenden gesellschaftlichen und politischen Kräfte integriert und an die Demokratie gebunden worden: die Konfessionen, die Landsmannschaften, gegensätzliche Klassen und Schichten, konkurrierende Vereinigungen wie der Arbeitnehmerflügel und der Wirtschaftsrat, und soziale Bewegungen, Bürgerinitiativen und Vereine, ehemalige Nationalsozialisten und Sta-

linisten, die Fundamentaldemokraten der APO und manche Populisten von der extremen Rechten. [...]
Die vielleicht größte Leistung der Volksparteien ist ihre Vermittlungsarbeit in einem höchst komplizierten, verwirrenden politischen System. [...] In dieses scheinbare Chaos haben die Parteien Struktur gebracht, den politischen Kompromiss, wenn auch auf zumeist kleinstem Nenner, ermöglicht. Dabei haben sie oftmals wie schützende Filter gegen den Einfluss von Verbänden, etwa der Pharmaindustrie oder Atomwirtschaft, gewirkt. [...]
Trotz aller Veränderungen und trotz des Niedergangs der Volksparteien alten Typs: Eine Alternative zu den Parteien bietet sich nicht an, weder Bürgerinitiativen, politische Klubs und Salons, soziale Bewegungen oder Formen der direkten Demokratie wie Volksbegehren und Volksentscheide.

Der Spiegel, vom 15. März 1999.

M 10 Idee und Wirklichkeit des politischen Wettbewerbs

Der Rechtswissenschaftler Hans Herbert von Arnim schreibt über den Wettbewerb unter den Parteien:

Herzstück der Konzeption des politischen Wettbewerbs ist der Wettkampf der Parteien um die staatliche Macht auf Zeit, ein Wettkampf, den die Bürger mit ihrer Wählerstimme mehrheitlich entscheiden. Dieses Verfahren soll jede Partei, will sie bei den Wählern günstig abschneiden, dazu veranlassen, ihr personelles und programmatisches Angebot an den Wünschen, Einstellungen und Interessen der Bürger – und zwar möglichst vieler Bürger – auszurichten. Nach Ablauf der Legislaturperiode können die Bürger gute Politik durch Wiederwahl der Regierung belohnen und schlechte Politik durch Wahl der Opposition (und ihres Konkurrenzangebots) bestrafen. Zentral ist also die Zurechenbarkeit von politischen Erfolgen und Fehlern an bestimmte Parteien, die dafür von den Wählern verantwortlich gemacht und zur Verantwortung gezogen werden können (Prinzip des „responsible government"). Auf diese Weise soll das Konkurrenzprinzip wie eine Art unsichtbare Hand die Bindung der Politik an das Volk sichern – auch und gerade dann, wenn es den Konkurrenten primär um die Erringung und Beibehaltung der politischen Macht geht. [...]
Die (in allen demokratischen Systemen) wichtige Voraussetzung ist die Zurechenbarkeit politischer Verantwortung. Wettbewerb kann nur funktionieren, wenn öffentlich klargestellt ist, welche Personen oder Personengruppen (Parteien) die jeweiligen politischen Entscheidungen getroffen haben und deshalb dafür verantwortlich sind beziehungsweise durch wessen Verschulden etwas unterlassen worden ist. [...] Diese Voraussetzungen fehlen in der Bundesrepublik Deutschland. Regierungen kommen – aufgrund des grundsätzlichen Verhältniswahlrechts – regelmäßig nur durch Koalitionen von zwei oder mehr Parteien zustande. Den wichtigsten Bundesgesetzen muss der Bundesrat zustimmen, und der ist meist mehrheitlich in der Hand der Opposition. Wer ist für ein von der Regierungsmehrheit mit dem Bundesrat ausgehandeltes Gesetz verantwortlich? Wo alle Verantwortung tragen, trägt sie letztlich niemand mehr.

Hans Herbert von Arnim: Das System. Die Machenschaften der Macht. München 2001, S. 61 ff.

Arbeitsaufträge

1 Beschreiben Sie die im VT und in M 7 genannten Aufgaben von politischen Parteien. Wie versuchen die Parteien, ihre Macht zu festigen?

2 Fassen Sie zusammen, welche Argumente der Journalist in seinem Kommentar (M 8) für und gegen eine Erhöhung der Parteienfinanzierung anführt. Finden Sie weitere Argumente, die für oder gegen eine staatliche Parteienfinanzierung (VT, M 5) sprechen.

3 Nennen Sie Bevölkerungsgruppen, die 2005 überdurchschnittlich häufig die Partei der „Grünen", und solche, welche die „Linken" wählten (M 6 a – c). Suchen Sie dafür jeweils Erklärungen.

4 Der Politologe Peter Lösche kommt in M 9 zu dem Ergebnis, dass sich in der Bundesrepublik eine Alternative zu Parteien nicht anbiete. Nehmen Sie Stellung zu dieser Wertung. Beziehen Sie dabei die von Lösche beschriebene „Erfolgsgeschichte der Volksparteien" ebenso ein, wie eine Beurteilung der von ihm verworfenen Alternativen.

5 Beurteilen Sie, ob es in Deutschland, wie von Arnim behauptet (M 10), keinen hinreichend erkennbaren Wettbewerb zwischen den Parteien gibt.

6 Vergleichen Sie die Parteiprogramme von CDU, CSU, Bündnis 90/Die Grünen, FDP, Die Linke und SPD hinsichtlich Wirtschafts- und Sozialpolitik. Informationen dazu finden Sie im Internet.

1.4 Interessenverbände – wie groß ist ihr Einfluss?

Interessenverbände sind wesentliche Elemente demokratischer Gesellschaften. Ihre Aufgabe ist es, die Interessen ihrer Mitglieder auf politischer Ebene zu vertreten. Sie bieten ihren Mitgliedern damit die Möglichkeit zur politischen Partizipation. Durch ihre Nähe sowohl zu den Bürgern als auch zu den Politikern kommt ihnen eine wichtige Vermittlerfunktion zwischen Gesellschaft und Staat zu. Die Nähe zur Politik ist aber auch mit Risiken verbunden.
Worin liegen Vorteile und Probleme der Arbeit von Interessenverbänden? Und was genau ist deren Aufgabe?

M1 Hinweisschild am Haus der Spitzenverbände Handel – Dienstleistung – Tourismus
Das Gebäude in Berlin befindet sich in unmittelbarer Nähe zum Reichstag und den Abgeordnetenbüros. Die dort versammelten Verbände repräsentieren 900 000 Unternehmen mit 8 Millionen Beschäftigten.

Die Arbeit der Interessenverbände

Eine wesentliche Aufgabe der Interessenverbände besteht darin, die Vielzahl einzelner Meinungen ihrer Mitglieder zu einer möglichst einheitlichen und nach außen hin überzeugenden Position zusammenzufassen, diese öffentlich zu vertreten und anstehende politische Entscheidungen in ihrem Sinne zu beeinflussen. Anders als Parteien sind sie dabei meist auf einzelne, spezielle Sachthemen konzentriert und streben keine direkte Regierungsverantwortung an.
Interessenverbände sind immer dort aktiv, wo politische Entscheidungen vorbereitet werden – also dort, wo „die Macht sitzt". Dort kommt ihnen die wichtige Aufgabe zu, sachliche Informationen über teils komplexe Themen zu liefern. Sie sind diejenigen, die häufig im Detail um mögliche sachgerechte Lösungen in ihren Bereichen wissen. Dabei wenden sie sich an Parteien, Parlamente, Regierungen und an die Behörden. Ebenso versuchen sie, ihre Vorstellungen in den Medien unterzubringen. Manche Verbandsvertreter sitzen direkt als Abgeordnete in den Parlamenten und deren Ausschüssen. Daneben suchen sie, auf die personelle Besetzung der verschiedenen Ministerien Einfluss zu nehmen. Da inzwischen wesentliche politische Entscheidungsbefugnisse – vor allem auf wirtschaftlichem Gebiet – auf die Europäische Union und ihre Behörden in Brüssel übergegangen sind, werden deren Institutionen immer wichtiger für die Verbandsforderungen.

Organisation der Verbände

Politische Verbände können sehr unterschiedlich organisiert sein – als Massenorganisationen (Gewerkschaften), als Interessen-Verbände (Allgemeiner Deutscher Automobil Club, ADAC), als Fachverbände (Verband des Fleischerhandwerks), als Berufs-Verbände (Verband der Flugzeugführer und Flugingenieure Cockpit) oder als Standesorganisationen (Deutscher Beamtenbund). Der älteste noch aktive deutsche Verband ist der „Börsenverein des deutschen Buchhandels" von 1825. Zunächst bildeten sich im 19. Jahrhundert Wirtschaftsverbände, dann Gewerkschaften als Schutzverbände der Arbeitnehmer und schließlich eine Fülle weiterer Vereinigungen im Bereich Sport und Hobby sowie von sozialen, kulturellen und sonstigen gesellschaftlichen Interessen. Dazu gehören der Deutsche Sportbund, die Arbeiterwohlfahrt oder der

Caritasverband. Letztgenannte nehmen mit der Wohlfahrtspflege eine öffentliche Aufgabe wahr, die den Staat entlastet.
Selbstverständlich gibt es auch Interessenvertretungen, die sich in ihren Anliegen diametral gegenüberstehen. Dazu gehören etwa die Arbeitgebervertretung und die Vertretung der Arbeitnehmer. Die Unternehmer sind im Bundesverband der deutschen Industrie (BDI) und in der Bundesvereinigung Deutscher Arbeitgeber (BDA) organisiert, die Gewerkschaften als Arbeitnehmervertretung im Deutschen Gewerkschaftsbund (DGB). So unterschiedlich die Interessen dieser beiden Gruppen sein mögen, so sehr hoffen doch auch beide, den Wirtschaftsstandort Deutschland zu festigen.
Verbände galten lange als Prototyp der Vertretung gesellschaftlicher Interessen. Aber sie besitzen keineswegs ein Monopol. Denn auch Kammern (Industrie- und Handelskammern) vertreten Interessen und agieren als Akteure im Feld des Lobbyismus, ebenso die Kirchen. Dazu kommen Unternehmen, die ihre Interessenvertretung neben den wirtschaftlichen Fachverbänden und an ihnen vorbei selbst in die Hand nehmen. Als ein Phänomen der letzten Jahrzehnte treten Public-Affairs-Firmen auf, die häufig Unternehmensberatung, Politikberatung und Public Relations als Angebotspalette miteinander verknüpfen.

Lobbyismus: Chancen ...

In Verbänden organisierte Interessengruppen binden eine große Zahl ihrer Mitglieder in den Prozess öffentlicher Meinungsbildung ein. Sie versuchen Sympathien für ihre Anliegen zu gewinnen und die politischen Entscheidungsprozesse zu ihren Gunsten zu beeinflussen, betätigen sich also als Lobbyisten. Verbandsvertreter stellen den Abgeordneten, Regierungsvertretern und der Ministerialbürokratie ihr Expertenwissen zur Verfügung Dies kann durch Einzelgespräche, aber auch im Rahmen „parlamentarischer Abende" geschehen, die Interessenvertretungen für Politiker und Journalisten regelmäßig abhalten. Diese Beratungsfunktion von Interessenverbänden ist politisch gewollt. Ihr Expertenwissen ist für die Abgeordneten als Vorbereitung für ihre Entscheidungen nahezu unverzichtbar. „Es lässt sich nicht bezweifeln", stellte das Bundesverfassungsgericht schon 1956 fest, „dass außerparlamentarische Aktionen vielfältiger Art denkbar sind, die einer legitimen Einwirkung auf das Parlament dienen können, vor allem soweit sie dazu bestimmt sind, die Abgeordneten über die bei den Wählern zu bestimmten politischen Fragen vorhandenen Meinungen zu unterrichten. An sich ist es daher verfassungsrechtlich nicht zu beanstanden, dass ‚Interessengruppen' auf die Mitglieder des Parlaments einzuwirken suchen".
Nach der Geschäftsordnung des Bundestages können die Ausschüsse auch „öffentliche Anhörungen von Sachverständigen, Interessenvertretern und anderen Auskunftspersonen" vornehmen. In diesen Expertenanhörungen (Hearings) erwerben Abgeordnete und Mitglieder der Regierungen notwendiges Wissen, das ihnen bei ihren Entscheidungen hilft.

... und Risiken

Vom Lobbyismus gehen aber auch Gefahren für die demokratischen Entscheidungsprozesse aus. Lobbyisten versuchen auch, Druck auf Abgeordnete auszuüben. Möglichkeiten dazu können darin bestehen, die öffentliche Meinung über die Medien zu mobilisieren, den Mitgliedern zu empfehlen, eine bestimmte Partei zu wählen, zu Demonstrationen aufzurufen oder eine Partei finanziell zu unterstützen. Lobbyisten können außerdem versuchen, Parteien und Parlamente mit Verbandsvertretern personell zu durchdringen oder gut dotierte Verbandsposten an Politiker zu vergeben. So sind z. B. Abgeordnete, die Industrieverbänden angehören, im Wirtschaftsausschuss oder die Gewerkschaften im Sozialausschuss des Deutschen Bundestages stark repräsentiert.

Lobbyismus	Der englische Begriff „Lobby" bezeichnete ursprünglich die Vorhalle des Parlaments. Die Lobby galt früher als der klassische Ort, wo Interessenvertreter der verschiedenen gesellschaftlichen Gruppen die Abgeordneten antreffen und ansprechen konnten. Heute bezeichnet Lobbyismus im übertragenen Sinne die gezielte Einflussnahme auf politische Entscheidungsträger durch Vertreter von Gruppeninteressen.

M2 Bremst Lobbyismus Reformwilligkeit?

Karikatur von Gerhard Mester

M3 Zielgruppen der Lobbyisten

Wie versuchen Verbände Einfluss zu nehmen? Zwei Politikwissenschaftler verdeutlichen die Möglichkeiten, 2006:

Der erste und ursprüngliche Adressat für die Beeinflussungsversuche des Lobbyismus war das Parlament, denn dessen Wandelhalle [Lobby] gab dem Phänomen den Namen. Auch heute bleiben die Abgeordneten wichtige Ansprechpartner für den Lobbyismus jeglicher Couleur, denn das Parlament ist und bleibt der Gesetzgeber. Die „Lobbyliste“ beim Deutschen Bundestag macht transparent, welche Verbände und Interessengruppen auf den parlamentarischen Entscheidungsprozess Einfluss zu nehmen suchen. Jeder Interessenvertreter, der zu offiziellen Hearings des Bundestages eingeladen werden möchte, muss hier aufgelistet sein. Das schließt aber nicht aus, dass Interessenten, seien es Unternehmen oder Einzelpersonen, unabhängig versuchen, Kontakt zu Abgeordneten und Fraktionen herzustellen. Auch politische Parteien sind Anlaufstellen des organisierten Lobbyismus.

Bevorzugtes Ziel von jeglicher Form des Lobbyismus sind allerdings nicht Parlamente und Parteien, sondern Regierungen. Da die detaillierte Gesetzesvorbereitung von der Legislative in die Exekutive gewandert ist, wird im großen Apparat der Ministerialbürokratie sowohl die Initiative zu neuen Gesetzesvorhaben ergriffen als auch die Implementierung [Einführung] vorbereitet. Damit ist die Exekutive bevorzugtes Handlungsfeld des organisierten Lobbyismus. Kluge Interessenvertreter werden, neben Kontakten zur Regierungsspitze, verstärkt die kontinuierliche Kommunikation zur mittleren Entscheidungsebene und insbesondere zur Arbeitsebene in den Referaten und Einzelabteilungen pflegen. Interessenverbände erfahren oft früher als das Parlament selbst von den Gesetzen im Referentenstadium. Experten der Interessengruppen sind auch auf vielfältige Weise in ständigen Kommissionen und Arbeitsgruppen in die Arbeitsweise der Ministerialbürokratie eingebunden. In den Ressorts gibt es außerdem Netzwerke, in denen die Exekutive und die Interessengruppen hervorragend zusammenarbeiten.

Schließlich sind noch Medien und die Öffentlichkeit als wichtige Adressaten für Lobbyisten zu nennen. Dies geschieht einerseits durch eigene Publikationen, andererseits durch medienzentrierte Öffentlichkeitsarbeit. Ihre eigenen Zeitschriften sind in ihrer Medienmacht keineswegs zu unterschätzen: Die „ADAC-Motorwelt“ oder die „Apotheken-Rundschau“ haben eine Millionenauflage. Mit gezielten Public-Relations-Aktivitäten werden die öffentliche Meinung und die Medienlandschaft beeinflusst. Dies stellt dann kein Problem dar, wenn der Absender der Botschaften klar hervorgeht und wenn in den Medien Werbung und redaktioneller Teil klar getrennt werden.

Ulrich von Alemann/Florian Eckert: Lobbyismus als Schattenpolitik. In: Aus Politik und Zeitgeschichte 15–16/2006, S. 3 f.

M4 „Zum Spannungsverhältnis von Lobbyismus und parlamentarischer Demokratie“

Vortrag des Präsidenten des Bundesverfassungsgerichts Hans-Jürgen Papier im Berliner Reichstag, 2006:

Ist die parlamentarische Demokratie auch und gerade durch verbändestaatliche Tendenzen und Strukturen gefährdet? Haben wir es mit einer „Herrschaft der Verbände“ zu tun, vor der der Politikwissenschaftler Theodor Eschenburg schon im Jahr 1955 gewarnt hat? Ich meine durchaus, dass zumindest gewisse Gefährdungen, die wir mit Aufmerksamkeit verfolgen sollen, nicht zu leugnen sind.

Bevor von derartigen Gefährdungen die Rede sein soll, möchte ich aber zunächst einmal betonen: Die – mitunter lautstarke – Geltendmachung individueller und partikularer, auch egoistischer Interessen, die Bündelung solcher Interessen in möglichst durchsetzungsstarken Verbänden und das Herantragen solcher Interessen an die Abgeordneten des Deutschen Bundestages in vielfältiger Art und Weise gehören zu unserer parlamentarischen Demokratie ganz selbstverständlich dazu. Zu einer pauschalen Verteufelung der Tätigkeit von Lobbyisten, ganz gleich ob diese seitens der Wirtschaft, der Gewerkschaften oder anderer gesellschaftlicher Gruppen tätig werden, besteht deshalb ganz und gar kein Anlass. [...]

Die Tätigkeit professioneller Lobbyisten – beim Deutschen Bundestag sind gegenwärtig über 1900 Verbände, die Interessen gegenüber dem Parlament oder gegenüber der Bundesregierung vertreten, offiziell registriert – ist aber nicht nur legitim. Oftmals treten die Interessenvertreter auch als nützliche und vielleicht manchmal sogar unverzichtbare Politikberater auf. Professionelle Lobbyisten sind in der Regel Experten auf ihrem Gebiet, deren Sachverstand sich für die Parlamentarier und deren Mitarbeiter – und übrigens genauso häufig auch für die Regierung und Ministerialbürokratie – als weiterführend und wertvoll erweist. Gerade wirtschaftlich potente Interessengruppen bündeln häufig starke Ressourcen an Spezialwissen und Sachverstand, die sie in der Politik in nicht geringem Umfang zur Verfügung stellen. Die diesbezügliche Unterstützung kann auch einmal bis zur Überlassung komplett ausgearbeiteter Gesetzentwürfe – auch und gerade in hochkomplexen rechtlichen Materien reichen.

In den geschilderten Vorteilen liegen freilich zugleich auch die Gefahren, die der parlamentarischen Demokratie aus dem real existierenden Lobbyismus erwachsen können. Zunächst einmal ist offensichtlich, dass nicht alle innerhalb der Gesellschaft relevanten Interessen in gleicher Weise von gut organisierten Lobbyisten repräsentiert sind. Vielmehr entscheidet nicht zuletzt die wirtschaftliche Potenz einer Interessengruppe darüber, wie effizient deren Lobbyarbeit gestaltet wird und in welchem Maße die Interessengruppe auf den Politikbetrieb Einfluss nehmen kann. Eine echte Waffengleichheit der verschiedenen gesellschaftlichen Gruppen bei der Wahrnehmung ihrer Interessen mittels Lobbying wird es deshalb kaum geben. Schwächer repräsentierte Interessen können so leicht auch unter die Räder geraten. [...]

Ich möchte aber noch auf ein weiteres Phänomen zu sprechen kommen, das mit der Einwirkung von Lobbyisten auf Parlamentarier im Vorfeld von Entscheidungen eng zusammenhängt, aber noch weiter geht. Was ich meine ist, dass sich eine zumindest partielle Verlagerung von wichtigen politischen Entscheidungen aus dem Bereich der staatlichen Institutionen und der verfassungsmäßig vorgesehenen Verfahren heraus in verschiedenen Formen der Kooperation mit Verbänden und Interessenvertretungen – oder jedenfalls der Versuch hierzu – beobachten lässt. Ich spreche hier von dem, was in der Presse auch schon als „Kommissionitis“ oder als „Räterepublik“ bezeichnet worden ist, also um die Satellitenschar von Kommissionen, Räten oder Sachverständigengremien, die bisweilen Parlament und Regierung umkreisen und als deren prominente Beispiele in jüngerer Vergangenheit etwa die „Rürup“- oder die „Hartz-Kommission“ standen oder etwa im Falle des „Nationalen Ethikrates“ – stehen. [...] Die Mitglieder von Kommissionen, die Partner der verschiedenen Kooperationsformen und die Vertreter der Interessenverbände repräsentieren nicht nur Sachverstand, sondern auch [...] Interessen.

www.bpb.de/files/LD34GU.pdf (Zugriff: 18.02.2008)

M5 Methoden und Adressaten der Verbände

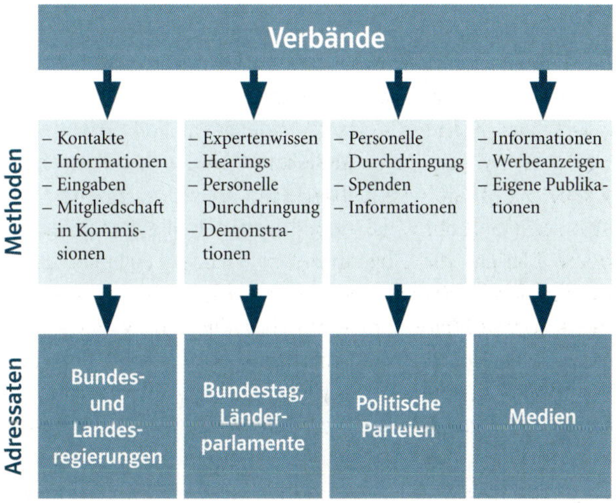

Arbeitsaufträge

1 Fertigen Sie eine Wandzeitung an, auf der Sie über mehrere Wochen Zeitungsausschnitte sammeln, die sich mit Äußerungen von Verbänden beschäftigen. Welche Kritiken und Forderungen an Regierung und Parlament kommen jeweils zum Ausdruck?

2 Suchen Sie nach Argumenten, die Lobbyisten gegen M 2 vorbringen könnten.

3 Warum sind gemäß M 3 Mitglieder der Exekutive oft wichtigere Ansprechpartner für Lobbyisten als Abgeordnete der Parlamente?

4 Versehen Sie jeden Abschnitt der Rede des Präsidenten des Bundesverfassungsgerichts (M 4) mit einer eigenen Überschrift. Zählen Sie auf, welche Bedenken der Redner gegen den Lobbyismus nennt. Wo sieht er auch Vorteile dieser Form der Einflussnahme?

5 Die Gewerkschaften gehören zu den größten Verbänden in Deutschland. Beurteilen Sie deren Ziele und Kampfmittel im Zeitalter der Globalisierung.

6 Schlagen Sie in einer Gesetzessammlung nach, welche Aufgaben Innungen (§ 54 HWO) und Handwerkskammern (§ 91 HwO) haben. Inwiefern überlagern sich dabei staatliche und berufsständische Aufgaben? Nennen Sie Interessenkonflikte, die dabei entstehen könnten.

7 Wie beurteilen Sie selbst den Lobbyismus? Diskutieren Sie in der Klasse das Für und Wider.

1.5 Die „vierte Gewalt"? – Medien und ihr Einfluss auf die Politik

M1 Politisches Geschehen wird über Medien transportiert

Die „Elefantenrunde" nach der Bundestagswahl 2005; von links: Edmund Stoiber (CSU), Guido Westerwelle (FDP), Angela Merkel (CDU), die Chefredakteure von ZDF und ARD Bender und von der Tann, Gerhard Schröder (SPD), Joseph Fischer (Bündnis 90/Die Grünen) und Lothar Bisky (Linke.PDS)

Die „Elefantenrunde", während der sich die Parteivorsitzenden zu den Wahlergebnissen äußern, gehört zu den Sendungen mit den höchsten Einschaltquoten in der Bundesrepublik. Die Leiter der Gesprächsrunde versuchen dabei, den Politikern möglichst viele Informationen zu entlocken, etwa über geplante zukünftige Koalitionen und Regierungsbildungen. Die Politiker ihrerseits versuchen, derartige Sendungen als Bühne für sich und die Verbreitung ihrer Interessen zu nutzen. Medien vermitteln den Bürgern das politische Geschehen zeitnah. Sie werden wegen ihres Einflusses auf die Meinungs- und Willensbildung häufig auch als „vierte Gewalt" bezeichnet. Eine ihrer wesentlichen Aufgaben besteht darin, die Öffentlichkeit über die „klassischen" drei Gewalten zu informieren und sich mit deren Entscheidungen kritisch auseinanderzusetzen.

Medien als Vermittler

Wie können Abgeordnete und Regierungsmitglieder erkennen, welche Probleme die Menschen beschäftigen? Und wie können die Bürgerinnen und Bürger erfahren, welche politischen Vorhaben zur Entscheidung anstehen und wie sie letztlich entschieden wurden? Demokratisches Regieren ist darauf angewiesen, dass es zwischen den Regierenden und den Regierten zu einem regelmäßigen Austausch von Informationen und Meinungen kommt. Diesen Austausch leisten die Medien – sie stellen demnach Öffentlichkeit her. Medien spielen die Rolle von „Vermittlern" zwischen den politisch Verantwortlichen und der Bevölkerung. Sie machen Interessen, etwa von Verbänden und Bürgerinitiativen einerseits, und politisches Handeln andererseits allen bekannt und hinterfragen diese Interessen und das öffentliche Handeln kritisch. Dadurch tragen sie dazu bei, dass eine öffentliche Meinung entsteht.

Eine Zensur findet nicht statt

Dies setzt voraus, dass unterschiedliche Ansichten und Interessen frei geäußert werden können, ohne dass jemand fürchten muss, wegen seiner Ansichten verfolgt zu werden. Im demokratischen Rechtsstaat können sich die Bürgerinnen und Bürger frei informieren, eine eigene Meinung bilden und für diese in der Öffentlichkeit einstehen. Aber auch die Berichterstattung der Medien muss frei und ungehindert erfolgen können. Die Pressefreiheit gehört zu den wichtigsten Grundrechten. Dazu heißt es in Art. 5 Abs. 1 GG: „Jeder hat das Recht, seine Meinung in Wort, Schrift und Bild frei zu äußern und zu verbreiten und sich aus allgemein zugänglichen Quellen ungehindert zu unterrichten. Die Pressefreiheit und die Freiheit der Berichterstattung durch Rundfunk und Film werden gewährleistet. Eine Zensur findet nicht statt." Allerdings gibt es auch Grenzen, die in Art. 2 definiert sind: „Diese Rechte finden ihre Schranken in den Vorschriften der allgemeinen Gesetze, den gesetzlichen Bestimmungen zum Schutze der Jugend und in dem Recht der persönlichen Ehre."

Information als Machtinstrument

Über die Medien lässt sich ein Großteil der Bevölkerung erreichen. Wer also als Politiker oder Unternehmer Zugang zu Rundfunk, Fernsehen oder Presse besitzt, hat die Möglichkeit, den Meinungsbildungsprozess der Öffentlichkeit in seinem Sinn zu beeinflussen. Organisierte politische und gesellschaftliche Gruppen besitzen bessere Chancen, in den Medien zu Wort zu kommen und von ihnen beachtet zu werden als Einzelne oder ethnische, religiöse oder politische Minderheiten. Die Regierungen haben, wie die in den Parlamenten vertretenen Parteien eigene Presseabteilungen, die die Medien mit Nachrichten versorgen. Auch Interessenverbände, Kirchen und größere Unternehmen betreiben auf diese Weise Öffentlichkeitsarbeit.

In der Bundesrepublik Deutschland sind Zeitungs- und Zeitschriftenverlage fast ausschließlich in privatem Besitz. Dadurch besteht einerseits Freiheit von direkter staatlicher Beeinflussung. Andererseits ergeben sich Abhängigkeiten, die durch das Meinungsbild des Verlegers oder durch wichtige Anzeigenkunden geprägt sind.

Medien machen Meinung

Nur wer Kenntnis davon hat, was Tag für Tag in Politik, sozialem Umfeld, Wirtschaft, Kultur oder Sport geschieht, kann sich eine eigene Meinung bilden und kann mitreden. Wer keinen Zugang zu den Medien hat oder sie nicht regelmäßig nutzt, ist von dieser Meinungsbildung ausgeschlossen. Er ist kaum in der Lage, sich fundiert zu äußern oder sich bei Wahlen sachgerecht zu entscheiden. Nicht alle Menschen nutzen ihre Möglichkeiten, sich zu informieren, in gleicher Weise. So beziehen nicht einmal die Hälfte aller privaten Haushalte in Deutschland eine Tageszeitung, allerdings geben etwa drei Viertel aller Erwachsenen an, eine Tageszeitung regelmäßig oder doch hin und wieder zu lesen. Auch im Fernsehen haben die Informations- und Nachrichtensendungen keine so hohen Einschaltquoten wie etwa Unterhaltungssendungen.

Öffentlich-rechtliche ...

Rundfunk und Fernsehen sind im Unterschied zur Presse in Deutschland nicht ausschließlich privatwirtschaftlich organisiert. Um eine sowohl vom Staat als auch von privaten Geldgebern unabhängige Berichterstattung zu gewährleisten, wurden nach 1945 in den Westzonen Deutschlands öffentlich-rechtliche Länderanstalten gegründet. Das Bundesverfassungsgericht hat ihnen die Aufgabe zugewiesen, die Bevölkerung mit Information, Bildung und Unterhaltung zu versorgen („Grundversorgung"), da dies für die demokratische Ordnung und das kulturelle Leben unerlässlich sei. Die „Öffentlich-Rechtlichen" finanzieren ihre Arbeit durch Gebühren der Hörer und Zuschauer und nur zu einem geringeren Teil durch Werbeeinnahmen. Ihre Programme sollen möglichst alle gesellschaftlichen Standpunkte zur Geltung bringen, also „ausgewogen" sein. Trotzdem versuchen Parteien und Interessenverbände immer wieder über die Rundfunkräte politischen Druck auf die Redakteure auszuüben. Die Rundfunkräte bilden die Aufsichtsgremien der Sender. Deren Mitglieder kommen aus allen gesellschaftlich relevanten Gruppen. Dazu zählen Vertreter der Landesregierungen, Parteien, Universitäten, Religionsgemeinschaften, Gewerkschaften und Arbeitgeberverbände sowie anderer sozialer, kultureller und sportlicher Verbände. Die Rundfunkräte wählen jeweils Intendanten als Leiter der Anstalten. In der Arbeitsgemeinschaft der öffentlich-rechtlichen Rundfunkanstalten Deutschlands (ARD) arbeiten zehn Länderanstalten zusammen, die zusätzlich über die Dritten Programme eigene Regionalprogramme ausstrahlen. Das Zweite Deutsche Fernsehen (ZDF) wurde 1961 aufgrund eines Staatsvertrags zwischen den

Medien	(von lat. medium = Öffentlichkeit): Kommunikationsmittel zur Verbreitung von Wissen, Nachrichten, Meinungen und Unterhaltung durch Schrift, Ton oder Bild. Sie richten sich an einzelne gesellschaftliche Gruppen oder an ein großes Publikum (Massenmedien). Druckerzeugnisse werden auch als Printmedien, Bild- und Tonträger als audiovisuelle Medien bezeichnet.

Bundesländern gegründet. Obwohl nur wenige Mitglieder des ZDF-Fernsehrates von den Parteien entsandt werden, macht sich auch hier ein starker parteipolitischer Einfluss geltend.

... und private Medien

Nicht öffentlich-rechtliche Anstalten dürfen erst seit 1984 Hörfunk- und Fernsehprogramme ausstrahlen. Sie finanzieren sich vorwiegend aus Werbeeinnahmen. Deshalb sind für sie hohe Einschaltquoten besonders wichtig. Für einige Programme müssen für die Nutzung besondere Gebühren bezahlt werden (Pay-TV). Auch private Rundfunk- und Fernsehanstalten müssen laut Bundesverfassungsgericht „alle Meinungsrichtungen – auch die der Minderheiten" zum Ausdruck bringen. Meinungsmonopole sollen auch dort ausgeschlossen werden. Das Bundesverfassungsgericht stärkte 2007 in einem Rundfunkgebühren-Urteil die Position der öffentlich-rechtlichen Sender. Die Richter machten ihre Skepsis gegenüber den privaten Sendern deutlich: „Werbefinanzierung stärkt den Trend zur Massenattraktivität und zur Standardisierung der Angebote." Sie fördere die Risiken „einseitiger publizistischer Betätigung und damit Einflussnahme". Der wirtschaftliche Wettbewerb führe „zu wirklichkeitsverzerrenden Darstellungsweisen, etwa in der Bevorzugung des Sensationellen und zu dem Bemühen, dem Berichtsgegenstand nur das Besondere, etwas Skandalöses, zu entnehmen". Die Meinungsvielfalt sei durch die Entwicklung der Medienmärkte insgesamt gefährdet. Der Konzentrationsdruck sei im Bereich des privatwirtschaftlichen Rundfunks gewachsen. Neben herkömmlichen Medienunternehmen würden zunehmend „Kapitalgesellschaften unter maßgeblicher Beteiligung von internationalen Finanzinvestoren tätig".

Zunehmende Medienkonzentration

Aus dem Zwang, Gewinne zu erwirtschaften, kam es in den letzten Jahrzehnten zu einer Konzentration der Medien. Das führte dazu, dass unterschiedliche Print-Medien im Besitz desselben Verlegers sind. Zu den größten Zeitungsverlagen gehören der Axel Springer Verlag (Bild, Die Welt, Berliner Morgenpost, Hörzu), die Bertelsmann AG/Gruner-Jahr (Stern, Brigitte, Capital, Geo), der Burda-Verlag (Bunte, Focus), die Holtzbrinck-Gruppe (Die Zeit, Handelsblatt) und die Verlagsgruppe WAZ (Westdeutsche Allgemeine Zeitung).

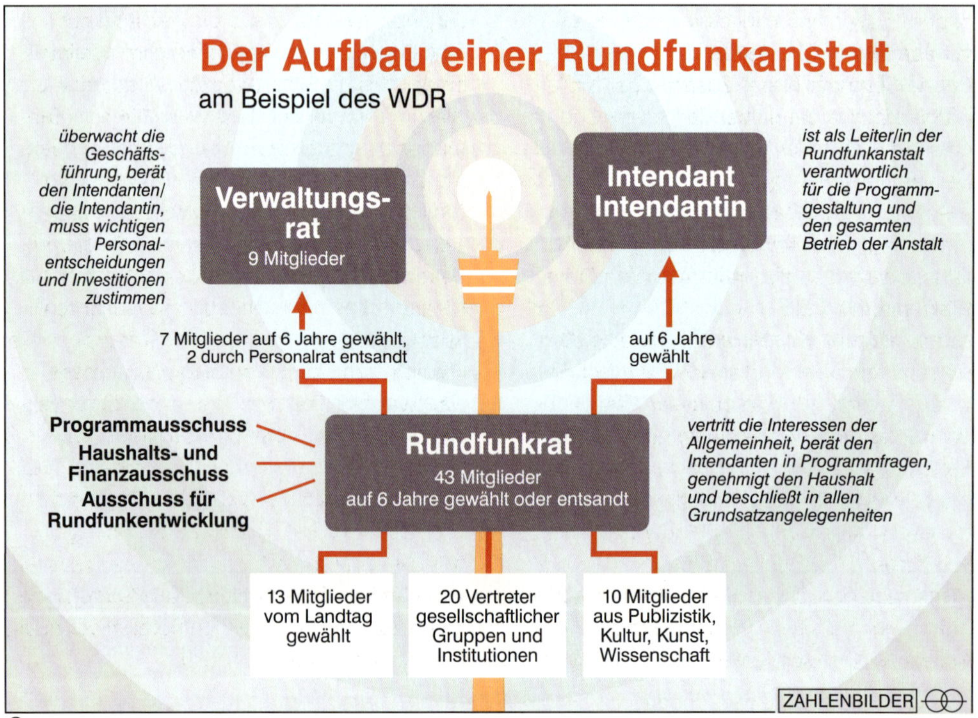

© Erich Schmidt Verlag 538 150

M2 Mitbestimmung bei öffentlich-rechtlichen Sendern

Die Axel Springer AG ist der mächtigste Zeitungskonzern Europas. Er verlegt 170 Zeitungen und Zeitschriften in 33 Ländern und beschäftigt 10 000 Mitarbeiter. Einige Verlage sind unternehmerisch auch an privaten Fernsehanstalten beteiligt. Die RTL-Unternehmensgruppe mit dem größten Marktanteil bei den privaten Sendeanstalten in Deutschland ist ein Tochterunternehmen der Bertelsmann AG. Sie ist in zehn europäischen Ländern an 39 Fernseh- und 29 Radiosendern beteiligt (Stand 2006). Als die Axel Springer AG 2005 die TV-Gruppe ProSieben Sat 1 kaufen wollte, lehnte das Bundeskartellamt die Fusion ab, da sonst lediglich zwei Konzerne nahezu den gesamten privaten TV- Markt beherrscht hätten. Eine ausreichende Konkurrenz wäre nicht gewährleistet gewesen, zumal Bertelsmann und Springer mehrere Druckereien in Europa gemeinsam betreiben. Befürchtet wurde auch, dass der Marktführer bei Boulevardzeitungen Springer mit den Boulevardmagazinen von ProSieben und Sat 1 ein noch größeres Monopol im Boulevardjournalismus erlangt hätte.

„Wundertüte" Internet

Im Zuge der aufblühenden Multimedia-Industrie seit den 1990er-Jahren wird sich möglicherweise die Rolle und Bedeutung des Fernsehens ändern. Schon heute investieren Zeitungsverlage und Fernsehsender zunehmend ins Online-Geschäft, bieten Zusatz- oder Hintergrundinformationen über das Internet an oder stellen gar das gesamte Angebot online. Der Annoncenmarkt, wie der Immobilien-, der Auto- und der Stellenmarkt, sind weitgehend ins Internet abgewandert. Immer mehr Buchverlage haben sich zu multimedialen Dienstleistern entwickelt.

Das scheint reizvoll. Noch nie war es möglich, sich so umfassend und so schnell Informationen zu einem Thema zu beschaffen. Aber auch selten war die Gefahr so groß, dabei Falschinformationen aufzusitzen. Denn im Internet greifen die Qualitätskontrollen nicht, die bei Printmedien üblich sind. Abgesehen von den seriösen und zuverlässigen Online-Angeboten der renommierten Medien gibt es auf Internetseiten oft weder Lektorat noch Redaktion. Die Möglichkeit der Anonymität und des leichten Zugangs zum Einstellen von Informationen oder Meinungen begünstigen den Missbrauch.

„Electronic government"

Das Internet ist nicht nur eine technologische Revolution des Marktes, auf dem Waren und Dienstleistungen getauscht und Informationen zugänglich gemacht werden, es stellt auch eine Chance für die politische Kommunikation dar. So haben Parteien und Abgeordnete Websites eingerichtet, über die Bürger Informationen schnell abrufen und sogar mit den Abgeordneten Kontakt aufnehmen können. Bundestags- und Landtagsdebatten lassen sich online mitverfolgen. Gesetzestexte und Gesetzesvorlagen sind im Internet abrufbar. Hierzu treten die Vorteile des sogenannten „electronic government". Verwaltungsprozesse können vereinfacht und bürgernah organisiert werden, Steuererklärungen elektronisch abgegeben, Ausweise über das Internet beantragt, Auskünfte digital eingeholt werden. Diese Entwicklung birgt Risiken: Die persönliche Kommunikation schwindet und sogar private Kontakte reduzieren sich auf anonyme virtuelle Schriftwechsel in „Chat-Rooms". Eine komplette Sicherheit gegen Datenmissbrauch im Internet gibt es noch nicht.

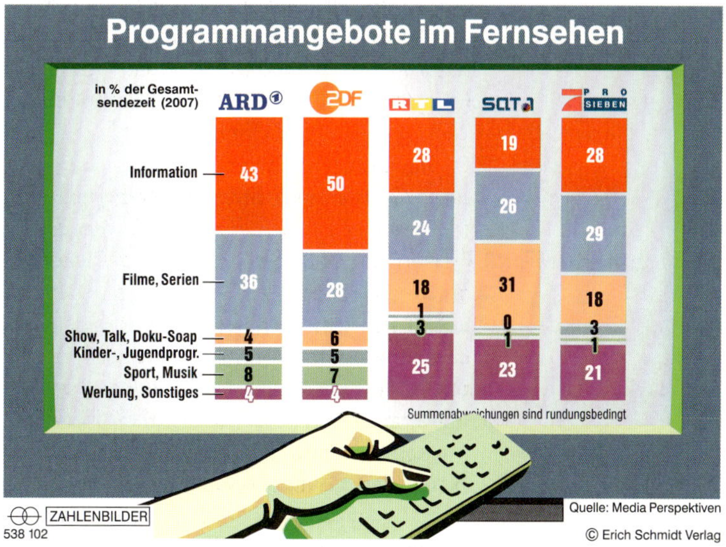

M3 Fernsehlandschaft in der Bundesrepublik

Mit der Einführung des Privatfernsehens verloren die öffentlich-rechtlichen Sender ihr Bildschirmmonopol. Bei der Programmgestaltung setzen ARD und ZDF andere Schwerpunkte als die kommerzielle Konkurrenz.

M4 Medien im Wahlkampf

Versuchen Parteien die redaktionelle Berichterstattung zu beeinflussen?

Die Parteien verfügen nicht mehr über die finanziellen Ressourcen, die sie noch in zurückliegenden Wahlkämpfen mehr als üppig einsetzten. Für Hochglanzbroschüren, prunkvolle Wahlkampfveranstaltungen, intensiven Straßenwahlkampf, Anzeigen und Zeitungsbeilagen fehlen zunehmend die finanziellen Mittel. Noch in den siebziger Jahren versorgte die SPD flächendeckend die Wahlbürger an den vier Sonntagen vor der Bundestagswahl mit der „Zeitung am Sonntag" (ZAS), um bundespolitische und lokale Themen mit einem möglichst hohen redaktionellen Anspruch aufzugreifen. Der Einsatz derartiger Instrumente ist heute nicht mehr möglich. Nach und nach verschob sich die Öffentlichkeitsarbeit der Parteien auf den Versuch der Einflussnahme auf redaktionelle Berichterstattungen. Nicht ohne Grund wurden bekannte Medienberater engagiert, die früher selbst in leitenden Funktionen in den Medien tätig waren. Es wurde mehr oder minder erfolgreich versucht, Wahlkämpfe über die Medien zu inszenieren. Mittlerweile ist der tägliche Pressespiegel zum wichtigsten Stimmungsbarometer der Parteien geworden, besonders vor Wahlen. Parteistrategen legen mehr denn je Wert auf eine parteifreundliche Berichterstattung. Die Parteien-PR hat heute einen großen Stellenwert im Wahlkampf. Immer beliebter sind auch Talkshows der Marke „leichte Unterhaltung". Sie sind bevorzugte Bühnen für Politiker. Homestorys und nette Geschichten aus ihrem Leben lassen ihre Sympathiewerte steigen. [...] Wähler, die angesichts einer immer geschickteren PR über Wahlinhalte im Unklaren gelassen werden, benötigen die Vermittlung der Medien mehr denn je. Sie müssen den Wählern helfen, die unterschiedlichen Positionen der Parteien zu verstehen und Ziele zu erkennen, damit diese begreifen, welche Auswirkungen bestimmte Programmpunkte für sie persönlich und für den Staat voraussichtlich haben werden. Politiker suchen die Medien nicht um der Politik willen. Sie suchen die Medien, um Wahlen zu gewinnen. Der Journalist, der Fragen stellt, auch unangenehme, ist gefragt. Soziologisch betrachtet, spielen die Medien im Verhältnis Mensch, Medien und Macht eine dominante Rolle, die nicht dafür missbraucht werden darf, um Medienkanzler/innen aufzubauen oder fallen zu lassen. In dieser Beziehung wurden Politiker in den vergangenen Jahren derartig medial verwöhnt, dass sie bei kritischen Berichten inzwischen ungehalten reagieren.

Michael Konken: Medienmacht und Medienmissbrauch. In: Aus Politik und Zeitgeschichte 51–52/2005, S. 17 ff.

M5 Zwischen Information und Korruption

Ein Journalist schildert seine Erfahrungen mit Informanten:

Eine innere Alarmglocke muss bei jedem von uns läuten, am besten leise und nur für uns selber zu hören, für den anderen möglichst nicht, wenn sich uns Politiker allzu freundlich, allzu liebenswürdig, allzu höflich nähern. Meist wollen sie etwas. Das gilt natürlich erst recht für die mächtigen Manager der Wirtschaft, der Banken.

Die Groß-Industrien werden bei ihren Annäherungsversuchen eher eine gewisse Vorsicht walten lassen. Sie hüten sich in der Regel vor dem Vorwurf, die Vergabe der Annoncen vom Wohlverhalten der Redaktionen abhängig zu machen. Die Grenzen verwischen sich am ehesten im Bereich der Touristik, im Reisejournalismus. Die meisten Reiseseiten sind, auch in den großen Blättern, indirekt von der Anzeigenkundschaft subventioniert, denn keine Redaktion könnte die grandiosen Reisen auf Luxusdampfern, die Aufenthalte in Fünf-Sterne-Hotels, die Flüge in exotische Winkel der Welt finanzieren. Von Korruption muss nicht die Rede sein, weil die Verflechtung von Interessen hier offensichtlich ist.

Die Politiker, die Mächtigen überhaupt, aber verfügen über ein heimliches – nein, eher unheimliches Mittel, vielleicht das gefährlichste, um den Journalisten, ich sage es fast zart, moralischen Gefahren auszusetzen und auch zu korrumpieren. Das ist das Vertrauen, das wir für gewöhnlich als eines der schönsten Geschenke des menschlichen Umgangs betrachten, genauer die Vertrautheit, die im Grunde so kostbare Erfahrung, ins Vertrauen gezogen, vielleicht in einen Kreis aufgenommen zu werden, in dem uns Informationen zufließen, die anderen vorenthalten bleiben. Es ist nicht leicht, den Lockungen „exklusiver" Informationen zu widerstehen. Wer würde nicht gern einen „scoop" [exklusive Meldung] landen oder mit einer Meldung, die kein anderer hat, für eine Sensation sorgen.

Man muss nur wissen, dass die vertrauliche Information nicht nur das eigene Denken in eine gewisse Richtung lenken soll, sondern in der Regel handfesten Interessen dient, die ins Fernsehen, ins Radio, in die Zeitung und damit ins Denken und Empfingen der Öffentlichkeit übertragen werden sollen. Jene Vertraulichkeit, mit der sich Politiker uns so freundlich zuwenden, mit der sie auf uns zueilen, unsere Hände schütteln, uns wie alte Freunde begrüßen und damit unserem kleinen Ego schmeicheln: Wir dürfen sie genießen, solange wir nicht vergessen, dass sie ihren Preis hat. Die hohen Herrschaften wollen immer etwas – sie sind es ja auch gewohnt, dass jeder, fast jeder, etwas von ihnen will. Diese Vertrautheit ist das wohl subtilste Mittel der Korruption. Wir werden ihr nicht immer entgehen. Wir sollten sie unsererseits zu nützen wissen, ohne Verrat zu üben.

Klaus Harprecht: Das Beziehungsnetz. Anmerkungen zur inneren Verflechtung und Neutralisierung der großen Zeitungen. In: Neue Gesellschaft. Frankfurter Hefte 12/2005, S. 43.

M6 Bundestagsdebatten im Fernsehen?

Das Für und Wider von Fernsehübertragungen aus dem Bundestag:

In repräsentativen Demokratien übernehmen Parlamente folgende Funktionen: Wahl, Kontrolle der Regierung, Gesetzgebung, Repräsentation und Interessenartikulation. Diese Aufgaben sind vor den Augen der Öffentlichkeit zu erfüllen. [...] Somit sind der parlamentarische Entscheidungsprozess und die Entscheidungsbegründung transparent zu gestalten, weil das Wesensmerkmal demokratischer Legitimation ihr öffentlicher Charakter ist. Folglich lässt sich die Gesamtaufgabe parlamentarischer Versammlungen auf ihre Kommunikations- und Öffentlichkeitsfunktion zuspitzen. [...] Ob als Galeriebesuch, Zeitungsbericht, Radiobeitrag, Fernsehberichterstattung oder Internetpräsenz – das zentrale Merkmal bleibt die symbolische Integration der Bevölkerung in die parlamentarische Arbeit. [...]

Für die Präsenz des Bundestages im Fernsehen spricht die Beobachtung (Kontrolle) der gewählten Repräsentanten durch die Wählerschaft (Fernsehpublikum). Die Parlamentarier (gewählte Repräsentanten) können sich zudem indirekt an die Wählerschaft wenden, um sie über ihre Position zu bestimmten Gesetzesvorhaben zu informieren. Dementsprechend kann die Wählerschaft mit den parlamentarischen Arbeitsabläufen, Konventionen und Ritualen vertraut gemacht werden. Insgesamt führt dies zu einer Aufwertung parlamentarischer Institutionen. Der öffentlich-rechtliche Informations- und Bildungsauftrag durch das Fernsehen wird somit erfüllt.

Demgegenüber stehen Argumente wie die Sorge um ein durch die Fernsehöffentlichkeit verändertes Verhalten der Parlamentarier. Durch die vom Fernsehen „provozierte" Inszenierung parlamentarischer Politik könnte das Vertrauen der Wählerschaft sinken und das Ansehen parlamentarischer Institutionen beschädigt werden. Da außerdem nur ein sehr kleiner Teil der komplexen Parlamentsarbeit im Fernsehen abgebildet werden kann (Fokus auf Plenardebatten, sachorientierte Arbeit in den Ausschüssen wird ausgeblendet), entsteht eine paradoxe Situation, die zu Missverständnissen über die parlamentarische Arbeit führen kann. Aufgrund der zeitlichen Begrenzung in der Nachrichtenberichterstattung ist es wahrscheinlich, dass die Anliegen kleinerer Parteien nicht oder nur inadäquat wiedergegeben werden können.

Dietmar Schiller: Parlamente im Fernsehen. In: Die Politische Meinung, Nr. 450, Mai 2007, S. 23 ff.

M7 Tägliche Zuschauerzahlen bei Nachrichtensendungen

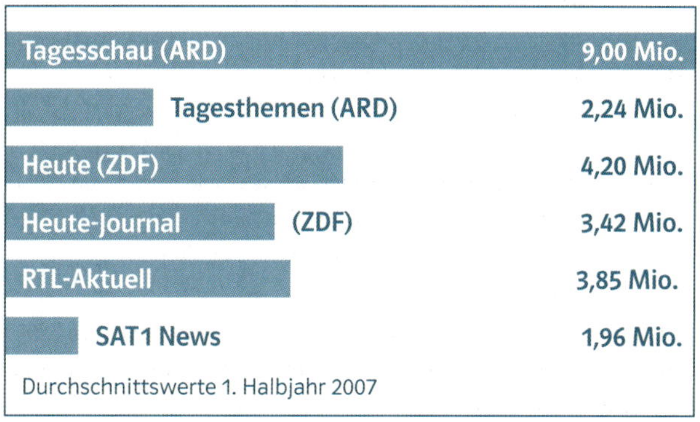

Nach: Stuttgarter Zeitung vom 3. August 2007, S. 33.

M8 Öffentlich-rechtliches oder privates Fernsehen?

Aus einer Rede von Bundestagspräsident Wolfgang Thierse zum 50-jährigen Jubiläum der ARD am 9. September 2000 in Berlin:

Ich will keine falsche Schwarz-Weiß-Malerei zwischen privaten und öffentlich-rechtlichen Sendern betreiben, ich bekenne mich zum dualen System, aber ich will einen markanten Unterschied hervorheben: dass nämlich die Privatsender sich für unzuständig halten für das, was das Bundesverfassungsgericht „Grundversorgung" nennt. Ohne übertriebene Verkürzung heißt das: Für Demokratie, für Aufklärung, für Information, für Meinungsvielfalt, für die Abbildung des wirklichen sozialen Lebens sind die öffentlich-rechtlichen Programme zuständig, alle übrigen widmen sich weitgehend der Unterhaltung, der Sensation – gelegentlich sehr erfolgreich. Mit der Folge, dass Pluralität in ein und demselben Programm, wenn überhaupt, dann nur vom öffentlich-rechtlichen Fernsehen wirklich verlangt wird. [...] Die Diskussion um die Legitimation des öffentlich-rechtlichen Rundfunks wird gewiss nicht so bald zu Ende sein – zumindest hoffe ich das. Denn so lange es diese Diskussion gibt, funktioniert auch die öffentliche Kontrolle der Kontrolleure in den Fernsehräten. Wir sollten deswegen alle gemeinsam auf die Stärken dieses Systems setzen und dem Sog widerstehen, das Fernsehen allein dem Markt zu überlassen. Denn das Fernsehen, der Rundfunk – das ist ein besonderes Medium: Sein Einfluss ist immens, und er wird eher noch weiter steigen, darum setzen Sie auf Qualität! Trauen Sie dem Zuschauer etwas zu und strafen Sie ihn nicht mit der Verachtung der fortgesetzten Unterschreitung noch des niedrigsten Niveaus. Fernsehen ist nicht nur das mit Abstand meist genutzte Medium, fernsehen ist die Freizeitbeschäftigung, der die Deutschen mit Abstand die meiste Zeit widmen. Viele Bürger beziehen ihre politischen Informationen ausschließlich über die Berichterstattung im Fernsehen. Heute verbringt ein großer Teil der Jugendlichen mehr Zeit vor dem Fernseher als in der Schule.

www.bundestag.de/aktuell/presse/200

M9 „Ein ekelhafter Typ“

Karikatur von Klaus Stuttmann

M10 Rechtsextreme im Internet

Die Bundeszentrale für politische Bildung informiert über NPD-Aktivitäten im Netz:

[Der Hamburger NPD-Vorsitzende und] Neonazi-Anwalt Jürgen Rieger rühmt sich inzwischen einer eigenen „Heimseite“ im „Weltnetz“, der man „Netzpost“ zukommen lassen kann. So albern die Germanisierung des englisch-geprägten World Wide Web durch überzeugte Rechtsextremisten auch klingt, umso wichtiger ist der braunen Szene inzwischen das Internet. So wären die Erfolge der NPD und der gesamten rechtsextremen Bewegung in den vergangenen Jahren in Deutschland ohne das Medium Internet kaum denkbar. Es fungiert als Schaufenster der Parteien und Gruppierungen, als Koordinationsplatz, Diskussions- und Strategieforum, Mobilisierungsnetz und vor allem als Propagandaabteilung. Außerdem generieren Neonazis durch den Handel via Internet Geld für das eigene Leben – und für die Szene. Die wenigen dirigierenden Köpfe der Neonazi-Bewegung können sich mit Hilfe des Internets ungestört koordinieren – und versuchen gezielt, in die zahlreichen rechtsextremen Diskussionsforen steuernd einzugreifen. Zudem bietet das Internet für verbotene Propaganda hervorragenden Schutz. Es schützt Rassisten und aggressive Antisemiten oft vor Strafverfolgung, in der Bundesrepublik Deutschland verbotene Inhalte werden über ausländische Anbieter gelenkt und anonym verbreitet. Neonazi-Gruppierungen schaffen sich auf diese Weise Internet-Auftritte, ohne dass die Verantwortlichen namentlich auftauchen. […]

Die Strategen [der NPD-Bundespartei] trimmen die Partei zurzeit nach außen auf bürgerlich, denn die „Nationaldemokraten“ wollen zunehmend Wähler aus der Mitte der Gesellschaft gewinnen; ohne diese wird es langfristig keine Wahlerfolge geben, besonders im Westen nicht und am wenigsten bei Bundestagswahlen. Daher hat die NPD ihre Homepage überarbeitet: Statt wie anfangs üblich einer Karte des Deutschen Reiches in den Grenzen von 1937 strahlen jetzt idyllische Landschaftsbilder von der Seite, zur Ideologie passende braune Farben oder rechtsextreme Symbole sucht der Besucher auf den Seiten der NPD schon lange vergeblich. […] Auf dem „Medienserver“ der rechtsextremen Partei liegen drei der berüchtigten „Schulhof-CDs“ und warten darauf, von Jugendlichen kostenlos heruntergeladen zu werden. Bislang ist dies nach NPD-Angaben etwa 40 000-mal geschehen. Die Interpretenliste liest sich wie eine Hitparade der deutschen Neonazi-Musik, penibel achteten die Verantwortlichen bei der Auswahl darauf, keine indizierten Beiträge auf den NPD-Seiten anzubieten. Doch hier räumte die NPD offenbar nicht gründlich genug auf. Die Songs der CD aus dem Jahr 2006 sind zwar nicht verboten, doch schaut man sich die ID3-Informationen der einzelnen Lieder an, erscheint folgende Angabe (Stand März 2007): „Title: Widerstand; […] Comment: Erstellt von Reltih Floda“ Erstellt von einem gewissen „Reltih Floda“ – also Adolf Hitler rückwärts geschrieben. Der NPD-Sprecher erklärte, man könne sich nicht erklären, wie diese Angabe entstanden sein könnte. Solche Verschlüsselungen werden von Neonazis gerne benutzt – ähnlich wie die Chiffren 18 für Adolf Hitler oder 88 für Heil Hitler. […]

Neonazis und NPD ködern keine jungen Leute und neue Sympathisanten über das Internet, sondern im realen Leben. Die modernen Nazis verstehen es jedoch mittlerweile, attraktive Anlaufpunkte für Interessierte im Internet anzubieten, um dort ihre Propaganda zu platzieren. Dies vereinfacht den immer tieferen Einstieg in die Neonazi-Szene. Kontakte können leicht geknüpft, Ideologisches einfach heruntergeladen werden, außerdem bietet das „Weltnetz“ den Neonazis eine weitgehend risikofreie Kommunikationsplattform.

Patrick Gensing. In: www.bpb.de/themen/WYQQG0.html
(Zugriff: 16.04.2008)

M11 „Prinzessin Caroline unterliegt, Sabine Christiansen siegt“

Der Bundesgerichtshof muss sich häufig mit Beschwerden von Prominenten auseinandersetzen, die sich von Journalisten und Fotografen verfolgt fühlen:

Ob Fotos von Prominenten ohne deren Zustimmung veröffentlicht werden dürfen, hängt immer stärker von dem Text ab, der zu dieser Abbildung veröffentlicht wird. Das hat der Bundesgerichtshof in zwei gestern gefällten Grundsatzurteilen klargestellt. Das oberste deutsche Zivilgericht hatte über zwei Fotos zu entscheiden, die praktisch identische Motive hatten: Sie zeigten prominente Menschen in unverfänglichen Alltagssituationen während des Urlaubs im Ausland. Dennoch fällte der Bundesgerichtshof zwei unterschiedliche Urteile.

Das eine, von der Zeitschrift „7 Tage“ veröffentlichte Bild zeigt Caroline Prinzessin von Hannover mit ihrem Mann in Freizeitkleidung während eines Urlaubs auf einer belebten Straße. Diese Veröffentlichung wurde vom Bundesgerichtshof jetzt genehmigt. Die andere von „Bild der Frau“ veröffentlichte Aufnahme zeigt die Fernsehmoderatorin Sabine Christiansen auf Mallorca mit ihrer Putzfrau. Diese Veröffentlichung greift nach Überzeugung des Bundesgerichtshofs in das Persönlichkeitsrecht der Moderatorin ein.
Entscheidend für das Gericht war, dass das Foto der Adeligen von einem Text begleitet war, der den Titel „In Prinzessin Carolines Bett schlafen, kein unerfüllbarer Wunsch“ hatte. Dort wurde berichtet, dass das hannoversche Prinzenpaar seine Ferienvilla in Kenia samt Personal für 1000 Dollar die Nacht vermietet. Die Zeitschrift meinte, auch Reiche seien sparsam geworden und hätten einen Hang zum ökonomischen Denken entwickelt. Das Gericht argumentiert, auch ein unterhaltsamer Zeitschriftenartikel, der sich mit dem „gewandelten Konsumverhalten“ der Reichen befasse, könne zu einer „Debatte von öffentlichem Interesse führen“. Deshalb sei auch die Beifügung des Fotos ohne Genehmigung zulässig.
Das Foto von Sabine Christiansen stand auf einer Bildseite mit dem Titel „Was jetzt los ist auf Mallorca“. Im Begleittext wird darauf verwiesen, dass die „ARD-Talkerin“ im Fischerdorf Andratx mit ihrer Putzfrau shoppen gehe: „Ihre Finca liegt romantisch zwischen Mandelbäumen und Andratx.“ Das war dem Gericht zu wenig. Das Foto zeigte Christiansen „in einer völlig belanglosen Situation“, sein Nachrichtenwert habe „keinerlei Orientierungsfunktion im Hinblick auf eine die Allgemeinheit interessierende Sachdebatte“. Die Veröffentlichung diene nur „der Befriedigung des Unterhaltungsinteresses bestimmter Leser“. Bei der Abwägung zwischen Persönlichkeitsrecht und Pressefreiheit entschied das Gericht zugunsten von Christiansen. [...]
Der Bundesgerichtshof hat seine Rechtsprechung nicht ganz freiwillig präzisiert. Im vergangenen Jahr hatte er schon einmal über das Foto des Prinzenpaares entschieden – damals zugunsten der Klägerin. Diese Entscheidung war vom Bundesverfassungsgericht mit den jetzt vom Bundesgerichtshof übernommenen Argumenten aufgehoben worden. Beide Gerichte stehen unter dem Druck der Rechtsprechung des Europäischen Gerichtshofs für Menscherechte, der die zuvor gefestigte deutsche Rechtsprechung zu Lasten der Pressefreiheit verschoben hat.

Stefan Geiger. In: Stuttgarter Zeitung vom 2. Juli 2008, S. 18.

Arbeitsaufträge

1 Beschaffen Sie sich unterschiedliche überregionale Tageszeitungen (z. B. Süddeutsche Zeitung, Die Welt, Frankfurter Allgemeine Zeitung, Frankfurter Rundschau oder die taz). Vergleichen Sie die Darstellung eines innenpolitischen Themas bzw. Konfliktes und die Kommentare der Zeitungen. Versuchen Sie, Sympathien oder Antipathien zu bestimmten Parteien festzustellen.

2 Wo liegen nach dem Grundgesetz die Grenzen der Pressefreiheit (VT)? Erörtern Sie, inwieweit Marktmechanismen der Pressefreiheit entgegenstehen können (M 8).

3 Nehmen Sie Stellung zu der Frage: Sollten die Inhalte des Internet frei sein von staatlicher oder gesellschaftlicher Kontrolle und Zensur? Bedenken Sie dabei die Chancen und Risiken (M 10).

4 Erklären Sie die Aufgaben der Journalisten in Wahlkämpfen (M 4). Charakterisieren Sie den Einfluss von Talkshows auf das Wählerverhalten.

5 Stellen Sie die in M 6 genannten Argumente für und wider von Fernsehübertragungen aus Bundestag und Landtagen einander gegenüber.

6 Simulieren Sie in einem Rollenspiel ein fiktives Gespräch zwischen einem Politiker und einem Journalisten über eine aktuelle Tagesfrage, das den Interessenkonflikt des Journalisten, wie er in M 5 geschildert wird, erkennen lässt.

7 Vergleichen Sie die unterschiedlichen Argumentationen des BGH hinsichtlich der Beurteilung von Persönlichkeitsrechten (M 11).

8 Führen Sie eine Pro-Contra-Diskussion: Hat das durch Gebühren finanzierte öffentlich-rechtliche Fernsehen auch in Zukunft seine Berechtigung (VT, M 3, M 7 – M 9)?

Werkstatt Geschichte und Gesellschaft

Informationen im Internet recherchieren

Wer heute nach Informationen zu einem Thema sucht, greift fast schon selbstverständlich auf das Internet zurück. Im World Wide Web Auskünfte zu einem Thema zu recherchieren, scheint auf den ersten Blick auch recht einfach zu sein. Doch die Internetrecherche hat zahlreiche Tücken, die man umgehen muss, möchte man an solides Datenmaterial herankommen.

M1 Homepage der Bundeszentrale für politische Bildung

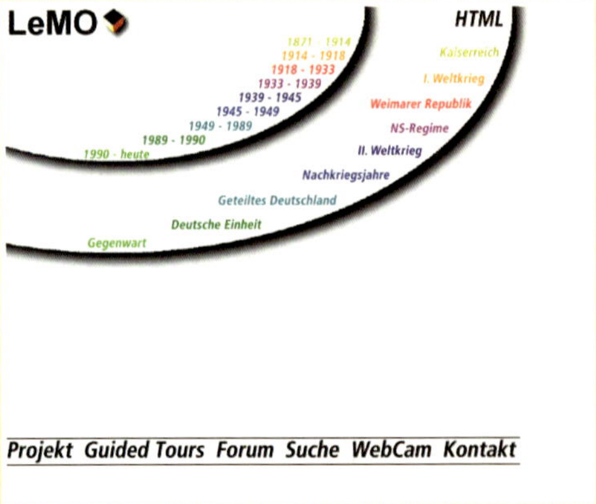

M2 Das „Lebendige virtuelle Museum online". Es gibt verlässliche Informationen über die deutsche Geschichte von 1871 bis heute.

Fachportale sind hilfreich

Eine erste Schwierigkeit besteht darin, brauchbare Informationen zu finden. Viele Internetnutzer greifen automatisch auf die Suchmaschine „Google" zurück. Sie sollten jedoch grundsätzlich mehrere Suchmaschinen verwenden und die Resultate miteinander vergleichen. Meistens ist es allerdings sinnvoll, die Suche gleich von einem Fachportal aus zu beginnen. Einige hilfreiche Links für die Recherche im Fach „Geschichte mit Gemeinschaftskunde" finden Sie auf dieser Doppelseite aufgelistet. Oft führen Sie die fachspezifischen Portale auch zu Fachlexika online, die solide Basisinformationen bieten.

Qualität checken

Dies führt zu einer weiteren wesentlichen Schwierigkeit: Wie lässt sich die Qualität einer Webseite beurteilen? Grundsätzlich gilt: Es gibt Unmengen unseriöser Inhalte im Internet. Sollten Sie also über eine allgemeine Suchmaschine wie „Google" zu Ergebnissen gelangt sein, müssen Sie unbedingt die Qualität der gefundenen Webseiten kritisch hinterfragen. Hierbei helfen Ihnen die hier aufgelisteten methodischen Arbeitsschritte.

Außerdem gilt: Je schlechter Sie sich in einem Thema auskennen, desto gefährlicher ist es, sich ausschließlich auf das Internet zu verlassen. Greifen Sie bei der Informationsbeschaffung unbedingt auch auf qualitativ hochwertige Lexika oder Fachlexika zurück. Für eine ausführliche Präsentation sollten Sie auf jeden Fall auch in eine Bibliothek gehen und ein paar Bücher zur Kenntnis nehmen.

Urheberrecht beachten

Schließlich: Vermeiden Sie es, Inhalte aus dem Internet mittels Kopierfunktion einfach zu übernehmen und ohne die entsprechenden Quellenhinweise als Ihre Leistung auszugeben. Sie begehen damit ein Plagiat (einen Diebstahl an geistigem Eigentum) und verstoßen gegen das Urheberrecht.

Methodische Arbeitsschritte

1 Rechercheplan entwickeln
- Klären Sie Ihr Informationsbedürfnis und grenzen Sie Ihr Thema ein.
- Überlegen Sie sich passende Such-Stichwörter.
- Recherchieren Sie in mehreren Suchmaschinen. Greifen Sie nach Möglichkeit auf Fachportale zurück.

2 Webseiten-Inhalte kritisch beurteilen
- Gibt es ein Impressum, das festhält, wer für die Seiteninhalte verantwortlich ist?
- Ist der Verfasser namentlich erwähnt?
- Gibt es die Möglichkeit, mit dem Betreiber der Webseite Kontakt aufzunehmen?
- Wirken das Design und die Benutzerführung der Webseite professionell?
- Wie brauchbar sind die Linkverweise?
- Sind die Inhalte wissenschaftlich korrekt und überprüfbar dargestellt?
- Sind die Bilder und Texte, aus denen zitiert wird, korrekt belegt? Gibt es einen Nachweis für die benutzten Quellen und die verwendete Literatur?
- Ist die Webseite in Fachkatalogen und fachspezifischen Suchkatalogen eingetragen?
- Ist das Datum der jeweils letzten Änderung des Inhalts festgehalten?
- Überprüfen Sie die Glaubwürdigkeit der Inhalte mithilfe folgender Fragen: Wer schreibt? Welche Position vertritt der Autor? Welche Organisationen stehen hinter der Webseite? Welche Werturteile kommen auf der Webseite zum Ausdruck?

3 Merkmale unsolider Webseiten erkennen
- Literaturhinweise fehlen
- Autor ist in der Fachöffentlichkeit unbekannt
- keine oder ungenaue Quellenangaben
- problematische Organisationen, die hinter der Webseite stehen
- Rechtschreibfehler auf den Seiten

4 Gefundene Inhalte korrekt zitieren
- grundsätzliche Regeln des Zitierens beachten
- genaue Internetadresse (Adresszeile des Browsers) vermerken
- Abrufdatum festhalten

Nützliche Internetseiten für das Fach Geschichte mit Gemeinschaftskunde

Homepage der Bundeszentrale für politische Bildung: www.bpb.de

Homepage des Deutschen Historischen Museums: www.dhm.de

Fachportal Geschichte: www.hsozkult.geschichte.hu-berlin.de

„LeMo" – ein Projekt des Deutschen Historischen Museums: www.dhm.de/lemo/home.html

Fachportal Geschichte mit umfangreicher Linkliste: www.historiker.de

Arbeitsaufträge

1 Recherchieren Sie im Internet zu einem Thema Ihrer Wahl und vergleichen Sie die Qualität von fünf willkürlich ausgewählten Webseiten nach den oben aufgeführten Qualitätskriterien. Stellen Sie dann eine Qualitätsreihenfolge auf. Das können Sie auch in einer Gruppenarbeit machen. Vergleichen Sie dann Ihre Ergebnisse.

2 Bauen Sie sich, ausgehend von den oben aufgeführten Links, eine Sammlung von „Favoriten" auf, die Sie über Ihren Browser speichern.

2 Der politische Entscheidungsprozess – so entstehen Gesetze

M1 Die Agora in Athen – Schauplatz direkter Demokratie
Die Rekonstruktionszeichnung zeigt, wie die Agora, der Marktplatz in Athen, um 400 v. Chr. ausgesehen haben könnte.

Im Altertum übten die waffenfähigen Männer Athens die Volksherrschaft direkt in Volksversammlungen aus. Dort stimmten sie auch über Gesetze ab. Doch nicht alle der um 400 v. Chr. etwa 30 000 bis 35 000 Stimmberechtigten besuchten stets die Volksversammlungen. Es nahmen aber wohl mindestens 6 000 Personen teil – die für Beschlüsse notwendige Zahl.
Im Zeitalter der Massengesellschaften haben sich in den modernen demokratischen Staaten vor allem repräsentative Regierungsformen entwickelt. Die Bürgerinnen und Bürger wählen solche Parteien und Abgeordnete in die Parlamente, die am ehesten ihre politische Meinung repräsentieren. Von ihnen versprechen sie sich sinnvolle Entscheidungen und kluge Gesetze.

Einen Gesetzentwurf einbringen

Bundesgesetze werden von den Abgeordneten des Deutschen Bundestages durch Mehrheitsentscheidung beschlossen. Anschließend muss oft der Bundesrat als Vertretung der Länder zustimmen. Das Gesetzgebungsverfahren wird mit der Einbringung eines Gesetzentwurfs beim Bundestag eingeleitet. Das Recht, Gesetzesvorlagen einzubringen (Initiativrecht) haben die Bundesregierung (Kabinettsvorlage) sowie die Abgeordneten des Bundestages oder des Bundesrates. Von Bundestagsabgeordneten eingebrachte Gesetzesvorlagen müssen von den Abgeordneten einer Fraktion oder von mindestens 5 Prozent aller Abgeordneten unterzeichnet sein. Im Durchschnitt werden zwei Drittel aller Gesetzentwürfe von der Regierung oder von den Fraktionen der Regierungskoalition eingebracht. Die starke Stellung der Regierung wird darin deutlich, dass von den Entwürfen der Bundestagsabgeordneten und des Bundesrates in den vergangenen Jahrzehnten nur rund ein Drittel auch verabschiedet wurden, während die „Erfolgsquote" der Regierungsvorlagen bei fast 90 Prozent lag. Der politisch inhaltliche Ursprung der Gesetzesinitiativen liegt oft in den Koalitionsvereinbarungen, die zu Beginn der Wahlperiode getroffen werden. Darin legen die Koalitionspartner die wichtigsten Vorhaben ihrer Regierungszeit fest.
Anstöße für Gesetzesvorhaben können aber auch von anderen Akteuren kommen: Abgeordnete nehmen Impulse aus ihren Kontakten zu Bürgern und Interessengruppen auf; Verwaltungsbehörden stellen bei der Anwendung von Gesetzen Defizite fest; Urteile des Bundes-

verfassungsgerichts erfordern Gesetzesänderungen; Verbände artikulieren ihre Interessen; in den Medien wird Regelungsbedarf diskutiert oder aber innerhalb der Mehrheitsfraktionen ergreifen Arbeitsgruppen die Initiative. Diese Arbeitsgruppen machen sich zusammen mit den zuständigen Fachministern und ihren Fachreferenten häufig bereits bei der Ausarbeitung der Entwürfe den Sachverstand und die Praxiserfahrung der Interessenverbände zunutze. Zudem stimmen sie sich mit anderen Ministerien ab und holen die Meinung der Bundesländer ein. Die Arbeitsgruppen der Fraktionen bilden somit den Schwerpunkt der Gesetzgebungsarbeit, sie gelten als „Kern der parlamentarischen Willensbildung".
Immer mehr Gesetze, vor allem in der Agrarpolitik sowie beim Umwelt- und Verbraucherschutz, werden aber nicht in Berlin beschlossen, sondern von der Europäischen Union in Brüssel. Nur in einem Teil davon, den EU-Richtlinien, kann der Bundestag bei der Umsetzung in nationales Recht noch Eingriffe vornehmen.

Beratungsverfahren

Jeder Gesetzentwurf durchläuft im Bundestag drei Beratungen (Lesungen). Nach der ersten Beratung, bei der nur grundsätzliche Auffassungen zu dem Vorhaben diskutiert werden, wird der Entwurf an den zuständigen Bundestagsausschuss überwiesen. Die Ausschussberatung ist die wichtigste Stufe des Gesetzgebungsverfahrens. Hier soll die Vorlage in Anwesenheit von Mitgliedern der Regierung, des Bundesrates und der zuständigen Ministerialbeamten gründlich geprüft werden. In den Ausschüssen werden auch die Argumente der Opposition diskutiert. Bei besonders wichtigen Vorhaben findet eine öffentliche Anhörung (Hearing), etwa von Betroffenen und Interessenvertretern, statt. Fast alle Gesetze werden im Laufe der Ausschussberatungen überarbeitet.

Hat der Ausschuss seine Beschlussempfehlung vorgelegt, wird das Gesetz in der zweiten und der sich meist unmittelbar anschließenden dritten Beratung eingehend diskutiert und zur Abstimmung gestellt. Dabei ermittelt der Bundestagspräsident die Ja- und Nein-Stimmen sowie die Enthaltungen durch Aufstehen der Abgeordneten von ihren Plätzen oder Handzeichen. Ist der Sitzungsvorstand sich nicht über das Ergebnis einig, ordnet der Präsident den sogenannten „Hammelsprung" an, das heißt die genaue Auszählung der Stimmen. Namentliche Abstimmungen sind die Ausnahme. Sie können von einer Fraktion beantragt werden und dienen dazu, das Abstimmungsverhalten der Abgeordneten im Einzelnen transparent zu machen. Dies wird von den Fraktionen als Methode benutzt, um den Wählern eindrucksvoll ihr Engagement zu beweisen oder die politische Uneinigkeit im Lager des Gegners zu demonstrieren.

M2 „Hammelsprung" im Bundestag
Bei diesem Abstimmungsvorgang verlassen die Abgeordneten (hier 2001) den Plenarsaal und betreten ihn wieder durch drei Türen, die für „Ja", „Nein" bzw. „Enthaltung" stehen. Dabei werden sie gezählt.

Repräsentative Demokratie	In dieser Staatsform geht die Gewalt zwar vom Volk aus, wird von diesem aber nicht direkt, sondern durch gewählte Vertreter (Repräsentanten) ausgeübt.
Direkte Demokratie	Die direkte Demokratie begegnet uns als unmittelbare Machtausübung durch die Volksversammlung (wie im antiken Athen oder heute in Schweizer Kantonsversammlungen, vgl. S. 70). Die direkte Demokratie kann nur in kleineren Gemeinwesen funktionieren, in denen alle Aktivbürger den Versammlungsort in kurzer Zeit erreichen und über genügend freie Zeit für die Politik verfügen.

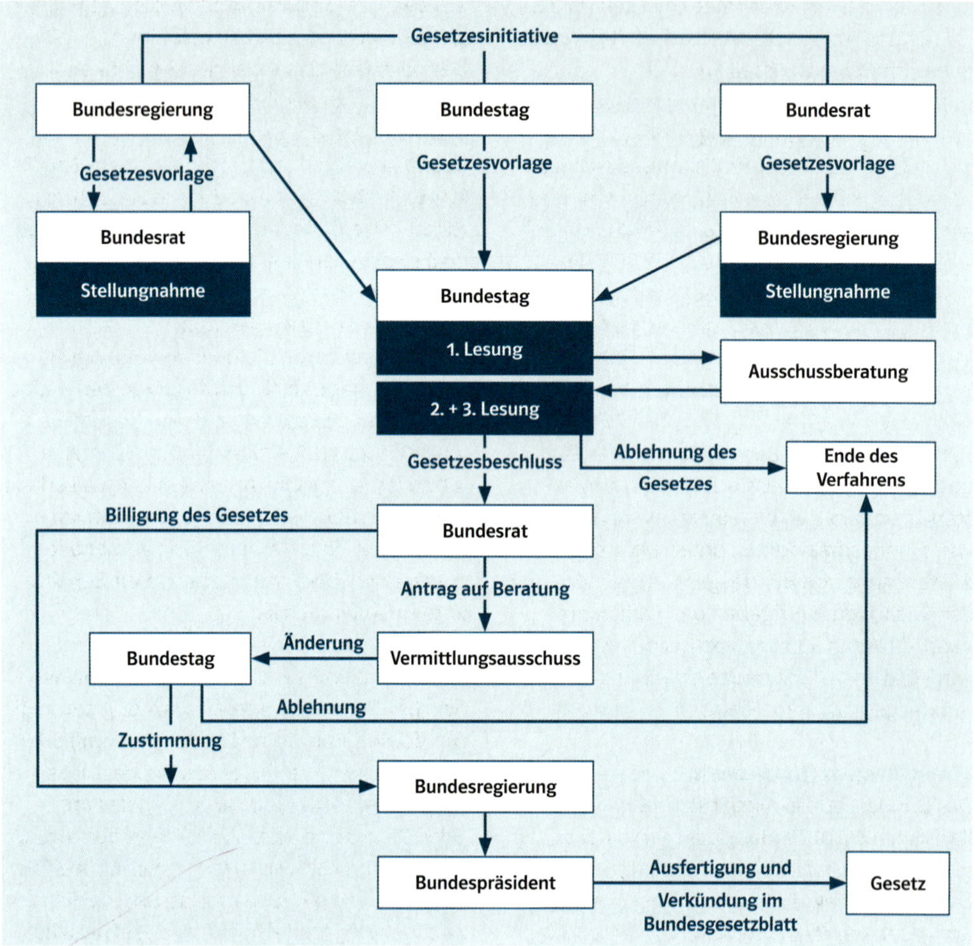

M3 Entstehung eines zustimmungspflichtigen Gesetzes

Wann muss der Bundesrat zustimmen?

Ist die erforderliche Mehrheit erreicht, muss das Gesetz dem Bundesrat, der Kammer der Bundesländer, zugeleitet werden, der in der föderativ aufgebauten Bundesrepublik eine wichtige Stellung einnimmt. Dabei ist es entscheidend, ob es sich um ein Zustimmungsgesetz oder um ein „einfaches" Bundesgesetz handelt. Zustimmungspflichtig sind Gesetze, wenn sie die Verfassung ändern, wenn sie Auswirkungen auf die Finanzen der Länder haben oder von den Ländern auszuführen sind, wie Angelegenheiten des Strafrechts oder des Umweltrechts.
Da die meisten Bundesgesetze von den Ländern ausgeführt werden, besitzt der Bundesrat weitgehende Mitwirkungsrechte. „Einfache" Bundesgesetze sind Gesetze, die die Bundespolitik allein betreffen, etwa auswärtige Angelegenheiten oder die Verteidigung. Gegen solche Gesetze kann der Bundesrat Einspruch einlegen. Dieser Einspruch kann jedoch vom Bundestag wiederum überstimmt werden. Än-

Föderalismus (von lat. foedus = Bündnis): Danach behalten die Bundesländer eines Staates große Selbstständigkeit und eigene Rechte (z. B. Kulturhoheit). Kennzeichen aller föderativen Ideen ist das Subsidiaritätsprinzip. Das bedeutet, dass der Zentralstaat nur dort tätig wird, wo die Länder ihre Ziele nicht allein erreichen können Vor allem die historischen Erfahrungen mit dem zentralistischen Einheitsstaat des Dritten Reiches bewogen den Parlamentarischen Rat, sich für den föderativen Aufbau der Bundesrepublik zu entscheiden und den Bundesrat als zweite Kammer der Gesetzgebung neben den Bundestag zu stellen.

derungen des Grundgesetzes müssen im Bundestag und im Bundesrat jeweils mit Zweidrittelmehrheit beschlossen werden.
Lehnt der Bundesrat ein vom Bundestag beschlossenes Zustimmungsgesetz ab, kann er die Einberufung des Vermittlungsausschusses verlangen, der sich aus je 16 Mitgliedern beider Organe zusammensetzt. Dort können bei Meinungsverschiedenheiten über eine Gesetzesvorlage oft Kompromisse erzielt werden. Existieren parteipolitisch unterschiedliche Mehrheiten in beiden Kammern, kommt der Vermittlungsausschuss besonders häufig zum Einsatz.
Hat ein Gesetz den Bundestag und den Bundesrat erfolgreich passiert, wird es vom zuständigen Minister, vom Bundeskanzler und vom Bundespräsidenten unterzeichnet. Die Ausfertigung von Bundesgesetzen gehört zu den wichtigsten Aufgaben des Staatsoberhauptes. Wenn kein anderer Termin genannt wird, tritt es 14 Tage nach der Verkündung im Bundesgesetzblatt in Kraft.

Kontrollinstanz Bundesverfassungsgericht
Das Bundesverfassungsgericht (BVerfG) in Karlsruhe wacht darüber, dass Parlament, Regierung und Gerichte die Verfassung einhalten. Dazu kann es auf Antrag jede Entscheidung der gesetzgebenden Gewalt, der Regierung und der Gerichte auf ihre Verfassungsmäßigkeit überprüfen.
Das Gericht besteht aus zwei Kammern mit jeweils acht Richtern. Jede Kammer entscheidet selbstständig. Bei Entscheidungen der acht Richter einer Kammer genügt die einfache Mehrheit, bei Pattentscheidungen gilt ein Antrag als abgelehnt. Seit 1971 gibt es ein „Sondervotum", das jenen Richtern, die bei einem Verfahren überstimmt wurden, die Möglichkeit einräumt, ihre abweichende Meinung zu begründen und dem Urteil beizufügen.
Der politische Charakter des Gerichts ergibt sich schon aus der Berufung der Richter: Sie werden je zur Hälfte von Bundestag und Bundesrat gewählt. Ihre Amtsdauer beträgt zwölf Jahre. Die Wahl der vom Bundestag berufenen Richter erfolgt über einen Wahlausschuss aus zwölf Abgeordneten. Die vom Bundesrat berufenen Richter werden mit zwei Dritteln der Bundesratsstimmen gewählt.
Jeder Bürger kann mit einer Verfassungsbeschwerde das BVerfG anrufen, wenn er glaubt, durch einen Verwaltungsakt, ein Gesetz oder ein Gerichtsurteil in seinen Grundrechten verletzt worden zu sein. Allerdings kann erst dann eine Klage beim Verfassungsgericht in Karlsruhe eingereicht werden, wenn vorher alle zuständigen Instanzen der anderen Gerichte angerufen worden sind.
Jedes Gericht, das der Meinung ist, ein in einem konkreten Gerichtsverfahren anzuwendendes Gesetz sei verfassungswidrig sowie die Bundesregierung, eine Landesregierung oder ein Drittel der Mitglieder des Bundestages können beantragen, dass ein Gesetz vom BVerfG auf seine Vereinbarkeit mit dem Grundgesetz überprüft wird (Normenkontrollverfahren). Dadurch gerät das Verfassungsgericht zwangsläufig in die Situation, Gesetze zu korrigieren und dadurch quasi selbst gesetzgeberisch tätig zu werden. Es liegt demnach nicht im Ermessen des Gerichts, die Behandlung einer politischen Streitfrage abzulehnen, wenn es angerufen wird. Bisweilen landen strittige parlamentarische Fragen nur beim Bundesverfassungsgericht, weil die Abgeordneten der Meinung sind, dass die Öffentlichkeit unpopuläre Entscheidungen eher vom höchsten deutschen Gericht akzeptiert als vom Bundestag.

Arbeitsaufträge

1 Beschreiben Sie anhand von M 3 das Zustandekommen eines zustimmungspflichtigen Bundesgesetzes. Skizzieren sie ein ähnliches Schaubild für ein „einfaches" Bundesgesetz.

2 Beurteilen Sie, ob es angemessen ist, dass das Grundgesetz dem Bundesverfassungsgericht eine derart starke Stellung zubilligt. Berücksichtigen Sie geschichtliche Erfahrungen.

3 Werten Sie eine Woche lang den politischen Teil einer Tageszeitung aus. Suchen Sie dabei nach aktuellen Gesetzesvorhaben und diskutieren Sie deren Relevanz.

3 „Alle Staatsgewalt geht vom Volke aus“ – die Legitimation der politischen Herrschaft

M1 Anna Lührmann, Bundestagsabgeordnete von 2002 bis 2009
Die 1983 geborene Politikerin (Bündnis90/Die Grünen) gehörte von 2002 bis 2009 dem Deutschen Bundestag an. Sie ist die bisher jüngste jemals in den Bundestag gewählte Abgeordnete.

„Alle Staatsgewalt geht vom Volke aus“ – mit Art. 20 Abs. 2 bekennt sich das Grundgesetz ausdrücklich zum Prinzip der Volkssouveränität. Das Volk übt die Staatsgewalt „in Wahlen und Abstimmungen“ aus und delegiert sie in der repräsentativen Demokratie an die gewählten Volksvertreter. Der Bundestag besitzt in der Bundespolitik als einziges Staatsorgan eine direkte Legitimation durch den Souverän, den Wähler. Alle anderen Staatsorgane, auch der Bundesrat, dem die Vertreter der Länderregierungen angehören, besitzen nur eine abgeleitete Legitimation. Ihre Mitglieder werden also nicht unmittelbar von den Wählern bestimmt.
Aus der Frage nach der Legitimation der politischen Herrschaft ergeben sich weitere Fragen: Demokratische Wahlen können nach verschiedenen Prinzipien durchgeführt werden – nach welchen Grundsätzen wird in der Bundesrepublik gewählt? Die Abgeordneten repräsentieren den Willen des Volkes – inwieweit sind sie in ihren Entscheidungen an den Wählerwillen gebunden?

Freies Mandat und Fraktionsdisziplin

In der Bundesrepublik gilt wie in allen anderen repräsentativen Demokratien der Grundsatz des freien Mandats. Die Abgeordneten vertreten das ganze Volk; sie sind nicht an Weisungen ihrer Wähler und Parteien gebunden, sondern „nur ihrem Gewissen unterworfen“ (Art. 38 GG). Ein imperatives Mandat, bei dem die Abgeordneten an Weisungen gebunden wären, gibt es in unserer Demokratie nicht. Doch das freie Mandat bedeutet in der Praxis nicht, dass Abgeordnete ohne Rücksicht auf ihre Wähler oder auf ihre Fraktionen abstimmen. Eine Partei gilt in den Augen der meisten Wähler nur dann als entscheidungsfähig, wenn sie geschlossen auftritt. Öffentliche Auseinandersetzungen und abweichendes Stimmverhalten werden leicht als Zerstrittenheit gewertet und mindern die Wahlchancen. Abgeordnete können in den Arbeitskreisen der Parteien oder bei Fraktionssitzungen für ihre Auffassungen werben. Wenn die Fraktion mit Mehrheit entschieden hat, üben die Abgeordneten meist „Fraktionsdisziplin“ und schließen sich der Mehrheitsentscheidung an. Ein „Fraktionszwang“ für die einzelnen Abgeordneten besteht jedoch nicht, und bei wichtigen Abstimmungen, insbesondere bei „Gewissensfragen“ – etwa be-

Mandat (von lat.: mandatum = der Auftrag): Befugnis, einen anderen zu vertreten, etwa als gewählter Abgeordneter. Beim freien Mandat ist der Mandatsträger an Weisungen nicht gebunden. Beim imperativen Mandat (von lat: imperare = befehlen) muss der Mandatsträger ausführen, was seine Auftraggeber beschließen.

Fraktion Zusammenschluss von Parlamentsabgeordneten zu einer Arbeits- und Willensgemeinschaft. In der Regel setzt sich eine Fraktion aus Abgeordneten der gleichen Partei zusammen. Aber auch CDU und die nur in Bayern aktive CSU bilden im Bundestag zusammen eine Fraktion. Eine Fraktion kann Abgeordnete, die in Meinungsäußerung, Verhalten oder Stimmabgabe von ihr abweichen, ausschließen.

züglich des Abtreibungsrechts – gibt es regelmäßig „Abweichler", die sich der Fraktionsdisziplin nicht beugen. Ihr Verhalten ist zulässig, sie verlieren deshalb nicht ihr Bundestagsmandat.

Wahlgrundsätze für die Bundestagswahl

Das Grundgesetz bestimmt in Artikel 38, dass die Abgeordneten „in allgemeiner, unmittelbarer, freier, gleicher und geheimer Wahl" zu wählen sind.

- Allgemein bedeutet, dass grundsätzlich alle Staatsbürger ab 18 Jahren unabhängig von Besitz, Einkommen, Geschlecht oder Religion wählen und gewählt werden können.
- Unmittelbar ist die Wahl, da die Abgeordneten direkt und nicht über Wahlmänner – wie etwa in den USA – gewählt werden.
- Frei ist sie, weil die Stimme ohne Zwang oder Druck abgegeben werden kann und keine Wahlpflicht besteht.
- Die Wahl ist gleich, da alle Stimmen gleich viel zählen.
- Sie ist geheim, weil aufgrund von Wahlkabinen und der persönlichen, nicht einsehbaren Stimmabgabe nicht feststellbar ist, wie der Einzelne gewählt hat.

Wahlberechtigt ist, wer mindestens 18 Jahre alt ist und die deutsche Staatsangehörigkeit besitzt. Wählbar ist, wer seit mindestens einem Jahr die deutsche Staatsbürgerschaft hat. In Stuttgart sind zum Beispiel 21,7% der Gesamtbevölkerung nicht wahlberechtigt (Stand 2006), weil sie keine deutsche Staatsangehörigkeit besitzen. Dagegen dürfen bei Kommunalwahlen auch Bürger aus anderen EU-Staaten teilnehmen.

Das Wahlsystem bei der Bundestagswahl

Der Deutsche Bundestag besteht regulär aus 598 Abgeordneten. Bei der Bundestagswahl hat der Wähler zwei Stimmen: Mit der Erststimme wählt er den Kandidaten einer Partei in seinem Wahlkreis (relative Mehrheitswahl), mit der Zweitstimme die Landesliste einer Partei (Verhältniswahl). Aus diesem Grunde spricht man vom „personalisierten Verhältniswahlrecht". Über die Mandatsverteilung zwischen den Parteien und damit über das politische Kräfteverhältnis im Bundestag entscheidet das Verhältnis der abgegebenen Zweitstimmen. Die über die Erststimmen vergebenen Direktmandate werden auf die Gesamtzahl der Abgeordnetensitze angerechnet, die aufgrund der Zweitstimmen ermittelt wurden. Bei der Umrechnung von Wählerstimmen in Abgeordnetensitze wird seit der Bundestagswahl 2009 das Sainte-Laguë-Verfahren angewandt. Um die Regierungsbildung zu er-

---

Fünfprozentklausel Bestimmung des Bundeswahlgesetzes, nach der eine an der Wahl beteiligte Partei mindestens 5 Prozent aller Wählerstimmen oder drei Direktmandate erhalten muss, um bei der Mandatsverteilung berücksichtigt zu werden. Um eine Regierungsbildung mit klaren Mehrheiten zu erleichtern, soll diese „Sperrklausel" den Einzug von Splitterparteien in den Bundestag verhindern.

Sainte-Laguë-Verfahren Methode der Stimmauszählung im Verhältniswahlrecht zur Ermittlung der Sitzverteilung, benannt nach einem französischen Mathematiker. Mit dieser Methode soll eine Benachteiligung kleiner Parteien vermieden werden, wie sie bei den zuvor verwendeten Verfahren in seltenen Fällen vorgekommen war. Die erreichten Wählerstimmen einer Partei werden beim Sainte-Laguë-Verfahren durch eine festgelegte Reihe von Divisoren geteilt (durch die Zahlen 1; 3; 5; 7;... oder die Zahlen 0,5; 1,5; 2,5; 3,5;...). Die Sitze werden dann in der Reihenfolge der sich ergebenden Höchstzahlen zugeteilt.
Beispiel: Für ein Parlament sind insgesamt 15 Sitze zu vergeben. 10 000 Wählerstimmen sind abgegeben worden, von denen 5 200 auf Partei A, 1700 auf Partei B und 3 100 auf Partei C entfallen.
Daraus ergibt sich folgende Mandatsverteilung:

Divisor		Partei A		Partei B		Partei C
0,5	**1**	10 400,00	**4**	3 400,00	**2**	6 200,00
1,5	**3**	3 466,67	**10**	1 133,33	**6**	2 066,67
2,5	**5**	2 080,00		680,00	**8**	1 240,00
3,5	**7**	1 485,71		485,71	**12**	885,71
4,5	**9**	1 155,56		377,78	**15**	688,89
5,5	**11**	945,45		309,09		563,64
6,5	**13**	800,00		261,54		476,92
7,5	**14**	693,33		226,67		413,33
8,5		611,76		200,00		364,71

Ergebnis: Partei A erhält 8, Partei B erhält 2 und Partei C erhält 5 der insgesamt 15 Sitze.

leichtern, werden bei der Verteilung der Sitze nur Parteien berücksichtigt, die mehr als fünf Prozent der Zweitstimmen oder mindestens drei Direktmandate erlangt haben. In der Weimarer Republik gab es diese Einschränkung nicht, so dass zeitweise mehr als 30 Parteien im Reichstag vertreten waren.

Überhangmandate

Dem 2005 gewählten Bundestag gehören 614 Abgeordnete an, 16 davon sind Inhaber von Überhangmandaten, neun von der SPD, sieben von der CDU/CSU. Solche Mandate entstehen, wenn für eine Partei in einem Bundesland mit den Erststimmen mehr Direktkandidaten in den Bundestag gewählt werden, als der Partei nach der Zahl der Zweitstimmen in diesem Land zustehen würden. Dadurch entstehen geringfügige Abweichungen von der proportionalen Sitzverteilung vor allem zugunsten größerer Parteien. Bei Landtagswahlen gilt die Regel, dass Überhangmandate für eine Partei durch Ausgleichsmandate für die anderen Parteien ausbalanciert werden. Bei Bundestagswahlen findet ein solcher Ausgleich nicht statt. Ein Beispiel: Nach dem Anteil der Zweitstimmen hätten der SPD bei den Bundestagswahlen 2005 in Sachsen-Anhalt eigentlich sechs Abgeordnetensitze zugestanden. Sie erreichte aber mit ihren Erststimmen alle zehn Direktmandate in den dortigen Wahlkreisen. Die zusätzlichen vier Mandate waren demnach Überhangmandate.

Regierungsbildung

Im parlamentarischen Regierungssystem der Bundesrepublik Deutschland stehen sich in der politischen Auseinandersetzung nicht das Gesamtparlament und die Regierung gegenüber – wie dies das traditionelle Verständnis der Gewaltenteilung zwischen Legislative und Exekutive vorsieht. In der Bundesrepublik sieht sich die Parlamentsmehrheit unter Einschluss der Regierung auf der einen Seite der parlamentarischen Opposition auf der anderen Seite gegenüber. Wenn eine Partei allein bei der Bundestagswahl nicht die absolute Mehrheit erringt, muss sie mit anderen Parteien eine Regierungskoalition bilden.
Die Regierung hat die Aufgabe, den Willen der parlamentarischen Mehrheit in praktische Politik umzusetzen. Sie trägt dabei die Verantwortung für die Ausführung der Gesetze durch die Bundesbehörden. Die Bundesregierung besteht aus dem Bundeskanzler und den Bundesministern (Kabinett). Die Regierung übt die vollziehende Gewalt (Exekutive) aus und ist ebenfalls durch das Recht der Gesetzesinitiative an der Gesetzgebung beteiligt.

Stellung des Bundeskanzlers

Der Bundeskanzler wird ohne vorherige parlamentarische Aussprache auf Vorschlag des Bundespräsidenten mit der absoluten Mehrheit aller Abgeordneten des Bundestages gewählt („Kanzlermehrheit") und vom Bundespräsidenten ernannt. Seine Amtszeit endet spätestens mit dem Zusammentritt des nächsten Bundestages. Die Bundesminister werden auf Vorschlag des Bundeskanzlers vom Bundespräsidenten ernannt und entlassen.
Der Bundeskanzler wird als einziges Mitglied der Bundesregierung vom Bundestag gewählt. Er bestimmt die Richtlinien der Politik (Art. 65 GG) und trägt dafür Verantwortung gegenüber dem Parlament (Richtlinienkompetenz). Die von ihm festgelegten Richtlinien sind für die Bundesminister verbindlich und von ihnen in ihrem jeweiligen Geschäftsbereich in eigener Verantwortung zu verwirklichen (Ressortprinzip). Angelegenheiten von allgemeiner Bedeutung sind der Bundesregierung zur gemeinsamen Beratung und Beschlussfassung vorzulegen, darunter alle Gesetzentwürfe (Kabinettsprinzip).

Vertrauensfrage und ...

Im parlamentarischen Regierungssystem hat das Parlament das Recht und die Pflicht, für eine handlungsfähige Regierung zu sorgen. Die Regierung muss sich ständig der Unterstützung durch ihre Abgeordnetenmehrheit vergewissern. Die Parlamentsmehrheit ihrerseits hat die Aufgabe, die Exekutive, wenn deren Funktionsfähigkeit nicht mehr gewährleistet erscheint, auszutauschen. Der Bundeskanzler ist vom Vertrauen des Bundestages abhängig. Besteht zwischen Parlamentsmehrheit und Bundeskanzler keine Übereinstimmung mehr, kommt entweder der Kanzlerwechsel oder die Auflösung des Bundestages in Betracht. Der Bundeskanzler kann im Bundestag die Vertrauensfrage stellen (Art. 68 GG). Findet sein Antrag, ihm das Vertrauen auszusprechen, nicht die Mehrheit der Mitglieder des Bundestages, kann der Bundespräsident auf Vorschlag des Kanzlers innerhalb von 21 Tagen den Bundestag auflösen. In diesem Fall müssen innerhalb von 60 Tagen Neuwahlen stattfinden. Das Recht zur Auflösung erlischt jedoch, wenn der Bundestag innerhalb der 21-Tage-Frist mit der Mehrheit seiner Mitglieder einen neuen Bundeskanzler wählt.

... konstruktives Misstrauensvotum

Der Bundestag seinerseits kann dem Bundeskanzler nur dadurch das Misstrauen aussprechen (Art. 67 GG), dass er mit der absoluten Mehrheit seiner Mitglieder einen Nachfolger wählt (konstruktives Misstrauensvotum). In der Weimarer Republik gab es nur die Möglichkeit eines „destruktiven" Misstrauensvotums: Das Parlament konnte einen Kanzler stürzen, ohne gleichzeitig einen Nachfolger zu bestimmen.

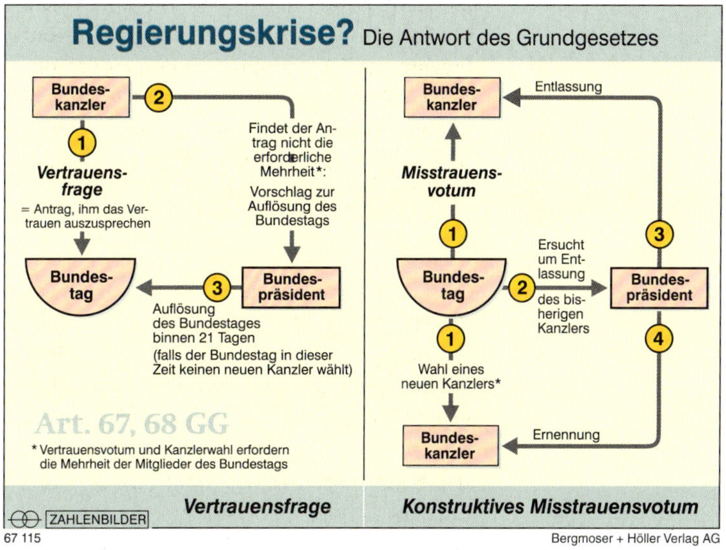

M2 Vertrauensfrage und konstruktives Misstrauensvotum

Professionalisierung der Abgeordnetentätigkeit

In den Anfangsjahren der Bundesrepublik sah man Bundestagsabgeordnete als „Feierabendpolitiker", die neben ihrem Mandat einer Berufstätigkeit nachgehen können. Doch bald zeigte sich, dass die große zeitliche Belastung allenfalls noch Nebentätigkeiten mit eingeschränktem Zeitumfang zuließen. Mit der Parlamentsreform von 1969 wurden die Rahmenbedingungen für die Mandatsausübung verbessert. Bis dahin hatten die Abgeordneten den größten Teil ihrer Büroarbeiten selbst bewältigen müssen. 1969 wurden Zahlungen für persönliche Mitarbeiter eingeführt. Jeder Abgeordnete kann seitdem einen Mitarbeiterstab am Parlamentsstandort und in seinem Wahlkreis beschäftigen (2009: für bis zu 13 660 €/Monat).

Die Entwicklung zu einer Professionalisierung der Abgeordnetentätigkeit schlug sich auch in einem Urteil des Bundesverfassungsgerichts von 1975 nieder. Die Richter anerkannten, dass das Abgeordnetenmandat eine Vollzeittätigkeit geworden sei – mit Folgen für die Einkommen: „Aus der Entschädigung des Inhabers eines Ehrenamtes ist die Bezahlung für die im Parlament geleistete Tätigkeit geworden. Der Abgeordnete [...] erhält nicht mehr bloß eine Aufwandsentschädigung, er bezieht aus der Staatskasse ein Einkommen." Und dieses Einkommen müsse, wie es auch in Art. 48 Abs. 3 GG verankert ist, den Abgeordneten eine ausreichende Existenzgrundlage geben und ihre Unabhängigkeit sichern. Die Diäten (2009: 7 668 €/Monat) sind steuerpflichtig, darüber hinaus gibt es eine steuerfreie Kostenpauschale für mandatsbedingte Ausgaben (3 720 €/Monat), z. B. für die Unterhaltung eines Büros im eigenen Wahlkreis, einer Wohnung am Parlamentssitz und für Reisekosten. Dazu kommen – nach zwei vollen Legislaturperioden – Pensionsansprüche im Alter.

Wenn die Abgeordnetendiäten steigen, führt das regelmäßig zu Verärgerung in Teilen der Bevölkerung. Oft wird der Vorwurf der „Selbstbedienung" erhoben, da die Abgeordneten über ihre eigene Bezahlung im Bundestag entscheiden. Die Parlamentarier ihrerseits kritisieren, dass die Wählerinnen und Wähler viel zu wenig über ihre Belastungen Bescheid wüssten und deshalb beim Vergleich der Abgeordnetenbezüge mit Einkünften in der Wirtschaft oft falsche Maßstäbe anlegten.

M3 Ergebnisse der Bundestagswahlen 1949–2009

Wahlperioden	Ergebnisse
1949–1953	Regierungskoalition aus CDU/CSU, FDP und DP (Deutsche Partei)
1953–1957	Regierungskoalition aus CDU/CSU, DP, zeitweise auch FDP und GB/BHE (Gesamtdeutscher Block/Block der Heimatvertriebenen)
1957–1961	Regierungsfraktion CDU/CSU, zeitweise Koalition mit DP
1961–1965	Regierungskoalition aus CDU/CSU und FDP. Nach dem Rücktritt von Konrad Adenauer wird im Oktober 1963 Ludwig Erhard Kanzler.
1965–1969	Regierungskoalition aus CDU/CSU und FDP. Nach dem Bruch des Bündnisses mit der FDP geht die CDU/CSU im Dezember 1966 unter Bundeskanzler Kurt Georg Kiesinger eine „große“ Koalition mit der SPD ein.
1969–1972	Regierungskoalition aus SPD und FDP. Aufgrund der Ostpolitik der Regierung wechseln einige sozialdemokratische und liberale Abgeordnete unter Beibehaltung des Mandats zur CDU/CSU: Die Regierungsmehrheit schwindet. Die CDU/CSU-Fraktion beantragt ein konstruktives Misstrauensvotum, scheitert damit jedoch knapp. Um wieder eindeutige Mehrheitsverhältnisse im Bundestag durch Neuwahlen zu schaffen, stellt Kanzler Willy Brandt die Vertrauensfrage. Die Regierungsmitglieder halten sich bei der Abstimmung bewusst zurück, um die Ablehnung zu sichern. Der Bundestag wird aufgelöst, es kommt zu vorgezogenen Neuwahlen.
1972–1976	Regierungskoalition aus SPD und FDP. Nach dem Rücktritt von Willy Brandt, dessen Mitarbeiter Guillaume als Spion der DDR enttarnt wird, übernimmt im Mai 1974 Helmut Schmidt das Amt des Bundeskanzlers.
1976–1980	Regierungskoalition aus SPD und FDP
1980–1983	Regierungskoalition aus SPD und FDP. Die FDP wechselt im Oktober 1982 die Seiten und koaliert nach einem konstruktiven Misstrauensvotum gegen Helmut Schmidt mit der CDU/CSU unter Kanzler Kohl. Die neue Regierung erklärt von Anfang an, nur befristet amtieren zu wollen, und strebt Neuwahlen an. Bundeskanzler Kohl wählt im Dezember 1982 die Möglichkeit, über eine absichtlich gescheiterte Vertrauensfrage den Bundestag auflösen zu lassen. Dieses Verfahren wird später vom Bundesverfassungsgericht kritisiert, weil Kohl, anders als Brandt 1972, über eine ausreichende Mehrheit verfügt.
1983–1987	Regierungskoalition CDU/CSU und FDP
1987–1990	Regierungskoalition CDU/CSU und FDP. Am 3. Oktober treten die fünf neuen Bundesländer der ehemaligen DDR der Bundesrepublik bei. Zu den Abgeordneten des Bundestages kommen 144 ehemalige Volkskammerabgeordnete. In der Opposition sitzen nun auch Vertreter der PDS.
1990–1994	Regierungskoalition CDU/CSU und FDP. Bündnis 90/Die Grünen (1,2 %) und die PDS (2,4 %) sind aufgrund einer Sonderregelung im Bundestag mit ihren über der 5 %-Hürde liegenden Stimmanteilen in den neuen Bundesländern vertreten, obwohl sie im gesamten Bundesgebiet die 5 %-Hürde nicht überspringen können.
1994–1998	Regierungskoalition CDU/CSU und FDP. Da es der PDS gelingt, vier Direktmandate zu gewinnen, zieht sie in das Parlament ein, obwohl sie die 5 %-Hürde nicht überspringt.
1998–2002	Regierungskoalition aus SPD und Bündnis 90/Die Grünen. Erstmals in der Geschichte der Bundesrepublik wird eine Koalition komplett abgewählt. 2001 koppelt Bundeskanzler Gerhard Schröder die Vertrauensfrage erstmals erfolgreich mit einer Sachfrage, nämlich der Zustimmung zum Einsatz der Bundeswehr in Afghanistan.
2002–2005	Regierungskoalition aus SPD und Bündnis 90/Die Grünen. Die PDS verfehlt mit 4 % der Wählerstimmen die 5 %-Hürde, ist aber mit zwei Direktmandaten im Bundestag vertreten. Aufgrund schlechter Ergebnisse der rot-grünen Koalition bei Landtagswahlen kündigt Bundeskanzler Schröder Neuwahlen an. Um die vorzeitige Auflösung des Bundestages zu erreichen, wählt er den Weg über die Vertrauensfrage. Er begründet diesen Schritt mit SPD-internen Konflikten über den Abbau von Sozialleistungen bei seinem Reformprogramm. Da sich viele Abgeordnete der Regierungskoalition der Stimme enthalten, scheitert die Vertauensfrage erwartungsgemäß. Der Bundeskanzler schlägt daraufhin dem Bundespräsidenten die Auflösung des Bundestages gemäß Art. 68 GG vor. Bundespräsident Köhler ist dazu bereit und ordnet Neuwahlen an. Das Bundesverfassungsgericht erklärt die Auflösung für rechtens.
2005–2009	„Große“ Regierungskoalition aus CDU und SPD
ab 2009	Regierungskoalition aus CDU/CSU und FDP

Kanzler	Gegenkandidat	Datum	CDU/CSU	SPD	FDP	Die Grünen	PDS	Sonstige	Wahlbeteiligung
 K. Adenauer	 K. Schumacher	14.08.1949	31,0	29,2	11,9			27,9	78,5 %
 K. Adenauer	 E. Ollenhauer	06.09.1953	45,2	28,8	9,5			16,6	86,0 %
 K. Adenauer	 E. Ollenhauer	15.09.1957	50,2	31,8	7,7			10,3	87,8 %
 K. Adenauer	 W. Brandt	17.09.1961	45,3	36,2	12,8			5,7	87,7 %
 L. Erhard	 W. Brandt	19.09.1965	47,6	39,3	9,5				86,8 %
 W. Brandt	 K. G. Kiesinger	28.09.1969	46,1	42,7	5,8				86,7 %
 W. Brandt	 R. Barzel	19.11.1972	44,9	45,8	8,4				91,1 %
 H. Schmidt	 H. Kohl	03.10.1976	48,6	42,6	7,9				90,7 %
 H. Schmidt	 F. J. Strauß	05.10.1980	44,5	42,9	10,6	1,5			88,7 %
 H. Kohl	 H.-J. Vogel	06.03.1983	48,8	38,2	6,9	5,6			89,1 %
 H. Kohl	 J. Rau	25.01.1987	44,3	37,0	9,1	8,3			84,3 %
 H. Kohl	 O. Lafontaine	02.12.1990	43,8	33,5	11,0	3,8	2,4	3,6	77,8 %
 H. Kohl	 R. Scharping	16.10.1994	41,5	36,4	6,9	7,3	4,4		79,0 %
 G. Schröder	 H. Kohl	27.09.1998	35,1	40,9	6,2	6,7	5,1		82,2 %
 G. Schröder	 E. Stoiber	22.09.2002	38,5	38,5	7,4	8,6	4,0		79,1 %
 A. Merkel	 G. Schröder	18.09.2005	35,2	34,2	9,8	8,1	8,7		77,7 %
 A. Merkel	 F. W. Steinmeier	27.09.2009	33,8	23,0	14,6	10,7	11,9		70,8 %

Stimmanteile in %

Im Parlament vertretene Parteien:

CDU/CSU · SPD · FDP · Die Grünen (ab 1993: Bündnis 90/Die Grünen) · PDS (ab 2007: Die Linke) · Sonstige

M4 Wahl ohne Auswahl?

Hans Herbert von Arnim, Rechtswissenschaftler, schreibt im August 2002:

Das ist die Hauptfunktion von Wahlen: Die Bürger sollen die Möglichkeit erhalten, Parteien und Politiker für gute Politik durch Wiederwahl zu belohnen und für schlechte Politik durch Wahl der politischen Konkurrenten, die Besseres versprechen, zu bestrafen. Eine große Errungenschaft der Demokratie besteht also – mit den Worten des Philosophen Carl Raimund Popper – darin, dass das Volk schlechte Regierungen ohne großes Blutvergießen wieder loswerden kann.

Das setzt aber voraus, dass die Bürger erkennen können, wem die jeweilige Politik zuzurechnen ist: welcher Partei, welcher Regierung und welchen Abgeordneten. Doch darum steht es schlecht.

Wir haben ein Wahlrecht, das klare politische Zurechenbarkeit erschwert, ja praktisch unmöglich macht. In Deutschland kann der Wähler zwar über die relative Größe der Parteien und ihrer Parlamentsfraktionen entscheiden. Regierungen kommen – aufgrund des vorherrschenden Verhältniswahlrechts – aber regelmäßig nur durch Koalitionen von zwei oder mehr Parteien zustande. Darüber hinaus muss der Bundesrat, also die Länderkammer, fast allen wichtigen Bundesgesetzen zustimmen, und der Bundesrat ist meist mehrheitlich in der Hand der Opposition. Wer aber ist für ein von der Regierungsmehrheit mit dem Bundesrat ausgehandeltes Gesetz dann dem Bürger noch politisch verantwortlich? [...]

Die bundesdeutschen Parteien haben das Wahlsystem in ihrem Sinne umgebaut. Aus dem Vorschlagsrecht der Parteien ist vielfach die Selbstberufung geworden. Die Folge ist eine Parteienwahl und keine freie Wahl der Abgeordneten unmittelbar durch das Volk, obwohl das Grundgesetz dies in Artikel 38 ausdrücklich verlangt.

Das hat fatale Weiterungen. Wenn Parteien über die Wahlchancen von Kandidaten entscheiden, erhalten die innerparteilichen Verbindungen und der Status eines Politikers in seiner Partei zentrales Gewicht. Die Anerkennung im Volk und die Leistung als Abgeordneter werden dagegen zweitrangig, worin vermutlich auch ein Grund für die Abgehobenheit und Bürgerferne von Politikern liegt. Dann wird es für Abgeordnete auch gefährlich, ihr grundgesetzlich garantiertes freies Mandat wirklich noch auszuüben und notfalls auch von Mehrheitsbeschlüssen ihrer Fraktion abzuweichen. [...]

Wie könnte man den fundamentalen Mängeln unseres Wahlsystems abhelfen? Ein Weg wäre die Einführung der relativen Mehrheitswahl wie in Großbritannien. Dann würden die Wähler entscheiden, wer die Regierung bildet und nicht die Parteien nach der Wahl.

Hans Herbert von Arnim. In: Sonntag Aktuell, 4. August 2002.

M5 Bedeutungsverlust des Parlaments?

Aus einem Essay des früheren Bundestagspräsidenten Wolfgang Thierse, Juni 2001:

Es gibt einen Bedeutungsverlust des Politischen, der selbstverständlich auch das Parlament betrifft. Tempo und Reichweite ökonomischer Prozesse dominieren über notwendige Langsamkeit und nationalstaatliche Begrenzung demokratisch legitimierter Politik. Der Vorrang der Ökonomie vor der Politik wird durch die Globalisierung immer deutlicher. Ökonomische Prozesse greifen viel schneller und stärker in das Schicksal der Menschen ein als im Parlament erstrittene Entscheidungen.

Ein besonderer Teil dieser allgemeinen Veränderung ist der Vorrang der Medien. Wichtige Debatten finden im Fernsehen, in „Talk-Shows“ statt, lange bevor die Politiker sich im Parlament äußern. Wer hat da Schuld? Die Sender, die immer auf der Jagd nach dem Neuesten sind, oder die Politiker, die sich dem willfährig aussetzen? Der Politiker, der in den Medien nicht vorkommt, existiert kaum. Deshalb lässt er sich so gern befragen. Wichtig ist für ihn nicht nur die Zustimmung der eigenen Partei oder Fraktion, wichtig ist die Zustimmung der Öffentlichkeit. [...]

Die föderalistische Ordnung des Grundgesetzes zwingt zur Einigung zwischen Bund und Ländern. Gegensätze zwischen Bund und Ländern zwingen praktisch zu verdeckten Großen Koalitionen und verlagern Entscheidungen in den schwer durchschaubaren Vermittlungsausschuss. [...] Anders ist es mit der Europäischen Union. Vorlagen aus der EU, die in Deutschland Gesetzeskraft erlangen sollen, können nur noch zustimmend vom Parlament zur Kenntnis genommen werden. Änderungen und Differenzierungen sind kaum möglich. [...]

Der Deutsche Bundestag ist ein fleißiges, ein zusammenführendes, ein Arbeitsparlament. Die Abgeordneten wühlen sich in die Materie hinein, bis sie von Experten nicht mehr zu beeindrucken sind. Sie bieten übermächtig großen Apparaten von Regierung und Verbänden die Stirn, die oft genug versuchen, ihre numerische Überlegenheit auszuspielen. Das wird nicht genügend zur Kenntnis genommen [...].

Bleibt noch ein nicht erwähntes Problem: das Verhältnis von Bundestag und Bundesverfassungsgericht. Wer sich ärgert – so wie ich –, wenn das Bundesverfassungsgericht mit einer Entscheidung konkret vorschreibt, was bis wann und wie im Bundeshaushalt zu geschehen hat, der muss meist einräumen, dass das Parlament vorher ein entsprechendes Problem nicht hat lösen können. Die Fortsetzung oder die Ersetzung von Politik durch Gerichtsentscheidungen bedeutet aber immer ein Stück Bedeutungsverlust der Legislative. Da brauchen wir mehr Mut, mehr Verantwortung, auch zur Zurückhaltung.

Wolfgang Thierse. In: Frankfurter Rundschau, 25. Juni 2001.

M6 Rechte der Opposition

Der Politikwissenschaftler Manfred G. Schmidt über die Rolle der Opposition im Bundestag:

Die Qualität eines demokratischen Parlaments zeigt sich auch an den Spielräumen und den Beteiligungsmöglichkeiten, die es der parlamentarischen Opposition gibt – zumal diese im parlamentarischen Regierungssystem der eigentliche Gegenspieler der Regierung und der Parlamentsfraktion der Regierungsparteien ist. [...]

Die zahlreichen Mitwirkungschancen und Vorrechte der Opposition in Deutschland betreffen nicht nur den Teil der parlamentarischen Arbeit, der durch das „Rednerparlament" geprägt ist – wie die öffentliche Aussprache über Gesetzesvorhaben der Regierungsparteien, die Debatten anlässlich von Regierungserklärungen, die Anhörungen, die Anfragen an die Regierungen oder die Herbeirufung von Regierungsmitgliedern. Noch wichtiger sind die mannigfaltigen Mitwirkungschancen, die der „Arbeitsparlamentscharakter" des Bundestages der Opposition gibt. Dazu gehört an vorderer Stelle die auch aus international vergleichbarer Perspektive bemerkenswerte Möglichkeit einer Minderheit von einem Viertel der Abgeordneten, die Einsetzung eines Untersuchungsausschusses zu verlangen. Dass es sich hierbei zudem um verfassungsrechtlich verbrieftes Oppositionsrecht handelt (Art. 44 Abs. 1 GG), verdient besonderer Erwähnung. Dass die Opposition ferner mit dem Verfassungsinstitut des konstruktiven Misstrauensvotums auf eine potenziell besonders scharfe Waffe zurückgreifen kann, soll gleichfalls genant werden. Überdies ist die beträchtliche Zahl von Mitwirkungs- und Vetorechten zu nennen, die das deutsche Oppositionsmodell kennzeichnen. Dabei handelt es sich, was die parlamentarischen Arenen angeht, vor allem um dreierlei: um das uneingeschränkte Gesetzesinitiativrecht der Opposition, die proporzmäßige Berücksichtigung der Opposition bei der Vergabe von Vorsitzendenpositionen in den ständigen Ausschüssen des Bundestages sowie insbesondere das Vetopotential, das der parlamentarischen Opposition aus dem Erfordernis einer Zweidrittelmehrheit bei der Verabschiedung von verfassungsändernden Gesetzen erwächst.

Außerdem haben die Oppositionsparteien auf Bundesebene außerhalb des Bundestages große Einwirkungschancen. Eine liegt in der potentiellen Blockademacht des Bundesrates im Falle von Grundgesetzänderungen und zustimmungspflichtigen Gesetzen, eine zweite wurzelt im Recht der Opposition auf Anrufung des Bundesverfassungsgerichts. Das verleiht der parlamentarischen Minderheit das Recht, in Verfahren der abstrakten Normenkontrolle die Verfassungskonformität von Gesetzen überprüfen zu lassen. Das Quorum für einen entsprechenden Antrag liegt allerdings bei einem Drittel der Mitglieder des Bundestages. [...]

Die Opposition profitiert in Deutschland auch vom Bundesstaat. Die föderative Struktur Deutschlands ermöglicht der Opposition im Bund, im Falle des Erfolgs bei Landtagswahlen zumindest auf Länderebene Regierungserfahrung zu sammeln und auf diese Weise entsprechend geschultes Personal zu rekrutieren. Hinzu kommt das auch im internationalen Vergleich ungewöhnliche Recht von Mitgliedern des Bundesrates, im Bundestag sprechen zu dürfen [...]. Ferner ist für die alltägliche Oppositionsarbeit die Ressortorientierung der Ausschüsse im Bundestag wichtig. Aufgrund der spiegelbildlichen Orientierung der Bundestagsausschüsse an den Fachministerien eröffnet sich für die Ausschussmitglieder die Chance der längerfristigen fachlichen Spezialisierung und zwar gleichermaßen für Vertreter von Regierungs- wie auch von Oppositionsparteien. Das schult nicht nur die Experten der Oppositionsparteien für die Oppositionsarbeit und für mögliche zukünftige Regierungspraxis. Es schafft auch ein Klima der Kooperation zwischen den Fachleuten von Regierung und Opposition.

Manfred G. Schmidt: Das politische System Deutschlands. Hg. von der Bundeszentrale für politische Bildung. Bonn 2007, S. 157 ff.

Arbeitsaufträge

1 Der Begriff Kanzlerdemokratie unterstellt, dass der Bundeskanzler im politischen System der Bundesrepublik Deutschland über erhebliche Macht verfügt. Erörtern Sie, inwieweit der Begriff gerechtfertigt erscheint.

2 Grenzen Sie die Begriffe Vertrauensfrage und konstruktives Misstrauensvotum (VT, M 2) gegeneinander ab. Wann gab es in der Geschichte der Bundesrepublik solche Anträge (VT, M 3)?

3 Stellen Sie die Gründe dar, die Wolfgang Thierse in M 5 für einen von ihm empfundenen Bedeutungsverlust des Parlaments anführt. Nehmen Sie dazu Stellung.

4 Herbert von Arnim hinterfragt das Wahlrecht zum Deutschen Bundestag (M4). Welche Kritik übt er? Wie müsste das Wahlrecht beschaffen sein, damit Arnims Forderungen erfüllt werden? Beziehen Sie in ihre Überlegungen die Möglichkeit eines Mehrheitswahlrechts mit ein, wie es z. B. in Frankreich besteht (vgl. S. 68 f.).

5 Zählen Sie auf, über welche Mitwirkungs- und Kontrollmöglichkeiten die Opposition im Deutschen Bundestag verfügt (M 6).

4 Grundrechte in Deutschland – Anspruch und Grenzen

M1 Zeitungsangebot an einem Bahnhofskiosk
Die Informations- und Pressefreiheit gehört zu den wichtigsten Grundrechten.

Gibt es angeborene Rechte, die jeder Mensch besitzt? Diese Frage wird schon seit der Antike diskutiert. Aber erst seit 1948 gibt es ein Dokument mit Werten und Grundrechten, die weltweit für alle Menschen gelten. Die Verbrechen der Nationalsozialisten hatten die Menschheit in bis dahin unbekanntem Ausmaß erschüttert. Das dringende Bedürfnis entstand, für alle Menschen einen gemeinsamen Wertekatalog zu definieren. Welche Rechte muss ein Staat seinen Bürgern garantieren? Welche Lebensbedingungen braucht ein Mensch für ein würdevolles Dasein?
Am 10. Dezember 1948 verkündeten die Vereinten Nationen die „Allgemeine Erklärung der Menschenrechte". Die 30 Artikel dienen bis heute als gemeinsame Orientierung und Ideal aller demokratischen Staaten. Im Grundgesetz der Bundesrepublik sind die Menschenrechte in Form von Grundrechten festgeschrieben. Sie stehen ganz am Anfang des Grundgesetzes – um ihre Bedeutung zu betonen.

Grundrechte in Deutschland: 1848 ...

Einzelne Grundrechte wurden in Deutschland schon vor dem 19. Jahrhundert gesetzlich garantiert. So enthielt etwa das preußische Landrecht von 1794 die Bestimmung: „Jedem Einwohner im Staat muss eine vollkommene Glaubens- und Gewissensfreiheit gestattet werden."
Zu diesem Zeitpunkt war das benachbarte Frankreich allerdings schon viel weiter. Im Zuge der Französischen Revolution hatten die Bürger dort 1789 die „Erklärung der Menschen- und Bürgerrechte" erkämpft. Darin wurde erstmals festgehalten, dass alle Bürger frei und gleich seien.
In Deutschland dauerte es bis zum Jahr 1848, ehe eine revolutionäre Bewegung ähnliche Forderungen erhob. Eine von den Aufständischen ins Leben gerufene Nationalversammlung, die sich die Schaffung eines deutschen Nationalstaates zum Ziel gesetzt hatte, verabschiedete einen umfassenden Grundrechtekatalog. Die Abgeordneten verwandten viel Zeit darauf, die Grenzen zwischen Staat und Individuum festzulegen und dabei alle Eventualitäten schon im Voraus einzubeziehen. Dies führte zu manchen umständlichen Texten, deren juristische Prägnanz aber so groß war, dass alle späteren deutschen Verfassungen darauf aufbauen konnten.
Doch die Revolution von 1848 scheiterte. Die Monarchen der deutschen Einzelstaaten setzten die mancherorts eingeführten Grundrechte wieder außer Kraft.

... in der Weimarer Republik ...

Im Jahr 1918 war es in Deutschland wieder Zeit für eine Revolution. Die Monarchie wurde abgeschafft, die demokratische Republik gegründet. Die neu ausgearbeitete Weimarer Verfassung von 1919 übernahm in ihren „Grundrechten und Grundpflichten der Deutschen" im Wesentlichen die historischen Individualrechte von 1848 und erweiterte sie um einige Forderungen der Arbeiterschaft auf sozialen Schutz. Die Grundrechte wurden der Reichsverfassung am Ende angefügt. Wie sehr die Weimarer Verfassung die Grundrechte jedoch der Staatsgewalt unterwarf, zeigt Artikel 48, der es dem Reichspräsidenten erlaubte, einige Grundrechte außer Kraft zu setzen.

... und während des Nationalsozialismus

Die Nationalsozialisten nutzten die Schwächen der Weimarer Verfassung konsequent aus. Mithilfe des Artikels 48 erließen sie schon wenige Tage nach ihrer Machtübernahme im Februar 1933 eine Notverordnung, die es ihnen ermöglichte, die Grundrechte dauerhaft außer Kraft zu setzen. Diese Notverordnung war bis zum Ende der NS-Diktatur in Kraft und galt den Nationalsozialisten als Grundlage für ihr menschenverachtendes Regime.

Der Parlamentarische Rat

Nach dem Zusammenbruch der NS-Diktatur setzten sich die „Väter und Mütter" unseres heutigen Grundgesetzes zum Ziel, einen demokratischen Rechtsstaat zu schaffen, bei dem die „Würde des Menschen" (Art. 1 GG) und die freie Entfaltung seiner Persönlichkeit (Art. 2 GG) gesichert sein sollten.
Während der Arbeit am Grundgesetz war Deutschland noch kein souveräner Staat. So machten sich im Jahr 1948 Abgeordnete der Länderparlamente auf Geheiß der drei westlichen Besatzungsmächte an die Arbeit, eine Verfassung für einen zukünftigen westdeutschen Teilstaat zu schaffen.
Die Ausarbeitung einer westdeutschen Verfassung drohte die Spaltung des nach dem Krieg geteilten Deutschlands allerdings endgültig zu besiegeln. Deshalb konstituierte sich am 1. September 1948 in Bonn nicht eine „Verfassunggebende Versammlung", sondern ein „Parlamentarischer Rat". Diese Wortwahl sollte den vorläufigen Charakter der Verfassung betonen. Auch der Begriff „Grundgesetz" statt „Verfassung" war so gewählt, dass sein vorläufiger Charakter deutlich wurde und dadurch eine Wiedervereinigung mit der Sowjetischen Besatzungszone nicht ausgeschlossen blieb. Nach der Wiedervereinigung von 1990 sah der Bundestag dann aber keinen Anlass, den bewährten Begriff „Grundgesetz" zu ändern.
Dem Parlamentarischen Rat gehörten 65 Mitglieder an, die entsprechend den Ergebnissen der Landtagswahlen von den Ländern entsandt worden waren (CDU/CSU und SPD jeweils 27; FDP 5; Zentrum, Deutsche Partei und KPD jeweils 2 Abgeordnete). Unter dem Eindruck der nationalsozialistischen Katastrophe hielten es die Verfasser des Grundgesetzes für geboten, die Grundrechte an den Anfang der Verfassung zu rücken, um somit die Wichtigkeit der Grundrechte zu betonen. Die Unantastbarkeit der Menschenwürde (Artikel 1) wurde somit zum Fundament der Verfassung und des mit ihr begründeten Staates.

Freiheit, Gleichheit, Unverletzlichkeit

Der Parlamentarische Rat legte fest, dass die Grundrechte des Grundgesetzes auch durch Gesetze nicht aufgehoben werden können.
Der Grundrechtekatalog umfasst verschiedene Kategorien: Freiheitsrechte (z.B. das Recht auf freie Meinungsäußerung) schützen den Einzelnen vor Eingriffen des Staates. Die Gleichheitsrechte garantieren die Gleichheit vor dem Gesetz und die Gleichberechtigung von Mann und Frau. Sie verpflichten den Gesetzgeber außerdem, keinerlei Rassendiskriminierungen zu dulden. Unverletzlichkeitsrechte wie der Schutz der Wohnung oder das Briefgeheimnis schützen Bürgerinnen und Bürger vor ungerechtfertigten Eingriffen des Staates in ihre Rechte. Allerdings gibt es bei einigen Grundrechten dort Grenzen, wo die Rechte anderer Menschen beeinträchtigt werden.

Widerstandsrecht

Abwehrbereit zeigt sich der Rechtsstaat in Art. 18 GG gegen jeden, der die Grundrechte gegen die freiheitlich-demokratische Grundordnung missbraucht: „Wer die Freiheit der Meinungsäußerung, insbesondere die Pressefreiheit (Art. 1 Abs. 1), die Lehrfreiheit (Art. 5 Abs. 3), die Versammlungsfreiheit (Art. 8) [...] zum Kampfe gegen die freiheitlich demokratische Grundordnung missbraucht, verwirkt diese Grundrechte." Die Abwehr bleibt nicht allein den Verfassungsorganen vorbehalten. Vielmehr sind alle Deutschen dazu aufgerufen, die demokra-

tische Ordnung zu verteidigen. „Gegen jeden, der es unternimmt, diese Ordnung zu beseitigen, haben alle Deutschen das Recht zum Widerstand, wenn andere Abhilfe nicht möglich ist", heißt es dazu in Art. 20 Abs. 4 GG.
Der Parlamentarische Rat hatte 1948 – auch aufgrund der Erfahrung mit der NS-Diktatur, die viele Menschen zur Flucht gezwungen hatte – das Grundrecht auf Asyl garantiert. Unter dem Eindruck riesiger Zuwanderungsströme Mitte der 1990er-Jahre nach Deutschland änderten Bundestag und Bundesrat dann das Grundgesetz dahingehend, dass das Asylrecht zwar grundsätzlich bestehen blieb, aber Asylsuchende aus EU-Ländern oder Drittstaaten, bei denen Menschenrechtsverletzungen nicht zu erwarten waren, sich nicht mehr auf das Asylrecht berufen konnten.

Soziale Grundrechte?

Die „Väter und Mütter" des Grundgesetzes verzichteten weitgehend auf soziale Grundrechte. Nur in Art. 6 Abs. 4 GG ist festgelegt: „Jede Mutter hat Anspruch auf den Schutz und die Fürsorge der Gemeinschaft." Mit der Sozialstaatsklausel in Artikel 20: „Die Bundesrepublik Deutschland ist ein demokratischer und sozialer Bundesstaat" und Artikel 28: „Die verfassungsmäßige Ordnung in den Ländern muss den Grundsätzen des republikanischen, demokratischen und sozialen Rechtsstaates [...] entsprechen" haben die Verfassungsgeber aber für die praktische Politik das Ziel umrissen, die Bundesrepublik zum sozialen Rechtsstaat auszubauen.
Soziale Grundrechte begründen Ansprüche von Bürgern an den Staat. Ein menschenwürdiges Leben (Artikel 1) setzt beispielsweise ein Mindesteinkommen voraus. Deshalb hat derjenige, der ein solches Einkommen nicht erzielen kann, Anspruch auf Sozialhilfe oder Arbeitslosengeld. Ein „Recht auf Arbeit" gibt es im Grundgesetz nicht. Der Staat ist nicht in der Lage, Millionen von Arbeitsplätzen selbst zu schaffen. Artikel 12 sichert zwar das Grundrecht der freien Wahl des Arbeitsplatzes zu, doch wer arbeitslos ist, kann davon keinen Gebrauch machen. Gemäß dem Sozialstaatsprinzip wird der Arbeitslose aber bei der Vermittlung von Arbeitsplätzen, durch Umschulungen und durch die Zahlung von Arbeitslosengeld unterstützt.

Ähnlich verhält es sich mit dem Wohnraum. Das Grundrecht auf Unverletzlichkeit der Wohnung (Art. 13) schützt den Einzelnen vor ungerechtfertigten Eingriffen des Staates. Ein „Grundrecht auf Wohnung" gibt es nicht, wohl aber die Unterstützung des Staates bei der Wohnungssuche und die Gewährung von „Wohngeld" für Menschen mit geringem Einkommen.
Das Grundgesetz weist auch dem Recht auf Eigentum hohen Rang zu, hebt aber ausdrücklich hervor, „dass Eigentum verpflichtet" und „zugleich dem Wohle der Allgemeinheit dienen" soll (Art. 14). Eine Enteignung zum Wohl der Allgemeinheit ist zulässig, allerdings nur gegen eine angemessene Entschädigung.

Notstandsgesetze: Gefahr für Grundrechte?

Immer wenn die Bürger der Bundesrepublik den Eindruck hatten, Grundrechte könnten eingeschränkt werden, reagierten sie besorgt. Dies zeigte sich vor allem bei den heftigen Auseinandersetzungen um die Notstandsgesetze, die 1968 von der damaligen „Großen Koalition" aus CDU/CSU und SPD verabschiedet wurden (vgl. S. 259f.). Sie ergänzten das Grundgesetz um eine Notstandsverfassung, welche die Handlungsfähigkeit des Staates in Krisensituationen wie Kriegen, Aufständen oder Naturkatastrophen sichern sollten. Im Katastrophenfall kann seitdem das Brief-, Post- und Fernmeldegeheimnis eingeschränkt und bei Freiheitsentzug die Frist, innerhalb der ein Festgenommener seinem Haftrichter vorgeführt werden muss, von einem Tag auf vier Tage verlängert werden.
Für den inneren Notstand sieht das Grundgesetz seitdem den Einsatz von Polizei, Bundesgrenzschutz und – mit Zustimmung von Bundesrat oder Bundestag – auch den Einsatz der Bundeswehr vor.
Die Notstandsgesetze waren nach dem Zweiten Weltkrieg eine Bedingung der Westalliierten für die Übergabe der vollständigen Souveränität an die Bundesrepublik. Sie wollten ihre in Deutschland stationierten Truppen gesichert sehen. Ursprünglich enthielt das Grundgesetz aufgrund der schlechten Erfahrungen mit dem Artikel 48 der Verfassung von 1919 keine Regelungen für den Krisenfall.

M2 Einteilung der Grundrechte

Grundrechte

Freiheitsrechte		Gleichheitsrechte		Unverletzlichkeitsrechte	
Art. 2	Freie Entfaltung der Persönlichkeit	Art. 3	Gleichheit vor dem Gesetz	Art. 2	Recht auf Leben und körperliche Unversehrtheit
Art. 4	Glaubens-, Gewissens- und Bekenntnisfreiheit	Art. 33	Gleicher Zugang zu öffentlichen Ämtern	Art. 10	Brief-, Post- und Fernmeldegeheimnis
Art. 5	Informations-, Meinungs- und Pressefreiheit			Art. 13	Unverletzlichkeit der Wohnung
Art. 8	Versammlungsfreiheit			Art. 14	Garantie des privaten Eigentums
Art. 11	Freizügigkeit			Art. 101	Anspruch auf den gesetzlichen Richter
Art. 12	Freie Berufswahl			Art. 104	Schutz vor willkürlicher Verhaftung
Art. 17	Petitionsrecht				

M3 Grundrechte im Laufe der Geschichte

a) Aus der Erklärung der Menschen- und Bürgerrechte in Frankreich, 1789:

Artikel 1. Die Menschen sind und bleiben von Geburt frei und gleich an Rechten. Soziale Unterschiede dürfen nur im gemeinen Nutzen begründet sein.

Artikel 2. Das Ziel jeder politischen Vereinigung ist die Erhaltung der natürlichen und unveräußerlichen Menschenrechte. Diese Rechte sind Freiheit, Eigentum, Sicherheit und Widerstand gegen Unterdrückung. […]

Artikel 4. Die Freiheit besteht darin, alles tun zu können, was einem anderen nicht schadet. So hat die Ausübung der natürlichen Rechte eines jeden Menschen nur die Grenzen, die den anderen Gliedern der Gesellschaft den Genuss der gleichen Rechte sichern. Diese Grenzen können allein durch Gesetz festgelegt werden. […]

Artikel 6. Das Gesetz ist der Ausdruck des allgemeinen Willens. Alle Bürger haben das Recht, persönlich oder durch ihre Vertreter an seiner Formung mitzuwirken. Es soll für alle gleich sein, mag es beschützen, mag es bestrafen. Da alle Bürger in seinen Augen gleich sind, sind sie gleicherweise zu allen Würden, Stellungen und Beamtungen nach ihrer Fähigkeit zugelassen ohne einen anderen Unterschied als den ihrer Tugenden und ihrer Talente.

Artikel 7. Jeder Mensch kann nur in den durch das Gesetz bestimmten Fällen und in den Formen, die es vorschreibt, angeklagt, verhaftet und gefangen gehalten werden. Diejenigen, die willkürliche Befehle betreiben, ausfertigen, ausführen oder ausführen lassen, sollen bestraft werden. […]

Artikel 10. Niemand soll wegen seiner Meinungen, selbst religiöser Art, belangt werden, solange ihre Äußerung nicht die durch das Gesetz festgelegte öffentliche Ordnung stört.

Artikel 11. Die freie Mitteilung der Gedanken und Meinungen ist eines der kostbarsten Menschenrechte. Jeder Bürger kann also frei schreiben, reden und drucken unter Vorbehalt der Verantwortlichkeit für den Missbrauch dieser Freiheit in den durch das Gesetz bestimmten Fällen. […]

Artikel 17. Da das Eigentum ein unverletzliches und heiliges Recht ist, kann es niemandem genommen werden, wenn es nicht die gesetzlich festgelegte, öffentliche Notwendigkeit augenscheinlich erfordert und unter der Bedingung einer gerechten und vorherigen Entschädigung.

b) Aus der Verfassung des Deutschen Reiches vom 28. März 1849 (Paulskirchenverfassung):

§ 133. Jeder Deutsche hat das Recht, an jedem Orte des Reichsgebietes seinen Aufenthalt und Wohnsitz zu nehmen, Liegenschaften jeder Art zu erwerben und darüber zu verfügen.

§ 135. Die Strafe des bürgerlichen Todes soll nicht stattfinden, und da, wo sie bereits ausgesprochen ist, in ihren Wirkungen aufhören, soweit nicht hierdurch erworbene Privatrechte verletzt werden.

§ 136. Die Auswanderungsfreiheit ist von Staats wegen nicht beschränkt; Abzugsgelder dürfen nicht erhoben werden.

§ 137. Vor dem Gesetze gilt kein Unterschied der Stände. Der Adel als Stand ist aufgehoben. Alle Standesvorrechte sind abgeschafft. Die Deutschen sind vor dem Gesetze gleich. […]

§ 138. Die Freiheit der Person ist unverletzlich. […]

§ 139. Die Todesstrafe, ausgenommen wo das Kriegsgericht sie vorschreibt, oder das Seerecht im Falle von Meutereien sie zulässt, sowie die Strafen des Prangers, der Brandmarkung und der körperlichen Züchtigung sind abgeschafft.

§ 140. Die Wohnung ist unverletzlich. […]

§ 141. Die Beschlagnahme von Briefen und Papieren darf, außer bei einer Verhaftung oder Haussuchung, nur in Kraft eines richterlichen, mit Gründen versehenen Befehls vorgenommen werden, welcher sofort oder innerhalb der nächsten vierundzwanzig Stunden den Beteiligten zugestellt werden soll.

§ 142. Das Briefgeheimnis ist gewährleistet […].

§ 143. Jeder Deutsche hat das Recht, durch Wort, Schrift, Druck und bildliche Darstellung seine Meinung frei zu äußern. Die Pressefreiheit darf unter keinen Umständen und in keiner Weise durch vorbeugende Maßnahmen, namentlich Zensur, […] beschränkt, suspendiert oder aufgehoben werden […].

§ 144. Jeder Deutsche hat volle Glaubens- und Gewissensfreiheit. Niemand ist verpflichtet, seine religiöse Überzeugung zu offenbaren. […]

§ 158. Es steht einem Jeden frei, seinen Beruf zu wählen und sich für denselben auszubilden, wie und wo er will.

§ 161. Die Deutschen haben das Recht, sich friedlich und ohne Waffen zu versammeln; einer besonderen Erlaubnis dazu bedarf es nicht.

c) Aus den „Grundrechten und Grundpflichten der Deutschen" der Weimarer Verfassung, 1919:

Art. 109: Alle Deutschen sind vor dem Gesetze gleich. Männer und Frauen haben grundsätzlich dieselben staatsbürgerlichen Rechte und Pflichten. […] Adelsbezeichnungen gelten nur als Teil des Namens und dürfen nicht mehr verliehen werden. […] Orden und Ehrenzeichen dürfen vom Staat nicht mehr verliehen werden. […]

Art. 111: Alle Deutschen genießen Freizügigkeit im ganzen Reiche. […]

Art. 114: Die Freiheit der Person ist unverletzlich. […]

Art. 115: Die Wohnung jedes Deutschen ist für ihn eine Freistätte und unverletzlich. Ausnahmen sind nur auf Grund von Gesetzen zulässig.

Art.117: Das Briefgeheimnis sowie das Post-, Telegraphen- und Fernsprechgeheimnis sind unverletzlich. Ausnahmen können nur durch Reichsgesetz zugelassen werden.

Art. 118: Jeder Deutsche hat das Recht, innerhalb der Schranken der allgemeinen Gesetze seine Meinung durch Wort, Schrift, Druck, Bild oder in sonstiger Weise frei zu äußern. […]

Art. 119: Die Ehe steht als Grundlage des Familienlebens und der Erhaltung und Vermehrung der Nation unter dem besonderen Schutz der Verfassung. Diese beruht auf der Gleichberechtigung der beiden Geschlechter. […] Kinderreiche Familien haben Anspruch auf ausgleichende Fürsorge. Die Mutterschaft hat Anspruch auf den Schutz und die Fürsorge des Staats.

Art.123: Alle Deutschen haben das Recht, sich ohne Anmeldung oder besondere Erlaubnis friedlich und unbewaffnet zu versammeln. […]

Art.124: Alle Deutschen haben das Recht, zu Zwecken, die den Strafgesetzen nicht zuwiderlaufen, Vereine oder Gesellschaften zu bilden. […]

Art.125: Wahlfreiheit und Wahlgeheimnis sind gewährleistet. […]

Art. 126: Jeder Deutsche hat das Recht, sich schriftlich mit Bitten oder Beschwerden an die zuständige Behörde oder an die Volksvertretung zu wenden. […]

Art. 128: Alle Staatsbürger ohne Unterschied sind nach Maßgabe der Gesetze und entsprechend ihrer Befähigung und ihren Leistungen zu den öffentlichen Ämtern zuzulassen. Alle Ausnahmebestimmungen gegen weibliche Beamte werden beseitigt. […]

Art. 132: Jeder Deutsche hat nach Maßgabe der Gesetze die Pflicht zur Übernahme ehrenamtlicher Tätigkeiten.

Art. 133: Alle Staatsbürger sind verpflichtet, nach Maßgabe der Gesetze persönliche Dienste für den Staat und die Gemeinde zu leisten. Die Wehrpflicht richtet sich nach den Bestimmungen des Reichswehrgesetzes.[…]

Art. 134: Alle Staatsbürger ohne Unterschied tragen im Verhältnis ihrer Mittel zu allen öffentlichen Lasten nach Maßgabe der Gesetze bei.

Art. 135: Alle Bewohner des Reichs genießen volle Glaubens- und Gewissensfreiheit. […]

Art. 142: Die Kunst, die Wissenschaft und ihre Lehre sind frei. Der Staat gewährt ihnen Schutz und nimmt an ihrer Pflege teil.

Art.153: Das Eigentum wird von der Verfassung gewährleistet. Sein Inhalt und seine Schranken ergeben sich aus den Gesetzen. Eine Enteignung kann nur zum Wohle der Allgemeinheit und auf gesetzlicher Grundlage vorgenommen werden. Sie erfolgt gegen angemessene Entschädigung. […] Eigentum verpflichtet. Sein Gebrauch soll zugleich Dienst sein für das Gemeine Beste.

Art. 154: Das Erbrecht wird nach Maßgabe des bürgerlichen Rechtes gewährleistet. […]

Art. 155: Die Verteilung und Nutzung des Bodens wird von Staats wegen in einer Weise überwacht, die Missbrauch verhütet und dem Ziele zustrebt, jedem Deutschen eine gesunde Wohnung und allen deutschen Familien, besonders den kinderreichen, eine ihren Bedürfnissen entsprechende Wohn- und Wirtschaftsheimstätte zu sichern. […] Grundbesitz, dessen Erwerb zur Befriedung des Wohnungsbedürfnisses […] nötig ist, kann enteignet werden.[…]

Art.159: Die Vereinigungsfreiheit zur Wahrung und Förderung der Arbeits- und Wirtschaftsbedingungen ist für jedermann und für alle Berufe gewährleistet. […]

Artikel 163: […] Jedem Deutschen soll die Möglichkeit gegeben werden, durch wirtschaftliche Arbeit seinen Unterhalt zu erwerben. Soweit ihm angemessene Arbeitsgelegenheit nicht nachgewiesen werden kann, wird für seinen notwendigen Unterhalt gesorgt. […]

Art. 165: […] Die Arbeiter und Angestellten erhalten zur Wahrnehmung ihrer sozialen und wirtschaftlichen Interessen gesetzliche Vertretungen in Betriebsarbeiterräten sowie in nach Wirtschaftsgebieten gegliederten Bezirksarbeiterräten und in einem Reichsarbeiterrat.

a und b zit. nach: Informationen zur politischen Bildung Nr. 239/1993, S. 8 ff.; c zit. nach: H. Hildebrandt: Die deutschen Verfassungen des 19. und 20. Jahrhunderts. Paderborn 1979, S. 91 ff.

M4 Debatte um die Notstandsgesetze

a) Aus einer Rede Hans-Jürgen Krahls (Sozialistischer Deutscher Studentenbund), Mai 1968:

Trotz der massenhaften Proteste aus den Reihen der Arbeiter, Studenten und Schüler, trotz der massiven Demonstrationen der APO in den letzten Jahren sind dieser Staat und seine Bundestagsabgeordneten entschlossen, unsere letzten spärlichen demokratischen Rechtsansprüche in diesem Land auszulöschen. Gegen alle diejenigen – Arbeiter oder Studenten –, die es künftig wagen werden, ihre Interessen selbst zu vertreten, werden Zwang und Terror das legale Gesetz des Handelns der Staatsgewalt bestimmen. Angesichts dieser Drohung hat sich in den Betrieben, an den Universitäten und Schulen seit dem Tag der Zweiten Lesung vor mehr als einer Woche eine erste Streikwelle manifestiert [offenbart], die den Widerstandswillen der Bevölkerung demonstrierte. [...]

Die Notstandsgesetze bilden das vorläufige Ende einer Entwicklung, in der sich eine undemokratische Staatsgewalt die Mittel schuf, die Bedürfnisse der Massen zu unterdrücken. Die Geschichte, nicht zuletzt die der Deutschen, hat uns mehrfach gelehrt, dass der einzige Ausweg der kapitalistischen Wirtschaftsordnung aus der Krise in der offenen Gewalt des Faschismus besteht.

D. Claussen/R. Dermitzel (Hg.): Universität und Widerstand. Frankfurt 1968, S. 36 ff.

b) Aus einer Rede des Abgeordneten Carl Otto Lenz (CDU) vor dem Deutschen Bundestag, Mai 1968:

Es ist nicht wahr, dass dieser Entwurf den Weg zur Diktatur bereitet. Der vorliegende Entwurf hält unter parlamentarischen und rechtsstaatlichen Gesichtspunkten jeden Vergleich mit jeder Vorsorgeregelung für den Notfall aus, die es auf der Welt gibt. Es ist nicht wahr, dass durch diesen Entwurf den gewerkschaftlichen Rechten der Boden entzogen wird. Im Gegenteil, der Entwurf verankert das bestehende Arbeitskampfrecht ausdrücklich in der Verfassung. Es ist nicht wahr, dass durch diesen Entwurf die staatsbürgerlichen Freiheiten beseitigt werden. Meinungsfreiheit, Pressefreiheit, Vereins- und Versammlungsfreiheit werden durch diesen Entwurf nicht berührt. [...]. Es ist nicht wahr, dass durch diese Vorlage der Bürgerkrieg vorbereitet wird. Sowohl bei der Formulierung des staatsbürgerlichen Widerstandsrechts als auch bei der Möglichkeit der Bundesregierung, im äußersten Notfall Truppen gegen militärisch bewaffnete Aufständische einzusetzen, hat der Rechtsausschuss sich bemüht klarzustellen, dass dies nur das letzte Mittel sein dürfe. [...] Dieses Gesetz ist notwendig, um die alliierten Vorbehaltsrechte zum Erlöschen zu bringen, aufgrund derer die drei Mächte noch heute die oberste Staatsgewalt in der Bundesrepublik übernehmen können. Dieses Gesetz ist notwendig, um die lebensnotwendige Versorgung der Bevölkerung und der Streitkräfte und den Schutz der Bevölkerung im Verteidigungsfall sicherzustellen [...]. Dieses Gesetz ist notwendig, um der Zusammenfassung der Hilfsmittel von Bund und Ländern bei Naturkatastrophen und schweren Unfällen die Rechtsgrundlage zu geben. Dieses Gesetz ist notwendig, um von innen drohende Gefahren für die demokratische Verfassungsordnung unserer Bundesrepublik abzuwehren [...].

Zit. nach: Verhandlungen des 5. Deutschen Bundestages, Bd. 69. Bonn 1968, S. 834 f.

M5 Das Grundrecht auf Asyl ist in Deutschland eingeschränkt

Karikatur von Gerhard Mester

Arbeitsaufträge

1 Nennen Sie historische Epochen, in denen Grundrechtskataloge entstanden, die bis heute bedeutungsvoll sind (VT).

2 Listen Sie in einer Tabelle auf, welche Grundrechte aus der französischen Menschenrechtserklärung von 1789, der Verfassung der Paulskirche von 1849 und der Weimarer Verfassung von 1919 jeweils Freiheits-, Gleichheits- und Unverletzlichkeitsrechten des Grundgesetzes ähneln (M 2, M 3 a – M 3 c). Vergleichen Sie auch die in den einzelnen Grundrechtskatalogen genannten sozialen Grundrechte.

3 Stellen Sie die Argumente dar, aufgrund derer die Notstandsgesetzgebung die öffentliche Meinung spaltete (M 4 a und M 4 b).

4 Recherchieren Sie in Tageszeitungen und im Internet, welche Staaten in welcher Form Menschenrechte verletzen. Erstellen Sie dazu eine Präsentation.

5 Volksentscheide – ein Rezept gegen „Politikverdrossenheit"?

M1 Geplante Waldschlösschenbrücke in Dresden, Fotomontage

In Dresden erhitzt der Bau einer Brücke über die Elbe seit Jahren die Gemüter der Einwohner. Im Jahr 2005 sprach sich ein von ADAC, CDU und FDP initiierter Bürgerentscheid mit 67,9 Prozent Ja-Stimmen (Abstimmungsbeteiligung 50,8 Prozent) für den Bau der Brücke aus. Doch der Brückenbau rief die UNESCO auf den Plan. Sie befürchtete, dass eine Brücke das Landschaftsbild des mit dem Titel „Weltkulturerbe" dekorierten Dresdner Elbtals zerstören würde und drohte mit der Aberkennung dieser Auszeichnung. Eine Diskussion entbrannte unter den Dresdner Bürgern, ob der Brückenbau gestoppt werden solle. Im Jahr 2009 machte die UNESCO angesichts des fortlaufenden Brückenbaus ihre Ankündigung wahr und erkannte Dresden den Weltkulturerbe-Titel ab. Manche Dresdner befürchten dadurch negative Auswirkungen auf den Fremdenverkehr.
Die politische Entscheidungsbefugnis in der Bundesrepublik üben in der Regel allein die von den Bürgern gewählten Volksvertreter aus. Manchen Bürgern ist die Wahl ihrer Repräsentanten aber zu wenig Partizipation. Sie fordern Plebiszite, also Bürgerentscheide oder Volksabstimmungen. Mittlerweile gibt es vor allem auf kommunaler Ebene eine große Zahl von Bürgerentscheiden. Welche Möglichkeiten bieten solche Plebiszite und wo liegen die Risiken?

Historische Erfahrungen – in Weimar ...

Wenn heute darüber nachgedacht wird, ob in Deutschland auf Bundesebene Volksbegehren zugelassen werden sollen oder andere plebiszitäre Möglichkeiten wie die Direktwahl des Bundespräsidenten, so wird fast immer auf die negativen Erfahrungen während der Zeit der Weimarer Republik und des Nationalsozialismus verwiesen.
In der Weimarer Republik gab es auf Reichsebene drei Versuche, politische Interessen in Form von Volksentscheiden durchzusetzen. Keiner dieser Versuche war erfolgreich. 1926 hatte die KPD die entschädigungslose Enteignung der politisch entmachteten früheren deutschen Landesfürsten verlangt. Die Mehrheit der Reichstagsabgeordneten lehnte den Gesetzentwurf jedoch als verfassungswidrig und demagogisch ab. Die Forderung, der sich auch die SPD anschloss, war dennoch so populär, dass 12,5 Millionen Stimmberechtigte den Antrag auf ein Volksbegehren unterzeichneten. 14,5 Millionen Wähler sprachen sich dann für eine entschädigungslose Enteignung aus, aber das waren nur 36,4 statt der erforderlichen 50 Prozent der Stimmberechtigten. Ein weiteres Volksbegehren, „Gegen den Panzerkreuzerbau", das ebenfalls die KPD initiierte, schei-

Quorum	Als Quorum bezeichnet man die Zahl der Stimmberechtigten, die sich an einer Abstimmung beteiligen müssen, damit diese gültig bzw. erfolgreich ist.

terte 1928 mit 1,2 Millionen Unterschriften bereits am 10 %-Quorum.
Mit einem Volksentscheid versuchten 1929 schließlich NSDAP, DNVP und der Wehrverband Stahlhelm die Bestimmungen des Versailler Vertrages zu revidieren. Die Vorbereitungen gerieten zu einer Hetzkampagne gegen die Republik von bis dahin nicht gekanntem Ausmaß. Die Abstimmung blieb mit einer Zustimmung von knapp 14 Prozent der Wahlberechtigten zwar erfolglos, aber die Nationalsozialisten nutzten die mit großem publizistischem Aufwand betriebene Kampagne dazu, sich einer breiten Öffentlichkeit zu präsentieren.

... und während des Nationalsozialismus

Die drei während der Zeit des Nationalsozialismus durchgeführten „Plebiszite" (Austritt aus dem Völkerbund 1933, Übertragung des Reichspräsidentenamtes an den „Führer" Adolf Hitler 1934, „Anschluss" Österreichs 1938) forderten lediglich dazu auf, bereits vollzogenen Maßnahmen der Regierung im Nachhinein zuzustimmen. Zudem waren diese „Plebiszite" suggestiv formuliert. So las sich der Antrag zur Bestätigung des Austritts aus dem Völkerbund: „Billigst du deutscher Mann, und du deutsche Frau, diese Politik deiner Reichsregierung und bist du bereit, sie als den Ausdruck deines eigenen Willens zu erklären und dich feierlich zu ihr zu bekennen?" Der im Stil eines Glaubensbekenntnisses aufgemachten Fragestellung stimmten 95 Prozent der Wähler zu. Viele hatten dabei aber die begründete Befürchtung, dass das Wahlgeheimnis nicht gewährleistet sein würde und eine Nichtbeteiligung üble Folgen haben würde. Das NS-Regime missbrauchte die unter massivem Druck stattfindenden Volksabstimmungen also ausschließlich als propagandistisches Instrument, um die vermeintliche Übereinstimmung zwischen diktatorischer Regierung und Volksmehrheit zu demonstrieren.

M2 Volksbegehren gegen den Young-Plan
Plakat aus dem Jahr 1929. Der nach dem US-Finanzexperten Owen Young benannte Plan sah eine Neuregelung deutscher Reparationszahlungen im Zuge des Ersten Weltkrieges vor. Deutschland sollte demnach insgesamt eine Summe von 112 Milliarden Goldmark, aufgeteilt auf 59 Jahresraten, zahlen.

Plebiszite auf Länderebene ...

Als der Parlamentarische Rat 1948/49 über die Aufnahme plebiszitärer Elemente in das Grundgesetz diskutierte, entschied man sich aufgrund der historischen Erfahrungen dagegen. Der Rat wollte den Volksentscheid nicht zur „Prämie für Demagogen" (Volksverführer) machen, wie es der spätere Bundespräsident Theodor Heuss (FDP) ausdrückte. Doch wenn auch im Bund Plebiszite nicht vorgesehen sind – lediglich eine Neugliederung der Bundesländer müsste durch Volksentscheid bestätigt werden –, so gibt es doch in vielen Bundesländern und Gemeinden durchaus die Möglichkeit von Plebisziten, allerdings in recht unterschiedlichen Ausprägungen.

Volksentscheid (Plebiszit)	Unmittelbare Mitwirkung der Bürgerinnen und Bürger an der Gesetzgebung oder anderen Sachentscheidungen. Das Plebiszit ist ein Instrument der direkten Demokratie.
Volksbegehren (Volksinitiative)	Versuch von Bürgerinnen und Bürgern, politische Entscheidungen in ihrem Sinne herbeizuführen (zumeist als Vorstufe zu einem Volksentscheid): Eine Mindestzahl von Stimmberechtigten kann durch Unterschriftenleistung ein Volksbegehren erzwingen.

So auch in Baden-Württemberg: Damit hier ein Volksbegehren auf Landesebene zugelassen wird, müssen zunächst 10 000 Unterschriften von Wahlberechtigten gesammelt werden. Um dann einen Volksentscheid zu erzwingen, muss sich im Volksbegehren innerhalb von zwei Wochen ein Sechstel der Wahlberechtigten mit ihrer Unterschrift in Listen eintragen, die meist auf den Rathäusern ausliegen. Diese Hürde ist so hoch, dass es in Baden-Württemberg noch nie zu einem Volksentscheid kam.
Dagegen kommt in Bayern ein Volksentscheid bereits dann zustande, wenn 10 % der Wahlberechtigten dies in einem Volksbegehren fordern. Bei dem sich anschließenden Volksentscheid genügt (ohne Quorum) die einfache Mehrheit der abgegebenen Stimmen.

... und in den Gemeinden

Die Möglichkeit einer direkten Einflussnahme in den Gemeinden und Kreisen wurde in den letzten Jahren ausgeweitet. In allen Bundesländern werden die Bürgermeister inzwischen unmittelbar durch die Gemeindebürger gewählt. In einigen Ländern können die Bürger bei Wahlen zum Gemeinderat und Kreistag bestimmte Kandidaten auf den Listen durch das Häufen von Stimmen hervorheben („kumulieren“) oder Kandidaten von anderen Listen dazuschreiben („panaschieren“).
Noch weitreichender war die Entwicklung bei kommunalen Sachentscheidungen. Die Gemeindebürger können in allen Bundesländern wichtige Sachfragen durch Bürgerbegehren an sich ziehen und durch Bürgerentscheid beschließen.
Ein erfolgreiches Bürgerbegehren in Baden-Württemberg muss von mindestens zehn Prozent der wahlberechtigten Bürgerinnen und Bürgern, die in der Gemeinde ihren Wohnsitz haben, unterzeichnet sein. Werden so viele Unterschriften vorgelegt, muss der Stadt- oder Gemeinderat über die Zulässigkeit entscheiden. Stellt er die Zulässigkeit fest, kommt es zum Bürgerentscheid. Dieser ist nur erfolgreich, wenn nicht nur die Mehrheit der Abstimmenden, sondern mindestens 25 Prozent aller Stimmberechtigten die angestrebte Entscheidung befürworten.

Das Staatsoberhaupt direkt wählen?

Der von der Bundesversammlung (vgl. S. 64) gewählte Bundespräsident wird in Deutschland meist nur dann wahrgenommen, wenn er repräsentative Aufgaben erfüllt. Zu seinen Pflichten gehören aber auch die Ausfertigung der Bundesgesetze, die Unterzeichnung von Verträgen mit auswärtigen Staaten, die Bestellung diplomatischer Vertreter, die Entgegennahme von Beglaubigungsschreiben ausländischer Diplomaten und der Vorschlag eines Bundeskanzlers zur Wahl durch den Bundestag; außerdem die Auflösung des Bundestages, wenn es diesem nicht gelingt, einen Bundeskanzler im dritten Wahlgang zu wählen oder wenn der Bundeskanzler im Bundestag eine Vertrauensabstimmung verloren hat sowie die Ernennung und Entlassung von Bundesrichtern. Zudem steht dem Bundespräsidenten auf Bundesebene das Begnadigungsrecht zu. Seine ihm vom Parlamentarischen Rat im Vergleich zu den meisten ausländischen Staatsoberhäuptern zugebilligte eher schwache Stellung rührt aus den negativen Erfahrungen mit dem zu großen Einfluss der Reichspräsidenten während der Zeit der Weimarer Republik.
Heute wird häufig darüber diskutiert, ob es nicht – wie etwa in Frankreich – angemessen wäre, den Bundespräsidenten in einer Direktwahl durch die wahlberechtigte Bevölkerung zu bestimmen.

Bürgerentscheid Möglichkeit, wichtige Gemeindeangelegenheiten durch die Gemeindebürger selbst entscheiden zu lassen. Voraussetzung ist ein Bürgerbegehren, bei dem sich ein gesetzlich festgelegter Anteil der wahlberechtigten Bürger einer Gemeinde mit Namen, Anschrift und ihrer Unterschrift in eine Liste eintragen. Wenn das Bürgerbegehren erfolgreich sein soll, muss ein bestimmtes Quorum erreicht werden. Es ist also ein Mindestanteil zustimmender Wahlberechtigter (meist 25 oder 30 %) erforderlich.

M3 Die Bundespräsidenten seit 1949

Der Bundespräsident wird von der Bundesversammlung gewählt. Ihr gehören zur einen Hälfte alle Abgeordneten des Bundestages, zur anderen Hälfte solche Mitglieder an, die die Landtage gewählt haben. Ein Bundespräsident amtiert fünf Jahre und kann nur einmal wiedergewählt werden.

Theodor Heuss
(FDP) 1949 – 1959

Heinrich Lübke
(CDU) 1959 – 1969

Gustav W. Heinemann
(SPD) 1969 – 1974

Walter Scheel
(FDP) 1974 – 1979

Karl Carstens
(CDU) 1979 – 1984

Richard von Weizsäcker
(CDU) 1984 – 1994

Roman Herzog
(CDU) 1994 – 1999

Johannes Rau
(SPD) 1999 – 2004

Horst Köhler
(CDU) seit 2004

M4 Debatte um die Direktwahl des Staatsoberhauptes

Kommentar der Süddeutschen Zeitung zu einem Vorschlag von Horst Köhler, 2007:

Es ist bald 150 Jahre her, dass ein Schneidermeister anlässlich des Besuches seines Landesvaters an den Eingang zu seiner Werkstatt ein Schild mit der Aufschrift hängte: „Lieber Landesvater, unter Deinen Flügeln kann ich ruhig bügeln.“ Dieses biedermeierliche Gefühl ergriff den Fernsehzuschauer am Sonntagabend. Der Bundespräsident hatte ein etwas hölzernes Stelldichein […]. Das alles war nicht unsympathisch, aber auch sehr unkonkret – bis zu der Stelle, an der Köhler vorschlug, den Bundespräsidenten doch künftig von den Bürgern wählen zu lassen, auf sieben Jahre und ohne die Möglichkeit der Wiederwahl. So soll aus dem Bundespräsidenten ein wirklicher Bürgerpräsident werden. Das klingt gut. Das klingt nach mehr Demokratie, nach mehr Mitbestimmung des Bürgers. Das passt in eine Zeit, in der allenthalben mehr Partizipation von unten verlangt und gewährt wird. […] Für den Vorschlag, den Bundespräsidenten künftig vom Volk wählen zu lassen, gilt das erst recht: Dessen Volkswahl wäre – viel Lärm um fast nichts. Warum? Der Bundespräsident hat, anders als der Reichspräsident der Weimarer Republik, keine Macht. Nicht er bestimmt die Richtlinien der Politik, sondern der Bundeskanzler; und die politische Macht liegt in der Hand des vom Volk gewählten Parlaments. Das Grundgesetz hat den Bundespräsidenten geschaffen wie Gott den Adam: nackt und bloß. Das Amt ist wenig, die Person alles. Volkswahl würde also bedeuten: viel Legitimation für wenig Kompetenz. Es käme in der Folge zu einem in der Verfassung nicht vorgesehenen Machtgerangel zwischen dem Präsidenten auf der einen, und Parlament und Kanzler auf der anderen Seite. Seine Volkswahl könnte den Präsidenten leicht dazu verführen, sich mehr in die Tagespolitik einzumischen, als es ihm von der Verfassung zugestanden wird.

Die dürftige Amtsausstattung der Bundespräsidenten hat mit einer politischen Erbsünde zu tun: Die Erfahrungen mit einem vom Volk gewählten Präsidenten waren abschreckend; die Mütter und Väter des Grundgesetzes hatten noch gut im Kopf, wie Reichspräsident Paul von Hindenburg in der Weimarer Republik die Entfaltung des Parlamentarismus behindert und die Legitimität der jungen Republik durch Notverordnungen am laufenden Band unterhöhlt hatte. Die Nacktheit des Bundespräsidenten war die historische Lehre daraus. Natürlich kann man sich 58 Jahre nach der Wahl des ersten Bundespräsidenten Theodor Heuss fragen, ob die alten Gründe noch zählen. Aber immerhin war es in diesen 58 Jahren so, dass alle Präsidenten mit ihren wenigen verfassungsrechtlichen Pfunden segensreich gewuchert haben. Das Präsidentenamt war und ist ein Glücksfall; es gehört zu den erfreulichen Institutionen dieser Republik. Man sollte es nicht durch verfassungsrechtliche Experimente schädigen. Wer die Volkswahl des Bundespräsidenten will, der müsste diesem Amt wohl auch ein neues verfassungsrechtliches Profil geben, ihm also wirkliche Macht einräumen. Aber die Befürworter eines stärkeren Amts wissen nicht so recht, wo sie es eigentlich stärken wollen. Die Machtbalance in Deutschland würde ja nicht einfacher, sondern schwieriger, wenn noch ein weiterer Mächtiger mitspielte. Es sollte allerdings darüber nachgedacht werden, die Amtszeit des Bundespräsidenten von fünf auf sieben Jahre zu verlängern und die Wiederwahl auszuschließen. Für die Souveränität des Amtes wäre damit mehr gewonnen als mit parteipolitischen Wahlkämpfen, wie sie bei einer Volkswahl notwendig würden. Für mehr Bürgerbeteiligung, für mehr Demokratie, gibt es bessere und wichtigere Gelegenheiten als eine Volkswahl des Präsidenten: Die Parteipolitik sollte endlich ihren antiplebiszitären Dünkel ablegen: Sie sollte das Bürgerbegehren und den Volksentscheid, die sich auf allen anderen kommunalen und staatlichen Ebenen längst bewährt haben, endlich auch auf Bundesebene zulassen.

Heribert Prantl. In: Süddeutsche Zeitung vom 26. Juni 2007.

M5 „Denn das Volk hat gesprochen"

Zeitungskommentar zum Bau der Waldschlösschenbrücke in Dresden, 2007:

Seit zwei Tagen buddeln die Bagger nun am Elbhang in Dresden. Der Bau der Waldschlösschenbrücke hat begonnen. Und die meisten Menschen, soweit sie sich für Kultur interessieren und begeistern, können nur den Kopf schütteln, wie eine Regierung derart halsstarrig an einem Bauwerk festhalten kann, das die Stadt aller Wahrscheinlichkeit nach im kommenden Jahr den ehrenvollen Titel „Weltkulturerbe" kosten wird – weil die Denkmalschützer der UNESCO der Meinung sind, dass die Brücke den Blick auf Dresdens Altstadt und die Schönheit der Elbauen unwiderruflich zerstört. [...]

Dabei setzen die Politiker und die Bagger nur um, was das Volk mehrheitlich beschlossen hat. Der Streit um die Dresdener Elbquerung zeigt, wie kompliziert Demokratie sein kann – insbesondere dann, wenn diese Demokratie in ihrer ganzen direkten Form ausgeübt wird. Am 27. Februar 2005 haben die Bürger von Dresden in einem Volksentscheid über das Brückenprojekt abgestimmt: 67,9 Prozent waren dafür, und diese Zahl ist halt nicht in irgendeiner Meinungsumfrage, Unterschriftensammelaktion oder bei einem TV-Telefonvoting entstanden, sondern durch ordentliche Abstimmung. Da sprach niemand Geringeres als der Souverän, das Volk. Und seitdem sind nun alle Organe des Staates, ob nun Stadt- oder Landesparlament, Bürgermeister oder Ministerpräsident, verpflichtet, den Willen dieses Souverän umzusetzen – so hat es am 29. Mai auch das Bundesverfassungsgericht ohne Wenn und Aber entschieden. Die Kritik der UNESCO, so Karlsruhe, wiegt in jedem Fall leichter als das demokratische Votum. [...]

Was beweist dieser Fall? Ganz sicher nicht die Unfähigkeit der Demokratie. Gerade in kommunalen Fragen ist die direkte Beteiligung der Bürger an wichtigen Entscheidungen ein hohes Gut. Nur sollte sich, wer es einsetzen will, die möglichen Folgen gut überlegen. Es gibt kein Zurück.

Tim Schleider. In: Stuttgarter Zeitung vom 21. November 2007.

M6 Direkte Demokratie auf kommunaler Ebene

Bürgerbegehren und Bürgerentscheid in Deutschland – basisdemokratische Entscheidungen nehmen zu:

Schon seit den sechziger Jahren wirken in der „alten Bundesrepublik" eine Vielzahl von basisdemokratischen Initiativen und Bewegungen informell an der politischen Willensbildung mit. Zumindest begünstigend für die Einführung von direktdemokratischen Politikentscheidungen war auch die friedliche Revolution 1989/90 in der DDR – verbunden mit der kritischen und beharrlichen Forderung der Bürgerinnen und Bürger beziehungsweise selbst organisierter Bürgerbewegungen nach erweiterten Beteiligungsmöglichkeiten. Dies korrespondierte mit der – nicht immer ganz freiwilligen – Einsicht der repräsentativen Politikakteure (primär Landespolitiker), die Gemeindeordnungen und teilweise auch Landesverfassungen reformieren zu müssen und dabei dem Partizipationsbedürfnis der Bevölkerung Rechnung zu tragen beziehungsweise auf diesem Wege einer befürchteten Verdrossenheit an den etablierten Parteien und Politikern entgegenzuwirken. Die durch diese Sachverhalte angestoßene dynamische Entwicklung wurde in den verschiedenen Gemeindeordnungen und Landesverfassungen schließlich institutionell gefasst. Dazu können z.B. die kommunalen Partizipationsinstrumente Bürgerbegehren und Bürgerentscheid gerechnet werden (im Gegensatz zu der nicht verfassten Beteiligungsform der Bürgerinitiative). [...]

Vor 1990 gab es mit Baden-Württemberg erst ein Bundesland mit Bürgerbegehren und Bürgerentscheid auf kommunaler Ebene. Seither haben 15 Länder diese Partizipationsinstrumente eingeführt. So kam es in Deutschland auf lokaler Ebene bis Ende 2003 schon ca. 2700 Mal zu einem Bürgerbegehren und fast 1400 Mal zu einem Bürgerentscheid. Spitzenreiter ist Bayern mit über 500 kommunalen Abstimmungen allein im Zeitraum von 1995 bis 2000. Dort existiert die weitest gehende Referendums-Variante, die am 1. Oktober 1995 – interessanterweise sogar per Volksentscheid – in die Bayerische Gemeindeordnung eingefügt wurde. [...]

Der erfolgreiche Bürgerentscheid – mit der Wirkung eines Ratsbeschlusses – löst wiederum eine „Abänderungssperre" aus. Hier kann der Bürgerentscheid innerhalb einer bestimmten Zeitspanne entweder überhaupt nicht oder nur auf Initiative des Rates durch einen neuen Bürgerentscheid abgeändert werden. Interessant ist in diesem Zusammenhang, dass ein erfolgreicher Bürgerentscheid damit einen höheren Bestandsschutz hat als ein Ratsbeschluss, der von der Gemeindevertretung jederzeit geändert werden kann. Die Abänderungssperre liegt zwischen einem Jahr (Bayern, Sachsen-Anhalt), zwei (Brandenburg, Mecklenburg-Vorpommern, Niedersachsen, Nordrhein-Westfalen, Saarland, Schleswig-Holstein, Thüringen) und drei Jahren (Baden-Württemberg, Hessen, Rheinland-Pfalz, Sachsen). Vor Ablauf dieser Frist darf der Rat den Bürgerentscheid nicht durch einen einfachen Ratsbeschluss wieder aufheben. Er kann allerdings (außer in Hessen, Rheinland-Pfalz und Thüringen) innerhalb dieser Frist einen erneuten Bürgerentscheid – das sog. Ratsbegehren – anberaumen.

Andreas Kost: Bürgerbegehren und Bürgerentscheid in Deutschland. In: Aus Politik und Zeitgeschichte10/2006, S. 25 ff.

M7 „Nein zum Wohnungsverkauf“ in Freiburg

Demonstration gegen „Heuschrecken“, also Finanzinvestoren mit hohen Gewinnerwartungen. Ein erfolgreicher Bürgerentscheid verbot der Stadt 2006 den Verkauf von 7 900 städtischen Wohnungen für einen erhofften Erlös von 500 Millionen Euro. 39,9 Prozent der Freiburger Stimmberechtigten beteiligten sich an der Abstimmung, davon stimmten 70,5 Prozent mit Nein (Quorum 25 %). Sie fürchteten, dass ein gewinnorientierter Investor sofort die Mieten erhöhen werde.

M8 Volksentscheide in der Weimarer Republik

Aus dem Artikel 73 der „Weimarer Verfassung“ von 1919:

Ein vom Reichstag beschlossenes Gesetz ist vor seiner Verkündung zum Volksentscheid zu bringen, wenn der Reichspräsident binnen eines Monats es bestimmt.

Ein Gesetz, dessen Verkündung auf Antrag von mindestens einem Drittel des Reichstages ausgesetzt ist, ist dem Volksentscheid zu unterbreiten, wenn ein Zwanzigstel der Stimmberechtigten es beantragt.

Der Volksentscheid ist ferner herbeizuführen, wenn ein Zehntel der Stimmberechtigten das Begehren nach Vorlegung des Gesetzentwurfs stellt. Dem Volksbegehren muss ein ausgearbeiteter Gesetzentwurf zugrunde liegen. [Stimmte das Parlament diesem Entwurf nicht zu, so kam es zum Volksentscheid, dessen Erfolg davon abhing, dass 50 % der Wahlberechtigten daran teilnahmen und überdies die Mehrheit der Teilnehmenden dem Volksbegehren zustimmten.].

Über den Haushaltsplan, über Abgabengesetze und Besoldungsordnungen kann nur der Reichspräsident einen Volksentscheid veranlassen. […]

H. Hildebrandt: Die deutschen Verfassungen des 19. und 20. Jahrhunderts. Paderborn, 7. Auflage, 1970, S. 81.

M9 Abstimmungszettel von 1938

Er galt gleichzeitig für einen Volksentscheid zum Anschluss Österreichs an das Deutsche Reich und zur Bestätigung der von der NSDAP aufgestellten Reichstagsabgeordneten.

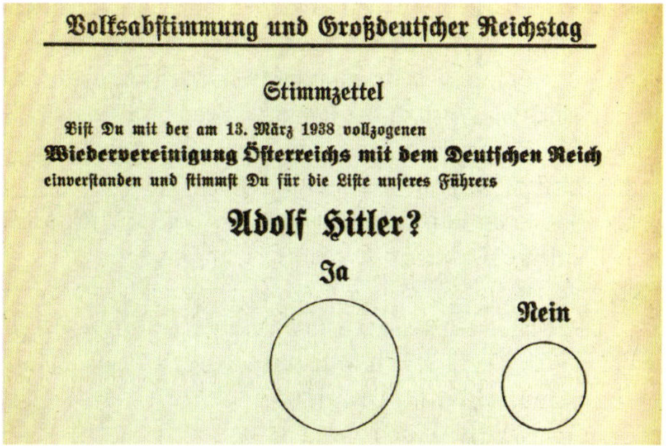

Volksabstimmung und Großdeutscher Reichstag

Stimmzettel

Bist Du mit der am 13. März 1938 vollzogenen
Wiedervereinigung Österreichs mit dem Deutschen Reich
einverstanden und stimmst Du für die Liste unseres Führers

Adolf Hitler?

Ja

Nein

Arbeitsaufträge

1. Erörtern Sie das Für und Wider einer Volkswahl des Bundespräsidenten mithilfe der in M 4 genannten Argumente.
2. Skizzieren Sie das Dilemma, in dem sich die „Stadtväter“ Dresdens beim Bau der Waldschlösschenbrücke befinden (M 1, M 5, M 6).
3. Viele Bürgerinnen und Bürger wünschen, dass auch auf Bundesebene Volksbegehren und Volksentscheide möglich sind. Diskutieren Sie in der Klasse darüber (VT, M 4, M 6, M 8, M 9).
4. Informieren Sie sich, ob es in Ihrer Gemeinde schon Versuche gegeben hat, einen Bürgerentscheid herbeizuführen. Wie war das Ergebnis?
5. Erklären Sie mithilfe von M 6, wie die Entscheidung zum Bau der Waldschlösschenbrücke in Dresden rückgängig gemacht werden könnte.
6. Informieren Sie sich im Internet über die Bürgerentscheidsinitiative zum Bahnprojekt Stuttgart 21 (vgl. S. 9) und recherchieren Sie, warum der Gemeinderat im Jahr 2007 einen Bürgerentscheid ablehnte. Wie ist der aktuelle Stand der Diskussion?

6 Demokratische Regierungssysteme im Vergleich

In vielen Staaten dieser Erde gibt es keine freien und geheimen Wahlen, keine Gewaltenteilung, keine garantierten Grundrechte, keine Freiheit und Gleichheit der Bürgerinnen und Bürger – also keine Demokratie. Dort, wo die Volkssouveränität gewährleistet ist, sind die Formen der Umsetzung des Wählerwillens vielfältig. Am deutlichsten unterscheiden sich parlamentarische von präsidentiellen Regierungssystemen. Im parlamentarischen System ist die Regierung vom Parlament abhängig. Im präsidentiellen Regierungssystem bestehen dagegen Exekutive und Legislative unabhängig voneinander. Welches demokratische Regierungssystem haben wir in der Bundesrepublik Deutschland? Und wie funktionieren andere Demokratien dazu im Vergleich?

6.1 Das parlamentarische System der Bundesrepublik Deutschland

Demokratische Legitimation

Der Verfassung der Bundesrepublik Deutschland liegt ein repräsentatives Regierungssystem zugrunde. Die gesamte demokratische Legitimation konzentriert sich auf den Bundestag, in den Ländern auf die Landesparlamente. Andere Staatsorgane, wie die Regierung oder der Bundespräsident, leiten ihre Legitimation davon ab. Der Bundestag verabschiedet im Zusammenwirken mit dem Bundesrat die Gesetze, er wählt den Kanzler und kann ihn ersetzen, und er kontrolliert die Bundesregierung und die Bundesverwaltung. Eine plebiszitäre Gesetzgebung an ihm vorbei gibt es nicht, ebenso wenig eine politische Führung durch den Bundespräsidenten. Die Funktionen von Staatsoberhaupt und Regierungschef sind getrennt in dem Amt des Bundespräsidenten und dem des Bundeskanzlers.

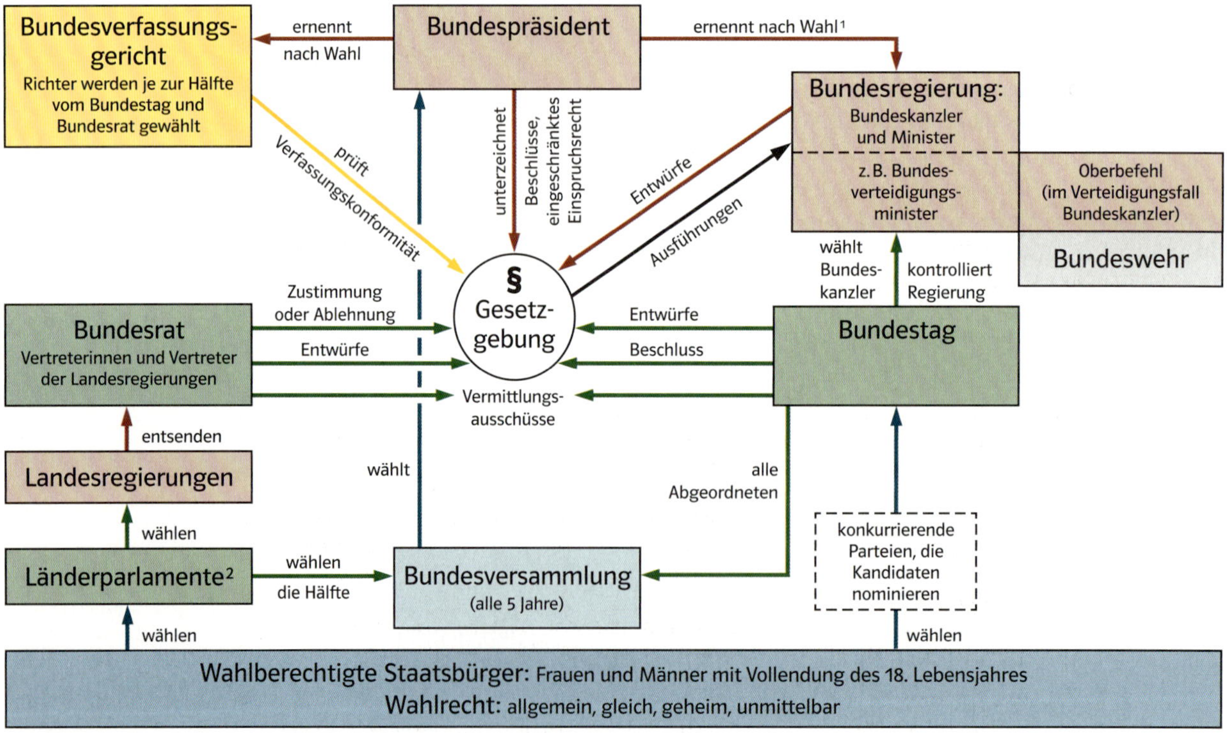

M1 Verfassungsschaubild der Bundesrepublik Deutschland

1 Der Bundespräsident ernennt den vom Bundestag gewählten Bundeskanzler und nach dessen Vorschlägen die Bundesminister.
2 wählen den jeweiligen Regierungschef, der die Minister beruft

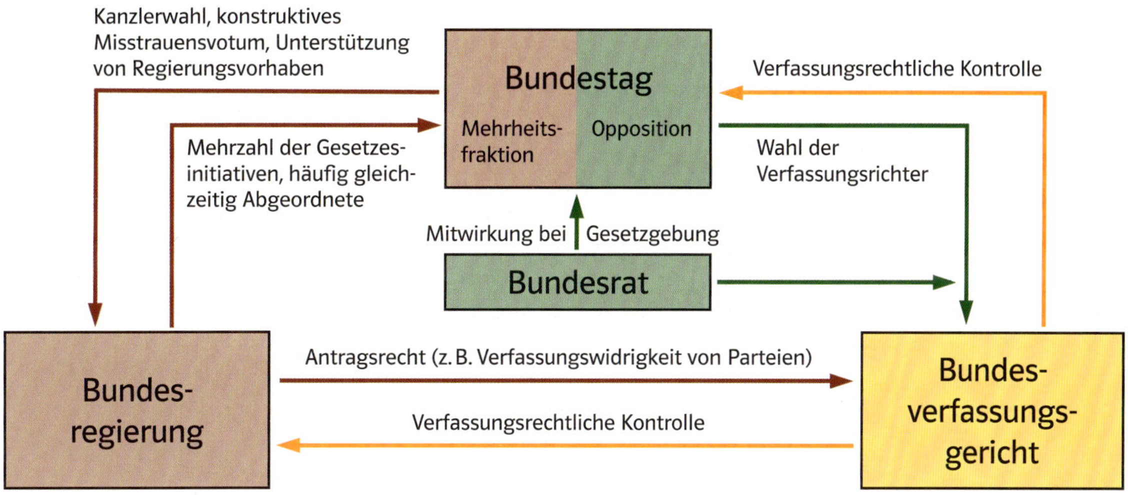

Nach: Horst Pötzsch: Die deutsche Demokratie. Bundeszentrale für politische Bildung. Bonn 1995, S. 68.

M2 Gewaltenverschränkung im parlamentarischen System der Bundesrepublik Deutschland

Gewaltenteilung in Deutschland

Das parlamentarische Regierungssystem der Bundesrepublik Deutschland beruht auf einer engen Verbindung von Parlament und Regierung und zeichnet sich durch zahlreiche gewaltenverschränkende Elemente aus. Die Regierung ist vom Vertrauen des Parlaments abhängig. Die Regierungskompetenzen sind zwischen dem Kanzler, den einzelnen Ministern, die ihr Ressort selbstverantwortlich leiten, und dem Kabinett aufgeteilt, das Mehrheitsentscheidungen fällen kann. Im föderalistischen System sind zusätzlich die staatlichen Aufgaben zwischen Bund und Ländern aufgeteilt. Bund und Länder müssen zusammenwirken und kontrollieren sich dabei gegenseitig (vertikale Gewaltenteilung). Dies geschieht in erster Linie durch die Mitwirkung des Bundesrates an der Gesetzgebung. Die vertikale Gewaltenteilung wird aber auch wirksam bei der Wahl des Bundespräsidenten durch die Bundesversammlung, die aus den Mitgliedern des Bundestages und einer gleich großen Zahl von Vertretern der Länderparlamente besteht. Eine ähnliche Konstellation ergibt sich bei der Wahl der Richter des Bundesverfassungsgerichts, die zur einen Hälfte vom Bundesrat, zur anderen von einem Wahlausschuss des Bundestages gewählt werden.

Gewaltenteilung Grundprinzip des demokratischen Rechtsstaates zum Schutz des Einzelnen gegen einen übermächtigen Staat. Die drei Aufgaben der Staatsgewalt (Legislative, Exekutive, Judikative) sollen nicht – wie in der absoluten Monarchie – in einer Hand liegen, sondern von unabhängigen Organen wahrgenommen werden, die sich gegenseitig kontrollieren („horizontale Gewaltenteilung"). Die Gewaltenteilung wurde zuerst von John Locke und dann von Charles de Montesquieu gefordert.
Als „vertikale Gewaltenteilung" bezeichnet man die Verteilung der staatlichen Gewalt auf die Vertretung des Zentralstaates und die der Gliedstaaten, in Deutschland also auf Bundestag und Bundesrat.

Gewaltenverschränkung Statt durch eine strikte Trennung der Gewalten ist die parlamentarische Demokratie durch eine Gewaltenverschränkung gekennzeichnet. Legislative und Exekutive sind miteinander verknüpft. Getrennt von ihnen ist dagegen die Rechtsprechung.

6.2 Das Regierungssystem in den USA

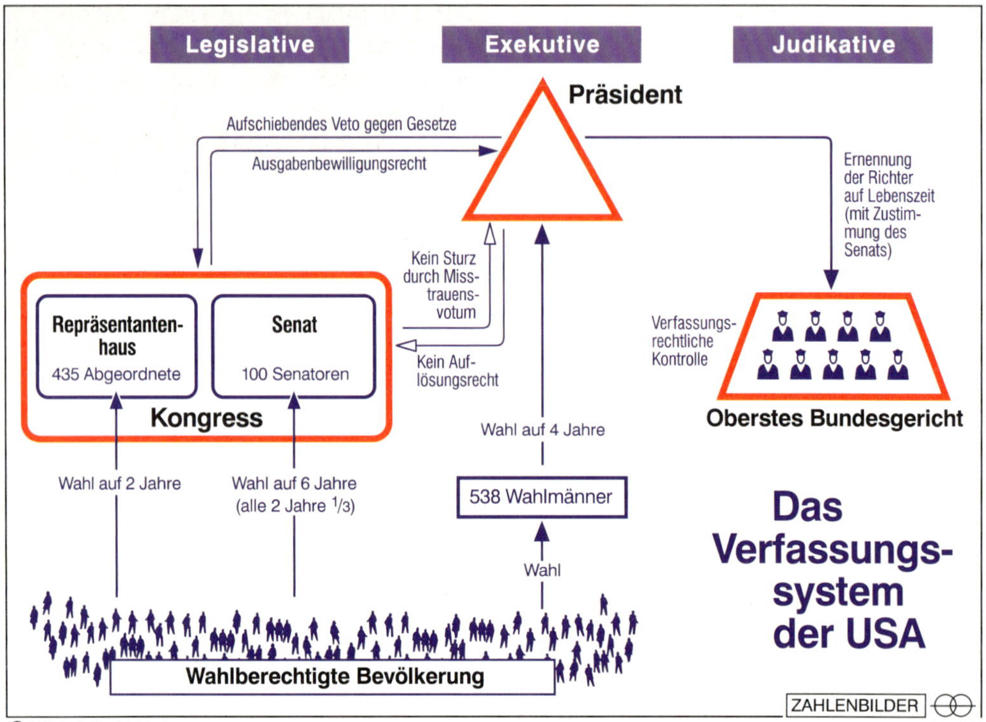

M3 Verfassungsschaubild der USA

Präsidentielles Regierungssystem

In der Bundesrepublik Deutschland ist der Bundespräsident ein repräsentierendes Staatsoberhaupt, die Regierungsgeschäfte werden vom Bundeskanzler und den jeweils für ihr Ressort verantwortlichen Bundesministern wahrgenommen. In den USA dagegen besteht die Regierung gemäß der Verfassung nur aus einer einzigen Person: dem Präsidenten. Er wird alle vier Jahre durch ein Wahlmännerkollegium (Electoral College) gewählt. Wahlmänner (electors) werden von den Wahlberechtigten im Verhältnis zur jeweiligen Bevölkerungszahl der Einzelstaaten gewählt (z. B. in Kalifornien 55, in Texas 32, in Delaware und Wyoming nur je drei Wahlmänner). Es gilt das „The winner takes it all"-Prinzip, also das Mehrheitswahlrecht. Alle entsandten Wahlmänner eines Bundesstaates gehören also der selben Partei an. Sieger der Präsidentschaftswahlen ist der Kandidat, der die absolute Mehrheit der Wahlmänner auf sich vereint – also hier wieder: relatives Mehrheitswahlrecht. Sollte es zu keiner absoluten Mehrheit kommen, wählt das Repräsentantenhaus den Präsidenten und der Senat den Vizepräsidenten.

Aufgaben und Stellung des Präsidenten

Der Präsident muss als Staatsoberhaupt repräsentieren, als Regierungschef die Richtlinien seiner Politik entwerfen und als Verwaltungschef die Ausführung der verabschiedeten Gesetze sicherstellen. Als Oberbefehlshaber der Streitkräfte ist er für die strategische Konzeption von Heer, Flotte und Marine verantwortlich. Statt Minister gibt es nach der Verfassung nur dem Präsidenten unterstellte „Sekretäre", die jeweils Leiter der „Departments" sind. Tatsächlich erfüllen die Sekretäre heute ministerähnliche Aufgaben. Auch die Amtsbezeichnung „Minister" ist mittlerweile üblich geworden. Anders als in der Bundesrepublik kennt die US-Verfassung weder ein Kabinettsprinzip – bei dem die Regierung Gesetzentwürfe berät – noch ein Ressortprinzip – bei dem der Minister sein Ressort innerhalb der vom Regierungschef vorgegebenen Leitlinie eigenverantwortlich leitet.

Strenge Gewaltenteilung

Legislative und Exekutive sind in den USA strenger getrennt als in der Bundesrepublik. So besteht beispielsweise die Unvereinbarkeit von Abgeordnetenmandat und Regierungsamt, die sogenannte Inkompatibilität. Der Präsident, die Minister oder die Berater des Präsidenten dürfen nicht dem Repräsentantenhaus oder dem Senat angehören. In den meisten parlamentarischen Demokratien sind dagegen Amt und Mandat miteinander vereinbar. Es gibt aber Ausnahmen: In Frankreich beispielsweise müssen Abgeordnete ihr Mandat niederlegen, wenn sie ein Regierungsamt übernehmen. Darin spiegelt sich dort die klassische Gewaltenteilung zwischen Legislative und Exekutive wieder.

„Checks and Balances"

Der Präsident kann vom Kongress nicht durch ein Misstrauensvotum abberufen werden, es sei denn wegen Verfassungs- oder Rechtsbruch durch ein Impeachment. Andererseits ist der Kongress – also die 100 Senatoren, die die Interessen der Einzelstaaten vertreten, und das Repräsentantenhaus, in dem 435 Abgeordnete gesamtstaatliche, aber auch lokale Interessen vertreten – vom Präsidenten unabhängig. Dieser kann weder den Senat noch das Repräsentantenhaus auflösen. Allerdings kann der Präsident ein Veto gegen Gesetze einlegen. Es herrscht das Prinzip der „Checks and Balances" (Kontrollen und Gegengewichte), demzufolge die staatlichen Teilgewalten ungefähr gleich stark sein müssen, um sich in ihrer Machtausübung gegenseitig zu beschränken und so einen Missbrauch der staatlichen Macht zu verhindern. So kann beispielsweise der Präsident die Einführung neuer Waffensysteme verfügen, der Kongress muss aber die dazu notwendigen Haushaltsmittel bewilligen.

„Divided government"

Kongress und Präsident werden in getrennten Wahlen bestimmt. Es ist deshalb möglich, dass der Präsident gegen eine Mehrheit der gegnerischen Partei im Kongress regieren muss. Gesetze kann der Präsident nicht selber in den Häusern des Kongresses einbringen, vielmehr muss er sich dabei der Hilfe ihm nahe stehender Abgeordneter bedienen. Zwar ist der Präsident nominell Führer seiner Partei, aber sein Einfluss ist gering, er muss sich für jede einzelne Parlamentsentscheidung Verbündete suchen. Im Gegensatz zum Deutschen Bundestag herrscht bei Abstimmungen im Kongress nur selten „Fraktionsdisziplin" innerhalb einer Partei. Parteien werden in der Verfassung nicht einmal erwähnt. Die Abgeordneten fühlen sich in erster Linie als Repräsentanten der Bürger ihrer Wahlbezirke. Es ist deshalb nicht ungewöhnlich, dass der Präsident bei Abstimmungen oft von einem Teil der Abgeordneten seiner Partei nicht unterstützt wird, oder dass er sogar Entscheidungen gegen die Mehrheit seiner Partei herbeiführt.

Judikative – die dritte Gewalt

Die dritte Gewalt in den USA, an deren Spitze der Oberste Gerichtshof (Supreme Court) steht, kontrolliert nicht nur die Rechtmäßigkeit der Gesetze, sondern hat auch einen zunehmenden Einfluss auf die Politik. So wäre die rechtliche und gesellschaftliche Gleichstellung der dunkelfarbigen Bevölkerung ohne seine richtungsweisenden Entscheidungen, die sowohl die Legislative als auch die Exekutive in Handlungszwang setzen, kaum denkbar gewesen.

Suspensives (= aufschiebendes) Veto	Dieser Begriff bezeichnet das Recht des amerikanischen Präsidenten, einem Gesetz des Kongresses seine Zustimmung zu verweigern und an die Legislative zurückzugeben. Der Kongress kann dann das Gesetz verändern oder es durch Zweidrittelmehrheit in beiden Häusern auch gegen den Willen des Präsidenten in Kraft setzen.
Impeachment	(engl. = Anklage): Recht des Repräsentantenhauses, gegen Mitglieder der Exekutive wegen Landesverrats, Bestechung oder anderer schwerer Verbrechen „Anklage" zu erheben. Diese wird im Senat verhandelt. Dieses Verfahren ist ein traditioneller Bestandteil des präsidentiellen Regierungssystems, in dem es keine Wahl oder Abwahl der Exekutivmitglieder durch das Parlament gibt.

6.3 Das Regierungssystem Frankreichs

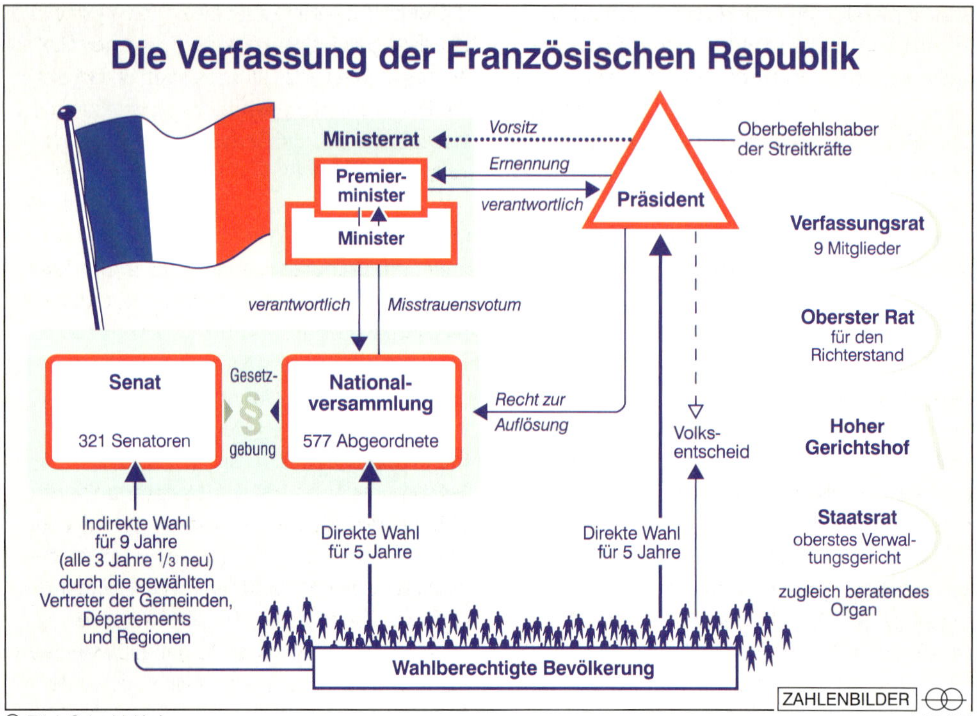

 799 311

M4 Verfassungsschaubild der Französischen Republik

Semipräsidentielles Regierungssystem

In Frankreich besteht ein Regierungssystem, das weder als präsidentiell – wie das der USA – noch als parlamentarisch – wie das der Bundesrepublik – gelten kann. Der Staatspräsident wird durch das Volk unmittelbar gewählt. Er hat einen bedeutenden Einfluss auf die Bildung der Regierung, die aber – anders als in den USA – nicht von ihm allein abhängig, sondern gegenüber dem Parlament verantwortlich ist. Diese Mischform wird als „semipräsidentielles" Regierungssystem bezeichnet.
Die Wurzeln der heutigen Verfassung Frankreichs gehen auf die Französische Revolution von 1789 zurück. Der Verfassung von 1791, die vielen anderen konstitutionellen Monarchien als Vorbild diente, folgten in Frankreich 16 weitere monarchische und republikanische Verfassungen. Seit 1958 gilt die Verfassung der sogenannten „Fünften Republik". Einige Grundprinzipien von 1791 sind aber bis heute sichtbar.

Die Legislative

Das Parlament besteht aus der Nationalversammlung (Assemblée Nationale) und dem Senat. Die Mitglieder der Nationalversammlung werden alle fünf Jahre von den wahlberechtigten Franzosen in direkter Wahl bestimmt. Der Senat als Vertretung der Departements (Verwaltungsbezirke) und der Gemeinden wird dem entgegen durch Wahlmänner alle drei Jahre zu einem Drittel erneuert. Zur Verabschiedung von Gesetzesvorlagen, die aus der Mitte des Parlaments oder vom Premierminister eingebracht werden können, ist eine Übereinstimmung zwischen beiden Kammern erforderlich.

Die Exekutive

Der Präsident der Republik wird unmittelbar vom Volk für die Dauer von fünf Jahren gewählt. Er ist während dieser Zeit nicht absetzbar und dem Parlament nicht verantwortlich. Er ist Oberbefehlshaber der Streitkräfte, ernennt und entlässt den Premierminister sowie die Regierung und leitet die Kabinettssitzungen. Er verkündet die Gesetze, gegen die er auch ein suspensives Veto einlegen kann, hat das Recht, die Nationalversammlung aufzulösen, und die Möglichkeit, über besonders wichtige Gesetzentwürfe einen Volksentscheid herbeizuführen. Laut Verfassungstext bestimmt und leitet die Regierung die Politik der Nation. Der Premierminister steht dabei an der Spitze der Regierung. Die Verfassungspraxis ist aber eine andere. Der Staatspräsident ist faktisch Bestandteil der „doppelköpfigen" Exekutive. Es ist der Staatspräsident, der die Richtlinien der Politik bestimmt, während der Premierminister als Bindeglied zwischen ihm und der parlamentarischen Mehrheit fungiert. Der Präsident kann seine starke Stellung aber nur halten, wenn er im Parlament über eine eigene Mehrheit verfügt. Zu Zeiten hingegen, in denen er von einer Partei gestellt wird, die in der Nationalversammlung nicht die Mehrheit innehat, ist der Premierminister der eigentliche Machtträger. Der konservative Präsident Jaques Chirac löste 1997 die Nationalversammlung ein Jahr vor dem normalen Wahltermin auf, weil er sich eine erneute konservative Mehrheit erhoffte, mit der er die bevorstehende schwierige Etappe zur europäischen Währungsunion möglichst ungestört bewältigen wollte. Die französischen Wähler gaben eine andere Antwort: In der Folge musste der konservative Präsident Chirac mit einer Linksregierung unter Premierminister Lionel Jospin regieren. Während dieser „cohabitation" waren Präsident und der sich auf die Parlamentsmehrheit stützende von ihm ernannte Premierminister gezwungen, in gegensätzlichen Positionen Kompromisse zu finden. 2007 wurde der dem konservativen Parteienbündnis UMP angehörende Nicolas Sarkozy zum Präsidenten gewählt. Er ernannte François Fillon aus demselben Bündnis zum Premierminister.

Die Bedeutung der Mehrheitsverhältnisse

Obwohl dem Präsidenten untergeordnet, ist die Regierung dem Parlament gegenüber verantwortlich und kann von diesem auch gestürzt werden. Der Premierminister wird nicht – anders als der deutsche Bundeskanzler – vom Parlament gewählt, sondern vom Präsidenten ernannt. Obwohl der Präsident dabei an keine Mehrheitsbeschlüsse gebunden ist, muss er darauf achten, dass der Premier und dessen Regierung bei der Gesetzgebung später Mehrheiten im Parlament finden können. Regierungsmitglieder dürfen dem Parlament nicht angehören.

Die Rechte der Nationalversammlung sind deutlich geringer als die des deutschen Bundestages. Wenn das französische Parlament die Regierung durch ein Misstrauensvotum stürzt, hat der Präsident sofort die Möglichkeit, seinerseits die Nationalversammlung aufzulösen. Wenn die Regierung Widerstände gegen einen Gesetzentwurf erwartet, kann sie die Abstimmung an die Vertrauensfrage koppeln. Wird dann innerhalb von 24 Stunden kein Misstrauensantrag von der Nationalversammlung gestellt, so gilt der Gesetzentwurf auch ohne Abstimmung als beschlossen.

Wahlrecht

Mit der Verfassung der Fünften Republik von 1958 wurde in Frankreich für die Wahl der Nationalversammlung das absolute Mehrheitswahlrecht eingeführt: In jedem Wahlkreis wird als Abgeordneter in die Nationalversammlung gewählt, wer die meisten Stimmen auf sich vereinigen kann. Gewinnt einer der Kandidaten im ersten Wahlgang die absolute Mehrheit – also mehr als die Hälfte der abgegebenen Stimmen –, dann ist er gewählt. Anderenfalls findet eine Woche später ein zweiter Wahlgang statt, bei dem die einfache Mehrheit für einen Sitz im Parlament genügt. Vor dem zweiten Wahlgang kommt es häufig zu „Wahlbündnissen": Der schlechter platzierte Kandidat verzichtet zugunsten des Besserplatzierten. (Dies könnte zum Beispiel innerhalb des bürgerlichen Lagers geschehen, um Kandidaten der Linken nicht zum Zuge kommen zu lassen – oder umgekehrt.)

Aufgrund des Mehrheitswahlrechtes haben es kleinere Parteien mit entsprechend geringer Anhängerschaft schwer, Parlamentssitze zu erringen. Absprachen im zweiten Wahlgang können ihnen dann aber doch noch Erfolge bescheren. Umgekehrt können sich Parteibündnisse auch gezielt gegen einzelne Bewerber richten, z. B. Wahlabsprachen zwischen den demokratischen Parteien in einem Wahlkreis gegen die rechtsextreme „Front National".

Cohabitation (= Zusammenleben): Die damit bezeichnete Situation bedeutet, dass die „doppelköpfige" Exekutive in zwei unterschiedliche politische Lager gespalten ist. Die eigenständigen Kompetenzen des Präsidenten verlieren politisch – aber nicht rechtlich – ihre Bedeutung. Übrig bleiben überwiegend repräsentative Funktionen des Präsidentenamtes.

6.4 Die Direktorialverfassung der Schweiz

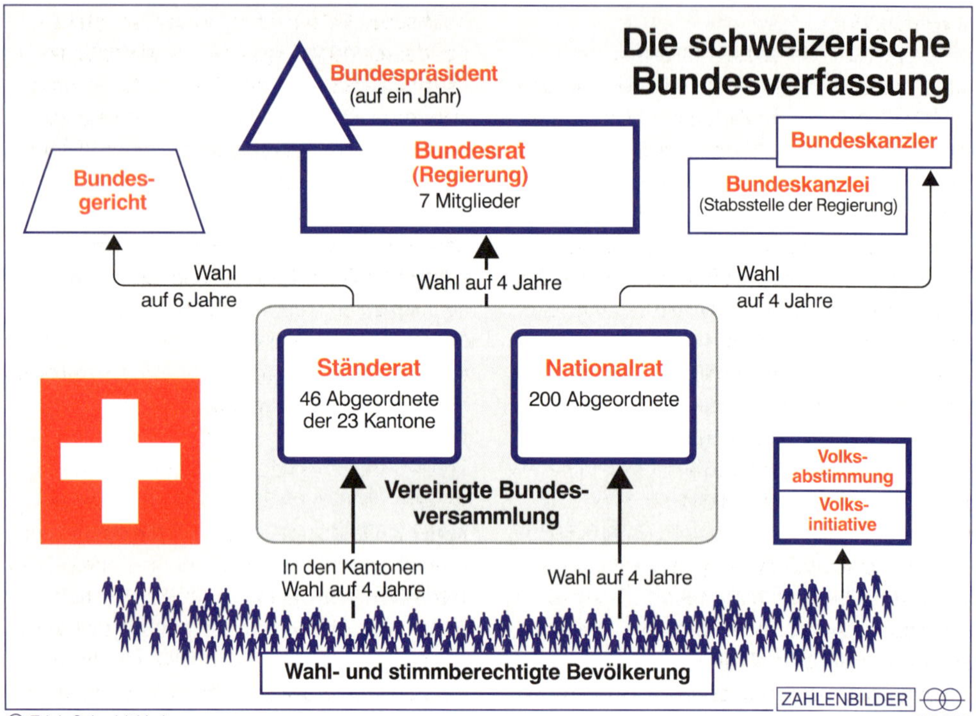

M5 Verfassungs-schaubild der Schweiz

Direktorialsystem

Das Verfassungssystem der Schweiz wurzelt in den liberalen und demokratischen Traditionen des 19. Jahrhunderts. Im Revolutionsjahr 1848 wurde die schweizerische Eidgenossenschaft vom lockeren Staatenbund eigenständiger Kantone in einen Bundesstaat umgewandelt. Das wichtigste Element der neuen Verfassung war die Verlagerung der Entscheidungsgewalt auf den Bund. Die Kantone blieben als Gliedstaaten souverän, soweit ihre Zuständigkeit nicht durch die Bundesverfassung begrenzt ist.

Die so genannte Direktorialverfassung verbindet Elemente des präsidentiellen und des parlamentarischen Regierungssystems. Vielfach wird die Demokratie der Schweiz als „Konsensdemokratie" bezeichnet: Staatliche Probleme sollen möglichst einvernehmlich bewältigt werden. Dementsprechend sind in der Regierung (dem Bundesrat) die vier größten Parteien vertreten. Der Bundesrat steht gleichsam als ein Direktorium „über" den Parteien.

Der aus sieben Mitgliedern bestehende Bundesrat wird durch die Vereinigte Bundesversammlung auf vier Jahre gewählt. Der Vorsitzende dieser Regierung (Bundespräsident) wechselt jährlich und ist prinzipiell „primus inter pares", das heißt „Erster unter Gleichgestellten" (Kollegialprinzip). Die Regierung und ihre Mitglieder können nicht durch ein Misstrauensvotum abberufen werden. Ebenso wenig kann das Parlament aufgelöst werden. Gesetzgebendes Organ ist die aus den beiden Kammern Ständerat und Nationalrat bestehende Bundesversammlung. Die Abgeordneten des Nationalrats werden von den Wahlberechtigten nach dem Verhältniswahlrecht auf vier Jahre gewählt. Im Ständerat, der nach dem Vorbild des amerikanischen Senats geschaffen wurde, sind die 23 Kantone unabhängig von ihrer Größe durch je zwei Abgeordnete vertreten.

Plebiszitäre Elemente

Im Vergleich zu anderen Demokratien sieht die schweizerische Verfassung starke direktdemokratische Einflussmöglichkeiten der Bürgerinnen und Bürger vor. Kein anderes Land der Welt macht so häufig von Plebisziten Gebrauch. Diese Form der direkten Demokratie – auf Bundes-, Kantons- und Gemeindeebene –

bildet ein Gegengewicht zum Direktorialsystem, das nicht auf einer parlamentarischen Opposition fußt.
Jede vom Parlament beschlossene Verfassungsänderung muss durch Volksabstimmung gebilligt werden. Vom Parlament bereits verabschiedete Gesetze können nachträglich auf Initiative der Bürgerinnen und Bürger zum Gegenstand von Volksabstimmungen gemacht werden. Voraussetzung ist allerdings, dass die Forderung nach einem Referendum von 50 000 Stimmberechtigten oder von acht Kantonen unterstützt wird. Die Referendumsdrohung schwebt über dem gesamten legislativen Prozess. Um zu verhindern, dass unzufriedene Interessengruppen ein Gesetz nach Abschluss des parlamentarischen Verfahrens mithilfe des Referendums doch noch verhindern, hat sich in der Schweiz die Praxis herausgebildet, dass alle „referendumsfähigen" Organisationen bereits in einem frühen Stadium in den Gesetzgebungsprozess einbezogen werden. Die plebiszitäre Demokratie wurde dadurch zu einer vorparlamentarischen Verhandlungsdemokratie, wo „referendumsfeste" Kompromisse ausgehandelt werden. Nur gegen einen geringen Teil von Gesetzen wird tatsächlich ein Referendum angestrengt. Kommt es dann aber dazu, werden in den Volksabstimmungen mehr als die Hälfte aller Gesetze nachträglich abgelehnt.

Volksinitiative

Während das Referendum am Schluss eines politischen Entscheidungsprozesses steht, bildet dessen Ausgangspunkt die in der Schweiz mögliche Volksinitiative. Sie erlaubt es, Anregungen zu geben, und verpflichtet Regierung und Parlament, sich mit der Initiative auseinanderzusetzen. Allerdings sind dabei für einen erfolgreichen Abstimmungskampf, beginnend mit der Sammlung von Unterschriften, erhebliche Organisations- und auch Finanzressourcen erforderlich. Deshalb werden Referenden und Volksabstimmungen in der Schweiz weitaus häufiger als Veto-Instrument eingesetzt als zur Initiierung neuer Reformvorhaben.
Volksinitiativen sind in der Schweiz traditionell ein Instrument der Arbeiterbewegung, die mit einer Reihe von Initiativen den Ausbau des schweizerischen Sozialsystems bewirkte. Dazu waren Verfassungsänderungen notwendig, die dann durch Gesetze konkretisiert wurden. Heute gewinnen ökologische Initiativen an Bedeutung. 2005 setzte eine solche Initiative einen fünfjährigen Anbaustopp für gentechnisch veränderte Pflanzen und ein Verbot der Haltung gentechnisch veränderter Tiere durch. Die Möglichkeiten des Referendums und der Initiative gibt es in der Schweiz nicht nur auf Bundesebene, sondern auch auf kantonaler und regionaler Ebene.

M6 Direkte Demokratie
Volksabstimmung im Schweizer Kanton Appenzell

6.5 Die DDR als Beispiel einer sozialistischen Volksdemokratie

M7 Auf Händen getragen
Die Plakate zeigen Mitglieder des Politbüros der SED; Träger sind Angehörige der FDJ (Freie Deutsche Jugend), Maidemonstration in Berlin, 1989. In der DDR gab es schon früh einen Personenkult.

Keine Gewaltenteilung

Zwar trug die DDR (Deutsche Demokratische Republik) in ihrem Namen den Begriff „demokratisch" und bezeichnete sich selbst als „Volksdemokratie", die politische Realität sah jedoch anders aus. Die DDR war eine zentralistisch organisierte Diktatur, in der es weder Wahlen nach demokratischen Grundsätzen noch eine Gewaltenteilung gab (vgl. S. 245 ff.). „Die Volkskammer verwirklicht in ihrer Tätigkeit" – so heißt es in Artikel 48 der DDR-Verfassung von 1968 – „den Grundsatz der Einheit von Beschlussfassung und Durchführung". „Das oberste Gericht", so wird in Artikel 93 ausgeführt, „ist der Volkskammer und zwischen ihren Tagungen dem Staatsrat verantwortlich."
Alle staatlichen Instanzen waren zudem an die Beschlüsse der Sozialistischen Einheitspartei Deutschlands (SED) gebunden, deren gesellschaftliche und politische Führungsrolle in der DDR-Verfassung verankert war. Somit kann man die DDR, ähnlich wie die meisten anderen damaligen Staaten Osteuropas, auch als Einparteiendiktatur bezeichnen.

Die Bedeutung von Wahlen

Laut Verfassung war die Volkskammer das „oberste staatliche Machtorgan". Ihre Beschlüsse galten als verbindliche Grundlage für die ausführenden Staatsorgane. In Wirklichkeit traf die Volkskammer aber keine eigenständigen Entscheidungen, sondern war der Weisungsgewalt der zentralen Parteigremien der SED unterworfen (Zentralkomitee und Politbüro). Die Wahl der Volkskammer-Abgeordneten erfolgte über eine Einheitsliste, die von der „Nationalen Front" unter Führung der SED aufgestellt wurde. Der Großteil der Mandate entfiel auf die SED und staatlich gelenkte Interessenverbände, die sogenannten „Massenorganisationen" wie z. B. der Freie Deutsche Gewerkschaftsbund (FDGB), der Demokratische Frauenbund Deutschlands (DFD), die Freie Deutsche Jugend (FDJ) oder der Kulturbund (KB). Die restlichen Mandate teilten sich die vier „Blockparteien": die Demokratische Bauernpartei Deutschlands (DBD), die Christliche Demokratische Union (CDU), die National-Demokratische Partei Deutschlands (NDPD) und die Liberal-Demokratische Partei Deutschlands (LDPD).
Eine Ablehnung der Einheitsliste bei der Wahl durch Neinstimme war möglich, hatte aber keine Auswirkung auf das Wahlergebnis, da es keine Alternativen gab. Auch die Streichung von Kandidaten war theoretisch möglich, aber sehr schwierig. Streichungen kamen schon deswegen selten vor, weil die offene Stimmabgabe propagiert wurde.

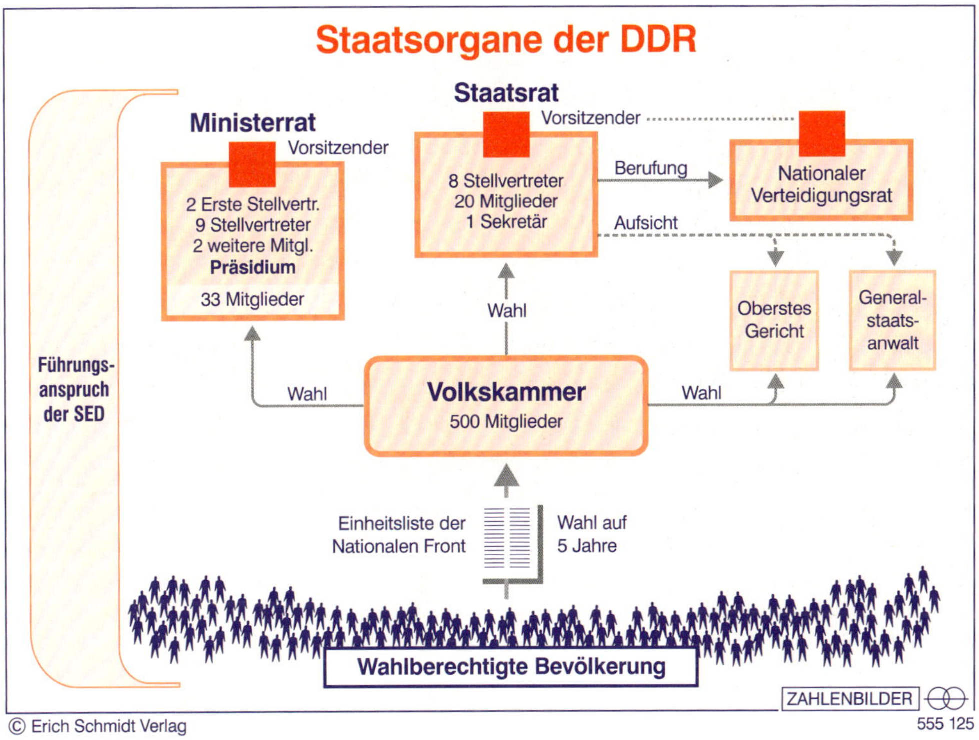

M8 Verfassungs-schaubild der DDR

Die Volkskammer trat in der Regel viermal jährlich zu Plenarsitzungen zusammen. Sie fasste ihre Beschlüsse einstimmig, ohne vorherige Debatten über sachliche Alternativen. Nur ein einziges Mal, bei dem Gesetz zur Schwangerschaftsunterbrechung, hatten 1972 einige CDU-Abgeordnete gegen den Entwurf gestimmt. Die Volkskammer wählte auf Vorschlag der SED-Fraktion auch die Vorsitzenden des Staatsrats, des Ministerrats und des nationalen Verteidigungsrats, ferner die Richter des Obersten Gerichts sowie den Generalstaatsanwalt.

Einheitsliste Da es im Verständnis der DDR in sozialistischen Staaten keine grundlegenden Interessengegensätze geben konnte, wurden bei den Volkskammerwahlen alle zugelassenen Parteien und Massenorganisationen in einer Liste zusammengefasst. Die Mandatsverteilung unter den 500 Abgeordneten war im Voraus festgelegt. Die Wahlen dienten nicht der Entscheidung über Alternativen, sondern der Bestätigung der bestehenden Machtverhältnisse. Konkurrierende Parteien westlicher Staaten galten in den Augen der DDR-Ideologie als Instrumente des kapitalistischen Klassenkampfes, für den es in der DDR keine Grundlage gab.

Arbeitsaufträge

1 Bilden Sie Arbeitsgruppen, die jeweils die Regierungssysteme Deutschlands, der USA, Frankreichs, der Schweiz und der früheren DDR untersuchen. Beschreiben Sie die unterschiedlichen Demokratiemodelle und Regierungstypen (VT, Verfassungsschaubilder). Wer legitimiert jeweils Legislative und Exekutive? Welche Aufgaben haben diese Gewalten? Wo gibt es Gewaltenverschränkungen?

2 Erklären Sie die Unterschiede zwischen dem parlamentarischen deutschen, dem präsidentiellen amerikanischen, dem semipräsidentiellen französischen und dem direktorialen schweizerischen Regierungssystem.

3 Stellen Sie jene Kennzeichen der DDR-Verfassung zusammen, die den diktatorischen Charakter dieses Staates verdeutlichen.

Werkstatt Geschichte und Gesellschaft

Vorträge und Präsentationen erfolgreich gestalten

Mündliche Vorträge, wie etwa Referate oder mediengestützte Präsentationen, spielen im Unterricht in der Oberstufe eine immer größere Rolle. Als Schüler bzw. Schülerin sollen Sie dabei zeigen, dass Sie in der Lage sind, Themen selbstständig zu erarbeiten. Dazu zählen das sorgfältige Recherchieren, das Ordnen von Informationen und schließlich das strukturierte Präsentieren von Ergebnissen. Dadurch werden Schlüsselqualifikationen trainiert, die im späteren Berufsleben immer wichtiger werden.
Damit Ihre Vorträge und Präsentationen gelingen, empfiehlt es sich, bestimmte Arbeitstechniken und Arbeitsschritte zu berücksichtigen. Auf dieser Doppelseite finden Sie wichtige Hinweise und Tipps.

Themenfindung und Gliederung des Vortrages
Als Erstes müssen Sie ein Thema wählen, dieses eingrenzen, Schwerpunkte setzen und überlegen, welche Leitfrage Sie in Ihrem Vortrag stellen und beantworten wollen. Formulieren Sie eine möglichst konkrete Fragestellung.
Anhand der Fragestellung können Sie in einem zweiten Schritt eine erste Gliederung erarbeiten. Gliedern Sie den Vortrag in die drei Abschnitte Einleitung, Hauptteil und Schluss und setzen Sie dabei Schwerpunkte: Welche Aspekte des Themas sind besonders erwähnenswert? Was sollte nur am Rande erwähnt werden? Trennen Sie Wichtiges von Unwichtigem.

Recherche
Arbeiten Sie sich nun sorgfältig in das Thema ein. Für die erste Orientierung können Sie auf Lexika und Überblicksdarstellungen zurückgreifen. Sprechen Sie zudem mit Ihrem Fachlehrer über weitere Quellen (Archive o. Ä.) für Ihren Vortrag.
Auch das Internet kann ein wertvoller Fundus für Informationen sein, allerdings ist bei der Online-Recherche Vorsicht geboten: Nicht jede Internet-Quelle ist zuverlässig. Zudem besteht die Gefahr, in der Informationsflut sprichwörtlich zu ertrinken. Deshalb gilt für die Suche im Internet der Grundsatz: Weniger ist mehr. Finden Sie zunächst heraus, ob es aussagekräftige Quellen und Dokumente zu Ihrem Thema im Internet gibt. Stellen Sie dann unbedingt sicher, dass es sich um zuverlässige Materialien handelt (vgl. S. 38/39).

Ordnen der Informationen
Ordnen Sie Ihr recherchiertes Material den verschiedenen Teilbereichen Ihres Vortrages zu. Überlegen Sie sich für die Einleitung genau, wie Sie den Vortrag beginnen wollen (etwa mit einem Bild, einer Karikatur, einer Karte, einem Zitat oder einer Zeitungsschlagzeile). Stellen Sie sich die Frage, mit welchem Einstieg Sie am ehesten das Interesse Ihrer Zuhörer wecken können.
Fertigen Sie einen Ablaufplan mit genauen Zeitvorgaben für Ihren Vortrag an. Achten Sie darauf, dass die zeitliche Einteilung stimmig ist. Planen Sie auch Zeit für den Einsatz technischer Geräte ein (Laptop oder Beamer).

Vortragen und Präsentieren: Gliederung ...
Ein guter Vortrag ist logisch und strukturiert aufgebaut, wird möglichst frei gehalten und visuell durch ausgewählte Medien unterstützt (Bilder, Tabellen, Grafiken). Der Vortrag sollte nicht mit Details überfrachtet werden, sondern dem Zuhörer einen guten Überblick bieten und gegebenenfalls zur Diskussion anregen. Vermeiden Sie eine reine Aneinanderreihung von Fakten ohne einen „roten Faden". Wählen Sie die entsprechenden Medien deshalb sorgfältig aus und prüfen Sie, ob diese wirklich aussagekräftig sind.
Stellen Sie zu Beginn des Vortrages kurz Ihre Fragestellung und Gliederung vor. Versuchen Sie, die Zuhörer mit einleitenden und überleitenden Sätzen durch den Vortrag zu führen („Beginnen möchte ich mit ...", „Ich komme nun zum zweiten Punkt ...", „Zusammenfassend möchte ich festhalten, ...").

… Sprache, Mimik und Gestik …
Sprechen Sie laut und deutlich und vor allem nicht zu schnell (Pausen machen). Variieren Sie den Tonfall, ansonsten besteht die Gefahr, dass der Vortrag zu monoton wird. Üben Sie das freie Sprechen vor einem Spiegel oder mithilfe einer Kamera bzw. eines Tonbandgerätes. Achten Sie dabei auch auf Ihre Mimik und Gestik und auf die Einhaltung der Zeit.
Ganz wichtig ist es, den Blickkontakt zum Publikum zu halten. Beobachten Sie die Reaktionen des Publikums und gehen Sie auf diese ein, indem Sie spontane Erläuterungen einfügen oder Sachverhalte wiederholen. Lesen Sie keinen Text ab, sondern formulieren Sie frei anhand von Stichworten, die Sie sich zuvor auf Karteikarten notiert haben.
Auch die Körperhaltung ist für einen gelungenen Vortrag zentral: Vermeiden Sie eine geschlossene Körperhaltung (etwa verschränkte Arme). Stehen Sie ruhig und gerade vor Ihrem Publikum. Wechseln Sie gelegentlich Ihren Standort, um alle Zuhörer im Blick zu haben.

… Abschluss und Diskussion
Runden Sie Ihren Vortrag ab, indem Sie zum Schluss Ihre Leitfrage wieder aufgreifen. Die eingangs aufgeworfene Fragestellung sollte nun beantwortet werden. Sollte das Thema kontrovers sein und keine eindeutige Antwort zulassen, so ist dies noch einmal zu betonen. Formulieren Sie in diesem Fall Ihre eigene These und eröffnen Sie die Diskussion. Binden Sie dabei das Publikum ein: Bitten Sie um Fragen, Rückmeldungen oder Diskussionsbeiträge.
Teilen Sie zum Schluss ein Hand-out mit den wichtigsten Fakten Ihres Vortrages aus.

Feedback
Bitten Sie nach Ihrem Vortrag um eine kritische Bewertung bzw. Rückmeldung anhand der oben genannten Kriterien. Haben Sie Ihr Publikum erreicht? Wurde das Thema verständlich und vollständig präsentiert? Was hat den Zuhörern besonders gefallen, was hat sie angesprochen? Was könnte man besser machen?

Checkliste

- Thema finden
- …
- …

Arbeitsaufträge

1 Erstellen Sie anhand des Textes eine Checkliste mit den wichtigsten Tipps für gelungene Präsentationen und Vorträge. Ergänzen Sie die Liste mit weiteren, Ihnen wichtig erscheinenden Punkten.

2 Überlegen Sie sich in Kleingruppen jeweils ein Thema für einen Vortrag bzw. eine Präsentation. Erarbeiten Sie gemeinsam den Vortrag nach der obigen Vorgehensweise und tragen Sie gemeinsam vor.

3 Dokumentieren Sie die Vorträge mit einer Kamera und analysieren Sie diese nach den folgenden Kriterien: Inhalt, Methodik, Medien/Visualisierung, Rhetorik und Körpersprache.

4 Diskutieren Sie in der Klasse, welche Phasen besonders gut gelungen waren und welche noch verbessert werden könnten.

Demokratie und Diktatur in Deutschland

M1 Eröffnung der Nationalversammlung 1848
Paradeplatz mit Katharinenkirche und Hauptwache in Frankfurt, rechts zwei weiß-rote österreichische Fahnen, Stahlstich, aquarelliert

Für alle, die in den letzten 60 Jahren im Westen Deutschlands aufwuchsen, gehören die „Rituale" der Demokratie zu den Alltagserfahrungen: Vor den regelmäßig wiederkehrenden Wahlen zum Gemeinderat, zum Kreis- oder Länderparlament und zum Bundestag werben die politischen Parteien um die Gunst der Wählerinnen und Wähler. Jeder kann am Wahltag entscheiden, welche Argumente, Personen oder Programme ihm am überzeugendsten und glaubwürdigsten erscheinen und an welcher Stelle des Wahlzettels er sein Kreuz macht.
Was uns heute normal erscheint, war in der deutschen Geschichte keineswegs selbstverständlich. Freiheit, Rechte und Demokratie wurden über eine lange Zeit von mutigen Frauen und Männern erkämpft. Nachdem weit über das Mittelalter hinaus Klerus und Adel das politische Geschehen allein und meist widerspruchslos bestimmt hatten, proklamierten im Zeitalter der Aufklärung Philosophen wie John Locke und Charles Montesquieu das System der Gewaltenteilung und das Prinzip der Volkssouveränität.

ONLINE-Link
416900-0002

Während der Revolution von 1848/49 schien die Etablierung eines freien und vereinten Rechtsstaates in Deutschland erstmals greifbar nahe. Doch die alten Mächte schlugen das Aufbegehren der Revolutionäre gegen die Obrigkeit nieder. Erst 70 Jahre später sollte die Demokratie in Deutschland mit der Gründung der Weimarer Republik 1918/19 eine erneute Chance haben: Die Volkssouveränität trat an die Stelle der monarchischen Legitimität, die Demokratie schien verwirklicht. Doch die erste demokratische Staatsform in Deutschland scheiterte: 1933 übernahmen die Nationalsozialisten die Macht – und missbrauchten sie, um Deutschland in eine totalitäre Diktatur zu verwandeln. Sie zerstörten die demokratischen Strukturen, traten die Menschenrechte mit Füßen, terrorisierten und ermordeten Minderheiten und entfesselten den Zweiten Weltkrieg.

In den folgenden Kapiteln werden wesentliche Stationen der deutschen Vergangenheit im Kontext zur Geschichte anderer Nationen während der Zeit des Wiener Kongresses 1815 bis zum Ende des Zweiten Weltkrieges 1945 dargestellt und hinterfragt.

M2 „Sie tragen die Buchstaben der Firma – wer aber trägt den Geist?"
Karikatur von Th. Th. Heine, 1927

M3 Im Zeichen des Hakenkreuzes
Übung der Berliner Schutzpolizei, März 1934.

1 Streben nach Einheit und Freiheit – Deutschland im 19. Jahrhundert

1.1 Restauration und „Vormärz"

Die Französische Revolution hatte das monarchische Herrschaftssystem infrage gestellt. Für die europäischen Monarchen und die deutschen Fürsten wurde es nun immer schwieriger, ihre Macht zu verteidigen. Die gekrönten Häupter Europas versuchten zwar mit allen Mitteln, ihre Untertanen im Zaum zu halten, doch immer wieder kam es zu Demonstrationen des Freiheitswillens. Waren es zunächst vor allem Vertreter des Bürgertums, die liberale Reformen anstrebten, so verliehen bald auch unfreie Bauern, Handwerker und Arbeiter ihrem Unmut über die sozialen Zustände mit demokratischen Forderungen Ausdruck.

1814/15	Auf dem Wiener Kongress ordnen die Großmächte die Machtverhältnisse in Europa neu.
1815	Gründung des Deutschen Bundes
1817	Wartburgfest
1819	Karlsbader Beschlüsse: Unterdrückung oppositioneller Kräfte
1832	Hambacher Fest: Demonstration für Freiheit und Einheit

M1 „Die Erscheinung der Seeschlange"
Im Boot sitzen der Kaiser von Österreich sowie die Könige von Preußen, Neapel und Bayern – die neben dem Zaren damals mächtigsten Monarchen Europas. Die Seeschlange trägt als Symbol der Freiheit die Jakobinermütze (Lithografie, 1848).

Wiener Kongress und „Heilige Allianz"

Die Französische Revolution war der Beginn eines neuen Zeitalters mit Auswirkungen auf das gesamte Europa. Seit 1799 wurde Frankreich von Napoleon regiert, der in weiten Teilen Europas militärische Erfolge erringen konnte und eine französische Vorherrschaft auf dem Kontinent errichtete. Sein Versuch, 1812 mit einem gewaltigen Heer auch Russland zu erobern, scheiterte jedoch. Die daraufhin einsetzenden Befreiungskriege der europäischen Völker gegen die napoleonische Herrschaft waren zunächst von spontanem Nationalgefühl getragen, gerieten aber bald unter die Kontrolle der monarchischen Staatsgewalten und wurden von deren Truppen gewonnen.
Nach der Niederlage Napoleons trafen sich zwischen September 1814 und Juni 1815 die führenden Staatsmänner Europas in Wien, um zu beraten, wie die monarchische Macht aufrechterhalten werden könne. Die Herrscherhäuser sahen sich durch die mit der Revolution verbreiteten Ideen der Volkssouveränität, der Freiheit und der Gleichheit in ihrer Existenz bedroht.

M2 Deutscher Bund 1815

Dem Deutschen Bund gehörten auch die Herrscher Englands, Dänemarks und der Vereinigten Niederlande an, die das Königreich Hannover, das Herzogtum Holstein bzw. das Großherzogtum Luxemburg in Personalunion regierten. Österreich und Preußen gehörten dem Bund nur mit einem Teil ihres Staatsgebiets an.

Der österreichische Staatskanzler Fürst Clemens von Metternich war der beherrschende Staatsmann des Kongresses. Er verabscheute die Volkssouveränität als Wurzel von Anarchie, wie sie zeitweise während der Französischen Revolution geherrscht hatte. Metternich verteidigte die „monarchische Legitimität“ und verlangte nach Restauration.

Die monarchische Ordnung sollte durch die Solidarität der Herrscher aufrechterhalten werden. Zu diesem Zweck schlossen sich der russische Zar, der Kaiser von Österreich und der preußische König zu einer „Heiligen Allianz“ zusammen. Jeder Versuch, die monarchische Ordnung zu stören, sollte ein gewaltsames Eingreifen der Bündnispartner zur Folge haben. Fast alle europäischen Herrscher traten der Allianz bei.

Restauration (von lat. restaurare = wiederherstellen): Auf dem Wiener Kongress sollte die alte Ordnung, wie sie vor der Französischen Revolution bestanden hatte, wiederhergestellt werden. Dies galt vor allem für die Macht der Monarchen, die ihre Herrschaft durch den Anspruch begründeten, sie werde in göttlichem Auftrag wahrgenommen (Gottesgnadentum). Ihre Macht sollte nicht durch gewählte Parlamente eingeschränkt werden.

Vormärz Bezeichnung für die der deutschen Märzrevolution von 1848 vorausgehende Zeit, insbesondere seit der französischen Julirevolution von 1830. Diese Epoche ist gekennzeichnet durch äußeren Frieden und gewaltsam erzwungene Ruhe im Inneren. Liberale und nationale Kräfte wurden unterdrückt.

Legitimität Im Mittelalter und während der Zeit des Absolutismus beriefen sich die europäischen Monarchen darauf, ihre Herrschaft werde in göttlichem Auftrag wahrgenommen (Gottesgnadentum) und sei deshalb legitim (lat.: rechtmäßig). Dagegen wurde während der Französischen Revolution nur die Herrschaft des Volkes (Volkssouveränität) als legitim anerkannt.

Gründung des Deutschen Bundes

Das 1806 unter dem Druck Napoleons untergegangene „Heilige Römische Reich Deutscher Nation" mit seinen fast 1800 Herrschaftsgebieten wurde in Wien nicht wiederhergestellt. Stattdessen schlossen sich 35 Fürsten und vier ehemalige freie Reichsstädte zum „Deutschen Bund" zusammen. Den Vorsitz hatte Österreich. Dieser locker organisierte Staatenbund beschränkte die Souveränität der Einzelstaaten kaum, und es gab auch kein gemeinsames Oberhaupt. Die einzige zentrale Einrichtung war der Bundestag in Frankfurt. Dieser setzte sich aus Gesandten der Mitgliedstaaten zusammen und konnte mit Zweidrittelmehrheit Beschlüsse fassen, die für die Einzelstaaten bindend waren.
Die auf dem Wiener Kongress von den Staatsmännern verabschiedete Bundesakte war die Verfassung des Deutschen Bundes. Diese eröffnete durchaus Chancen auf mehr politische Mitbestimmung der Bürger. Sie sah vor, dass in allen Mitgliedstaaten Verfassungen gewährt werden. Doch nur wenige deutsche Länder setzten tatsächlich liberale Verfassungen in Kraft, die auch bürgerlichen Bevölkerungsgruppen mehr Mitwirkung ermöglichten. Österreich und Preußen hatten bis 1849 keine Verfassungen.

Wartburgfest und Karlsbader Beschlüsse

In den Folgejahren unterdrückten die Fürsten des Deutschen Bundes alle Bestrebungen ihrer Untertanen nach größerem politischem Einfluss. Ein Ereignis vom 18. Oktober 1817 versetzte die Regierungen in Berlin und Wien dann in Angst und Schrecken, die Ordnung des Deutschen Bundes schien in Gefahr. Was war geschehen? Fast fünfhundert Studenten – viele davon gehörten der deutschen Burschenschaft, einer studentischen Vereinigung, an – waren zur Wartburg nach Eisenach gereist, angeblich, um des Thesenanschlags Luthers vor 300 Jahren und des vierten Jahrestages der „Völkerschlacht" bei Leipzig zu gedenken. Tatsächlich wurden diese Gründe nur vorgeschoben, um das herrschende Versammlungsverbot zu umgehen. Den jungen Menschen ging es um etwas anders: Sie wollten für staatsbürgerliche Freiheit und nationale Einheit demonstrieren. Ihnen war es wichtig, an Universitäten überall in Deutschland ungehindert studieren und anschließend leben und arbeiten zu können, wo immer sie wollten. Die Feier im Burghof, mit vielen patriotischen Reden und Gesängen, verlief friedlich. Am Abend jedoch – die meisten Festteilnehmer hatten die Burg schon verlassen – schlug die Stimmung um. Ein Scheiterhaufen wurde errichtet und es wurden neben Symbolen der Unterdrückung auch als „undeutsch" gegeißelte Bücher verbrannt.
In der Demonstration der Studenten sahen die Fürsten das Vorzeichen einer Rebellion. Kurze Zeit später bot sich ein Anlass zum Eingreifen gegen ihr Aufbegehren. Ein Student ermordete 1819 den Schriftsteller August von Kotzebue, der die nationale und liberale Gesinnung der Burschenschaftler verspottet und die Regierungen vor den Ideen der Studenten gewarnt hatte. Auf Veranlassung Fürst Metternichs trafen sich die Vertreter der größeren deutschen Staaten und verabschiedeten die Karlsbader Beschlüsse. Diese verboten die Burschenschaften, ordneten die Überwachung der Universitäten an und verschärften die Pressezensur. Viele bekannte liberale oder nationale Persönlichkeiten wurden als „Demagogen" (Volksverführer) verfolgt, einige erhielten Berufsverbot.
In der Ausführung der Karlsbader Beschlüsse verhielten sich die Bundesstaaten sehr un-

Nation (von lat. natio = Geburt, Volksstamm): Wenn eine große Zahl von Menschen eine gemeinsame Abstammung, Sprache, Kultur und Geschichte hat, spricht man von einer Kulturnation. Eine solche Kulturnation kann auf verschiedene Staatsgebiete verteilt sein. Stimmen die Staatsgrenzen mit denen der Kulturnation ungefähr überein, spricht man von einem Nationalstaat.

Liberalismus (von lat. liber = frei): So nennt man jene Weltanschauung, die die persönliche Freiheit jedes Menschen in den Vordergrund stellt. Die Wurzeln des Liberalismus liegen in der Aufklärung. Liberale Denker verlangten Grundrechte wie Glaubens-, Versammlungs- und Pressefreiheit sowie die Teilung der Staatsgewalt in Legislative, Exekutive und Judikative. Zudem strebten sie nach dem Abbau wirtschaftlicher Hemmnisse, vor allem der Zollschranken.

terschiedlich. Die süddeutschen Verfassungsstaaten handhabten die Karlsbader Verordnungen eher oberflächlich. Hier behauptete sich ein gemäßigter liberaler Geist und die Landtage gewährleisteten, dass auch politische Meinungen Gehör fanden, die von denen der konservativen Regierungen abwichen. Die preußischen und österreichischen Behörden wandten dagegen die repressiven Vorschriften in aller Härte an.

Verfassungswirklichkeit

Bis 1821 hatten 28 Bundesstaaten gemäß den Bestimmungen der Bundesakte Verfassungen eingeführt. Davon beschränkten 11 die politische Mitbestimmung aber vor allem auf den Adel. Auch die Verfassungen der vier freien Städte (Bremen, Frankfurt, Hamburg, Lübeck) überließen die städtische Politik allein der Oberschicht. Immerhin 13 Staaten, darunter Baden und Württemberg, entschieden sich für das repräsentative Modell, gestanden also einer Volksvertretung politische Mitwirkungsrechte zu, vor allem bei der Bewilligung neuer Steuern.
Die Verfassungen des Königreichs Württemberg und des Großherzogtums Baden unterschieden sich allerdings deutlich von aktuellen demokratischen Staatsverfassungen: Die Landtage bestanden jeweils aus zwei Kammern, der Kammer der Standesherren und der Kammer der Abgeordneten aus gewählten Vertretern der Bevölkerung. Das Wahlrecht gab es nur für die männliche Bevölkerung und es war an ein bestimmtes Vermögen gebunden (Zensuswahlrecht). Oft setzten sich die Monarchen über die Beschlüsse der Volksvertreter hinweg. Die Abgeordneten hatten dagegen keine Handhabe.

Auswirkungen der Julirevolution von 1830

Die Karlsbader Beschlüsse schufen in Deutschland ein Klima der Repression und Verfolgung. Liberale Bewegungen wurden von den Herrschenden unterdrückt. Doch die Julirevolution in Frankreich (1830) gab dem Freiheits- und Einheitsgedanken in Deutschland neuen Auftrieb: Nachdem der französische König das Zensuswahlrecht verschärft und die Arbeit der Abgeordneten behindert hatte, gingen in Paris die Menschen auf die Straße und wehrten sich in Barrikadenkämpfen gegen seine Herrschaft. König Karl X. musste ins Exil gehen, die gewählten Abgeordneten übernahmen die Staatsgewalt.
In Deutschland verfolgte man die Ereignisse mit Bewunderung. Liberale Bürger zogen vor die Schlösser der Landesfürsten und forderten eine Reform des Bundes, Pressefreiheit und liberale Verfassungen, bei denen nur noch Volksvertreter für die Verabschiedung von Gesetzen zuständig sein sollten. Manche Fürsten mussten dem Druck nachgeben und Verfassungen bewilligen oder verändern. Doch es blieb bei vereinzelten Aufständen.
Neben liberalen Besitz- und Bildungsbürgern verlangten nun zunehmend auch ärmere Bevölkerungsschichten wie unfreie Bauern, Handwerker und Arbeiter politische Mitwirkungsrechte und soziale Gleichheit. Wegen ihrer radikalen, demokratischen Forderungen bezeichnete man sie als Demokraten.

Hambacher Fest: Für Einheit und Freiheit

Zu einer eindrucksvollen Demonstration der deutschen liberalen und nationalen Bewegung kam es im Mai 1832: Etwa 30 000 politisch interessierte Menschen aus allen Bevölkerungsschichten zogen zur Burgruine Hambach bei Neustadt an der Weinstraße in der Pfalz und forderten Einheit und Freiheit in Deutschland. Die vorübergehende Zugehörigkeit zu Frankreich während der napoleonischen Herrschaft hatte in der Pfalz deutliche Spuren hinterlassen. Nationales und liberales Gedankengut war hier weit verbreitet.
Das Hambacher Fest gab den Fürsten Anlass, erneut zurückzuschlagen. Die Rechte der Abgeordneten in den meisten Einzelstaaten wurden eingeschränkt, die Pressezensur verschärft und erneut wurden „Demagogen" verfolgt: Hunderte verschwanden für lange Zeit in den Gefängnissen, Tausende emigrierten in die Schweiz oder nach Frankreich.
1837 hob der König von Hannover sogar die nach der Julirevolution gewährte Landesverfassung wieder auf. Gegen diesen Rechtsbruch protestierten mutige Göttinger Professoren, die „Göttinger Sieben", darunter die Germanisten Jacob und Wilhelm Grimm. Die Professoren erklärten, dass sie sich ihrem Eid auf die Staatsverfassung nach wie vor verpflichtet fühlten. Sie wurden aus dem Hochschuldienst entlassen, drei sogar des Landes verwiesen.

M3 Studenten auf dem Wartburgfest

Studenten verbrennen bei einem Fest auf der Wartburg im Oktober 1817 Symbole der alten Ordnung, wie Uniform und Korporalsstock (zeitgenössischer Stich). Auch missliebige Bücher wurden in die Flammen geworfen. Der Dichter Heinrich Heine schrieb dazu: „Dies war ein Vorspiel nur; dort wo man Bücher verbrennt, verbrennt man am Ende auch Menschen."

M4 „Es lebe das freie, das einige Deutschland"

Aus der Rede des Journalisten Philipp Jakob Siebenpfeiffer auf dem Hambacher Fest 1832 (Siebenpfeiffer kam wegen seiner Rede 14 Monate in Untersuchungshaft und konnte später in die Schweiz entkommen):

Und es wird kommen der Tag, [...] wo der Deutsche vom Alpengebirge und der Nordsee, vom Rhein, der Donau und Elbe den Bruder im Bruder umarmt, wo die Zollstöcke und die Schlagbäume, wo alle Hoheitszeichen der Trennung und Hemmung und Bedrückung verschwinden, samt den Konstitutiönchen, die man etlichen mürrischen Kindern der großen Familie als Spielzeug verlieh; wo freie Straßen und freie Ströme den freien Umschwung aller Nationalkräfte und Gäste bezeugen; wo die Fürsten die bunten Hermeline feudalistischer Gottstatthalterschaft mit der männlichen Toga deutscher Nationalwürde vertauschen [...] ; wo jeder Stamm, im Innern frei und selbstständig, zu bürgerlicher Freiheit sich entwickelt, und ein starkes selbstgewobenes Bruderband alle umschließt zu politischer Einheit und Kraft; wo die deutsche Flagge, statt Tribut an Barbaren zu bringen, die Erzeugnisse unseres Gewerbefleißes in fremde Weltteile geleitet, und nicht mehr unschuldige Patrioten für das Henkerbeil auffängt, sondern allen freien Völkern den Bruderkuss bringt. Es wird kommen der Tag, wo das deutsche Weib, nicht mehr die dienstpflichtige Magd des herrschenden Mannes, sondern die freie Genossin des freien Bürgers, unsern Söhnen und Töchtern schon als stammelnden Säuglingen die Freiheit einflößt, und im Samen des erziehenden Wortes den Sinn echten Bürgertums nährt; [...] wo der Bürger nicht in höriger Untertänigkeit den Launen des Herrschers und seiner knechtischen Diener, sondern dem Gesetze gehorcht [...]. Wir selbst wollen, wir selbst müssen vollenden das Werk, und, ich ahne, bald, bald muss es geschehen, soll die deutsche, soll die europäische Freiheit nicht erdrosselt werden von den Mörderhänden der Aristokraten. [...] Es lebe das freie, das einige Deutschland! Hoch leben die Polen, der Deutschen Verbündete! Hoch leben die Franken, der Deutschen Brüder, die unsre Nationalität und Selbstständigkeit achten! Hoch lebe jedes Volk, das seine Ketten bricht und mit uns den Bund der Freiheit schwört!

Johann Georg August Wirth: Das Nationalfest der Deutschen in Hambach. Neustadt 1832 (Neudruck 1981), S. 31 ff.

M5 „Friede den Hütten! Krieg den Palästen!"

1834 verfasste der Dichter Georg Büchner gemeinsam mit dem Schuldirektor und Pfarrer Ludwig Weidig die anonyme Flugschrift „Der Hessische Landbote", die an die Landbevölkerung verteilt wurde. Im April 1835 flog ein geplanter Aufstand auf. Büchner konnte in die Schweiz fliehen, Weidig nahm sich in der Untersuchungshaft das Leben:

Friede den Hütten! Krieg den Palästen!

Im Jahre 1834 sieht es aus, als würde die Bibel Lügen gestraft. Es sieht aus, als hätte Gott die Bauern und Handwerker am fünften Tage und die Fürsten und Vornehmen am sechsten gemacht, und als hätte der Herr zu diesen gesagt: „Herrschet über alles Getier, das auf Erden kriecht", und hätte die Bauern und Bürger zum Gewürm gezählt. Das Leben der Vornehmen ist ein langer Sonntag: Sie wohnen in schönen Häusern, sie tragen zierliche Kleider, sie haben feiste Gesichter und reden eine eigene Sprache; das Volk aber liegt vor ihnen wie Dünger auf dem Acker. Der Bauer geht hinter dem Pflug, der Vornehme aber geht hinter ihm und dem Pflug und treibt ihn. [...]

Wer sind denn die, welche diese Ordnung gemacht haben und die wachen, diese Ordnung zu erhalten? Das ist die großherzogliche [hessische] Regierung. Die Regierung wird gebildet von dem Großherzog und seinen obersten Beamten. Die andern Beamten sind Männer, die von der Regierung berufen werden, um jene Ordnung in Kraft zu erhalten. [...] Das alles duldet ihr, weil euch Schurken sagen: Diese Regierung sei von Gott. Diese Regierung ist nicht von Gott, sondern vom Vater der Lügen. Diese deutschen Fürsten sind keine rechtmäßige Obrigkeit. [...]

Denn was sind diese Verfassungen in Deutschland? Nichts als leeres Stroh, woraus die Fürsten die Körner für sich herausgeklopft haben. Was sind unsere Landtage? Nichts als langsame Fuhrwerke, die man einmal oder zweimal wohl der Raubgier der Fürsten und ihrer Minister in den Weg schieben, woraus man aber nimmermehr eine feste Burg für deutsche Freiheit bauen kann. Was sind unsere Wahlgesetze? Nichts als Verletzungen der Bürger und Menschenrechte der meisten Deutschen. Denkt an das Wahlgesetz im Großherzogtum, wonach keiner gewählt werden kann, der nicht hochbegütert ist, wie rechtschaffen und gutgesinnt er auch sei. […] Denkt an die Verfassung des Großherzogtums [Hessen]. Nach den Artikeln derselben ist der Großherzog unverletzlich, heilig und unverantwortlich. Seine Würde ist erblich in seiner Familie, er hat das Recht, Krieg zu führen, und ausschließliche Verfügung über das Militär. Er beruft die Landstände, vertagt sie oder löst sie auf. Die Stände dürfen keinen Gesetzesvorschlag machen, sondern sie müssen um das Gesetz bitten, und dem Gutdünken des Fürsten bleibt es unbedingt überlassen, es zu geben oder zu verweigern. […] Eine solche Verfassung ist ein elend jämmerlich Ding. […] Hebt die Augen auf und zählt das Häuflein eurer Presser, die nur stark sind durch das Blut, das sie euch aussaugen, und durch eure Arme, die ihr ihnen willenlos leihet. Ihrer sind vielleicht 10 000 im Großherzogtum und eurer sind es 700 000, und also verhält sich die Zahl des Volkes zu seinen Pressern auch im übrigen Deutschland. […] Aber ich sage euch: Wer das Schwert erhebt gegen das Volk, der wird durch das Schwert des Volkes umkommen. Deutschland ist jetzt ein Leichenfeld, bald wird es ein Paradies sein.

Zit. nach: Fritz Bergemann (Hg.): Georg Büchner. Werke und Briefe, Bd. 1. Frankfurt/Main 1979, S. 333 ff.

M6 Ein Liberaler warnt vor den Demokraten

Der liberale Industrielle David Hansemann verfasste 1840 eine Denkschrift an den preußischen König Friedrich Wilhelm IV.:

Wärmste Besorgnisse flößt gewiss jedem preußischen Staatsmanne die starke und außerordentliche Zunahme des demokratischen Elements ein […]. Es mögen hier mit wenigen Worten die vorzüglichsten Ursachen angedeutet werden, die unabweisbar zur Ausbildung und Verstärkung des demokratischen Elements sowie zu dessen Gefährlichkeit beitragen müssen:

1. Das Maschinenwesen. Es vermehrt auf der einen Seite die Zahl der besitzlosen Menschen, die vom Tage zu Tage leben. Auf der anderen Seite vermindert es den Preis der Fabrikate […] dergestalt, dass die Kleidung oder die äußerliche Erscheinung schon zum Gleichmachen oder zum Nähern der Stände beiträgt.

2. Die Fortschritte in der Produktion von Lebensmitteln, insbesondere der Kartoffelbau.

3. Die Herstellung wohlfeiler und schneller Transportmittel. Es wird dadurch einer großen Anzahl von Menschen das früher nicht vorhandene Mittel geboten, nicht nur fern von Geburts- und Wohnorte Erwerb zu finden, sondern auch durch Reisen eine Menge neuer Begriffe, Ansichten und Wünsche aufzufassen. […]

7. Die Allgemeinheit des Unterrichts. […] Das Prinzip der Gleichheit […] [bringt] die Gefahr des Umsturzes. […] Damit Vernunft und Fähigkeit herrschen, muss der politische Einfluss der höheren und wohlhabenden Volksklassen stärker sein als der von den übrigen Volksklassen auszuübende. Die Freiheit ist nicht die Gleichheit der Rechte. Sie ist die Herrschaft des Gesetzes […]. Wer von öffentlichen Unterstützungen lebt, wer kein Besitztum hat, auch keins erwerben will oder keins erwerben kann, wer keinen den hinreichenden Unterhalt sichernden Erwerb treibt, wer seine Kinder oder seine Eltern durch öffentliche Unterstützungsanstalten unterhalten lässt, dem mögen die bürgerlichen Rechte auch weniger zugute kommen als dem, welcher besitzt, erwirbt oder für seine Kinder oder Eltern pflichtgemäß sorgt.

Hans Fenske (Hg.): Vormärz und Revolution 1840–1849. Quellen zum politischen Denken der Deutschen im 19. und 20. Jahrhundert, Band 4. Darmstadt 1976, S. 29 f.

Arbeitsaufträge

1 Nennen Sie wichtige Grundsätze und Beschlüsse des Wiener Kongresses.

2 Beschreiben Sie die Grenzen des Deutschen Bundes (M 2).
- Welche nichtdeutschen Herrscher gehörten auch dem Deutschen Bund an?
- Welche Gebiete deutscher Herrscher gehörten nicht zum Deutschen Bund?
- Vergleichen Sie die politische Landkarte Deutschlands mit der Frankreichs.
- Wie könnte man die jeweilige staatliche Organisation nennen?

3 Erklären Sie, wie die preußische Regierung die Liberalen und Demokraten zu schwächen suchte (VT).

4 In fast allen Reden auf dem Hambacher Fest (M 4) wurde auch Polen erwähnt. Einige Festbesucher führten polnische Fahnen mit sich. Informieren Sie sich (Lexikon, Internet) über den polnischen Aufstand von 1830 in dem vom russischen Zaren regierten Königreich Polen („Kongresspolen“). Fassen Sie Ihre Rechercheergebnisse schriftlich zusammen.

5 Wie unterscheiden sich Liberale von Demokraten (VT, M 4, M 5)? Warum warnte Hansemann (M 6) vor den Demokraten?

1.2 Auf den Barrikaden – die Revolution von 1848/49

Die Unzufriedenheit der Bevölkerung mit dem bestehenden monarchischen System entlud sich 1848 in revolutionären Aufständen. Im März 1848 verabschiedete eine große Volksversammlung in Mannheim eine Bittschrift an das badische Abgeordnetenhaus: „Auch das deutsche Volk hat das Recht zu verlangen: Wohlstand, Bildung und Freiheit für alle Klassen der Gesellschaft [...] und sofortige Herstellung eines deutschen Parlaments." In fast allen Staaten des Deutschen Bundes wurden ähnliche Forderungen erhoben.
Die monarchische Ordnung geriet ins Wanken, eine liberale gesamtdeutsche Verfassung wurde ausgearbeitet. Aber die Voraussetzungen für eine erfolgreiche Revolution waren in Deutschland wesentlich schlechter als in Frankreich. Dies sollte sich im Verlauf des Umsturzversuchs 1848/49 deutlich zeigen.

1848	„Märzrevolution" in Deutschland (März) Eröffnung der verfassunggebenden Nationalversammlung (Mai) Sieg der Gegenrevolution in Österreich (Oktober) Der preußische König löst die Berliner Nationalversammlung auf und erlässt eine Verfassung (Dezember).
1849	Verabschiedung der Reichsverfassung (März) Friedrich Wilhelm IV. lehnt die Kaiserkrone ab. Preußische Truppen werfen revolutionäre Erhebungen in Deutschland nieder (April).

Der revolutionäre Funke in Frankreich ...

In Frankreich hatte die liberale Opposition seit Mitte 1847 auf sogenannten Reformbanketten, an denen oft mehrere hundert Menschen teilnahmen, eine Ausweitung des Wahlrechts gefordert. Diese bürgerlichen Protestveranstaltungen mit Messer und Gabel fanden breite Resonanz, steigerten die verbreitete Unzufriedenheit und lösten ungewollt die französische Februarrevolution aus. Die Absage eines für den 22. Februar 1848 geplanten Reformbanketts durch den Pariser Polizeipräfekten erreichte die Teilnehmer zu spät. Trotz des Verbots fanden sich zahlreiche Menschen am verabredeten Treffpunkt ein. Die Menge sah sich Regierungstruppen gegenüber, die das Verbot sichern sollten. Die Soldaten wiederum fühlten sich durch Unmutsäußerungen aus den Reihen der Demonstranten provoziert und schossen plötzlich in die Menge. Dies war das Signal zum Aufstand: Demonstranten errichteten überall Barrikaden in der Stadt. Die Nationalgarde, eine bewaffnete Bürgerwehr, lief zu den Aufständischen über. Die Unruhen verbreiteten sich rasend schnell, so dass sich König Louis Philippe zur Abdankung gezwungen sah: Am Abend des 24. Februar 1848 war Frankreich Republik: Doch die Revolutionäre waren untereinander zerstritten, die Unruhen gingen weiter. Der revolutionäre Funke entzündete sich auch in anderen Ländern Europas.

... springt auf Deutschland über

In Deutschland vollzogen sich die revolutionären Geschehnisse – wie fast überall in Europa – vor dem Hintergrund einer Hungersnot, die durch Missernten und eine Kartoffelkrankheit hervorgerufen wurde. Die Teuerung der Nahrungsmittel verursachte einen Kaufkraftschwund, der Absatzschwierigkeiten der Industrie bewirkte und deshalb Entlassungen und damit Arbeitslosigkeit zur Folge hatte. Doch die eigentlichen Auslöser der Revolution lagen tiefer. Bei Bürgern, Handwerkern und Studenten herrschte tiefe Enttäuschung über die politischen Zustände in Deutschland: Noch immer war das Land ohne gemeinsame Verfassung und Parlament, und noch immer besaßen die Fürsten große Machtfülle. Inspiriert vom Geschehen in Frankreich erhoben im März 1848 revolutionär gesinnte Menschen in zahlreichen deutschen Ländern nationale und

liberal-demokratische Forderungen. Es kam zu Demonstrationen und Bauernaufständen. Die Bauern vor allem in Südwestdeutschland und Österreich versuchten, die Aufhebung der Abgaben an ihre Grundherrn und das Ende der Frondienste gewaltsam durchzusetzen.
Die Fürsten der Kleinstaaten beeilten sich, ihren Untertanen Zugeständnisse zu machen, indem sie Verfassungsänderungen zuließen und liberale Politiker in die bisher vor allem von Adligen gebildeten Regierungen beriefen. In Mittel- und Süddeutschland wurden die „Märzforderungen" der Bauern erfüllt. Diese konnten sich von ihren Feudallasten befreien und Eigentümer ihrer Grundstücke werden. Meist mussten sie als Gegenleistung den Grundherren eine Entschädigung zahlen.

Revolution in Wien: Metternich flieht

Auch in Wien demonstrierten Studenten und Arbeiter für politische Veränderungen. Als die Regierung Soldaten gegen die Demonstranten einsetzte, kam es zu Straßenkämpfen. Der bis dahin mächtige Staatskanzler Metternich dankte ab und floh nach England. Der Kaiser versprach die Erfüllung der wichtigsten Forderungen: Pressefreiheit, Errichtung einer bürgerlichen Nationalgarde, Verabschiedung einer Verfassung sowie die Aufhebung der Dienste und Abgaben der Bauern. Mit der Aufhebung der Feudallasten (Bauernbefreiung) erlosch das Interesse der bäuerlichen Bevölkerung an der Revolution rasch. Trotzdem kam Österreich nicht zur Ruhe. Arbeiter und Kleinbürger verlangten soziale Verbesserungen. Tschechen und Ungarn strebten nach Autonomie innerhalb der Habsburger Monarchie, und die Staaten Norditaliens verlangten die Befreiung von der habsburgischen Herrschaft.

Revolution in Berlin

In Berlin hatte es König Friedrich Wilhelm IV. noch 1847 abgelehnt, „dass sich zwischen unseren Herrgott im Himmel und [Preußen] ein beschriebenes Blatt [= eine Verfassung] eindränge". Erst auf die Nachricht vom Sturz Metternichs versprach er eine Verfassung für ganz Preußen. Am 18. März versammelte sich vor dem Berliner Schloss eine große Menschenmenge: Bürger, Studenten, Handwerker und Arbeiter. Viele von ihnen wollten dem König für sein Versprechen, eine Verfassung zu gewähren, danken. Doch als sie, von Truppen umstellt, aufgefordert wurden, den Schlossplatz zu räumen, fielen vonseiten der Soldaten Schüsse. Das schien Verrat zu sein, und innerhalb einer Stunde verbarrikadierten die Demonstranten alle Straßen, die zum Schloss führten. Es entbrannten Barrikadenkämpfe bis in die Nachtstunden, die rund 200 Revolutionären das Leben kosteten. Am nächsten Morgen lenkte König Wilhelm ein und ließ die Truppen abziehen.
Die Revolution zwang den König, eine aus Wahlen nach allgemeinem und gleichem Wahlrecht hervorgegangene preußische „Nationalversammlung" einzuberufen. Die Stellung des Königs wurde – anders als in Frankreich – jedoch ebenso wenig infrage gestellt wie dessen Stützen in Bürokratie und Militär. Mit seinem Aufruf „An mein Volk und an die deutsche Nation" versprach Friedrich Wilhelm IV., sich an die Spitze der Revolution in Preußen und in Deutschland zu setzen. Sein Aufruf endete mit dem Satz: „Preußen geht fortan in Deutschland auf."

Vom Vorparlament zur Nationalversammlung

Am 31. März kamen in Frankfurt über 500 Vertreter der revolutionären Bewegung zusammen. Die meisten von ihnen kamen aus Süddeutschland. Sie hatten sich zuvor in Heidelberg getroffen und spontan die Bildung eines gesamtdeutschen „Vorparlaments" be-

M1 Barrikadenbau in Mannheim
Kolorierter Holzschnitt der „Illustrierten Zeitung", 1848

M2 „Verkauf der Wahrheit“
Nach der Abschaffung der Zensur fanden die von Straßenhändlern angebotenen Flugschriften, Zeitungen und Zeitschriften reißenden Absatz. Häuserwände waren oft mit Aufrufen und Erklärungen übersät. Herumliegende Pflastersteine erinnern an den Barrikadenbau (Aquarell von Johann Nepomuk Höfel, Wien 1848).

schlossen. Sie waren weder vom Volk gewählt noch von den Bundesstaaten gesandt. Trotzdem akzeptierten sowohl die Einzelstaaten als auch der Frankfurter Bundestag die in diesem Vorparlament getroffenen Vorbereitungen zur Wahl einer gesamtdeutschen verfassunggebenden Nationalversammlung.
Die Organisation und der Zeitpunkt der Wahl blieben den Einzelstaaten vorbehalten und wurden recht unterschiedlich gehandhabt. Während etwa in Württemberg direkt gewählt wurde, bestimmten in den meisten anderen Staaten die Wähler zunächst nur Wahlmänner. Auch die Wahlberechtigung wurde unterschiedlich geregelt, da lediglich die allgemeine und gleiche Wahl der volljährigen selbstständigen Männer vorgegeben war. Bezieher von Armenunterstützung waren meist ausgeschlossen, oft aber auch alle Personen ohne eigenen Hausstand, darunter auch die beim Meister wohnenden Handwerksgesellen.
Die Mehrzahl der gewählten Abgeordneten, die erstmals am 18. Mai 1848 in der Frankfurter Paulskirche zusammentraten, kam aus dem Bürgertum: Richter, Professoren, Lehrer, Schriftsteller, Kaufleute, Beamte, Pfarrer oder Ärzte – durchweg angesehene und einflussreiche Persönlichkeiten. Bauern, Handwerker und Arbeiter hatten aufgrund des Mehrheitswahlrechts kaum eine Chance, da sie zu wenig bekannt waren.
Organisierte Parteien gab es noch nicht. Nach der Märzrevolution wurden aber überall politische Klubs mit unterschiedlichen politischen Programmen ins Leben gerufen. Sie nannten sich oft „Volksverein“, „Vaterlandsverein“ oder auch „demokratischer Verein“. Allein in Berlin gab es rund 150 solcher Klubs. In den Jahren 1848 und 1849 waren prozentual wohl mindestens doppelt so viele – männliche – Erwachsene politisch organisiert (8 – 9 %) wie in den heutigen Volksparteien. Diese politischen Vereine prägten mit ihren Debatten und Aktivitäten das politische Leben. Man kann sie in fünf Grundströmungen aufteilen: Demokraten, Liberale, Konservative, politischer Katholizismus und sozialistisch geprägte Arbeiterbewegung. Auch unter den Abgeordneten bildeten sich bald politische Interessengruppen, die sich bestimmten Klubs zugehörig fühlten. Die jeweiligen Abgeordneten trafen sich außerhalb des Parlaments in Frankfurter Hotels und Cafés, die ihnen als Klublokale dienten. Im Parlament traten sie als Fraktionen mit gemeinsamen politischen Programmen auf, die sie zuvor in den Klubsitzungen erarbeitet hatten.

Schwäche der provisorischen Zentralgewalt

Die Nationalversammlung wählte den Journalisten Heinrich von Gagern, der bereits dem Vorparlament angehört hatte, zu ihrem Präsidenten. Auf seinen Vorschlag hin wurde eine provisorische Zentralgewalt als vorläufige Exekutive gebildet und der populäre Erzherzog Johann von Österreich als „Reichsverweser“ [Reichsoberhaupt bis zu einer endgültigen Lösung] eingesetzt. Der Bundestag anerkannte die provisorische Zentralgewalt und löste sich auf. Die provisorische Zentralregierung besaß jedoch nur wenige Machtmittel. Sie hatte keine festen Einnahmen, keine eigene Verwaltung und kein eigenes Heer. Damit war sie auf die Unterstützung vor allem der Regierungen Österreichs und Preußens angewiesen.
Die Schwäche der Zentralregierung zeigte sich bald während der Krise um Schleswig-Holstein. Der dänische König wollte im März 1848 das Herzogtum Schleswig und die dort wohnenden Deutschen dem dänischen Staate eingliedern. Dies war weder im Sinne Preußens, das einen Machtzuwachs Dänemarks verhindern wollte, noch im Sinne der Nationalversammlung, die alle Deutschen in einem Nationalstaat vereinen wollte. Preußische Truppen wurden nach

Schleswig geschickt. Als jedoch Russland und England als Bündnispartner der „Heiligen Allianz" gegen eine Veränderung der Grenzen von 1815 Einspruch erhoben, schloss die preußische Regierung mit der dänischen den Waffenstilstand von Malmö – ohne Rücksicht auf die Nationalversammlung.
Um einen Bruch mit der preußischen Regierung zu vermeiden, stimmte die Mehrheit der Nationalversammlung im September dem Waffenstillstand zu. Als empörte Studenten und Bürger in Frankfurt gegen diese Entscheidung demonstrierten und bei den Unruhen zwei konservative Abgeordnete ermordet wurden, mussten preußische und österreichische Truppen die Nationalversammlung vor den Demonstranten schützen.

Erste gesamtdeutsche Verfassung

Die Hauptaufgabe der Frankfurter Nationalversammlung war die Verabschiedung einer gemeinsamen deutschen Verfassung. Die Mehrheit der Abgeordneten war monarchisch gesinnt, nur eine kleinere Gruppe wollte eine Republik. Gemeinsam aber war allen der Wille, die „Grundrechte des deutschen Volkes" zu formulieren, die der Verfassung vorangestellt werden sollten. Diese Aufgabe nahmen die Abgeordneten als Erstes in Angriff. Sie widmeten ihr sehr viel Zeit und erarbeiteten bis zum Ende des Jahres 1848 den Grundrechtskatalog. Dieser war so fortschrittlich, dass er dem Parlamentarischen Rat noch 100 Jahre später als Grundlage für die Grundrechte unseres heutigen Grundgesetzes diente. Doch noch während das Parlament ausführlich über die Grundrechte debattierte, machten sich die Fürsten schon daran, ihre Macht zurückzugewinnen.

Kleindeutsch oder großdeutsch?

Ende September 1848 begannen in der Paulskirche zusätzlich die außerordentlich schwierigen Beratungen über den Staatsaufbau und die künftigen Grenzen des neu zu schaffenden Nationalstaates. Ein entscheidendes Problem war dabei das Schicksal Österreichs. Die „Großdeutschen" unter den Abgeordneten wollten, dass die deutschen Länder Österreichs (zu denen sie auch Böhmen und Mähren rechneten) zum Reich gehören sollten. Doch dies hätte die Auflösung der Donaumonarchie zur Folge gehabt. Die „Kleindeutschen" waren dagegen bereit, auf den Vielvölkerstaat Österreich ganz zu verzichten.
Als im Januar 1849 die Frage nach dem zukünftigen Staatsoberhaupt diskutiert wurde, traten

M3 Die Nationalversammlung in der Frankfurter Paulskirche
Die Abgeordneten saßen im Halbkreis: rechts die gemäßigten Liberalen, links die radikalen Demokraten, in der Mitte das Zentrum (vom Rednerpult aus gesehen). Frauen waren nur als Zuschauerinnen auf der Tribüne vertreten. Sie besaßen bei den Wahlen zur Nationalversammlung weder das aktive noch das passive Wahlrecht.

die „Kleindeutschen“ für ein erbliches Kaisertum ein, das dem preußischen König übertragen werden sollte. Die „Großdeutschen“ waren gespalten. Die vor allem das Besitzbürgertum vertretenden Konservativen unter ihnen wollten ein Fürstenkollegium als Reichsregierung, die dem Kleinbürgertum und den Arbeitern nahe stehenden Linken forderten eine Republik. Letztlich setzten sich die „Kleindeutschen“ durch. Im März 1849 nahm die Nationalversammlung die Reichsverfassung an und wählte gleichzeitig mit 290 Stimmen bei 248 Enthaltungen den preußischen König Friedrich Wilhelm IV. zum „Kaiser der Deutschen“. Sehr viel hing nun von der Entscheidung des preußischen Königs ab, ob er die Krone überhaupt annehmen würde.

Arbeiter organisieren sich

Die Grundrechte, die seit ihrer Verkündung am 28. Dezember 1848 geltendes Recht waren, sicherten die rechtliche Gleichstellung aller Staatsbürger vor dem Gesetz und betonten die Freiheit des einzelnen Bürgers gegenüber dem Staat. Damit erfüllten sich die Märzforderungen des liberalen Besitz- und Bildungsbürgertums. Doch Forderungen von Handwerkern und Arbeitern nach einem Recht auf Arbeit und mehr sozialer Gerechtigkeit blieben unerfüllt. Arbeiter und Handwerksgesellen waren enttäuscht, dass über ihre Probleme – niedrige Löhne, lange Arbeitszeiten, drückende Not – in den Parlamentsdebatten kaum gesprochen wurde. Viele von ihnen kamen zu der Ansicht, dass sie selbst für die Verbesserung ihrer Lage kämpfen müssten. Die Bedingungen dafür hatten sich mit der Revolution verbessert: Versammlungs- und Redefreiheit, Pressefreiheit und das Recht zur Vereinsgründung galten auch für sie. So schlossen sich 1848 in vielen Orten Arbeiter und Handwerksgesellen zu „Arbeitervereinen“ zusammen. Diese Zusammenschlüsse waren vor allem Selbsthilfeorganisationen. Sie richteten Kranken- und Unterstützungskassen ein und veranstalteten Fortbildungskurse für ihre Mitglieder. Die wichtigste Arbeiterorganisation war die während eines Arbeiterkongresses in Berlin gegründete „Allgemeine deutsche Arbeiterverbrüderung“ des Schriftsetzers Stefan Born. Sie umfasste 170 Ortsvereine mit 15 000 Mitgliedern. Die Arbeitervereine suchten die Zusammenarbeit mit den Abgeordneten der Paulskirche, indem sie forderten, dass die bürgerlichen Freiheiten durch soziale Schutzbestimmungen zu ergänzen seien.

Gegenschlag der monarchischen Kräfte

Im Oktober 1848 eroberten kaiserliche Truppen nach blutigen Kämpfen Wien zurück, das fast einen Monat lang in der Gewalt aufständischer Arbeiter, Studenten und Soldaten gewesen war. Die führenden Revolutionäre wurden verhaftet und hingerichtet, unter ihnen Robert Blum, der als Gesandter der Nationalversammlung in Wien war und auf Seiten der Aufständischen auf den Barrikaden mitgekämpft hatte. Die Missachtung der Immunität eines Abgeordneten bewies erneut die Machtlosigkeit des Paulskirchen-Parlaments. Der verfassunggebende Reichstag in Österreich wurde von dem zum Ministerpräsidenten berufenen Fürsten Schwarzenberg aufgelöst.
Die preußische Nationalversammlung, in der die liberale Linke die stärkste Fraktion stellte, hatte einen entschiedenen Kurs politischer und sozialer Veränderungen eingeschlagen. Sie wollte den Adel entmachten und das Militär parlamentarischer Kontrolle unterwerfen, dem König das Attribut „von Gottes Gnaden“ nehmen und die gutsherrlichen Rechte entschädigungslos aufheben. Im November 1848 holte der preußische König jedoch zum Gegenschlag aus. Er ließ Militär in die Hauptstadt einrücken, löste im Dezember die Nationalversammlung auf und verkündete eine eigene Verfassung. Diese behielt nur wenige Elemente des liberalen Verfassungsentwurfs des aufgelösten Parlaments bei, darunter die Verantwortlichkeit der Minister gegenüber dem Parlament und die Vereidigung der Armee auf die Verfassung. Das zunächst allgemeine Männerwahlrecht wurde im Mai 1849 zum „Dreiklassenwahlrecht“ abgeändert.

Das Ende der Revolution

Nachdem die Frankfurter Nationalversammlung die Reichsverfassung verabschiedet hatte, anerkannten 28 von 39 deutschen Regierungen die neue Verfassung – teils freiwillig, teils unter dem Druck der öffentlichen Meinung. Doch für den Fortgang des Geschehens war vor allem eine Frage von zentraler Bedeutung: Wie würde sich der preußische König

Im Jahre 1848.

„Guten Tag ooch, Herr Hofrat Gumpel."
„Ihr Diener! Bester Freund, ein Wort im Vertrauen – nennen Sie mich einfach Herr Gumpel und lassen Sie den Hofrat weg!"

Im Jahre 1849.

„Guten Tag ooch, Herr Gumpel."
„Guten Tag! Lieber Mann, ein Wort im Vertrauen – nennen Sie mich einfach Herr Hofrat und lassen Sie den Gumpel weg!"

M4 Ironie der Zeit
Wie sich die Zeiten ändern (Karikatur aus dem Jahr 1849).

verhalten? Würde er eine Krone aus den Händen des Volkes akzeptieren? Eine Abordnung der Nationalversammlung reiste nach Berlin, um Friedrich Wilhelm IV. die Krone anzutragen. Doch dieser lehnte im April 1849 ab, weil er keine Krone von „Volkes Gnaden" haben wolle, also die Volkssouveränität nicht als Verfassungsgrundlage anerkannte.
Die Hoffnung der Liberalen, ihre Ziele auf dem Weg der Vereinbarung mit den Fürsten zu erreichen, hatte sich damit als Illusion erwiesen. Fast alle Abgeordneten traten aus der Nationalversammlung aus. Ungefähr 100 Abgeordnete der Linken übersiedelten Anfang Mai nach Stuttgart und bildeten dort ein „Rumpfparlament", das nach kurzer Zeit von württembergischem Militär auseinandergetrieben wurde. Zur gleichen Zeit kam es fast überall in Deutschland zu Demonstrationen für die nicht akzeptierte Reichsverfassung. Aufstände im Rheinland, in der Pfalz, in Baden und in Sachsen, die die Entmachtung der Fürsten und die Gründung einer deutschen Republik zum Ziel hatten, wurden von Regierungstruppen blutig niedergeschlagen.
Die Revolution war gescheitert, viele Revolutionäre wurden verurteilt oder vertrieben. Das Besitzbürgertum wollte nun endlich Ruhe und das Ende der Demonstrationen und Straßenkämpfe. Außerdem fürchtete es die Forderungen der Demokraten nach einer gleichmäßigeren Verteilung von Einkommen und Vermögen. Im Mai 1849 prophezeite der liberale Paulskirchenabgeordnete und Großkaufmann Gustav Mevissen: „Am Rhein werden die Erfahrungen bald alle Besitzenden auf die Seite der Regierung treiben. Die absolute Monarchie wird der roten Republik vorgezogen werden."

Dreiklassenwahlrecht	Nach der Steuerleistung abgestuftes Wahlrecht, das 1849 in Preußen eingeführt und erst 1918 abgeschafft wurde. Es war öffentlich, also nicht geheim, und indirekt. Dabei wurde das Steueraufkommen eines Wahlkreises gedrittelt und danach die Wähler in drei Klassen eingeteilt. 1849 entstammten der 1. Klasse 4,7 %, der 2. Klasse 12,6 % und der 3. Klasse 82,6 % der Wähler. Jede dieser Klassen wählte im Wahlbezirk ein Drittel der Wahlmänner und diese die Abgeordneten. Das Gewicht einer Stimme richtete sich also nach Besitz und Einkommen des Wählers. Nicht Konservative, sondern Liberale hatten dieses Wahlrecht vorgeschlagen, da es den einzelnen Bürgern ein Stimmrecht „nach Maßgabe des Gewichts ihrer Beiträge zu den Staatslasten" zuweisen sollte.

M5 Bauernunruhen in Baden 1848

Ein Mannheimer Bürger schrieb in sein Tagebuch:

In der Nacht vom 7./8. März wurde der Schlosshof der Freiherrn von Adelsheim der Schauplatz einer wütenden Bauernmenge. Der in die dunkle Märznacht hineinleuchtende Schein eines riesigen Feuers, das man aus Büchern und Akten der Grundherrschaft angemacht hatte, beleuchtete eine tobende und lärmende Menge von Bauern. [...] Frauen, Mädchen und Kinder jubelten dem Beginnen zu. Aus dem oberen Stockwerk des einen Flügels des Schlosses schleppten zerstörungswütige Bauernfäuste Bücher und Papiere, die ihre Leistungspflicht an die Herrschaft enthielten, Rechnungen und Schuldscheine herbei und warfen sie in das lodernde Feuer, als ginge mit ihrer Vernichtung auch das ganze Abhängigkeitsverhältnis zum Adel in Rauch und Asche auf. [...] Der inzwischen herbeigekommene Rentbeamte [...] überreichte der Menge endlich im Namen seiner Herrschaft die folgende Verzichtsurkunde: „1. Die Grundherrschaft wolle zu den Gemeindebedürfnissen gleich anderen Bürgern mit ihrem Steuerkapital beitragen; 2. verzichte sie auf das Marktstandgeld jeder Art, sowohl bei Krämer- als Viehmärkten; [...] 4. Die Jagden und Fischereien sollten verpachtet werden und das Pachtgeld in die Gemeindekassen fließen; [...] 6. hebe sie die Abzugssteuer von den Auswanderern auf“ [...]. Mitternacht war lange vorüber, als der Herrschaftssitz derer von Adelsheim wieder ruhig und still dalag mit den Spuren der Zerstörung.

Zit. nach: Friedrich Lautenschlager (Hg.): Volksstaat und Einherrschaft. Dokumente aus der badischen Revolution 1848/1849. Konstanz 1920, S. 50 ff.

M6 Märzforderungen

In einem Flugblatt veröffentlichte eine Gruppe Dresdner Bürger am 7. März 1848 ihre Forderungen:

Die Zeit der allgemeinen Versprechungen von der einen, der verdeckten Redensarten von der anderen Seite ist vorüber, bestimmte Forderungen, tatsächliche Zugeständnisse müssen an deren Stelle treten.

Von dieser Überzeugung beseelt sprechen wir, die unterzeichneten Bürger und Einwohner Dresdens, die Erwartung aus, dass auch von der sächsischen Staatsregierung den Forderungen der Zeit, deren Gewährung teils für das Wohlergehen unseres Sachsenlandes, teils für die einheitliche Entwicklung Deutschlands [...] unerlässlich und unabweisbar ist, dieselbe schleunige Erfüllung werde zu Teil werden, welche ihnen in anderen deutschen Staaten teils verheißen, teils schon gefolgt ist. Diese Wünsche sind:

1. Freiheit der Presse, Wegfall des Konzessionszwangs für Zeitschriften [...].
2. Freiheit des religiösen Bekenntnisses und der kirchlichen Vereinigung.
3. Freiheit des Versammlungs- und Vereinsrechtes.
4. Gesetzliche Sicherstellung der Person gegen willkürliche Verhaftung, Haussuchung und Untersuchungshaft.
5. Verbesserung des Wahlgesetzes namentlich durch Herabsetzung des Zensus und Ausdehnung der Wählbarkeit auf das ganze Land.
6. Öffentlichkeit und Mündlichkeit der Rechtspflege mit Schwurgericht.
7. Vereidigung des Militärs auf die Verfassung.
8. Verminderung des stehenden Heeres, Umbildung des Militärwesens und der Bürgerbewaffnung.
9. Vertretung der deutschen Völker bei dem Deutschen Bunde.
10. Lossagung der sächsischen Regierung von den Karlsbader Beschlüssen von 1819 [...].

Zit. nach: Karl Obermann (Hg.): Flugblätter der Revolution 1848/49. München 1972, S. 49 f. (Original: Deutscher Verlag der Wissenschaften VEB, Berlin 1970)

M7 Forderungen von Handwerkern und Arbeitern

a) Der Schriftsetzer Stephan Born hatte in Berlin einen der ersten deutschen Arbeitervereine gegründet. Die Arbeiter erhoben am 18. Juni 1848 folgende Forderungen:

1. Bestimmung des Minimums des Arbeitslohns und der Arbeitszeit durch Kommissionen von Arbeitern und Meistern oder Arbeitgebern.
2. Verbindung der Arbeiter zur Aufrechterhaltung des festgesetzten Lohnes.
3. Aufhebung der indirekten Steuer, Einführung progressiver Einkommenssteuer mit Steuerfreiheit derjenigen, die nur das Nötigste zum Leben haben.
4. Der Staat übernimmt den unentgeltlichen Unterricht und, wo es nötig ist, die unentgeltliche Erziehung der Jugend mit Berücksichtigung ihrer Fähigkeiten.
5. Unentgeltliche Volksbibliotheken.
6. Regelung der Zahl der Lehrlinge, welche ein Meister halten darf, durch Kommissionen von Meistern und Arbeitern.
7. Aufhebung aller für das Reisen der Arbeiter gegebenen Ausnahmegesetze, namentlich der in den Wanderbüchern ausgesprochenen.
8. Herabsetzung der Wählbarkeit für die preußische Kammer auf das 24. Jahr.
9. Beschäftigung der Arbeitslosen in Staatsanstalten, und zwar sorgt der Staat für eine ihren menschlichen Bedürfnissen angemessene Existenz.
10. Errichtung von Musterwerkstätten durch den Staat und Erweiterung der schon bestehenden öffentlichen Kunstanstalten [gemeint sind Vorgängereinrichtungen der Gewerbeschulen] zur Heranbildung tüchtiger Arbeiter.

Zit. nach: Karl Obermann (Hg.): Flugblätter der Revolution 1848/49. München 1972, S. 100 f. (Original: Deutscher Verlag der Wissenschaften VEB, Berlin 1970)

b) Manifest des Berliner Arbeiterkongresses vom 2. September 1848:

Mit der gespanntesten Aufmerksamkeit und mit hingebender Erwartung haben die Arbeiter […] namentlich den Entwurf betreffend die Grundrechte des deutschen Volkes und die davon ausgehenden Beratungen der hohen deutschen Nationalversammlung verfolgt. Sie haben nunmehr leider die Überzeugung erlangt, dass auch in der Verfassungsurkunde für Deutschland die soziale Frage ebenso wenig, wie in anderen Verfassungsarbeiten, eine Stelle finden könne. […]

Der Staat verfährt in diesem Stück gewissermaßen richtig; denn solange der Arbeiter nur als eine zerstreute Menschenmenge zu betrachten ist, lässt sich auch nichts Gesetzlichbestimmtes für ihn als Ganzes […] zur Beschützung von Rechten begründen. […] [Eine Organisation der Arbeiter] war bisher versäumt worden, ist aber von uns, soweit es der Augenblick zulässt, nachgeholt worden, und die Organisation der Arbeiter Deutschlands, wie sie jetzt im Leben steht, liegt in den Grundzügen ihres Verfassungs-Status einer hohen Nationalversammlung vor Augen. […]

So organisiert […] treten wir jetzt unter unsere Mitbürger und vor den gesetzgebenden Körper unserer Wahl, mit der Bitte, in der künftigen Gesetzgebung auch uns, als Besitzer der Arbeit, anzuerkennen und solche gesetzlichen Bestimmungen eintreten zu lassen, durch welche die Existenz und Fortdauer unserer Organisation und Assoziation für alle Zeiten geschützt und ihre weitere gedeihliche Ausbildung von Seiten des Staates begünstigt werden möge. […]

Nur notgedrungen würden wir, wenn […] unserer Rechte auch fernerhin, wie früher, von keinem der Machthaber auf humane Weise gedacht würde, […] unter der Macht der finstern Not aus den wärmsten Freunden der bestehenden Ordnung zu den bittersten Feinden derselben werden müssen.

Zit. nach: Walter Grab (Hg.): Die Revolution von 1848/49. Eine Dokumentation. Stuttgart 1998, S. 115 ff.

M8 „Das Maß ist voll"

Der Advokat und Journalist Gustav Struve organisierte zusammen mit anderen Demokraten in Baden eine Volksbewegung zur Einführung einer deutschen Republik. Gründe nannte er in einem Aufruf vom 23. Juli 1848:

Mitbürger, Freunde, Brüder!

Das Maß des an Euch verübten Unrechts ist zum Überlaufen voll. Die Monarchie mit ihren Anhängseln an Geburtsadel, Beamtenadel und Geldadel ist durch und durch faul. Eure letzte Hoffnung, die konstitutionelle Versammlung in Frankfurt a. M., hat Euch getäuscht. Statt eines freien und einigen Deutschlands hat diese Dienstmagd der Reaktion Euch zu den fünfunddreißig Fürsten, die ihr schon hattet, den sechsunddreißigsten noch gegeben. Statt den Druck des auf Euch lastenden Soldaten- und Beamtenwesens zu vermindern, wurde dasselbe im Laufe der letzten Monate verdoppelt und verdreifacht. […] Um zu republikanischer Freiheit zu gelangen, müsst Ihr als Männer für Euer gutes Recht erst kämpfen, weil Ihr unter dem Joche verruchter Tyrannen schmachtet. Wir Republikaner wollen […] Ordnung und Friede; allein wir wissen, dass diese nicht möglich sind, solange fünfunddreißig große und viele tausend kleinere Blutegel mit Weibern, Mätressen, ehelichen und unehelichen Kindern von Eurem Blute leben.

Wir fordern Euch daher auf zum Kampfe gegen Eure Tyrannen. Beginnt denselben damit, dass Ihr alle Abgaben an Grundherren, Staat und Kirche verweigert, und dass Ihr aller Orten Euch zusammenschart, Eure Polizeidiener, Gendarmen, Amtleute, Grundherren und Fürsten gefangen nehmt und Euch bereithaltet, […] den Kampf auf Leben und Tod zu beginnen.

Zit. nach: Friedrich Lautenschlager (Hg.): Volksstaat und Einherrschaft. Dokumente aus der badischen Revolution 1848/49. Konstanz 1920, S. 193 ff.

M9 Fraktionen der Nationalversammlung

Die Fraktionen – nach Richtungen geordnet – nannten sich nach den Frankfurter Gasthöfen, in denen sie sich versammelten.

Rechte (Café Milani):

- konstitutionelle Monarchie
- Zustimmung zur Reichsverfassung durch die Einzelstaaten
- größtmögliche Selbstständigkeit der Einzelstaaten (Föderalismus)

Rechtes Zentrum (Casino, Landsberg):

- konstitutionelle Monarchie
- starke Macht der Zentralgewalt und des Parlaments
- Nationalversammlung als alleiniges verfassunggebendes Organ
- Beachtung einzelstaatlicher Besonderheiten

Linkes Zentrum (Württemberger Hof):

- Volkssouveränität
- parlamentarisch-demokratische Ordnung
- Bundesstaat

Linke (Westendhall, Deutscher Hof, Donnersberg):

- Volkssouveränität
- allgemeines Wahlrecht
- plebiszitäre Elemente
- „demokratische Monarchie oder Republik"
- föderalistisches System
- Volksbewaffnung
- soziale Reformen
- Gleichberechtigung und Selbstbestimmung der Nationalitäten

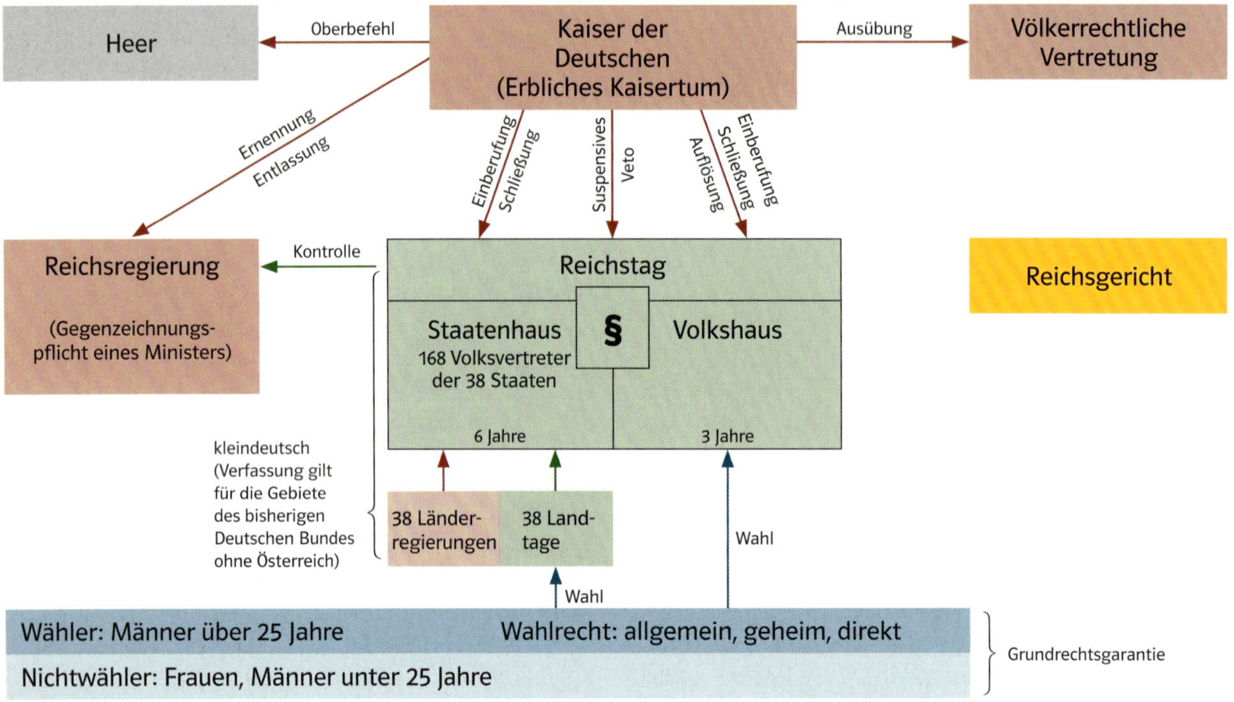

M10 **Verfassungsentwurf der Nationalversammlung**

Dieser Entwurf vom 28. März 1849 ist nie verwirklicht worden; er wurde aber zur Grundlage späterer Verfassungen in Deutschland.

M11 **Kleindeutsch oder großdeutsch?**

a) Der Abgeordnete Alfred von Arneth, Wien, Oktober 1848:

Der Österreicher, meine Herren, ist deutsch, er will es bleiben […], er will aber auch Österreich nicht zerrissen, er will Österreich nicht vernichtet sehen; er will das Fortbestehen Österreichs in und mit Deutschland. Dies, meine Herren, ist nicht Partikularismus, wie man etwa von dem Partikularismus irgendeines anderen deutschen Landes zu sprechen sich manchmal für berechtigt hielt. Nein meine Herren, wenn es sich darum handeln wird, ganz Österreich samt seinen nichtdeutschen Provinzen Deutschlands förmlich zu inkorporieren [= einzuverleiben], dann würde es, ich glaube fest, nur wenige Deutsch-Österreicher geben, welche einem solchen Aufgehen ihres Vaterlandes in Deutschland Widerspruch entgegensetzen würden. Wir glauben aber, dass mit einer Zerreißung Österreichs Deutschland nur ein schlechter Dienst geschähe; wir glauben, dass es in Deutschlands Interesse läge, die aus einer Losreißung der nichtdeutschen Provinzen in Österreich unzweifelhaft hervorgehende Entstehung neuer selbständiger, seien es Slawen-, seien es Magyarenreiche [Ungarn] an der Ostgrenze Deutschlands zu hindern. […] Die Erhaltung Österreichs ist keineswegs, wie man sagt, vorzugsweise durch dynastische Interessen, nein, sie ist durch jene Politik geboten, welche die Macht und Größe Deutschlands, welche das Wohl des Volkes als den Endpunkt ihrer Bestrebungen anerkennt.

Zit. nach: Franz Wigard (Hg.): Stenografische Berichte über die Verhandlungen der deutschen constituierenden Nationalversammlung zu Frankfurt a. M., Bd. 4. Frankfurt/Main 1848/49, S. 2779 f.

b) Für die Kleindeutschen sprach Friedrich Dahlmann (einer der „Göttinger Sieben"), Januar 1849:

Aus […] schweren Lebensjahren habe ich die Erfahrung geschöpft, dass wir vor allen Dingen einer einheitlichen Gewalt bedürfen, einer Einheit, der das Ganze des Vaterlandes Eins und Alles ist. […]. Uns tut ein Herrscherhaus Not, welches gänzlich sich unserem Deutschland widmet, gänzlich in Deutschland lebt und in nichts anderem. Ein solches Herrscherhaus kann Österreich uns nicht sein. Es kann es nicht, denn es hängen diesem Österreich zu viele außerdeutsche Sorgen an […]. An den Hohenzollern Preußens können wir ein solches Herrscherhaus nicht nur haben, sondern mit dem schlechtesten und dem besten Willen kann es kein Sterblicher dahin bringen, dass wir es nicht an ihm hätten. Es ist keine Zukunft für Deutschland möglich ohne Preußen. […] Deutschland muss als solches endlich in die Reihe der politischen Großmächte eintreten. Das kann nur durch Preußen geschehen, und weder Preußen kann ohne Deutschland, noch Deutschland ohne Preußen genesen.

Zit. nach: Franz Wigard, a. a. O., Bd. 7, S. 4820 ff.

c) Um eine Einigung zwischen Kleindeutschen und Großdeutschen zu ermöglichen, schlug Heinrich von Gagern in der Nationalversammlung im Oktober 1848 folgende Lösung vor:

Ich glaube also, meine Herren, dass wir ein Verhältnis suchen müssen, wobei Österreich nicht genötigt wird, seine deutschen von seinen nichtdeutschen Provinzen abzulösen, dennoch aber im innigsten Verband mit Deutschland erhalten wird. […]. Ich glaube, dass wir die Frage sofort zur Entscheidung bringen und anerkennen müssen, dass Österreich in den engeren Bundesstaat, der das übrige Deutschland will, vorerst nicht eintreten könne, einerseits, weil die Mehrheit der Österreicher die Bedingung des Eintritts in den engeren Bundesstaat, die staatliche Trennung der deutschen Provinzen von den nichtdeutschen nicht will; andererseits, weil diese Trennung und die Auflösung der österreichischen Monarchie und das Aufgehen ihres weltgeschichtlichen, nur engen Bunde mit Deutschland zu erfüllenden Berufes ebenso wenig im deutschen Nationalinteresse liegt. […] Ich habe daher einen dieser Ansicht entsprechenden Antrag formuliert […]: „Österreich bleibt in Berücksichtigung seiner staatsrechtlichen Verbindung mit nichtdeutschen Ländern und Provinzen mit dem übrigen Deutschlande in dem beständigen und unauflöslichen Bunde."

Zit. nach: Franz Wigard, a. a. O., Bd. 4, S. 2898 f.

M 12 Ein „Reif aus Dreck und Letten"

Schon als die Möglichkeit einer Wahl diskutiert wurde, schrieb Friedrich Wilhelm IV. im Dezember 1848 an seinen Freund Freiherr von Bunsen:

Die Krone ist erstlich keine Krone. Die Krone, die ein Hohenzoller nehmen dürfte, wenn die Umstände es möglich machen könnten, ist keine, die eine, wenn auch mit fürstlicher Zustimmung eingesetzte, aber in die revolutionäre Saat geschossene Versammlung macht, […] sondern eine, die den Stempel Gottes trägt, die den, dem sie aufgesetzt wird, nach der heiligen Ölung von Gottes Gnaden macht. […] Die aber, die Sie – leider – meinen, verunehrt überschwänglich mit ihrem Ludergeruch der Revolution von 1848, der albernsten, dümmsten, schlechtesten, wenn auch gottlob nicht der bösesten dieses Jahrhunderts. Einen solchen imaginären Reif, aus Dreck und Letten gebacken, soll ein legitimer König von Gottes Gnaden, und nun gar der König von Preußen sich geben lassen, der den Segen hat, wenn auch nicht die älteste, doch die edelste Krone, die niemandem gestohlen ist, zu tragen? […] Ich sage es Ihnen rund heraus: Soll die tausendjährige Krone deutscher Nation, die 42 Jahre geruht hat, wieder einmal vergeben werden, so bin ich es und meinesgleichen, die sie vergeben werden; und wehe dem, der sich anmaßt, was ihm nicht zukommt.

Zit. nach: Leopold von Ranke (Hg.): Aus dem Briefwechsel Friedrich Wilhelms IV. mit Bunsen. Leipzig 1873, S. 233 f.

Arbeitsaufträge

1 Nennen Sie Forderungen der Bauern in der Revolutionszeit (VT). Wie reagierten die Grundherrn (M 5)?

2 Vergleichen Sie die Forderungen des Bürgertums (M 6) mit denen der Handwerker und Arbeiter (M 7 a). Welche Hoffnungen hegt der Berliner Arbeiterkongress und womit droht er (M 7 b)?

3 Stellen Sie die Argumente zur nationalen Frage in der Paulskirche von Arneth, Dahlmann und Gagern einander gegenüber (M 11). Warum scheiterte der von Gagern vorgeschlagene Kompromiss (VT)?

4 Grenzen Sie freiheitlich-demokratische und nationale Forderungen voneinander ab und zeigen Sie mögliche Konflikte und Konsequenzen auf.

5 Erklären Sie, warum Struve die Republik einführen wollte (M 8). Wie sollte dies geschehen?

6 Werten Sie das Verfassungsschaubild (M 10) aus, indem Sie folgende Fragen beantworten: Wer sollte gemäß der Verfassung das aktive Wahlrecht haben? War eine Gewaltenteilung gewährleistet? Welche Rechte sollten dem Kaiser zustehen?

7 Erläutern Sie, warum Wilhelm IV. auf die Kaiserkrone verzichtete (M 12). Vergleichen Sie seine Haltung mit derjenigen vom März 1848 (VT). Charakterisieren Sie in diesem Zusammenhang auch die Aussage der Karikatur (M 4).

8 Als Ursachen für das Scheitern der Revolution von 1848/49 gelten unter anderem:
- die Zerstrittenheit der Liberalen und Demokraten
- die Angst des Bürgertums vor einer sozialen Revolution
- die Machtlosigkeit der provisorischen Regierung
- Friedrich Wilhelms Ablehnung der Krone
- der Rückzug der Bauern von der Revolution
- das Problem des österreichischen Nationalitätenstaates
- die Arbeitsweise des „Professorenparlaments"

Erklären Sie jedes dieser Argumente.

9 Das Ergebnis der Revolution ist nicht nur ihr Scheitern. Sie zeigte auch Wirkungen. Nennen Sie solche Wirkungen.

1.3 Die Einigung Deutschlands – durch Krieg statt durch Revolution

M1 „Kommt es unter einen Hut? Ich glaube, es kommt eher unter eine Pickelhaube!“
Karikatur von 1870 aus der satirischen österreichischen Zeitschrift „Kikeriki“

Die kleindeutsche Einigung vollzog sich 1871 in einer Form, die viele so nicht gewollt hatten. Die Reichsgründung kam nach dem militärischen Sieg über den Nachbarn Frankreich „von oben“, vom preußischen König diktiert und von Otto von Bismarck durchgeführt. Wenige Tage nach seiner Ernennung zum preußischen Ministerpräsidenten hatte dieser bereits 1862 erklärt: „Nicht durch Reden und Majoritätsbeschlüsse werden die großen Fragen der Zeit entschieden – das ist der große Fehler von 1848 und 1849 gewesen – sondern durch Eisen und Blut.“
Ein Ziel der Revolutionäre von 1848 war mit der Reichsgründung verwirklicht worden: die politische Einheit Deutschlands. Doch wie verhielt es sich mit der zweiten Forderung, der nach politischer Mitbestimmung, nach Rechten und Freiheit? Gab es dafür Platz in einem Staat, dessen politische Führer die Ansicht vertraten, militärische Stärke würde die Macht des jungen Staates nach außen und die monarchische Gewalt nach innen sichern?

1862	Otto von Bismarck wird preußischer Ministerpräsident.
1864	Österreich und Preußen führen gemeinsam Krieg gegen Dänemark.
1866	Preußen besiegt seinen Rivalen Österreich.
1870/71	Im deutsch-französischen Krieg besiegt Preußen zusammen mit den süddeutschen Staaten Frankreich.
1871	Proklamation des Deutschen Reiches; Wilhelm I. wird Kaiser.
1871–1890	Otto von Bismarck amtiert als Reichskanzler.
1888	Wilhelm II. wird deutscher Kaiser.
1914 – 1918	Erster Weltkrieg

Die Zeit nach der Revolution

Mit dem Sieg über die Revolution waren die Positionen der alten Machteliten in Deutschland und die vorrevolutionären Herrschaftsstrukturen zunächst wieder gefestigt. Die Errungenschaften von 1848 – etwa die Garantie der Grundrechte – wurden fast überall wieder rückgängig gemacht. Dennoch ließ sich die Zeit nicht mehr zurückdrehen: Die wirtschaftliche Bedeutung des vor allem in der Land-

wirtschaft tätigen Adels ging zurück. Dagegen gelangten Teile des Bürgertums zu immer größerem Einfluss und Wohlstand. Immer mehr Bürger besuchten Universitäten oder Technische Hochschulen, um anschließend Führungspositionen in Wirtschaft und Verwaltung einzunehmen. Ihr Einfluss auch auf das politische Geschehen ließ sich nicht länger aufhalten. Hauptziel dieser selbstbewussten liberal und national gesinnten Besitz- und Bildungsbürger war weiterhin die Errichtung eines deutschen Nationalstaates, der seinen Bewohnern auch politische Mitwirkungsrechte garantierte. Dies schien nur mit Hilfe des im Deutschen Bund wirtschaftlich führenden Preußen möglich. Da dessen Staatsgebiet zweigeteilt war (vgl. Karte S. 79), strebte auch die preußische Regierung nach einem einheitlichen Nationalstaat.
1862 wurde Otto von Bismarck preußischer Ministerpräsident. Er war es vor allem, der die nationalen Interessen Preußens energisch vorantrieb. Anders als dem liberalen Bürgertum ging es ihm aber auch darum, die Macht der preußischen Monarchie zu erhalten – sowohl innen- als auch außenpolitisch. Als Ergebnis zweier Kriege – gegen Dänemark wegen Schleswig-Holstein und gegen Österreich um die Vorherrschaft in Deutschland – gewann Preußen Gebiete in Norddeutschland. Diese ermöglichten eine Verbindung zwischen den preußischen Kerngebieten im Osten und der Rheinprovinz im Westen. Der Erfolg in den Kriegen und der besonnene Friedensschluss, bei dem Bismarck keine Gebietsansprüche an Österreich gestellt hatte, hoben sein Ansehen beim deutschen Bürgertum. Allerdings gab es erhebliche Differenzen in der Frage um politische Mitbestimmung. Parlament und gleiches Wahlrecht waren für Bismarck nichts weiter als Zugeständnisse an den Zeitgeist, die man, wenn es zweckmäßig erschien, auch wieder zurücknehmen konnte.

Krieg gegen Frankreich

Nachdem Österreich im Anschluss an die Niederlage gegen Preußen seine Zustimmung zu einer Neuordnung Deutschlands ohne Österreich gegeben hatte, schlossen sich im Jahr 1867 21 Kleinstaaten und Freie Städte nördlich des Mains mit Preußen zum Norddeutschen Bund zusammen. Dies war ein Staatenbund mit einem gemeinsamen Parlament (Reichstag und Bundesrat). Damit war die Neuordnung Deutschlands jedoch noch nicht abgeschlossen. Bismarck wollte auch die süddeutschen Staaten Bayern, Baden, Württemberg und Hessen in den Bund einbeziehen. Dieses Vorhaben stieß auf den Widerstand Frankreichs, das sich vor der militärischen Stärke eines von Preußen beherrschten Deutschlands fürchtete. Die Spannungen zwischen dem nach dem Führungsanspruch in Deutschland strebenden Preußen und dem um seine Vormachtstellung in Europa bangenden Frankreich entluden sich schließlich 1870/71 im deutsch-französischen Krieg. Dabei vereinigten die süddeutschen Staaten ihre Truppen mit denen des Norddeutschen Bundes. Am 2. September 1870 geriet der französische Kaiser Napoleon III. nach der Schlacht von Sedan in Gefangenschaft. Zwei Tage später wurde in Paris die „Dritte Republik" ausgerufen und eine „Regierung der nationalen Verteidigung" gebildet. Sie widersetzte sich zunächst den deutschen Wünschen nach einer Annexion des Elsass und Lothringens und beschloss, die Kämpfe fortzusetzen. Der Krieg zog sich noch sechs Monate hin, aber die Widerstandskraft der französischen Truppen ließ nach. Im Mai 1871 wurde Frieden geschlossen: Frankreich musste Elsass und Lothringen abtreten und 5 Milliarden Francs Kriegsentschädigung zahlen. Das Geld kam vor allem der deutschen Wirtschaft zugute. Es wurden Kredite finanziert, mit denen Unternehmer Betriebe gründen und ausbauen konnten.

Reichsgründung 1871

Nach dem erfolgreichen Kriegsverlauf konnte Bismarck die süddeutschen Staaten zum Eintritt in einen kleindeutschen Nationalstaat bewegen. Am 18. Januar 1871 wurde im Spiegelsaal des Schlosses von Versailles das Deutsche Reich proklamiert. Der preußische König Wilhelm I. wurde zum deutschen Kaiser ernannt. Die Reichsgründung wird oft als nationale Einigung „von oben" interpretiert, zumal beim Festakt der Kaiserproklamation fast nur Fürsten und Offiziere anwesend waren. Dabei darf nicht übersehen werden, dass die Mehrheit der Bevölkerung die staatliche Einheit herbeigesehnt hatte, wenngleich nicht in der Form eines – wie sich dann zeigte – autoritär geführten Obrigkeitsstaates. Die Volksvertreter blieben bei der Reichsgründung keines-

M2 Otto von Bismarck
Preußischer Ministerpräsident, 1871 – 1890 deutscher Reichskanzler (Medaille von 1895)

M3 Deutschland nach der Reichsgründung 1871

wegs ausgegrenzt: Die im November 1870 geschlossenen Regierungsvereinbarungen des Norddeutschen Bundes und der süddeutschen Staaten zur Reichsgründung wurden erst gültig mit deren Ratifizierung durch den Reichstag des Norddeutschen Bundes und der süddeutschen Länderparlamente.

Verfassung des Deutschen Reiches von 1871

Die von Bismarck ausgearbeitete Verfassung gab dem neu gegründeten Deutschen Reich den Status einer konstitutionellen Monarchie. Der Kaiser verfügte über die zentrale Machtposition im Staat. Er ernannte und entließ den Reichskanzler und übte die alleinige Kommandogewalt über Heer und Flotte aus. Vom Reichstag war er weitgehend unabhängig.
Die Regierung mit dem Reichskanzler an der Spitze war dem Reichstag ebenfalls nicht verantwortlich. Kein Parlamentsbeschluss konnte den Kanzler stürzen, er war ausschließlich an das Vertrauen des Kaisers gebunden. Der Reichskanzler besaß gleichzeitig den Vorsitz im Bundesrat, einem von den monarchischen Länderregierungen gebildeten Verfassungsorgan, dem unter anderem die Entscheidung über Krieg und Frieden oblag.

Waren die Kompetenzen des Reichstages auch eingeschränkt, so waren Kaiser, Reichskanzler und Reichsregierung dennoch gezwungen, mit dem Reichstag zusammenzuarbeiten. Dieser verfügte nämlich zusammen mit dem Bundesrat über das Gesetzgebungsrecht und musste dem Staatshaushalt zustimmen. Darüber hinaus konnte der Reichstag auf die Regierungs- und insbesondere die Außenpolitik keinen Einfluss nehmen.
Da die Kaiserwürde dem Königshaus der Hohenzollern zustand, sicherte sie Preußen die Führungsrolle des aus 25 Einzelstaaten gebildeten Bundesstaates. Das Amt des Kaisers war mit dem des preußischen Königs verbunden, das des Reichskanzlers in der Regel mit dem des preußischen Ministerpräsidenten. Im Bundesrat besaß Preußen, das über nahezu drei Viertel der Fläche und Bevölkerung des Reiches verfügte, mit 17 von 58 Vertretern der Einzelstaaten genügend Stimmen, um Verfassungsänderungen zu blockieren.

Das Kaiserreich – ein Obrigkeitsstaat

Der erste Kaiser des Deutschen Reiches Wilhelm I. und vor allem sein Nachfolger Wilhelm II. (ab 1888) waren von der Notwendigkeit der Kriegs- und Kampfbereitschaft eines machtvollen Nationalstaates überzeugt. Sie modernisierten das Heer, förderten den Ausbau der Marine und lieferten sich einen verbissenen Rüstungswettlauf mit anderen europäischen Großmächten. Das große Ansehen des Militärs im Kaiserreich entsprach preußischer Tradition. Nicht „gedient" zu haben machte eine erfolgreiche berufliche und gesellschaftliche Karriere nahezu unmöglich. Immer mehr junge Männer auch aus bürgerlichen Familien strebten die Offizierslaufbahn an. Der Offizier wurde zum gesellschaftlichen Leitbild. Er verkörperte Patriotismus, die Treue gegen den Kaiser, das Funktionieren von Ordnung und Autorität im Staat. Und so galt der Gesellschaft des Kaiserreiches bald alles Militärische als vorbildlich. Seinen Ausdruck fand dieser Militarismus in der Vorliebe für Uniformen und Paraden und in einem am Militär orientierten Verhalten in Schule, Verwaltung, Beamtenapparat und Vereinen. In dieser Atmosphäre prägte sich obrigkeitsstaatliches Denken aus. Viele Entscheidungen wurden „von oben" getroffen und geregelt. Eine demokratische, aktive Bürgergesellschaft konnte so nicht entstehen.

Wirtschaftsaufschwung im Kaiserreich

Die obrigkeitsstaatliche Prägung schloss einen wirtschaftlichen Aufschwung jedoch nicht aus. Die Grundlagen für den industriellen Aufstieg des Kaiserreiches wurden bereits zwischen 1850 und 1870 gelegt. Diese Jahre gelten bei Wirtschaftshistorikern als Phase des eigentlichen industriellen „Take-offs", in der sich die moderne kapitalistische Wirtschaftsweise endgültig durchsetzte. Der Eisenbahnbau war zu dieser Zeit der Führungssektor für den Aufschwung. Er stimulierte die Eisen- und Stahlindustrie, den Kohlenbergbau und den Maschinenbau. Aber auch als Transportmittel hatte der Eisenbahnbau revolutionäre Wirkung: Die Transportkosten sanken, die Geschwindigkeit nahm zu. Preußen gelang es, seine wirtschaftliche Führungsrolle auszubauen und die ökonomischen Grundlagen für eine kleindeutsche Einigung „von oben" zu legen. Nachdem die französischen Kriegsentschädigungen 1871 zu einem wirtschaftlichen Aufschwung geführt hatten, folgte mit der „Gründerkrise" von 1873 bis 1878 eine Phase der Stagnation. Mitte der 1890er-Jahre setzte eine Zeit der Hochkonjunktur ein, die bis zum Ersten Weltkrieg anhielt. Unternehmen der Elektro-, der chemischen und der optischen Industrie gaben jetzt dem Wachstum neuen Schwung (Siemens, AEG, Bayer, Hoechst, BASF, Zeiss). In diesen Bereichen wurde Deutschland weltweit führend. Zwischen 1901 und 1918 gingen 17 Nobelpreise in den Bereichen Physik, Chemie und Medizin an deutsche Wissenschaftler.

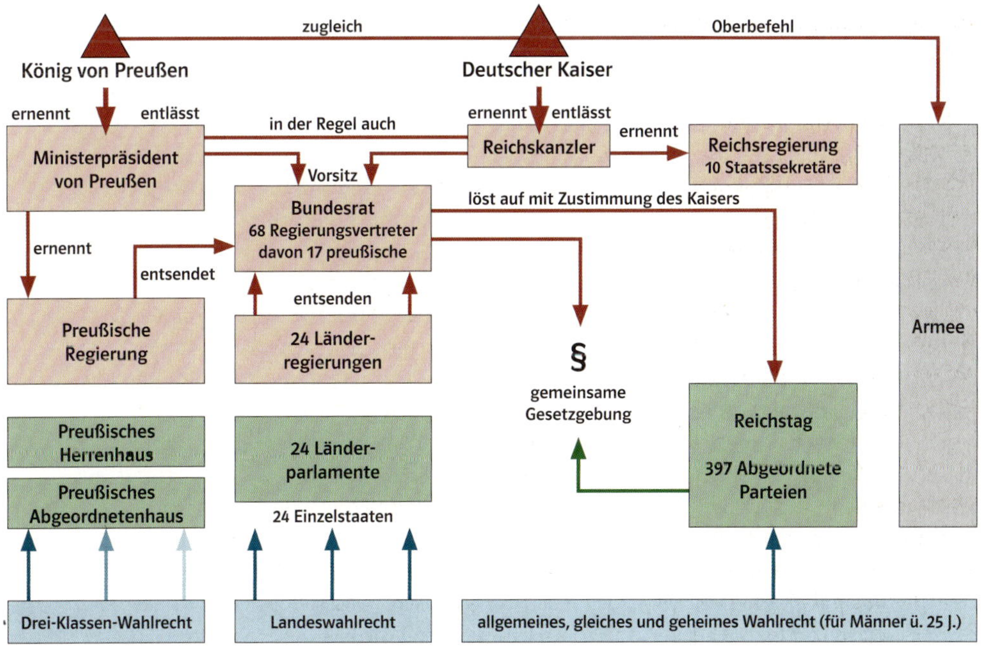

M4 Die Verfassung des Deutschen Reiches 1871

Nationalismus und Antisemitismus

Die militärischen und wirtschaftlichen Erfolge des Deutschen Reiches führten bei vielen seiner Bewohner zum Glauben an die Überlegenheit der eigenen Kulturnation gegenüber anderen Volksgruppen. Unter diesem Nationalismus hatten Minderheiten innerhalb des Deutschen Reiches wie Polen, Dänen und Elsässer zu leiden. Besonders gehässig waren die Vorurteile aber gegenüber Juden. Die Ablehnung und Verfolgung von Juden aufgrund ihres Glaubens hatte eine lange, unselige Tradition, die bis ins Mittelalter zurückreicht. Zum Ende des 19. Jahrhunderts gesellte sich zum religiösen Antijudaismus nun auch noch ein rassistisch motivierter Antisemitismus. Die Antisemiten waren der Überzeugung, dass es verschiedenwertige Rassen gebe. Die Juden galten ihnen als minderwertig. Sie hätten keine Berechtigung, zum höherwertigen deutschen Volk zu gehören und folglich auch keine Rechte zu beanspruchen. Diese unwissenschaftliche Ideologie fand während des Kaiserreiches zwar nie massenhafte Verbreitung, gewann aber doch zahlreiche Anhänger. Juden galten manchen Deutschen fortan als Sündenböcke für die Wirtschaftskrise und wurden als Fremdkörper innerhalb der deutschen Nation verunglimpft.

In den Augen vieler heutiger Historiker war das Kaiserreich trotz seiner modernen Ansätze in Wirtschaft und Wissenschaft ein rückständiges Staatswesen mit überkommenen autoritären Strukturen, die sich in Form von mangelndem Demokratieverständnis in weiten Teilen der Bevölkerung und einer fast kritiklosen Obrigkeitsgläubigkeit manifestierten.

Außenpolitische Spannungen

Das Kräfteverhältnis in Europa hatte sich durch den wirtschaftlichen Aufschwung Deutschlands und die Reichsgründung verändert. Das Deutsche Reich war zur Großmacht aufgestiegen. Dagegen zeigten sich drei der alten europäischen Mächte geschwächt: Frankreich durch seine militärische Niederlage 1871, der Vielvölkerstaat Österreich-Ungarn aufgrund der dort herrschenden Spannungen zwischen den Nationalitäten und Russland wegen seiner wirtschaftlichen Rückständigkeit. In dieser Situation beobachteten die anderen Regierungen das Deutsche Reich mit Misstrauen.

Nach der Gründung des Reiches bestimmte Reichskanzler Bismarck fast zwei Jahrzehnte lang die deutsche Außenpolitik. Er war bestrebt, Spannungen zwischen den europäischen Mächten beizulegen und Deutschland aus weltpolitischen Konflikten herauszuhalten. Da er einen Mehrfrontenkrieg gegen das Deutsche Reich befürchtete, versuchte er mit diplomatischen Mitteln zu verhindern, dass Frankreich Verbündete fand, mit denen es Deutschland angreifen konnte. Als Ergebnis seiner Bemühungen entstand zwischen 1879 und 1887 ein kompliziertes Bündnissystem, bei dem Frankreich von deutschen Verbündeten umgeben war.

Ein „Platz an der Sonne"

Nach dem Tod Wilhelms I. änderten sich die Ziele deutscher Außenpolitik. Wilhelm II. bestieg 1888 als 29-Jähriger den Thron. Er wollte in einem „persönlichen Regiment" selbst Macht ausüben und benutzte jede sich bietende Gelegenheit, um bei Fahnenweihen, Schiffstaufen, Paraden und Empfängen Reden zu halten, die seinen monarchischen Herrschaftsanspruch betonten. Immer häufigere Meinungsverschiedenheiten mit dem neuen Kaiser veranlassten Reichskanzler Bismarck schließlich, im Jahr 1890 von seinem Amt zurückzutreten. Das ursprüngliche Ziel der Außenpolitik Bismarcks, Spannungen zwischen den europäischen Mächten zu verhindern, trat nun zu Gunsten weltpolitischer Ambitionen des Kaisers in den Hintergrund. Die bismarckschen Bündnisverträge wurden nicht verlängert oder weiterverfolgt. Ein Kolonialreich, das in seiner Ausdehnung mit demjenigen Frankreichs und England gemessen werden sollte sowie eine mächtige Kriegsflotte waren die neuen Ziele deutscher Politik. Deutschland verlangte nun einen „Platz an der Sonne", wie der spätere Reichskanzler Bernhard von Bülow die offensiven deutschen Weltmachtpläne umschrieb.

Aufgestört durch das deutsche Expansionsstreben begannen die übrigen europäischen Großmächte, ihre Interessengegensätze auszugleichen. 1904 verständigte sich Großbritannien in der sogenannten „Entente cordiale" mit Frankreich über die beiderseitigen kolonialen Interessensphären. Nachdem sich 1907 auch Russland mit den Ententemächten einigte, nahm die Einkreisung Deutschlands und Österreichs durch Bündnisse der anderen europäischen Großmächte konkrete Formen an. Als auf dem Balkan nach dem Zusammenbruch des Osmanischen Reiches ein neuer Krisenherd entstand, der zum Auslöser des Ersten Weltkriegs wurde, war das Deutsche Reich außenpolitisch weitgehend isoliert.

Der Erste Weltkrieg

Schon seit geraumer Zeit stellte der Balkan eine Krisenregion in Europa dar. Die dort lebenden slawischen Völker standen teilweise unter der Herrschaft des Osmanischen Reiches, strebten aber nach Unabhängigkeit. Die mit diesem Konflikt verbundenen gegensätzlichen Interessen der europäischen Mächte stießen Anfang des 20. Jahrhunderts nun offen aufeinander:

- Die russische Regierung wollte die Slawen Europas zu einem Staatenbund unter russischer Führung vereinen (Panslawismus). Sie unterstützte deshalb die Unabhängigkeitsbestrebungen der Balkanvölker.
- Das mit Deutschland verbündete Österreich suchte seine Position auf dem Balkan zu festigen und sein Staatsgebiet entlang der Adriaküste nach Süden auszudehnen.
- Die Regierungen Frankreichs und Italiens erhofften sich Gebietsgewinne in Nordafrika, sollte das Osmanische Reich dort seinen Besitz verlieren.

1908 annektierte Österreich-Ungarn Bosnien und Herzegowina. Doch auch Serbien, das mit Russland verbündet war, erhob Ansprüche auf diese Gebiete und so schwelte jahrelang ein Konflikt zwischen diesen beiden Staaten. Als am 28. Juni 1914 in der bosnischen Stadt Sarajewo der österreichische Thronfolger Franz Ferdinand von einem serbischen Nationalisten ermordet wurde, eskalierte die Situation. Österreich wollte nun mit Serbien „abrechnen", drängte auf Krieg. Als Deutschland seinem Bündnispartner die bedingungslose Unterstützung zugesagt hatte, erklärte Österreich-Ungarn am 28. Juli Serbien den Krieg, was einen Mechanismus von Bündnisverpflichtungen aller europäischen Großmächte und somit den Ersten Weltkrieg auslöste.

Die Verbündeten Deutschland und Österreich-Ungarn standen nun im Krieg unter anderem gegen die Alliierten England, Frankreich, Russland und Serbien. Beflügelt durch Anfangserfolge strebte Deutschland, das im Osten und im Westen an zwei Fronten kämpfte, die Errichtung einer umfassenden Vormachtstellung in Mitteleuropa an. Doch der Krieg entwickelte sich anders als geplant. Statt der erhofften schnellen Siege kam es an der Westfront zu einem verlustreichen Stellungskrieg, in dem über Jahre keine der beiden Seiten entscheidende Vorteile erringen konnte.

Erst der Kriegseintritt der USA im April 1917 veränderte die Kräfteverhältnisse auf den französischen Schlachtfeldern zugunsten der Alliierten. Nur kurze militärische Entlastung brachte der deutschen Seite die 1917 ausbrechende Oktoberrevolution in Russland. Die Revolutionäre brauchten den äußeren Frieden, um im Inneren das Sowjetsystem errichten zu können, und drängten so auf einen Friedensschluss mit Deutschland, der im Frühjahr 1918 erfolgte. Zwar konnten sich die deutschen Armeen nun ausschließlich auf die Front im Westen konzentrieren, doch zu groß war dort mittlerweile die Übermacht der Alliierten. Im Herbst 1918 drängte Deutschland schließlich auf einen Waffenstillstand und somit ein Ende des Krieges.

M5 Kaiser Wilhelm II.
Deutscher Kaiser 1888–1918, Münze der Kolonie Deutsch-Ostafrika

M6 Kaiser Wilhelm II.
(deutsche Postkarte 1914)

M7 Wachstum der deutschen Wirtschaft

In einer französischen Veröffentlichung von 1915 heißt es:

Das arme Deutschland, das 1870 auf der ökonomischen Landkarte kaum mehr als ein weißer Fleck war, ist in wenig mehr als 40 Jahren zu einer der großen Weltmächte aufgestiegen, es ist ihnen gelungen, nach dem Sieg auf dem Schlachtfeld [1871 gegen Frankreich], im industriellen Bereich zu kämpfen und zu siegen. Am Vorabend des Krieges [1914] nahm das Reich mit seinem Außenhandelsvolumen von 25 Milliarden [Francs = ca. 19 Mrd. Reichsmark] nach England die zweite Stelle unter den Handelsstaaten der Erde ein. Es war zum zweitgrößten Erzeuger von Roheisen und [Guss]-Eisen geworden und übertraf damit sogar England [...]. Seine Handelsflotte, die 1870 noch kleiner als die unsrige war, wurde 1913 lediglich von der englischen und amerikanischen übertroffen. [...]

Zu Beginn des 20. Jahrhunderts lebten von 67 Millionen Deutschen kaum 17 Millionen von der Landwirtschaft. Jedes Jahr kehrten zahllose Bauern dem Lande den Rücken und strömten in die riesigen Fabriken. Die Städte wuchsen ganz im amerikanischen Tempo, und 45 davon hatten bereits in jener Zeit mehr als 100 000 Einwohner, ganze Armeen von Arbeitern stellten sich unter das Kommando der Industriekapitäne – 15 000 bei Mannesmann, mehr als 30 000 bei Thyssen und 73 000 in den verschiedenen Werken Krupps.

Das bis dahin arme Deutschland wurde mit einem Schlag reich. Sein Gesamteinkommen wurde 1895 auf 21 Milliarden Mark geschätzt.; 1913 bewegen sich die Schätzungen zwischen 40 und 50 Milliarden, und das deutsche Volksvermögen wurde auf jetzt 320 Milliarden Mark taxiert; davon waren fast 9½ Milliarden in den Banken und 18 Milliarden in den Sparkassen deponiert. [...]

Wenn die Deutschen ein Postamt, einen Bahnhof oder eine Schule errichteten, so zogen sie nicht nur die Erfordernisse des Augenblicks in Betracht, sondern planten gemäß den möglichen Bedürfnissen von fünfzig Jahren später. Als sie eine Schleuse in Bremerhaven bauten, errichteten sie sie in einer Länge von 222 m, das war länger, als irgendein großes Schiff der damaligen Zeit, und es bedurfte des ungeheuren Kapazitätenzuwachses der Transatlantikschiffe, um die deutsche Kühnheit bei diesem Projekt nicht zu einem Irrtum werden zu lassen. Als sie den Hamburger Hafen zu vergrößern hatten, leisteten sie kein Flickwerk und gingen keineswegs kleinlich vor. Spitzhacke und Dynamit ließen ganze Stücke Land verschwinden, um Raum für die Hafenbecken zu schaffen; sie führten ihre Pläne so effektiv durch, dass der Besucher nach einer Spanne von einigen Jahren Mühe hatte, die alte Hansestadt wiederzuerkennen.

Zit. nach: Deutsche Sozialgeschichte. Dokumente und Skizzen, Bd. II: 1870–1914. Hg. v. Gerhard A. Ritter und Jürgen Kocka. München 1974, S. 17 ff.

M8 Wilhelm II. über den Treueschwur

Der Kaiser fiel häufig durch überhebliche und taktlose Reden auf, so auch bei einer Vereidigung von Rekruten des Potsdamer Garderegiments, 1893:

Rekruten!

Ihr habt jetzt vor dem geweihten Diener Gottes und angesichts dieses Altars Mir Treue geschworen. Ihr seid noch zu jung, um die wahre Bedeutung des eben Gesprochenen zu verstehen; aber befleißigt euch zunächst, dass ihr die gegebenen Vorschriften und Lehren immer befolgt. Ihr habt Mir Treue geschworen, das – Kinder Meiner Garde – heißt, ihr seid jetzt Meine Soldaten, ihr hab euch Mir mit Leib und Seele ergeben; es gibt für euch nur einen Feind, und der ist Mein Feind. Bei den jetzigen sozialistischen Umtrieben kann es vorkommen, dass Ich euch befehle, eure eigenen Verwandten, Brüder, ja Eltern niederzuschießen – was Gott verhüten möge –, aber auch dann müsst ihr Meine Befehle ohne Murren befolgen.

Ernst Johann (Hg.): Wilhelm II. Ansprachen, Predigten und Trinksprüche Wilhelms II. München 1977, S. 56.

M9 Kaiser Wilhelm II. in einer französischen Karikatur, 1914

M10 „Platz an der Sonne“

Der Staatssekretär des Auswärtigen Amtes Bernhard Freiherr von Bülow vor dem Reichstag über die deutsche Chinapolitik, 1897:

Fürchten Sie gar nichts, meine Herren! Der Herr Reichskanzler ist nicht der Mann, und seine Mitarbeiter sind nicht die Leute, irgend unnütze Händel zu suchen. Wir empfinden auch durchaus nicht das Bedürfnis, unsere Finger in jeden Topf zu stecken. Aber allerdings sind wir der Ansicht, dass es sich nicht empfiehlt, Deutschland in zukunftsreichen Ländern von vornherein auszuschließen vom Mitbewerb anderer Völker. (Bravo!) Die Zeiten, wo der Deutsche dem einen seiner Nachbarn die Erde überließ, dem anderen das Meer und sich selbst den Himmel reservierte, wo die reine Doktrin [= Lehrmeinung] thront (Heiterkeit – Bravo!) – diese Zeiten sind vorüber. Wir betrachten es als eine unserer vornehmsten Aufgaben, gerade in Ostasien die Interessen unserer Schifffahrt, unseres Handels und unserer Industrie zu fördern und zu pflegen. [...] Wir müssen verlangen, dass der deutsche Missionar und der deutsche Unternehmer, die deutschen Waren, die deutsche Flagge und das deutsche Schiff in China geradeso geachtet werden, wie diejenigen anderer Mächte. (Lebhaftes Bravo.) Wir sind endlich gern bereit, in Ostasien den Interessen anderer Großmächte Rechnung zu tragen, in der sichern Voraussicht, dass unsere eigenen Interessen gleichfalls die ihnen gebührende Würdigung finden. (Bravo!) Mit einem Wort: Wir wollen niemand in den Schatten stellen, aber wir verlangen auch unseren Platz an der Sonne. (Bravo!) In Ostasien wie in Westindien werden wir bestrebt sein, getreu den Überlieferungen der deutschen Politik, ohne unnötige Schärfe, aber auch ohne Schwäche unsere Rechte und unsere Interessen zu wahren. (Lebhafter Beifall.)

Stenografische Berichte über die Verhandlungen des Deutschen Reichstags. 9. Legislaturperiode, 5. Session, Bd. 1. Berlin 1898, S. 60.

M11 Elitebewusstsein der Offiziere

Aus einer Artikelserie des Militärwochenblattes, 1889:

Von der größten Wichtigkeit ist daher der Zustand des Offizierkorps; er ist entscheidend für den Wert des ganzen Heeres. Es wiederholt sich hier, was im Leben allgemeine Erfahrung ist: die unteren Schichten sind stets das, was die oberen aus ihnen machen. [...] In keinem anderen Lande der Welt steht der Offizierstand auf einer so hohen Stufe, nimmt er auf der Skala der menschlichen Gesellschaft einen so hohen Rang, eine so angesehene und geachtete Stellung ein als in Deutschland. [...] Wenn der Offiziersberuf jetzt nicht mehr wie früher das Monopol des Adels ist, so dürfen doch nur Ebenbürtige, nur Ritter vom Geiste und Kavaliere von Erziehung und Gesinnung Mitglieder und Genossen dieses bevorzugten Standes sein. [...] Beide, der bürgerliche sowohl wie der adlige Offizier, vertreten das gleiche Prinzip, die aristokratische Weltanschauung gegen die demokratische. [...] Die dem Urgedanken des Offizierstandes entstammenden Gesinnungen sind: dynastischer Sinn, unbedingte Treue gegen die Person des Monarchen, erhöhter Patriotismus, Erhaltung des Bestehenden, Verteidigung der seinem Schutze anvertrauten Rechte seines Königs und Bekämpfung vaterlandsloser, königsfeindlicher Gesinnung. [...] Die Stellung als Offizier erfordert gebieterisch eine Mißbilligung aller jener politischen Richtungen, welche das Königthum von Gottes Gnaden bekämpfen oder seine ihm zustehenden Rechte verkürzen möchten; aller der Tendenzen, welche in ihren Konsequenzen zur Leugnung aller göttlichen und menschlichen Autorität, zur Auflösung aller bestehenden Ordnungen, zur Untergrabung des Rechtes führen.

Militär-Wochenblatt. Jg. 74. Nr. 62 und 67. Berlin 1889.

Arbeitsaufträge

1 Sie haben mit dem Verfassungsentwurf der Paulskirche (M 10, S. 92) und der „Bismarck-Verfassung“ von 1871 (M 4) zwei unterschiedliche Verfassungssysteme kennen gelernt. Nennen Sie Unterschiede und Gemeinsamkeiten.

2 Beschreiben Sie die Gebietsveränderungen des Deutschen Reiches von 1871 (M 3) gegenüber den Grenzen des Deutschen Bundes (M 2, S. 79). Warum war auch das Deutsche Reich kein Nationalstaat?

3 Beschreiben Sie die wirtschaftliche Entwicklung Deutschlands nach 1871 (VT, M 7).

4 Erklären Sie in Ihren eigenen Worten die Aussage, das Kaiserreich sei ein autoritär geprägter Obrigkeitsstaat gewesen, und nehmen Sie dazu Stellung.

5 Erörtern Sie, welche Wirkungen Reden des Kaisers wie in M 8 wohl im In- und Ausland hervorriefen. Wie wird Wilhelm II. in M 9 dargestellt? Welches Bild zeichnet M 6 von ihm?

6 Charakterisieren Sie Inhalt und Ausdrucksweise der Rede Bülows (M 10). Recherchieren Sie im Internet, welche Kolonien das Deutsche Reich, u. a. in Südostasien, bis zum Ersten Weltkrieg erwarb.

7 Bewerten Sie die in M 11 vertretenen elitären Ansprüche des Offiziers.

8 Recherchieren Sie in Geschichtsbüchern, die Sie in Bibliotheken finden, Bismarcks Kampf gegen die Sozialdemokratie und gegen die katholische Kirche. Erstellen Sie dazu eine Präsentation.

2 Die Weimarer Republik

2.1 Zwischen Räterepublik und parlamentarischer Demokratie

Mit der militärischen Niederlage im Ersten Weltkrieg brach das Deutsche Kaiserreich zusammen. Die alten Machteliten mussten abdanken, der Weg für eine neue Gesellschaftsordnung war frei. Erstmals schien es möglich, eine Demokratie auf deutschem Boden zu errichten. Doch die revolutionären Kräfte stritten erbittert um die neue Staatsform. Um welche Alternativen wurde dabei gerungen und wie wurde die Auseinandersetzung schließlich gelöst?

M1a Gegen eine Räterepublik, Foto, November 1918

M1b „Alle Macht den Räten", Foto, November 1918

1918	Die Oberste Heeresleitung (OHL) gesteht die militärische Niederlage ein (29. September). Matrosen verweigern den Gehorsam; Arbeiter- und Soldatenräte übernehmen vielerorts die politische Macht (Oktober/November). Die Abdankung des Kaisers wird verkündet; Ernennung des SPD-Vorsitzenden Friedrich Ebert zum Reichskanzler (9. November). Der Rat der Volksbeauftragten fungiert als Übergangsregierung (10. November).
1919	Niederschlagung des Spartakusaufstandes (Januar) Wahlen zur verfassunggebenden Nationalversammlung (19. Januar) Die Verfassung der Weimarer Republik tritt in Kraft (11. August).

OHL stiehlt sich aus der Verantwortung

Der Spätherbst 1918 brachte für die meisten Deutschen ein böses Erwachen: Nach über vier Jahren Krieg musste die Oberste Heeresleitung (OHL) unter Generalfeldmarschall Paul von Hindenburg und General Erich Ludendorff die militärische Niederlage des Deutschen Reiches eingestehen. Um in dieser Situation nicht die Verantwortung übernehmen zu müssen, forderte die vom Kaiser ernannte OHL die Einsetzung einer von der Reichstagsmehrheit unterstützten neuen Regierung, die den deutschen Kriegsgegnern ein Waffenstillstandsangebot unterbreiten sollte. Der Kaiser berief daraufhin am 3. Oktober 1918 den wegen seiner liberalen Ansichten von den meisten Parteien akzeptierten Prinz Max von Baden zum neuen Reichskanzler. Dieser bat den amerikanischen

Präsidenten Wilson in einer diplomatischen Note um die Vermittlung eines Waffenstillstandes und die Aufnahme von Friedensverhandlungen. Dabei berief er sich auf die „Vierzehn Punkte" des US-Präsidenten, die eine auf Demokratie und Selbstbestimmung der Völker beruhende staatliche Neuordnung Europas nach Kriegsende anregten.

Kriegsniederlage als Schock

Das Waffenstillstandgesuch wirkte auf die Deutschen wie ein Schock. Man hatte während des Krieges große Entbehrungen auf sich genommen und der kaiserlichen Propaganda vertraut, die jahrelang den nahen Sieg verkündet hatte. Kaum einer hatte die Niederlage erwartet.
Um der amerikanischen Forderung nach Demokratisierung – eine Grundbedingung für den erbetenen Waffenstillstand – zu entsprechen, einigten sich Kaiser Wilhelm II., Reichsregierung und OHL auf eine „Revolution von oben". Per Verfassungsänderung wurde am 28. Oktober aus der konstitutionellen Monarchie eine parlamentarische: Der Reichskanzler, bislang vom Kaiser ernannt und entlassen, benötigte fortan für seine Amtsführung das Vertrauen des Reichstages. Regierungsakte des Kaisers mussten vom Kanzler gegengezeichnet werden, der damit die politische Verantwortung übernahm. Damit sollte bei einer weiteren Verschlechterung der militärischen Lage die Gefahr einer „Revolution von unten" – wie 1917 in Russland – vermieden werden. Zur Revolution kam es dennoch.

Revolution: Räte übernehmen die Macht

Obwohl es an der Niederlage keinen Zweifel mehr gab, bereitete die Seekriegsleitung ohne Wissen der Reichsregierung einen Angriff auf die Briten vor und erteilte der deutschen Hochseeflotte den – militärisch sinnlosen – Befehl zum Auslaufen. Einige Matrosen verweigerten daraufhin am 29. Oktober 1918 den Gehorsam. In den Mannschaften hatte es bereits seit Langem wegen menschenunwürdiger Behandlung durch die Vorgesetzten, der schlechten Verpflegung und der drangvollen Enge an Bord gegärt. Die Flottenführung ließ die meuternden Schiffsbesatzungen verhaften, der geplante Vorstoß zur See aber unterblieb. Mit den Verhafteten solidarisierten sich nun weitere Matrosen und Werftarbeiter. Sie entwaffneten die Offiziere, befreiten die Gefangenen und wählten „Soldatenräte" zu ihren Führern. Diese spontane Bewegung breitete sich rasch von der Küste über ganz Deutschland aus. In zahlreichen Städten gründeten sich Arbeiter- und Soldatenräte und übernahmen die militärische und zivile Gewalt. Die in den Reichsländern regierenden Fürsten wurden zur Abdankung gezwungen oder verzichteten freiwillig auf die Regierungsgewalt.

9. November 1918: Entscheidung in Berlin

Die revolutionären Umtriebe bahnten sich ihren Weg bis nach Berlin. Am Morgen des 9. November demonstrierten Arbeiter in den Straßen der Hauptstadt und forderten den Rücktritt des Kaisers. Als dieser zögerte, gab Reichskanzler Max von Baden um die Mittagszeit zur Beruhigung der demonstrierenden Massen eigenmächtig die Abdankung des Kaisers bekannt und trat selbst von seinem Amt zurück. Die Regierungsgeschäfte übertrug er dem Vorsitzenden der größten Fraktion des Reichstages, dem SPD-Abgeordneten Friedrich Ebert. Damit waren die Unruhen in den Straßen Berlins jedoch nicht vorüber. Als sich eine Menschenmenge vor dem Reichstag versammelte, rief der Sozialdemokrat Philipp Scheidemann in einer improvisierten Rede von einem Fenster des Reichstagsgebäudes die Republik aus. Er kam damit nur wenige Stunden dem Führer des Spartakusbundes Karl Liebknecht zuvor, der vom Balkon des kaiserlichen Stadtschlosses die „freie sozialistische Republik" proklamierte.

M2 Friedrich Ebert (1871–1925)
SPD-Vorsitzender, Reichskanzler, ab 1919 erster deutscher Reichspräsident

Rätesystem	In Betrieben, Militäreinheiten oder von den Bewohnern eines Bezirks werden in Volksversammlungen Vertreter gewählt, die sich dann mit den Delegierten anderer Basisgruppen treffen, um übergeordnete Entscheidungen zu treffen und Delegierte für die nächst höhere Ebene zu wählen. Bei den Räten liegt die ungeteilte Macht. Sie üben die gesetzgebende, vollziehende und richterliche Gewalt aus, es gibt keine Gewaltenteilung. Die Gewählten sind ihren Wählern direkt verantwortlich (imperatives Mandat) und jederzeit abberufbar.

M3 Rosa Luxemburg (1870–1919)
Mitbegründerin der KPD

Parlament oder Räte?

In der Frage um die anzustrebende zukünftige Staatsform waren die revolutionären Kräfte gespalten: Im Streit um die Bewilligung von Kriegskrediten hatte sich bereits im Jahr 1917 die USPD (Unabhängige Sozialdemokraten) von der „Mehrheits-SPD" abgetrennt. Während die „Mehrheitler" um Friedrich Ebert und gemäßigte Kräfte der USPD nun für eine parlamentarische Demokratie kämpften, deren Regierung nicht mehr von einem erblichen Monarchen, sondern von einem gewählten Parlament abhängig sein sollte, strebten die radikaleren Kräfte eine Räterepublik an. Der Spartakusbund um Karl Liebknecht und Rosa Luxemburg hatte das Ziel, die Besitzer von Grund und Boden und von Industriebetrieben rasch zu enteignen, deren Eigentum zu verstaatlichen und dadurch eine „klassenlose" Gesellschaft zu errichten. Die Mitglieder des Spartakusbundes wollten die Revolution zunächst so lange weiterführen, bis eine grundlegende Umwälzung aller politischen und sozialen Verhältnisse erreicht sei. Nach dem Sieg der Revolutionäre sollte die gesamte politische Macht in die Hände der Arbeiter- und Soldatenräte gelegt werden.

Rat der Volksbeauftragten

Reichskanzler Ebert wollte linksradikale Bestrebungen, die Revolution voranzutreiben, unterbinden und bemühte sich um ein Regierungsbündnis zwischen SPD und USPD. Am 10. November wurde eine neue, aus jeweils drei Mitgliedern der SPD und der USPD bestehende Übergangsregierung gebildet. Eine Versammlung der rund 3 000 Berliner Arbeiter- und Soldatenräte im Zirkus Busch bestätigte die neue Regierung als „Rat der Volksbeauftragten". Über die endgültige Ordnung des Staates sollte eine verfassunggebende Nationalversammlung befinden. Die Wahlen dazu wurden auf den 19. Januar 1919 festgesetzt. Damit waren die Weichen für eine parlamentarische Demokratie gestellt.

Waffenstillstand

Die neue Übergangsregierung stand vor schwierigen Aufgaben. Am 11. November wurde mit den Alliierten ein Waffenstillstand geschlossen. Die militärische Führung hatte im Zuge der Verschleierung ihrer Verantwortung für die Niederlage erfolgreich darauf gedrungen, dass nicht die OHL, sondern die politische Regierung um Beendigung des Krieges ersuchen sollte. Und so nahm die noch von Prinz Max von Baden entsandte und von Staatssekretär Matthias Erzberger (Zentrum) geleitete deutsche Delegation im Hauptquartier des alliierten Oberkommandos nördlich von Paris die Waffenstillstandsbedingungen an. Diese sahen einen Rückzug des deutschen Heeres und die Besetzung linksrheinischer Gebiete durch alliierte Truppen sowie die Abgabe schweren Kriegs- und Transportgeräts an die Alliierten vor. Mit Erzberger unterschrieb ein „Zivilist" das Waffenstillstandsabkommen, der fortan als „Novemberverbrecher" jenen rechtsradikalen politischen Kreisen als Zielscheibe diente, die die militärische Niederlage der deutschen Truppen nicht wahrhaben wollten.

Machterhalt der kaiserlichen Eliten

Der Waffenstillstand bedeutete eine große Herausforderung für die Regierung: Acht Millionen zurückkehrende Soldaten waren wieder in die Gesellschaft und das Arbeitsleben zu integrieren. Die Wirtschaft musste auf Friedensproduktion umgestellt, die Versorgung der Bevölkerung mit dem Allernötigsten an Nahrung und Heizmaterial gesichert werden. Dies alles war nur mit erfahrenen Fachkräften möglich.

Spartakusbund Linker Flügel der 1917 von der SPD abgespalteten Unabhängigen Sozialdemokratischen Partei Deutschlands (USPD). Die Spartakisten unter der Führung von Karl Liebknecht und Rosa Luxemburg strebten eine sozialistische Revolution nach russischem Vorbild an. Ihr Ziel war die Vergesellschaftung (Verstaatlichung) aller Produktionsmittel. Um dies zu erreichen, wollten sie eine Räterepublik errichten; eine Nationalversammlung lehnten sie strikt ab. Während der Novemberrevolution spaltete sich die Gruppe von der USPD ab und ging am 1. Januar 1919 in der neu gegründeten Kommunistischen Partei Deutschlands (KPD) auf. Ende 1920 vereinigte sich die verbliebene USPD-Linke mit der KPD. Die gemäßigten USPD-Mitglieder schlossen sich 1922 der SPD an.

Die Volksbeauftragten waren daher auf die oft kaisertreuen Verwaltungsbeamten, Unternehmer, Landwirte und Offiziere angewiesen.
Um die Demokratisierung der jungen Republik dauerhaft abzusichern, wäre es notwendig gewesen, die alten Führungseliten in Staat und Gesellschaft durch demokratisch gesinnte Kräfte zu ersetzen. In der politisch aufgeheizten Atmosphäre der Revolutionstage war es den führenden Sozialdemokraten jedoch wichtig, die drohende Ausweitung der Revolution zu einem Bürgerkrieg zu verhindern und stattdessen den Weg zur parlamentarischen Demokratie abzusichern. So waren sie zu einer gewissen Zusammenarbeit mit den alten Kräften bereit. Noch am Tag der Regierungsbildung, am 10. November 1918, hatte Friedrich Ebert mit General Wilhelm Groener, dem Nachfolger Ludendorffs in der OHL, eine Absprache getroffen: Das Militär erkannte die neue Regierung an und versprach Hilfe gegen mögliche Umsturzbestrebungen der radikalen Linken. Im Gegenzug sollten die bisherigen Befehlsstrukturen im Heer weitgehend unangetastet bleiben.
Auch die Unternehmer sicherten sich schon frühzeitig gegen eine drohende Sozialisierung der Wirtschaftsordnung ab. Während die Arbeitgeber die Gewerkschaften als Vertretung der Arbeiterschaft und gleichberechtigte Tarifpartner anerkannten, die Wahl von Betriebsräten akzeptierten und der Einführung des Achtstundentages zustimmten, verzichteten Sozialdemokraten und Gewerkschaften auf die zunächst geplante Verstaatlichung der Schlüsselindustrien (Bergbau, Eisen- und Stahlerzeugung, Energiewirtschaft).

Der „Spartakusaufstand"

Im Dezember 1918 tagte in Berlin der „Erste Allgemeine Kongress der Arbeiter- und Soldatenräte Deutschlands". Reichsweit waren auf je 200 000 Einwohner bzw. je 100 000 Soldaten ein Vertreter gewählt worden. Die SPD stellte die Mehrheit der Delegierten. Mit großer Mehrheit bestätigte der Kongress die Einführung eines parlamentarischen Regierungssystems.
Die Verfechter einer sozialistischen Revolution gaben ihren Kampf um die Räterepublik jedoch noch nicht verloren. Anfang 1919 riefen Vertreter der KPD und Teile der USPD in Berlin zum Sturz der Regierung auf. Gegen den Aufstand sammelte der Volksbeauftragte Gustav Noske (SPD) neben regulären Truppen auch Freiwilligenverbände. Diese „Freikorps" – zumeist Soldaten, aber auch Studenten und Arbeitslose – waren mehrheitlich kaisertreu und lehnten die Republik ab. Demonstrationen und Volksaufstände waren ihnen zutiefst zuwider.
Am 11. und 12. Januar tobte in den Straßen von Berlin ein Bürgerkrieg, in dem sich die Regierungstruppen schließlich gegen die „Spartakisten" durchsetzten. Karl Liebknecht und Rosa Luxemburg wurden dabei am 15. Januar von rechtsextremen Freikorpsführern festgenommen und ermordet – eine Tat, die nicht nur bei der radikalen Linken Abscheu und Empörung hervorrief.
Auch in vielen Industriezentren, so in Südwestdeutschland, im Ruhrgebiet und in Oberschlesien streikten die Arbeiter und riefen Räterepubliken aus. Es ging ihnen um höhere Löhne und bessere Arbeitsbedingungen, die sie durch die Verstaatlichung ihrer Betriebe erhofften, aber auch um mehr politische Mitwirkungsmöglichkeiten. Heeresverbände unter dem Befehl Noskes schlugen im Laufe des Frühjahres 1919 auch diese Unruhen blutig nieder. Ihre oft

M4 Der Rat der Volksbeauftragten
Zeitgenössische Ansichtskarte, die die Mitglieder des Rates der Volksbeauftragten zeigt; links: Hugo Haase (USPD), Otto Landsberg (SPD) und Wilhelm Dittmann (USPD); rechts: Die Sozialdemokraten Friedrich Ebert und Philipp Scheidemann sowie Emil Barth (USPD). Die USPD-Politiker schieden Ende Dezember 1918 aus der Übergangsregierung aus. In der Mitte die Ausrufung der Republik durch Philipp Scheidemann von einem Fenster des Reichstagsgebäudes. Die Szene wurde später nachgestellt. Ein authentisches Foto der Proklamation existiert nicht.

M5 Wahlplakat der SPD zur Nationalversammlung im Januar 1919

überzogene Härte führte zu einer wachsenden Entfremdung zwischen der neuen Regierung und einem Teil der Arbeiter, der vom Bündnis der SPD mit dem Militär tief enttäuscht war.

Die verfassunggebende Nationalversammlung

Für die Wahlen zur ersten Nationalversammlung im Januar 1919, deren Hauptaufgabe die Erarbeitung einer Verfassung war, hatte der Rat der Volksbeauftragten ein neues, demokratisches Wahlrecht beschlossen: Nach dem Prinzip einer reinen Verhältniswahl war ein Wahlrecht verabschiedet worden, das aktive und passive Wahl ab 20 Jahren zuließ und erstmals in der deutschen Geschichte auch für Frauen galt. Neben den Ergebnissen von SPD und USPD (die KPD trat erst 1920 zu Reichstagswahlen an) wurde mit besonderer Spannung das Abschneiden der bürgerlichen Parteien erwartet, die sich im November/Dezember 1918 neu formiert hatten. Ihre Stärke musste darüber entscheiden, wie die Verfassung aussehen würde und welche gesellschaftlichen Reformen noch zu erwarten waren. Nach einem engagiert betriebenen Wahlkampf (Wahlbeteiligung 83 %) zogen neben 382 männlichen erstmals 41 weibliche Abgeordnete in das Parlament ein. Die SPD hatte sich eine absolute Mehrheit erhofft, mit knapp 38 % der Stimmen waren die Sozialdemokraten nun aber auf die Zusammenarbeit mit bürgerlichen Parteien angewiesen.

Abseits vom unruhigen Zentrum Berlin trat am 6. Februar in der thüringischen Stadt Weimar die Nationalversammlung zusammen, die kurz darauf Friedrich Ebert zum Reichspräsidenten wählte. Am 13. Februar nahm eine neue Regierung unter Philipp Scheidemann (SPD) ihre Arbeit auf. Sie löste den Rat der Volksbeauftragten ab und leitete bis zum Inkrafttreten der Reichsverfassung die Regierungsgeschäfte. Der Regierung Scheidemann gehörten Vertreter von SPD, DDP und Zentrum an – bald „Weimarer Koalition" genannt, hinter der mehr als 76 Prozent der Wählerinnen und Wähler standen. Diese Koalition der demokratischen Parteien hatte allerdings nicht lange Bestand. Radikale Parteien gewannen zunehmend an Einfluss, erschwerten Regierungsbildungen und gefährdeten bald die Stabilität der jungen Demokratie.

Die Verfassung der Weimarer Republik

Am 31. Juli 1919 nahm die Nationalversammlung mit großer Mehrheit die neu ausgearbeitete Verfassung an. Diskussionsgrundlagen der vorausgegangenen Parlamentsdebatten dazu waren die Paulskirchenverfassung von 1849 – deren Grundrechtekatalog weitgehend übernommen wurde –, die Reichsverfassung seit der Änderung vom 28. Oktober 1918 sowie Vorarbeiten und Überlegungen des Reichsinnenministers und Staatsrechtslehrers Hugo Preuß (DDP).
Die Weimarer Verfassung regelte die Grundsätze der parlamentarischen Republik und garantierte die Grundrechte seiner Bewohner. Der Reichstag übte die Gesetzgebung für das Reich aus und kontrollierte die Exekutive. Die Regierung ging in der Regel aus der parlamentarischen Mehrheit hervor und war dem Parlament verantwortlich. Der Reichstag konnte dem Kanzler das Vertrauen jedoch wieder entziehen ohne einen neuen Kandidaten zur Wahl zu stellen (einfaches Misstrauensvotum) und so dessen Rücktritt veranlassen. Die Abgeordneten wurden in allgemeiner, gleicher, unmittelbarer und geheimer Wahl nach den Grundsätzen des Verhältniswahlrechts gewählt. Da es keine „Fünfprozentklausel" gab, saßen oft mehr als 30 Parteien im Reichstag. Dies sollte sich als problematisch erweisen, denn es erschwerte die Regierungsbildung.

Der Reichspräsident – ein Ersatzkaiser?

Das Amt des Reichspräsidenten war mit vielfältigen Befugnissen ausgestattet. Er wurde auf sieben Jahre direkt vom Volk gewählt und war damit vom Parlament unabhängig. Ihm oblag die Ernennung und Entlassung des Reichskanzlers und der Reichsminister. Der Reichspräsident hatte zudem den Oberbefehl über Heer und Kriegsmarine sowie das Recht, gemäß Artikel 25 den Reichstag aufzulösen. Er konnte zudem durch die Anordnung eines Volksentscheids in das Gesetzgebungsverfahren eingreifen.

Zu einer ursprünglich nicht beabsichtigten Bedeutung gelangte das nur für kritische Ausnahmesituationen geplante Notverordnungsrecht (Artikel 48). Es ermächtigte den Reichspräsidenten, „die zur Wiederherstellung der öffentlichen Sicherheit und Ordnung nötigen Maßnahmen zu treffen, wenn im Deutschen Reich die öffentliche Sicherheit und Ordnung erheblich gestört oder gefährdet" würde. Die Verfassungspraxis sah im politischen Alltag anders aus als beabsichtigt: Unter Störungen wurden auch wirtschaftliche und soziale Nöte, finanzielle Probleme und sogar die Unfähigkeit der Regierung verstanden, im Parlament notwendige Mehrheiten zu erreichen. Von Notverordnungen wurde häufiger Gebrauch gemacht als geplant.

Die umfangreichen Befugnisse des Reichspräsidenten lassen ihn rückblickend als eine Art „Ersatzkaiser" erscheinen und drücken das Misstrauen der Nationalversammlung gegen die Parteiendemokratie aus.

M6 Plakat der Kommunistischen Arbeiter-Partei, einer Abspaltung der KPD, aus dem Jahr 1920

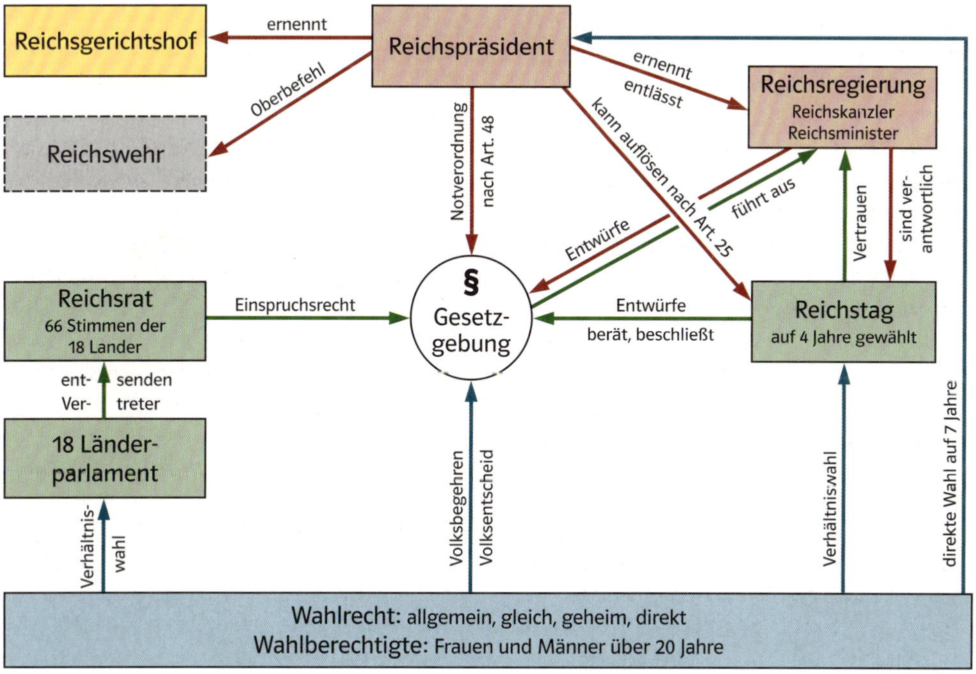

M7 Die Weimarer Verfassung

Plebiszitäre Elemente der Verfassung (Volksbegehren, Volksentscheid) und die starke Stellung des Reichspräsidenten schränkten die Souveränität der Reichstagsabgeordneten ein. Im Reichsrat, der Vertretung der Länderparlamente, verfügte Preußen über 28 der insgesamt 66 Stimmen. Das Reichsgericht war die oberste Revisionsinstanz in Zivil- und Strafsachen. Ein Verfassungsgericht wie heute gab es nicht.

M8 Aufruf zur Wahl eines Arbeiter- und Soldatenrates

Flugblatt aus dem November 1918

Arbeiter und Soldaten!

In Kiel, in Hamburg, Lübeck und in Bremen ist die Revolution einmarschiert. In Berlin, in Stuttgart, in München und in den sächsischen Industrie-Gebieten ist sie auf dem Marsch. Die Arbeiter und Soldaten haben sich zusammengetan und die Gewalt in ihre starken Hände genommen. Ueber die öffentlichen Gebäude wehen keck die roten Fahnen!

Arbeiter und Soldaten des Rheinlandes! Wollt Ihr Eure tapferen Brüder, wollt Ihr die rote Fahne im Stich lassen? Wollt Ihr feige und tatenlos zusehen, während dort um die Befreiung der Arbeiter von all der namenlosen Qual der heutigen Gesellschaftsordnung gerungen wird?

Arbeiter und Soldaten des Rheinlandes! Das wäre eine unauslöschliche Schande für Euch! Das darf, das kann nicht sein! Es heisst „Jetzt oder nie!" auch für Euch! Ehe die kapitalistischen Räuber sich verständigen, um auf Kosten der Arbeiterklasse aller Länder — namentlich auf Kosten der russischen sozialistischen Republik, jener gewaltigen Vorpostenstellung des internationalen Proletariats — die heilige Allianz der Kapitalsherrschaft neu zu errichten, muss das grosse Werk der Befreiung getan sein.

Darum heraus aus Eurer verdammten Lauheit und Reserve, Arbeiter und Soldaten des Rheinlandes! Ihr habt fast fünf Jahre gemordet, geschuftet, gehungert, auf Befehl,

gegen Eure Interessen!

Zeigt, zeigt endlich auch einmal, dass Ihr auch für Eure Interessen zu handeln vermögt!

Kein Zögern, kein Schwanken darf es mehr geben! Ihr müsst in den Arbeitsausstand sofort eintreten, Arbeiter! **Ihr müsst sofort Arbeiter- und Soldatenräte wählen und Euch deren Beschlüssen allein unterordnen!**

Ihr müsst Euch der öffentlichen Gebäude, der Garnisonen, der Waffenvorräte, der Munition bemächtigen und als erste Tat die politischen Gefangenen, die gefangenen Soldaten befreien! Zeigt, dass die Stunde der Abrechnung endlich gekommen ist! Lasst Eure Brüder, die ohne Eure Hilfe verloren sind, die mit Eurer Hilfe rechnen, nicht im Stich!

Los! Auch hier im Rheinland auf die Schanzen für das grosse Werk der Befreiung der Arbeiterklasse, für unsere, für die soziale Revolution!

M9 Für die Fortsetzung der Revolution

Aufruf der Spartakisten unter der Führung von Karl Liebknecht und Rosa Luxemburg an die Arbeiter- und Soldatenräte Berlins am 10. November 1918:

Ihr müsst in der Durchführung eines sozialistisch-revolutionären Programms ganze Arbeit machen. […] Zur Erlangung dieses Ziels ist es vor allem notwendig, dass das Berliner Proletariat in Bluse und Feldgrau erklärt, folgende Forderungen mit aller Entschlossenheit und unbezähmbarem Kampfwillen zu verfolgen:

1. Entwaffnung der gesamten Polizei, sämtlicher Offiziere sowie der Soldaten, die nicht auf dem Boden der neuen Ordnung stehen; Bewaffnung des Volkes; alle Soldaten und Proletarier, die bewaffnet sind, behalten ihre Waffen.
2. Übernahme sämtlicher militärischer und ziviler Behörden und Kommandostellen durch Vertrauensmänner des Arbeiter- und Soldatenrates.
3. Übergabe aller Waffen- und Munitionsbestände sowie aller Rüstungsbetriebe an den Arbeiter- und Soldatenrat.
4. Kontrolle über alle Verkehrsmittel durch den Arbeiter- und Soldatenrat.
5. Abschaffung der Militärgerichtsbarkeit; Ersetzung des militärischen Kadavergehorsams durch freiwillige Disziplin der Soldaten unter Kontrolle des Arbeiter- und Soldatenrates.
6. Beseitigung des Reichstages und aller Parlamente sowie der bestehenden Reichsregierung; Übernahme der Regierung durch den Berliner Arbeiter- und Soldatenrat bis zur Errichtung eines Reichs-Arbeiter- und Soldatenrates.
7. Wahl von Arbeiter- und Soldatenräten in ganz Deutschland, in deren Hand ausschließlich Gesetzgebung und Verwaltung liegen. Zur Wahl der Arbeiter- und Soldatenräte schreitet das gesamte erwachsene werktätige Volk in Stadt und Land und ohne Unterschied der Geschlechter.
8. Abschaffung der Dynastien und Einzelstaaten; unsere Parole lautet: einheitliche sozialistische Republik Deutschland.

Zit. nach: Gerhard A. Ritter/Susanne Müller (Hg.): Die deutsche Revolution 1918–1919. Frankfurt/Main, 2. Auflage 1983, S. 82 f.

M10 Wie soll es weitergehen?

Ansprache Friedrich Eberts vor Vertretern der deutschen Länder am 25. November 1918:

Die Revolution hat die Monarchie im Reiche und in den Einzelstaaten beseitigt; an ihre Stelle ist die demokratisch-sozialistische Republik getreten. Die Exekutive der Republik, die politische Leitung des Reiches, liegt in den Händen des Rates der Volksbeauftragten, der Beauftragten der Arbeiter und Soldaten des Reiches, die die Träger der politischen Macht sind. Das Ziel der Politik der Reichsleitung ist die Durchführung und Sicherung der sozialistischen Demokratie.

Unsere nächsten Aufgaben müssen sein die schnelle Herbeiführung des Friedens und die Sicherstellung unseres Wirtschaftslebens.

Unsere erste Handlung war die Annahme der Waffenstillstandsbedingungen. Die Bedingungen sind hart, überaus hart, bedrohen unser Volk mit Hungertod und mit der Vernichtung seines wirtschaftlichen Lebens. Gleichwohl mussten wir uns mit ihnen abfinden, einen anderen Ausweg gab es nicht […].

Die politische Freiheit hat sich auch im ganzen Reiche mit Wucht durchgesetzt. Jeder Versuch, diesen Erfolg streitig zu machen oder zu beseitigen, wird scheitern an dem entschlossenen Willen der Arbeiter und Soldaten. Die Freiheit allein kann uns aber nichts nützen, wenn wir nicht Brot und Arbeit haben. Deshalb muss alles geschehen, um die vorhandenen Verkehrsmittel, Eisenbahnen, Schiffe usw. in den Wirtschaftsdienst des Reiches zu stellen. Unsere Eisenbahner dürfen nicht verzagen. Unsere Matrosen, Werft- und Hafenarbeiter an der Wasserkante müssen alle Kräfte einsetzen, um schnellstens unsere Schiffe flott zu machen. Von dem ungestörten Fortgang unserer Kohleförderung hängt es ab, ob wir unsere Güterbeförderung aufrechterhalten, ob wir die Arbeit in den

Werkstätten und Fabriken fortsetzen und unser darbendes Volk vor Kälte schützen können. Nur solidarisches Zusammenwirken aller Arbeiter kann das Schlimmste abwenden.

Die Arbeiter und Soldaten brauchen nicht besorgt zu sein um die sozialen Erfolge der Revolution. Wir haben bereits Maßnahmen ergriffen, die Sozialisierung gewisser Industriezweige in die Wege zu leiten. Allerdings nur mit solchen, die dazu reif sind. Nicht Experimente im einzelnen Betrieb haben wir im Auge, die halten wir für die Fortsetzung unseres Wirtschaftslebens für gefährlich. Die Vergesellschaftung ganzer Industriezweige nach sachkundiger Vorbereitung und nach Sicherung des Erfolgs haben wir allein im Auge.

Freilich, meine Herren, jetzt, wo die Produktivkräfte fast völlig erschöpft sind, ist es ungemein schwer, ja fast unmöglich, diese Absicht in die Tat umzusetzen. Deshalb gilt es zunächst, unseren Arbeitern und den von der Front zurückströmenden Soldaten Arbeit und Lebensmöglichkeit zu schaffen. Dazu bedarf es der Einsicht, des guten Willens und der Tatkraft aller, in Süd und Nord, in Ost und West. Nichts wäre in dieser Situation verhängnisvoller als ein Auseinanderstreben des Reiches. Nie war die Einheit aller deutschen Stämme notwendiger, gebieterischer als in dieser Stunde. Nur ein innerlich gefestigtes Deutschland vermag in einheitlichem und geschlossenem Handeln das Unglück zu meistern, das ohne Schuld unseres Volkes über uns alle hereingebrochen ist.

Friedrich Ebert: Schriften, Aufzeichnungen, Reden. Bd. 2. Dresden 1926, S. 112 ff.

M11 Das „Ebert-Groener-Bündnis"

Aus den Lebenserinnerungen von General Groener:

Es blieb uns keine Wahl: Am 11. wurde [der Waffenstillstand] unterzeichnet, mittags 11.55 trat Waffenruhe ein. Die Aufgabe der Heeresleitung musste es jetzt sein, den Rest des Heeres rechtzeitig und in Ordnung, aber vor allem innerlich gesund in die Heimat zu bringen und dem Offizierskorps als dem Träger des Wehrgedankens einen Weg in die neuen Verhältnisse zu ermöglichen. [...] Es musste das Gefühl wachgerufen werden, der Verpflichtung nicht nur gegenüber einer bestimmten Staatsform, sondern für Deutschland schlechthin. Dass Hindenburg auf seinem Posten blieb und den Oberbefehl über das gesamte Heer übernahm, ja dass dieser ihm vom Kaiser übertragen worden war, machte den Übergang möglich und erleichterte ihn. Das Offizierskorps konnte aber nur mit einer Regierung zusammengehen, die den Kampf gegen den Radikalismus und Bolschewismus aufnahm. Dazu war Ebert bereit, aber er hielt sich nur mühsam am Steuer und war nahe daran, von den Unabhängigen und der Liebknechtgruppe über den Haufen gerannt zu werden. Was war demnach naheliegender, als Ebert, den ich als anständigen, zuverlässigen Charakter und unter der Schar seiner Parteigenossen als den staatspolitisch weitsichtigsten Kopf kennen gelernt hatte, die Unterstützung des Heeres und des Offizierskorps anzubieten? Am 10. November [...] rief ich die Reichskanzlei an und teilte Ebert mit, dass das Heer sich seiner Regierung zur Verfügung stelle, dass dafür der Feldmarschall [Hindenburg] und das Offizierskorps von der Regierung Unterstützung erwarten bei der Aufrechterhaltung der Ordnung und Disziplin im Heer. Das Offizierskorps verlange von der Regierung die Bekämpfung des Bolschewismus und sei dafür zum Einsatz bereit. Ebert ging auf meinen Bündnisvorschlag ein. Von da ab besprachen wir uns täglich abends auf einer geheimen Leitung zwischen der Reichskanzlei und der Heeresleitung über die notwendigen Maßnahmen. Das Bündnis hat sich bewährt.

Wilhelm Groener: Lebenserinnerungen. Osnabrück 1972, S. 466 ff.

M12 Parlamentarische Demokratie oder Rätesystem?

a) Aus der Rede von Max Cohen-Reuss (MSPD) vor Arbeiter- und Soldatenräten in Berlin, 19. Dezember 1918:

Es kommt also vor allem darauf an, der Desorganisation, die wir hier jetzt leider in Deutschland haben, schleunigst ein Ende zu machen. Nur dann, wenn wir aus eigener Kraft die Produktion wenigstens notdürftig wieder in Gang bringen, kommen die versprochenen Zufuhren ins Land. Nun gibt es aber [...] eine Voraussetzung, damit wir wieder produktionsfähig werden. Das ist nur möglich, [...] wenn wir eine Zentralgewalt im Reich hier bekommen, die in der Lage ist, den inneren und äußeren Zerfall des Reiches aufzuhalten. [...] Aber eine starke Zentralgewalt kann nur dann sicheren Halt und eine starke moralische Autorität haben, wenn sie auf dem festen und breiten Fundament des allgemeinen Volkswillens aufgebaut ist. [...] Parteigenossen, Kameraden, es gibt nach meiner festen Überzeugung nur ein einziges Organ, das diesen Volkswillen feststellen kann: Das ist die allgemeine deutsche Nationalversammlung, zu der jeder Deutsche, gleichviel ob Mann oder Frau [...] wählen kann. Wie man auch über die Arbeiter- und Soldatenräte denken mag, [...] in jedem Fall drücken die Arbeiter- und Soldatenräte nur einen Teilwillen, niemals aber den Willen des ganzen Volkes aus. Diesen festzustellen, darauf kommt es an. [...] Die Genossen sagen: Wenn eine baldige Nationalversammlung zusammentritt, bekommen wir keine sozialistische Mehrheit, wir müssen daher die Sozialisierung so schnell wie möglich beschließen. Parteigenossen, ich bin direkt der gegenteiligen Auffassung. Wenn wir eine sozialistische Mehrheit bekommen wollen, müssen wir die Nationalversammlung so schnell wie möglich einberufen. [...]

Parteigenossen, schätzen Sie wirklich [...] den Widerstand der bürgerlichen Kreise und der Intelligenz so gering ein, dass wir, wenn wir sie politisch entrechten, gegen ihren Willen die Wirtschaft führen können?

b) Ernst Däumig (USPD) sprach auf derselben Veranstaltung über das Rätesystem:

[Das] muss doch jedem Klardenkenden einleuchten, dass die jubelnde Zustimmung zur Nationalversammlung gleichbedeutend ist mit einem Todesurteil für das System, dem Sie jetzt angehören, für das Rätesystem. […] Was soll denn dieses Rätesystem neben einem sich so breitspurig einnistenden parlamentarisch-demokratisch-bürgerlichen System, wie es die Nationalversammlung einmal im Gefolge hat! Eine leere Staffage, eine Marionette! Im Wirtschaftsleben werden mit Hilfe der Nationalversammlung und des Bürgertums die Gewerkschaften alten Stils natürlich die Arbeiterräte aus den Betrieben ganz schell herausgedrängt haben. […] Man spricht in Bezug auf das Rätesystem von der Diktatur. […] Die Diktatur ist zweifellos mit dem Rätesystem verbunden. Aber was sich in Russland durch die historischen Gesetze

M13 **Aus den Programmen der Weimarer Parteien**

	Verfassung und Verwaltung:	Sozial- und Wirtschaftspolitik:	Außenpolitik:
KPD 1919/1932	Entmachtung der Kapitalisten und Großgrundbesitzer, proletarische Diktatur, Bündnis mit Proletariern anderer Länder, zentralistische Rätedemokratie	Entschädigungslose Enteignung von Industriebetrieben, Dienstleistungs- und Verkehrswesen sowie Großgrundbesitz	Selbstbestimmungsrecht, Bündnis mit der UdSSR, aktionsfähige proletarische Internationale, Annullierung aller Reparationen und internationalen Schulden
SPD 1925	Einheitsrepublik, dezentralisierte Selbstverwaltung, Abschaffung der Klassenherrschaft, Umgestaltung der Reichswehr zu republiktreuer Armee, Abwehr monarchistischer und militärischer Bestrebungen, Demokratisierung der Verwaltung, gegen Klassen- und Parteijustiz	Gleichberechtigung aller Arbeitnehmer in Wirtschaft, Staat und Gesellschaft, Unterstützung der Gewerkschaften, Koalitions- und Streikrecht, Ausgestaltung des wirtschaftlichen Rätesystems, Verstaatlichung von Grund und Boden, staatliche Kontrolle der Kartelle	Friedliche Lösung internationaler Konflikte, Selbstbestimmungsrecht, internationale Abrüstung, Schaffung der europäischen Wirtschaftseinheit, gegen Imperialismus
Zentrum 1922/1927	Starke Exekutive, Geltung der Gesetze, gegen gewaltsamen Umsturz der verfassungsmäßigen Zustände, Berufsbeamtentum, gegen Klassen- und Parteiherrschaft, Grundrechte, Reichswehr als Bestandteil der Republik	Schutz von Ehe und Familie, konfessionelle Schulen, soziale Gerechtigkeit, Schutz von Privatunternehmen und Mittelstand, Förderung der Landwirtschaft, Aufsicht über Kartelle, Verstaatlichung nur gegen Entschädigung	Den christlichen Grundsätzen entsprechendes Völkerrecht, wirtschaftliche Entwicklungsfreiheit und Gleichberechtigung aller Völker, Befreiung der besetzten Gebiete mit rechtmäßigen Mitteln, Prüfung der Kriegsschuldfrage
DDP 1919	Schutz der Verfassung, Erziehung des Volkes zur staatsbürgerlichen Gesinnung, Volks- und Rechtsstaat, gleiches Recht für alle in Gesetzgebung und Verwaltung, Berufsbeamtentum	Staat des sozialen Rechts, keine Vergesellschaftung der Produktionsmittel, Schutz der Privatwirtschaft, gegen Monopolbildung, Gleichstellung von Arbeitgebern und -nehmern, demokratische Arbeitsverfassung	Revision des Versailler Vertrages, Selbstbestimmungsrecht, Gleichberechtigung Deutschlands, gegen Absplitterung deutscher Volksteile
DVP 1919	Starke Staatsgewalt durch aufzurichtendes Kaisertum nach Volksbeschluss, verantwortliche Mitarbeit der Volksvertretung an der Regierung, Gleichberechtigung der Staatsbürger, Selbstverwaltung, Berufsbeamtentum	Stärkung der Familie, Unterstützung der Frau als Mutter und Erzieherin, Recht auf Privateigentum, eingeschränkte Verstaatlichung gegen Entschädigung, Koalitionsfreiheit, Förderung von Landwirtschaft und Mittelstand	Freiheit der nationalen Entwicklung, Vereinigung aller Deutschen einschließlich Österreichs, gegen aufgezwungenen Gewaltfrieden
DNVP 1920	Über den Parteien stehende Monarchie, starke Exekutive, planmäßiger Behördenaufbau, Berufsbeamtentum, Mitwirkung der Volksvertretung an den Gesetzen	Schutz des Privateigentums, Förderung der Landwirtschaft und des Mittelstands, gegen Kommunismus, wirtschaftliche Anerkennung der Arbeit als Hausfrau und Mutter	Gegen fremde Zwangsherrschaft, Änderung des Versailler Vertrages, Selbstbestimmungsrecht, Volksgemeinschaft mit Deutschen im Ausland, starke Vertretung deutscher Interessen, allgemeine Wehrpflicht, Wiederherstellung der Flotte
NSDAP 1920	Starke Zentralgewalt, unbedingte Autorität der politischen Führung über das Reich, Staatsbürger können nur „Volksgenossen" deutschen Blutes sein	Verstaatlichung, Gewinnbeteiligung an Großbetrieben, Förderung des Mittelstands, Kommunalisierung der Großwarenhäuser, Bodenreform	Zusammenschluss aller Deutschen zu einem Groß-Deutschland, Gleichberechtigung des deutschen Volkes, Aufhebung der Friedensverträge, Kolonien

Zusammenstellung des Verfassers

aufzwang, braucht noch lange nicht in Deutschland der Fall zu sein. Ich gehöre nicht zu denen, die mechanisch und sklavisch das russische Beispiel nachzuahmen versuchen. […]
Lassen Sie sich nicht durch die Missgriffe und Fehler der ersten Wochen irre machen. Überall sind die Arbeiterräte impulsiv auf einmal aus der Erde geschossen ohne gegenseitige Verständigung, so dass mache Reibungen und Missverständnisse und auch manche Missgriffe haben vorkommen müssen. Aber das sind Kinderkrankheiten, die überwunden werden können und müssen. Das ist aber nur möglich, wenn wir dieses System anerkennen. Dann werden viele Klagen, die im Laufe der ersten Zeit laut geworden sind, verstummen. Denn was jetzt ist, ist doch nur ein Kompromiss zwischen Revolution und altem System, aus dem natürlich nichts Gutes herauskommen konnte. Die alte Staatsmaschine mit all den Leuten, die bisher an ihren verschiedenen Stellen gearbeitet haben, ist ja noch beibehalten, und der Vollzugsrat, der hier in Berlin gewirkt hat, hatte ebenso wie die Arbeiter- und Soldatenräte in der Provinz nur ein Kontrollrecht.

a und b zit. nach: Gerhard A. Ritter/Susanne Müller (Hg.): Die deutsche Revolution 1918–1919. Frankfurt/Main, 2. Auflage 1983, S. 372 ff.

M14 Aus der Weimarer Verfassung

Art. 25: Der Reichspräsident kann den Reichstag auflösen, jedoch nur einmal aus dem gleichen Anlass. Die Neuwahl findet spätestens am sechzigsten Tag nach der Auflösung statt.
Art. 48: Wenn ein Land die ihm nach der Reichsverfassung oder den Reichsgesetzen obliegenden Pflichten nicht erfüllt, kann der Reichspräsident es dazu mit Hilfe der bewaffneten Macht anhalten.
Der Reichspräsident kann, wenn im Deutschen Reiche die öffentliche Sicherheit und Ordnung erheblich gestört oder gefährdet wird, die zur Wiederherstellung der öffentlichen Sicherheit und Ordnung nötigen Maßnahmen treffen, erforderlichenfalls mit Hilfe der bewaffneten Macht einschreiten. Zu diesem Zwecke darf er vorübergehend die […] Grundrechte ganz oder zum Teil außer Kraft setzen.
Von allen gemäß Abs. 1 oder Abs. 2 dieses Artikels getroffenen Maßnahmen hat der Reichspräsident unverzüglich dem Reichstag Kenntnis zu geben. Die Maßnahmen sind auf Verlangen des Reichstages außer Kraft zu setzen […].
Art. 73: Ein vom Reichstag beschlossenes Gesetz ist vor seiner Verkündung zum Volksentscheid zu bringen, wenn der Reichspräsident binnen eines Monats es bestimmt.
Ein Gesetz, dessen Verkündung auf Antrag von mindestens einem Drittel des Reichstages ausgesetzt ist, ist dem Volksentscheid zu unterbreiten, wenn ein Zwanzigstel der Stimmberechtigten es beantragt. Ein Volksentscheid ist ferner herbeizuführen, wenn ein Zehntel der Stimmberechtigten das Begehren nach Vorlegung eines Gesetzentwurfs stellt. […]
Art. 153: Das Eigentum wird von der Verfassung gewährleistet. […] Eine Enteignung kann nur zum Wohle der Allgemeinheit und auf gesetzlicher Grundlage vorgenommen werden. Sie erfolgt gegen angemessene Entschädigung. […]
Art. 165: Die Arbeiter und Angestellten sind dazu berufen, gleichberechtigt in Gemeinschaft mit den Unternehmern an der Regelung der Lohn- und Arbeitsbedingungen sowie an der gesamten wirtschaftlichen Entwicklung der produktiven Kräfte mitzuwirken. […] Die Arbeiter und Angestellten erhalten zur Wahrung ihrer sozialen und wirtschaftlichen Interessen gesetzliche Vertretungen in Betriebsarbeiterräten sowie in nach Wirtschaftsgebieten gegliederten Bezirksarbeiterräten und in einem Reichsarbeiterrat.

Zit. nach: H. Hildebrandt: Die deutschen Verfassungen des 19. und 20. Jahrhunderts. Paderborn, 7. Auflage, 1970, S. 70 ff.

Arbeitsaufträge

?

1. Zeichnen Sie einen Zeitstrahl, in den Sie alle wesentlichen Ereignisse zwischen September 1918 und Januar 1919 eintragen.
2. Beschreiben Sie die Aufgaben, die der Rat der Volksbeauftragten am Ende des Ersten Weltkrieges zu bewältigen hatte (VT, M 10).
3. Erklären Sie, warum es zu der Zusammenarbeit zwischen Reichskanzler Ebert und General Groener kam (VT, M 10, M 11). Analysieren Sie Gemeinsamkeiten zwischen dem „Bündnisangebot" Groeners und der Rede Eberts.
4. Vergleichen Sie die Aussage des Wahlplakats der SPD (M 5) mit der realen Vorgehensweise.
5. Erklären Sie das Rätesystem (Glossar). Wie wird es von Cohen-Reuss und Däumig (M 12 a und M 12 b) jeweils beurteilt?
6. Vergleichen Sie den Weg, den Ebert und die SPD (VT, M 10, M 12 a) zur Erreichung des Sozialismus einschlagen wollen, mit dem Weg der KPD und eines Teils der USPD (M 6, M 8, M 9, M 12 b).
7. Untersuchen Sie das Verhältnis der Parteien zum Staat von Weimar (M 13). Vergleichen Sie die inhaltlichen Zielsetzungen der Parteien miteinander.
8. Der Reichspräsident der Weimarer Verfassung ist auch als „Ersatzkaiser" bezeichnet worden: Erörtern Sie diesen Begriff (VT, M 7, M 14).

2.2 Belastungen und Umbrüche

Die erste deutsche Republik hatte es von Anfang an schwer: Dem Obrigkeitsstaat des Kaiserreiches waren die meisten stärker verbunden gewesen als der noch jungen parlamentarischen Demokratie. Monarchisch eingestellte Beamte und Offiziere, die ihre einflussreiche Stellung behalten hatten, nutzten diese von Beginn an zur Bekämpfung der neuen Staatsform. Aber auch manche, die anfangs den gesellschaftlichen Umbruch begrüßt hatten, konnten sich mit dem neuen Staat nur schwer identifizieren. Vielen galt die junge Republik als Sündenbock für die außenpolitische Schmach des Versailler Friedensvertrages und die innenpolitischen Belastungen der Inflation.

1919	Deutschland unterzeichnet den Friedensvertrag von Versailles (28. Juni).
1920	Der Kapp-Lüttwitz-Putsch von Freikorpsführern misslingt (13.-17. März).
1923	Passiver Widerstand gegen Besetzung des Ruhrgebiets (ab Januar) Hitler-Ludendorff-Putsch in München (8./9. November) Mit der „Rentenmark" wird die Inflation besiegt (15. November).

Das „Versailler Friedensdiktat"

Zur innenpolitischen Belastung ersten Ranges wurde der von den Alliierten ausgearbeitete Friedensvertrag von Versailles. Deutsche Politiker hatte auf einen milden Frieden und den mäßigenden Einfluss des amerikanischen Präsidenten Wilson gehofft, der sich für einen Verständigungsfrieden auf der Grundlage des Selbstbestimmungsrechts der Völker stark gemacht hatte. Doch Wilson konnte seine Vorstellungen auf der Pariser Friedenskonferenz der Alliierten nicht durchsetzen.

Am 7. Mai 1919 wurde der nach Versailles eingeladenen deutschen Delegation der ausgearbeitete Vertrag überreicht. Seine Inhalte lösten in Deutschland einen Sturm der Entrüstung aus. Deutschland hatte rund ein Siebtel seines Landes und ein Zehntel seiner Bevölkerung abzutreten. Zudem sollte es seine gesamten Kolonien aufgeben. Die deutsche Reichswehr erhielt strenge Auflagen: Das Heer wurde auf 100 000, die Marine auf 15 000 Mann begrenzt. Das linksrheinische deutsche Gebiet wurde ebenso wie ein fünfzig Kilometer breiter rechtsrheinischer Streifen entmilitarisiert. Alliierte Truppen sollten Köln, Mainz und Koblenz besetzen.

Kriegsschuld und Dolchstoß

Als besonders schmachvoll empfanden die Deutschen aber den Artikel 231 des Versailler Vertrages, der Deutschland und seinen Verbündeten die alleinige Kriegsschuld zuwies. Dieser „Kriegsschuldartikel" sollte die Verpflichtungen des Deutschen Reiches für alliierte Reparationsansprüche juristisch absichern. Auf die Festsetzung einer konkreten Reparationssumme wurde zunächst zwar verzichtet. Allerdings hatte Deutschland Sachleistungen zu erbringen, etwa einen gewissen Prozentsatz der Kohleförderung, sowie die Abgabe von Lokomotiven und anderen Transportmitteln.

Trotz allgemeiner Empörung über die als „Versailler Diktat" empfundenen Friedensbedingungen sahen Politiker und Militärs keine Chance, den Vertrag abzulehnen, drohte doch bei Weigerung der Einmarsch alliierter Truppen. So blieb der jungen Demokratie keine Wahl: Am 23. Juni 1919 nahm die Nationalversammlung die Friedensbedingungen an.

Aus heutiger Sicht kam Deutschland mit dem Versailler Vertrag glimpflich davon: Sein nationalstaatliches Gefüge blieb weitgehend erhalten und das Reich konnte damit rechnen, künftig wieder die Rolle einer europäischen Großmacht einzunehmen. Viele damalige Po-

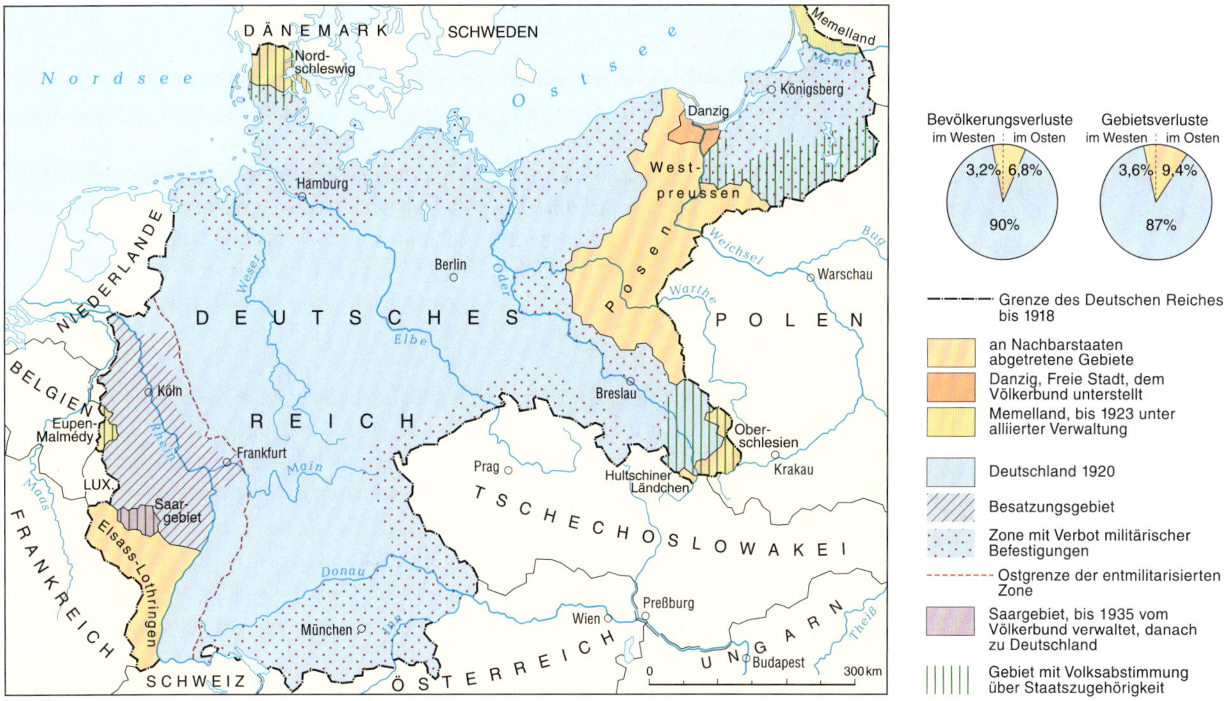

M1 Das Deutsche Reich nach dem Frieden von Versailles, 1920

litiker sahen das anders: Sie diffamierten die demokratischen Vertreter der Weimarer Koalition, die für die Annahme des Vertrages gestimmt hatten, als „Vaterlandsverräter" und verlagerten die Verantwortung für die militärische Niederlage auf die politische Ebene. Dabei bedienten sie sich der „Dolchstoßlegende", einer Verschwörungstheorie, der zufolge das kaiserliche Heer im Ersten Weltkrieg militärisch nicht besiegt worden wäre, wenn es im letzten Kriegsjahr mehr Unterstützung aus der Heimat bekommen hätte. Das Militär sei von Zivilisten, vor allem den Sozialdemokraten, die auch für den Matrosenaufstand verantwortlich gewesen seien, hinterrücks „erdolcht" worden. Im Zusammenhang mit den als hart und demütigend empfundenen Bedingungen des Versailler Vertrages stieß die von kaiserlichen Offizieren, konservativen Politikern und rechtsgerichteten Zeitungen verbreitete unsinnige Dolchstoßlegende – Hindenburg und Ludendorff selbst hatten im Sommer 1918 die militärische Überlegenheit des Gegners eingeräumt – in breiten Bevölkerungskreisen auf Zustimmung.

Gefahr von rechts ...

Da der Versailler Vertrag die Verminderung der Reichswehr anordnete, sah sich die Regierung gezwungen, auch die Freikorps-Verbände aufzulösen. Verbände um Wolfgang Kapp, einem hohen ostpreußischen Verwaltungsbeamten, und Reichswehrgeneral von Lüttwitz machten sich den Unmut der Freikorps darüber zunutze und widersetzten sich dieser Anordnung. Am 13. März 1920 versuchten sie zusammen mit anderen militanten Rechtsradikalen, die Regierungsgewalt an sich zu reißen.

Völkerbund 1920 auf Anregung des US-Präsidenten Wilson gegründetes internationales Staatenbündnis zur Sicherung des Weltfriedens. Die Mitglieder verpflichteten sich, ihre Streitigkeiten friedlich beizulegen. Wichtigste Aufgabe unmittelbar nach dem Ersten Weltkrieg war die Verwaltung ehemals deutscher Gebiete: Der Völkerbund übernahm die Verwaltung des Saargebiets und übergab die früheren deutschen Kolonien als Mandate ausgewählten Mitgliedsstaaten. 1946 löste sich das Bündnis auf, Nachfolgeorganisation wurden die Vereinten Nationen.

Da sich die Reichswehrführung weigerte, die Regierung beim Kampf gegen die Aufständischen zu unterstützen, riefen SPD, USPD, KPD, DDP und die Gewerkschaften zum Generalstreik auf: Arbeiter legten Betriebe und den Verkehr still, Beamte befolgten keine Weisungen. Kapp und Lüttwitz mussten einsehen, dass sie ohne Personal in ungeheizten Amtsräumen ohne Telefon, Strom und fließendem Wasser nicht regieren konnten. Am 17. März 1920 brach der Putsch zusammen. Kapp und Lüttwitz flohen ins Ausland.
Es sollte nicht der letzte Versuch rechtsradikaler Kreise gewesen sein, die Republik zu zerstören. In den ersten Jahren fielen zahlreiche prominente Sozialisten, liberale und katholische Demokraten politischen Mordanschlägen rechtsextremer Verbände und Republikgegner zum Opfer. Nach Rosa Luxemburg und Karl Liebknecht traf es im Februar den bayerischen Ministerpräsidenten Kurt Eisner von der USPD. Im August 1921 wurde der Unterzeichner des Waffenstillstandes Matthias Erzberger (Zentrum) ermordet und im Juni 1922 der jüdische Außenminister Walter Rathenau (DDP). Soweit die Täter gefasst wurden, kamen sie meist mit milden Strafen davon.

... und links

Auch die radikale Linke wollte die spannungsgeladenen Anfangsmonate der jungen Demokratie nutzen, um ihre Vorstellungen einer sozialistischen Revolution doch noch umzusetzen. Die KPD rief im Frühjahr 1920 im Ruhrgebiet zum Generalstreik und zum Aufstand gegen die Reichsregierung auf. Arbeiterwehren schlossen sich zu einer 50 000 Mann starken „Roten Ruhrarmee" zusammen. Die Reichsregierung befürchtete Zustände, die denen im revolutionären Russland ähnelten. Nach vergeblichen Verhandlungen mit den Aufständischen schickte sie Reichswehrtruppen und Freikorpsverbände zur Niederschlagung der Revolte und offenbarte damit einmal mehr die Abhängigkeit von jenen republikfeindlichen rechtsradikalen Kräften, die sie wenige Wochen zuvor noch selbst bekämpfen musste.

Das Reparationsproblem

Neben diesen Anfeindungen von rechts und links drückten finanzielle Lasten den jungen Staat. Nach Kriegsende war der Staatshaushalt hoch verschuldet; hinzu kamen Kriegsfolgekosten und die Reparationsverpflichtungen: Seit 1920 wurden auf zahlreichen Konferenzen mit den Alliierten Zahlungspläne für deren finanzielle Reparationsforderungen erörtert. Ziel war es, Ausmaß und Art der Reparationszahlungen entsprechend den wirtschaftlichen Möglichkeiten Deutschlands festzulegen. Dabei gelang es den deutschen Verhandlungspartnern, die Situation deutlich zu verbessern. Im April 1921 hatten die Alliierten ihre ursprünglich fast doppelt so hohen Forderungen auf 132 Milliarden Goldmark gesenkt. Gleichzeitig hatten sie aber angedroht, bei einem Zahlungsverzug das Ruhrgebiet zu besetzen.

Ruhrkampf

Anfangs erfüllte die Regierung die Reparationsverpflichtungen. Ein verhältnismäßig geringer Zahlungsrückstand im Jahr 1922 veranlasste die Alliierten jedoch, Deutschland einen vorsätzlichen Bruch des Abkommens vorzuwerfen: Am 11. Januar 1923 marschierte eine französisch-belgische Armee in das Ruhrgebiet ein. Die Reichsregierung verfügte daraufhin die Einstellung aller Reparationslieferungen und wies die Beamten im besetzten Gebiet an, Befehle der Besatzungsmacht nicht auszuführen. Die Bevölkerung im Ruhrgebiet leistete einen von der Regierung und allen Reichsbewohnern einhellig begrüßten passiven Widerstand. Doch der Kampf gegen die Besetzung war außerordentlich teuer – der Staat musste riesige Mittel für die finanzielle Unterstützung der die Arbeit Verweigernden zur Verfügung stellen – und er war aussichtslos. Darum traf die Regierung unter Reichskanzler Gustav Stresemann (DVP) im September 1923 die äußerst unpopuläre Entscheidung, den Kampf abzubrechen.

Inflation

Das Geld für den „Ruhrkampf" konnte nicht über den Staatshaushalt finanziert werden. Die Reichsbank beschaffte es, indem sie schlicht die Geldmenge vermehrte. Und so erlebte die Bevölkerung, wie die Reichsmark erst von Woche zu Woche, bald von Tag zu Tag und schließlich gar von Stunde zu Stunde an Kaufkraft verlor. Im November 1923 brachte die Reichsbank Geldscheine im Nennwert von einer Billion Reichsmark in Umlauf. Zu dieser Zeit kostete ein Kilogramm Brot 428 Mrd. Mark. Die Geldentwertung, die im Herbst 1923 ihren Höhepunkt erreichte, hatte schon während des Krieges begonnen. Das Versprechen der Reichsbank, die Mark auf Verlangen in Gold umzutauschen („Goldmark") galt schon seit 1914 nicht mehr. Die kaiserliche Regierung nahm in den Kriegsjahren zunächst Anleihen auf und druckte – als diese zur Kriegsfinanzierung nicht mehr ausreichten – in der Hoffnung auf einen siegreichen Kriegsausgang einfach Geld nach („Papiermark"). Da sich die umlaufende Geldmenge von Kriegsbeginn bis 1918 verfünffachte, während gleichzeitig das Warenangebot in vielen Bereichen rückläufig war, kam es zu immer stärkeren Preissteigerungen. So hatte die Mark schon zwischen 1914 und 1919 neun Zehntel ihres Wertes verloren. Nach 1919 hörte die ungezügelte Geldvermehrung nicht auf. Die Reichsbank überwies der Regierung immer größere Geldbeträge. Die vielen Kriegsopfer mussten versorgt, die Kriegsanleihen zurückbezahlt und auch die Reparationen beglichen werden. Infolge der zusätzlichen Kosten durch den Ruhrkampf stürzte der Wert der Mark ins Bodenlose. Im Mai 1923 zahlte man 50 000 Mark für einen US-Dollar, im August 4,6 Millionen.

Die Inflation zerstörte solche Vermögen, die in Spareinlagen, Anleihen und Versicherungen angelegt waren. Wer für ein sorgenfreies Alter Geld in Form von Ersparnissen zurückgelegt hatte, wurde durch die Inflation mittellos. Sachanlagen (Betriebsvermögen, Immobilien, Aktien) dagegen behielten ihren Wert. Für viele Schuldner, also für nahezu alle Unternehmer, bot die Inflation Vorteile, weil die Schulden entwertet wurden.

Rechtskonservative Kreise leugneten die Verantwortung der früheren kaiserlichen Regierung an der Inflation und wiesen die Schuld den harten Bestimmungen des Versailler Vertrages, vor allem aber den demokratischen Politikern der Weimarer Republik zu.

Währungsreform

Nach Beendigung des Ruhrkampfes ergriffen Regierung und Reichsbank wirksame Maßnahmen gegen den Kaufkraftverlust. Im November 1923 schufen sie eine neue Übergangswährung, die „Rentenmark" (RM). Eine RM sollte einer Billion Papiermark entsprechen bzw. 4,2 RM einem US-Dollar. Entscheidend für den Erfolg und die Akzeptanz dieser neuen Währung waren die drastische Beschränkung der Geldmenge und die Verminderung der Staatsausgaben. Sie schufen neues Vertrauen in die Währung und ein Ende der Inflation. Im Sommer 1924 erfolgte die Ablösung der Rentenmark durch die nun wieder goldgedeckte Reichsmark als Zahlungsmittel.

Hitler-Ludendorff-Putsch

Das Einlenken der Reichsregierung im Ruhrkampf wurde von nationalistischen Kräften als Schwäche gewertet und für einen Propagandafeldzug gegen die Republik missbraucht. Adolf Hitler, der Führer der „Nationalsozialistischen Deutschen Arbeiterpartei" (NSDAP), deren Mitgliederzahl im Krisenjahr 1923 sprunghaft auf 55 000 gestiegen war, sah die Chance, mit Unterstützung General Ludendorffs von Bayern aus in Deutschland die Macht zu erringen.

Am Abend des 8. November versuchte er, den rechtskonservativen Politiker Gustav Ritter von Kahr, der in Bayern im Zuge von Notstandsmaßnahmen die vollziehende Gewalt ausübte, zu einem Staatsstreich zu nötigen. Die führenden Männer der bayerischen Regierung wollten sich aber nicht für Hitlers Pläne einspannen lassen und versagten ihm die Unterstützung.

In einer letzten Anstrengung organisierten Hitler und Ludendorff am 9. November einen Demonstrationszug ihrer Anhänger durch München; er wurde von Polizeikräften mit Waffengewalt gestoppt. Einige der Putschisten kamen ums Leben. Hitler selbst wurde später verhaftet und vor Gericht gestellt. Er wurde zu fünf Jahren Haft verurteilt, von denen er allerdings nur neun Monate verbüßte.

M2 Gustav Stresemann
1923 Reichskanzler, bis 1929 Außenminister

Inflation (lat. = Aufblähung): Geldentwertung durch Erhöhung der Geldmenge oder der Umlaufgeschwindigkeit, ohne dass die Gütermenge im gleichen Umfang zunimmt. Folgen sind steigende Preise und damit Kaufkraftschwund, Entwertung von Sparguthaben, „Flucht in die Sachwerte", Warenhortung und Hamsterkäufe. Durch Inflationen werden Bezieher fester Einkommen, Sparer und Gläubiger geschädigt, nicht aber Besitzer von Sachwerten und Schuldner.

M3 Versailles

„Auch Sie haben noch ein Selbstbestimmungsrecht: Wünschen Sie, dass Ihnen die Taschen vor oder nach dem Tod ausgeleert werden?"

Karikatur von Th. Th. Heine, 1919. Dargestellt sind die Staatschefs David Lloyd George (Großbritannien), Georges Clemenceau (Frankreich) und Woodrow Wilson (USA).

M4 Dolchstoßlegende

a) Hindenburg vor dem parlamentarischen Untersuchungsausschuss, November 1919:

Die Geschichte wird über das, was ich hier nicht weiter ausführen darf, das endgültige Urteil sprechen. Damals hofften wir noch, dass der Wille zum Siege alles andere beherrschen würde. Als wir unser Amt übernahmen, stellten wir bei der Reichsleitung eine Reihe von Anträgen, die den Zweck hatten, alle nationalen Kräfte zur schnellen und günstigen Kriegsentscheidung zusammenzufassen; sie zeigten der Reichsleitung zugleich ihre riesengroßen Aufgaben. Was aber schließlich, zum Teil wieder durch Einwirkung der Parteien, aus unseren Anträgen geworden ist, ist bekannt. Ich wollte kraftvolle und freudige Mitarbeit, und bekam Versagen und Schwäche. Die Sorge, ob die Heimat fest genug bliebe, bis der Krieg gewonnen sei, hat uns von diesem Augenblicke an nie mehr verlassen. Wir erhoben noch oft unsere warnende Stimme bei der Reichsregierung. In dieser Zeit setzte die heimliche planmäßige Zersetzung von Flotte und Heer als Fortsetzung ähnlicher Erscheinungen im Frieden ein. […] Die braven Truppen, die sich von der revolutionären Zermürbung freihielten, hatten unter dem pflichtwidrigen Verhalten der revolutionären Kameraden schwer zu leiden; sie mussten die ganze Last des Kampfes tragen. Die Absichten der Führung konnten nicht mehr zur Ausführung gebracht werden. Unsere wiederholten Anträge auf strenge Zucht und strenge Gesetzgebung wurden nicht erfüllt. So mussten unsere Operationen misslingen, es musste der Zusammenbruch kommen; die Revolution bildete nur den Schlussstein. Ein englischer General sagte mit Recht: „Die deutsche Armee ist von hinten erdolcht worden." Den guten Kern des Heeres trifft keine Schuld. Seine Leistung ist ebenso bewunderungswürdig wie die des Offizierkorps.

b) Der zwischenzeitliche Vizekanzler und spätere Reichstagsabgeordnete der DDP Friedrich von Payer stellte 1925 fest:

Weshalb in Wirklichkeit der Krieg für uns verloren ging, kann man mit wenigen Sätzen sagen:

Weil unsere Heerführer trotz aller Siege nicht verhindern konnten, dass an den wichtigsten Fronten der Bewegungskrieg in den Stellungskrieg überging, weil bei diesem letzten Endes das Mehr an Mannschaften, Kriegsgeräten, Materialien und Nahrungsmitteln entscheiden musste, weil unsere Feinde weit zahlreicher waren als wir samt unsern Bundesgenossen und weil ihnen die Vorräte und Hilfsmittel der ganzen Welt zur Verfügung standen, uns nicht, weil denn auch richtig schließlich unsere Bataillone an Zahl und Umfang immer kläglicher zusammenschmolzen und unsere Reserven verschwanden – während die Amerikaner alle Monat für Monat mehr als 250 000 Mann frischer Truppen an die Front warfen, weil der verstärkte U-Boot-Krieg nicht, wie versprochen, zum Ziele führte, weil wir den gepanzerten Sturmwagen unserer Gegner nichts Ähnliches entgegenzusetzen hatten, weil wir unseren Truppen aus Mangel an Mannschaft nicht mehr die zum Ausruhen nötigen Kampfpausen gewähren konnten, weil jahrelang unsere Ernährung an der Front und zu Hause ungenügend war, weil unsere Bundesgenossen einer um den anderen zusammenbrachen, weil Entbehrungen, die ständigen Verluste an Menschenleben, die Befürchtung weiterer Opfer und die immer wachsende Besorgnis vor einem unglücklichen Ausgang des Krieges nach vier Jahren die Stimmung in Heer und Volk zu einer gedrückten machen mussten, weil das Vertrauen in die Oberste Heeresleitung und deren Berichte schwand, weil dem Feldsoldaten der Unterschied zwischen den von ihm und den von den Offizieren und von der Etappe zu bringenden Opfern immer fühlbarer wurde, weil man eine solche Stimmung nicht wegkommandieren […] konnte, weil daraus eine steigende Friedenssehnsucht heranwachsen musste – wogegen die Eroberungssucht gerade der größten deutschen Dynastien einen Verständigungsfrieden unmöglich machte, […] und weil zum Schluss die Oberste Heeresleitung durch ihr überstürztes, der Reichsleitung abgerungenes Ersuchen um Waffenstillstand und Frieden vor Freund und Feind das unwiderrufliche Geständnis ablegte, dass wir militärisch mit unseren Kräften am Ende waren.

a und b zit. nach: Michaelis/Schraepler (Hg.): Ursachen und Folgen. Vom deutschen Zusammenbruch 1918 und 1945 bis zur staatlichen Neuordnung Deutschlands in der Gegenwart. Bd. IV. Berlin. o. J., S. 8, S. 12 f.

M5 Protest gegen Inflation und Arbeitslosigkeit

Die in Esslingen erscheinende sozialdemokratische Volkszeitung im Oktober 1923:

Immer verzweifelter steigert sich die Notlage der breiten Volksschichten. Kein Tag vergeht, ohne dass die Preise für alles, was zum Leben nötig ist, um das Mehrfache steigen. Insbesondere trifft dies gerade bei den wichtigsten Lebensmitteln zu: Brot und Mehl, Fleisch und Schmalz, Kartoffeln usw. Körner [Vorsitzender des württembergischen Bauernverbandes] und Konsorten brauchen nur zu fordern und alles muss sich kuschen. Sie fragen nicht nach der grenzenlosen Not des Volkes. Die Aufforderung des Wehrkreiskommandanten, Rücksicht auf die Not der Städte zu nehmen, haben sie mit einer Erhöhung der Milchpreise innerhalb einer Woche um mehr als das Zehnfache beantwortet. Die darbenden Volksgenossen werden ausgebeutet und betrogen an allen Ecken und Enden.

Arbeitslosigkeit und Kurzarbeit nehmen täglich zu. Weiß schon der Vollbeschäftigte nicht, wie er die Seinen dürftig über Wasser halten soll, so sieht es in dem Heim der Erwerbslosen, das oft mehr einem Loch gleicht, vollends trostlos aus. Besonders schlimm steht es unter solchen Umständen um die Jugend. Wie mag der nächste Schularztbericht lauten?

Um das Elend voll zu machen, hat jetzt wieder einmal der Mangel an Barmitteln zur Auszahlung der Löhne eingesetzt. Zahlreiche Arbeiter können in den Betrieben gar nicht ausbezahlt werden, wieder andere werden mit Schecks abgespeist, die entweder nur sehr ungern, oft aber auch überhaupt nicht an Zahlungsstatt angenommen werden. Hier zeigt sich so recht der ganze Skandal unseres Wirtschaftslebens. Der Arbeiter muss alles, was er braucht, nach Goldmark zahlen, er selbst kann aber nicht einmal mehr mit „Bargeld" in Papier entlohnt werden und muss mit einem Scheck seines „Brotherrn", an den er seine Arbeitskraft verkaufen muss, von einem Laden zum anderen ziehen, bis sich auch endlich der Geschäftsmann dazu versteht, dieses Papier als Zahlungsmittel anzunehmen. Die anderen, die von ihrem Unternehmer gar nichts erhielten, dürfen sich mit hungrigem Magen die Geschäftshäuser und Läden von außen ansehen.

Volkszeitung vom 27. Oktober 1923.

M6 Hitlers „uneigennützige Hingabe"

Aus dem Plädoyer des anklagenden Staatsanwaltes (Hans Erhard, 1946–1954 und 1960–1962 bayerischer Ministerpräsident) am 21. März 1924 im Hochverratsprozess gegen Adolf Hitler und weitere Putschisten:

Hitler ist aus einfachen Verhältnissen hervorgegangen, er hat im großen Krieg als tapferer Soldat seine deutsche Gesinnung bewiesen und nachher aus kleinsten Anfängen heraus in mühsamer Arbeit eine große Partei, die „Nationalsozialistische Deutsche Arbeiterpartei", geschaffen, wobei die Bekämpfung des internationalen Marxismus und Judentums, die Abrechnung mit den Novemberverbrechern und die Ausbreitung des nationalen Gedankens in allen Volkskreisen, besonders auch in der Arbeiterschaft, die wesentlichen Programmpunkte waren. Über seine Parteipolitik habe ich kein Urteil zu fällen, sein ehrliches Streben aber, in einem unterdrückten und entwaffneten Volke den Glauben an die deutsche Sache wieder zu erwecken, bleibt unter allen Umständen ein Verdienst. Er hat hier, unterstützt durch seine einzigartige Rednergabe, Bedeutendes geleistet. Wurde er auch durch die Kampfstimmung in den Reihen seiner Anhänger zu einer einseitigen Einstellung geführt, so wäre es doch ungerecht, ihn als Demagogen zu bezeichnen, vor diesem Vorwurf schützt ihn die Echtheit seiner Überzeugung und die uneigennützige Hingabe an die von ihm gewählte Lebensaufgabe. […] Hitler ist ein hochbegabter Mann, der aus einfachen Verhältnissen heraus sich eine angesehene Stellung im öffentlichen Leben errungen hat und zwar in ernster und harter Arbeit. Er hat sich den Ideen, die ihn erfüllen, bis zur Selbstaufopferung hingegeben und als Soldat in höchstem Maße seine Pflicht getan. Dass er die Stellung, die er sich schuf, eigennützig ausnutzte, kann ihm nicht zum Vorwurf gemacht werden.

Zit. nach: K. D. Bracher: Die deutsche Diktatur. Köln 1969, S. 130 f.

Der Staatsanwalt beantragte acht Jahre Festungshaft, eine Art Ehrenhaft für angesehene Bürger. Hitler wurde dann zur Mindeststrafe von fünf Jahren mit Aussicht auf Bewährung verurteilt. Schon nach neun Monaten kam er frei.

Arbeitsaufträge

1. Die Zeit zwischen 1919 und 1923 wird oft als „Krisenzeit der Weimarer Republik" bezeichnet. Beschreiben Sie einige dieser Krisen (VT).
2. Erläutern Sie die Folgen des Versailler Vertrages für Deutschland (VT, M 1).
3. Charakterisieren Sie das weit verbreitete antidemokratische Denken zur Zeit der Weimarer Republik (VT, M 4, M 6).
4. Arbeiten Sie aus M 4 a und M 4 b heraus, wen Hindenburg und Payer für die Kriegsniederlage verantwortlich machen. Nennen Sie die jeweiligen Argumente und nehmen Sie dazu Stellung.
5. Beschreiben Sie, wie der Ruhrkampf die Weimarer Republik belastete (VT).
6. Erklären Sie Ursachen und Wirkungen der Inflation (VT, M 5).

2.3 Die „goldenen" Jahre der Republik

M1 „Großstadt"
Gemälde (Triptychon) von Otto Dix, 1928

Die Jahre vom Ende der Inflation (1924) bis zur wirtschaftlichen Depression 1929 werden mitunter als die „Goldenen Zwanzigerjahre" der Weimarer Republik bezeichnet. Sie waren geprägt von einer relativen wirtschaftlichen Stabilität, einer zunehmenden innenpolitischen Normalisierung und ersten außenpolitischen Erfolgen. Vor allem Kunst und Kultur erlebten in dieser Phase Höhepunkte kreativer Schaffenskraft, dokumentierten aber auch die Zerrissenheit jener Zeit voller Extreme und Ungewissheiten. Denn von einer dauerhaften Konsolidierung der jungen Republik konnte auch in dieser Zeit kurzfristiger Erholung keine Rede sein.

1922	Deutschland und die Sowjetunion durchbrechen mit dem Vertrag von Rapallo ihre außenpolitische Isolation.
1923 – 1928	Regierungen des „Bürgerblocks" sorgen in einer Zeit der wirtschaftlichen Erholung für eine relative politische Stabilität.
1925	Die Konferenz von Locarno führt zur Verständigung mit Frankreich.
1927	Die Arbeitslosenversicherung wird eingeführt.

Innenpolitische Konsolidierung

Zwischen 1924 und 1929 schien sich der Weimarer Staat zu stabilisieren. Größere innenpolitische Krisen und gewaltsame Umsturzversuche blieben aus. Der Reichstag konnte von Dezember 1924 bis Mai 1928 ohne Auflösung und Neuwahlen arbeiten, wenn auch die Regierungen mehrfach wechselten. Die SPD, die stärkste Reichstagsfraktion, blieb in der Opposition und duldete die verschiedenen Minderheitsregierungen des „Bürgerblocks" aus Zentrum, DDP, DVP, BVP und DNVP. Die extreme Rechte war nach dem misslungenen Hitlerputsch geschwächt.

Für innenpolitische Stabilität sorgten zudem eine Reihe sozialer Fortschritte. Dazu gehörten die Tarifautonomie von Gewerkschaften und Arbeitgeberverbänden, die Weiterentwicklung des bismarckschen Sozialversicherungssystems mit der Einführung der Arbeitslosenversicherung, das Kündigungsschutzgesetz und die Einrichtung von Arbeitsgerichten.
Allerdings hatte bereits das Krisenjahr 1923 der Sozialpolitik ihre Grenzen aufgezeigt: Nach dem Ruhrkampf setzten die Arbeitgeber eine Verlängerung des 1918 gesetzlich garantierten Achtstundentags und eine Einschränkung der Rechte von Betriebsräten durch.
Es ist umstritten, ob die „Goldenen Zwanzigerjahre" wirklich so stabil waren, wie sie von manchen Zeitgenossen gesehen wurden. Die Reichspräsidentenwahl nach dem Tod Eberts (1925) zeigte, dass viele Deutsche der Republik weiterhin innerlich fremd gegenüberstanden. Im zweiten Wahlgang wurde der Kandidat der Rechtsparteien, der ehemalige Generalfeldmarschall Paul von Hindenburg zum neuen Reichspräsidenten gewählt. Der prominente Monarchist und Miturheber der Dolchstoßlegende im höchsten Staatsamt bedeutete einen schweren Schlag für die junge Republik.

Kunst, Architektur, Wissenschaft

Die Ambivalenzen der 1920er-Jahre im politischen Bereich spiegelten sich auch in der Kunst wider. Werke jener Zeit sind gekennzeichnet durch eine verstärkte Hinwendung zu gegenständlichen Darstellungsweisen und durch die politisch engagierte Zuwendung zu gesellschaftlich bedeutsamen Sachverhalten. Für diese neue Kunstauffassung prägte sich bald der Begriff der „neuen Sachlichkeit" aus. Zu ihren bedeutendsten Repräsentanten zählen die Maler Max Beckmann, George Grosz und Otto Dix.
Die neue Sachlichkeit fand auch bei den Architekten Anklang. Für staatliche Wohnungsbauprogramme in weiträumigen Siedlungen, aber auch mehrstöckigen Mietshäusern ohne Hinterhöfe, erarbeiteten sie zukunftsweisende Konzepte. Zwischen 1925 und 1930 wurden in Deutschland annähernd 1,6 Millionen neue Wohnungen errichtet. Die großzügige staatliche Wohnungsbauförderung ermöglichte es den Architekten des „Bauhauses", neue Ideen umzusetzen. Das „Bauhaus" war als Kunsthochschule 1919 von Walter Gropius in Weimar gegründet worden, um Künstler und Handwerker in enger Zusammenarbeit zeitgemäße bauliche und städteplanerische Leitbilder entwickeln zu lassen. Die Ergebnisse, die auch international große Beachtung fanden, beeinflussten vielerorts Stadtplanung und Wohnungsbau.
Auch in Wissenschaft und Forschung fand Deutschland in den 1920er-Jahren wieder internationale Anerkennung. Zwischen 1919 und 1933 erhielten 15 Deutsche einen Nobelpreis, einer davon war Albert Einstein.

Wirtschaft im Wandel

Auch im Bereich der Wirtschaft kam es nach der Währungsreform von 1923 zu einer leichten Erholung. Produktion und Lebensstandard erreichten wieder Vorkriegsniveau, die Reallöhne stiegen. Der Aufschwung endete jedoch 1926, als der Nachholbedarf an Konsumgütern nach den schweren Kriegs- und Nachkriegsjahren allmählich gedeckt war. Sinkende Auftragseingänge veranlassten die Industrie, Neuinvestitionen zurückzustellen. Die Arbeitslosigkeit nahm zu, auch weil die nach amerikanischem Vorbild einsetzende Rationalisierung der Produktion, etwa durch Fließbandfertigung, viele Arbeitsplätze überflüssig machte.

M2 Paul von Hindenburg
Reichspräsident von 1925 bis 1934

M3 Neues Wohnen in Stuttgart
Die Weißenhofsiedlung wurde 1927 von 17 Architekten unter der Leitung Ludwig Mies van der Rohes gebaut. Die 63 Wohnungen in 33 Häusern sollten den Bedürfnissen des modernen Großstadtmenschen entsprechen (Foto, 1928).

M4 Stützen der Gesellschaft
Der Künstler George Grosz porträtierte in seinem Gemälde „Stützen der Gesellschaft“ aus dem Jahr 1926 jene gesellschaftlichen Kräfte, die über einen großen Einfluss verfügten.

Der amerikanische Ingenieur Frederick W. Taylor hatte schon 1903 das genaue Studium der zur Ausführung einer Arbeit verwendeten Zeit als „wissenschaftliche Zeitstudie“ zur Voraussetzung einer modernen Betriebsführung erklärt. In Deutschland wurden diese Untersuchungen von dem 1924 gegründeten „Reichsausschuss für Arbeitszeitermittlung“ (REFA) in die betriebliche Praxis umgesetzt. Die Arbeitsabläufe wurden rationalisiert und standardisiert. Das Arbeitstempo, aber auch die Monotonie an vielen Arbeitsplätzen nahm zu.
Der leichte Wirtschaftsaufschwung in Deutschland wurde größtenteils mit amerikanischen Krediten finanziert. Ein von dem amerikanischen Bankier Charles Dawes ausgearbeiteter Plan („Dawes-Plan“) sah nicht nur weiterhin deutsche Reparationszahlungen vor, sondern auch die Unterstützung der deutschen Industrie mit ausländischen Krediten, um dadurch überhaupt die Voraussetzung für leistbare Reparationszahlungen zu schaffen.

Vielschichtige Gesellschaft

Ähnlich dem Kaiserreich erwies sich die Gesellschaft der Weimarer Republik als hierarchisch gegliedert mit einer ausgeprägten sozialen Ungleichheit. Nach wie vor existierte die alte gesellschaftliche Oberschicht aus adligen und bürgerlichen Großgrundbesitzern, Industriellen und einem oft adligen, höheren Beamtentum und Offizierskorps. Zu den sozial schwächeren Schichten zählten Industrie- und Landarbeiter, Handwerksgesellen, Hausangestellte, Knechte, Mägde, Arbeitslose und Rentner. Eine homogene Arbeitergruppe gab es nicht. Zwischen hochqualifizierten Facharbeitern und ungelernten Arbeitskräften bestanden erhebliche Einkommensunterschiede.
Die Mittelschichten umfassten den „alten Mittelstand“ aus selbstständigen Handwerkern und Einzelhändlern, akademischen Berufen und Bauern. Daneben hatte sich seit dem Kaiserreich ein neuer Mittelstand aus mittleren und kleinen Angestellten und Beamten herausgebildet, der auf Grund der Bürokratisierung in Wirtschaft, Gesellschaft und Staat zunahm. Die Berufssituation der Angestellten näherte sich im Gefolge der Rationalisierungswelle in der Industrie hinsichtlich der Arbeitsbedingungen (Großraumbüros) und der abnehmenden Sicherheit vor Kündigungen derjenigen der Arbeiter immer mehr an. Umso mehr beharrten die Angestellten darauf, sich von den Arbeitern abzugrenzen. Sie fühlten sich den Arbeitgebern näher als den Arbeitern. Aus Angst vor sozialem Abstieg sympathisierten viele von ihnen mit rechtskonservativem Gedankengut. Ein autoritär geführter Staat, so glaubten sie, werde auch die gesellschaftlichen Hierarchien weiter bestehen lassen.

Weibliche Angestellte

1925 waren fast 36 Prozent der Frauen in Deutschland berufstätig. Die technische Rationalisierung der Produktion führte zur Ausweitung des kaufmännischen Verwaltungsapparates. Waren kurz vor der Jahrhundertwende in den meisten Büros Schreibmaschinen eingeführt worden, folgten jetzt Rechenmaschinen, Adressier- und Frankiermaschinen, Buchungsmaschinen und vor allem Telefone. Während männliche Angestellte in der Regel eine kaufmännische Lehrzeit voraussetzende Tätigkeiten ausübten, waren die meisten

weiblichen Angestellten nach einem etwa drei Monate dauernden Besuch einer privaten Handelsschule als wesentlich geringer bezahlte Kontoristinnen oder Stenotypistinnen tätig. Auch die infolge der Verheiratung vieler Frauen meist kurze Verweildauer im Beruf kam den Interessen der Unternehmer entgegen, da Berufsanfänger geringere Einkünfte bezogen als langjährige Angestellte. Bei Entlassungen leisteten junge Frauen weniger Widerstand, da sie meist noch bei ihren Eltern wohnten, die für sie sorgten. Frauen galten deshalb als Beschäftigungsreserve, die in Zeiten der Hochkonjunktur angeworben und in Rezessionsphasen entlassen werden konnten.
War der Angestelltenberuf vor dem Ersten Weltkrieg noch weitgehend eine Domäne von Frauen aus dem Bürgertum gewesen, kamen in der Weimarer Zeit viele weibliche Angestellte auch aus Arbeiterfamilien. Gegenüber deren sonstigen Alternativen (Dienstmädchen, Näherin, Fabrikarbeiterin) genoss die Tätigkeit der Verkäuferin oder Kontoristin größeres gesellschaftliches Ansehen. Die „neue Frau", selbstbewusst und stolz auf ihren Gelderwerb, wurde – modisch gekleidet, mit Bubikopf und Kostüm – als Leitbild in der Werbung, auf den Titelseiten der Illustrierten, in Kinofilmen und Romanen herausgestellt.

Neue Ansätze in der Außenpolitik

Entgegen der Anfeindungen im eigenen Land gelang es den deutschen Regierungen schon wenige Jahre nach Kriegsende wieder, Deutschland internationales Ansehen zu verschaffen. Aus dem besiegten Feind wurde allmählich wieder ein politischer Partner. Zunächst näherten sich Deutschland und die Sowjetunion einander an, in der Zielsetzung, ihre jeweilige außenpolitische Isolation zu durchbrechen. Im April 1922 unterzeichneten die Außenminister beider Länder den Vertrag von Rapallo (Vorort von Genua). Beide Seiten verzichteten auf gegenseitige Reparationsforderungen und nahmen diplomatische Beziehungen auf. Gustav Stresemann (DVP), der von 1923 bis 1929 deutscher Außenminister war, verfolgte zwar – wie fast alle deutschen Politiker – das Ziel, den Versailler Vertrag zu revidieren. Aber im Unterschied zur aggressiven Haltung nationalistischer Kreise war er überzeugt, dass nur ein Ausgleich mit den Westmächten die Lage Deutschlands verbessern würde. Im Oktober 1925 unterzeichneten Stresemann und der französische Außenminister Briand die Verträge von Locarno, in denen Deutschland die durch den Versailler Vertrag festgelegten Westgrenzen endgültig anerkannte. Gegenüber Polen und der Tschechoslowakei verzichtete Deutschland auf eine gewaltsame Revision der Ostgrenzen, dies bedeutete aber keinen Verzicht auf die Ostgebiete. 1926 wurde Deutschland als Ergebnis seiner Verständigungspolitik in den Völkerbund aufgenommen. Die Anerkennung der Westgrenzen führten zu einer spürbaren Verbesserung der deutschen Position in der internationalen Politik, vor allem auch hinsichtlich der Wirtschaftsbeziehungen.

M5 Abbildung aus einer Modezeitschrift, 1928

Die Werbung propagierte für berufstätige Frauen das Leitbild der modisch gekleideten „Neuen Frau" mit kurzgeschnittenem Bubikopf, die männliche Verhaltensweisen übernahm, also Sport trieb, Auto fuhr, Zigaretten rauchte und Alkohol konsumierte.

M6 Rationalisierung und Arbeitslosigkeit

Der Wirtschaftswissenschaftler Fritz Baade (SPD) auf dem Sozialdemokratischen Parteitag 1927 in Kiel:

Als Sozialisten stehen wir auf dem Standpunkt, dass es nötig ist, der Arbeit in der Industrie durch bessere technische Ausrüstung und Arbeitsorganisation einen immer höheren Nutzeffekt zu sichern. Wir müssen uns aber darüber klar sein, dass in den letzten Jahren, besonders in Deutschland, die Rationalisierung der Arbeiterschaft wenig Vorteil gebracht hat, dass sie sich in erster Linie nicht in eine Steigerung der Reallöhne, sondern in eine Erhöhung der Arbeitslosigkeit umgesetzt hat. Das ist ein Zusammenhang, der leicht begreiflich wird, wenn man sich klar macht, dass die Rationalisierung zwei Möglichkeiten bietet: nämlich entweder dasselbe Produkt mit einer geringeren Zahl von Arbeitern oder aber mit der gleichen Zahl von Arbeitern ein größeres Produkt herzustellen. Das zweite ist unsere Forderung: denn ein gößeres Produkt mit derselben Zahl von Arbeitern herzustellen, bedeutet letzten Endes die Möglichkeit der Steigerung des Reallohnes, eine Möglichkeit, die durch den gewerkschaftlichen und politischen Kampf selbstverständlich erst erzwungen werden muss, die aber von der ökonomischen Seite her erst einmal getroffen werden muss. Deshalb ist die Fruchtbarmachung der Rationalisierung für eine Steigerung der Reallöhne davon abhängig, dass wir fortgesetzt den Markt für Industrieprodukte erweitern.

Sozialdemokratischer Parteitag 1927 in Kiel. Glashütten/Ts. 1974, S. 122.

M7 Widerstand gegen Hindenburg

Aufruf des Vorstands der SPD anlässlich der Wahl Paul von Hindenburgs zum Reichkanzler, 27. April 1925:

Parteigenossinnen, Parteigenossen!

Am 26. April wurde der monarchistische General von Hindenburg zum Präsidenten der deutschen Republik gewählt. Hindenburg war der Kandidat der schwarz-weiß-roten [Flagge des Kaiserreiches, 1871–1918] Reaktionäre, die aus dem furchtbaren Zusammenbruch des kaiserlichen Systems nichts gelernt haben. Die Welt wird in dieser Wahl das Wiedererwachen des militaristischen Geistes in Deutschland sehen. Ungünstige Folgen, die daraus entstehen können, wird das deutsche Volk wieder in seiner Gesamtheit zu tragen haben.

Wir aber sagen euch heute schon, dass wir zum Schutz der deutschen Republik auf der Wacht sein werden. Wir werden alle Versuche der Vorbereitung einer monarchistischen Reaktion ebenso offen und eindringlich bekämpfen, wie wir die Pläne jeder sich etwa aus der junkerlichen [adligen] und monarchistischen Umgebung Hindenburgs bildenden Nebenregierung durchkreuzen werden. Unser deutsches Vaterland kann nach dem Zusammenbruch des Kaiserreiches im Rahmen der europäischen Völkerfamilie nur als Republik leben.

Zit. nach: H. Michaelis/E. Schraepler (Hg.): Ursachen und Folgen. Urkunden- und Dokumentensammlung zur Zeitgeschichte, Bd. 6, S. 282 f.

M8 Modernität und Angst vor Modernität

Der deutsche Historiker Eberhard Kolb schreibt über die „Weimarer Kultur“:

Das Vordringen neuer Massenmedien wirkte sich auf Bewusstsein und Lebenswirklichkeit breiter Bevölkerungsschichten ebenso nachhaltig und unmittelbar aus wie etwa die Tatsache, dass Freizeit und Urlaub allmählich (wenn auch langsam) aufhörten, Privileg einer schmalen Oberschicht zu sein. Auch jener umfassende Wandel im Lebensgefühl und Lebensstil, der bereits um die Jahrhundertwende eingesetzt hatte, wurde nach 1918 massenwirksam:

Durchbrechung zahlreicher althergebrachter Tabus, „Lebensform“ im weitesten Sinne, Wandern, Sport, Baden, Entfaltung des „Körpersinns“, eine neue Einstellung zum Kind und zum Heranwachsenden, zum anderen Geschlecht, zum Geschlechtlichen überhaupt. Aber was den einen Fortschritt und Erweiterung der individuellen Lebenssphäre war, Ausbruch aus überholten Bindungen und Befreiung von lästigen Fesseln, das bedeutete den anderen Kulturverfall und exzessive Libertinage, deren Ermöglichung dem politischen und gesellschaftlichen System der Weimarer Demokratie angelastet wurde. So erhielten die kulturpessimistischen Stimmungen starken Auftrieb und verliehen der im konservativnationalistischen Lager ohnehin tief verwurzelten Feindschaft gegen den Staat von Weimar zusätzliche Schubkraft. Eine ähnliche Feststellung lässt sich für den Zusammenhang von „Weimarer Kultur“ und politischer Entwicklung der Republik treffen. Instabilität, für die Weimarer Republik als politische und soziale Ordnung ein Verhängnis, wurde im Bereich von Kunst und Kultur zur Chance. […] Aber zwischen dem künstlerischen Schaffen der Avantgarde und dem Kunstgeschmack und dem allgemeinen Bewusstsein eines großen Teils der bürgerlichen (und nichtbürgerlichen) Kulturkonsumenten bestand eine kaum überbrückbare Diskrepanz. Die hohen Auflagen von Werken der „Heimatkunst“-Literatur sind ein Indiz dafür, dass hier Probleme, Ängste und Sehnsüchte angesprochen wurden, die damals viele Menschen beschäftigten und bewegten […].

Als herausragendes Charakteristikum der „Goldenen Zwanziger Jahre“ erweist sich bei näherer Betrachtung daher die Gespaltenheit zwischen Wille zur Modernität und Angst vor Modernität, zwischen Radikalismus und Resignation, zwischen Ausrichtung auf nüchtern sachliche Rationalität und Hinwendung zu einem tiefen Irrationalismus mystisch-kontemplativer oder chiliastischer Färbung.

Eberhard Kolb: Weimarer Republik. München 1984, S. 105 f.

M9a Arbeitslosigkeit in Deutschland

	Zahl der Arbeitslosen	Arbeitslosenquote
1921	0,354 Mio.	–
1922	0,213 Mio.	–
1923	0,751 Mio.	–
1924	0,978 Mio.	–
1925	0,636 Mio.	–
1926	2,000 Mio.	–
1927	1,300 Mio.	–
1928	1,353 Mio.	7,0 %
1929	1,892 Mio.	9,6 %
1930	3,076 Mio.	15,7 %
1931	4,520 Mio.	23,9 %
1932	5,575 Mio.	30,8 %

Anm: Vor 1928 gab es keine amtliche Arbeitslosenstatistik.

Zahlen ab 1928 zit. nach: B. Gleitze (Hg.): Wirtschafts- und sozialstatistisches Handbuch (1960), S. 45.

M9b Volkseinkommen 1913–1933

	Mark je Einwohner und Jahr	
1913	746	81
1925	920	100
1926	957	104
1927	1065	116
1928	1138	124
1929	1131	123
1930	1030	112
1931	833	91
1932	656	71
1933	676	73

Index 1925 = 100

Stat. Bundesamt. Bevölkerung und Wirtschaft 1872–1972. Zit. nach: Inf. zur polit. Bildung: Die Weimarer Republik. Stuttgart 1972, S. 31.

M10 Alltag einer Arbeiterin

Unter dem Motto „Mein Arbeitstag – Mein Wochenende" schrieb 1928 das Arbeiterinnensekretariat des Deutschen Textilarbeiterinnenverbandes einen Literaturwettbewerb aus, der sich an alle Verbandsmitglieder richtete. Authentisch und überzeugend sollten die Frauen ihren gewöhnlichen Tagesablauf schildern. Für die beste Arbeit standen 30 Mark als Preis bereit. Eine 48-jährige Arbeiterin schrieb:

Durch Arbeitslosigkeit meines Mannes bin ich zu der Erwerbstätigkeit gezwungen. Um nicht in allzu große Notlage zu geraten, muss ich zum Haushalt meiner Familie, welche aus meinem Mann, drei Kindern im Alter von 3 bis 13 Jahren und mir besteht, beitragen. Mein Wohnort liegt im Kreise Zeitz, die Arbeitsstelle ist eine Wollkämmerei, in welcher ich Putzerin bin. Da ich fast eine Stunde Bahnfahrt habe, stehe ich früh um 4.30 Uhr auf. Der Zug fährt um 5.10 Uhr ab, kommt 5.55 Uhr am Arbeitsort an. Da unsere Arbeitszeit um 6 Uhr beginnt, muss ich vom Bahnhof zur Fabrik einen Dauerlauf machen, um zur rechten Zeit zur Stelle zu sein. Dort putze ich bis 14.15 Uhr Krempelmaschinen. Der Zug, mit welchem ich fahren kann, fährt erst um 17.13 Uhr. Ich muss mich solange auf dem Bahnhof aufhalten und bin um 18 Uhr zu Hause. Nun gibt es noch daheim zu schaffen. Das Essen fertig kochen, für den nächsten Tag vorzubereiten, bei den Kindern die Sachen nachsehen, ob sie noch ganz und sauber sind. Wenn man den ganzen Tag nicht da ist, wird noch ein bisschen mehr gebraucht, weil die kleinen Schäden nicht so beachtet werden können. Am Abend ist man auch von der langen Zeit müde und abgespannt und die Sachen, Wäsche und Strümpfe, müssen sonntags ausgebessert werden. Manchmal muss ich noch meinen Schlaf opfern, da ich Partei- und Arbeiterwohlfahrtsversammlungen besuche und Letztere sogar als Vorsitzende leiten muss. Am Sonnabend bin ich um dieselbe Zeit zu Hause. Da gehe ich erst einmal in den Konsumverein einkaufen, um für die ganze Woche Lebensmittel zu haben. Alle vier Wochen habe ich große Wäsche für meine Familie allein zu waschen. Am Abend vorher mache ich dazu alles fertig, um Sonntagmorgen beizeiten anfangen zu können. Sonst beginnt der Sonntag um 7 Uhr. Da gibt es zu tun mit dem Reinemachen der Wohnung und dem Ausbessern der Kleidungsstücke. Dabei wird das Mittagessen bereitet. Um 14 Uhr beginnt dann für mich der Sonntag. Er wird mit dem Besuch einer Arbeiterveranstaltung oder mit einem Spaziergang beendet.

Kristine von Soden: Frauen und Frauenbewegung in der Weimarer Republik. In: Die wilden Zwanziger. Weimar und die Welt 1919–33. West-Berlin 1986, S. 166 f.

Arbeitsaufträge

1 Beschreiben Sie die wirtschaftliche Situation und die Lage auf dem Arbeitsmarkt zwischen 1924 und 1929 (VT, M 6, M 9 a und M 9 b, M 10).

2 Ordnen Sie die Gemälde von Otto Dix (M 1) und George Grosz (M 4) in die zeitgenössischen Kunstrichtungen ein. Beschreiben Sie Stilmerkmale und setzen Sie diese in Beziehung zur politischen Entwicklung der damaligen Zeit.

3 Erläutern Sie, warum es auch während der „Goldenen Zwanzigerjahre" übertrieben wäre, von einer wachsenden Zustimmung der Bevölkerung zum Weimarer Parteienstaat zu sprechen (VT, M 7).

2.4 Die Zerstörung der Republik

Die kurze Phase der vermeintlichen innenpolitischen Konsolidierung endete abrupt mit dem Ausbruch der Weltwirtschaftskrise im Herbst 1929. Der finanzpolitische Erdrutsch, der mit dem Zusammenbruch der New Yorker Börse einsetzte und in Deutschland Massenarbeitslosigkeit und Verelendung bewirkte, machte alle Hoffnungen auf Stabilität zunichte. Innenpolitisch kam es zur Radikalisierung und zum Machtverlust des Parlaments. In dieser Situation musste sich erweisen, ob die junge Republik bei der Bevölkerung und den Verantwortungsträgern genug Vertrauen genoss, um die Krise zu meistern.

M1 Arbeitslose vor dem Arbeitsamt Hannover, Frühjahr 1932

1929	Kursstürze an der New Yorker Börse lösen die Weltwirtschaftskrise aus (Oktober).
1930	Erste Präsidialregierung unter Reichskanzler Brüning (März) NSDAP wird zweitstärkste Partei (September).
1932	Höhepunkt der Arbeitslosigkeit: Im Jahresdurchschnitt gibt es 5,6 Millionen Erwerbslose – das entspricht einer Arbeitslosenquote von 29,9 Prozent.
1933	Hitler wird zum Reichskanzler ernannt (30. Januar).

Ursachen der Weltwirtschaftskrise

Die Finanzkrise, die Deutschlands Wirtschaft Ende der 1920er-Jahre traf, hatte ihren Ursprung in den USA. Das dortige Wirtschaftswachstum schien zu Beginn des 20. Jahrhunderts noch unaufhaltsam zu sein: Unternehmen schlossen sich zu kapitalkräftigen Konzernen zusammen, die mit der Fließbandarbeit enorme Produktionsziffern erreichten, etwa bei Automobilen, Kühlschränken und Fotoapparaten. Doch die Fassade des Booms wies schnell erste Risse auf: Der Bedarf war zunehmend gedeckt, die Produktion übertraf die Nachfrage. Die Folgen zeigten sich bald: Viele US-Bürger hatten in den Jahren des Aufschwungs Aktien erworben, um an den Kursgewinnen zu verdienen,

und dafür sogar Kredite aufgenommen. Diese kreditfinanzierte Massenspekulation machte den Wertpapierhandel krisenanfällig. Als die Absatzschwierigkeiten 1929 immer größer wurden, verkauften viele Aktionäre ihre Wertpapiere, um Kursverlusten zuvorzukommen. Am 24. Oktober 1929 wurden an der Wall Street fast 13 Millionen Aktien abgestoßen. Die Kurse fielen in den folgenden Tagen ins Bodenlose. Da viele Spekulanten ihre Kredite nicht zurückzahlen konnten, mussten zahlreiche Banken ihre Zahlungsunfähigkeit erklären, viele Unternehmer, die keine Kredite mehr bekamen, ihre Produktion einstellen und ihre Arbeiter entlassen. Die Zeit des Wohlstandes wich einer tiefen Depression.
Die Krise erfasste bald auch andere Staaten. Amerikas Wirtschaft hatte in der Zeit des Aufschwungs viel Geld in Europa, Asien und Lateinamerika investiert. Amerikanische Banken und Unternehmer forderten nun ihre Kredite aus dem Ausland zurück und „exportierten" damit die Finanzprobleme.

Deutschland: „Konjunktur auf Pump"

Die Modernisierung der deutschen Wirtschaft nach dem Ersten Weltkrieg hatte Geldmittel erfordert, die nach den Inflationsverlusten von inländischen Sparern nicht aufgebracht werden konnten. Da die Reichsbank aus Angst vor einer neuen Inflation den Leitzins hoch hielt, stiegen die Zinssätze. Dieses Zinsgefälle bot Ausländern einen Anreiz, ihr Geld bei deutschen Banken anzulegen oder es an deutsche Investoren auszuleihen. Fast die Hälfte aller zwischen 1924 und 1929 in Deutschland getätigten Neuinvestitionen wurde mit Krediten aus den USA finanziert. Dieser Weg wurde von Wirtschaftsexperten als „Konjunktur auf Pump" getadelt. Die deutschen Banken liehen zudem häufig das im Ausland kurzfristig geborgte Geld zur Finanzierung von Investitionen langfristig aus. Solange die Konjunktur gut lief, waren die ausländischen Geldgeber in der Regel bereit, ihre Kredite zu verlängern, im Fall einer Krise konnten sie ihr Geld jedoch rasch zurückrufen.

Radikalisierung verschärft die Krise

Nach dem Kurssturz an der Wall Street hielten sich die Kreditrückforderungen aus Deutschland zunächst in Grenzen. Die Hoffnung auf eine rasche Überwindung der Krise wurde jedoch durch ein politisches Ereignis zerstört: Bei der Reichstagswahl vom 14. September 1930 konnte die NSDAP überraschend die Zahl ihrer Sitze von 12 auf 107, und die KPD ihre Mandate von 54 auf 77 erhöhen. Dieses Wahlergebnis hatte im Ausland verheerende Wirkung. Die politische Stabilität der Weimarer Republik, eine wichtige Voraussetzung für die Gewährung ausländischer Kredite, schien nun ernsthaft bedroht. In der ersten Woche nach der Wahl wurden 700 Millionen Reichsmark ausländischer Kredite gekündigt.

Kaufkraftschwund und Arbeitslosigkeit

Der Abzug der ausländischen Kredite zwang viele deutsche Unternehmen in den Konkurs. Andere mussten ihre Produktion drosseln, da die steigende Arbeitslosigkeit die Kaufkraft der Bevölkerung drastisch verminderte. Die Gemeinden mussten Kredite zurückzahlen, mit denen sie Straßen, Krankenhäuser, Schulen und Wohnungen finanziert hatten. Die ihnen noch verbliebenen Einkünfte reichten kaum für die Sozialfürsorge. In manchen Industrieregionen war jeder dritte Arbeitnehmer ohne Verdienst. Hunger und Hoffnungslosigkeit bedrückten die Arbeitslosen, Angst dagegen die, die noch Arbeit hatten, aber stets erwarten mussten, diese zu verlieren.
Eine Bankenkrise beschleunigte den Abwärtstrend. Die finanzielle Basis vieler Banken war während der Inflation ausgehöhlt worden. Das Eigenkapital war meist niedrig. Durch den Rückzug der Geldeinlagen ausländischer Gläubiger gerieten im Mai 1931 das Kaufhaus Karstadt und der Versicherungskonzern Nordstern in finanzielle Bedrängnis. Bei den Banken traf die Kapitalflucht am stärksten die Darmstädter Nationalbank (Danatbank). Am 13. Juli 1931 blieben deren Schalter bei allen Filialen geschlossen. Dies löste unter den Sparern Panik aus. Sofort setzte ein Ansturm der Kunden auf alle Geldinstitute ein.

Präsidialregierungen und Notverordnungen

Die seit 1928 regierende Große Koalition aus SPD, Zentrum, BVP, DDP und DVP stand angesichts der wirtschaftlichen Krise vor einer gewaltigen Bewährungsprobe. Das Ansteigen der Arbeitslosenzahl bedeutete für die Staatskasse wachsende Ausgaben. Die SPD plante,

M2 Heinrich Brüning
Reichskanzler 1930–1932

die von Arbeitgebern und Arbeitnehmern zu gleichen Teilen getragenen Beiträge zur Arbeitslosenversicherung um ein halbes Prozent auf 4 % heraufzusetzen. Die den Unternehmern nahe stehende DVP lehnte diese Erhöhung ab und forderte stattdessen, die Sozialleistungen zu kürzen. Ein Kompromiss konnte nicht gefunden werden. Daraufhin zerbrach mit der Großen Koalition die letzte parlamentarisch getragene Regierungskoalition.
Mit der Ernennung Heinrich Brünings zum neuen Reichskanzler leitete Reichspräsident Hindenburg eine neue Phase der Regierungspolitik ein, die das Parlament nahezu komplett ausschalten sollte. Der Vorsitzende der Zentrumsfraktion Brüning bildete ein Minderheitenkabinett, in dem die SPD nicht mehr vertreten war. Er stützte sich fortan nicht mehr auf das Parlament, sondern auf das Vertrauen des Reichspräsidenten. Seine Regierung wurde deshalb als „Präsidialkabinett" bezeichnet.
Auf der Grundlage von Notverordnungen nach Artikel 48 der Verfassung versuchte er, sein Programm zur Sanierung der Wirtschaft durchzusetzen. Dazu zählten ein ausgeglichener Staatshaushalt sowie die Vermeidung einer neuen Inflation (Deflationspolitik). Brüning ergriff einschneidende Maßnahmen. Er kürzte Löhne und Gehälter im öffentlichen Dienst und das Arbeitslosengeld. Hinzu kamen Steuererhöhungen und die Verknappung des Geldes durch hohe Kreditzinsen.
Als die Reichstagsmehrheit am 16. Juli 1930 Teile dieses Programms, die sie für unsozial hielt, ablehnte, setzte Brüning die gesamte Vorlage in Form von zwei Notverordnungen des Reichspräsidenten gemäß Artikel 48 in Kraft. Am selben Tag wurde der Antrag der SPD-Fraktion, Brünings Notverordnungen nach Artikel 48, Absatz 3 aufzuheben, vom Parlament mit großer Mehrheit angenommnen. Unmittelbar danach löste der Reichspräsident den Reichstag nach Artikel 25 der Verfassung auf und rief Neuwahlen aus. Die Notverordnungen setzte er in verschärfter Form danach wieder in Kraft.
Im Herbst 1931 verschärfte die Regierung durch staatlich festgelegte Lohn-, Preis- und Mietsenkungen noch einmal bewusst die Deflation. Brüning wollte die wirtschaftliche Krisensituation außenpolitisch dazu nutzen, die Unfähigkeit Deutschlands zu weiteren Reparationszahlungen zu dokumentieren. Doch Brüning pokerte mit seiner prozyklischen Wirtschaftspolitik hoch, denn seine Maßnahmen verschärften die innenpolitischen Probleme. Durch die Kürzung der privaten Einkommen und die Senkung der Staatsausgaben verringerte sich die Nachfrage und die Produktion ging noch weiter zurück. Die Arbeitslosigkeit stieg sprunghaft an.

Aufstieg der NSDAP

Außerhalb des Parlaments wurde die politische Auseinandersetzung immer gewalttätiger. Kampfverbände der Parteien lieferten sich erbitterte Straßenschlachten. Allein im Sommer 1932 wurden dabei über 300 Personen getötet. Marschieren – das war die Form, in der sich die paramilitärischen Organisationen bevorzugt öffentlich darstellten. Das weckte Anklänge an die Macht und Größe des alten Deutschen Reiches.
Zu den schlagkräftigsten Parteiarmeen zählte die Sturmabteilung (SA) der NSDAP. Den Nationalsozialisten unter der Führung von Adolf Hitler gelang es, die Phase der wirtschaftlichen und politischen Krise für sich zu nutzen und scharenweise neue Mitstreiter und Wähler zu mobilisieren. Hitler hatte 1925 mit dem Versprechen, sich in Zukunft gesetzestreu zu

Präsidialkabinette Damit bezeichnet man die drei letzten Reichsregierungen unter den Reichskanzlern Heinrich Brüning, Franz von Papen und Kurt von Schleicher, die praktisch nur dem Reichspräsidenten verantwortlich waren. Reichspräsident von Hindenburg stützte diese Minderheitenregierungen mit Hilfe des Artikels 48 der Weimarer Verfassung, indem er Gesetze, die keine Reichstagsmehrheit fanden, in Form von Notverordnungen in Kraft setzte. Zwar konnte der Reichstag die Aufhebung der Notverordnungen einfordern, doch das Parlament riskierte mit diesem Schritt eine vom Reichspräsidenten verfügte Auflösung des Reichstages nach Artikel 25 und damit verbundene Neuwahlen. Um dieses den Parlamentarismus schädigende Prozedere zu vermeiden, tolerierte die SPD manche Gesetzesvorlagen der Minderheitsregierungen.

M3 Der Reichstag wird eingesargt
Collage von John Heartfield, 1932

verhalten, die Aufhebung des nach dem Hitlerputsch von 1923 verfügten NSDAP-Verbots erreicht. Er baute die NSDAP zu einer straff organisierten Führer-Partei aus und änderte die politische Strategie. Revolutionäre Bestrebungen wurden zurückgestellt. Nun galt es, die Republik von innen auszuhöhlen und die Herrschaft sowohl im Parlament als auch auf der Straße zu erobern. 1929 erlangte die Partei durch gemeinsame Agitation mit der DNVP und deren Kampfverband Stahlhelm im Rahmen der Kampagne gegen den Young-Plan (vgl. S. 59) breite Aufmerksamkeit. Die viel gelesenen Zeitungen des Großverlegers Alfred Hugenberg (DNVP) machten Hitler und die NSDAP überall im Reich bekannt und brachten ihm nennenswerte Unterstützung aus dem bürgerlich-rechten Lager. Bei den Reichstagswahlen 1928 mit 2,6 Prozent der Stimmen noch Splitterpartei, landete die NSDAP bei den Wahlen im September 1930 mit 18,3 Prozent einen erdrutschartigen Erfolg, der sie hinter der SPD zur zweitstärksten Reichstagsfraktion werden ließ. Hatte die NSDAP bei dieser Wahl vornehmlich ehemalige Nichtwähler und Vertreter der Mittelschicht für sich mobilisieren können, verstand es die Partei darüber hinaus sich mit ihrer radikalen antidemokratischen, antikommunistischen und antisemitischen Propaganda sowie speziellen „Heilsbotschaften" für nahezu alle Bevölkerungsteile als eine Art „Volkspartei" zu präsentieren. So gelang es ihr, erfolgreich in allen sozialen Schichten um Wähler und Mitglieder zu werben. Während Mittelstandsangehörige wie Angestellte, Handwerker, kleine Unternehmer und Beamte aus Angst vor sozialem Abstieg zur NSDAP wechselten, versprachen sich Teile der Oberschicht von der Hitler-Partei eine Rettung vor dem Kommunismus und die Rückkehr zu autoritären Strukturen. Offiziere erhofften sich von der NSDAP Aufrüstung und Ausbau der Reichswehr und mancher Arbeiter einen antikapitalistischen nationalen Sozialismus.

Papens „Kabinett der Barone"

Ende Mai 1932 entzog Hindenburg Reichskanzler Brüning überraschend sein Vertrauen. Die Entscheidungen über Wohl und Wehe der Republik verlagerten sich nun zunehmend in die Hinterzimmer der Macht, hatten doch einflussreiche Kräfte der politischen Rechten den Reichspräsidenten zu diesem Schritt gedrängt. Brünings 1932 durchgesetztes Verbot der SA war ihnen ebenso ein Dorn im Auge gewesen wie sein Vorhaben, nicht sanierungsfähige Agrargüter ostelbischer Großgrundbesitzer gegen Entschädigung zu enteignen und an Arbeitslose abzugeben.

Als Nachfolger Brünings bildete der ehemalige Zentrumsabgeordnete Franz von Papen eine konservative Regierung mit fast nur adligen Ministern ohne parlamentarischen Rückhalt („Kabinett der Barone"). Papen hoffte einerseits, der NSDAP durch eine autoritäre und betont nationale Politik den Wind aus den Segeln zu nehmen und ließ sich andererseits auf eine Tolerierung seiner Politik durch die nationalsozialistische Fraktion im Reichstag ein. Als Gegenleistung für diese Unterstützung hob er das SA-Verbot auf und ließ Neuwahlen ausschreiben. Hitler erhoffte sich vom erneuten Urnengang einen weiteren Zuwachs an Wählerstimmen. Zu Recht: Die NSDAP konnte bei den Wahlen im Juli 1932 enorm zulegen, verfehlte die absolute Mehrheit zwar deutlich, wurde mit 37,4 % aber erstmals stärkste Partei. Außenpolitisch erntete Papen die Früchte seines Vorgängers. Auf der Reparationskonferenz von Lausanne (Juni/Juli 1932) erreichte er die

M4 Franz von Papen
Reichskanzler 1932

von Brüning forcierte endgültige Streichung der Reparationszahlungen. Innenpolitisch verließ Papen den Kurs der Deflationspolitik und bemühte sich um aktive Arbeitsbeschaffung. Im Juli wurde der „freiwillige Arbeitsdienst" ins Leben gerufen und im September sahen Notverordnungen Beschäftigungsprämien und Aufwendungen für öffentliche Arbeiten im Wert einer Dreiviertelmilliarde Reichsmark vor. Zur staatlichen Arbeitsbeschaffungspolitik gehörte auch der Bau eines Autobahnnetzes. Als erste Autobahn wurde im Dezember 1932 die Strecke Köln-Bonn dem Verkehr übergeben.

Papens Scheitern und das Kabinett Schleicher

Papens Versuch, die NSDAP in sein Kabinett einzubinden und in der parlamentarischen Arbeit „abzunützen", scheiterte. Hitler forderte nach dem Wahlsieg vom Juli die Reichskanzlerschaft, die ihm Reichspräsident Hindenburg jedoch verwehrte. Ohne die Unterstützung der Nationalsozialisten war Papen mit seiner Politik völlig isoliert. Im Reichstag hatte er keine Mehrheit hinter sich, so ließ er diesen auflösen und Neuwahlen für den 6. November 1932 ausschreiben, bei denen die NSDAP einen Stimmenverlust von vier Prozent hinnehmen musste. Papen blieb ohne parlamentarischen Rückhalt und strebte nun eine auf die Reichswehr gestützte Präsidialdiktatur an. Dies rief jedoch Widerstand beim Reichswehrminister seines Kabinetts General Kurt von Schleicher hervor. Dieser nutzte sein Vertrauensverhältnis zu Reichspräsident Hindenburg und machte sich nun bei diesem für die Absetzung Papens und seine eigene Kanzlerschaft stark. Mit Erfolg: Am 2. Dezember ernannte ihn Hindenburg zum neuen Reichskanzler. Noch mehr als sein Vorgänger wandte sich Schleicher von der Sparpolitik Brünings ab. Der Staat verpflichtete sich, großzügige Mittel für eine Winterhilfe für alle Notleidenden, für Arbeitsbeschaffungen und für den freiwilligen Arbeitsdienst bereitzustellen. Kürzungen von Sozialleistungen aus der Ära Brüning wurden aufgehoben. Für sein Politikkonzept suchte er möglichst breite Unterstützung einer „Querfront" von den Gewerkschaften bis hin zu Teilen der NSDAP. Einflussreiche Industrielle und Großagrarier betrachteten Schleichers Kurs argwöhnisch, konnten sich mit der gewerkschaftsfreundlichen Politik des „roten Generals" nicht anfreunden.

Hitlers Weg zur Kanzlerschaft

Anfang 1933 verhandelte der von seiner Absetzung als Reichskanzler bitter enttäuschte Franz von Papen hinter dem Rücken Schleichers heimlich mit Hitler. Papen hielt an seinem Konzept der „Zähmung" fest, wollte Hitler mithilfe anderer konservativer Kräfte „einrahmen". Hitler, für dessen Kanzlerschaft bereits im November 1932 einflussreiche Großindustrielle und Großagrarier mit einer Eingabe an den Reichspräsidenten eingetreten waren, sollte als Führer der stärksten Reichstagsfraktion mit Papen als Vizekanzler eine Regierung aller nationalen Kräfte bilden.

Als sich außer Papen auch Hindenburgs engste Vertraute für ein Kabinett Hitler aussprachen, gab der Reichspräsident seine Vorbehalte gegenüber dem „böhmischen Gefreiten" auf. Er ließ den amtierenden Schleicher fallen und ernannte am 30. Januar 1933 Adolf Hitler zum Reichskanzler. Außer Hitler gehörten dem Kabinett von 13 Ministern nur zwei weitere Nationalsozialisten an: der preußische Ministerpräsident Hermann Göring als Minister ohne Geschäftsbereich und Wilhelm Frick als Innenminister. Hitler schien tatsächlich „eingerahmt".

M5 „Das Firmenschild. Vor den Proleten und vor den zahlungskräftigen Kreisen"
Karikatur aus „Der Wahre Jakob", 1931.

M6 **Wahlplakate aus dem Jahr 1932**
von links nach rechts: Zentrum, SPD, DNVP, NSDAP

M7 **„Woher kommen 6 ½ Millionen Stimmen?"**

Anlässlich der überraschenden Stimmengewinne der NSDAP bei den Reichstagswahlen am 14. September 1930 fragt „Die Welt am Montag" nach möglichen Gründen für diesen Erfolg:

Dem Ausland waren die Ausmaße des hitlerischen Wahlsieges natürlich eine noch größere Überraschung als dem Inland, da es auf ein starkes, wenn auch nicht so starkes Anschwellen der nationalsozialistischen Stimmen gefasst gewesen war. Die Welt zerbricht sich den Kopf darüber, worauf die Verneunfachung der Hitlerstimmen zurückzuführen ist. Die verschiedensten Deutungen kommen zum Vorschein.

Die Deutschland besonders wohlgesinnte Presse des Auslandes führt vielfach als Hauptgrund die riesige Arbeitslosigkeit an. […]

Irrtum! Von den drei Millionen Erwerbslosen hat nur ein verschwindend geringer Prozentsatz Hitler seine Stimme gegeben. Diese drei Millionen stellen vielmehr das Gros der kommunistischen Wähler dar. Wenn die KPD von 55 auf 77 Mandate gestiegen ist, so ist das die automatische Rückwirkung der steigenden Arbeitslosigkeit.

Die Arbeitslosen waren also nicht die Hauptwähler Hitlers. Wohl aber ist richtig, dass die Wirtschaftskrisis, deren äußere Symptome die riesenhafte Arbeitslosigkeit ist, die Grundlage des hitlerischen Sieges war.

Die Hitlerwähler setzen sich aus zwei Kategorien zusammen: einer kleinen Minderheit von Nationalsozialisten, die auf das Hakenkreuz eingeschworen sind, und einer riesigen Mehrheit von Mitläufern. Keine andere deutsche Partei ist so labil wie die nationalsozialistische, d. h. bei keiner anderen ist das Missverhältnis zwischen Stammkunden und Laufkunden ebenso groß. Sozialdemokratie, Kommunisten, Zentrum, Demokraten, Volkspartei – überall gibt es Schwankungen, recht erheblich vielleicht. Aber bei keiner anderen Partei ist es denkbar, dass eine plötzliche Verneunfachung erfolgt, die vielleicht bei der nächsten Wahl von einer Drittelung abgelöst wird. […] Scheint der deutschen Wirtschaft wieder einmal die Sonne, so schmelzen die Hitlerwähler wie Schnee dahin. Die 6 ½ Millionen werden ja durch kein inneres Band zusammengehalten. Sie sind zu neun Zehnteln nicht Wähler für, sondern nur Wähler gegen.

Dabei soll nicht verkannt werden, dass Hitler, der ein ausgezeichneter Organisator mit Suggestivkraft ist, über eine ihm blind ergebene Kerntruppe von einigen hunderttausend Mann, meist recht jugendlichen Truppen verfügt. […] Die Millionen Wähler, die er diesmal mustern konnte, dank der Gunst der Umstände, d. h. dank der Ungunst der Wirtschaftslage, rekrutieren sich aus den verschiedensten Schichten.

Da sind Arbeiter, relativ genommen nicht sehr viele, aber eine Million wird es doch wohl gewesen sein. Es sind Landarbeiter, die sich immer noch vom „gnädigen Herren" abhängig fühlen und von ostelbischen Granden für Hitler kommandiert wurden. Es sind jene labilen Elemente, die erst bei den Kommunisten hospitiert haben und sich nun den Nationalsozialisten zuwenden, weil diese sich noch radikaler gebärden. Es sind junge Leute, Friseurgehilfen, Chauffeure usw., die sich etwas Besseres dünken als die Masse der gewerkschaftlich organisierten Fabrikarbeiter.

Da sind Massen von Angestellten, insbesondere aus den Kreisen der deutschnationalen Handlungsgehilfen, die berühmten oder berüchtigten Stehkragenproletarier. Ihr Interesse müsste sie in eine Einheitsfront mit den Arbeitern führen. Aber „Standesgefühl" ist stärker als ihre soziale Einsicht.

Da ist das Gros der Studenten und sonstigen jungen Akademiker. Bei ihnen fällt die antisemitische Hetzphrase auf besonders dankbaren Boden. Der Jude wird eben als unbe-

quemer Konkurrent empfunden. Sie sind fanatisch nationalistisch. Den Krieg kennen sie nicht. […]
Da sind bedauerlich viele Beamte. Ihre politische Freiheit verdanken sie ausschließlich der Republik. Aber leider hat ihnen die Republik mit der politischen Freiheit nicht auch zugleich das politische Denken geben können, das ihnen in der Kaiserzeit ausgetrieben worden war. Sie sind ein besonders dankbares Objekt für Demagogen.
Da ist vor allem der große Block des sogenannten selbständigen Mittelstandes. Diese Millionen von Handwerkern, Gewerbetreibenden und Kleinkaufleuten führen seit der nach 1871 einsetzenden großindustriellen Entwicklung einen verzweifelten Kampf um ihre Existenz. Es fehlt ihnen an wirtschaftlicher Einsicht. Darum fallen sie auf jeden Schwätzer herein, der ihnen die Wiederherstellung des „goldenen Bodens“ durch Kampf gegen Juden und Warenhäuser, gegen Börse und Gewerbefreiheit verspricht. […]
Das ist das erschütternd Trostlose an dem Wahlergebnis vom 14. September, dass die Welt sehen muss, wie viel Millionen politische Analphabeten es noch in Deutschland gibt.
Die Millionen der Hitlerwähler sind nicht etwa ebenso viel Millionen zum Revanchekrieg entschlossener Teutonen. Sie denken gar nicht daran, ihr Blut riskieren zu wollen. Sie möchten nur ihr Gut wahren, und sie bilden sich ein, die nationalsozialistische Sackgasse sei der Weg in die Steuerfreiheit.
Das ist beruhigend – für das Ausland – und höchst beunruhigend für das Inland. Denn wie soll irgendeine Regierung vernünftig Politik machen mit Millionen von Wählern, die noch nicht einmal das politische ABC kapiert haben?
H. v. Gerlach

Aus: Die Welt am Montag vom 6. Oktober 1930, Nr. 30.

M8 Öffentliche Investitionen in Deutschland
(in Mill. RM)

	1928	1932
Reichswehr	827	620
Verkehr	2234	805
Öffentliche Verwaltung	1830	800
Versorgungsbetriebe	1023	218
Wohnungsbau	1330	150
Summe	**7240**	**2590**

Index:		
nominal	100	36
real	100	47

Nach: H. Aubin/W. Zorn (Hg.): Handbuch der deutschen Wirtschafts- und Sozialgeschichte, Bd. 2. Stuttgart 1976, S. 818.

M9 Entwicklung der Arbeitslosigkeit 1931 bis 1933

Ende März 1931	4744000
Ende Juni 1931	3954000
Ende Dezember 1931	5668000
Ende Februar 1932	6128000
Ende September 1932	5103000
Ende Dezember 1932	5773000
Ende Februar 1933	6001000

Zit. nach: Krieger: Handbuch, Bd. V, S. 229.

M10 Deflationspolitik und Notverordnungen

Der Ministerialdirektor im preußischen Finanzministerium Arnold Brecht rückblickend über Brünings Wirtschaftspolitik:

Von den insgesamt 50 Notverordnungen aus der Regierungszeit Brünings befassten sich 38, darunter viele sehr umfangreiche, mit wirtschaftlichen und finanziellen Fragen. Jede Notverordnung legte die Regierung ordnungsgemäß dem Reichstag vor, immer bereit, sie wieder aufzuheben, wenn eine Reichstagsmehrheit es verlangen sollte, oder zurückzutreten, wenn die Regierung in einer wesentlichen Frage eine Niederlage erleiden oder ein Misstrauensvotum erhalten sollte. Aber der Reichstag verlangte weder Aufhebung, noch nahm er ein Misstrauensvotum an. Keiner der zahlreichen Anträge der Opposition auf Aufhebung erhielt eine Mehrheit. Obwohl die Sozialdemokraten oft abgeneigt waren, den Maßnahmen ausdrücklich zuzustimmen, scheuten sie sich doch, dagegen zu stimmen, weil dies eine neue parlamentarische Krise ausgelöst hätte. Sie enthielten sich dann der Stimme. Positive Zustimmung war nicht erforderlich.
Es erscheint heute – und erschien manchen Beobachtern schon damals – äußerst zweifelhaft, ob Brünings Deflationspolitik richtig war. Senkung der deutschen Produktionskosten um 20 v. H. konnte zwar die Konkurrenzfähigkeit der deutschen Ausfuhr auf dem Weltmarkt erheblich steigern, aber doch nur, wenn dieser Erfolg nicht durch Gegenmaßnahmen anderer Länder vereitelt wurde. In der Tat wich Großbritannien dieser Schädigung seines Handels durch drei Gegenmaßnahmen aus: Pfundabwertung, […] Herabsetzung der Gehälter der öffentlichen Beamten und Angestellten […] und Einführung von Schutzzöllen im Jahre 1932. Das glich die Vorteile, die Deutschlands Außenhandel von Brünings Verordnungen hatte, für England mehr als aus. […] So kam Deutschland auf dem Weltmarkt weitgehend um den erhofften Erfolg. Im Innern aber wirkten die schrittweise verstärkten Kürzungen der Löhne, Pensionen, Arbeitslosen- und Wohlfahrtsunterstützungen auf die Empfänger aller dieser Zahlungen unausgesetzt aufreizend, so dass sie eine leichte Beute der antidemokratischen Propaganda von rechts und links wurden.

Arnold Brecht: Mit der Kraft des Geistes. Lebenserinnerungen. 2. Hälfte 1927–1967. Stuttgart 1967, S. 134ff.

M11 **Brünings Politik und die Sozialdemokraten**

Die SPD begründet ihre Tolerierungstaktik, 18. Oktober 1930:

Die Sozialdemokratie [steht] in entschiedenster Gegnerschaft gegen diese Regierung. Trotzdem hat sie keinen Misstrauensantrag gegen das Kabinett Brüning eingebracht. [... Dies] bedeutet aber nicht, dass die Sozialdemokratie Vertrauen zu der jetzigen Regierung habe. Diese taktische Stellung der sozialdemokratischen Reichstagsfraktion besagt nichts anderes, als dass sie selbst den Zeitpunkt bestimmen wird, an dem sie zum Angriff gegen das Kabinett Brüning vorgeht. [...] Die sozialdemokratische Fraktion ist jeden Tag in der Lage, mit Nationalsozialisten, Kommunisten und Deutschnationalen die Regierung zu stürzen, sie kann aber unmöglich mit solchen Bundesgenossen gemeinsam eine neue Regierung bilden. Deshalb und weil die Sozialdemokratie von dem Gefühl der Verantwortung für die arbeitende Klasse durchdrungen ist, lehnte sie jetzt die Zustimmung zu den Misstrauensanträgen der anderen Parteien ab. Und zwar solcher Parteien, die, wie die Nationalsozialisten und die Deutschnationalen offen arbeiterfeindlich sind oder, wie die Kommunisten, durch ihre Taktik zur Schwächung der Arbeiterklasse und zur Stärkung des Faschismus beitragen.

W. Michalka/G. Niedhart (Hg.): Deutsche Geschichte 1918–1933. Dokumente zur Innen- und Außenpolitik. Frankfurt/a. M. 1992, S. 194.

M12 **Forderung nach einer Berufung Hitlers**

Eingabe führender Persönlichkeiten aus Wirtschaft und Landwirtschaft an Hindenburg, November 1932:

Mit Eurer Exzellenz bejahen wir die Notwendigkeit einer vom parlamentarischen Parteiwesen unabhängigen Regierung, wie sie in dem von Eurer Exzellenz formulierten Gedanken eines Präsidialkabinetts zum Ausdruck kommt.

Der Ausgang der Reichstagswahl vom 6. November d. J. hat gezeigt, dass das derzeitige Kabinett, dessen aufrechten Willen im deutschen Volke niemand bezweifelt, für den von ihm eingeschlagenen Weg keine ausreichende Stütze im deutschen Volk gefunden hat, dass aber das von Eurer Exzellenz gezeigte Ziel eine volle Mehrheit im deutschen Volke besitzt, wenn man – wie es geschehen muss – von der staatsverneinenden kommunistischen Partei absieht. Gegen das bisherige parlamentarische Parteiregime sind nicht nur die Deutschnationale Volkspartei und die ihr nahe stehenden kleineren Gruppen, sondern auch die Nationalsozialistische Deutsche Arbeiterpartei grundsätzlich eingestellt und haben damit das Ziel Eurer Exzellenz bejaht. Wir halten dieses Ergebnis für außerordentlich erfreulich und können uns nicht vorstellen, dass die Verwirklichung des Zieles nunmehr an der Beibehaltung einer unwirksamen Methode scheitern sollte.

Es ist klar, dass eine des Öfteren wiederholte Reichstagsauflösung mit sich häufenden, den Parteikampf immer wieder zuspitzenden Neuwahlen nicht nur einer politischen, sondern auch jeder wirtschaftlichen Beruhigung und Festigung entgegenwirken muss. Es ist aber auch klar, dass jede Verfassungsänderung, die nicht von breitester Volksströmung getragen ist, noch schlimmere wirtschaftliche, politische und seelische Wirkungen auslösen wird.

Wir erachten es deshalb für unsere Gewissenspflicht, eure Exzellenz ehrerbietigst zu bitten, dass zur Erreichung des von uns allen unterstützen Zieles Eurer Exzellenz die Umgestaltung des Reichskabinetts in einer Weise erfolgen möge, die die größtmögliche Volkskraft hinter das Kabinett bringt [...].

Die Übertragung der verantwortlichen Leitung eines mit den besten sachlichen und persönlichen Kräften ausgestatteten Präsidialkabinetts an den Führer der größten nationalen Gruppe wird die Schlacken und Fehler, die jeder Massenbewegung notgedrungen anhaften, ausmerzen und Millionen Menschen, die heute abseits stehen, zu bejahender Kraft mitreißen.

Wolfgang Michalka/Gottfried Niedhart (Hg.): Die ungeliebte Republik. München 1980, S. 341.

M13 **Machtmechanismen der Präsidialregierungen 1930–1933**

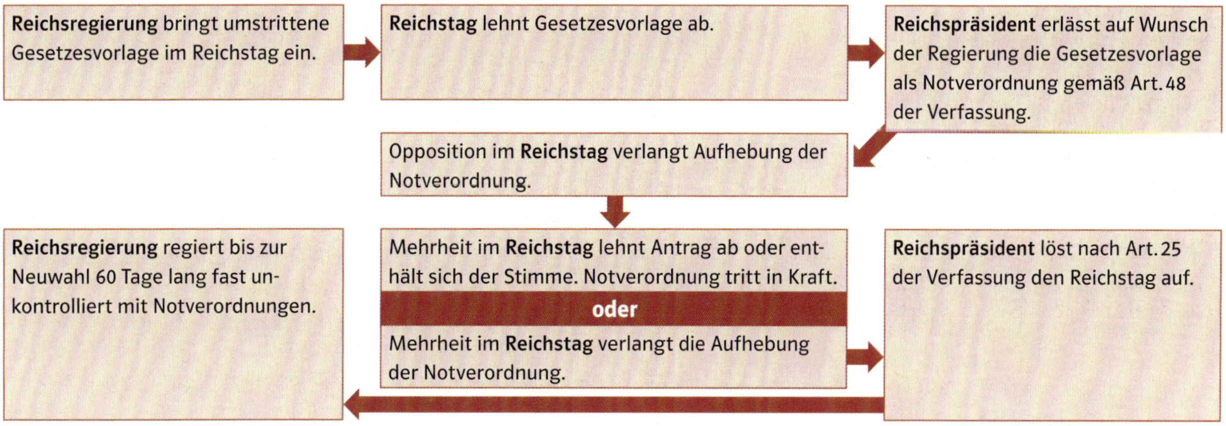

Standpunkte: Warum scheiterte die Weimarer Republik?

M14 Die Auflösung der Republik

Karl Dietrich Bracher stellt neben dem Scheitern auch die Leistungen der Republik von Weimar heraus:

Zu einfach wäre gewiss die Auffassung, die Weimarer Republik sei, wenn nicht sogleich, so doch auf lange Sicht, zum Scheitern verurteilt gewesen, weil sie schwer wiegende Strukturfehler aufwies, die aus der unvollendeten Revolution und der starken Kontinuität vordemokratischer Elemente in Staat und Gesellschaft stammten. Wider Erwarten wurde sogar das Krisenjahr 1923 mit seinen Katastrophenereignissen überstanden, die auch eine fester verwurzelte Demokratie hätten zu Fall bringen können. Aber das Hauptproblem war und blieb: Die deutsche Demokratie, als Ergebnis der unerwarteten Niederlage empfunden, war und blieb alles andere als populär. Schon ein Jahr nach der Annahme der Verfassung, bei den ersten Reichstagswahlen von 1920, waren die sie tragenden Parteien in die Minderheit geraten. Es gab eine zunehmende Unterstützung für die extremen Parteien der Linken und der Rechten, die die Republik erbittert bekämpften. Sie sahen in ihr entweder, wie die Kommunisten, das Ergebnis eines Verrats der Sozialdemokraten und Gewerkschaften an der Arbeiterklasse: durch Kompromisse mit den Kapitalisten, der Armee und der alten Führungsschicht. Oder aber sie denunzierten die Demokratie als Produkt eines Verrats der Revolution an der kämpfenden Front im Sinne der Dolchstoßlegende und zugleich eines ausländischen Diktats über Deutschland: als eine „undeutsche“, importierte Staatsform, wie die rechts stehenden Gegner der Demokratie unablässig behaupteten. Die „Kapitalistenklasse“ oder aber die „Novemberverbrecher“ sind schuld am deutschen Elend: Das waren die beiden Pole einer antidemokratischen Agitation, die der Republik von Anfang an machtvoll und suggestiv entgegentrat. [...] Versailles und die Revolution waren die großen Stichworte, mit denen agitiert wurde: 1919 wie 1933. Dieses große antidemokratische Potenzial, das sich als das „eigentliche“ Deutschland verstand, war also stets vorhanden [...].

Man muss sich jene fatale Einkreisung der Demokratie durch ihre Feinde bewusst machen, um auch der Leistung der republikanischen Parteien und Politiker gerecht zu werden. Die Weimarer Republik war in Wahrheit nichts Fremdes, Importiertes, sondern der Durchbruch einer demokratischen Tradition, die von der Glorifizierung der „Realpolitik“ und des starken Staates im Zweiten Reich überdeckt worden war, und sie bedeutete zugleich die Wiederaufnahme einer übernationalen, „weltbürgerlichen“ Kultur- und Gesellschaftstradition jenseits der nationalstaatlichen Verengung. Die Weimarer Republik war im Grunde ein Versuch, den Bismarckstaat mit 1848 und 1789 zu verbinden. Darin lag ihr teils national konservativer, teils liberal und sozial vorausweisender Charakter beschlossen. Er wird sichtbar in der so kurzen, so reichen Entfaltung der Kultur in den „Goldenen Zwanziger Jahren“, die nicht zuletzt ein Durchbruch von Vorkriegsströmungen in neuer Form waren.

K. D. Bracher: Die Auflösung der Republik. Gründe und Fragen. In: G. Schulz (Hg.): Ploetz. Weimarer Republik. Freiburg/Würzburg 1987, S. 130 ff.

M15 Weimar hatte immer eine Chance

Hagen Schulze lenkt den Blick auf die Mentalitäten von sozialen Gruppen und Parteien:

In der Mitte des Ursachenbündels findet sich eine Bevölkerungsmehrheit, die das politische System von Weimar auf die Dauer nicht zu akzeptieren bereit war, sowie Parteien und Verbände, die sich den Anforderungen des Parlamentarismus zunächst nicht gewachsen zeigten. Die Ursachen für diese Defekte dürften überwiegend in langfristigen, aus den besonderen Bedingungen der preußisch-deutschen Geschichte zu erklärenden Zusammenhängen zu suchen sein, verstärkt durch die Entstehungsbedingungen des Weimarer Staatswesens und seiner außenpolitischen Belastungen. Die Übertragung dieser ungünstigen Gruppenmentalitäten auf das Weimarer Regierungssystem wurde durch den Wahlrechtsmodus erheblich begünstigt; andere Merkmale der formalen Verfassungsordnung, wie ihr mangelnder normativer Charakter oder der Föderalismus, wirkten nur in zweiter Linie destabilisierend, während das starke präsidiale Moment daneben auch stabilisierende Komponenten enthielt, die allerdings letzten Endes nicht zum Zug kamen. Die antirepublikanischen Tendenzen in Armee, Bürokratie und Justiz waren grundsätzlich beherrschbar, eine Frage des Machtbewusstseins von Parteien und Regierung. Die gesellschaftlichen und wirtschaftlichen Rahmenbedingungen waren hauptsächlich langfristig wirksam, indem sie auf die Mentalitäten von Bevölkerung und einzelnen Gruppen einwirkten; aktuelle ökonomische Krisen verstärkten die destabilisierenden Momente, verursachten sie aber nicht.

Lapidar lässt sich also schließen: Bevölkerung, Gruppen, Parteien und einzelne Verantwortliche haben das Experiment Weimar scheitern lassen, weil sie falsch dachten und deshalb falsch handelten. Auch auf dem Umweg über die Strukturanalyse gelangt man so zu dem Schluss, dass Weimar nicht schicksalhaft oder bedingt durch anonyme Sachzwänge scheitern musste – die Chance der Gruppen wie der Einzelnen, sich für Weimar zu entscheiden und dem Gesetz der parlamentarischen Demokratie zu gehorchen, nach dem man angetreten war, hat immer bestanden.

Hagen Schulze: Weimar. Deutschland 1917–1933. Berlin 1994, S. 45.

M16 **Ergebnisse der Reichstagswahlen 1919 bis 1933**

	19. Jan. 1919	6. Juni 1920	4. Mai 1924	7. Dez. 1924	20. Mai 1928	14. Sept. 1930	31. Juli 1932	6. Nov. 1932	5. März 1933
Wahlbeteiligung in %	**83,0**	**79,2**	**77,4**	**78,8**	**75,6**	**82,0**	**84,1**	**80,6**	**88,8**
KPD	–	2,1	12,6	9,0	10,6	13,1	14,5	16,9	12,3
USPD	7,6	17,9	0,8	0,3	0,1	0,0	–	–	–
SPD	37,9	21,7	20,5	26,0	29,8	24,5	21,6	20,4	18,3
DDP	18,6	8,3	5,7	6,3	4,9	3,8	1,0	1,0	0,9
Zentrum	15,9	13,6	13,4	13,6	12,1	11,8	12,5	11,9	11,2
BVP	3,8	4,2	3,2	3,8	3,1	3,0	3,7	3,4	2,7
DVP	4,4	13,9	9,2	10,1	8,7	4,7	1,2	1,9	1,1
DNVP	10,3	15,1	19,5	20,5	14,2	7,0	6,2	8,9	8,0
NSDAP	–	–	6,5	3,0	2,6	18,3	37,4	33,1	43,9
Sonstige	1,6	3,3	8,6	7,5	13,9	13,8	2,0	2,6	1,6
Zahl der Abgeordneten	**421**	**459**	**472**	**493**	**491**	**583**	**608**	**584**	**647**

Arbeitsaufträge

1 Beschreiben Sie Ursachen und Verlauf der Weltwirtschaftskrise in den USA und in Deutschland (VT).

2 Veranschaulichen Sie die Daten von M 9 in einem Säulendiagramm. Stellen Sie einen Zusammenhang zwischen der Veränderung öffentlicher Investitionen (M 8) und der Arbeitslosigkeit her.

3 Erörtern Sie Wege und Ziele der Brüningschen Deflationspolitik (VT, M 10). Kennzeichnen Sie die Reaktion der Sozialdemokraten auf diese Politik (M 10, M 11)

4 Vergleichen Sie Ursachen und Verlauf der Weltwirtschaftskrise 1929 mit der 2008 ausgebrochenen internationalen Finanzkrise. Benennen Sie Gemeinsamkeiten und Unterschiede.

5 Stellen Sie Gründe für den Aufstieg der NSDAP in der Endphase der Weimarer Republik zusammen (VT, M 5, M 7).

6 Nennen Sie die Argumente, mit denen Unternehmer in M 12 die Kanzlerschaft Hitlers fordern.

7 Welche Parteien tragen gemäß der Collage (M 3) im Jahr 1932 wohl Regierungsverantwortung? Was hat es mit der Zahl 48 auf sich?

8 Zeichnen Sie mithilfe von M 16 ein Diagramm, in dem zu den Reichstagswahlen vom Mai 1928 bis zum November 1932 jeweils in einer Säule die Stimmanteile der demokratischen Parteien (SPD, Zentrum, DDP bzw. DSP), in einer zweiten Säule die Anteile der NSDAP, in einer dritten Säule die der KPD und in einer vierten Säule die Anteile der konservativ-autoritär-monarchistischen Parteien (DNVP, DVP) aufgezeigt werden. Vergleichen Sie die Ergebnisse.

9 Stellen Sie die in M 14 und M 15 genannten Ursachen für das Scheitern der Weimarer Republik einander gegenüber. Beziehen Sie Stellung: Welcher Position würden Sie sich anschließen?

10 Erläutern Sie die häufig aufgestellte These, Weimar sei eine „Republik ohne Republikaner“ gewesen.

3 Nationalsozialistische Diktatur und Zweiter Weltkrieg

3.1 Machtübernahme und Etablierung der nationalsozialistischen Herrschaft

Am 30. Januar 1933 ernannte Reichspräsident Hindenburg den Führer der NSDAP Adolf Hitler zum Reichskanzler. Einmal an den Schalthebeln der Macht, begannen die Nationalsozialisten in den folgenden Monaten, ihre Herrschaftsvorstellungen radikal umzusetzen und sämtliche Fundamente der Demokratie in Deutschland einzureißen. Spätestens ab August 1934 waren alle Schutzvorrichtungen des demokratischen Rechtsstaates beseitigt.
Wie gelang den Nationalsozialisten in so kurzer Zeit die vollständige Etablierung ihrer Herrschaft? Wie organisierten sie ihren Machtapparat? Und welche Unterstützung fanden sie dabei in der Bevölkerung?

1933	Reichspräsident Hindenburg ernennt den Führer der NSDAP Adolf Hitler zum Reichskanzler (30. Januar). Die Notverordnung „zum Schutz von Volk und Staat" („Reichstagsbrandverordnung") setzt wesentliche Grundrechte außer Kraft (28. Februar). „Ermächtigungsgesetz": Die Reichsregierung kann nun Gesetze ohne Kontrolle durch den Reichspräsidenten oder das Parlament erlassen (23. März). Gesetze zur Gleichschaltung der Länder mit dem Reich (März/April)
1934	Nach dem Tod Hindenburgs lässt sich Hitler zum „Führer und Reichskanzler" ernennen. Er wird Oberbefehlshaber über die Reichswehr (2. August).

Verfolgung der politischen Opposition

Bereits unmittelbar nach Hitlers Übernahme der Kanzlerschaft zeigte sich, dass die Nationalsozialisten gewillt waren, ihren Machtanspruch radikal umzusetzen. Hitler forderte als Erstes bei Reichspräsident Hindenburg Neuwahlen ein. Von einem neuen Urnengang erhoffte er sich die absolute Mehrheit für die NSDAP. So ließe sich auf legale Weise die nationalsozialistische Herrschaft ausbauen. Die Zeit bis zu den auf den 5. März 1933 festgelegten Neuwahlen stand im Zeichen von brutaler Gewalt gegen den politischen Gegner, von Einschüchterungsversuchen gegen die Opposition und einer beispiellosen Propagandaschlacht, in der Hitler als Retter einer durch „Versailles" und die Weltwirtschaftskrise völlig verunsicherten Nation dargestellt wurde. Angehörige von SA und SS wurden als „Hilfspolizisten" eingesetzt und terrorisierten die politischen Gegner in sogenannten „wilden KZs" und Folterkellern. Zahlreiche oppositionelle Politiker und Intellektuelle flohen vor dem Terror ins Ausland. Diejenigen, die blieben, wurden verfolgt, gingen in den Untergrund oder hofften darauf, dass der Spuk bald vorbei sein würde.

Diktatur	Gegenbegriff zur Demokratie. Man versteht unter Diktatur eine nicht beschränkte und zeitlich unbefristete Ausübung der Herrschaft durch eine Person oder eine gesellschaftliche Teilgruppe (zum Beispiel eine Partei). Die Institutionen der Begrenzung der staatlichen Gewalt wie Gewaltenteilung bzw. gegenseitige Kontrolle der Gewalten, Pluralismus der Parteien oder die Möglichkeit der Abwahl der Regierung sind in der Diktatur außer Kraft gesetzt.

Viele vertrauten auch darauf, dass die Nationalsozialisten zu kontrollieren sein würden. Hoffnungen ruhten vor allem auf den Konservativen, die in Hitlers Kabinett über eine deutliche Mehrheit verfügten. Hitler schien außerdem von der Unterstützung des Reichspräsidenten abhängig zu sein. Zudem würde die Reichswehr die SA-Truppen in Schach halten können. Und verfügte nicht die Arbeiterbewegung immer noch über eine gut organisierte Gefolgschaft, die man zu einem Generalstreik aufrufen könnte? Schließlich gab es die Eliten aus Wirtschaft, Verwaltung und Wissenschaft, die schon wegen ihrer großen sozialen Distanz die nationalsozialistischen Emporkömmlinge auf Abstand zu den Machtposten halten würden. Auch existierten noch die demokratischen und rechtsstaatlichen Institutionen, die eine unkontrollierte Ausbreitung des Nationalsozialismus verhindern würden. Doch gerade diese Institutionen wurden von den Nationalsozialisten innerhalb kürzester Zeit zerschlagen. Entscheidend dafür waren vor allem zwei Ereignisse.

Norddeutsche Ausgabe / Ausgabe A
Ausgabe A / Norddeutsche Ausgabe
Berlin, Sonnabend, 25. März 1933

VÖLKISCHER BEOBACHTER

Herausgeber Adolf Hitler

Kampfblatt der national-sozialistischen Bewegung Großdeutschlands

Der Wille des deutschen Volkes erfüllt:

Der Reichstag übergibt Adolf Hitler die Herrschaft

Annahme des Ermächtigungsgesetzes mit der überwältigenden Mehrheit von 441 gegen 94 Stimmen der S.P.D. / Einstimmige Annahme auch im Reichsrat / Hitlers historische Abrechnung mit den Novembermännern

Der Führer gibt die Regierungserklärung bekannt

Der geschichtliche Tag im Deutschen Reichstag:

Die Kapitulation des parlamentarischen Systems vor dem neuen Deutschland

Die vernichtende Abfuhr des S.P.D.-Vorsitzenden Wels durch Adolf Hitler

Der Führer verpflichtet S.A. und S.S. zu weiterer treuer Gefolgschaft

Die große Arbeit beginnt!

M1 Titelseite des Völkischen Beobachters nach der Annahme des Ermächtigungsgesetzes

„Reichstagsbrandverordnung" ...

Wenige Tage vor den Neuwahlen brannte am 27. Februar 1933 plötzlich der Reichstag in Berlin. Der sich zum Kommunismus bekennende Holländer van der Lubbe wurde als Brandstifter festgenommen. Die Nationalsozialisten verkauften den Brand als Signal für einen kommunistischen Aufstand und nahmen die Tat zum willkommenen Anlass, die Weimarer Reichsverfassung auszuhebeln: Am nächsten Tag unterschrieb Reichspräsident Hindenburg die Notverordnung „zum Schutz von Volk und Staat" und schuf damit einen permanenten Ausnahmezustand. Die „Reichstagsbrandverordnung" hob zahlreiche Grundrechte auf und legalisierte die Gewalt der Nationalsozialisten gegen politische Gegner. Bis zum Zusammenbruch des NS-Regimes 1945 blieb die Notverordnung in Kraft. Nun war es den Nationalsozialisten möglich, politische Gegner ohne den Urteilsspruch eines Richters oder irgendeine rechtsstaatliche Kontrolle in „Schutzhaft" zu nehmen und zeitlich unbegrenzt in Gefängnisse, Strafvollzugsanstalten und bald auch in die neu errichteten Konzentrationslager zu stecken.

... und Ermächtigungsgesetz

Trotz Unterdrückung und Propaganda brachten die Wahlen vom 5. März 1933 der NSDAP nur 43,9 Prozent statt der erhofften absoluten Mehrheit. Die Kalkulation Hitlers war damit zunächst gescheitert. Doch die Nationalsozialisten fanden eine Alternative, den Reichstag als Legislative auszuschalten. Sie planten ein Gesetz, das die Reichsregierung (und vor allem Hitler selbst) „ermächtigen" sollte, fortan Gesetze ohne Kontrolle von Reichstag, Reichsrat oder Reichspräsident erlassen zu können. Ein solches Gesetz benötigte allerdings eine Zweidrittelmehrheit im Parlament, da ja die Weimarer Reichsverfassung pro forma noch

---

SA (Sturmabteilung) Die SA war ein paramilitärischer (militärähnlicher) Verband der NSDAP, der in der Weimarer Republik mit Straßenterror und Gewaltaktionen politische Gegner bekämpft und die Bevölkerung eingeschüchtert hatte. Nach der Machtübernahme fungierten die SA-Angehörigen als Hilfspolizei und KZ-Aufsicht. Nach dem sogenannten „Röhm-Putsch" wurde die SA verkleinert und entmachtet, spielte aber eine tragende Rolle beim Terror des Novemberpogroms 1938.

M2 Der Rechtsstaat am Galgen
Der preußische Justizminister Hanns Kerrl (in SA-Uniform direkt unterhalb des Galgens) besucht das Referendarlager in Jüterbog (Foto 1934). Rechtsreferendare wurden dort während ihrer Ausbildung ideologisch und sportlich gedrillt.

gültig war. Und so galt es, sich die Zustimmung der anderen Parteien im Reichstag für deren Selbstentmachtung zu besorgen.
Während die Nationalsozialisten gegen die Parteien der Arbeiterbewegung SPD und KPD mit Einschüchterungsversuchen und Gewalt vorgingen, versuchten sie, die bürgerlichen Parteien zur Zustimmung zu überreden. Viele Abgeordnete ließen sich dabei von Hitlers falscher Zusage täuschen, das Gesetz nur begrenzt anwenden zu wollen. Neben der NSDAP und der DNVP stimmten schließlich auch die DVP, das Zentrum, die Bayerische Volkspartei und die Deutsche Staatspartei (ehemals DDP) für das Ermächtigungsgesetz und verhalfen den Nationalsozialisten somit zu der benötigten Mehrheit. Nur die Abgeordneten der SPD votierten dagegen. Die Parlamentarier der KPD waren schon vorher verhaftet worden oder geflohen.
Nun hatten die Nationalsozialisten freie Bahn, lagen doch exekutive und legislative Gewalt in ihrer Hand. Die Parteien der Weimarer Republik wurden bis zum Sommer 1933 entweder verboten (SPD) oder lösten sich – teilweise unter Zwang – selbst auf. Am 14. Juli 1933 erklärte das „Gesetz gegen die Neubildung von Parteien" die NSDAP schließlich zur einzigen im Deutschen Reich zugelassenen Partei.

Gleichschaltung der Länder ...

Am 30. Januar 1933 hatte Hitler zwar die Reichskanzlerschaft übernommen, damit aber noch nicht die Kontrolle über die Länder des Deutschen Reiches inne. Doch auch die demokratischen Strukturen der Länder fielen der nationalsozialistischen Machteroberung zum Opfer. Sie wurden mit Hilfe zweier Gesetze bis zum April 1933 „gleichgeschaltet". Die demokratisch gewählten Regierungen und Parlamente der Länder, Kreise und Gemeinden des Reiches wurden abgesetzt. Statt ihrer übernahmen nationalsozialistische „Reichsstatthalter" die Regierungsgewalt. Im Zuge dieser Gleichschaltung wurden zahlreiche staatliche Ämter mit Nationalsozialisten besetzt. Die Reichsstatthalter waren zumeist besonders überzeugte NSDAP-Mitglieder aus der Frühzeit der NS-Bewegung. Ziel der Gleichschaltung war die strikte Reorganisation der staatlichen Strukturen auf allen Ebenen nach dem Führerprinzip. Damit erfuhr Hitler einen massiven Machtzuwachs.

... und der Gesellschaft

Doch nicht nur die Länder wurden gleichgeschaltet. Gleichschaltung bedeutete auch die Umformung von Verbänden, Vereinen und

---

SS (Schutzstaffel) Ursprünglich war die SS die Leibwache Hitlers. Unter ihrem Führer Heinrich Himmler entwickelte sie sich während der NS-Diktatur zum gefürchteten Terrorinstrument der Nationalsozialisten. Himmler versuchte, die SS zur NS-Eliteorganisation zu formen, die ihre Mitglieder nach ideologischen und rassistischen Kriterien auswählte. Innerhalb der SS gab es unter anderem den Sicherheitsdienst (SD), den Nachrichtendienst der NSDAP, der später mit Geheimer Staatspolizei und Kriminalpolizei im Reichssicherheitshauptamt (RSHA) zusammengeführt wurde, der zentralen Organisation zur Verfolgung der weltanschaulichen Gegner. Zur SS gehörten auch die Wachmannschaften der Konzentrationslager, die SS-Totenkopfverbände.

Behörden gemäß der NS-Ideologie und die Auflösung von nicht nationalsozialistischen Organisationen in allen Bereichen des gesellschaftlichen Lebens. So zerschlugen die Nationalsozialisten am 2. Mai 1933 die freien Gewerkschaften und gründeten kurz darauf die der NSDAP angeschlossene Deutsche Arbeitsfront (DAF), in der fortan sämtliche Arbeitnehmer und Arbeitgeber zwangsweise Mitglied werden mussten.
Bereits seit dem 7. April 1933 ermöglichte das „Gesetz zur Wiederherstellung des Berufsbeamtentums" mit Hilfe des sogenannten „Arierparagraphen" die Ausschaltung der Juden aus staatlichen Behörden sowie den Ausschluss politischer Gegner des Nationalsozialismus. Parallel zu der „von oben" gesteuerten Gleichschaltung vollzog sich eine nach und nach zunehmende „Selbstgleichschaltung". Zahlreiche Sport- oder Gesangsvereine wandten ohne staatlichen Zwang den „Arierparagraphen" an.

Sicherung der Führerdiktatur

Trotz seines rücksichtslosen Vorgehens war Hitlers Führungsanspruch in den ersten Jahren seiner Herrschaft noch nicht vollständig durchgesetzt. Dies lag weniger an der politischen Opposition im Land als vielmehr an einem Aufbegehren innerhalb der eigenen Reihen. Teile der SA unter der Führung von Ernst Röhm forderten eine weitergehende „revolutionäre" Umformung von Staat und Gesellschaft. Damit kritisierten sie indirekt Hitlers Vorgehensweise der Machteroberung. Die Gewaltaktionen der SA vor und nach der Machtübernahme hatten wesentlich zur Einschüchterung der Bevölkerung und zur Durchsetzung des nationalsozialistischen Machtanspruchs beigetragen. Kreise um Röhm forderten nun ihren „Lohn", wollten den Einfluss der SA ausbauen und strebten deswegen nach einer Zusammenlegung von SA und Reichswehr unter Führung der SA. Diese Pläne waren der Reichswehrführung ein Graus. Hitler, auf die Unterstützung der Reichswehr angewiesen, entschied sich in diesem Konflikt gegen die SA und ließ im Juni 1934 nahezu die gesamte SA-Führung, darunter auch Röhm, ermorden. Dieser als „Röhm-Putsch" verschleierten Mordaktion fielen auch einige politisch Oppositionelle zum Opfer, unter anderem der ehemalige Reichskanzler Kurt von Schleicher. Hitler hatte damit seine letzten Widersacher in den eigenen Reihen ausgeschaltet und sich die Zusammenarbeit mit der Reichswehr gesichert, die nun die SA nicht länger als Konkurrenzorganisation fürchten musste.
Die letzte alte Institution, die Hitlers absoluten Machtanspruch formell noch begrenzte, war Reichspräsident von Hindenburg. Als dieser am 2. August 1934 starb, vereinigte Hitler die Ämter des Reichspräsidenten und des Reichskanzlers in seiner Person, ließ sich zum „Führer und Reichskanzler" ernennen und übernahm den Oberbefehl über die Reichswehr. Die Soldaten der Reichswehr schworen ihren Eid nun fortan auf den „Führer".

Zustimmung der Bevölkerung

Auch wenn die Nationalsozialisten die Macht mit Hilfe von Gewalt und Terror erobert hatten, glaubten doch viele Deutsche an die Legitimität der nationalsozialistischen Herrschaft. Mittels Pseudowahlen und „Plebisziten" ließen sich die Nationalsozialisten die Gefolgsbereitschaft der Deutschen immer wieder bestätigen und so manche politische Entscheidung nachträglich „legitimieren".
Nach der Reichstagswahl vom März 1933 gab es bis 1938 noch drei „Wahlen", bei denen einer NSDAP-Einheitsliste zugestimmt werden konnte – die „Ja-Stimmen" lagen jeweils bei fast 100 Prozent. Die Zustimmungsquoten der „Volksabstimmungen" lagen ebenfalls zwischen 89 und 99 Prozent. Auch wenn man berücksichtigen muss, dass diese „Wahlen" nicht geheim waren und unter massivem Propagandadruck stattfanden, stellt sich dennoch die Frage, warum ein Großteil der Bevölkerung die auf Ausgrenzung und Gewalt basierende Herrschaft der Nationalsozialisten mittrug.
Viele Deutsche sehnten sich nach den turbulenten Weimarer Jahren nach Stabilität, die Hitler als „starker Mann" zu versprechen schien. Die Anwendung von Gewalt, der Terror gegen Andersdenkende, ja selbst die Errichtung von Konzentrationslagern wurden als „Übergangsphänomene" abgetan. Die offenbar weit verbreitete antidemokratische Gesinnung in der Bevölkerung bereitete dabei den Boden für diese politische Einstellung.

Unterstützung durch die konservativen Eliten

Der Legitimation der Herrschaft diente auch die Zweckkoalition der Nationalsozialisten mit

M3 „Führer wir folgen dir"
Plakat, vermutlich zur Volksabstimmung am 19. August 1934, über die Zusammenlegung des Reichspräsidenten- und des Reichskanzleramtes in der Person des „Führers und Reichskanzlers" Adolf Hitler

den konservativen Eliten. Diese war symbolisch im Tag von Potsdam (21. März 1933) zum Ausdruck gekommen, als der ausnahmsweise im bürgerlichen Anzug gekleidete Hitler die Galionsfigur der Konservativen, Reichspräsident Hindenburg, in der Potsdamer Garnisonskirche traf. Das „Dritte Reich" inszenierte sich dabei bewusst als legitimer Erbe des 1871 gegründeten und mit der Weimarer Republik untergegangenen Kaiserreiches.
Allerdings: Je länger Hitler an der Macht war, und je effektiver die Nationalsozialisten ihren Machtapparat ausbauten, desto weniger waren sie auf die Zustimmung der alten Eliten der deutschen Gesellschaft angewiesen. Die ehemals führenden Kräfte in Verwaltung und Militär wurden im Verlauf der 1930er-Jahre immer häufiger kaltgestellt, sofern sie sich nicht den nationalsozialistischen Vorstellungen anpassten. Selbst die Bastionen der Konservativen, etwa das Auswärtige Amt oder auch die Wehrmachtführung, konnten dem nationalsozialistischen Machtanspruch immer weniger entgegensetzen. Spätestens 1938 hatten Hitler und die nationalsozialistische Führung fast absolute Macht über die deutsche Gesellschaft und den deutschen Staat.

Schaffung von Parallelstrukturen

Die Machtbasis der Nationalsozialisten war zu Beginn von Hitlers Kanzlerschaft noch recht schmal. In den Ministerien und im Verwaltungsapparat, also in den staatlichen Behörden, gab es zunächst nur wenige Nationalsozialisten. Umso erstaunlicher ist es, wie schnell diese die zentralen Schaltstellen der Macht übernehmen bzw. umgehen konnten. Dabei wandten sie verschiedene Strategien an. Politische Gegner wurden zum einen verfolgt oder ihrer Posten enthoben. Diejenigen, die ihre Posten behielten, arrangierten sich fortan mit der NS-Politik.
Besonders charakteristisch war die Doppelstrategie, Parallelstrukturen zu den staatlichen Organisationen aufzubauen und damit die eigentlich vorgesehenen Verwaltungsstrukturen zu umgehen oder staatliche Institutionen im nationalsozialistischen Sinne umzubauen bzw. „gleichzuschalten".
Die nationalsozialistischen Parallelinstanzen waren oft für dasselbe Tätigkeitsfeld zuständig wie die alten staatlichen Organisationsstrukturen. Daraus resultierte ein Kompetenzwirrwarr, eine kaum gezügelte Konkurrenz um Machteinfluss und ein organisatorisches Chaos, in das sporadisch Hitler eingriff, um auf der Grundlage seiner diktatorischen Vollmachten eine Entscheidung zu treffen.
Im Verlauf der NS-Herrschaft wurden die staatlichen Stellen immer konsequenter entmachtet. Stattdessen gewannen die zahlreichen Sonderbevollmächtigten und die NS-Organisationen und Parteigliederungen an Einfluss. Gerade die Konkurrenz um Einflussfaktoren und der Kampf um Machtmittel und die Durchsetzung persönlicher Interessen sind wesentliche Ursachen dafür, dass der Nationalsozialismus eine derart verheerende und gewaltsame Dynamik entfalten konnte. Viele Funktionäre und kleine Machthaber wollten zeigen, dass sie vorbildliche Nationalsozialisten waren.

Reichsgesetzblatt

Teil I

1933	Ausgegeben zu Berlin, den 28. Februar 1933	Nr. 17

Verordnung des Reichspräsidenten zum Schutz von Volk und Staat. Vom 28. Februar 1933.

Auf Grund des Artikels 48 Abs. 2 der Reichsverfassung wird zur Abwehr kommunistischer staatsgefährdender Gewaltakte folgendes verordnet:

§ 1

Die Artikel 114, 115, 117, 118, 123, 124 und 153 der Verfassung des Deutschen Reichs werden bis auf weiteres außer Kraft gesetzt. Es sind daher Beschränkungen der persönlichen Freiheit, des Rechts der freien Meinungsäußerung, einschließlich der Pressefreiheit, des Vereins- und Versammlungsrechts, Eingriffe in das Brief-, Post-, Telegraphen- und Fernsprechgeheimnis, Anordnungen von Haussuchungen und von Beschlagnahmen sowie Beschränkungen des Eigentums auch außerhalb der sonst hierfür bestimmten gesetzlichen Grenzen zulässig.

§ 2

Werden in einem Lande die zur Wiederherstellung der öffentlichen Sicherheit und Ordnung nötigen Maßnahmen nicht getroffen, so kann die Reichsregierung insoweit die Befugnisse der obersten Landesbehörde vorübergehend wahrnehmen.

§ 3

Die Behörden der Länder und Gemeinden (Gemeindeverbände) haben den auf Grund des § 2 erlassenen Anordnungen der Reichsregierung im Rahmen ihrer Zuständigkeit Folge zu leisten.

§ 4

Wer den von den obersten Landesbehörden oder den ihnen nachgeordneten Behörden zur Durchführung dieser Verordnung erlassenen Anordnungen oder den von der Reichsregierung gemäß § 2 erlassenen Anordnungen zuwiderhandelt oder wer zu solcher Zuwiderhandlung auffordert oder anreizt, wird, soweit nicht die Tat nach anderen Vorschriften mit einer schwereren Strafe bedroht ist, mit Gefängnis nicht unter einem Monat oder mit Geldstrafe von 150 bis zu 15 000 Reichsmark bestraft.

Wer durch Zuwiderhandlung nach Abs. 1 eine gemeine Gefahr für Menschenleben herbeiführt, wird mit Zuchthaus, bei mildernden Umständen mit Gefängnis nicht unter sechs Monaten und, wenn die Zuwiderhandlung den Tod eines Menschen verursacht, mit dem Tode, bei mildernden Umständen mit Zuchthaus nicht unter zwei Jahren bestraft. Daneben kann auf Vermögenseinziehung erkannt werden.

Wer zu einer gemeingefährlichen Zuwiderhandlung (Abs. 2) auffordert oder anreizt, wird mit Zuchthaus, bei mildernden Umständen mit Gefängnis nicht unter drei Monaten bestraft.

§ 5

Mit dem Tode sind die Verbrechen zu bestrafen, die das Strafgesetzbuch in den §§ 81 (Hochverrat), 229 (Giftbeibringung), 307 (Brandstiftung), 311 (Explosion), 312 (Überschwemmung), 315 Abs. 2 (Beschädigung von Eisenbahnanlagen), 324 (gemeingefährliche Vergiftung) mit lebenslangem Zuchthaus bedroht.

Mit dem Tode oder, soweit nicht bisher eine schwerere Strafe angedroht ist, mit lebenslangem Zuchthaus oder mit Zuchthaus bis zu 15 Jahren wird bestraft:

1. Wer es unternimmt, den Reichspräsidenten oder ein Mitglied oder einen Kommissar der Reichsregierung oder einer Landesregierung zu töten oder wer zu einer solchen Tötung auffordert, sich erbietet, ein solches Erbieten annimmt oder eine solche Tötung mit einem anderen verabredet;
2. wer in den Fällen des § 115 Abs. 2 des Strafgesetzbuchs (schwerer Aufruhr) oder des § 125 Abs. 2 des Strafgesetzbuchs (schwerer Landfriedensbruch) die Tat mit Waffen oder in bewußtem und gewolltem Zusammenwirken mit einem Bewaffneten begeht;
3. wer eine Freiheitsberaubung (§ 239) des Strafgesetzbuchs in der Absicht begeht, sich des der Freiheit Beraubten als Geisel im politischen Kampfe zu bedienen.

§ 6

Diese Verordnung tritt mit dem Tage der Verkündung in Kraft.

Berlin, den 28. Februar 1933.

Der Reichspräsident
von Hindenburg

Der Reichskanzler
Adolf Hitler

Der Reichsminister des Innern
Frick

Der Reichsminister der Justiz
Dr. Gürtner

M4 „Verordnung des Reichspräsidenten zum Schutz von Volk und Staat" vom 28. Februar 1933

M5 Terror der SA

Nach der Machtübernahme wurde der Terror gegen Oppositionelle zum legalisierten Alltag. Ein Mithäftling des kommunistischen Schauspielers Hans Otto (1900–1933), der in den Untergrund gegangen war, schilderte 1948 rückblickend dessen Martyrium in verschiedenen Folter- und Gefängnisräumen der SA und der Gestapo:

Hans Otto wurde verhaftet am Mittwoch, dem 13. November [1933], abends in einem kleinen Restaurant am Viktoria-Luise-Platz in Berlin. Ein Verräter hatte die SA dort hingeführt. Wir wurden einander gegenübergestellt im SA-Lokal „Café Komet" in Stralau-Rummelsburg. Damit begann unsere Leidenszeit. Während im Café eine Tanzkapelle spielte, wurde abwechselnd verprügelt, ins Gesicht geschlagen und mit Fußtritten traktiert, bis unsere Folterknechte ermüdeten […].

Nach vier Tagen wurden wir nach Köpenick verschleppt. Hier, in einem feuchten und stinkenden Bunker, in dieser mittelalterlich anmutenden Umgebung waren wir zusammen mit anderen Gefangenen, Männern und Frauen, die anscheinend schon längere Zeit hier waren und von der SA übel zugerichtet worden waren. […]

Von Köpenick wurden wir nach dem SA-Quartier in der Möllendorfstraße gebracht und von dort zur Gestapo in der Prinz-Albrecht-Straße [dem Hauptquartier der Gestapo]. Die ganze Zeit Verhöre und Misshandlungen. Am Donnerstag ging es dann zur Voßstraße. Seit der Einlieferung in der Prinz-Albrecht-Straße hatten wir nichts mehr zu essen und zu trinken bekommen. Aber alles das war nur ein Vorspiel zu dem, was sich nun in der Voßstraße abspielte. Noch einmal sah ich in dieser grauenvollen Nacht Hans Otto. Es muss ungefähr um Mitternacht gewesen sein. Er konnte nicht mehr sprechen, er lallte nur noch. Sein Mund und seine Augen waren dick verschwollen. […]

Einige Stunden später sah ich ihn zum letzten Mal. Er war halbnackt, und ich konnte sein Gesicht nicht wiedererkennen. Sein Körper war eine blutige Masse. Er war bewusstlos.

[10 Tage nach seiner Verhaftung starb Hans Otto an den Folgen eines Sturzes aus dem obersten Stockwerk der SA-Kaserne in der Voßstraße. SA-Leute hatte ihn hinuntergestürzt.]

Zit. nach: Reinhard Rürup (Hg.): Topographie des Terrors. Gestapo, SS und Reichssicherheitshauptamt auf dem „Prinz-Albrecht-Gelände". Eine Dokumentation. 10. verb. Auflage Berlin 1995 (zuerst 1987), S. 50 f.

M7 „Eine kaum zu reparierende Demütigung"

In seiner Biographie „Geschichte eines Deutschen" berichtet der Publizist und Historiker Sebastian Haffner von einem Geschehnis im Berliner Kammergericht am 31. März 1933 – einen Tag vor dem Boykott jüdischer Geschäfte. Haffner war zu diesem Zeitpunkt Rechtsreferendar:

Ich ging aufs Kammergericht. Es stand grau, kühl und gelassen wie immer, vornehm abgerückt von der Straße, hinter Rasenflächen und Bäumen. Durch seine weiten Gänge und

M6 Das Herrschaftssystem der Nationalsozialisten

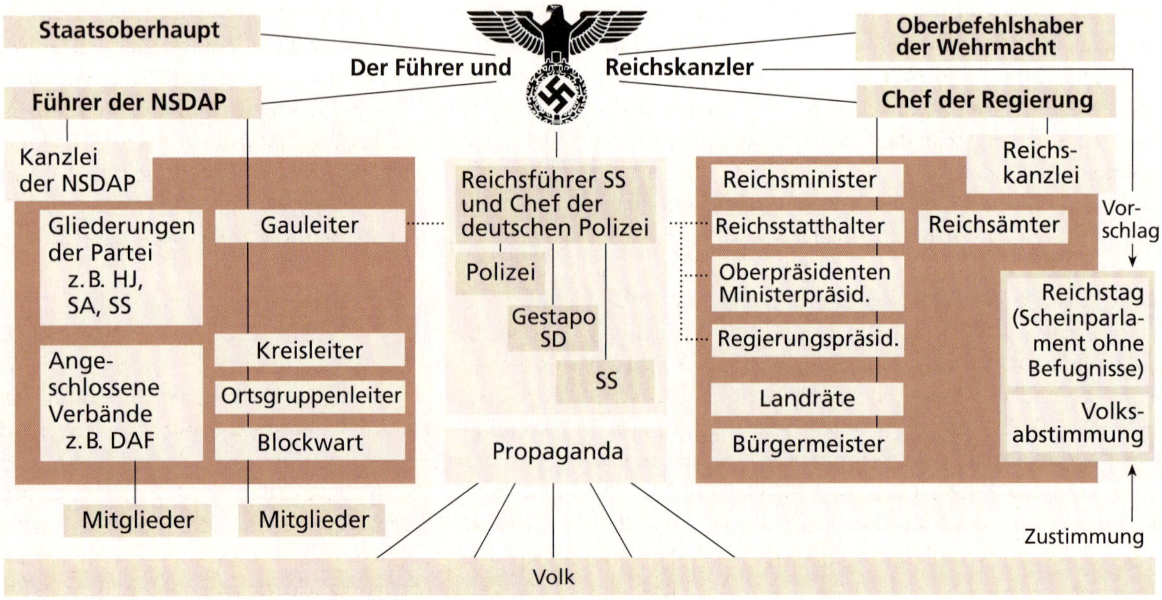

Hallen huschten wie immer eilig und fledermausartig in ihren wehenden schwarzen Seidentogen die Anwälte, Aktentaschen unter dem Arm, mit gesammelten und korrekten Gesichtern. Die jüdischen Anwälte plädierten ihre Sachen, als wäre dies ein Tag wie alle Tage.

Ich ging in die Bibliothek, als wäre dies ein Tag wie alle Tage – ich hatte keine Sitzung – und richtete mich an einem langen Arbeitstische mit einem Aktenstück ein, über das ich ein Gutachten zu machen hatte. […] Ich schleppte die dicken Kommentarbände auf meinen Platz und umstellte mich mit ihnen, ich schlug Reichsgerichtsentscheidungen nach, machte Notizen. In dem weiten Raum herrschte – wie alle Tage – die unhörbar knisternde Stille vielfältiger, gesammelter geistiger Arbeit. […] Vorsichtige, genaue, stumme Arbeit. Jeder im Raum vertieft und isoliert in die seine. Selbst die Wachtmeister, halb Amtsdiener, halb Polizeiposten, hatten hier in der Bibliothek einen leisen Gang und eine Tendenz, sich selbst auszulöschen. Es herrschte zugleich die äußerste Stille, und, in dieser Stille, die äußerste Spannung vielfältiger Tätigkeit. […]

Was war das erste auffällige Geräusch? Ein Türenschlagen? Irgendein schriller unartikulierter Ruf, ein Kommando? Auf einmal saß alles wie aufgeschreckt da, mit dem Ausdruck gespannten Horchens. Immer noch herrschte vollkommene Stille, aber ihr Wesen war verändert: keine Arbeitsstille mehr, vielmehr die Stille des Schrecks und der Spannung. Draußen in den Gängen hörte man Getrappel, vielschrittiges grobes Laufen die Treppen herauf, dann fernes unentwirrbares Getöse, Rufen, Türenschlagen. Ein paar standen auf, gingen zur Tür, öffneten sie, spähten hinaus und kamen zurück. Ein paar traten zu den Wachtmeistern und sprachen mit ihnen, immer noch gedämpft – in diesem Raum durfte nur gedämpft gesprochen werden. Draußen der Lärm wurde stärker. Einer sagte in die vorhaltende Stille hinein: „SA". Darauf sagte ein anderer, mit nicht besonders erhobener Stimme. „Die schmeißen die Juden raus", und zwei oder drei Leute lachten dazu. Dieses Lachen war im Augenblick erschreckender als der Vorgang selbst: Es ließ blitzhaft daran denken, dass ja auch in diesem Raum, wie sonderbar, Nazis saßen.

Allmählich wurde die Unruhe sichtbar – zuerst war sie nur fühlbar gewesen. Die Arbeitenden standen auf, versuchten irgendetwas zueinander zu sagen und gingen langsam und sinnlos hin und her. Ein offenbar jüdischer Herr schlug schweigend seine Bücher zu, stellte sie sorgfältig in die Regale zurück, verstaute seine Akten und ging hinaus. Kurz darauf erschien jemand am Eingang, vielleicht eine Art Oberwachtmeister, und rief laut, aber mit besonnener Stimme, in den Raum: „Die SA ist im Haus. Die jüdischen Herren tun besser, für heute das Haus zu verlassen." Zugleich hörte man von draußen, wie zur Illustration, rufen: „Juden raus!" Eine Stimme antwortete: „Sind schon raus", und wieder hörte ich die zwei oder drei Lacher von vorhin kurz und fröhlich aufglucksen. Ich sah sie jetzt. Es waren Referendare wie ich.

Das Ganze erinnerte plötzlich auf befremdliche Art an das aufgelöste Faschingsfest vor vier Wochen. Auflösung hier wie dort. Viele packten ihre Mappen und gingen. […] Die Wachtmeister zeigten noch mehr als sonst in ihrer ganzen Haltung das Bestreben, sich selbst auszulöschen. Einer oder zwei von den Zurückgebliebenen steckten sich eine Zigarette an – hier, in der Bibliothek des Kammergerichts! Und die Wachtmeister schwiegen. Auch das war Revolution.

Die Sightseer erzählten später, was sich im Gebäude abgespielt hatte. Keine Gräuelberichte, o durchaus nicht. Es war alles überaus glatt gegangen. Die Sitzungen waren offenbar größtenteils aufgehoben worden. Die Richter hatten ihre Togen ausgezogen und waren bescheiden und zivil aus dem Haus gegangen, die Treppe hinunter, flankiert von aufgestellten SA-Leuten. Nur im Anwaltszimmer war es etwas wild zugegangen. Ein jüdischer Anwalt hatte „Menkenke gemacht" und war verprügelt worden. Später hörte man auch, wer es war: ein Mann, der im Kriege nicht nur fünfmal verwundet worden war und ein Auge verloren hatte, sondern damals auch Hauptmann geworden war; er mochte, zu seinem Schaden, noch die Geste im Instinkt gehabt haben, mit der man Meuterer zur Raison bringt.

Inzwischen erschienen die Eindringlinge auch bei uns. Die Tür wurde aufgerissen, braune Uniformen quollen herein, und einer, offenbar der Anführer, rief mit schallender, strammer Ausruferstimmer: „Nichtarier haben sofort das Lokal zu verlassen!" Es fiel mir auf, dass er den gewählten Ausdruck „Nichtarier" und den höchst ungewählten Ausdruck „Lokal" verwendete. Wieder antwortete einer, offenbar derselbe wie vorhin: „Die sind schon raus." Unsere Wachtmeister standen in einer Haltung da, als wollten sie die Hand an die Mütze legen. Mir schlug das Herz. Was konnte man tun, wie wahrte man Haltung? Ignorieren, sich gar nicht stören lassen! Ich senkte mich auf mein Aktenstück. Ich las mechanisch irgendwelche Sätze: „Unrichtig, aber auch unerheblich ist die Behauptung des Beklagten …" Keine Notiz nehmen!

Indem kam eine braune Uniform auf mich zu und machte Front vor mir. „Sind Sie arisch?" Ehe ich mich besinnen konnte, hatte ich geantwortet: „Ja." Ein prüfender Blick auf meine Nase – und er retirierte. Mir aber schoss das Blut ins Gesicht. Ich empfand, einen Augenblick zu spät, die Blamage, die Niederlage. Ich hatte „ja" gesagt! Nun ja, ich war ein „Arier", in Gottes Namen. Ich hatte nicht gelogen. Ich hatte nur viel Schlimmeres geschehen lassen. Welche Demütigung, Unbefugten auf Befragen pünktlich zu erklären, ich sei arisch – worauf ich übrigens keinen Wert legte. Welche Schande, damit zu erkaufen, dass ich hier hinter meinem Aktenstück in Frieden gelassen würde! Überrumpelt auch jetzt noch! Versagt in der ersten Prüfung! Ich hätte mich ohrfeigen können.

Als ich das Kammergericht verließ, stand es grau, kühl und gelassen da wie immer, vornehm abgerückt von der Straße hinter seinen Parkbäumen. Man sah ihm keineswegs an, dass es soeben als Institution zusammengebrochen war. Man sah wahrscheinlich auch mir nicht an, dass ich soeben eine furchtbare Schlappe erlitten hatte, eine kaum zu reparierende Demütigung.

Sebastian Haffner: Geschichte eines Deutschen. Die Erinnerungen 1914–1933. Stuttgart/München 2000, S. 144–148.

M8 Stimmscheine für die Reichstagswahlen am 5. März und am 12. November 1933

Reichstagswahl

Wahlkreis Franken

1	Nationalsozialistische Deutsche Arbeiter-Partei (Hitlerbewegung) Hitler – Dr. Frick – Göring – von Epp	1	◯
2	Sozialdemokratische Partei Deutschlands Vogel – Dill – Puchta – Goldmann	2	◯
3	Kommunistische Partei Deutschlands Thälmann – Meyer – Hausladen – Putz	3	◯
5	Kampffront Schwarz-weiß-rot Dr. Hugenberg – Dr. Lent – von Thüngen – Keppler	5	◯
6	Bayerische Volkspartei Leicht – Herbert – Troßmann – Korbacher	6	◯
7	Deutsche Volkspartei Dr. Zapf – Haas – Dr. Raithel – Schneider	7	◯
8	Christlich-sozialer Volksdienst (Evangelische Bewegung) D. Strathmann – Behrens – Alt – D. Müller	8	◯
9	Deutsche Staatspartei Dr. Luppe – Rometsch – Urlaub – Schamer	9	◯
10	Bayer. Bauern- und Mittelstandsbund Kemmer – Enzenberger – Linsner – Geiger	10	◯

Reichstagswahl

Wahlkreis Franken

Nationalsozialistische Deutsche Arbeiterpartei (Hitlerbewegung)

Adolf Hitler

Rudolf Heß – Wilhelm Frick – Hermann Göring

Joseph Goebbels – Ernst Röhm – Walther Darré

Franz Seldte – Franz von Papen – Alfred Hugenberg

◯

M9 Volksabstimmungen während der NS-Herrschaft

Datum	Gegenstand der Volksabstimmung	Ja-Stimmen	Wahlbeteiligung
12.11.33	Austritt aus dem Völkerbund	95,10 %	96,30 %
19.08.34	Zusammenlegung der Ämter von Reichskanzler und Reichspräsident	89,90 %	95,70 %
10.04.38	Anschluss Österreichs*	a) 99,01 % b) 99,73 %	a) 99,59 % b) 99,71 %

*Abstimmung in Österreich und im Deutschen Reich; a) Zahlen für das Deutsche Reich; b) Zahlen für Österreich

Daten nach der amtlichen Statistik des Deutschen Reiches, zit. nach: Otmar Jung: Plebiszit und Diktatur. Die Volksabstimmungen der Nationalsozialisten. Die Fälle „Austritt aus dem Völkerbund" (1933), „Staatsoberhaupt" (1934) und „Anschluß Österreichs" (1938). Tübingen 1995, S. 51 f., 68 f., 119 f.

M10 Machtstruktur der NS-Diktatur

Der Historiker Ian Kershaw charakterisiert die Funktionsweise der nationalsozialistischen Herrschaft:

In den ersten Jahren der NS-Herrschaft wurde also der organisatorische Rahmen geschaffen, um den Grundkonsens des Dritten Reichs in eine akklamatorische Unterstützung für das NS-Regime umzusetzen. Obgleich es sich dabei nie um eine auch nur annähernd totale Unterstützung handelte, lieferte sie doch eine weitreichende und scheinbar unwiderstehliche plebiszitäre Legitimation für Hitlers Aktionen. Der staatliche Propagandaapparat gab die Parameter für das vor, was als öffentliche Meinung akzeptiert wurde. Die Partei und ihre Gliederungen bildeten eine riesige und fanatische Aktivistenbasis, die als wesentliches Agitations- und Mobilisierungsmittel diente. Beides waren wichtige Machtinstrumente. Sie dienten voll und ganz der Verwirklichung der „Idee", die sich nach Ansicht der Parteianhänger nicht vom „Führerwillen" unterscheiden ließ. Ein wichtiges Element der Machtstruktur des Dritten Reichs bildete außerdem die Tatsache, daß Hitler von der staatlichen Propaganda und der NS-Bewegung praktisch in die Nähe Gottes gerückt und zu einem Führer mit überdimensionalen Qualitäten, zur Verkörperung einer historischen „Mission" gemacht wurde.
Hitlers umfassende, „charismatische" Autorität, die sich jeder Kritik oder Frage entzog, führte dazu, daß im nationalsozialistischen Deutschland der Diskurs in starkem Maße durch die jeweilige Auffassung der ideologischen Grundsätze des „Führers" bestimmt war. Es war keineswegs so, daß Hitler ständig von oben klare Handlungsanweisungen erteilte und Befehle erließ. Vielmehr vermied er es normalerweise nach Möglichkeit, schwierige Entscheidungen zu fällen, bei denen alternative Vorschläge von zwei oder mehr seiner getreuen

Paladine [Gefolgsleute] zur Wahl standen. Dies bedeutete allerdings kein Hindernis für eine Politik, deren Stoßrichtung die Realisierung seiner ideologischen „Vision“ bildete. Die praktische Umsetzung der „charismatischen Herrschaft“ geschah meist auf indirektem Wege. Es war zum Beispiel unmöglich, ein Argument vorzubringen oder gar eine bestimmte politische Linie vorzuschlagen, die dem zuwiderlief, was als zentrales Element des Hitlerschen Denkens galt. Wenn man etwas initiieren wollte, bestand eine wesentliche Taktik darin, zu betonen, wie wichtig das Geplante für die Verwirklichung der Ziele des „Führers“ sei. Und der Schlüssel zum Erfolg lag in der Regel (von der es allerdings Ausnahmen gab) darin, daß man für die beabsichtigte Initiative vorab Hitlers Einverständnis einholte.

Ian Kershaw: Hitlers Macht. Das Profil der NS-Herrschaft. München 1992 (zuerst engl. 1991), S. 136 f. (Übers.: Jürgen Peter Krause)

Text in alter Rechtschreibung

M 11 Tag von Potsdam
Hitler verbeugt sich vor Reichspräsident Hindenburg, Foto, 1933

Arbeitsaufträge

1 Stellen Sie die wesentlichen Phasen der nationalsozialistischen Machtübernahme in tabellarischer Form zusammen (VT).

2 Skizzieren Sie die Funktionen des „Ermächtigungsgesetzes“ für die Festigung von Hitlers Macht (VT, M 1).

3 Analysieren Sie, inwieweit schon in den ersten Monaten der nationalsozialistischen Herrschaft der Rechtsstaat außer Kraft gesetzt war (VT, M 1, M 4, M 5).

4 Betrachten Sie das Foto M 2 und erläutern Sie, welche Einstellung der Nationalsozialisten zum Rechtsstaat hier zum Ausdruck kommt.

5 Beschreiben Sie, welches Bedrohungsszenario die Verordnung „zum Schutz von Volk und Staat“ zum Ausdruck zu bringen versucht (VT, M 4). Analysieren Sie, welche machtpolitische Funktion diese Verordnung für die Nationalsozialisten hatte.

6 Die Verordnung (M 4) ist unter anderem von Reichspräsident Hindenburg und Justizminister Gürtner unterschrieben, die beide nicht Mitglieder der NSDAP waren. Erläutern Sie, welche Gründe konservative Politiker gehabt haben könnten, dieser Verordnung zuzustimmen.

7 Vor allem seit dem 11. September 2001 gibt es in den demokratischen Gesellschaften Diskussionen darüber, ob man bestimmte Grundrechte zugunsten der inneren Sicherheit zumindest zeitweilig aufheben sollte. Diskutieren Sie, welche Gefahren auftreten können, wenn Grundrechte zeitweilig außer Kraft gesetzt werden. Gehen Sie dabei auch auf den Aspekt ein, ob die beiden historischen Situationen überhaupt vergleichbar sind.

8 Diskutieren Sie, worin Haffner sein „Versagen“ sieht. Überlegen Sie, wie Sie sich an seiner Stelle verhalten hätten (M 7).

9 Skizzieren Sie, wie die verschiedenen in der Episode M 7 auftauchenden Personen sich verhalten. Welche Rückschlüsse lässt das auf die Akzeptanz und die Einstellung verschiedener Bevölkerungsgruppen gegenüber dem Nationalsozialismus zu (VT, M 7, M 9)?

10 Erläutern Sie die Rolle der Gewalt im NS-Staat (VT, M 5, M 7).

11 Schildern Sie wesentliche Charakteristika der nationalsozialistischen Herrschaft (VT, M 6, M 8, M 10).

12 Vergleichen Sie das Foto vom „Tag von Potsdam“ (M 11) mit dem Hitler-Plakat (M 3). Analysieren Sie unter Berücksichtigung des VT, inwieweit hier die nationalsozialistische Eroberung der Herrschaft bildlich zum Ausdruck kommt.

3.2 Ideologie und Propaganda

Die zentralen Inhalte der nationalsozialistischen Weltanschauung lassen sich bereits in Hitlers 1925 erschienenem Buch „Mein Kampf" finden. Hitlers Gedanken, die zu den Kernelementen der NS-Ideologie wurden, waren dabei in aller Regel nicht neu. Sie griffen das völkisch-rechtsextreme Gedankengut der Zeit auf. Die Vorstellungen der NS-Ideologie findet man folglich auch in zahlreichen Veröffentlichungen anderer Nationalsozialisten und völkischer Publizisten. Sie waren bei einigen Deutschen auch schon vor 1933 populär. Hier liegt ein zentraler Punkt für die Etablierung des Nationalsozialismus und Hitlers.
Die Nationalsozialisten verbreiteten ihre Ideologie mittels eines hoch technisierten Propagandaapparates. Zeitungen und Zeitschriften wie der „Völkische Beobachter" oder der „Stürmer", Plakate und Wahlveranstaltungen trugen die NS-Weltanschauung in die deutsche Öffentlichkeit. Welche konkreten Vorstellungen beinhaltete die nationalsozialistische Ideologie? Und welche Wirkung versprachen sich die Nationalsozialisten von ihrer Propaganda?

ab 1925	Adolf Hitler veröffentlicht seine ideologischen Grundgedanken in seinem Buch „Mein Kampf".
1933	Joseph Goebbels wird zum Chef des neu gegründeten Reichsministeriums für Volksaufklärung und Propaganda ernannt (März). Bücherverbrennung in zahlreichen deutschen Städten (Mai)

Rassismus und Antisemitismus

Das Kernstück der nationalsozialistischen Weltanschauung bildete die sogenannte „Rassenlehre". Danach gehörten alle Menschen unterschiedlich wertvollen Rassen an. Hitler und die Nationalsozialisten waren der Überzeugung, dass die germanische „Rasse", zu denen sie die Deutschen zählten, den anderen „Rassen" überlegen sei. Diese Überlegenheit legitimiere die germanische „Rasse" zur Herrschaft über andere Völker. Die Angehörigen der überlegenen „Rasse", die Arier, seien durch bestimmte körperliche und charakterliche Eigenschaften von anderen Menschengruppen deutlich zu unterscheiden.

Als Wurzel sämtlicher Übel galten Hitler die Juden. In ihnen sah er die Urheber aller von ihm als negativ empfundenen Zeitströmungen wie Parlamentarismus, Liberalismus, Individualismus und Marxismus. Konsequenz dieses Denkens war die Vorstellung vom Ausschluss der jüdischen Deutschen aus dem „deutschen Volk". Das Gesellschaftsideal der Nationalsozialisten war eine „rassisch homogene" Volksgemeinschaft, die durch Zucht und Selektion in einem sich über mehrere Generationen erstreckenden Prozess geformt werden sollte. „Selektion" bedeutete dabei die Vernichtung all jener Menschen, die nicht dem „rassischen Ideal" entspra-

Ideologie	Die Gesamtheit der politischen Ideen einer sozialen Gruppe, bzw. deren Weltanschauung. Die Ideologie einer Gruppe beinhaltet die politischen Zielsetzungen: Sie ist damit ein Orientierungsmittel für das politische Handeln ihrer Anhänger. Ideologien sind nicht logisch zusammenhängend aufgebaut, haben aber den Anspruch, die verschiedenen Aspekte der Wirklichkeit verbindlich zu erklären.
Propaganda	Die gezielte Verbreitung der politischen und sozialen Ideen einer Gruppe mit Hilfe von Massenmedien. Ziel ist die politische Beeinflussung eines möglichst großen Teils der Bevölkerung im Sinne des Regimes, das die Propaganda verbreitet. Eine wesentliche Voraussetzung für die Wirksamkeit von Propaganda ist die Ausschaltung kritischer Medien und die Abschaffung der Presse- und Meinungsfreiheit.

chen. Neben den Juden waren dies etwa die Angehörigen slawischer Volksgruppen sowie Sinti und Roma, Schwarze oder Behinderte. Jene als „rassisch minderwertig" angesehenen Menschen wurden während der NS-Diktatur von Medizinern und „Rassehygienikern" sterilisiert, ermordet oder zu Forschungszwecken missbraucht.

Sozialdarwinismus und Lebensraumideologie

Eng mit diesem rassistischen Weltbild verknüpft war die Vorstellung, dass der Kampf der „Rassen" treibender Motor historischer Prozesse sei und dass sich über den Kampf das stärkere Volk gegenüber den schwächeren durchsetzen würde. Die unterlegenen Völker würden durch ihre Vernichtung schließlich aus der Geschichte verschwinden. So wurden Ideen, die eigentlich aus der biologischen Theorie des britischen Naturforschers Charles Darwin stammten, auf menschliche Gesellschaften übertragen.

Aus dieser Auffassung von Geschichte als „Rassenkampf" resultiert auch das nationalsozialistische Verständnis von Krieg und Gewalt. Im Krieg würde sich erweisen, welches Volk das stärkere sei. Krieg galt Hitler als ein legitimes Mittel zur Durchsetzung des Rechts des Stärkeren.

Aus diesen Vorstellungen leitete Hitler auch das Ziel einer kriegerischen Expansion Deutschlands ab, denn es gehe um die Gewinnung von „Lebensraum" für das überlegene deutsche Volk. Für Hitler lag dieser „Lebensraum" in Osteuropa. Die Deutschen sollten, seinen Vorstellungen gemäß, gewaltsam die Länder im Osten erobern, die dortige slawische Bevölkerung vernichten oder versklaven und die kriegerisch gewonnenen Gebiete besiedeln und wirtschaftlich ausbeuten. Hitler sah diese kriegerische Expansion als eine Form der Kolonienbildung an, die es Deutschland ermöglichen würde, zur Weltmacht aufzusteigen. Diese Lebensraumideologie wurde später Grundlage für die Planung des Krieges gegen die Sowjetunion.

Antikommunismus/Antibolschewismus

Hitler war ein fanatischer Gegner des Kommunismus. Ein zentraler Bezugspunkt für ihn war dabei die russische Oktoberrevolution von 1917, die mit dem Sieg der Bolschewiki geendet hatte, aber auch die Revolution in Deutschland 1918/1919, die von ihm ebenfalls als eine kommunistische Verschwörung gedeutet wurde. Kommunismus setzte er mit „Bolschewismus" gleich, verknüpfte seine Vorstellung vom Kommunismus aber auch mit seinem Antisemitismus. „Jüdisch" und „bolschewistisch" war für Hitler oft das Gleiche. Insbesondere seit Beginn des Feldzugs gegen die Sowjetunion wurde diese begriffliche Koppelung propagandistisch immer wieder herausgestellt.

Demokratiefeindlichkeit und Antihumanismus

Charakteristisch für die NS-Ideologie war zudem die Verachtung der Demokratie. Die pluralistischen Elemente der westlichen Demokratie, wie das Mehrparteiensystem, die Vielzahl unterschiedlicher Interessenverbände, Rechtsstaatlichkeit, Gewaltenteilung und Parlamentarismus, freie Wahlen, Meinungsvielfalt, Toleranz gegenüber Andersdenkenden und der Schutz von Minderheiten galten den Nationalsozialisten als „undeutsch".

Führerkult

Als Gegenentwurf zum demokratischen Rechtsstaat wollten die Nationalsozialisten einen autoritär gelenkten Führerstaat. Die Konzentration der Macht auf die Person des Führers zählte somit ebenfalls zu den Kernelementen der NS-Ideologie. Sämtliche Parteigliederungen und staatlichen Behörden sowie die staatlichen Gewalten wurden nach der Machtübernahme auf Hitler ausgerichtet.

Dabei war der Glaube an den scheinbar allmächtigen Führer zugleich zentral für die Legitimation der nationalsozialistischen Herr-

M1 Masseninszenierung auf dem Parteitag

schaft. Bis zum Ende des Krieges glaubten viele Deutsche an die Auserwähltheit Hitlers. Hitler sprach in seinen Reden häufig von der „Vorsehung", die ihn zum Führer der Deutschen gemacht habe. In diesen Begriffen, ebenso wie in Formeln wie „Deutschland erwache!", kommt eine fast religiöse Bindung zwischen der Bevölkerung und Hitler zum Ausdruck. Hitler war für viele eine Art Messias. Historiker haben den Nationalsozialismus als „charismatische Führerherrschaft" beschrieben. „Charismatisch" meint in diesem Zusammenhang, dass eine Gruppe von Menschen einem Führer – in diesem Falle Hitler – besondere Fähigkeiten und eine außergewöhnliche Ausstrahlung zuschreibt.
Schon in der Weimarer Republik war Hitler der uneingeschränkte „Führer" der NSDAP gewesen. Nach 1933 wurde diese Stellung von ihm und der NS-Propaganda systematisch zu einem regelrechten Führerkult ausgebaut.

Propaganda und Inszenierung

Die Inszenierung des Führerkults oblag in erster Linie Propagandaminister Joseph Goebbels, der einen modernen Propagandaapparat installierte. Detailliert geplante Massenveranstaltungen wie die Reichsparteitage in Nürnberg sollten die Macht des Führers dokumentieren und durch die angestrebte emotionale Überwältigung die Bindung der Anhänger an das Regime und den Führer stärken. Sie wurden von regimekonformen Künstlern wie der Regisseurin Leni Riefenstahl ins Bild gesetzt. Aber auch Paraden von SS-Verbänden oder Verbänden der Wehrmacht gehörten zur Selbstinszenierung des neuen Regimes, das den Großmachtanspruch dem eigenen Volk, aber auch dem Ausland vor Augen führen wollte. In oft nächtlichen Veranstaltungen, die kirchlich-religiösen Ritualen nachgeahmt waren, versuchte man ebenfalls, die Herrschaft des Nationalsozialismus zu inszenieren. Dazu gehörten Fahnenweihen oder der sogenannte „Lichterdom" des Architekten Albert Speer – eine gigantische Lichtinstallation mit Hilfe von Flak-Scheinwerfern.

Ende der Meinungsfreiheit

Die Propagandamaschinerie hatte aber nicht nur das Ziel, die Bevölkerung von der Allmacht des Führers und seiner Regierung zu überzeugen. Sie diente auch dem Zweck, kritische Stimmen einzuschüchtern und zum Verstummen zu bringen. Schon früh wurde die Propaganda dabei von Gesetzesmaßnahmen unterstützt. So wurde unmittelbar nach dem Regierungsantritt Hitlers am 4. Februar 1933 per Notverordnung in die Presse- und Versammlungsfreiheit eingegriffen. Auch durch die „Reichstagsbrandverordnung" wurden das Recht auf freie Meinungsäußerung sowie die Pressefreiheit eingeschränkt.
In der Folge gelang es den Nationalsozialisten, die öffentliche Meinung zu monopolisieren und die Presse und den Rundfunk gleichzuschalten. Oppositionelle Intellektuelle, Schriftsteller, Künstler, Wissenschaftler und Journalisten wurden verfolgt und mundtot gemacht. Viele derjenigen, die in der Weimarer Republik noch die Stimme gegen die Nationalsozialisten erhoben hatten und für die Republik eingetreten waren, mussten ins Ausland fliehen. Die kulturelle Elite der Weimarer Republik wurde so ausgeschaltet. Allein 30 damalige oder spätere Nobelpreisträger, etwa Albert Einstein, waren gezwungen, Deutschland zu verlassen. Im Mai 1933 wurden die Bücher oppositioneller, politisch links stehender, pazifistischer und/oder jüdischer Schriftsteller und Publizisten unter Beteiligung nationalsozialistischer Studenten, Professoren und Universitätsrektoren öffentlich verbrannt. Die Schriften der Verfasser (unter anderem Karl Marx, Sigmund Freud, Kurt Tucholsky, Erich Kästner, Erich Maria Remarque) wurden zudem verboten. Viele Intellektuelle, Künstler und Wissenschaftler wurden ins Exil gedrängt. Gefördert wurden nun zumeist drittklassige Künstler und Schriftsteller, die regimekonform waren und dem Nationalsozialismus ideologisch nahe standen.

Wirkung der nationalsozialistischen Ideologie

Die NS-Ideologie erweist sich rückblickend als wichtige Grundlage für die erfolgreiche Durchführung der menschenverachtenden Politik der Nationalsozialisten. Die Ausgrenzung Andersdenkender, die brutale Kriegsführung, aber auch die Vernichtung der Juden oder die Ermordung Behinderter ließen sich so leichter von den Tätern rechtfertigen. Und viele Mittäter, die Zweifel hatten, ob ihr Tun tatsächlich zu rechtfertigen sei, konnten unter Berufung auf die NS-Ideologie ihr Gewissen beruhigen.

M2 Werbeplakat der „Großen antibolschewistischen Ausstellung", 1937

M3 Auszüge aus Hitlers „Mein Kampf"

Menschliche Kultur und Zivilisation sind auf diesem Erdteil unzertrennlich gebunden an das Vorhandensein des Ariers. [...] Als Eroberer unterwarf er sich die niederen Menschen und regelte dann deren praktische Betätigung unter seinem Befehl, nach seinem Wollen und für seine Ziele. [...] Die Blutsvermischung und das dadurch bedingte Senken des Rassenniveaus ist die alleinige Ursache des Absterbens aller Kulturen. [...] Was nicht gute Rasse ist auf dieser Welt, ist Spreu. [...] Den gewaltigsten Gegensatz zum Arier bildet der Jude. [...] Er ist und bleibt der ewige Parasit [...], wo der auftritt, stirbt das Wirtsvolk nach kürzerer oder längerer Zeit ab. [...]

Die Internationalisierung unserer deutschen Wirtschaft, d.h. die Übernahme der deutschen Arbeitskraft in den Besitz der jüdischen Weltfinanz, lässt sich restlos nur durchführen in einem politisch bolschewistischen Staat. Soll die marxistische Kampftruppe des internationalen jüdischen Börsenkapitals aber dem deutschen Nationalstaat endgültig das Rückgrat brechen, so kann dies nur geschehen unter freundlicher Nachhilfe von außen. Frankreichs Armeen müssen deshalb das deutsche Staatsgebilde so lange berennen, bis das innen mürbe gewordene Reich der bolschewistischen Kampftruppe des internationalen Weltfinanzjudentums erliegt. So ist der Jude heute der große Hetzer zur restlosen Zerstörung Deutschlands. [...] Die Bolschewisierung Deutschlands, d.h. die Ausrottung der völkischen deutschen Intelligenz und die damit ermöglichte Anpassung der deutschen Arbeitskraft im Joche der jüdischen Weltfinanz, ist nur als Vorspiel gedacht für die Weiterverbreitung dieser jüdischen Welteroberungstendenz [...].

Zit. nach: Adolf Hitler: Mein Kampf. München 1934, S. 324 ff., 350 f., 702 f.

M4 Hitlers Monologe

Die folgenden Ausschnitte entstammen den sogenannten „Monologen" Hitlers aus dem Führerhauptquartier, die Hitler zumeist nachts vor einem ausgewählten Kreis von Vertrauten hielt:

a) 5./6. Juli 1941:

Auf die Frage, ob es genug sein werde, bis zum Ural als Grenze vorgedrungen zu sein: zunächst sei es genug, die Grenze bis dahin hinausgerückt zu haben; der Bolschewismus müsse ausgerottet werden; wenn nötig, werde man zu dem Zwecke von dort aus dahin vorstoßen, wo immer ein neuer Herd sich bilde; Moskau als Sitz dieser Lehre werde vom Erdboden verschwinden, sobald die wertvollen Güter weggebracht sind; mit den Russen der dortigen Fabriken zu arbeiten sei uns nicht möglich. St. Petersburg [Leningrad] als Stadt sei unvergleichlich viel schöner als Moskau.

b) 19./20. August 1941:

Wenn man dem deutschen Volke etwas Gutes wünschen will, dann wäre es, alle fünfzehn bis zwanzig Jahre einen Krieg zu haben. [...]

Das Leben ist grausam. Werden, Sein und Vergehen, es ist immer ein Töten; alles, was geboren wird, muss wieder sterben, ob durch Krankheit, Unfall oder Krieg, es bleibt das gleiche. Nur können die, denen der Krieg Wunden geschlagen hat, einen Trost finden darin, dass ihr Opfer um der Zukunft des Volkes willen gebracht ist.

c) 17. Oktober 1941:

Die Eingeborenen [die Bewohner der Sowjetunion]? Wir werden dazu übergehen, sie zu sieben. Den destruktiven Juden setzen wir ganz hinaus. Der Eindruck, den ich im weißrussischen Gebiet hatte, war besser als der in der Ukraine. In die russischen Städte gehen wir nicht hinein, sie müssen vollständig ersterben. Wir brauchen uns da gar keine Gewissensbisse zu machen. Wir leben uns nicht in die Rolle des Kindermädchens hinein, wir haben überhaupt keine

Verpflichtung den Leuten gegenüber. Das Wohnhaus reformieren, die Läuse fangen, deutsche Lehrer, Zeitungen? Nein! Lieber richten wir einen Rundfunk ein, der von uns abhängig ist, und im Übrigen sollen sie nur die Verkehrszeichen kennen, damit sie uns nicht in die Wagen laufen! Unter Freiheit verstehen diese Leute, dass sie sich nur alle Festtage zu waschen brauchen. Wenn wir mit der Schmierseife kommen, erben wir keine Sympathien. Man muss da ganz umlernen. Es gibt nur eine Aufgabe: eine Germanisierung durch Hereinnahme der Deutschen vorzunehmen und die Ureinwohner als Indianer zu betrachten. Wenn diese Menschen über uns gesiegt hätten, gnade Gott! Hass? Nein, den kennen wir nicht; wir handeln nur aus Überlegung. [...]
Ich gehe an diese Sache eiskalt heran. Ich fühle mich nur als der Vollstrecker eines geschichtlichen Willens.

d) 27. Januar 1942:
Da bin ich auch hier eiskalt: Wenn das deutsche Volk nicht bereit ist, für seine Selbsterhaltung sich einzusetzen, ganz gut: Dann soll es verschwinden!

Zit. nach: Werner Jochmann (Hg.): Adolf Hitler: Monologe im Führerhauptquartier 1941–1944. Die Aufzeichnungen Heinrich Heims. Hamburg 1980, S. 39, 58, 90 f. und 239.

M5 SS-„Moral“

Auszug aus Heinrich Himmlers Rede bei der SS-Gruppenführertagung in Posen am 4. Oktober 1943 über das Ausleseprinzip bei der SS:

Entstanden sind wir durch das Gesetz der Auslese. Wir haben ausgelesen aus dem Durchschnitt unseres Volkes. Dieses Volk ist durch das Würfelspiel des Schicksals und der Geschichte entstanden vor langen Urzeiten, in Generationen und Jahrhunderten. Über dieses Volk sind fremde Völker hinweggebraust und haben ihr Erbgut zurückgelassen. In dieses Volk sind fremde Blutskanäle eingemündet, aber dieses Volk hat trotzdem, trotz entsetzlichster Not und entsetzlichster Schicksalsschläge doch in seinem Blutskern die Kraft gehabt, sich durchzusetzen. So ist dieses ganze Volk von nordisch-fälisch-germanischem Blut durchtränkt und zusammengehalten, so dass man letzten Endes doch immer noch von einem deutschen Volk sprechen konnte und kann. Aus diesem Volk, vielfältig in seinen Erbanlagen gemischt, so wie es aus dem Zusammenbruch nach den Jahren des Freiheitskampfes vorhanden war, haben wir nun das nordisch-germanische Blut bewusst auszulesen versucht, da wir von diesem Blutsteil am meisten annehmen konnten, dass er der Träger der schöpferischen und heldischen, der lebenserhaltenden Eigenschaften unseres Volkes ist. Wir sind teils nach dem äußeren Erscheinungsbild gegangen und haben zum anderen Teil dann dieses Erscheinungsbild überprüft durch immer neue Forderungen, durch immer neue Proben, körperlich und geistig, charakterlich und seelisch. Wir haben immer wieder ausgesucht und abgestoßen, was nicht taugte, was nicht zu uns passte. So lange wir dazu die Kraft haben, so lange wird dieser Orden [die SS] gesund sein. In dem Augenblick, in dem wir das Gesetz unserer Volksgrundlage und das Gesetz der Auslese und Härte gegen uns selbst vergessen würden, in dem Augenblick würden wir den Keim des Todes in uns haben, in dem Augenblick würden wir zugrunde gehen, wie jede menschliche Organisation, wie jede Blüte in dieser Welt einmal zu Ende geht. Dieses Erblühen und dieses Fruchttragen für unser Volk möglichst lange und – erschrecken Sie nicht – möglichst in die Jahrtausende gehen zu lassen, muss unser Bestreben, muss unser inneres Gesetz sein. Deswegen sind wir verpflichtet, wann immer wir zusammenkommen und was wir auch tun, uns unseres Grundsatzes zu besinnen: Blut, Auslese, Härte. Das Gesetz der Natur ist eben dies: Was hart ist, ist gut, was kräftig ist, ist gut, was aus dem Lebenskampf körperlich, willensmäßig, seelisch sich durchsetzt, das ist das Gute, – immer auf die Länge der Zeit gesehen.

Aus: IMT; Bd. XXIX, S. 147 f.

M6 Ideologie statt Wissenschaft

Aus dem Artikel „Weiße Juden in der Wissenschaft“ des „Schwarzen Korps“, der Zeitschrift der SS, vom 15. Juli 1937 (Hervorhebungen im Original):

Am klarsten erkennbar ist der jüdische Geist wohl im Bereich der *Physik*, wo er in *Einstein* seinen „bedeutendsten“ Vertreter hervorgebracht hat. Während alle großen naturwissenschaftlichen Entdeckungen und Erkenntnisse auf den besonderen Fähigkeiten germanischer Forscher zur geduldigen, fleißigen und aufbauenden Naturbeobachtung zurückzuführen sind; während der germanische Forscher in der sogenannten Theorie immer nur ein Hilfsmittel sieht, das die Naturbeobachtung gegebenenfalls erleichtern, niemals aber ein Mittel zum Zweck werden kann; während die Erkenntnis der realen Wirklichkeit das einzige Ziel seiner Forschung ist, dem er auch die eigene Hilfstheorie opfert, wenn sie sich als unrichtig oder ungenügend erweisen sollte, hat der in den letzten Jahrzehnten vordringende jüdische Geist die *dogmatisch verkündete, von der Wirklichkeit losgelöste Theorie* in den Vordergrund zu schieben gewusst. Durch spitzfindige Verallgemeinerung vorhandener Erkenntnisse, durch geschicktes Jonglieren mit mathematischen Formeln, durch vernebelnde Zweideutigkeiten wurde die Alleinherrschaft solcher Theorien begründet. Sie entsprachen dem jüdischen Geist und der jüdischen „Forschungsmethode“ deshalb in so hohem Maße, weil sie die fleißige, geduldige, aufbauende Naturbeobachtung als überflüssig erscheinen ließen.

Zit. nach: Klaus-Jörg Ruhl: Brauner Alltag. 1933–1939 in Deutschland. Düsseldorf 1981, S. 96 f.

M7 Funktion der NS-Propaganda

Der Historiker Winfried Ranke analysiert die Funktionsmechanismen der nationalsozialistischen Propaganda:

Propaganda hatte in solchen Zusammenhängen für die zweckgerechte Stimmigkeit der Rahmenbedingungen zu sorgen. Das komplexe Ineinandergreifen von Festdekoration, Musik, Aufmarschzeremoniell, Formierungszwängen und Veranstaltungsdramaturgie hatte – noch ehe ein Redner vielleicht auf politische Inhalte zu sprechen kam – emotionale Ergriffenheit und Glaubensbereitschaft zu erzeugen. Die schließlich folgende Ansprache des/eines „Führers" war dann nur noch der Auslösereiz für die letzte Steigerung im ekstatischen Gemeinschaftserlebnis – für das zuckende Emporrecken der Arme und die zustimmenden „Sieg-Heil"-Rufe aus hunderttausend Kehlen. Zur Manipulation von Massenverhalten war die propagandistische Ausbeutung christlich-patriotischer Gewohnheiten des Glaubens besonders geeignet. Schon 1927 hatte Hitler beteuert: „Seien Sie versichert, auch bei uns ist in erster Linie das Glauben wichtig und nicht das Erkennen! Man muss an eine Sache glauben können. Der Glaube allein schafft den Staat. Was lässt den Menschen für religiöse Ideale in den Kampf gehen und sterben? Nicht das Erkennen, sondern der blinde Glaube."

Die Preisgabe kritisch prüfender Erkenntnis, die eingeübte Disziplin, als Teil einer paramilitärischen Formation zu funktionieren, und das willige Sicheinfügen in das Funktionsschema von Befehl und Gehorsam waren notwendige Voraussetzungen, um die deutsche Bevölkerung für Hitlers größenwahnsinnige Kriegspläne zu mobilisieren. Offenbar ließ sich so viel noch nicht verlässlich voraussetzen, als der „Führer" am 10.November 1938 [am Tag nach der Pogromnacht!] vor Pressevertretern forderte, „das deutsche Volk psychologisch allmählich umzustellen und ihm langsam klarzumachen, dass es Dinge gibt, die, wenn sie nicht mit friedlichen Mitteln durchgesetzt werden können, mit Mitteln der Gewalt durchgesetzt werden müssen". Um dies zu erreichen, war ein noch so pompöser Aufwand auf Großveranstaltungen nicht genug; dazu bedurfte es zahlreicher anderer Instanzen und Veranstaltungen, die alle dazu beitragen sollten, die Gesellschaft in der gewünschten Weise zu formieren. Neben der Schule gehörten dazu die Hitlerjugend, der Reichsarbeitsdienst, die seit 1934 zum Wehrsportverband domestizierte SA, die unter Himmlers Führung immer selbstbewusster werdende SS und schließlich auch die Wehrmacht.

Zit. nach: Winfried Ranke: Artikel „Propaganda". In: Enzyklopädie des Nationalsozialismus. Hg. v. Wolfgang Benz, Hermann Graml und Hermann Weiß. Klett-Cotta, Stuttgart 1997, 3. Auflage 1998, S. 34 – 49, hier S. 45 f.

Arbeitsaufträge

1 Arbeiten Sie heraus, welche Elemente der NS-Ideologie in der Rede Himmlers (M 5) identifiziert werden können. Schildern Sie in eigenen Worten, was sich hier als „Moral" abzeichnet. Gehen Sie insbesondere darauf ein, was Himmler unter „gut" versteht. Erarbeiten Sie eine Gegenargumentation zu diesem Text.

2 Gehen Sie die Auszüge aus „Mein Kampf" (M 3) und den Monologen Hitlers (M 4) durch. Diskutieren Sie die Wirkung dieser Textpassagen mit Ihrem Banknachbarn und danach in der Klasse. Versuchen Sie, die einzelnen Textpassagen mithilfe der folgenden Begriffe zu klassifizieren: Antibolschewismus, Sozialdarwinismus, Antisemitismus, Rassismus, Kolonialismus, Lebensraumideologie. Ergänzen Sie ggf. diese Begriffe.

3 a) Beschreiben Sie, inwieweit es sich bei M 6 um einen ideologischen und nicht um einen wissenschaftlichen Text handelt. Gehen Sie dabei auf die Argumentationstechniken eines wissenschaftlichen im Unterschied zu einem ideologischen Text ein.

b) Recherchieren Sie die Biografie eines deutschen Wissenschaftlers, der nach 1933 ins Exil getrieben wurde, und präsentieren Sie Ihre Ergebnisse der Klasse.

4 Beschreiben Sie die Bilder M 1 und M 2 und erläutern Sie deren ideologischen Gehalt.

5 Informieren Sie sich durch Recherchen im Internet und unter Zuhilfenahme von Lexikonartikeln über die Begriffe „Bolschewismus" und „Oktoberrevolution" (von 1917). Stellen Sie Ihre Rechercheergebnisse in einer Präsentation dar. Visualisieren Sie Ihre zentralen Aspekte auf zwei bis drei Folien am Overheadprojektor.

6 Diskutieren Sie, welche Erfahrungen Sie selber schon mit Massenveranstaltungen (z. B. einem Fußballspiel, einem Konzert) gemacht haben und beschreiben Sie die emotionalen Wirkungen solcher Massenveranstaltungen. Erarbeiten Sie dann aus M 7 die Funktionen der Propaganda für die Umsetzung der NS-Ideologie.

7 Recherchieren Sie, welche Autoren in den Bücherverbrennungen vom 11. Mai 1933 symbolisch verbrannt wurden. Wählen Sie eines der Werke aus und stellen Sie das Buch in der Klasse vor. Diskutieren Sie, warum die Nationalsozialisten Bücher verbrannten.

3.3 „Volksgemeinschaft" und Terror – das NS-Herrschaftssystem

Nach der Etablierung ihrer Herrschaft bauten die Nationalsozialisten den Regierungsapparat aus und festigten ihre Machtposition in der deutschen Gesellschaft. Mit dem Versprechen, eine „Volksgemeinschaft" zu schaffen, in der alle gleich sein sollten, dem Bemühen, die Arbeitslosigkeit abzubauen und sozialpolitischen Neuerungen sollte die Bevölkerung vom neuen Regime überzeugt werden. All jenen, die sich nicht zur Mitarbeit am „neuen Deutschland" bereit fanden wollten, und allen Gegnern und Ausgegrenzten, die von vornherein in Opposition zum NS-Staat standen, drohte das Regime dagegen mit Verfolgung und Terror.
Wie war der Terrorapparat des NS-Staates aufgebaut? Was genau verbarg sich hinter den sozialpolitischen Angeboten? Und wie reagierte die deutsche Bevölkerung auf diese Mischung aus Verführung und Terror?

1933	Erste Konzentrationslager werden errichtet. Staatliche Arbeitsbeschaffungsprogramme senken die Arbeitslosigkeit. Gründung der NS-Gemeinschaft „Kraft durch Freude" (November)
1936	Heinrich Himmler, der Führer der SS, wird Chef der Deutschen Polizei und verschmilzt die SS-Organisation mit der Polizei in Deutschland.
1939	Das Reichssicherheitshauptamt (RSHA) wird zur zentralen Terrorbehörde des NS-Staates (September). Beginn der Euthanasie-Morde (Oktober)

Propagandabild „Volksgemeinschaft"

Die „Volksgemeinschaft" war ein wesentliches Element der NS-Ideologie, das in der Bevölkerung über eine hohe Anziehungskraft verfügte. Mit der „Volksgemeinschaft" versprach die NS-Propaganda den Deutschen scheinbar eine Gesellschaft ohne Klassen- und Standesunterschiede. Es hieß, alle sollten gleich sein, das Interesse des Einzelnen sich dem Gemeinwohl des Volkes unterordnen. Das Versprechen einer Gemeinschaft ohne soziale Gegensätze hatte nach den Erfahrungen mit der konfliktgeladenen pluralistischen Gesellschaft der Weimarer Zeit und deren heftigen innenpolitischen Auseinandersetzungen ungemeine Attraktivität. Nach den Krisenjahren Anfang der 1930er-Jahre herrschte in weiten Teilen der deutschen Gesellschaft eine tiefe Sehnsucht nach Harmonie.
Während die Propaganda nicht müde wurde, die Zusammengehörigkeit der Volksgenossen in der „Volksgemeinschaft" zu beschwören, sah die Wirklichkeit im NS-Staat jedoch anders aus. Jenseits aller propagandistischen Inszenierung unterschieden die Nationalsozialisten und ihre Anhänger sehr wohl. All jene, die nicht ins weltanschauliche Bild passten, wurden von vornherein aus der „Volksgemeinschaft" ausgeschlossen. Dazu zählten neben den politischen Gegnern vor allem jene, die nicht dem Rasseideal der Nationalsozialisten entsprachen, also Juden, Sinti und Roma oder Behinderte, aber auch Obdachlose oder Homosexuelle. Sie alle wurden von Anfang an ausgegrenzt und terrorisiert.

Die organisierte „Volksgemeinschaft"

Ihren organisatorischen Ausdruck fand die „Volksgemeinschaft" in zahlreichen Verbänden und Unterorganisationen, die der NSDAP angeschlossen waren, wie dem Reichsarbeitsdienst oder der DAF (Deutsche Arbeitsfront). In möglichst allen gesellschaftlichen Bereichen sollten NS-Organisationen für die Betreuung und Beeinflussung der Volksgenossen im gewünschten ideologischen Sinne zur Verfügung stehen. So gründeten sich bald das Nationalsozialistische Kraftfahrer-Korps oder der Nationalsozialistische Lehrerbund. Der Zulauf zu diesen Organisationen war groß. Die NSDAP selbst hatte schließlich 8,5 Millionen „Parteigenossen", die DAF über 23 Millionen Mitglieder. „Volksgemeinschaft" bedeutete verstärkte Kontrolle und zunehmende Gleichschaltung der Gesellschaft. Denn gemäß den Vorstellungen der Nationalsozialisten sollten sich die Volksgenossen sowohl im Beruf als auch im Privatleben nur nach der NS-Ideologie richten. Möglichst ein Leben lang sollte der Volksgenosse den Organisationen der Nationalsozialisten angehören und dabei weltanschaulich indoktriniert werden. Schon im Kindesalter begann die Einflussnahme. Über die Hitlerjugend (HJ) bzw. den BDM (Bund deutscher Mädel) wurden Kinder und Jugendliche an das Regime gebunden. Gerade die „deutsche Jugend" sollte vollständig erfasst und im Sinne des Nationalsozialismus erzogen werden, um dem Staat für die Zukunft eine ideologisch überzeugte Anhängerschaft zu sichern.

Sozialpolitische Verlockungen

Zu den nationalsozialistischen Massenorganisationen zählte auch die NS-Volkswohlfahrt (NSV), die bis zu 17 Millionen Mitglieder hatte. Die NSV organisierte unter anderem Spendenaktionen für das „Winterhilfswerk", wie den sogenannten „Eintopfsonntag". An diesen Tagen sollten alle Deutschen auf Fleisch verzichten und Eintopf essen. Das eingesparte Geld wurde dem Winterhilfswerk gespendet. Auch prominente Nationalsozialisten nahmen an solchen Eintopfessen teil, um den Eindruck zu vermitteln, alle – egal ob arm oder reich – seien Teil der großen „Volksgemeinschaft". Die „freiwillige" Spende wurde allerdings als Pflicht jedes Volksgenossen betrachtet. Wer nicht spendete, machte sich verdächtig, Gegner des NS-Regimes zu sein.
Propagandistisch wirksam erwies sich auch die Organisation „Kraft durch Freude". Sie bot all jenen, die sich zur „Volksgemeinschaft" bekannten, ein kulturelles und touristisches Freizeitprogramm. Als besonders attraktiv erwiesen sich die zu günstigen Preisen angebotenen Ausflüge und Auslandsreisen, die auch für weniger wohlhabende Arbeiter und Angestellte erschwinglich sein sollten. Besonders begehrt waren Kreuzfahrten im Mittelmeer oder in der norwegischen See.

M1 Aufruf zur Teilnahme am „Eintopfsonntag", Plakat

Kaum Arbeitslose – ein Wirtschaftswunder?

Zur Festigung der NS-Herrschaft trug auch die wirtschaftliche Entwicklung bei. Nach den Rekordzahlen der Arbeitslosigkeit am Ende der Weimarer Republik herrschte 1936 wieder nahezu Vollbeschäftigung in Deutschland. Wie war das möglich?
Die Nationalsozialisten hatten Pläne staatlicher Wirtschaftsförderung, die noch aus der Weimarer Zeit stammten, aufgegriffen und damit die Konjunktur kräftig angekurbelt. Die Vergabe großer Staatsaufträge, die zum Bau von Autobahnen, öffentlichen Gebäuden, Kasernen und Flughäfen führte, brachte die Massen der Arbeitslosen ebenso in Beschäftigung wie der seit 1934 boomende Rüstungssektor.

Weitere Arbeitslose wurden durch den seit 1935 eingeführten Reichsarbeitsdienst und durch die Einführung der allgemeinen Wehrpflicht aufgesogen. Der Reichsarbeitsdienst verpflichtete alle 18- bis 25-jährigen Jugendlichen für ein halbes Jahr, gemeinnützige Arbeit, etwa im Straßenbau oder in der Landwirtschaft, zu leisten. Rund 200 000 bis 300 000 junge Männer und Frauen befanden sich ständig in den Lagern des Arbeitsdienstes und verschwanden so aus der Arbeitslosenstatistik. Auch die sogenannten Ehestandsdarlehen schönten die Statistik. Frisch verheiratete Paare bekamen ein günstiges Darlehen vom Staat unter der Bedingung, dass die Frau ihren Arbeitsplatz aufgab. Bis 1935 wurden so rund 370 000 Frauen aus dem Berufsleben gedrängt.
Der Rückgang der Arbeitslosigkeit war ein wesentlicher Prestigefaktor für das Regime. Den meisten Deutschen erschienen die Wirtschaftspolitik und die Ansätze der Sozialpolitik des NS-Regimes als erfolgreich. Was die Bevölkerung allerdings kaum wahrnahm, waren die Kosten dieser Politik: Während die Arbeitszeit verlängert wurde, blieben die Löhne auf niedrigem Niveau. Und durch die Ausschaltung der Gewerkschaften gab es keine Interessenvertretung für die Arbeitnehmer mehr. Kaum jemand bemerkte, dass zudem die Staatsverschuldung drastisch anwuchs. Die öffentlichen Investitionen in Großaufträge und in die Rüstungsindustrie ließen sich nur auf Pump finanzieren. Die Wiedereinführung der allgemeinen Wehrpflicht und der wachsende Arbeitskräftebedarf in der Rüstungsindustrie ließen erahnen, dass das NS-Regime plante, die horrende Staatsverschuldung durch Krieg und Eroberung neuer Wirtschaftsräume zu lösen.

Aus der „Volksgemeinschaft" ausgegrenzt

Im selben Maße wie scheinbare Erfolge des NS-Regimes sichtbar wurden, traf die Propaganda von einer hinter dem Führer gesammelten „Volksgemeinschaft" auf positive Resonanz in der Bevölkerung. Parallel stieg die Bereitschaft, Ausgrenzung und Verfolgung derjenigen, die nicht in der „Volksgemeinschaft" willkommen waren, zu akzeptieren. Der Terror gegen die Ausgegrenzten erschien den meisten Deutschen weniger als bedrohlicher Verlust von Rechtsstaatlichkeit, sondern viel eher als imponierendes Zeichen politischer Entschlossenheit und Stärke.
Neben den Juden, dem ideologischen „Hauptfeind", richtete sich die Verfolgung der Nationalsozialisten gegen alle politischen Gegner, vor allem aber gegen jene, denen die rassistische und inhumane Ideologie die Gleichberechtigung absprach: Die als „rassisch minderwertig" betrachteten Sinti und Roma etwa wurden verhaftet und zur Zwangsarbeit in Arbeitslager eingewiesen. Ihre Kinder durften keine Schulen mehr besuchen, Frauen und Männer erhielten Berufsverbot. Schließlich wurden während des Zweiten Weltkrieges die Sinti und Roma in die Vernichtungslager deportiert. Mehrere Hunderttausend wurden so ermordet.
Zu Opfern der mörderischen Ideologie wurden ebenso die geistig und körperlich Behinderten. Schon bald nach 1933 verboten die Nationalsozialisten psychisch kranken, missgebildeten oder geistig behinderten Deutschen zu heiraten und Kinder zu bekommen. Frauen und Männer mit „Erbkrankheiten" wurden zwangssterilisiert. 1939 wurde gesetzlich festgelegt, dass „unwertes Leben" planmäßig vernichtet werden durfte. Im Rahmen der „Euthanasie"

Euthanasie (griech. = „leichter bzw. schöner Tod"): Euphemistischer Begriff für die NS-Mordpolitik gegenüber geistig und körperlich Behinderten. Die interne Tarnbezeichnung für die Euthanasiemorde war „Aktion T4", nach der Adresse der Euthansiezentrale Tiergartenstraße 4 in Berlin. Das Personal bestand aus Mitgliedern der „Kanzlei des Führers", Beamten, Parteifunktionären sowie Ärzten und dem Pflegepersonal.
In verschiedenen als Heil- und Pflegeanstalt getarnten Tötungseinrichtungen wurden die zur Ermordung bestimmten Patienten mittels Giftinjektionen oder mit Giftgas getötet. Nach Protesten von Kirchenführern und Angehörigen wurden die Euthanasiemorde kurzzeitig ausgesetzt, bevor sie geheim weitergeführt wurden.

---

wurden in Heil- und Pflegeanstalten über 100 000 Behinderte ermordet.
Im Fadenkreuz der Nationalsozialisten befanden sich zudem Homosexuelle und sogenannte „Asoziale". Sie hatten ebenfalls unter Terror und Diskriminierung zu leiden und waren ebenso wenig Teil der „Volksgemeinschaft" wie die während des Zweiten Weltkrieges sogenannten „Volksschädlinge", die nicht bereit waren, blinden Gehorsam zu leisten und die Zwangsarbeiter, die während des Krieges nach Deutschland deportiert wurden, damit man ihre Arbeitskraft ausbeuten konnte.

Kontrolle und Denunziation

Die ideologische Geschlossenheit der „Volksgemeinschaft" wurde auch dadurch gesichert, dass Funktionäre der NSDAP in Betrieben und in Wohngebieten (die sogenannten „Blockwarte") die Bevölkerung kontrollierten und überwachten. Dabei lebten sie und die Verfolgungsbehörden wie die Gestapo (Geheime Staatspolizei) von der Bereitschaft vieler „Volksgenossen", ihre Mitmenschen zu denunzieren. Oft waren persönliche Streitigkeiten ein Anlass, jemanden beim Blockwart anzuschwärzen. Den vordergründigen Anlass bot etwa eine regimekritische Äußerung oder die Nichtbeflaggung der Wohnung mit der Hakenkreuzfahne. Selbst wer den „Deutschen Gruß" (den erhobenen rechten Arm und die Formel „Heil Hitler") nicht verwendete, konnte sich verdächtig machen und Gefahr laufen, von einem Denunzianten verraten zu werden.

Aufbau des Terrorstaates

Schon in der Anfangsphase des Regimes war durch die Notverordnungen vom 4. und vom 28. Februar 1933 der Rechtsstaat in weiten Teilen außer Kraft gesetzt worden (vgl. Kap. 3.1). In der Folge verlor die Justiz ihre Unabhängigkeit und wurde ein Teil des Verfolgungsapparats. Neben den regulären Gerichten wurden Sondergerichte und der Volksgerichtshof errichtet. Politischen Gegnern drohten drastische Strafen, oft sogar der Tod. Insbesondere nach Kriegsbeginn und dann erneut während der sich abzeichnenden Niederlage wurde das Strafmaß erheblich verschärft.
Neben den Sondergerichten gehört die „Schutzhaft" zu den Charakteristika der nationalsozialistischen Verfolgungspolitik. Ohne Urteil eines regulären Gerichts konnten Verdächtige zeitlich unbefristet in Haft genommen werden. Nach 1938 konnte die „Schutzhaft" allein von Angehörigen der Gestapo angeordnet werden. Diese konnten eine Person, die gerade aus der regulären Haft entlassen worden war, in „Schutzhaft" nehmen, ohne dass der Verhaftete sich vor einem regulären Gericht dagegen hätte wehren können.
Zentral für Überwachung und Terror im NS-Staat erwies sich bald der Aufbau des Polizeiapparats. Heinrich Himmler, der Führer der SS, hatte sich seit 1933 um die Kontrolle der politischen Polizei in den Ländern des Reiches

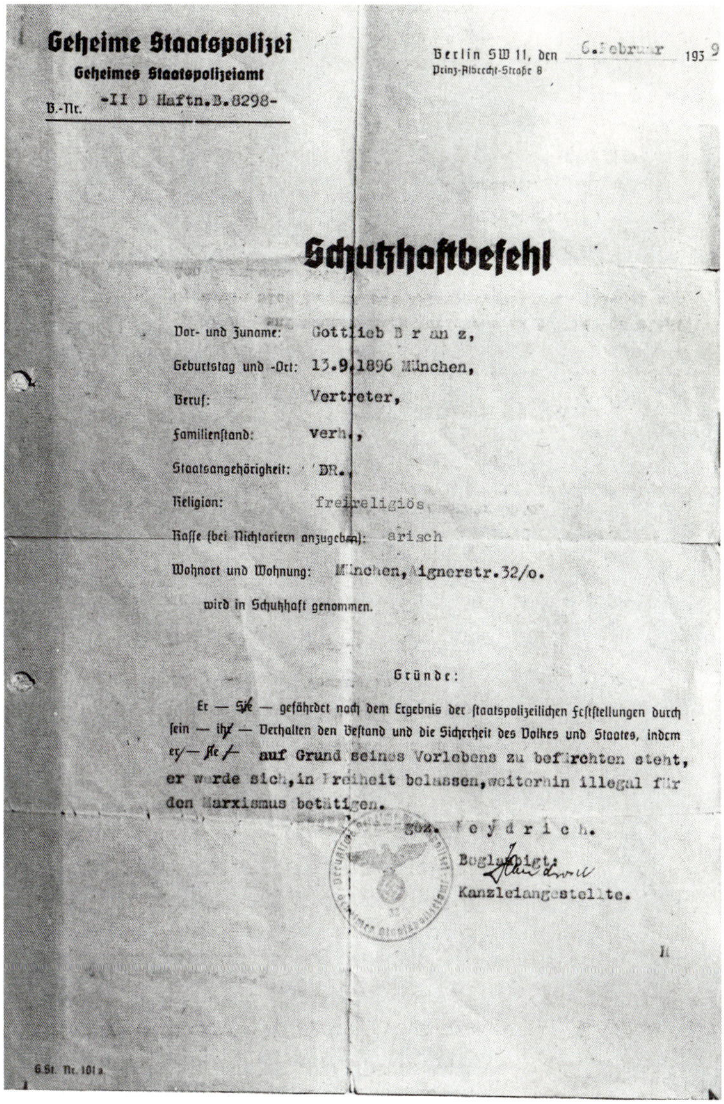

Geheime Staatspolizei
Geheimes Staatspolizeiamt
B.-Nr. -II D Haftn.B.8298-

Berlin SW 11, den 6. Februar 1939
Prinz-Albrecht-Straße 8

Schutzhaftbefehl

Vor- und Zuname: Gottlieb B r an z,
Geburtstag und -Ort: 13.9.1896 München,
Beruf: Vertreter,
Familienstand: verh.,
Staatsangehörigkeit: DR.,
Religion: freireligiös,
Rasse (bei Nichtariern anzugeben): arisch
Wohnort und Wohnung: München, Aignerstr.32/o.

wird in Schutzhaft genommen.

Gründe:

Er — ~~Sie~~ — gefährdet nach dem Ergebnis der staatspolizeilichen Feststellungen durch sein — ~~ihr~~ — Verhalten den Bestand und die Sicherheit des Volkes und Staates, indem ~~er — sie —~~ auf Grund seines Vorlebens zu befürchten steht, er werde sich, in Freiheit belassen, weiterhin illegal für den Marxismus betätigen.

gez. Heydrich.

Beglaubigt:
[Unterschrift]
Kanzleiangestellte.

G.St. Nr. 101 a

M2 Schutzhaftbefehl

bemüht und schon bald den gesamten Polizeiapparat unter seine Kontrolle bekommen, den er mit der SS verschmolz. Die Polizei im NS-Staat bestand aus verschiedenen Unterorganisationen: der Schutz- und Ordnungspolizei, der Kriminalpolizei und der politischen Polizei. 1936 wurden sämtliche politischen Polizeien der Länder unter dem Oberbegriff „Gestapo" zentralisiert. Hauptaufgabe der Gestapo war die systematische Bekämpfung politischer und weltanschaulicher Gegner des NS-Staates. Gemeinsam mit der Kriminalpolizei war die Gestapo im Hauptamt für Sicherheitspolizei (Sipo) zusammengefasst, welches der Leitung von Reinhard Heydrich unterstand.
Dieser hatte mit dem Sicherheitsdienst (SD) zunächst den Nachrichtendienst der NSDAP geführt. Dessen Aufgabe bestand darin, mit einem Netz von Spitzeln, die Bevölkerung zu überwachen und potenzielle Gegner zu ermitteln. Kurz nach Beginn des Zweiten Weltkrieges wurde der SD mit der Gestapo zum Reichssicherheitshauptamt (RSHA) verbunden. Dies war fortan die zentrale Terrorbehörde im NS-Staat. Ihr Chef war ebenfalls Reinhard Heydrich.

Welt der Lager

Ein wesentliches Kennzeichen der nationalsozialistischen Terrorherrschaft waren die Lager, die zunächst Deutschland und später das ganze besetzte Europa durchzogen. Erste Konzentrationslager wurden bereits unmittelbar nach der Machtübernahme errichtet, zum Teil auch als sogenannte „wilde KZ" der SA ohne jede staatliche Aufsicht. Doch schon bald wurden Bau und Verwaltung der Lager unter Führung der SS – und somit Heinrich Himmlers – zentralisiert. Die SS stellte fortan das Wachpersonal, das in den Lagern eine menschenverachtende Willkürherrschaft ausübte.
Die Konzentrationslager waren furchtbare Orte des Schreckens, in denen Hunderttausende gefoltert und ermordet wurden. Etliche starben bei Menschenversuchen durch sadistische SS-Ärzte.

Die Deutschen – überzeugte Nazis?

Wie reagierte die deutsche Bevölkerung auf das System von Terror und Verführung der Nationalsozialisten? Zusammenfassend lässt sich festhalten, dass bereits 1933 Hitlers Machtübernahme und die zunehmende Etablierung seiner Herrschaft von immer mehr Deutschen als Chance zur Überwindung der Staats- und Wirtschaftskrise und des Vertrages von Versailles aufgefasst wurde. Am Vorabend des Zweiten Weltkrieges hatte Hitler wohl die große Mehrheit der Bevölkerung hinter sich. Vor allem der Glaube an den „Führer" und das Gefühl der Mehrheit der deutschen Bevölkerung, Teil der propagierten „Volksgemeinschaft" zu sein, spielten eine große Rolle für die Bindung an das Regime. Dass Angehörige bestimmter Gruppen von der neuen „Gemeinschaft" von Anfang an ausgeschlossen waren und auch in aller Öffentlichkeit verfolgt wurden, fand wenig oder keine Kritik. Gewalttaten gegen ideologische Gegner wurden als notwendige Maßnahmen auf dem Weg der „nationalen Erneuerung" betrachtet und die Hetze gegen die Juden fiel bei manchen Deutschen auf fruchtbaren Boden.
Jene, die mit gewalttätigen Übergriffen gegen andersdenkende Menschen nicht einverstanden waren, schwiegen – aus Furcht, sich selbst in Gefahr zu bringen. Viele Menschen profitierten aber auch von der Ausgrenzung anderer, etwa im Beruf. Sie waren bereit, das Regime zu unterstützen, auch wenn es mit verbrecherischen Mitteln vorging. Selbst die Folgen des Krieges, die spätestens 1944 jedem und jeder Deutschen täglich vor Augen geführt wurden, führten nicht dazu, dass sich nennenswerte Bevölkerungsteile vom Regime abwandten oder gar Regimegegner wurden. Die Masse der Deutschen waren Mitläufer, die vom nationalsozialistischen Regime profitieren wollten.

M3 Arbeitslosigkeit, Rüstung, Staatsverschuldung

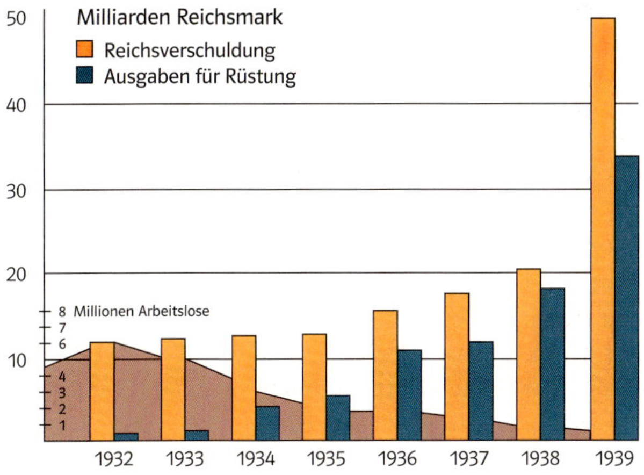

M4 Entwicklung der Tarif-Stundenlöhne (in Pfennig)

	1929	1932	1936	1939
Facharbeiter	101,1	81,6	78,3	79,1
Hilfsarbeiter	79,4	64,4	62,3	62,8
Facharbeiterin	63,4	53,1	51,6	51,5
Hilfsarbeiterin	52,7	43,9	43,4	44,0

M5 Durchschnittlicher Jahresverbrauch in einem Vier-Personen-Haushalt

	1928	1937
Fleisch (kg)	146,5	118,5
Eier (Stück)	472	258
Milch (l)	481	358
Kartoffel (kg)	507,8	530,3
Gemüse (kg)	127,3	117,8
Obst (kg)	96,2	64,9

M 3 bis M 5 zit. nach: R. Erbe: Die nationalsozialistische Wirtschaftspolitik 1933 bis 1939 im Licht der modernen Theorie. Zürich 1958, S. 36 ff.

M6 „Zehn Gebote für die Gattenwahl"

Folgende Leitlinien veröffentlichte der Reichsausschuss für Volksgesundheit im Jahr 1934 (Hervorhebungen im Original):

1. Gedenke, dass Du ein Deutscher bist.

Alles, was Du bist, bist Du nicht aus eigenem Verdienst, sondern durch Dein Volk. Ob Du willst oder nicht willst, Du gehörst zu ihm; denn Du bist aus ihm hervorgegangen. Darum denke bei allem, was Du tust, ob es Deinem Volke förderlich ist. Gemeinnutz geht vor Eigennutz.

2. Du sollst, wenn Du erbgesund bist, nicht ehelos bleiben.

Alles, was an Dir vorhanden ist, alle Eigenschaften Deines Körpers und Geistes sind vergänglich. Sie sind ein Erbe, ein Geschenk Deiner Vorfahren. Sie leben in Dir in ununterbrochener Kette weiter. Wer ohne zwingenden Grund ehelos bleibt, unterbricht diese Kette der Geschlechter. – Dein Leben ist nur eine vorübergehende Erscheinung; Sippe und Volk bestehen fort. Geistiges und körperliches Erbgut feiert in den Kindern Auferstehung.

Erbgut, Blutserbe ist alles das, was an körperlichen, geistigen und seelischen Anlagen dem Menschen durch seine Ahnen bei der Zeugung übermittelt worden ist. Bei der großen Menge dieser Anlagen kann im Einzelmenschen nur ein Teil davon während seines Lebens in Erscheinung treten. Da dieses Erbgut immer wieder bei den Nachkommen in Erscheinung tritt, ist es ewig. Es ist das Erbbild, dem das Erscheinungsbild des Einzelmenschen gegenübersteht.

[...]

5. Wähle als Deutscher nur einen Gatten gleichen oder nordischen Blutes.

Wo Anlage zu Anlage passt, herrscht Gleichklang. Wo ungleiche Rassen sich mischen, gibt es einen Missklang. Mischung nicht zueinander passender Rassen (Bastardisierung) führt im Leben der Menschen und Völker häufig zu Entartungen und Untergang; umso schneller, je weniger die Rasseneigenschaften zueinander passen. Hüte Dich vorm Niedergang, halte Dich von Fremdstämmigen außereuropäischer Rassenherkunft fern! Glück ist nur bei Gleichgearteten möglich.

Die Geschichte lehrt, dass unsere germanischen Vorfahren dem Wunschbild des Nordischen Menschen in hohem Maße entsprachen. Die Nordische Rasse ist nach allen Forschungen die für das Deutsche Volk und seine Brudervölker germanischer Sprache und ihre Entwicklung wertvollste Rasse. Alle deutschen Stämme haben einen Einschlag Nordischer Rasse gemeinsam, mögen sie sich auch sonst durch Einschläge nichtnordischer Rassen unterscheiden. Der Nordische Blutseinschlag verbindet das ganze deutsche Volk. Jeder Deutsche hat daran mehr oder weniger Teil. Diesen Anteil zu erhalten und zu mehren ist heilige Pflicht. Wer sein Blut mit Fremdstämmigen außereuropäischer Rassenherkunft mischt, arbeitet der Aufartung seines Volkes entgegen.

6. Bei der Wahl Deines Gatten frage nach seinen Vorfahren.

Du heiratest nicht Deinen Gatten allein, sondern mit ihm gewissermaßen seine Ahnen. Wertvolle Nachkommen sind nur zu erwarten, wo wertvolle Ahnen vorhanden sind. Gaben des Verstandes und der Seele sind ebenso ein Erbteil wie die Farbe der Augen und Haare. Schlechte Anlagen vererben sich ebenso wie gute. Ein guter Mensch kann in sich Keime (Erbgut) tragen, die in den Kindern sich zum Unglück gestalten.

Darum heirate nie den einzigen guten Menschen aus einer schlechten Familie.

Wer offenen Blickes Eltern und Verwandtschaft betrachtet, wird manche Gefahr erkennen. Bist Du unsicher, verlange eine erbbiologische Sippschaftstafel, frage einen mit Erbgesundheitsfragen vertrauten Arzt.

Es gibt nichts Kostbareres auf der Welt als die Keime edlen Blutes, verdorbene Keimmasse kann keine Heilkunst in gute verwandeln.

[…]

10. Du sollst Dir möglichst viele Kinder wünschen.

Erst bei drei bis vier Kindern bleibt der Bestand des Volkes sichergestellt. Nur bei großer Kinderzahl werden die in der Sippe vorhandenen Anlagen in möglichst großer Zahl und Mannigfaltigkeit in Erscheinung treten. Kein Kind gleicht genau dem anderen. Ein jedes Kind hat verschiedene Anlagen seiner Vorfahren ererbt. Viele wertvolle Kinder erhöhen den Wert eines Volkes und sind die sicherste Gewähr für seinen Fortbestand. Du vergehst; was Du Deinen Nachkommen gibst, bleibt; in ihnen feierst Du Auferstehung. Dein Volk lebt ewig.

Zit. nach: Klaus-Jörg Ruhl: Brauner Alltag. 1933–1939 in Deutschland. Düsseldorf 1981, S. 71–73.

M7 Gesunde Arierin gesucht

In einer Heiratsanzeige der „Münchner Neuesten Nachrichten" aus dem Jahr 1940 heißt es:

Zweiundfünfzig Jahre alter, rein arischer Arzt, Teilnehmer an der Schlacht bei Tannenberg, der auf dem Lande zu siedeln beabsichtigt, wünscht sich männlichen Nachwuchs durch eine standesamtliche Heirat mit einer gesunden Arierin, jungfräulich, jung, bescheiden, sparsame Hausfrau, gewöhnt an schwere Arbeit, breithüftig, flache Absätze, keine Ohrringe, möglichst ohne Eigentum.

Münchner Neueste Nachrichten vom 25. Juli 1940, zit. nach: Klaus-Jörg Ruhl: Brauner Alltag. 1933–1939 in Deutschland. Düsseldorf 1981, S. 69.

M8 Mathematik der NS-Zeit

In einem Schulbuch befand sich folgende Aufgabe:

Ein Geisteskranker kostet täglich etwa 4 RM [Reichsmark], ein Krüppel 5,50 RM, ein Verbrecher 3,50 RM. In vielen Fällen hat ein Beamter täglich nur etwa 4 RM, ein Angestellter kaum 3,50 RM, ein ungelernter Arbeiter noch keine 2 RM auf den Kopf der Familie.

a) Stelle diese Zahlen bildlich dar. – Nach vorsichtigen Schätzungen sind in Deutschland 300 000 Geisteskranke, Epileptiker usw. in Anstaltspflege;

b) Was kostet diese jährlich insgesamt bei einem Satz von 4 RM?;

c) Wie viel Ehestandsdarlehen zu je 1 000 RM könnten – unter Verzicht auf spätere Rückzahlung – von diesem Geld jährlich ausgegeben werden?

Zit. nach: Klaus-Jörg Ruhl: Brauner Alltag. 1933–1939 in Deutschland. Düsseldorf 1981, S. 56.

M9 Wieso werden normale Menschen zu Massenmördern?

Eine soziologische Erklärung für das Handeln der nationalsozialistischen Täter liefert der Sozialpsychologe Harald Welzer:

Wenn man sich etwa die Geschwindigkeit vergegenwärtigt, mit der in Jugoslawien die Ethnisierungsprozesse verlaufen sind, die eine ganze Gesellschaft in einen äußerst brutalen Krieg inklusive ethnischer Säuberungen und Massenerschießungen gezogen haben, oder bemerkt, in welch unglaublich kurzem Zeitraum die deutsche Gesellschaft sich nach Januar 1933 nationalsozialisiert hat, beginnt man zum einen zu ahnen, wie schwach es um die Stabilität und Trägheit moderner Gesellschaften in ihrem psychosozialen Binnengefüge bestellt ist, an die wir so gern glauben. Zum anderen wird verständlich, dass es eben nicht nur abstrakte, analytische Kategorien wie „Gesellschaft" und „Herrschaftsformen" sind, die sich innerhalb weniger Monate verändern, sondern dass die konkreten Menschen, die diese Gesellschaften bilden und ihre Herrschaftsformen realisieren, sich in ihren normativen Orientierungen, in ihren Wertüberzeugungen, in ihren Identifikationen und auch in ihrem zwischenmenschlichen Handeln schnell verändern können. Entscheidungen zur Benachteiligung anderer Gesellschaftsmitglieder, dann zu ihrer Entrechtung, zu ihrer Beraubung, schließlich zu ihrer Deportation und Tötung, liegen ja 1933 keineswegs in ihrem vollem Ausmaß vor, sondern werden sukzessive [allmählich] durch aktive Toleranz und Partizipation der Volksgenossinnen und Volksgenossen formatiert. Dabei wird zunehmend für normal und akzeptabel gehalten, was zu Beginn des Prozesses noch als unmenschlich und unakzeptabel gegolten hätte – und diese Beobachtung ist höchst relevant auch für das Erklären von Tätern und ihren Taten.

Ein gesellschaftlicher Prozess, in dem die radikale Ausgrenzung von Anderen zunehmend als positiv betrachtet wird und der schließlich das Tötungsverbot in ein Tötungsgebot verwandelt, bildet gewissermaßen den ersten Kreis des Tatzusammenhangs. Dieser Kreis schafft eine dynamische gesellschaftliche Deutungsmatrix, die den individuellen normativen Orientierungen und ihren Veränderungen einen Rahmen gibt. Dieser kann fallweise über- oder unterschritten oder ignoriert werden; er ist aber für die Analyse von Täterhandeln deswegen von Bedeutung, weil die Entscheidungen für das eigene Handeln nicht rein situativ und individuell getroffen werden, sondern immer auch an diesen größeren Rahmen gebunden sind – in dem Sinne etwa, dass die wahrgenommene Legitimität einer Judenerschießung durch einen gesellschaftlich dominanten Antisemitismus und Rassismus oder, noch allgemeiner, durch eine nationalsozialistische Moral kontextualisiert ist. Dieser Rahmen verändert sich in den zwölf Jahren zwischen 1933 und 1945 rapide, und er ist wichtig für die Wahrnehmung einer gegebenen Situation durch den Einzelnen – sei es eine Situation, in der man vor der Frage steht, ob man es sich erlauben sollte, in einem jüdischen Geschäft einzukaufen, sei es eine, in der die Gewalt der „Reichskristallnacht" beobachtet wird, sei es eine der angeordneten Erschießung jüdischer Kinder. Denn Situationen werden grundsätzlich interpretiert, bevor eine Schlussfolgerung gezogen und eine Entscheidung für das eigene Handeln (oder Nichthandeln) getroffen wird – und in solche Interpretationsprozesse gehen gesellschaftlich dominante Normen ebenso ein wie situativ gebildete Gruppennormen, sozialisierte Werthaltungen, religiöse Überzeugungen, vorangegangene Erfahrungen, Wissen, Kompetenz, Gefühle usw. usf.

Die soziale Situation und ihre Deutung durch einen Akteur bildet mithin einen zweiten, inneren Kreis des Tatzusammenhangs. Dieser ist in sich differenziert – nach den Erwartungen und Erfahrungen, mit denen jemand in die Situation kommt, nach den Modi der Bewältigung der gegebenen oder sich ergebenden Aufgaben, den dabei auftretenden Problemen und vorgenommenen Korrekturen des eingeschlagenen Wegs, die neue Entscheidungen nach sich ziehen usw. Erst wenn dieser Kreis für eine gegebene Tat beschrieben werden kann, öffnet sich analytisch der Raum für die Betrachtung eines dritten, nun eher individuellen Kreises des Geschehens: die Einschätzung des eigenen Handlungsspielraums durch den jeweiligen Akteur. Ein solcher Spielraum ist nicht einfach objektiv gegeben; er ist davon abhängig, ob und wie ein Akteur ihn wahrnimmt, welche möglichen Konsequenzen er bei der Entscheidung für diese oder jene Option (mitschießen oder „sich drücken" oder sich verweigern etc.) erwartet, bevor er sich schließlich für eine entscheidet. Erst auf dieser Ebene kommt Psychologie ins Spiel – denn die Interpretation des Spielraums und die auf dieser Basis gezogene Schlussfolgerung ist auch von persönlichen Dispositionen, biographischen Erfahrungen, individuellen Einstellungen und Überzeugungen der Handlungskompetenz usw. abhängig.

Eine Tat spielt sich also im Rahmen mehrerer Kontexte ab, die von der gesellschaftlichen bis zur individuellen Ebene zu unterscheiden sind. Mit Hilfe einer solchen Unterscheidung lässt sich nicht nur beschreiben, was die Akteure getan haben, sondern auch, wie sie als Personen die jeweiligen Situation wahrgenommen, welche situativen Bedingungen ihr Handeln bestimmt haben und unter welchen überindividuellen, jenseits der Grenzen der subjektiven Zurechnung liegenden, sozialen und normativen Rahmenbedingungen das jeweilige Handeln stattfand.

Harald Welzer: Täter. Wie aus ganz normalen Menschen Massenmörder werden. Frankfurt/Main 2005, S. 15–17.

Arbeitsaufträge

?

1 Erläutern Sie, welche ideologischen Vorstellungen hinter der „Volksgemeinschaft" hervorscheinen (VT, M 1, M 8, M 9).

2 Erläutern Sie, welches Konzept von Ehe bzw. Familie und welches Frauenbild in M 6 und M 7 zum Ausdruck kommt.

3 Suchen Sie in Zeitungen oder Zeitschriften einige Heirats- und Bekanntschaftsanzeigen, die Ihnen für heutige Verhältnisse typisch zu sein scheinen, und sammeln Sie Eigenschaften und Merkmale, die Ihr zukünftiger Partner haben sollte. Vergleichen Sie diese dann mit M 6 und M 7. Welche Gemeinsamkeiten und Unterschiede stellen Sie fest?

4 Informieren Sie sich über die Rolle von Ehe und Familie in unterschiedlichen gegenwärtigen und historischen Gesellschaften, indem Sie im Internet mit Hilfe der Suchbegriffe „Ehe" und „Familie" recherchieren. Berücksichtigen Sie vor allem Treffer, die die historische Entwicklung dieser beiden Institutionen nachzeichnen. Arbeiten Sie arbeitsteilig. Fassen Sie die verschiedenen Funktionen von Ehe und Familie schriftlich zusammen und präsentieren Sie Ihre Ergebnisse.

5 Geben Sie grafisch die Hauptaussagen von M 9 wieder und erläutern Sie in eigenen Worten den Begriff der „nationalsozialistischen Moral". Erörtern Sie, inwieweit die neue „Moral" der „Volksgemeinschaft" mit den verbrecherischen Taten während der Zeit des Nationalsozialismus zusammenhängt.

6 Analysieren Sie das Säulendiagramm (M 3) und die Tabellen M 4 und M 5 unter Berücksichtigung des VT. Gehen Sie danach kritisch auf die „Erfolge" der nationalsozialistischen wirtschafts- und sozialpolitischen Maßnahmen ein.

7 Erläutern Sie, welche Funktionen die staatsterroristischen Maßnahmen des NS-Regimes hatten (VT, M 2).

3.4 NS-Außenpolitik und Zweiter Weltkrieg

Als die Nationalsozialisten 1933 an die Macht kamen, einte die Deutschen der Wunsch nach einer Revision der „Schmach von Versailles“: Die Gebietsabtretungen und anderen Zugeständnisse Deutschlands nach dem Ende des Ersten Weltkrieges sollten rückgängig gemacht werden. Die Revision des Versailler Vertrages hatte bereits während der Weimarer Republik den außenpolitischen Kurs bestimmt. Auch die Bestrebungen der Nationalsozialisten schienen sich zunächst auf die Revisionspolitik zu konzentrieren – zumindest offiziell. Denn während diese nach außen hin verkündet wurde, liefen hinter den Kulissen die Vorbereitungen des von Hitler geplanten Eroberungskrieges im Osten zwecks „Gewinnung von Lebensraum“.
Wie gelang es den nationalsozialistischen Machthabern, die Öffentlichkeit über ihre wahren Absichten zu täuschen? Und welche Strategien verfolgten die Nationalsozialisten bei der Kriegsvorbereitung?

1933	Austritt des Deutschen Reiches aus dem Völkerbund (Oktober)
1935	Wiedereinführung der allgemeinen Wehrpflicht
1936	Einmarsch deutscher Truppen in das entmilitarisierte Rheinland
1938	„Anschluss“ Österreichs (März) Münchner Abkommen: Abtretung tschechoslowakischer Gebiete („Sudetengebiet“) an das Deutsche Reich (September)
1939	Einmarsch in die Tschechoslowakei (März) Mit dem Überfall auf Polen beginnt der Zweite Weltkrieg (1. September).
1941	Überfall auf die Sowjetunion (22. Juni) Eintritt der USA in den Krieg auf Seiten der Alliierten (Dezember)
1944	Landung alliierter Truppen in der Normandie (6. Juni)
1945	Bedingungslose Kapitulation der Wehrmacht; Ende des Zweiten Weltkrieges in Europa (8. Mai)

Außenpolitische Ziele

Die außenpolitischen Ziele der Nationalsozialisten entstammten maßgeblich Hitlers ideologischen Vorstellungen. Hitler strebte die Neugliederung Europas unter deutscher Vorherrschaft an und gemäß der rassistischen NS-Weltanschauung die Eroberung von „Lebensraum im Osten“, also die kriegerische Expansion in den mittel-, südost-, und osteuropäischen Raum. Die dort ansässige Bevölkerung sollte in einem Eroberungs- und Vernichtungskrieg entweder ausgerottet oder versklavt werden, um Siedlungsraum für deutsche bzw. „germanische“ Siedler zu gewinnen. War die Vorherrschaft in Europa erobert, so wollte Hitler Deutschland als Weltmacht etablieren.

Revision von Versailles

In ihrer offiziellen Haltung nach außen übte sich die nationalsozialistische Regierung in den Anfangsmonaten des Jahres 1933 in Zurückhaltung. Die Außenpolitik war der Innenpolitik untergeordnet, galt es doch zunächst, die Macht im Innern zu erobern. Insgeheim wussten Außenpolitiker und Militärs allerdings schon früh, in welche Richtung das nationalsozialistische Deutschland steuern würde. Be-

reits am 3. Februar 1933 hielt Hitler vor Generalen der Reichswehr einen geheimen Vortrag, in dem er die zukünftigen außenpolitischen Ziele seiner Politik – unter anderem die „Gewinnung von Lebensraum im Osten" – skizzierte.
Die nach außen demonstrierte Zurückhaltung wurde im Oktober 1933 mit den Austritten des Deutschen Reiches aus dem Völkerbund und aus der Genfer Abrüstungskonferenz schrittweise aufgegeben. Hitler verließ damit jene Institutionen, die ihm enge Begrenzungen für das Militär und die Rüstung auferlegten. Mit dem 100 000-Mann-Heer, das der Versailler Vertrag den Deutschen vorschrieb, und der dem Reich zugestandenen Minimalrüstung waren Hitlers Expansionspläne nicht zu verwirklichen.
Hitler verfolgte fortan eine doppelte außenpolitische Strategie. Zum einen versuchte er, über bilaterale Verträge die drohende Isolierung Deutschlands zu umgehen – so schloss das Deutsche Reich 1934 einen Nichtangriffspakt mit Polen und 1935 ein Flotten-Abkommen mit Großbritannien. Zum anderen beschleunigte er die Revisionspolitik und nahm dabei ein immer höheres Risiko in Kauf. Den Bestimmungen des Versailler Vertrages entsprach es noch, dass die Bevölkerung des Saargebiets 1935 darüber abstimmte, ob das Saargebiet an Frankreich oder Deutschland fallen solle. Das Votum von über 90 % Befürwortern einer Rückkehr zum Reich feierte die NS-Propaganda als grandiosen Erfolg Hitlers.
Einen offenen Bruch mit dem Versailler Vertrag bedeuteten dann die Wiedereinführung der allgemeinen Wehrpflicht 1935 und der Einmarsch ins entmilitarisierte Rheinland im Jahr 1936.
Großbritannien und Frankreich, denen es möglich gewesen wäre, diesen Einmarsch militärisch zu stoppen, vermieden die Konfrontation. Hitlers riskante Außenpolitik schien erfolgreich zu sein.

M1 Hitlers Außenpolitik in der Karikatur
Amerikanische Karikatur nach einer „Friedensrede" Hitlers vom 17. Mai 1933

Ausnutzen der Appeasement-Strategie

Mitverantwortlich dafür, dass die europäischen Großmächte Hitlers Vertragsbruch tolerierten und es so der nationalsozialistischen Außenpolitik innerhalb weniger Jahren gelang, die Ergebnisse des Ersten Weltkrieges zu revidieren, war die internationale Situation seit Anfang der 1930er-Jahre. Die Weltwirtschaftskrise hatte zahlreiche Länder, darunter die außenpolitischen Schwergewichte USA, Großbritannien und Frankreich, so heftig erfasst, dass diese Staaten sich nur begrenzt für das interessierten, was jenseits ihrer eigenen Grenzen stattfand. Zudem litten Großbritannien und Frankreich noch unter den massiven Folgen des Ersten Weltkrieges. Man scheute eine neuerliche kriegerische Auseinandersetzung. Insbesondere die britische Regierung fand sich in den 1930er-Jahren dazu bereit, den Frieden auch durch Beschwichtigung und Zugeständnisse an Hitler zu sichern (Appeasement-Politik).

Appeasement-Politik (von engl. „to appease" = beruhigen, beschwichtigen): Bezeichnung für die außenpolitische Strategie Großbritanniens in den 1930er-Jahren gegenüber dem Deutschen Reich. Durch „Beschwichtigung" wollte Premierminister Neville Chamberlain die aggressiven territorialen Ansprüche Deutschlands begrenzen und so den Frieden in Europa sichern, zumindest aber Zeit für die eigene Aufrüstung gewinnen. Höhepunkt der Appeasement-Politik war das Münchner Abkommen von 1938.

M2 „Fragt sich, wie lange die Flitterwochen dauern werden?"
Karikatur zum Hitler-Stalin-Pakt von Clifford K. Berryman, „Washington Star" vom 9. Oktober 1939

Österreich, Sudetenland, Tschechoslowakei

Die internationalen Rahmenbedingungen trugen dazu bei, dass Hitler noch weitere außenpolitische Erfolge feiern konnte. Im März 1938 marschierte die Wehrmacht in Österreich ein. Hitler verkündete vom Balkon der Hofburg in Wien unter dem Jubel Hunderttausender von Österreichern den „Anschluss" seiner Heimat an das Reich. Ebenfalls von den europäischen Großmächten gebilligt wurde nur wenige Monate später die von Hitler geforderte Abtretung der sudetendeutschen Gebiete auf dem Territorium der Tschechoslowakei – eines souveränen Staates – an das Deutsche Reich (Münchner Abkommen). Das war der Beginn der Zerschlagung der Tschechoslowakei durch Deutschland. Denn trotz seiner Beteuerungen, die Abtretung des Sudetenlandes sei seine letzte territoriale Forderung gewesen, erteilte Hitler unmittelbar im Anschluss an das Münchner Abkommen den Geheimbefehl zur „Erledigung der Rest-Tschechei", woraufhin die Wehrmacht im März 1939 in diese Gebiete einmarschierte und das „Reichsprotektorat Böhmen und Mähren" errichtet wurde.

Am Vorabend des Krieges

Unter Beteiligung deutscher Außenpolitiker und Militärs hatte sich Hitler mit Hilfe von taktischem Kalkül, Vertragsbrüchen, Erpressungen und militärischen Einmärschen eine günstige Ausgangsposition für die weitere Expansion nach Osten geschaffen. Obwohl der außenpolitische Kurs Hitlers bis dahin nicht ohne Risiko gewesen war, wurde er von einem Großteil der deutschen Eliten in der Wehrmacht, im Auswärtigem Amt und in der Wirtschaft mitgetragen. Dabei musste den führenden Militärs und Außenpolitikern spätestens Ende 1937 die aggressive Zielsetzung der Außenpolitik klar sein, hatte Hitler ihnen in einer Besprechung doch seine zukünftigen Kriegspläne offen dargelegt. Jene, die sich Hitlers expansionistischen Bestrebungen nicht anschließen wollten, wie Außenminister von Neurath oder skeptische Militärs wie Generaloberst Beck, wurden spätestens 1938 abgesetzt oder traten selber von ihren Ämtern zurück.
Bündnispolitisch hatte sich Deutschland seit Mitte der 1930er-Jahre auf den Weltkonflikt vorbereitet. Die Zusammenarbeit mit den ebenfalls nationalistisch-expansiv geprägten Staaten Italien und Japan wurde intensiviert, etwa in Form des 1936 geschlossenen, gegen die Sowjetunion gerichteten „Antikominternpaktes". Zudem griffen deutsche und italienische Truppen gemeinsam auf Seiten des gegen eine linke „Volksfront"-Regierung putschenden Generals Franco in den Spanischen Bürgerkrieg ein.

Kriegsfähige Wirtschaft?

Bereits 1936 waren Wirtschaft und Rüstungsindustrie in Deutschland auf den sich abzeichnenden Krieg neu ausgerichtet worden. Hitler hatte gefordert, die deutsche Wirtschaft „innerhalb von vier Jahren kriegsfähig" zu machen. Um dies zu erreichen, sollte sie von Rohstoff- und Nahrungsmittelimporten möglichst unabhängig (autark) werden, damit sie im Kriegsfall nicht von lebens- und kriegswichtigen Ressourcen abgeschnitten werden könnte. Obwohl auch die Herstellung von synthetischen Ersatzstoffen (Gummi, Treibstoff) vorangetrieben wurde, blieb Deutschland bei wichtigen Rohstoffen wie Erdöl oder hochwertigen Eisenerzen jedoch weiterhin auf Importe angewiesen. Nach Schätzungen reichten die

bis zum Kriegsausbruch angesammelten Rohstoffvorräte aus dem Ausland für eine Kriegsdauer von höchstens einem Jahr.
Mit der Ausrichtung der deutschen Wirtschaft auf den Krieg verbunden war ein Konjunkturaufschwung der Rüstungsindustrie. Die Kosten für die Rüstungspolitik verschlangen den Großteil des Staatshaushalts und ließen die Inflation ansteigen. Darunter hatte der Konsum der Bevölkerung zu leiden. Die Kaufkraft blieb auf niedrigem Niveau.

Überfall auf Polen und die „Blitzkriege"

Hitler spekulierte darauf, dass sich die Westmächte wieder still verhalten würden, als er zu seinem nächsten Schlag ansetzte: die Eroberung Polens. Vorbereitet hatte er den militärischen Überfall durch einen überraschenden Nichtangriffspakt mit dem ideologischen Todfeind, der Sowjetunion. Dieser Vertrag mit dem kommunistischen Diktator Stalin wurde von Hitler aus taktischen Gründen geschlossen, um in den kommenden Auseinandersetzungen einem Zweifrontenkrieg aus dem Weg zu gehen. In einem geheimen Zusatzprotokoll einigten sich beide Länder zudem auf eine Aufteilung Polens.
Mit dem Angriff des Deutschen Reiches auf Polen begann am 1. September 1939 der Zweite Weltkrieg. Schon in den ersten Tagen des Feldzuges zeigten sich die neue Dimension militärischer Gewalt in der deutschen Kriegsführung und der menschenverachtende Charakter des nationalsozialistischen Weltanschauungskrieges. Großstädte wie Warschau wurden ohne Rücksicht auf die Zivilbevölkerung bombardiert. Teile der polnischen Bevölkerung – vor allem Angehörige der polnischen Intelligenz (Priester, Ärzte, Lehrer) – wurden im Rücken der rasch vorwärts stürmenden Wehrmacht von mobilen Einheiten der Sicherheitspolizei und des Sicherheitsdienstes (Sipo/SD), den Einsatzgruppen, ermordet. Diese Verbrechen riefen zwar den Protest von einigen Offizieren der Wehrmacht hervor, doch dieser wurde von der NS-Führung ignoriert.
Die Großmächte Frankreich und Großbritannien erklärten Deutschland wider Hitlers Erwarten am 3. September 1939 den Krieg. Wie im Ersten Weltkrieg drohte den Deutschen nun eine Auseinandersetzung an zwei Fronten. Aber die Westmächte griffen das Deutsche Reich nicht an.
Stattdessen folgte nach dem Sieg der Wehrmacht über Polen innerhalb kürzester Zeit die Eroberung und Besetzung Dänemarks und Norwegens (April bis Juni 1940) sowie die militärischen Siege über die Niederlande, Belgien und schließlich auch Frankreich. Hitler und seine Generale hatten innerhalb kürzester Zeit den „Erzfeind" bezwungen. Nach diesem Triumph über den französischen Nachbarn war Hitlers Ruhm auf dem Zenit. Die eigentliche Zielsetzung war aber weiterhin die kriegerische Expansion nach Osten. Zunächst wurden im Frühjahr 1941 Jugoslawien und Griechenland erobert. Dies diente der Vorbereitung des Angriffs auf die Sowjetunion.

Überfall auf die Sowjetunion

Mit dem Überfall auf die Sowjetunion am 22. Juni 1941 begann eine neue Phase des Krieges. Der Feldzug, der innerhalb weniger Monate beendet sein sollte, war von Anfang an als ein unbarmherziger Weltanschauungs- und Vernichtungskrieg geplant worden. In verbrecherischen Befehlen, die die Strategen der Wehrmacht ausarbeiteten, fand die barbarische Kriegsführung ihren Ausdruck. Kommunistische Kommissare der Roten Armee sollten „erledigt", Partisanen konsequent erschossen werden. Auch auf die Zivilbevölkerung wurde keine Rücksicht genommen. Der unter Federführung Heinrich Himmlers und der SS erstellte „Generalplan Ost" sah die Kolonisierung („Germanisierung") der eroberten Gebiete im Osten als deutschen „Lebensraum" vor. Die besetzten Landstriche sollten wirtschaftlich

---

Einsatzgruppen Mobile Gruppen, die aus Angehörigen der Sicherheitspolizei und des SD bestanden und die im Zweiten Weltkrieg vor allem in Osteuropa eingesetzt wurden. Ihre Aufgaben waren die Beschlagnahmung von Dokumenten und die Verhaftung politischer Gegner. In Polen waren die Einsatzgruppen verantwortlich für die Massenerschießungen der polnischen Elite, in der Sowjetunion erschossen sie Hunderttausende sowjetischer Juden.

M 3 Gräueltaten der deutschen Besatzer
Das Foto aus dem Jahr 1942 zeigt Überlebende eines von Wehrmacht und SS verübten Massakers im ukrainischen Kertsch auf der Krim bei der Suche nach ihren ermordeten Angehörigen.

rücksichtslos ausgebeutet werden. Die einheimische Bevölkerung sollte verhungern oder als Sklaven für die deutschen Besatzer arbeiten. Während der Jahre der deutschen Besetzung sowjetischer Gebiete (1941 – 1944) wurden so Millionen von Menschen ermordet, als Zwangsarbeiter versklavt oder aus ihrer Heimat vertrieben. Tausende von Dörfern und zahlreiche sowjetische Städte wurden zerstört.

Kriegswende und Niederlage

Die Sowjetunion sollte nach Hitlers Planungen bis spätestens Ende 1941 besiegt sein. Doch der Vormarsch geriet im November 1941 ins Stocken. Die Wehrmachtführung und Hitler hatten die Leistungsstärke der Roten Armee und die Auswirkungen des Wintereinbruchs in Russland völlig falsch eingeschätzt. Mit dem Scheitern der Blitzkriegstrategie und der Kriegserklärung Deutschlands an die USA im Dezember 1941 war der Krieg verloren, auch wenn die Deutschen zu diesem Zeitpunkt den größten Teil Europas beherrschten. Nach der Niederlage der 6. Armee in Stalingrad Anfang des Jahres 1943 gerieten die Deutschen zusehends in die Defensive. Der darauf folgende Übergang zum „totalen Krieg" bedeutete sowohl eine weitere Radikalisierung der Kriegsführung in den besetzten Gebieten als auch des Terrors in Deutschland.

Nach der Landung britischer und amerikanischer Truppen auf Sizilien und in Süditalien 1943, der Invasion der Alliierten in Frankreich im Juni 1944 und dem kurze Zeit später erfolgenden Zusammenbruch des Großteils der Ostfront waren die deutschen Truppen überall auf dem Rückzug. Im Angesicht der Niederlage begingen zahlreiche Einheiten und Verbände der Wehrmacht, der Waffen-SS und der Polizei Massaker an der Zivilbevölkerung, nicht nur in der Sowjetunion, sondern auch in Polen, in Griechenland, Jugoslawien, Italien und Frankreich. Die NS-Führung radikalisierte nun auch den Kampf gegen diejenigen Deutschen, die verstanden hatten, dass die Niederlage Deutschlands unmittelbar bevorstand. Es kam zu einem drastischen Anstieg von Todesurteilen gegen deutsche Soldaten und Zivilisten. Diese wurden auch für kleine Vergehen verhängt – etwa dann, wenn jemand Zweifel äußerte, dass der Krieg noch gewonnen werden könnte.

In strategisch sinnlosen militärischen Operationen wurde der Krieg unnötig verlängert. Dadurch wurden jeden Tag mehr deutsche Städte in Schutt und Asche gebombt, starben Hunderttausende von Zivilisten und Millionen von Soldaten. Die mit Abstand größten Verluste erlitten die Deutschen im letzten Kriegsjahr. Das Deutsche Reich brach Ende 1944 militärisch zusammen, doch bis zum Mai 1945 zogen sich noch die Kämpfe.

Der Zweite Weltkrieg, der nach der japanischen Expansion im ostpazifischen Raum auch diesen Teil der Erde umspannte, war der verheerendste Krieg in der Geschichte der Menschheit. Man schätzt, dass mindestens 55 Millionen Menschen ihr Leben verloren.

Totaler Krieg — Bezeichnung für eine Kriegsführung, in der die Grenzen zwischen Front und Heimat aufgehoben sind. Die gesamte Bevölkerung wird in das Kriegsgeschehen eingebunden und „mobilisiert", sei es als Soldaten oder als Arbeiter in der Kriegswirtschaft an der „Heimatfront".

M 4 „Wirtschaft muss in vier Jahren kriegsfähig sein"

In Hitlers geheimer Denkschrift über den Vierjahresplan vom August 1936 heißt es:

Deutschland wird wie immer als Brennpunkt der abendländischen Welt gegenüber den bolschewistischen Angriffen anzusehen sein. Ich fasse dies nicht als eine erfreuliche Mission auf, sondern als eine leider durch unsere unglückliche Lage in Europa bedingte Erschwerung und Belastung unseres völkischen Lebens. Wir können uns aber diesem Schicksal nicht entziehen. […]

Es ist nicht der Zweck dieser Denkschrift, die Zeit zu prophezeien, in der die unhaltbare Lage in Europa zur offenen Krise werden wird. Ich möchte nur in diesen Zeilen meine Überzeugung niederlegen, dass diese Krise nicht ausbleiben kann und nicht ausbleiben wird und dass Deutschland die Pflicht besitzt, seine eigene Existenz dieser Katastrophe gegenüber mit allen Mitteln zu sichern und sich vor ihr zu schützen, und dass sich aus diesem Zwang eine Reihe von Folgerungen ergeben, die die wichtigsten Aufgaben betreffen, die unserem Volk jemals gestellt worden sind. Denn ein Sieg des Bolschewismus über Deutschland würde nicht zu einem Versailler Vertrag führen, sondern zu einer endgültigen Vernichtung, ja Ausrottung des deutschen Volkes. […]

Die militärische Auswertung soll durch die neue Armee erfolgen. Das Ausmaß und das Tempo der militärischen Auswertung unserer Kräfte können nicht groß und nicht schnell genug gewählt werden! Es ist ein Kapitalirrtum, zu glauben, dass über diese Punkte irgendein Verhandeln oder ein Abwägen stattfinden könnte mit anderen Lebensnotwendigkeiten. So sehr auch das gesamte Lebensbild eines Volkes ein ausgeglichenes sein soll, so sehr müssen doch in gewissen Zeiten einseitige Verschiebungen zuungunsten anderer, nicht so lebenswichtiger Aufgaben vorgenommen werden. Wenn es uns nicht gelingt, in kürzester Frist die deutsche Wehrmacht in der Ausbildung, in der Aufstellung der Formationen, in der Ausrüstung und vor allem auch in der geistigen Erziehung zur ersten Armee der Welt zu entwickeln, wird Deutschland verloren sein! Es gilt hier der Grundsatz, dass das, was in Monaten des Friedens versäumt wurde, in Jahrhunderten nicht mehr eingeholt werden kann.

Es haben sich daher dieser Aufgabe alle anderen Wünsche bedingungslos unterzuordnen. […]

Wir sind übervölkert und können uns auf der eigenen Grundlage nicht ernähren. […]

Die endgültige Lösung liegt in einer Erweiterung des Lebensraumes bzw. der Rohstoff- und Ernährungsbasis unseres Volkes. […]

Ich stelle damit folgende Aufgabe:

I. Die deutsche Armee muss in vier Jahren einsatzfähig sein.
II. Deutsche Wirtschaft muss in vier Jahren kriegsfähig sein.

Zit. nach: Wolfgang Michalka (Hg.): Deutsche Geschichte 1933 – 1945. Dokumente zur Innen- und Außenpolitik. Überarbeitete Neuauflage, Frankfurt/Main 1993, S. 110 – 112.

M 5 „Hoßbach-Niederschrift"

Im Anschluss an eine Zusammenkunft am 5. November 1937 in der Reichskanzlei, bei der Hitler führenden Militärs und Ministern seine außenpolitischen Pläne darlegte, fertigte der anwesende Oberst Hoßbach eine Niederschrift der Besprechung an. Neben Hitler nahmen Reichskriegsminister v. Blomberg, der Oberbefehlshaber des Heeres v. Fritsch, der Oberbefehlshaber der Kriegsmarine Raeder, der Oberbefehlshaber der Luftwaffe Göring, der Reichsminister des Auswärtigen v. Neurath sowie Oberst Hoßbach an dem Treffen teil. In der Niederschrift heißt es:

Der Führer führte sodann aus:

Das Ziel der deutschen Politik sei die Sicherung und die Erhaltung der Volksmasse und deren Vermehrung. Somit handele es sich um das Problem des Raumes.

Die deutsche Volksmasse verfüge über 85 Millionen Menschen, die nach der Anzahl der Menschen und der Geschlossenheit des Siedlungsraumes in Europa einen in sich so fest geschlossenen Rassekern darstelle, wie er in keinem anderen Land wieder anzutreffen sei und wie er andererseits das Anrecht auf größeren Lebensraum mehr als bei anderen Völkern in sich schlösse. […]

Wenn die Sicherheit unserer Ernährungslage im Vordergrund stände, so könne der hierfür notwendige Raum nur in Europa gesucht werden, nicht aber ausgehend von liberalistisch-kapitalistischen Auffassungen in der Ausbeutung von Kolonien. Es handele sich nicht um die Gewinnung von Menschen, sondern von landwirtschaftlich nutzbarem Raum. Auch die Rohstoffgebiete seien zweckmäßiger im unmittelbaren Anschluss an das Reich in Europa und nicht in Übersee zu suchen, wobei die Lösung sich für ein bis zwei Generationen auswirken müsse. Was darüber hinaus in späteren Zeiten notwendig bleiben sollte, müsse nachfolgenden Geschlechtern überlassen bleiben. Die Entwicklung großer Weltgebilde gehe nun einmal langsam vor sich, das deutsche Volk mit seinem starken Rassekern finde hierfür die günstigsten Voraussetzungen inmitten des europäischen Kontinents. Dass jede Raumerweiterung nur durch Brechen von Widerstand und unter Risiko vor sich gehen könne, habe die Geschichte aller Zeiten – Römisches Weltreich, Englisches Empire – bewiesen. Auch Rückschläge seien unvermeidbar. Weder früher noch heute habe es herrenlosen Raum gegeben, der Angreifer stoße stets auf den Besitzer.

Für Deutschland laute die Frage, wo größter Gewinn unter geringstem Einsatz zu erreichen sei.

Die deutsche Politik habe mit den beiden Hassgegnern England und Frankreich zu rechnen, denen ein starker deutscher Koloss inmitten Europas ein Dorn im Auge sei, wobei beide Staaten eine weitere deutsche Erstarkung sowohl in Europa als auch in Übersee ablehnten und sich in dieser Ablehnung auf die Zustimmung aller Parteien stützen könnten. […]

Zur Lösung der deutschen Frage könne es nur den Weg der Gewalt geben, dieser niemals risikolos sei. […] Stelle man an

die Spitze der nachfolgenden Ausführungen den Entschluss zur Anwendung von Gewalt unter Risiko, dann bleibe noch die Beantwortung der Fragen „wann“ und „wie“. […]
An sich glaube der Führer, dass mit hoher Wahrscheinlichkeit England, voraussichtlich aber auch Frankreich die Tschechei bereits im Stillen abgeschrieben und sich damit abgefunden hätte, dass diese Frage eines Tages durch Deutschland bereinigt würde. Die Schwierigkeiten des Empire und die Aussicht, in einen langwährenden europäischen Krieg erneut verwickelt zu werden, seien bestimmend für eine Nichtbeteiligung Englands an einem Kriege gegen Deutschland. Die englische Haltung werde gewiss nicht ohne Einfluss auf die Frankreichs sein.

Zit. nach: Wolfgang Michalka (Hg.): Deutsche Geschichte 1933–1945. Dokumente zur Innen- und Außenpolitik. Überarbeitete Neuauflage, Frankfurt/Main 1993, S. 140–142.

M6 Europa im Zweiten Weltkrieg

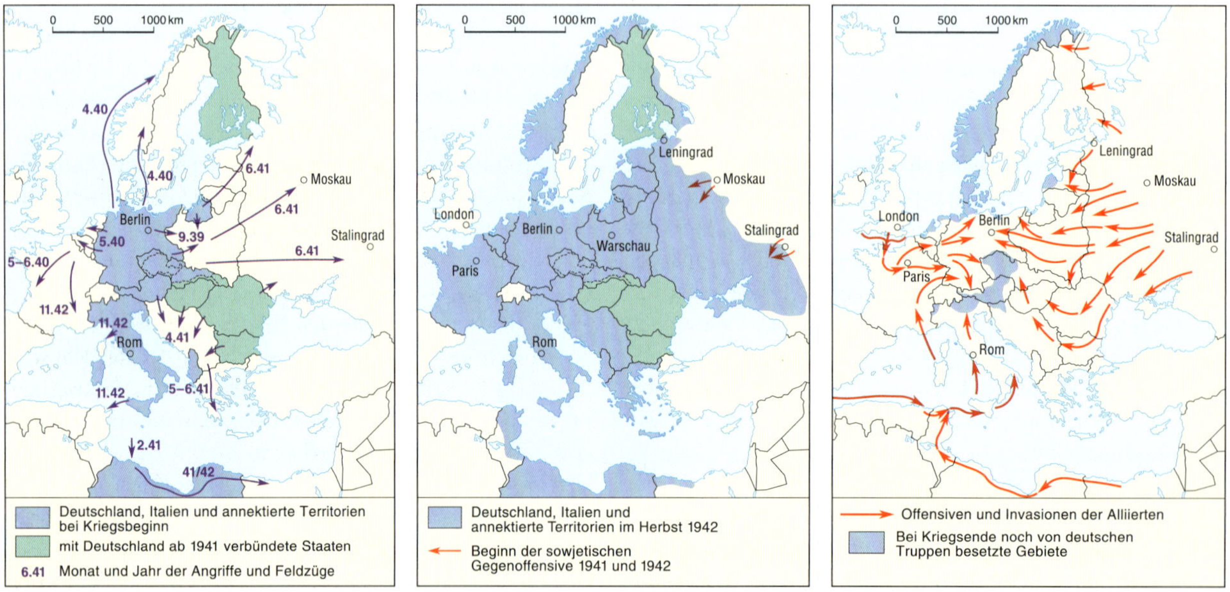

M7 Ausschnitte aus Briefen des an der Ostfront eingesetzten Majors Hellmuth Stieff an seine Frau

a) Brief vom 21. November 1939:

Warschau selbst macht einen trostlosen Anblick. Kaum ein Haus, das unberührt geblieben ist. Ganze Stadtviertel liegen in Trümmern oder sind ausgebrannt. Die bewohnbaren Häuser (etwa 50%) tragen mehr oder weniger alle Spuren der Beschießung in Gestalt von mit Brettern oder Pappe vernagelten Fensterhöhlen, Splitterwirkung von Bomben oder Artillerieeinschlägen. […]
Die Masse der Millionenbevölkerung der Stadt vegetiert irgendwo und irgendwie; man kann nicht sagen wovon. Es ist eine unsagbare Tragödie, die sich dort abspielt. Man sieht auch gar nicht, wie das weiter werden soll. Selbst ein reiches Volk und ein reicher Staat würde Mühe haben, all das wieder aufzubauen, was jahrelanger Arbeit doch eines ganzen Volkes bedurft hat, um es entstehen zu lassen. Der Staat dieser Hauptstadt ist vernichtet.
Verdienstmöglichkeiten bestehen nicht mehr, weil die Erzeugungsstätten zerstört sind. Das noch vorhandene Geld und Kapital reicht gerade noch dazu, dass die Bewohner es jetzt aufessen. Kreditgeber zum Aufbau sind nicht vorhanden, denn auch bei gutem Willen würde das unsere Kraft übersteigen. Eine öffentliche Fürsorge fehlt, denn wer soll die Mittel dafür aufbringen? Wer hat das Geld, um neue Fensterscheiben einzusetzen, die Lichtleitungen in den Häusern zu reparieren, die Dächer instand zu setzen? Niemand! Es ist eine Stadt und eine Bevölkerung, die dem Untergang geweiht ist. Es ist so grausam, dass man keinen Augenblick seines Lebens froh ist, wenn man in dieser Stadt weilt, dass es einen bedrückt, wenn man in einem prächtigen Hotelsaal Gänsebraten futtert und zugleich danach sieht, wie jene, die vielleicht noch vor 3 Monaten eine glänzende Rolle spielten, sich für ein Kommissbrot an unsere Landser verkaufen, um noch etwas länger vegetieren zu können. Der Krieg in dieser Auswirkung ist etwas Furchtbares, und auch der letzte Krieg [der Erste Weltkrieg] hat solche Auswirkungen nicht zur Folge gehabt. Damals wusste man, dass nachher irgendwie eine Aufbauarbeit einsetzt, weil irgendwer, neuer oder alter Staat, am Aufbau ein Interesse hat oder über die Mittel dazu

verfügt. Dies Gefühl fehlt vollkommen, wenn man die Ruine Warschau erlebt hat. Man bewegt sich dort nicht als Sieger, sondern als Schuldbewusster! Mir geht es nicht allein so, – die Herren, die dort leben müssen, empfinden dasselbe.
Dazu kommt noch all das Unglaubliche, was dort am Rande passiert, und wo wir mit verschränkten Armen zusehen müssen! Die blühendste Phantasie einer Gräuelpropaganda ist arm gegen die Dinge, die eine organisierte Mörder-, Räuber- und Plündererbande [gemeint sind die Einsatzkommandos der SS und des SD] unter angeblich höchster Duldung dort verbricht. Da kann man nicht mehr von „berechtigter Empörung über an Volksdeutschen begangenen Verbrechen“ sprechen. Diese Ausrottung ganzer Geschlechter mit Frauen und Kindern [Ermordung von Polen] ist nur von einem Untermenschentum möglich, das den Namen Deutsch nicht mehr verdient. Ich schäme mich, ein Deutscher zu sein! Diese Minderheit, die durch Morden, Plündern und Sengen den deutschen Namen besudelt, wird das Unglück des ganzen deutschen Volkes werden, wenn wir ihnen nicht bald das Handwerk legen. Denn solche Dinge, wie sie mir von kompetentester Seite an Ort und Stelle geschildert und bewiesen wurden, müssen die rächende Nemesis [Figur aus der griechischen Mythologie, Rachegöttin] wachrufen. Oder dies Gesindel geht gegen uns Anständige eines Tages ebenso vor und terrorisiert mit seinen pathologischen Leidenschaften auch das eigene Volk. […]
Lodz ist eine ganz scheußlich hässliche Stadt. Ungezählte Juden, die alle eine gelbe Armbinde am rechten Oberarm tragen müssen. Mindestens die Hälfte aller Menschen in Lodz tragen gelbe Armbinden. Und was für Typen sieht man da! Es ist einfach unfassbar, dass so etwas vorhanden ist!

b) Brief vom 19. November 1941:
Die Bahnbeschränkungen haben mit uns nichts zu tun, sondern nur mit der jammervollen Bahnlage zu Hause […]. Aber dafür reicht die Bahn noch aus, jeden 2. Tag einen Zug mit Juden aus dem Reich nach Minsk zu fahren und sie dann dort ihrem Schicksal preiszugeben. Das ist, ebenso wie der Judenstern in Bln. [Berlin], wie ich ihn im Sept[ember] dort sah, eines angeblichen Kulturvolkes unwürdig! Es muss das alles mal an uns rächen, – und mit Recht! Es ist schamlos, dass um einiger Halunken willen ein so braves Volk ins Unglück gestürzt wird. Es ist ja alles noch viel schlimmer geworden als vor 2 Jahren in Polen.

a und b zit. nach: Peter Steinkamp/Gerd R. Ueberschär: Die Haltung militärischer Verschwörer zum Antisemitismus und zu den NS-Verbrechen im Spiegel von Dokumenten. In: Gerd R. Ueberschär (Hg.): NS-Verbrechen und der militärische Widerstand gegen Hitler. Darmstadt 2000, S. 191 f.

M8 Mit drakonischen Maßnahmen durchgreifen

Aus einem Armeebefehl Generalfeldmarschalls Walter von Reichenau, vom 10. Oktober 1941 über das Verhalten der Truppe im Ostraum [= in der Sowjetunion]:

Hinsichtlich des Verhaltens der Truppe gegenüber dem bolschewistischen System bestehen vielfach noch unklare Vorstellungen. Das wesentliche Ziel des Feldzuges gegen das jüdisch-bolschewistische System ist die völlige Zerschlagung der Machtmittel und die Ausrottung des asiatischen Einflusses im europäischen Kulturkreis. Hierdurch entstehen auch für die Truppe Aufgaben, die über das hergebrachte einseitige Soldatentum hinausgehen. Der Soldat ist im Ostraum nicht nur ein Kämpfer nach den Regeln der Kriegskunst, sondern auch Träger einer unerbittlichen völkischen Idee, und der Rächer für alle Bestialitäten, die deutschem und artverwandten Volkstum zugefügt wurden.
Deshalb muss der Soldat für die Notwendigkeit der harten, aber gerechten Sühne am jüdischen Untermenschentum volles Verständnis haben. Sie hat den weiteren Zweck, Erhebungen im Rücken der Wehrmacht, die erfahrungsgemäß stets von Juden angezettelt werden, im Keime zu ersticken.
Der Kampf gegen den Feind hinter der Front wird noch nicht ernst genug genommen. Immer noch werden heimtückische, grausame Partisanen und entartete Weiber zu Kriegsgefangenen gemacht, immer noch werden halb uniformierte oder in Zivil gekleidete Heckenschützen und Herumtreiber wie Soldaten behandelt und in die Gefangenenlager abgeführt. Ja, die gefangenen russischen Offiziere erzählen hohnlächelnd, dass die Agenten der Sowjets sich unbehelligt auf den Straßen bewegen und häufig an deutschen Feldküchen mitessen. Ein solches Verhalten der Truppe ist nur noch durch völlige Gedankenlosigkeit zu erklären. Dann ist es aber […] Zeit, den Sinn für den gegenwärtigen Kampf wachzurufen.
[…] Wird im Rücken der Armee Waffengebrauch einzelner Partisanen festgestellt, so ist mit drakonischen Maßnahmen durchzugreifen. Diese sind auch auf die männliche Bevölkerung auszudehnen, die in der Lage gewesen wäre, Anschläge zu verhindern. Die Teilnahmslosigkeit zahlreicher angeblich sowjetfeindlicher Elemente, die einer abwartenden Haltung entspringt, muss einer klaren Entscheidung zur aktiven Mitarbeit gegen den Bolschewismus weichen. Wenn nicht, kann sich niemand beklagen, als Angehöriger des Sowjetsystems gewertet und behandelt zu werden. Der Schrecken vor den deutschen Gegenmaßnahmen muss stärker sein als die Drohung der umherirrenden bolschewistischen Restteile.
Fern von allen politischen Erwägungen der Zukunft hat der Soldat zweierlei zu erfüllen:
1. die völlige Vernichtung der bolschewistischen Irrlehre, des Sowjetstaates und seiner Wehrmacht,
2. die erbarmungslose Ausrottung artfremder Heimtücke und Grausamkeit und damit die Sicherung des Lebens der deutschen Wehrmacht in Russland.

Nur so werden wir unserer geschichtlichen Aufgabe gerecht, das deutsche Volk von der asiatisch-jüdischen Gefahr ein für allemal zu befreien.

Zit. nach: Peter Steinkamp/Gerd R. Ueberschär: Die Haltung militärischer Verschwörer zum Antisemitismus und zu den NS-Verbrechen im Spiegel von Dokumenten. In: Gerd R. Ueberschär (Hg.): NS-Verbrechen und der militärische Widerstand gegen Hitler. Darmstadt 2000, S. 157 f.

M9 Massaker in der Ukraine

Der Journalist Paul Kohl bereiste 1985 das Gebiet der damaligen Sowjetunion und interviewte Überlebende des deutschen Vernichtungskrieges. Das Dorf Kortelisi in der Ukraine war während der deutschen Besatzungsherrschaft völlig zerstört, seine Bewohner ermordet worden. Paul Kohl hat die Aussagen einiger Überlebender des Massakers durch die Polizeikompanie „Nürnberg" vom 23. September 1942 festgehalten:

a) Maria Kandranowa, heute [1985] 72 Jahre alt, erzählt:

In der Frühe, wir schliefen noch, sind in unser Haus drei Faschisten [Angehörige der deutschen Polizeikompanie] eingedrungen. Die sagten, wir sollen unser ganzes Geld mitnehmen, unsere Ausweise und die Stiefel anziehen. Sie haben meine ganze Familie erschossen. Wir standen also alle auf dem Dorfplatz. Ein Soldat hatte eine Liste und rief uns der Reihe nach auf. Wir mussten uns melden mit „Hier!". Wenn jemand fehlte, fragte er: Wo ist der? Wo ist die? Dann mussten alle Männer von 18 bis 45 Jahren zwei Schritte vortreten. Wir dachten, sie wollten die Männer nach Deutschland deportieren. Sie mussten an verschiedenen Stellen im Dorf eine Grube graben. Zuerst haben sie ihr Geld und ihre Ausweise abgeben müssen. Das Geld haben die Deutschen einkassiert und die Ausweise auf einen Haufen geworfen. Wir haben all unser Geld natürlich mitgenommen. Nicht viel, aber immerhin. Wir dachten ja, wir brauchten das Geld für unterwegs beim Transport, um uns etwas Essen kaufen zu können. Dann mussten sich die Männer, die die Gruben gegraben hatten, ausziehen. Sie wurden erschossen, fielen gleich von selbst in die Gruben. Ihre Kleider wurden mit einem Lkw abtransportiert. Dann kamen die Frauen dran. Ich hatte ja gesehen, wie die anderen Frauen drüben im Teich ertränkt wurden. Ich flehte den deutschen Soldaten an, dass er mich nicht ertränkt, sondern mich lieber erschießt. Da würde ich weniger spüren. Auch wir Frauen mussten uns ausziehen und unsere Kleider sorgfältig zusammenfalten. Wir standen also alle nackt da. Es war früh am Morgen und noch sehr kalt. Vor mir standen noch ein paar Frauen, dann wäre ich drangekommen zum Erschießen. Da winkte mir ein Faschist mit seiner Maschinenpistole zu, ich soll aus der Reihe heraustreten. „Zieh dich an", sagte er zu mir. „Du kommst mit nach Deutschland." Da war ein großer Transport mit Schweinen, die sie aus unseren Ställen geholt hatten. Die wurden alle nach Deutschland geschafft. Und diese Schweine musste ich unterwegs füttern. Das war meine Arbeit. Irgendwo in Polen machte der Zug einen längeren Halt. Die Deutschen tranken schrecklich viel Wodka in dieser Eisenbahnstation und alle waren besoffen. Und das habe ich genützt und bin abgehauen, bin zurück, habe mich unterwegs versteckt. Aber ich habe es geschafft zu überleben.

b) Fjodor Iwanowitsch Rudinuk, 70 Jahre alt, berichtet:

Es war um 4 Uhr in der Frühe. Sie haben mit Lampen in die Fenster geleuchtet. Ich dachte, es brennt. Die Faschisten schlugen mit den Gewehrkolben die Fensterscheiben ein, stießen mit den Stiefeln die Türen auf und standen plötzlich im Zimmer. Ich war halb nackt, trotzdem suchten sie mich nach Waffen ab. Dann haben sie uns alle aus dem Haus gejagt. Meine Schwester wollte noch mal zurück, um etwas Warmes zum Anziehen mitzunehmen. Sie hatte ein kleines Kind bei sich. Das durfte doch nicht frieren. Es war schon ziemlich kalt, es war Ende September. Auch wir mussten ohne warme Kleider raus auf den Platz. Da haben wir dann gesessen und gewartet, bis alle aus den Häusern getrieben waren. Wir Männer wurden etwas abseits geschafft. Dort mussten wir eine Grube graben. 5 Meter tief, 2 Meter breit und sehr lang. Ich musste also für mich selbst mein Grab ausheben. Dabei waren von allen Seiten Maschinenpistolen auf uns gerichtet. Dann, als die ersten Gruppen zu den Gruben gejagt wurden und die Soldaten anfingen, sie zu erschießen, da brach Panik aus, schrien die Menschen, wollten weglaufen. Da schossen die Soldaten gleich mit Maschinenpistolen in die Menge hinein. Und dann während der Erschießungen haben sie die Motoren ihrer Lkws laut aufgedreht und über Lautsprecher Musik gemacht, um das Schreien und die Schüsse zu übertönen. Kleine Kinder haben sie, um Kugeln zu sparen, mit den Bajonetten aufgespießt und dann in die Grube geworfen. Ich habe selbst gesehen, wie die Faschisten einer hochschwangeren Frau mit einem Bajonett den Bauch aufschlitzten und sie in die Grube warfen. Am Abend begann es stark zu regnen. Trotzdem brannte das Dorf weiter. Fast eine Woche lang. Die Gruben wurden nur mit ein bisschen Erde zugedeckt. Durch den Regen quoll das Blut aus der Erde hervor.

Wie durch ein Wunder habe ich überlebt. Als diese Panik ausbrach, bin ich mit anderen einfach weggerannt. Sie haben auf uns geschossen, aber nicht getroffen. Zwei Tage haben wir uns im Wald versteckt. Dann sind wir zurück ins Dorf. Was heißt Dorf – es standen ja nur noch ein paar Mauern, Kamine und überall die Asche. Von anderen, die gleich zurückkehrten, als die Deutschen weg waren, haben wir gehört, dass sich die Erde auf den Gruben noch leicht bewegte. Es waren ja nicht alle sofort tot, als sie in die Gruben fielen. Sie haben die Erde weggeschaufelt. Aber es war zu spät.

a und b zit. nach: Paul Kohl: Der Krieg der deutschen Wehrmacht und der Polizei 1941 – 1944. Sowjetische Überlebende berichten. Frankfurt/Main 1995, S. 48 – 50.

M10 Politisches Testament Adolf Hitlers

In einem Auszug aus dem politischen Testament Adolf Hitlers vom 29. April 1945 heißt es:

Es ist unwahr, dass ich oder irgendjemand anderer in Deutschland den Krieg im Jahr 1939 gewollt habe. Er wurde gewollt und angestiftet ausschließlich von jenen internationalen Staatsmännern, die entweder jüdischer Herkunft waren oder für jüdische Interessen arbeiteten. Ich habe zu viele Angebote zur Rüstungsbeschränkung und Rüstungsbegrenzung gemacht, die die Nachwelt nicht auf alle Ewigkeiten wegzuleugnen vermag, als dass die Verantwortung dieses Krieges auf mir lasten könnte. Ich habe weiter nie gewollt, dass nach dem ersten unseligen Weltkrieg ein zweiter gegen England oder gar gegen Amerika entsteht. Es werden Jahrhunderte vergehen, aber aus den Ruinen unserer Städte und Kunstdenkmäler wird sich der Hass gegen das letzten Endes verantwortliche Volk immer wieder erneuern, dem wir das alles zu verdanken haben: dem internationalen Judentum und seinen Helfern.

Zit. nach: Hans-Adolf Jacobsen/Hans Dollinger (Hg.): Der Zweite Weltkrieg in Bildern und Dokumenten. Bd. 3. München/Wien/Basel 1962, S. 372.

M11 Beschleunigung riskanter Politik

Der Historiker Ian Kershaw analysiert die außenpolitische Dynamik der NS-Herrschaft:

Nach 1936 verringerte sich die Zahl der Optionen für einen [außenpolitischen] Kurswechsel abrupt. Der wirtschaftliche Druck, der von dem beschleunigten Aufrüstungsprogramm ausging, nahm sichtlich zu und ließ sich nicht unbegrenzt in Schach halten. Auch militärisch gesehen arbeitete die Zeit nicht für Deutschland. Andere Nationen würden den Rückstand bald aufholen, und innerhalb weniger Jahre wäre Deutschland im Nachteil.

Und was die internationale Unterstützung anging, so führte Englands kühle Haltung dazu, daß die alten Bündnisvorstellungen revidiert wurden. Unter Ribbentrops [deutscher Außenminister seit 1938] Einfluß wurden der Achse mit Italien und dem Antikominternpakt weit größeres Gewicht beigemessen. Während des Spanischen Bürgerkrieges begann Hitler außerdem, sich immer stärker mit dem kommenden Endkampf gegen den Bolschewismus zu befassen. Mit anderen Worten: Es kam immer mehr zu einer Vermischung und gegenseitigen Verstärkung von ökonomischen, strategischen und ideologischen Überlegungen. Die Dynamik, die teilweise durch Hitlers eigene Aktionen, zu einem gut Teil aber auch durch Ereignisse, die er nicht in der Hand hatte, in Gang gekommen war, drängte daher stark in Richtung auf eine Fortsetzung, wenn nicht sogar Beschleunigung der äußerst riskanten Politik. Unter diesen Umständen und aufgrund der Tatsache, daß sich die innerhalb des Regimes noch vorhandenen oppositionellen Stimmen kaum mehr Gehör zu verschaffen vermochten, konnte Hitler mit seinem Argument obsiegen, man müsse vorwärtsdrängen, wenn man es nicht zu einer Stagnierung und letztlich zum Niedergang kommen lassen wolle.

Ian Kershaw: Hitlers Macht. Das Profil der NS-Herrschaft. München 1992, S. 167. (Übers.: Jürgen Peter Krause).

Text in alter Rechtschreibung

Arbeitsaufträge

1. Analysieren Sie die ideologischen Grundlagen der Außenpolitik des Nationalsozialismus (VT, M 4, M 5).
2. Erarbeiten Sie aus dem VT, M 4, M 5 und M 11 ein Phasenmodell für die nationalsozialistische Außenpolitik bis 1939.
3. Schildern Sie in eigenen Worten die Gründe für die Dynamik der NS-Außenpolitik (VT, M 11).
4. Rekonstruieren Sie die Einstellung des Offiziers Hellmuth Stieff, die in dem Brief an seine Frau (M 7a) zum Ausdruck kommt. Arbeiten Sie die Widersprüchlichkeit seiner Haltung heraus und versuchen Sie diese zu erläutern. Beschreiben Sie die Gefühlswelt des Majors und beurteilen Sie seine Argumentation. Welche Erscheinungsformen der deutschen Kriegsführung in Osteuropa spricht Stieff an (VT, M 7a und M 7b)?
5. Diskutieren Sie, warum Stieff trotz seiner Zweifel seine Tätigkeit weiter ausgeübt haben könnte. Informieren Sie sich über das Schicksal Warschaus im Zweiten Weltkrieg.
6. Beschreiben Sie in eigenen Worten, welches Vorgehen der deutschen Soldaten von der Armeeführung erwartet wurde (M 8). Arbeiten Sie heraus, inwieweit in diesem Befehl eine nationalsozialistisch geprägte Weltanschauung zum Ausdruck kommt.
7. Charakterisieren Sie typische Merkmale der deutschen Kriegsführung in der Sowjetunion (VT, M 8, M 9).
8. Erarbeiten Sie nach der Lektüre von M 10 eine Gegenargumentation unter Berücksichtigung der Geschichte der nationalsozialistischen Außenpolitik und Kriegsführung.

3.5 Verfolgung und Vernichtung der europäischen Juden 1933 bis 1945

In der Verfolgung und Vernichtung der europäischen Juden realisierten die Nationalsozialisten am systematischsten ihre mörderische Ideologie. Bis heute zeigt uns dieses beispiellose Verbrechen die Grenzen unserer Vorstellungskraft auf. Nach wie vor fällt es schwer, Erklärungen für den entsetzlichen Völkermord zu finden. Fragen drängen sich auf: Wie gelang es den Nationalsozialisten innerhalb kürzester Zeit, die politischen und gesellschaftlichen Voraussetzungen für einen Genozid (Völkermord) zu schaffen? Wie planten und organisierten sie die Ermordung von Millionen von Menschen in Europa? Und: Wie stark waren die „ganz normalen Deutschen" – jene, die sich selbst vielleicht nicht einmal als überzeugte Nationalsozialisten betrachteten – an der Verfolgung und Vernichtung der Juden beteiligt?

1933	Boykottaktion gegen jüdische Geschäfte (1. April) „Gesetz zur Wiederherstellung des Berufsbeamtentums": Per „Arierparagraph" werden Juden vom Staatsdienst ausgeschlossen (7. April).
1935	„Nürnberger Gesetze" (15. September)
1938	Pogromnacht (9./10. November)
ab 1939	Verfolgung der Juden in den von den Deutschen besetzten Ländern
1941	Nach dem Überfall auf die Sowjetunion Massenerschießungen von sowjetischen Juden durch Einsatzgruppen (ab Juni) Beginn des Baus von Vernichtungslagern in Polen; Beginn von Deportationen jüdischer Deutscher aus dem Reichsgebiet (ab Herbst)
1942	„Wannseekonferenz" (20. Januar) Systematische Deportation und Ermordung der europäischen Juden in Vernichtungslagern, unter anderem in Auschwitz (seit Frühjahr)

3.5.1 Ausgegrenzt, entrechtet und verfolgt – die deutschen Juden bis 1939

Ausgrenzung einer Minderheit

Aus rassistischen Motiven von der Volksgemeinschaft ausgeschlossen und verfolgt wurden im nationalsozialistischen Deutschland vor allem die Juden. Die im Jahr 1933 rund 500 000 in Deutschland lebenden Angehörigen der jüdischen Religion stellten zwar mit nicht einmal einem Prozent der Bevölkerung eine kleine Minderheit dar, dennoch richtete sich der fanatische Rassismus der Nationalsozialisten vorwiegend gegen sie. Sie galten gemäß der NS-Ideologie als Wurzel aller Übel.
Schon früh ergriffen die Nationalsozialisten erste Maßnahmen, um die Juden von der nichtjüdischen Bevölkerung zu isolieren. Sie wurden entrechtet, schikaniert und planmäßig in den wirtschaftlichen Ruin getrieben. Gewaltsame Übergriffe gegen Juden waren eine alltägliche Erscheinung. Damit verfolgten die Nationalsozialisten in den Anfangsjahren ihrer Herrschaft das Ziel, die Juden aus Deutschland zu vertreiben.
Einige Ereignisse stehen exemplarisch für die deutsche Verfolgungspolitik gegenüber den Juden in dieser Zeit.

Boykott jüdischer Geschäfte am 1. April 1933

Unmittelbar nach der Machtübernahme begannen die Nationalsozialisten, die bürgerliche Existenz der deutschen Juden systematisch zu zerstören. Ein erstes Zeichen setzten sie am 1. April 1933 mit dem Aufruf zum Boykott jüdischer Geschäfte. Angehörige der SA

M1 Ortsschild „Juden unerwünscht"

und der SS versammelten sich an diesem Tag vor jüdischen Läden, beschmierten die Schaufenster mit antisemitischen Parolen und bedrohten Kunden, die die Geschäfte betreten wollten. Die Nationalsozialisten demonstrierten damit der Öffentlichkeit, dass sie bereit waren, ihre antisemitische Überzeugung in Taten umzusetzen.

Ausgrenzung durch „Arierparagraphen"

Der Boykott vom April 1933 war nur ein Ereignis aus einer Fülle von Maßnahmen gegen jüdische Deutsche. Mit Hilfe des „Gesetzes zur Wiederherstellung des Berufsbeamtentums" vom 7. April 1933 wurden Juden aus dem öffentlichen Dienst entlassen. Der Anteil von jüdischen Studenten wurde begrenzt, jüdische Ärzte und Zahnärzte verloren ihre Kassenzulassung. Insgesamt gab es fast 2000 Gesetze, Erlasse und Verordnungen, die sich gegen die deutschen Juden richteten.
Doch die Ausgrenzung wurde nicht nur von staatlichen Behörden und Institutionen betrieben. Auch Vereine und Verbände erließen „Arierparagraphen", die jüdische Mitglieder künftig ausschlossen ebenso wie manche Aufsichtsräte und Vorstände von Großunternehmen, die sich von ihren jüdischen Teilhabern trennten. Solche Änderungen von Satzungen geschahen aus eigenem Antrieb der nichtjüdischen Mitglieder und Geschäftsleute, ohne dass diese durch ein Gesetz dazu gezwungen worden wären.
An der freiwilligen Ausgrenzung der jüdischen Mitbürger beteiligten sich auch die Kommunen: Gemeinden verboten Juden den Aufenthalt in den Gemeindewäldern oder die Benutzung öffentlicher Schwimmbäder.
Beispiele wie diese dokumentieren die antisemitische Gesinnung, die etliche Deutsche verinnerlicht hatten. Doch auch die Masse der Bevölkerung, die aus Gleichgültigkeit nicht protestierte, als ihre jüdischen Kolleginnen und Kollegen, Nachbarn und Bekannten immer mehr in die Isolation getrieben wurden, unterstützte mit ihrem Verhalten den Kurs der Ausgrenzung.

„Nürnberger Gesetze"

Eine zentrale Stellung in der Phase der Entrechtung und Verfolgung bis 1939 nehmen die „Nürnberger Gesetze" ein. Mit ihnen wurden die Juden in Deutschland zu Bürgern zweiter Klasse. Das im September 1935 verabschiedete „Reichsbürgergesetz" unterschied fortan zwischen der „Reichsbürgerschaft" und der „Staatsbürgerschaft". „Reichsbürger" mit politischen Rechten konnten fortan nur noch „Arier" werden. Außerdem regelten das Gesetz und nachfolgende ergänzende Verordnungen, wer „Jude" war. Zudem verbot das Gesetz „zum Schutz des deutschen Blutes und der deutschen Ehre" unter Androhung harter Strafen Ehen zwischen Juden und Nichtjuden. Intime Beziehungen zwischen Juden und „Deutschblütigen" galten von nun an als „Rassenschande". Welche Folgen hatte all dies? Die Nationalsozialisten definierten mit diesen Gesetzen und Rechtsverordnungen Unterschiede zwischen jüdischen und nichtjüdischen Deutschen auf einer rassistischen Grundlage. Die Juden, die sich bisher als deutsche Staatsbürger gesehen hatten, wurden immer deutlicher, und für alle erkennbar, aus der deutschen Gesellschaft ausgegrenzt. Sie wurden noch stärker als zuvor zu Außenseitern in ihrem eigenen Land.

„Arisierung"

Die gesetzlichen Maßnahmen, die es den Juden unmöglich machten, ihren Beruf weiter auszuüben, ließen einen Großteil der Juden verarmen und verstärkten die Stigmatisierung. Die Nationalsozialisten bezeichneten diese Politik

M2 Vor dem Brand
Angehörige der SS zwingen Dr. Artur Flehinger, Mitglied der jüdischen Gemeinde, in der Synagoge von Baden-Baden aus Hitlers „Mein Kampf" vorzulesen, bevor sie angezündet wird (10. November 1938).

der Ausgrenzung der jüdischen Deutschen aus dem Wirtschaftsleben, sei es durch Berufsverbote oder Enteignungen, als „Arisierung". Jüdische Einzelhändler und kleine Unternehmer wurden durch von Mitgliedern der NSDAP organisierte Boykotte gezielt in den Ruin getrieben. Manche wussten sich keine andere Wahl und verkauften ihre Betriebe weit unter Wert. Viele nichtjüdische Deutsche entledigten sich so ihrer wirtschaftlichen Konkurrenten oder expandierten durch die Übernahme jüdischer Unternehmen.

Vertreibung und Auswanderung

Der Auswanderungsdruck durch den Ausschluss der Juden aus dem gesellschaftlichen und wirtschaftlichen Leben nahm immer mehr zu. Dennoch fiel die Entscheidung auszuwandern und damit die Heimat zu verlassen nicht leicht. Auf viele Emigranten wartete ein hartes Leben mit Sprachproblemen, Isolation und Armut. Wer nicht fliehen konnte oder wollte, um den schloss sich der Ring der Verfolgung immer enger. 1939 gab es noch etwa 220 000 Juden in Deutschland.
Die Vertreibungspolitik der Nationalsozialisten war überaus widersprüchlich. Alle Maßnahmen der Nationalsozialisten zielten zwar darauf ab, den Juden ein Leben in Deutschland unmöglich zu machen. Gleichzeitig erschwerte das Regime jedoch die Auswanderung in die europäischen Nachbarländer.

Die Pogromnacht

Die Politik der Entrechtung und Ausgrenzung erreichte mit dem Novemberpogrom 1938 einen vorläufigen Höhepunkt. Anhänger der SA und anderer NS-Organisationen verübten nach einer Hetzrede von Propagandaminister Goebbels in der Nacht vom 9. auf den 10. November überall im Reich brutale Übergriffe auf die jüdische Bevölkerung: Synagogen wurden in Brand gesteckt, Tausende jüdische Geschäfte und Wohnungen geplündert und zerstört. Juden wurden mitten in der Nacht aus ihren Wohnungen gezerrt und durch die Straßen geprügelt, Hunderte kamen dabei oder später in Folge der Ausschreitungen ums Leben, Tausende wurden verletzt. Über 25 000 Juden wurden im Anschluss an diesen Gewaltexzess in die Konzentrationslager Buchenwald, Sachsenhausen und Dachau eingewiesen. Dies sollte den Druck auf die jüdische Bevölkerung erhöhen, aus Deutschland auszuwandern.
Für das an ihnen begangene Unrecht sollten die Juden eine „Sühneleistung" von über einer Milliarde Reichsmark zahlen. Die den Opfern zustehende Versicherungssumme für entstandene Schäden wurde beschlagnahmt. Jüdische Betriebe wurden nun „zwangsarisiert". Juden verloren ihre Ansprüche auf Renten und Pensionen. Die beschlagnahmten Vermögen flossen in den kurz vor dem Bankrott stehenden Staatshaushalt des Deutschen Reiches.
Weitere Schikanen betrafen das Alltagsleben: Jüdische Kinder durften nicht mehr auf öffentliche Schulen, jüdische Studenten wurden von den Universitäten ausgeschlossen.
Die Signale der Nationalsozialisten waren eindeutig: Die Juden sollten aus Deutschland vertrieben werden. Sollte es nicht gelingen, die Auswanderung zu erzwingen, so zeichnete sich im Zusammenhang mit dem sich anbahnenden Krieg immer klarer eine zweite Variante ab: die „Evakuierung", also die Deportation.

3.5.2 Von der Verfolgung zur Vernichtung: Der Völkermord an den europäischen Juden

Die Verfolgung der Juden in Polen

Mit Beginn des Zweiten Weltkrieges radikalisierte sich die nationalsozialistische Judenpolitik weiter. Der Krieg lieferte das Umfeld für den Übergang von der staatlichen Ausgrenzung und Verfolgung zur systematischen Vernichtung. Nach dem Überfall auf Polen zeigte sich der menschenverachtende Charakter des NS-Regimes auch in den eroberten Gebieten. Die den Truppen der Wehrmacht folgenden Einsatzgruppen der Sicherheitspolizei und des Sicherheitsdienstes begingen grausame Massaker an der polnischen Zivilbevölkerung. Unter den Ermordeten waren auch viele Juden. Misshandlungen und Demütigungen polnischer Juden waren nun an der Tagesordnung. Auf offener Straße wurden sie schikaniert und gequält, etwa wenn orthodoxen Juden in aller Öffentlichkeit Haupthaar und Bärte abgeschnitten wurden. Ab Dezember 1939 mussten alle polnischen Juden Armbinden mit einem Davidstern tragen. Sie wurden in Ghettos gesperrt und mussten dort Zwangsarbeit leisten.
Die Deutschen teilten die eroberten polnischen Gebiete in unterschiedliche Zonen ein. Wäh-

M3 Das System der Konzentrationslager

Die Karte bildet die Konzentrations-Hauptlager und die Vernichtungslager nach den Forschungsergebnissen von Gudrun Schwarz ab.[1] Nicht verzeichnet sind die zahlreichen Nebenlager, die den einzelnen Konzentrations-Hauptlagern und den Vernichtungslagern angegliedert waren. Nach Schätzungen von Wolfgang Benz wurden allein in den Vernichtungslagern auf polnischem Territorium – neben Angehörigen anderer vom NS-Regime verfolgter Gruppen – fast drei Millionen Juden ermordet. Die Zahl der ermordeten Juden wird insgesamt auf 6 Millionen geschätzt.[2]

1 G. Schwarz, Die nationalsozialistischen Lager. Frankfurt am Main 1996, S. 6 ff.
2 W. Benz, Dimensionen des Völkermordes. Die Zahl der jüdischen Opfer des Nationalsozialismus. München 1996, S. 17.

rend Teile des westlichen Polens dem Deutschen Reich angegliedert wurden, entstand mit dem sogenannten „Generalgouvernement" eine Zone minderen Rechts – vergleichbar einer Kolonie. Die Verwaltungen in diesen Gebieten wurden mit überzeugten Nationalsozialisten besetzt, die den Prozess der Ausgrenzung und Verfolgung eigenständig radikalisierten. Die Zivilverwaltungsbehörden, die etwa für die Höhe der Nahrungsmittelzuweisungen an die in Ghettos gepferchte jüdische Bevölkerung zuständig waren, verschärften deren Lage, indem sie die Versorgung mit Lebensmitteln und Medikamenten bewusst niedrig hielten. Die Folge waren Hunger, Krankheiten und Seuchen. Die Todesrate in den völlig überfüllten Ghettos schnellte in die Höhe.

Planungen des Völkermordes

Durch den Eroberungskrieg gegen Polen und andere europäische Staaten gerieten Millionen Juden unter die Kontrolle der Deutschen. Wie sollte mit der jüdischen Bevölkerung im sich ausdehnenden nationalsozialistischen Herrschaftsbereich verfahren werden? Pläne kamen auf, die Juden in unwirtliche Gegenden zu vertreiben, in denen sie auf Grund der dort herrschenden Mangelwirtschaft und der extremen klimatischen Bedingungen langfristig keine Überlebenschance hätten.

Massenerschießungen in der Sowjetunion

Die Vernichtungspolitik wurde erneut beschleunigt, als die Deutschen die Sowjetunion im Juni 1941 überfielen. Im Rücken der Wehrmacht führten die Einsatzgruppen Massenerschießungen an Juden mit Zehntausenden von Toten durch. Bis Mitte April 1942 wurden auf diese Art ca. 500 000 sowjetische Juden – Männer, Frauen, Kinder – ermordet. In späteren Tötungswellen ermordeten Mitglieder von Polizeibataillonen der Ordnungspolizei und der Wehrmacht weitere Hunderttausende sowjetischer Juden.

Errichtung der Vernichtungslager

Währenddessen entwickelten die nationalsozialistischen Instanzen ihre Vernichtungspläne für die Juden im übrigen Europa weiter. Federführend war dabei das Reichssicherheitshauptamt (RSHA) unter Führung von Heinrich Himmler. Ab Dezember 1941 wurden in Polen mehrere Vernichtungslager eingerichtet. In Chelmno (Kulmhof) setzte man eigens entwickelte Gaswagen ein, um Juden zu ermorden. In Belzec, Sobibor und Treblinka baute man stationäre Vernichtungslager.
Unter Vorsitz des Chefs der Sicherheitspolizei und des SD Reinhard Heydrich trafen sich am 20. Januar 1942 in einer Villa am Wannsee in Berlin hohe Beamte der wichtigsten Ministerien, Vertreter von Behörden aus den besetzten Gebieten sowie hohe SS-Offiziere und besprachen, wie die Vernichtung der Juden in Europa organisiert und koordiniert werden könnte. Ein Teilnehmer der Konferenz, Adolf Eichmann, der Leiter des „Judenreferats" im RSHA, war entscheidend für die Organisation der Deportationen der Juden in die Vernichtungslager zuständig.
Nach der Fertigstellung der Vernichtungslager seit März 1942 lösten die Deutschen die in Polen bestehenden Ghettos auf, wobei zwischen „arbeitsfähigen" und „nicht arbeitsfähigen" Juden „selektiert" wurde. Die „arbeitsfähigen" Juden wurden in Zwangsarbeitslagern konzentriert und mussten unter menschenunwürdigen Bedingungen Sklavenarbeit verrichten. Die „nicht arbeitsfähigen Juden" wurden in die Vernichtungslager deportiert und dort sofort vergast, entweder mit Kohlenmonoxyd oder, in Auschwitz und Majdanek, mit Zyklon B.
Aus ganz Europa wurden die Juden nun nach Polen deportiert und auf die Lager verteilt. Wer nicht sofort in die Gaskammer geschickt wurde, fristete innerhalb des Zwangsarbeitslagersystems ein unmenschliches Dasein. Neben den reinen Vernichtungslagern errichteten die Nazis in Majdanek sowie in Auschwitz eine Kombination aus Vernichtungs-, Konzentrations- und Zwangsarbeitslager.

Auschwitz

Auschwitz war das größte Konzentrations- und Vernichtungslager. Es wurde zum Inbegriff für den bürokratisch geplanten und industriell durchgeführten Völkermord. Die aus ganz Europa eintreffenden Juden waren bei Razzien deutscher Polizeieinheiten und der mit den Deutschen kollaborierenden Behörden der besetzten Gebiete gefasst worden. Man sammelte sie und pferchte sie in Güterwaggons, in denen sie ohne Nahrung und Trinkwasser nach Auschwitz transportiert wurden. Schon während des Transportes starben viele. Bei ihrer Ankunft wurden die Juden von SS-Ärzten begutachtet und an der Rampe von Auschwitz „selektiert". Die Alten, Schwachen und Kinder wurden unmittelbar nach ihrer Ankunft vergast, ihre Leichen verbrannt. Die arbeitsfähigen Frauen und Männer mussten Zwangsarbeit leisten. Wer unter den unmenschlichen Arbeitsbedingungen zusammenbrach, wurde ebenfalls ins Gas getrieben.

Todesmärsche

1944 war ein Großteil der europäischen Juden schon ermordet. Wegen der sich zurückziehenden Wehrmacht wurden die Vernichtungslager aufgelöst. Die übrig gebliebenen Häftlinge wurden entweder sofort ermordet oder in andere Lager verlegt. Seit Juli 1944 zogen Tausende von Lagerinsassen unter Bewachung des Lagerpersonals aus den aufgelösten Lagern in Konzentrationslager im Reich bzw. in Gebiete, die noch unter deutscher Kontrolle standen. Wer zu erschöpft war, um weiterzumarschieren, wurde erschossen. Die anderen verblieben im noch existierenden Konzentrationslagersystem. Mit erbarmungsloser Konsequenz versuchten die Nationalsozialisten bis zum Schluss, zumindest ein zentrales Ziel ihrer Politik umzusetzen: die vollständige Ermordung der europäischen Juden.

Systematische Vernichtung

Im Rückblick auf den Völkermord wird die Systematik dieses unfassbaren Verbrechens sichtbar. Deutlich treten die allmähliche Steigerung der Gewalt und die zunehmende Radikalisierung während der NS-Herrschaft zutage. Wurden die Juden anfangs in Deutschland isoliert, entrechtet, enteignet und ausgebeutet, um sie zur Auswanderung zu zwingen, so änderte sich die Situation nach Beginn des Zweiten Weltkrieges und der Ausdehnung des nationalsozialistischen Machtbereichs. Ab 1939 wurden die osteuropäischen Juden in Ghettos konzentriert und dabei bewusst ausgehungert, Krankheiten ausgesetzt und zu Sklavenarbeit gezwungen. Bereits zu diesem Zeitpunkt kam es zu ersten Erschießungen, die spätestens ab Juni 1941 systematischen Charakter annahmen. Im Zuge der Ausdehnung des Krieges gingen die Nationalsozialisten zum quasi industriell durchgeführten Völkermord mittels Giftgas in eigens dafür errichteten Lagern über.
Zentral für die Umsetzung der Vernichtungspläne war der Krieg, der sich als entscheidendes Umfeld für die Radikalisierung der Judenverfolgung und als Voraussetzung für den Genozid erwies. Dem systematischen Völkermord der Nationalsozialisten fielen zwischen 5,3 und 6 Millionen Juden zum Opfer. Etwa ein Viertel von ihnen waren Kinder.

Von allem nichts gewusst?

Die monströsen Pläne zur Verfolgung und Ermordung der Juden wurden unter Beteiligung einer Vielzahl von Tätern und Organisationen umgesetzt. Verwaltungsbeamte, Buchhalter, Ingenieure, Lokführer, Bahnpersonal, Transportarbeiter, Lieferanten oder Wachpersonal – Tausende Deutsche waren unmittelbar am Völkermord beteiligt. Doch auch viele der nicht direkt Beteiligten waren wohl Mitwisser der Morde. Die Vertreibung der jüdischen Deutschen geschah in aller Öffentlichkeit. Oft standen die nichtjüdischen Deutschen Spalier, wenn die Juden zum Bahnhof der Stadt getrieben wurden. Und auch wenn die Vernichtungslager bewusst im Osten errichtet wurden, um die Morde geheim zu halten, kursierten in der Bevölkerung zahlreiche Gerüchte. Soldaten berichteten auf ihrem Heimaturlaub von Massenerschießungen und Lagern. Wer wissen wollte, was mit den Juden vor sich ging, hatte genügend Indizien, um sich vorstellen zu können, dass Schreckliches geschah. Die nichtjüdischen Deutschen hatten sich jedoch über die Jahre der NS-Herrschaft an die Grausamkeiten gegenüber der jüdischen Bevölkerung so gewöhnt, dass sie schließlich Deportationen, Zwangsarbeit und die massenhafte Ermordung als Alltagsnormalität ansahen, die kaum noch ein schlechtes Gewissen bereitete.

Genozid (Völkermord) Die massenhafte Ermordung der Mitglieder eines Volkes bzw. einer ethnischen Gruppe. Beispiele für Völkermorde sind neben der Judenvernichtung der Deutschen die Massenmorde an Armeniern durch die Türken während des Ersten Weltkrieges und die Ermordung von etwa einer Million Tutsi durch die Hutu in Ruanda im Jahr 1994.

M4 „Der Zutritt von Juden ist unerwünscht"

Auszug aus dem Verhandlungsbericht über die Beratung der Ratsherren der Reichshauptstadt Berlin am 3. Juni 1937 über die Vertreibung der Juden aus den öffentlichen Badeanstalten:

Ratsherr Körner: […] Ich möchte von mir aus die Anregung geben und den Antrag stellen, dass die Stadtverwaltung bei öffentlichen Einrichtungen – die privaten Badenanstalten sollen im Moment gleichgültig sein – erklärt: Der Zutritt von Juden ist unerwünscht!

Stadtmedizinalrat Dr. Conti: Zurzeit ist es so, dass ein städtisches Hallenbad den Juden den Zutritt direkt verboten hat. In einem weiteren wird den Juden kein Zutritt gewährt. Die übergroße Mehrheit der städtischen Bäder, sowohl der Hallenbäder wie der Freibäder, haben Tafeln, dass das Baden von Juden unerwünscht sei. Einige, darunter auch Wannsee, haben den Juden keinerlei Beschränkungen dieser Art bisher auferlegt. […]

Ich bin selber der Ansicht, dass wir diesen Zustand der Ausschaltung der Juden aus den Badeanstalten allmählich verschärfen sollten. Es durch irgendeine Anordnung von oben her zu tun, hielte ich für unzweckmäßig wegen der außenpolitischen Auswirkungen, die in keinem Verhältnis dazu stehen. […]

Es gibt einen salomonischen Erlass des Reichsinnenministeriums, der ungefähr sagt: Man darf ihnen die Benutzung der Bäder insgesamt nicht ganz verwehren, aber wo Beschränkungen mit dieser Einschränkung durchgeführt werden können, kann es geschehen. Wir wären also z. B. nach dem Erlass in der Lage, alle Badeanstalten mit Verbotstafeln zu versehen bis auf eine, die wir ohne Verbotstafel belassen. Man kann dann, wenn ein Jude kommt und baden will, ihm sagen: Du kannst dahin gehen. […]

Ob es bei Wannsee ratsam ist? Wannsee wird sehr viel von Ausländern besucht. Wannsee ist also der kritische Punkt. Ich habe mich dieser Ansicht bisher nicht anschließen können. Sollten die Klagen zunehmen, so berichtet der Bezirksbürgermeister. Natürlich achte ich darauf sehr.

Oberbürgermeister und Stadtpräsident Dr. Lippert: […] Zur Frage der Freibäder – Wannsee – möchte ich Folgendes sagen. Wir haben im Jahre 1935 dort ein Schild angebracht: „Juden ist das Baden und der Zutritt verboten!" Auf Wunsch des Auswärtigen Amtes haben wir es wieder wegnehmen müssen, als die Vorbereitungen zur Olympiade [1936] rollten. Es stimmt durchaus, was der Herr Stadtmedizinalrat sagte: Insofern ist das Strandbad Wannsee ein wunder Punkt. Ich habe mit dem damaligen Leiter des Strandbades Wannsee gesprochen und ihn gewissermaßen auf den Weg einer geschickt formulierten Selbsthilfe verwiesen. Das hat sich eigentlich sehr gut bewährt. Ich glaube, man sollte […] daran denken, dass es schließlich Gott sei Dank SA- und SS-Leute gibt, die ohne Uniform auch so, wie sie Gott erschaffen hat, da sind und sitzen. Das sind unsere politischen Soldaten, die die Augen offen haben und sehen, was gespielt wird und unter Umständen auch mit der nötigen Forsche einschreiten. (Ratsherr von Jagow: Das ist mit dem Polizeipräsidenten gleich zu regeln).

Im Strandbad Wannsee hat es sich sehr gut bewährt, Herr Obergruppenführer. Dort haben sich die SA-Leute vorher beim Strandbadleiter gemeldet. […] Der Bademeister hat dann den Betreffenden aufgefordert, das Bad sofort zu verlassen. Wo es nötig schien, haben die wackeren SA-Leute draußen im Walde außerhalb des Badebetriebs ein bisschen gewartet, bis der Mann herauskam, und ihm dann das Nötige eröffnet (Heiterkeit).

Zit. nach: Kurt Pätzold (Hg.): Verfolgung, Vertreibung, Vernichtung. Dokumente des faschistischen Antisemitismus 1933 bis 1942. Leipzig 1987, S. 136 – 138.

M5 „Die Vernichtung der jüdischen Rasse in Europa"

Aus der Reichstagsrede Adolf Hitlers vom 30. Januar 1939:

Die Völker werden in kurzer Zeit erkennen, dass das nationalsozialistische Deutschland keine Feindschaft mit anderen Völkern will, dass alle die Behauptungen über Angriffsabsichten unseres Volkes auf fremde Völker entweder krankhafter Hysterie geborene oder aus der persönlichen Selbsterhaltungssucht einzelner Politiker entstandene Lügen sind. […]

Ich will heute wieder ein Prophet sein: Wenn es dem internationalen Finanzjudentum in- [sic] und außerhalb Europas gelingen sollte, die Völker noch einmal in einen Weltkrieg zu stürzen, dann würde das Ergebnis nicht die Bolschewisierung der Erde und damit der Sieg des Judentums sein, sondern die Vernichtung der jüdischen Rasse in Europa. […]

Die Völker wollen nicht mehr auf den Schlachtfeldern sterben, damit diese wurzellose internationale Rasse an den Geschäften des Krieges verdient und ihre alttestamentarische Rachsucht befriedigt. Über die jüdische Parole „Proletarier aller Länder, vereinigt euch" wird eine höhere Erkenntnis siegen, nämlich: „Schaffende Angehörige aller Nationen, erkennt euren gemeinsamen Feind!"

Zit. nach: Wolfgang Michalka (Hg.): Deutsche Geschichte 1933 – 1945. Dokumente zur Innen- und Außenpolitik. Überarbeitete Neuausgabe. Frankfurt/Main 1993, S. 163.

M6 Protokoll der „Wannsee-Konferenz"

In dem Protokoll vom 20. Januar 1942 heißt es:

II. Chef der Sicherheitspolizei und des SD, SS-Obergruppenführer Heydrich, teilte eingangs seine Bestellung zum Beauftragten für die Vorbereitung der Endlösung der europäischen Judenfrage durch den Reichsmarschall [Göring] mit und wies darauf hin, dass zu dieser Besprechung geladen wurde, um Klarheit in grundsätzlichen Fragen zu schaffen. Der Wunsch des Reichsmarschalls, ihm einen Entwurf über die organisatorischen, sachlichen und materiellen Belange im Hinblick auf die Endlösung der europäischen Judenfrage zu übersenden, erfordert die vorherige gemeinsame Behandlung aller an diesen Fragen unmittelbar beteiligten Zentralinstanzen im Hinblick auf die Parallelisierung der Linienführung.

Die Federführung bei der Bearbeitung der Endlösung der Judenfrage liegt ohne Rücksicht auf geographische Grenzen zentral beim Reichsführer SS und Chef der Deutschen Polizei [Himmler] (Chef der Sicherheitspolizei und des SD) [Heydrich]. [A]

Der Chef der Sicherheitspolizei und des SD gab sodann einen kurzen Rückblick über den bisher geführten Kampf gegen diesen Gegner. Die wesentlichsten Momente bilden

a) die Zurückdrängung der Juden aus den einzelnen Lebensgebieten des deutschen Volkes,

b) die Zurückdrängung der Juden aus dem Lebensraum des deutschen Volkes.

Im Vollzug dieser Bestrebungen wurde als einzige vorläufige Lösungsmöglichkeit die Beschleunigung der Auswanderung der Juden aus dem Reichsgebiet verstärkt und planmäßig in Angriff genommen. [...]

Inzwischen hat der Reichsführer SS und Chef der Deutschen Polizei im Hinblick auf die Gefahren einer Auswanderung im Kriege und im Hinblick auf die Möglichkeiten des Ostens die Auswanderung von Juden verboten.

III. Anstelle der Auswanderung ist nunmehr als weitere Lösungsmöglichkeit nach entsprechender vorheriger Genehmigung durch den Führer die Evakuierung der Juden nach dem Osten getreten. [B]

Diese Aktionen sind jedoch lediglich als Ausweichmöglichkeiten anzusprechen, doch werden hier bereits jene praktischen Erfahrungen gesammelt, die im Hinblick auf die kommende Endlösung der Judenfrage von wichtiger Bedeutung sind.

Im Zuge dieser Endlösung der europäischen Judenfrage kommen rund 11 Millionen Juden in Betracht [...]

Unter entsprechender Leitung sollen nun im Zuge der Endlösung die Juden in geeigneter Weise im Osten zum Arbeitseinsatz kommen. In großen Arbeitskolonnen, unter Trennung der Geschlechter, werden die arbeitsfähigen Juden straßenbauend in diese Gebiete geführt, wobei zweifellos ein Großteil durch natürliche Verminderung ausfallen wird. [C]

Der allfällig endlich verbleibende Restbestand wird, da es sich bei diesen zweifellos um den widerstandsfähigsten Teil handelt, entsprechend behandelt werden müssen, da dieser, eine natürliche Auslese darstellend, bei Freilassung als Keimzelle eines neuen jüdischen Aufbaues anzusprechen ist. (Siehe die Erfahrung der Geschichte.) [D]

Im Zuge der praktischen Durchführung der Endlösung wird Europa vom Westen nach Osten durchgekämmt. [...]

Die evakuierten Juden werden zunächst Zug um Zug in sogenannte Durchgangsghettos verbracht, um von dort aus weiter nach dem Osten transportiert zu werden. [...]

IV. Im Zuge der Endlösungsvorhaben sollen die Nürnberger Gesetze gewissermaßen die Grundlage bilden, wobei die Voraussetzung für die restlose Bereinigung des Problems auch die Lösung der Mischehen- und Mischlingsfragen ist. [...] [E]

Abschließend wurden die verschiedenen Arten der Lösungsmöglichkeiten besprochen, wobei [...] der Standpunkt vertreten wurde, gewisse vorbereitende Arbeiten im Zuge der Endlösung gleich in den betreffenden Gebieten selbst durchzuführen, wobei jedoch eine Beunruhigung der Bevölkerung vermieden werden müsse. [F]

Mit der Bitte des Chefs der Sicherheitspolizei und des SD an die Besprechungsteilnehmer, ihm bei der Durchführung der Lösungsarbeiten entsprechende Unterstützung zu gewähren, wurde die Besprechung geschlossen.

Zit. nach: Peter Longerich (Hg.), unter Mitarbeit von Dieter Pohl: Die Ermordung der europäischen Juden. Eine umfassende Dokumentation des Holocaust 1941 – 1945. 2. Aufl. München/Zürich 1990, S. 83 – 92.

M7 Schuhe von in der Gaskammer ermordeten Juden

M8 „Ruhmesblatt unserer Geschichte"?

Auszug aus Heinrich Himmlers Rede bei der SS-Gruppenführertagung in Posen am 4. Oktober 1943:

Ich will hier vor Ihnen in aller Offenheit auch ein ganz schweres Kapitel erwähnen. Unter uns soll es einmal ganz offen ausgesprochen sein, und trotzdem werden wir in der Öffentlichkeit nie darüber reden. Genauso wenig, wie wir am 30. Juni 1934 gezögert haben, die befohlene Pflicht zu tun und Kameraden, die sich verfehlt hatten, an die Wand zu stellen und zu erschießen, genauso wenig haben wir darüber jemals gesprochen und werden je darüber sprechen. Es war eine Gott sei Dank in uns wohnende Selbstverständlichkeit des Taktes, dass wir uns untereinander nie darüber unterhalten haben, nie darüber sprachen. Es hat jeden geschauert und doch war sich jeder klar darüber, dass er es das nächste Mal wieder tun würde, wenn es befohlen wird und wenn es notwendig ist.

Ich meine jetzt die Judenevakuierung, die Ausrottung des jüdischen Volkes. Es gehört zu den Dingen, die man leicht ausspricht. – „Das jüdische Volk wird ausgerottet“, sagt ein jeder Parteigenosse, „ganz klar, steht in unserem Programm, Ausschaltung der Juden, Ausrottung, machen wir.“ Und dann kommen sie alle an, die braven 80 Millionen Deutschen, und jeder hat seinen anständigen Juden. Es ist ja klar, die anderen sind Schweine, aber dieser eine ist ein prima Jude. Von allen, die so reden, hat keiner zugesehen, keiner hat es durchgestanden. Von Euch werden die meisten wissen, was es heißt, wenn 100 Leichen beisammenliegen, wenn 500 daliegen oder wenn 1 000 daliegen. Dies durchgehalten zu haben, und dabei – abgesehen von Ausnahmen menschlicher Schwächen – anständig geblieben zu sein, das hat uns hart gemacht. Dies ist ein niemals geschriebenes und niemals zu schreibendes Ruhmesblatt unserer Geschichte, denn wir wissen, wie schwer wir uns täten, wenn wir heute noch in jeder Stadt – bei den Bombenangriffen, bei den Lasten und bei den Entbehrungen des Krieges – noch die Juden als Geheimsaboteure, Agitatoren und Hetzer hätten. Wir würden wahrscheinlich jetzt in das Stadium des Jahres 1916/1917 gekommen sein, wenn die Juden noch im deutschen Volkskörper säßen.

[…] Insgesamt […] können wir sagen, dass wir diese schwerste Aufgabe in Liebe zu unserem Volk erfüllt haben. Und wir haben keinen Schaden in unserem Inneren, in unserer Seele, in unserem Charakter genommen.

Aus: IMT, Bd. XXIX, S. 145 f.

M9 Massaker von Babi Yar

Auszug aus einer Vernehmung eines Zugwachtmeisters einer Polizeikompanie, die das Erschießungsgelände von Babi Yar bei Kiew absperrte. Bei den Erschießungen am 29./30.September 1941 wurden über 30 000 jüdische Menschen, Männer, Frauen und Kinder, ermordet:

In Kiew waren Plakate erschienen, auf denen in russischer Sprache zu lesen stand, dass sich die Juden zur Umsiedlung an einem bestimmten Punkt der Stadt sammeln sollten. Wir alle mussten im Hof der Unterkunft, ich glaube es war Ende Sept. 1941, antreten. Es war alles da, was zum Kommando gehörte, selbst die Schreibstubenleute und die Leute aus dem Revier. Auch alle Offiziere waren da. Blobel [Führer des Sonderkommandos 4a] hielt eine Ansprache […]. Wir wurden dann mit LKWs durch die Stadt Kiew gefahren zu einer großen Pappelallee. Auf unserer Fahrt sahen wir schon, dass sich lange Kolonnen Juden jeglichen Alters und jeglichen Geschlechts zu dieser Allee bewegten. Dieser Allee schloss sich ein Hochplateau an. Auf diesem Plateau mussten sich die Juden ausziehen. Die Juden wurden bewacht von Wehrmachtseinheiten und von einem Hamburger Pol.[izei] Bat.[aillon], das […] die Nr. 303 hatte. Blobel hatte die Oberleitung über die gesamte Organisation und Durchführung der Exekution. Die Juden mussten ihre Kleider ablegen, es türmten sich große Haufen auf. Anschließend mussten sie zum Grubenrand gehen und sich hinlegen. Sie wurden dann erschossen. Beim Erschießen wurde abgewechselt. Die Erschießung erstreckte sich über die Länge der gesamten Schlucht. Die jeweiligen Schützen bekamen von anderen Einheitsangehörigen die fertig geladenen Magazine der M.P. [Maschinenpistolen] jeweils gereicht.

Die Erschießung dauerte 2 Tage. Es wurden 1 000e und Abertausende von Juden erschossen.

Sie gingen alle gefasst in den Tod. Es wurde nicht geschrieen und nicht gejammert. Soweit ich mich erinnern kann, waren damals alle bei der Einheit befindlichen Führer in diese große Tötungsaktion mit irgendwelchen Aufgaben eingeordnet.

[…]

Wir bekamen damals Schnaps in großen Mengen, damit wir besser die ganze abscheuliche Sache überstehen konnten. Nach Abschluss der Exekution hörte man, dass ein Teil der Führer ausgewechselt worden sei. Welche Führer dies waren, kann ich nicht sagen, weil ich dies nicht weiß. Blobel soll sogar ausgezeichnet worden sein wegen dieser Massaker.

Zit. nach: Peter Longerich (Hg.), unter Mitarbeit von Dieter Pohl: Die Ermordung der europäischen Juden. Eine umfassende Dokumentation des Holocaust 1941 – 1945. 2. Aufl. München/Zürich 1990, S. 123 f.

M10 Vergasungen in Auschwitz

Auszug aus der Eidesstattlichen Erklärung des Angehörigen der Politischen Abteilung von Auschwitz, Perry Broad, 20. Oktober 1947:

5. Im Jahre 1943 hatte ich Gelegenheit, die von den Desinfektoren benutzten Gasbüchsen aus der Nähe zu sehen. Ich sah sie in einem Krankenwagen, der das Desinfektionspersonal zu einer Gasaktion nach Birkenau brachte. Ich las die Aufschrift „Zyklon B, Achtung Gift, nur durch geübtes Personal zu öffnen, zur Bekämpfung von Ungeziefer“. Ich habe auch einmal gesehen, wie ein Desinfektor seine Gasmaske aus dem Schrank nahm, die mit einem Spezialeinsatz versehen war. Der Filter war blau lackiert und trug die Aufschrift „Zyklon B“.

6. Ungefähr Ende 1942 wurde mit dem Bau von 4 großen Krematorien, die mit Gaskammern verbunden waren, in Birkenau begonnen. Der Bau wurde von der Zentralbauleitung der Waffen-SS ausgeführt in Zusammenarbeit mit zivilen deutschen Firmen, deren Namen mir jedoch nicht bekannt sind. Ich vermag nur anzugeben, dass zahlreiche

Zivilarbeiter polnischer und deutscher Nationalität ebenfalls dort gearbeitet haben.
Die baulichen Anlagen der Gaskammern, die bei den Krematorien I und II unter der Erde lagen und mit Aufzügen zu den Verbrennungsräumen versehen waren, müssen den Zivilarbeitern über die tatsächliche Verwendung dieser Kammern Aufschluss gegeben haben. Außerdem war einer der provisorischen Gasbunker, der damals noch in Betrieb war, von der Baustelle der Krematorien IV und V aus zu sehen. Die Zivilarbeiter, die außerhalb des Lagerbereiches wohnten, mussten gesehen haben, wie aus einem der Bunker Leichen herausgezerrt und auf Loren verladen wurden, um dann auf offenen Brandstätten verbrannt zu werden. Es gab in der Umgebung von Birkenau etwa 10 große Brandstätten, wo 200–1 000 Menschen jeweils auf Scheiterhaufen verbrannt wurden. Der Schein dieser Feuerstellen war mindestens in einem Umkreis von 30 km noch sichtbar. Ebenso weit war der unverkennbare Geruch von verbranntem Fleisch zu bemerken. Es müssen also alle Bewohner von Auschwitz und den umliegenden Ortschaften, sowie alle in den Fabriken beschäftigten Leute, das Eisenbahnpersonal, die umliegenden Polizeistationen und Reisende auf der Linie Krakau-Kattowitz die Tatsache gewusst haben, dass in Auschwitz täglich eine große Masse von Leichen verbrannt wurde.
[…]
8. Die Transporte wurden von Begleitkommandos der Ordnungspolizei und von Eisenbahnbegleitpersonal der Reichsbahn bis zur Ausladerampe, die zwischen Auschwitz und Birkenau lag, gebracht. Gleich nach dem Ausladen begann die Aussonderung der für die Vergasung bestimmten Menschen. Die Züge standen meistens noch einige Minuten leer an der Rampe, so dass die Eisenbahner und die Polizisten Gelegenheit hatten, diese Selektionen zu beobachten. Sie konnten weiterhin sehen, dass den Ankömmlingen ihr ganzes Hab und Gut abgenommen wurde und konnten aus den Umständen entnehmen, dass sie ihre Sachen niemals wieder bekommen sollten. Außerdem konnten sie sehen, wie der größte Teil von Neuankömmlingen in einer Gruppe abgesondert wurde, der dann auf Lastwagen unter brutaler Behandlung verladen wurde. 8–10 dieser Lastwagen fuhren dann in Richtung der sichtbaren Brandstätten, die nach einiger Zeit leer zurückkamen.
Die Eisenbahner blieben gern längere Zeit an der Ausladerampe und täuschten selbst Maschinenschaden vor, um die von den Häftlingen zurückgelassenen Koffer zu bestehlen. Das Aufsichtspersonal der Reichsbahn, das längere Zeit bei der Bahnstation Auschwitz stationiert war, muss gewusst haben, dass eine außerordentlich große Zahl von Transporten nach Auschwitz eingeliefert wurde. Diese Beamten müssen außerdem gewusst haben, woher die Transporte kamen und müssen einen ungefähren Überblick über die Zahl der Zugänge gehabt haben. Dies gilt namentlich für das Frühjahr 1944, wo täglich durchschnittlich 3 Transporte in Auschwitz eintrafen. Es sind im April-Mai-Juni 1944 oftmals 8–10 000 Menschen täglich in Auschwitz eingetroffen. Im Verhältnis zu den ankommenden sind nur wenige Transporte weitergeleitet worden zu anderen Konzentrationslagern innerhalb des Reiches.

Zit. nach: Peter Longerich (Hg.), unter Mitarbeit von Dieter Pohl: Die Ermordung der europäischen Juden. Eine umfassende Dokumentation des Holocaust 1941–1945. 2. Aufl. München/Zürich 1990, S. 376–379.

Arbeitsaufträge

1. Analysieren Sie die Überlegungen und Zielsetzungen der an der Beratung Beteiligten in M 4. Diskutieren Sie, welche Bedeutung solchen antijüdischen Maßnahmen im Kontext der nationalsozialistischen Judenverfolgung zukommt. Berücksichtigen Sie auch M 1.
2. Interpretieren Sie die in der Quelle mit [A] bis [F] gekennzeichneten Passagen in M 6.
3. Stellen Sie dar, welches Selbstverständnis von der Ermordung der europäischen Juden in den Reden Hitlers (M 5) und Himmlers (M 8) zum Ausdruck kommt.
4. Rekonstruieren Sie den Ablauf der Massenerschießung von Babi Yar unter Berücksichtigung der an den Erschießungen beteiligten Organisationen und Akteuren (M 9). Beurteilen Sie die Rolle des Zugwachtmeisters.
5. Analysieren Sie, welche Personengruppen in der Schilderung Broads (M 10) an den Massenmorden der Juden in Auschwitz direkt oder indirekt beteiligt waren bzw. davon Kenntnis hatte. Beurteilen Sie den Quellenwert der Aussagen von Akteuren, die an Mordaktionen beteiligt waren (M 9, M 10).
6. Erörtern Sie, in welchem Maße die Vergasungen der Juden in Auschwitz bei den Deutschen bekannt gewesen sein könnten (VT, M 3, M 5, M 10).

3.6 Widerstand gegen den Nationalsozialismus

In den Jahren der NS-Herrschaft gab es in Deutschland nicht nur Mitläufer und begeisterte Anhänger der Nationalsozialisten. Es gab auch Menschen, die in Opposition standen, die sich verweigerten oder sich offen der NS-Herrschaft widersetzten. Dabei bewiesen sie großen Mut, denn Opposition wurde vom NS-Staat nicht geduldet. Andersdenkende drohten ausgegrenzt, verfolgt, ermordet zu werden. Wer waren die Menschen, die sich dem Unrechtsregime widersetzten? Wie viele waren es? Und welche Motive spielten für ihr Handeln eine Rolle?

1939	Georg Elser verübt ein Bombenattentat auf Hitler, dem dieser nur knapp entgeht (8. November).
1942/1943	In München verteilen Mitglieder der Weißen Rose Flugblätter gegen das NS-Regime.
1944	Hitler überlebt ein Attentat von Offizieren der Wehrmacht um Claus Schenk Graf von Stauffenberg (20. Juli).

Was heißt eigentlich „Widerstand"?

„Widerstand" ist ein politisches Verhalten, das sich bewusst und unter Inkaufnahme von schweren Nachteilen gegen eine als nicht legitim empfundene Herrschaft richtet. Die Bandbreite des Widerstands reicht dabei von eher passiven Formen der Verweigerung über offen artikulierten Protest bis hin zur geplanten Anwendung von Gewalt gegen den oder die Herrschenden. Widerstand kann folglich in sehr unterschiedlichen Erscheinungsformen auftreten, etwa als Verweigerung von Anordnungen oder Befehlen, durch die Unterstützung der vom Regime Verfolgten, in Form von Sabotageakten, als Streik und Demonstration oder als Attentat auf die Herrschenden. Diejenigen, die den Widerstand ausüben, binden ihr Handeln dabei an eine höhere Rechtsordnung oder ihr Gewissen. Wenn das geltende Recht von einem Unrechtsregime außer Kraft gesetzt worden ist, kann sich der Widerständler darauf berufen, durch die Ausschaltung der Herrschenden wieder die legitime Rechtsordnung in Kraft zu setzen.
Nicht jedes von den Befehlen und ideologischen Vorstellungen des NS-Regimes abweichende Denken und Handeln bedeutete schon „Widerstand". Unterschiedliche Interessen existierten auch in der nationalsozialistischen „Volksgemeinschaft", und viele Interessenkonflikte, gerade zwischen den verschiedenen Elitegruppierungen aus NSDAP, den Parteiorganisationen und den staatlichen Dienststellen, wurden geradezu erbittert ausgefochten. Doch hier ging es immer um die Steigerung des persönlichen Vorteils. Die Kämpfe auf den unteren Rängen waren integrativer Teil der absoluten Führerherrschaft. Sie waren das genaue Gegenteil von Widerstand.

Widerstand ohne Volk

Zwar gab es während der NS-Diktatur oppositionelle Bestrebungen seitens verschiedener gesellschaftlicher Gruppierungen, eine breit angelegte, einheitlich organisierte Widerstandsbewegung hat jedoch nie existiert. Den Nationalsozialisten gelang es schon in der Anfangsphase ihrer Herrschaft, größere Oppositionsbewegungen radikal zu bekämpfen und konsequent auszuschalten. Andersdenkenden drohte von Beginn an der Terror des NS-Regimes: Verfolgung, Verhaftung, Misshandlung und Ermordung. Die oppositionellen Gruppierungen verfügten im Rahmen der herrschenden Ideologie und Rechtsauffassung über keine Möglichkeit der legalen Organisation ihres Protestes. Auch der Zugang zu den Massenmedien blieb ihnen versperrt. Sie waren somit auf persönlichen, konspirativen Austausch in kleinen Grüppchen angewiesen – eine Form des Widerstands, die mit dem hohen Risiko verbunden war, von den staatlichen Sicherheitsorganen aufgedeckt zu werden.

Neben diesen organisatorischen Problemen fehlte einem breit aufgestellten Widerstand vor allem aber auch die Basis: Die große Mehrheit der deutschen Bevölkerung war in den Anfangsjahren mit dem NS-Regime ja durchaus zufrieden. Andere hatten sich arrangiert und protestierten nicht, selbst wenn sie mit manchem nicht einverstanden waren. Die wenigsten waren bereit, Widerstand zu leisten, und liefen in einer Atmosphäre der Zustimmung zu den Herrschenden, des Spitzel- und Denunziantentums ständig Gefahr, entdeckt zu werden. Umso höher ist der Mut derjenigen zu bewerten, die unter diesen Bedingungen bereit waren, sich gegen die NS-Herrschaft aufzulehnen.

Die Arbeiterbewegung

In den Anfangsmonaten der NS-Diktatur widersetzten sich mit Gewerkschaftern, Sozialdemokraten und Kommunisten vor allem jene, die bereits vor 1933 überzeugte politische Gegner der Nationalsozialisten gewesen waren. Sie alle traf schon früh die volle Wucht des NS-Terrors. Unmittelbar nach der Machtübernahme sahen sich die Führer der Arbeiterbewegung, insbesondere der KPD, der Verfolgung durch SA, SS und auch der Polizei ausgeliefert. Viele fanden dabei den Tod. Andere wurden verhaftet oder mussten untertauchen. Die Verhafteten wurden in Konzentrationslagern interniert, wo sie oft jahrelang blieben.

Einem Teil der Arbeiterbewegung gelang es, ins Ausland zu fliehen. Doch die Möglichkeiten, aus dem europäischen Exil gegen das NS-Regime zu agieren, waren schon 1933 ziemlich eingeschränkt. Die Situation verschlechterte sich, nachdem das Deutsche Reich seit 1938 begann, den Großteil Europas zu erobern und zu kontrollieren. Aktionen der Arbeiterbewegung beschränkten sich deshalb schon früh auf das Agieren im Untergrund, etwa auf das Anfertigen von Flugblättern, das Planen von Sabotageakten, vor allem aber das Halten von Kontakten untereinander.

Die christlichen Kirchen

Die evangelische und die katholische Kirche reagierten zunächst vorsichtig auf den Regimewechsel. Obwohl die nationalsozialistische Ideologie in zentralen Punkten gegen die kirchliche Lehre und den christlichen Glauben verstieß, gab es zunächst kaum Gegenwehr. Innerhalb der evangelischen Kirche kam es schon früh zur Spaltung zwischen der Mehrheit der sich zum NS-Regime bekennenden „Deutschen Christen" und der Minderheit der „Bekennenden Kirche", die dem Nationalsozialismus kritisch gegenüberstand. Die „Bekennende Kirche" wehrte sich gegen staatliche Eingriffe in ihren Bereich, als politische Oppositionsbewegung verstand sie sich jedoch nicht. Protest gegen die menschenverachtende Ideologie des NS-Staates blieb somit einzelnen Personen vorbehalten. Pfarrer der „Bekennenden Kirche" wie Martin Niemöller oder Dietrich Bonhoeffer verurteilten etwa in ihren Predigten den Nationalsozialismus öffentlich als unchristlich. Beide wurden verhaftet, Bonhoeffer gar ermordet.

Verheerend für die katholische Kirche wirkte sich das 1933 zwischen dem Deutschen Reich und dem Vatikan geschlossene Reichskonkordat aus. Zwar wurde in diesem Abkommen vordergründig die Position der katholischen Kirche in Deutschland verbessert, weil die

M1 Der Werftarbeiter August Landmesser
(obere Bildmitte mit verschränkten Armen) verweigerte 1936 beim Stapellauf eines Kriegsschiffes den Hitler-Gruß. Obwohl Parteimitglied, war er in Gegensatz zum NS-Regime geraten. Landmesser liebte eine Jüdin, die er nach den „Nürnberger Gesetzen" von 1935 nicht heiraten durfte.

Reichsregierung der Kirche den Schutz des kirchlichen Eigentums und der religiösen Einrichtungen vertraglich zuzusichern schien. Aber der Vertrag mit dem Vatikan schwächte den Widerstand kritisch eingestellter Kirchenvertreter gegen den Nationalsozialismus. Anfangs ging es auch der katholischen Kirche vor allem um die Bewahrung kirchlicher Organisationsstrukturen. Allerdings gab es auch einzelne katholische Kirchenvertreter, die aus christlichen bzw. ethisch-moralischen Motiven gegen die nationalsozialistische Politik Position bezogen, etwa im Zusammenhang mit den „Euthanasie"-Morden. Der Münsteraner Bischof Clemens August Graf von Galen protestierte in seinen Predigten gegen die Ermordung von Behinderten und bewirkte damit die zeitweilige Einstellung der Tötungsaktionen.
Kaum jemand aus den Kirchenkreisen nahm Stellung zur Verfolgung und Ermordung der Juden. Einer der wenigen, der sich mutig gegen die Vernichtungspolitik stellte, war der Dompropst der Sank-Hedwigs-Kathedrale in Berlin, Bernhard Lichtenberg, der seit der Pogromnacht vom 9./10. November 1938 täglich öffentlich für die Juden betete. 1941 wurde er verhaftet, kam 1943 in Gestapo-Schutzhaft und starb kurze Zeit später nach brutalen Misshandlungen.

Die bürgerlich-konservativen Eliten

Die bürgerlich-konservativen Eliten hatten 1933 in das vermeintliche Bündnis mit Hitler eingewilligt und selbst die Morde an Standesgenossen im Zusammenhang mit dem sogenannten „Röhm-Putsch" 1934 billigend in Kauf genommen. Die scheinbaren wirtschafts- und sozialpolitischen Erfolge des Regimes, insbesondere aber die Revisionspolitik gegen Versailles und die Wiedergewinnung außenpolitischer Stärke bis 1937/38 hatten viele Konservative und Vertreter der alten Eliten aus Adel, Verwaltung und Militär zu Mitläufern des Regimes werden lassen. Vor den Ausmaßen des innenpolitischen Terrors schloss man die Augen, da man nicht betroffen schien.
Später erkannten führende Militärs wie der Generalstabschef Ludwig Beck und konservative Politiker wie der ehemalige Leipziger Bürgermeister Carl Friedrich Goerdeler, dass die Expansionspolitik der Nationalsozialisten in einer Katastrophe für das Deutsche Reich enden würde. Um Goerdeler herum, der über den 1938 aus dem Amt scheidenden Beck Kontakt zu oppositionellen militärischen Kreisen hielt, bildete sich ein Kreis von nationalliberalen und konservativen Beamten und Fachleuten, die sich Gedanken über eine Neuordnung Deutschlands nach einem Sturz Hitlers machten. Dabei arbeiteten sie auch Entwürfe für eine „Schattenregierung" aus.
Auch andere bürgerliche, teils noch stärker zivil geprägte, Widerstandskreise, wie die Mitglieder des „Kreisauer Kreises" um Helmuth James Graf von Moltke, diskutierten ab 1940 Möglichkeiten eines Umsturzes und einer staatlichen Neuordnung. Trotz aller Verschiedenheit in ihren Zielsetzungen lehnten die bürgerlich-konservativen Gruppierungen den Unrechtscharakter der NS-Herrschaft ab. Sie waren darin einig, dass das zukünftige Deutschland ein Rechtsstaat auf christlich-humanistischem Fundament zu sein habe.

Die „Weiße Rose"

Von christlich-humanistischen Überlegungen ließen sich auch die Mitglieder der kleinen Münchner Studentengruppe „Weiße Rose" um Alexander Schmorell, Christoph Probst, Willi Graf sowie Hans und Sophie Scholl leiten. Sie verteilten ab 1942 Flugblätter gegen Hitler und den Nationalsozialismus und hinterließen Parolen an den Häuserwänden wie „Nieder mit Hitler" oder „Hitler Massenmörder". Beim Auslegen ihres letzten Flugblattes im Februar 1943 in der Münchener Universität wurden Hans und Sophie Scholl beobachtet, denunziert und von der Gestapo verhaftet. Sie und die meisten anderen Mitglieder der Gruppe wurden vom Volksgerichtshof zum Tode verurteilt und schließlich hingerichtet.

Jugendopposition

Oppositionelles Verhalten gegenüber dem totalen Erfassungsanspruch des NS-Staates gab es auch unter Jugendlichen. Nach der Machtübernahme 1933 hatten die Nationalsozialisten begonnen, die Jugend systematisch „gleichzuschalten". Ziel war es, die Jugendlichen im Sinne der NS-Ideologie zu erziehen, damit sie sich später vollkommen mit dem NS-Staat identifizieren. Bis Mitte der 1930er-Jahre waren die meisten organisierten Jugendgruppen

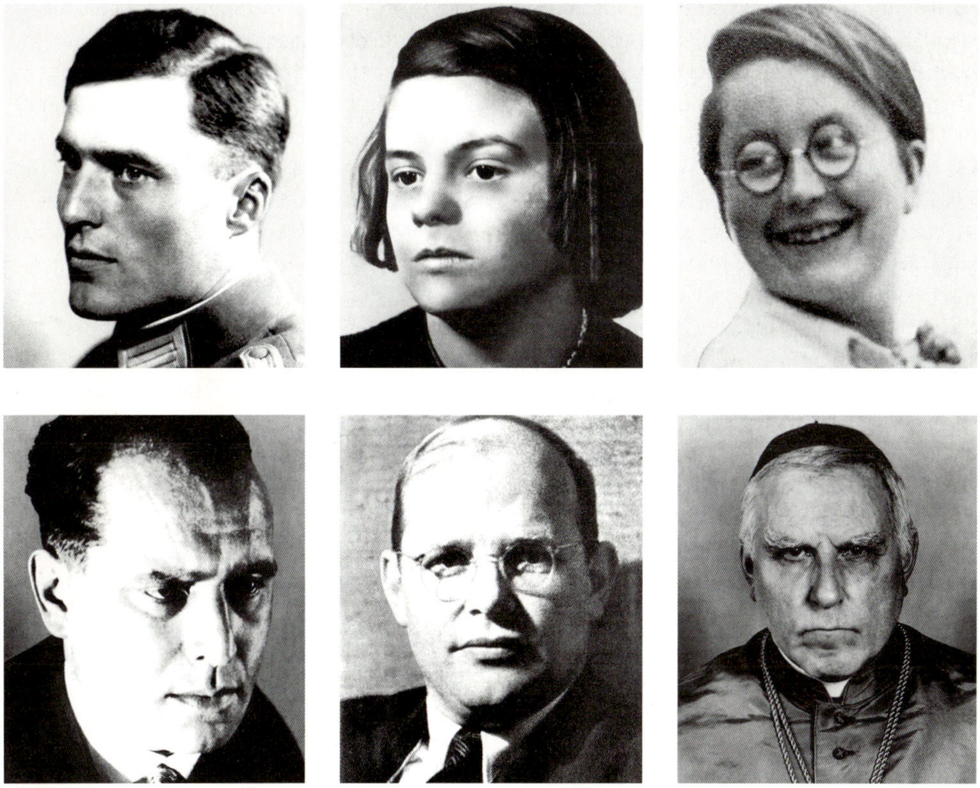

M2 Widerstandskämpfer
oben: Oberst Claus Graf Schenk von Stauffenberg (militärischer Widerstand), Sophie Scholl (Widerstandsgruppe „Weiße Rose"), Liselotte Herrmann (kommunistischer Widerstand), unten: Julius Leber (Sozialdemokrat), Dietrich Bonhoeffer (evangelischer Theologe), Clemens August Graf von Galen (katholischer Bischof). Bis auf Bischof Galen wurden alle hingerichtet.

verboten und zerschlagen oder in der Hitlerjugend (HJ) aufgegangen.
Gegen die Einbindung in die Hitlerjugend und die damit verbundene Kontrolle durch den NS-Staat rebellierten manche Jugendliche. Sogenannte „wilde Cliquen" entstanden, etwa die „Leipziger Meuten" oder die „Edelweiß-Piraten" im Rheinland. Sie kleideten sich bewusst leger, unternahmen gemeinsame Wanderungen oder Ausflüge und grenzten sich damit bewusst vom militärischen Drill der HJ ab. Ihr Protest war selten politisch motiviert, vielmehr widersetzten sie sich dem totalen Kontrollanspruch der Nationalsozialisten.
Ein großstädtisch-bürgerliches Jugendphänomen war die sogenannte Swing-Jugend, die ihren Namen von der von ihnen bevorzugten Musikrichtung des Swing-Jazz hatte. Die zur Schau gestellte Lässigkeit widersprach so sehr den Idealen der Nationalsozialisten, dass der Reichsführer der SS Heinrich Himmler die Führer dieser Swing-Bewegung 1940 verhaften und in Konzentrationslager einweisen ließ.

Einzelkämpfer
Der oberschwäbische Möbeltischler Georg Elser steht für die wenigen Menschen, die ohne jeglichen Rückhalt einer Gruppe versuchten, sich dem Nationalsozialismus zu widersetzen und den Tyrannen Hitler zu beseitigen. Der 36-jährige Elser hatte 1939 im Bürgerbräukeller in München eine Bombe deponiert, die Hitler treffen sollte. Dieser sprach dort jedes Jahr am 8. November im Zusammenhang mit dem nationalsozialistischen Gedenktag des Hitler-Putsches von 1923. Hitler verließ jedoch die Veranstaltung früher als geplant und entging so dem Attentat. Elser wurde ver-

haftet und kam zunächst ins Konzentrationslager Sachsenhausen, später nach Dachau. Am 9. April 1945 wurde er hingerichtet.

Das Attentat vom 20. Juli 1944

Die bürgerlich-militärischen Kreise hatten die meisten Aussichten auf eine erfolgreiche Widerstandsaktion, standen doch manche Beteiligte aufgrund ihrer Stellung in direktem Kontakt zu Hitler. Innerhalb der Wehrmacht hatte es seit 1938 Überlegungen gegeben, Hitler zu stürzen. In den Jahren 1943 und 1944 konkretisierten sich diese Pläne. Mehrere Attentatsversuche auf Hitler waren schon gescheitert, als der Wehrmachtsoffizier Oberst Claus Schenk Graf von Stauffenberg am 20. Juli 1944 in Hitlers Führerhauptquartier in Ostpreußen eine Bombe zündete und danach den vermeintlich erfolgreichen Anschlag und den Tod Hitlers nach Berlin meldete. Doch das Attentat schlug fehl. Als die Nachricht vom Überleben Hitlers Berlin erreichte, brach der begonnene Umsturz schon bald zusammen. Die Verschwörer fanden zu wenig Unterstützung bei ihren Standesgenossen. Viele hohe Offiziere fühlten sich weiterhin ihrem Eid auf Hitler verpflichtet. Noch kurz vor einer Rundfunkansprache Hitlers in der Nacht zum 21. Juli 1944 wurde Stauffenberg zusammen mit einigen Mitverschwörern standrechtlich erschossen.
In den Wochen nach dem Attentat kam es zu Verhaftungen, Prozessen und Hinrichtungen von Mitgliedern der Widerstandsbewegung. Neben den Verschwörern im direkten Umfeld Stauffenbergs, zu denen Generalstabsoffizier Henning v. Tresckow und der Chef des Allgemeinen Heeresamts General Friedrich Olbricht gehörten, fielen auch zahlreiche Mitglieder des Goerdeler-Kreises und des Kreisauer Kreises der Hinrichtungswelle zum Opfer.
Das Attentat vom 20. Juli 1944 war insgesamt der erfolgträchtigste Versuch einer Gruppe von Deutschen, die Nazidiktatur zu beseitigen. Dieser Versuch spielt bis heute eine gewichtige Rolle in der Auseinandersetzung mit der nationalsozialistischen Vergangenheit. Doch auch das Scheitern der Widerstandsbewegung kann man als ein Symbol verstehen: ein Symbol für die Verstrickung weiter Teile der militärischen Elite in die Herrschaftspraxis des Nationalsozialismus. Denn der Großteil der Militärs schloss sich eben nicht den Aufständischen an, die mit ihrem Attentat auch versucht hatten, die militärische Katastrophe, die sich überdeutlich abzeichnete, zu vermeiden. Trotz der absehbaren katastrophalen Folgen, die es haben musste, dass Hitler an der Macht blieb, hielt der Großteil der Offiziere Hitler bis zum bitteren Ende die Treue.

M3 „Edelweißpiraten"
Sie verweigerten sich der HJ, Foto, Anfang der 1940er-Jahre.

Rettung von Verfolgten

Moralisch aus dem Verhalten der großen Mehrheit der Deutschen ragt das mutige Widerstandshandeln Einzelner heraus, die sich weniger zum Ziel setzten, die NS-Regierung auszuschalten, als vielmehr von den Nationalsozialisten verfolgten Menschen zu helfen: etwa jene Soldaten oder Polizisten, die sich weigerten, an Exekutionen von Zivilisten teilzunehmen. Denjenigen, die sich solchen inhumanen Befehlen verweigerten, geschah in der Regel wenig. Es existieren dokumentierte Fälle, in denen die Vorgesetzten ihren Untergebenen ausdrücklich freistellten, an geplanten Erschießungen teilzunehmen oder nicht. Doch nur eine kleine Minderheit der Angesprochenen nahm dieses Angebot wahr.
Wesentlich riskanter war es für einzelne Wehrmachtsangehörige, wenn sie Juden halfen. Dies konnte tatsächlich den Tod bedeuten. Es sind aber auch Fälle überliefert, in denen Männer wie der Hauptmann Willi Schulz, der Major Max Liedtke, der Feldwebel Anton Schmid oder der Major Karl Plagge durch ihren mutigen Einsatz Jüdinnen und Juden das Leben retteten. Ihre christliche oder humanistische Überzeugung und ihre Mitmenschlichkeit waren stärker als die nationalsozialistische Ideologie.

M4 Stufen abweichenden Verhaltens

Der Historiker Detlev Peukert entwickelte folgendes Schema zur Kategorisierung der verschiedenen Formen abweichenden Verhaltens zwischen 1933 und 1945:

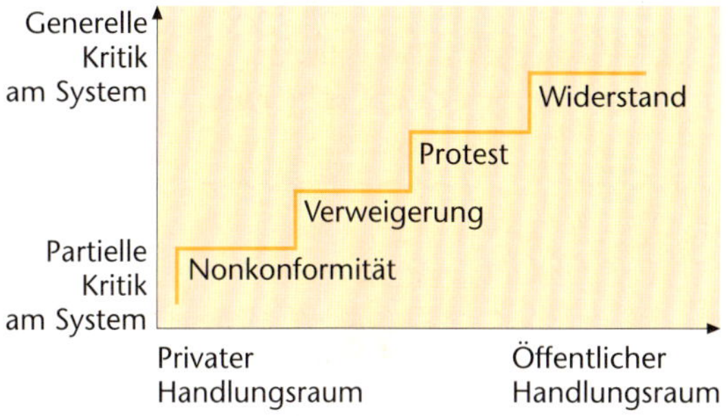

Nach: Detlev Peukert: Die Edelweißpiraten. Köln 1980, S. 236.

M5 Unterschiedliche Formen von Widerstand

– Nicht wenige Schriftsteller und Künstler zogen sich aus der Politik ins Privatleben zurück.

– Der Münchner Staatsanwalt Wintersberger versuchte 1933 hartnäckig, aber vergeblich, Mörder aus den Reihen der SA vor Gericht zu bringen, obwohl dies politisch unerwünscht war. Er widersetzte sich den Zumutungen des Regimes, ohne auf dessen Überwindung hinzuarbeiten.

– Ende Februar 1943 demonstrierten rund 200 nichtjüdische Frauen in der Berliner Rosenstraße eine Woche lang für die Freilassung ihrer verhafteten und für die Deportation vorgesehenen jüdischen Männer. Sie beendeten ihre Aktion, als man ihre Forderung erfüllte.

– Einzelne Personen drückten ihre Unzufriedenheit aus, indem sie für Staaten spionierten, gegen die das „Dritte Reich" Krieg führte, sich als deutsche Kriegsgefangene im Ausland engagierten (so z. B. innerhalb des „Nationalkomitees Freies Deutschland" in der Sowjetunion) oder aus der Wehrmacht desertierten.

– In den letzten Kriegstagen entwaffnete der Bauer Friedrich Hanselmann aus dem württembergischen Brettheim vier Hitlerjungen, die das Dorf verteidigen sollten. Die SS verurteilte ihn dafür vor einem Standgericht zum Tode. Allerdings verweigerten Bürgermeister Gackstatter und NS-Ortsgruppenleiter Wolfmeyer ihre Unterschriften unter das Todesurteil. Alle drei Männer wurden am 10. April 1945 auf dem Brettheimer Friedhof erhängt.

Eine Zusammenstellung der Redaktion

M6 „Zufälle sind Denkfehler" – Widerstand der Sozialisten

Aus den Anweisungen für das Verhalten im Widerstand („Sozialistische Aktion"), Mai 1936:

2. Die erste Voraussetzung für eine erfolgreiche illegale politische Arbeit ist das Bekenntnis zu vorbehaltloser Schweigsamkeit und bedingungsloser Disziplin in jeder Situation. Viele deiner Vorkämpfer mussten den Weg in den Kerker gehen. Lerne aus ihren Fehlern. Viele traf ihr Schicksal durch die Aufgeschlossenheit ihres Wesens. Auch nur andeutungsweise Bemerkungen, selbst gegenüber Frau und Braut, sind in vielen Fällen der Anfang zur Vernichtung Erfolg versprechender illegaler Arbeit gewesen. Du musst in der politischen Arbeit weitestgehend selbstständig und verschwiegen sein und deine Funktionen und Aufgaben selbst gegenüber Genossen verschweigen, denen du vertraust, die aber an deiner Arbeit nicht unmittelbar beteiligt sind.

3. Du musst in deiner ganzen Lebenshaltung indifferent sein. Wer deine Gepflogenheiten kennt, ist dein Feind. Wenn du über deine Gepflogenheiten befragt wirst, so gib deinem Nachbarn eine eindeutige, bestimmt glaubwürdige und logische Erklärung deines Handelns. Du machst dich auch verdächtig, wenn du dich demonstrativ vom Volksgemeinschaftsrummel fern hältst. Besuche die Veranstaltungen im Betrieb, im Haus und in den NS-Organisationen, wenn es dir angetragen wird. Dort bist du Berichterstatter und offenes Ohr deiner illegalen Organisation. […]

4. Kontrolliere ständig deine Wohnung. Gewöhne dich an den Gedanken, dass es kein Versteck gibt, das man nicht findet. […]

8. Allen Genossen gegenüber, auch wenn sie dir lange bekannt sind, sei anonym. Wer deine Adresse fordert, ist unsauber. Die Organisation braucht deine Adresse nicht. […]

10. In der Öffentlichkeit übersieh deine Genossen. Es gibt keine Versammlung, Zusammenkünfte von mehr als höchstens 4 Personen fallen auf. Treffe dich nicht zweimal oder gar anschließend nach einer Verabredung im gleichen Lokal wieder. […]

17. […] Es gibt keine Zufälle, Zufälle sind Denkfehler. Die Praxis wird dich erkennen lassen, dass auch bei uns Fehlschläge nicht restlos vermeidbar sind, dass sie aber häufig selbst verschuldet und dadurch nicht notwendig waren. Das musst du ändern.

Zit. nach: Geschichte in Quellen, Bd. 5. München 1961, S. 345 f.

M7 Fünftes Flugblatt der „Weißen Rose"

Nach einem Entwurf von Hans Scholl und Alexander Schmorell mit Korrekturen von Kurt Huber, Januar 1943:

Aufruf an alle Deutschen!

Der Krieg geht seinem sicheren Ende entgegen. Wie im Jahr 1918 versucht die deutsche Regierung alle Aufmerksamkeit auf die wachsende U-Bootgefahr zu lenken, während im Osten die Armeen unaufhörlich zurückströmen, im Westen die Invasion erwartet wird. Die Rüstung Amerikas hat ihren Höhepunkt noch nicht erreicht, aber heute schon übertrifft sie alles in der Geschichte seither Dagewesene. Mit mathematischer Sicherheit führt Hitler das deutsche Volk in den Abgrund.

Hitler kann den Krieg nicht gewinnen, nur noch verlängern! Seine und seiner Helfer Schuld hat jedes Maß unendlich überschritten. Die gerechte Strafe rückt näher und näher!

Was aber tut das deutsche Volk? Es sieht nicht und es hört nicht. Blindlings folgt es seinen Verführern ins Verderben. Sieg um jeden Preis! haben sie auf ihre Fahne geschrieben. Ich kämpfe bis zum letzten Mann, sagt Hitler – indes ist der Krieg bereits verloren.

Deutsche! Wollt Ihr und Eure Kinder dasselbe Schicksal erleiden, das den Juden widerfahren ist? Wollt Ihr mit dem gleichen Maße gemessen werden wie Eure Verführer? Sollen wir auf ewig das von aller Welt gehasste und ausgestoßene Volk sein? Nein! Darum trennt Euch von dem nationalsozialistischen Untermenschentum! Beweist durch die Tat, dass Ihr anders denkt! Ein neuer Befreiungskrieg bricht an. Der bessere Teil des Volkes kämpft auf unserer Seite. Zerreißt den Mantel der Gleichgültigkeit, den Ihr um Euer Herz gelegt! Entscheidet Euch, ehe es zu spät ist!

Glaubt nicht der nationalsozialistischen Propaganda, die Euch den Bolschewistenschreck in die Glieder gejagt hat! Glaubt nicht, dass Deutschlands Heil mit dem Sieg des Nationalsozialismus auf Gedeih und Verderben verbunden sei! Ein Verbrechertum kann keinen deutschen Sieg erringen. Trennt Euch rechtzeitig von allem, was mit dem Nationalsozialismus zusammenhängt! Nachher wird ein schreckliches, aber gerechtes Gericht kommen über die, so sich feig und unentschlossen verborgen hielten.

Was lehrt uns der Ausgang dieses Krieges, der nie ein nationaler war?

Der imperialistische Machtgedanke muss, von welcher Seite er auch kommen möge, für allezeit unschädlich gemacht werden. Ein einseitiger preußischer Militarismus darf nie mehr zur Macht gelangen. Nur in großzügiger Zusammenarbeit der europäischen Völker kann der Boden geschaffen werden, auf welchem ein neuer Aufbau möglich sein wird. Jede zentralistische Gewalt, wie sie der preußische Staat in Deutschland und Europa auszuüben versucht hat, muss im Keime erstickt werden. Das kommende Deutschland kann nur föderalistisch sein. Nur eine gesunde föderalistische Staatsordnung vermag heute noch das geschwächte Europa mit neuem Leben zu erfüllen. Die Arbeiterschaft muss durch einen vernünftigen Sozialismus aus ihrem Zustand niedrigster Sklaverei befreit werden. Das Truggebilde der autarken Wirtschaft muss in Europa verschwinden. Jedes Volk, jeder Einzelne hat ein Recht auf die Güter der Welt!

Freiheit der Rede, Freiheit des Bekenntnisses, Schutz des einzelnen Bürgers vor der Willkür verbrecherischer Gewaltstaaten, das sind die Grundlagen des neuen Europas.

Unterstützt die Widerstandsbewegung, verbreitet die Flugblätter!

Zit. nach: Der Nationalsozialismus. Dokumente 1933–1945. Hg., eingeleitet u. dargestellt von Walther Hofer. Frankfurt/Main, überarb. Neuaufl. 1982, S. 327.

M8 Regierungserklärung der Verschwörer vom 20. Juli 1944

Darin heißt es:

Nachdem uns die Geschäfte der Reichsregierung übertragen sind, ist es unsere Pflicht, die Grundsätze bekanntzugeben, nach denen wir die Regierung führen werden, und die Ziele mitzuteilen, die wir erstreben.

1. Erste Aufgabe ist die Wiederherstellung der vollkommenen *Majestät des Rechts.*

[…]

Die *Sicherheit der Person und des Eigentums* werden wieder *gegen Willkür geschützt* sein. Nur der Richter darf nach dem Gesetz in diese persönlichen Rechte des Einzelnen, die für den Bestand des Staates und für das Glück der Menschen unerlässlich sind, eingreifen.

Die *Konzentrationslager* werden *aufgelöst*, die Unschuldigen entlassen, Schuldige den ordentlichen gerichtlichen Verfahren zugeführt werden.

[…]

2. Zur Sicherung des Rechts und des Anstandes gehört die *anständige Behandlung aller Menschen.* Die *Judenverfolgung*, die sich in den unmenschlichsten und unbarmherzigsten, tief beschämenden und gar nicht wiedergutzumachenden Formen vollzogen hat, ist sofort *eingestellt.* Wer geglaubt hat, sich am jüdischen Vermögen bereichern zu können, wird erfahren, dass es eine Schande für jeden Deutschen ist, nach solchem unredlichen Besitz zu streben. Mit solchen Marodeuren und Hyänen unter den von Gott geschaffenen Geschöpfen will das deutsche Volk in Wahrheit auch gar nichts zu tun haben.

Wir empfinden es als eine *tiefe Entehrung des deutschen Namens*, dass *in den besetzten Gebieten* hinter dem Rücken der kämpfenden Truppe und ihren Schutz missbrauchend, *Verbrechen aller Art* begangen sind. Die *Ehre unserer Gefallenen ist damit besudelt.*

Zit. nach: Hans-Adolf Jacobsen (Hg.): „Spiegelbild einer Verschwörung." Die Opposition gegen Hitler und der Staatsstreich vom 20. Juli 1944 in der SD-Berichterstattung. Geheime Dokumente aus dem ehemaligen Reichssicherheitshauptamt. Bd.1. Stuttgart 1984, S. 147 ff.

M9 Aus dem jüdischen Talmud

Wer ein Leben gerettet hat, wird so betrachtet, als habe er das ganze Universum gerettet.

Erläuterung: „Die ‚Gerechten unter den Völkern' retteten durch ihr Verhalten nicht nur das Leben von Juden, sondern auch die Ehre der Menschheit in der Zeit der Verfolgung und Ermordung der europäischen Juden durch die Nationalsozialisten."

Zit. nach: Enzyklopädie des Holocaust. Die Verfolgung und Ermordung der europäischen Juden. Hg. v. Israel Gutman. Hg. der deutschen Ausgabe: Eberhard Jäckel, Peter Longerich, Julius H. Schoeps. Bd. I A–G, München/Zürich 1995, zuerst Tel Aviv 1990, S. 523.

Standpunkte: Der militärische Widerstand

M10 Der Historiker Christian Gerlach beurteilt einige der an dem Hitler-Attentat vom 20. Juli 1944 Beteiligten kritisch

Nimmt man alle Feststellungen zusammen, scheint es, dass die spezifische Gruppe unter den Hitlergegnern, auf die ich mich in meinen Veröffentlichungen bezogen habe, bestimmte Arten von Gewaltakten – das heißt Massenverbrechen – aus Überzeugung mit beging oder unterstützte, andere dagegen durchaus aus einem moralischen Anspruch und nicht etwa nur aus Zweckdenken heraus ablehnte oder auch aktiv zu verhindern suchte. Natürlich hatte jeder seine individuelle Einstellung. Doch insgesamt ist die Tendenz erkennbar, dass Verbrechen gegen den politischen und auch militärischen Gegner – Partisanen, Kommissare, Kommunisten, verbunden mit dem Ziel, den sowjetischen Staat, das sowjetische Wirtschafts- und Gesellschaftssystem zu zerschlagen – eher mitgetragen wurden. Gerade die mit Letzterem verbundenen Maßnahmen gingen in ihrem Ausmaß weit über den Mord an einigen tausend Truppenkommissaren hinaus. Auch die Ermordung von Juden akzeptierten einige offenbar, soweit sie als politische Gegner oder „Spione" in Frage zu kommen schienen. Abgelehnt wurden anscheinend genuin nationalsozialistische Verbrechen, darunter der Mord an allen Juden einschließlich Frauen und Kindern und wohl auch der Rassenantisemitismus, die unterschiedslose Vernichtung sowjetischer Kriegsgefangener und anfangs ebenfalls kollektive Gewaltmaßnahmen gegen die Zivilbevölkerung […].

Später wandelte sich das mit der wachsenden Stärke der Partisanenbewegung und den deutschen Problemen, das Land zu beherrschen, und namentlich v. Tresckow unterstützte 1942/43 brutale Antipartisaneneinsätze, sogar die Schaffung „toter Zonen", eine spezielle Strategie großflächiger summarischer Gewaltaktionen, die sich, wie jeder wusste, hauptsächlich gegen unbewaffnete Zivilisten richteten und Zehntausende das Leben kostete.

Von dieser Gruppe zu trennen sind allerdings einzelne Hitlergegner, die zu den Hauptinitiatoren der Pläne gehörten, Millionen Zivilisten in der Sowjetunion durch Hunger zu töten, die sowjetischen Juden weitgehend zu ermorden und die sogenannten „arbeitsunfähigen" Kriegsgefangenen zu vernichten, so der Chef des Wehrwirtschafts- und Rüstungsamts im OKW [Oberkommando der Wehrmacht], General Georg Thomas, und der Generalquartiermeister des Heeres, General Eduard Wagner.

Anhand von Vermerken von Tresckows und von Gersdorffs lässt sich beweisen, dass sie nicht erst, wie oft behauptet, nach und nach von den Morden der Einsatzgruppen erfahren haben, tatsächlich waren sie von Anfang an und kontinuierlich informiert, auch über das Ausmaß dieser Aktionen. […]

Dass v. Tresckow Initiative zu Besatzungsverbrechen entfaltete, nachdem er bereits bei einem Attentatsversuch auf Hitler im März 1943 sein Leben gewagt hatte und während er nicht zuletzt aus einer moralischen Position heraus das Regime stürzen wollte, passt nicht mit dem Bild der inneren Entwicklung oder Wandlung und dem Bild des reinen Helden zusammen.

Aus: Christian Gerlach: Hitlergegner bei der Heeresgruppe Mitte und die „verbrecherischen Befehle". In: Gerd R. Ueberschär (Hg.): NS-Verbrechen und der militärische Widerstand gegen Hitler. Darmstadt 2000, S. 62–76, hier S. 67–70.

M11 Der Historiker Winfried Heinemann argumentiert gegen Gerlach

Es mag auf den ersten Blick scheinen, als ob Tresckow als Ia [der mit den militärischen Operationen betraute Offizier] einer Heeresgruppe und später als Chef des Generalstabs einer Armee ein Mann mit großen Kompetenzen gewesen sei. Aber erst 1944 wurde er zum Generalmajor, dem niedrigsten Generalsdienstgrad, befördert und so einer von über 3 100 Generalen der Wehrmacht. Aus Sicht des Regimes war Tresckow ein Rädchen im Getriebe. Seine Handlungsspielräume angesichts der Verbrechen des NS-Regimes waren entsprechend begrenzt. Das entbindet nicht von der Frage, wie er diesen Spielraum konkret genutzt hat.

Tresckow und Gersdorff lasen Befehle und Berichte aller Art, zeichneten sie ab und gaben sie weiter. Im Rahmen der Operationsplanung des Oberbefehlshabers entwarfen sie auch Befehle zu militärischen Aktionen gegen Partisanen. Sie wussten um das von deutschen Soldaten begangene Unrecht ebenso wie von den Mordtaten der SS und der Mitverantwortung der Wehrmacht dafür. Tresckow zog daraus aber nicht eine in erster Linie individualistisch-moralische Konsequenz, etwa in der Form, dass er versucht hätte, eine Verwendung zu finden, wo er sich die Finger nicht schmutzig machte. Seine Konsequenz war vielmehr eine politisch-verantwortungsethische: Wichtiger als selbst schuldfrei zu bleiben, war es, das verbrecherische System zu stürzen. Sollte dem sinnlosen Opfern deutscher Soldaten ebenso ein Ende gemacht werden wie den Verbrechen an Russen und Juden, dann musste Hitler getötet und das NS-Regime als ganzes beseitigt werden.

Aus: Winfried Heinemann: Kriegführung und militärischer Widerstand im Bereich der Heeresgruppe Mitte an der Ostfront. In: Gerd R. Ueberschär (Hg.): NS-Verbrechen und der militärische Widerstand gegen Hitler. Darmstadt 2000, S. 77–89, hier S. 85 f.

M12 Eine winzige Minderheit

Der Historiker Hartmut Mehringer beurteilt die Bedeutung des Widerstands innerhalb der Gesamtgeschichte des Nationalsozialismus:

Trotz beeindruckender Einzelzahlen von Beteiligten und Betroffenen repräsentieren Widerstand und Exil, gemessen an der Gesamtbevölkerung, die Geschichte einer winzigen Minderheit, und es gehört zu den Paradoxien der bisherigen historiographischen Beschäftigung mit dem NS-Regime, dass wir über diese Minderheit und ihre Angehörigen weit mehr wissen als über die deutsche Gesellschaft unter dem Nationalsozialismus insgesamt.

Mögliche Hochrechnungen ergeben eher magere Zahlen. Von den Mitgliedern der SPD (1932 knapp eine Million) waren insgesamt wohl nur einige Tausend wirklich im Widerstand aktiv – vor allem in den ersten Jahren des NS-Regimes. Die „linken Zwischengruppen“ zählten 1933 insgesamt 20 000 bis 25 000 Mitglieder – hier dürfte aber ein relativ hoher Prozentsatz in den ersten Jahren des NS-Regimes im Widerstand aktiv gewesen sein. Dies gilt auch für die „Zeugen Jehovas“ mit 1933 rund 25 000 Mitgliedern. Der zahlenmäßige Umfang der bündisch-jugendbewegten Opposition, der Nationalrevolutionäre und des „linken Nationalsozialismus“ war nicht allzu groß, die Opposition der „alten Eliten“ umfasste nur einige Hundert mehr oder minder aktive Angehörige.

Und der kommunistische Widerstand? Laut offiziösen, insgesamt sicherlich deutlich zu hoch gegriffenen Zahlen der DDR-Historiographie war rund die Hälfte der 300 000 KPD-Mitglieder von 1933 während der NS-Herrschaft von Verfolgung betroffen. Unterstellt man, dass diese 150 000 ehemaligen KPD-Mitglieder tatsächlich zeitweilig im Widerstand aktiv waren, so stand ihnen eine etwa gleich große Gruppe gegenüber, die sich – aus welchen Gründen auch immer – nicht beteiligte.

Diese – im besten Fall – 150 000 Kommunisten sowie einige weitere Zehntausend Aktive aus anderen Bereichen des oppositionellen Spektrums operierten in einer Bevölkerung von 60 bis 70 Millionen, von der ein Teil mit Begeisterung zu Hitler übergelaufen, ein anderer sich den neuen Gegebenheiten angepasst oder sich in eine politikferne „innere Emigration“ zurückgezogen hatte. Dies galt auch und gerade für die Arbeiterbevölkerung, zumal Mitte der dreißiger Jahre die drückenden Verhältnisse der Massenarbeitslosigkeit verschwunden waren und Vollbeschäftigung und alsbald, zumindest auf der Facharbeiterebene, sogar ausgesprochener Arbeitskräftemangel herrschte – ein Faktor, der ab 1935 mindestens ebenso zur Erschöpfung des Reservoirs von Kräften für die Fortführung der illegalen Arbeit beitrug wie die Verhaftungen durch die Gestapo. Die soziale Marginalität des Widerstands wird auch durch Einschätzungen der Verfolgerseite bestätigt: Die Gestapo schätzte in der zweiten Hälfte der dreißiger Jahre den Anteil der „Gegner“ innerhalb der deutschen Bevölkerung auf 0,2 Prozent – bei einer Bevölkerungszahl von rund 70 Millionen also etwa 140 000.

Dies bedeutet keine Herabwürdigung der deutschen Opposition gegen Hitler. Mut, moralische Substanz und Überzeugungstreue der meisten ihrer Angehörigen werden nicht durch die Vergeblichkeit ihres Handelns beeinträchtigt. Wer, wie immer, opponierte, wusste auch, dass er sein Leben aufs Spiel setzte. Die deutsche Opposition gegen Hitler stellt einen auf vielfältige Weise mit der NS-Gesellschaft verwobenen Mikrokosmos dar, dessen Geschichte einen integralen Bestandteil der deutschen Geschichte während des Nationalsozialismus bildet. Seine weltanschauliche Vielfalt und gesellschaftliche Breite legen Zeugnis ab von der Prägekraft der durchaus unterschiedlichen sozialkulturellen Milieus, denen seine Angehörigen entstammten.

Nur eine historische Würdigung, die alle Formen oppositionellen Verhaltens auf sämtlichen gesellschaftlichen Ebenen einbezieht [...] vermag der Opposition gegen Hitler gerecht zu werden und kann – nicht über politische Vereinnahmung, sondern über kritische Würdigung – zu einem Angebot positiver Identifikation mit dem modernen demokratischen Rechtsstaat beitragen.

Hartmut Mehringer: Das andere Deutschland. Widerstand und Emigration. In: Die tödliche Utopie. Bilder, Texte, Dokumente, Daten zum Dritten Reich. Hg. v. Horst Möller, Volker Dahm und Hartmut Mehringer unter Mitarbeit von Albert A. Feiber. 3. erw. u. überarb. Aufl. München/Berlin 2001, S. 289 f.

M13 Aus dem Widerstand lernen

Der heutige Bundestagspräsident Norbert Lammert beschreibt die politische Bedeutung des Widerstands gegen den Nationalsozialismus für die politische Kultur der Bundesrepublik Deutschland:

Der Widerstand in Deutschland gegen Hitler ist gescheitert, aber er ist politisch weder wirkungslos noch folgenlos geblieben. Der Widerstand ist ein Symbol des Anstands und der Zivilcourage, der Einsicht in die Notwendigkeit fundamentaler Veränderungen und der Entschlossenheit, diese Veränderung herbeizuführen, unabhängig von ihren Erfolgsaussichten. Für mich gibt es vier nachhaltige Wirkungen des politischen Widerstandes gegen das nationalsozialistische Terrorregime:

1. Der Widerstand war Voraussetzung und Grundlage für die Wiederherstellung des Ansehens Deutschlands in der Welt. Früher als in Deutschland selbst wurde in Großbritannien, Frankreich und den USA die Bereitschaft zum Wiederaufbau unseres Landes, das politisch, militärisch, ökonomisch und moralisch zugleich am Boden lag, mit dem verzweifelten Aufbäumen gegen das Unrechtregime begründet. [...]

2. Der Widerstand war und bleibt die Manifestation eines aufgeklärten Patriotismus, der das eigene Land weder in

Abgrenzung zu anderen definiert noch als ihnen überlegen behauptet und der schon gar nicht bereit ist, Volk, Staat oder Nation für wichtiger zu halten als Person, Menschenwürde und Recht.

3. Der Widerstand hat entscheidend beigetragen zur Wiederentdeckung des Rechtsstaates als unverzichtbarer Grundlage für Freiheit und Gerechtigkeit, er wirkt als dauerhafte Orientierung für den Umgang mit Totalitarismus und Extremismus.

4. Die Auflehnung gegen staatliches Unrecht hat in einer auch international beispiellosen Weise ihren Niederschlag im Grundgesetz gefunden. Im zeitlichen Kontext der Debatte um die sogenannten Notstandsgesetze [1969] und damit verbundener Besorgnis erneuter staatlicher Bedrohung unentziehbarer Grundrecht ist im Art. 20, Abs. 4, nun das Recht auf Widerstand verankert „gegen jeden, der es unternimmt, diese Ordnung zu beseitigen [...], wenn andere Abhilfe nicht möglich ist".

Man mag darüber streiten, ob sich ein Recht auf Widerstand überhaupt kodifizieren lässt. Dass unsere Verfassung, solchen Bedenken zum Trotz, ausdrücklich ein Recht auf Widerstand integriert, um diese Verfassung gegen ihre mutwillige Zerstörung zu schützen, zeigt die Nachwirkung des im Scheitern erfolgreichen deutschen Widerstandes.

Geschichte wiederholt sich nicht, aber sie vermittelt Orientierungen für ähnliche, vergleichbare Situationen. Die deutsche Geschichte des 20. Jahrhunderts ist weiß Gott keine ungebrochene Erfolgsgeschichte, vielmehr hat sie über eine Serie von Niederlagen einen erfolgreichen Neuanfang und am Ende die Einheit der Nation in Freiheit, in Frieden mit den Nachbarn gefunden. Das Bewusstsein der Voraussetzungen dieses Erfolges wach zu halten, ist nicht die Aufgabe der Historiker, sondern aller Demokraten.

Norbert Lammert: Das politisch-moralische Erbe des Widerstands. Eine Würdigung des 20. Juli 1944 nach 60 Jahren. In: Günther Brakelmann/Manfred Keller (Hg.): Der 20. Juli 1944 und das Erbe des deutschen Widerstands. Münster 2005, S.185 – 191, hier: S. 190 f.

Arbeitsaufträge

?

1 Ordnen Sie die in M 5 erwähnten Fälle in das Stufenmodell von Detlev Peukert ein (M 4). Diskutieren Sie, inwieweit sich das Schema eignet, verschiedene Formen von „Widerstand" zu unterscheiden.

2 Analysieren Sie die Vorstellungen vom nationalsozialistischen Deutschland, die in M 7 und M 8 zum Ausdruck kommen.

3 Diskutieren Sie, welche Bedeutung der deutsche Widerstand gegen den Nationalsozialismus innerhalb der Gesamtgeschichte des Dritten Reiches hat (VT, M 12, M 13).

4 Informieren Sie sich über das Leben und Wirken einer der abgebildeten Personen (M 2). Recherchieren Sie dazu im Internet und in Fachlexika. Präsentieren Sie Ihre Ergebnisse der Klasse.

5 Fassen Sie die Argumentation von Christian Gerlach und Winfried Heinemann (M 10, M 11) zusammen und erläutern Sie das jeweilige Argumentationsziel. Nehmen Sie, unter kritischer Erörterung der verschiedenen Argumente und unter Rückgriff auf VT und M 13 Stellung zu der Frage, wie man die militärischen Verschwörer gegen Hitler beurteilen sollte.

6 Informieren Sie sich, was der Titel „Gerechter unter den Völkern" besagt, und welche Bedingungen erfüllt sein müssen, damit jemandem ein solcher Titel zugestanden wird. Interpretieren Sie den Satz in M 9.

7 Skizzieren Sie die Argumentation des Verfassers von M 13. Diskutieren Sie dann unter Berücksichtigung des VT, welche historische Bedeutung der Widerstand gegen den Nationalsozialismus für die politische Kultur der Bundesrepublik Deutschland heute hat.

8 Führen Sie zum Abschluss der Unterrichtseinheit über den Nationalsozialismus eine Fishbowldiskussion durch. Diskutieren Sie die Fragen: a) Welche Bedeutung hat die Auseinandersetzung mit der Geschichte des Nationalsozialismus für die heutige deutsche Gesellschaft? b) Was können wir in Auseinandersetzung mit der Geschichte des nationalsozialistischen Deutschlands lernen?

Werkstatt Geschichte und Gesellschaft

Denkmäler untersuchen

Denkmäler begegnen uns in Städten und Gemeinden in unterschiedlichen Formen – etwa als Großplastik, Bauwerk oder Gedenktafel. Sie erinnern an historische Akteure oder Ereignisse und wollen damit den nachfolgenden Generationen wichtige Informationen über die Geschichte vermitteln.

Denkmäler als Quelle
Aber auch als historische Quelle können Denkmäler sehr aufschlussreich sein, „verraten" sie uns doch einiges über die Epoche, in der sie entstanden sind. Nicht nur die „klassischen" Denkmalstypen wie Reiterstandbilder oder Herrscherdenkmäler weisen mit ihrer Gestaltung zurück in die Zeit ihres Entstehens. Sie vermitteln uns einen Eindruck von den Gedanken und Vorstellungen derjenigen, die das Denkmal einst errichtet haben. Somit liefern uns Denkmäler einen gegenständlichen Zugang zu einer vergangenen Zeit.

Stolpersteine
Eine besondere Form der Erinnerung an die Zeit des Nationalsozialismus ermöglichen die sogenannten „Stolpersteine", die sich in immer mehr Städten in Deutschland finden. Bei den „Stolpersteinen" handelt es sich um kleine in den Gehweg eingelassene Messingplatten, auf denen Namen von Menschen eingraviert sind, die in der Zeit des Nationalsozialismus verfolgt und ermordet wurden. Die „Stolpersteine" sind genau an jenen Stellen im Bürgersteig zu finden, an denen die Verfolgten früher gelebt haben. Der Initiator der "Stolpersteine" Gunter Demnig möchte mit seinen Gedenksteinen die Erinnerung an die Verbrechen der Nationalsozialisten lebendig halten.

Fragen an die Geschichte
Ihren Namen haben die „Stolpersteine" mit Bedacht bekommen: Sie sollen uns aus dem Tritt bringen. Wer eine solche Messingplatte auf dem Gehweg bemerkt, bleibt fast zwangsläufig stehen und betrachtet die Inschrift. Fragen kommen einem in den Sinn: Wer war der Mensch, der hier verfolgt wurde? Wie starb er? Was haben die ehemaligen Nachbarn wahrgenommen? Ein solches „Denkmal" provoziert Fragen an die Geschichte, denen man durch weitere Recherchen nachgehen kann.

Methodische Arbeitsschritte

1 Fragen zur Lage und zur Entstehungszeit des Denkmals:
- Wo befindet sich das Denkmal?
- Welche Gebäude liegen beziehungsweise lagen um das Denkmal herum?
- Wann ist das Denkmal errichtet worden? Wann wurde es umgestaltet? Wann entfernt?

2 Fragen zu den Auftraggebern des Denkmals
- Wer hat das Denkmal errichten lassen?
- Wie wurde es finanziert?

3 Fragen zum Stil und Inhalt des Denkmals
- Welche Stilmerkmale und Besonderheiten weist das Denkmal auf?
- Wer oder was ist dargestellt?
- Gab oder gibt es ähnliche Denkmäler an anderen Orten?
- Kann man das Denkmal mit anderen Denkmälern vergleichen?

4 Fragen zum Umgang mit dem Denkmal
- Wie geht man heute mit dem Denkmal um?
- Gab es Kontroversen um das Denkmal?

M1 Stolpersteine in Stuttgart (oben) und Freiburg

Arbeitsaufträge

1 Informieren Sie sich im Internet über „Stolpersteine" in Ihrer Stadt. Versuchen Sie, die Geschichte der Menschen, an die erinnert wird, genauer zu rekonstruieren.

2 Recherchieren Sie Informationen über die Debatte zur möglichen Errichtung eines Denkmals zur Erinnerung an die Vereinigung der beiden deutschen Staaten 1989/1990 und diskutieren Sie, welche Funktionen einem solchen Denkmal zugeschrieben werden. Welche künstlerischen Lösungen für ein solches Denkmal werden diskutiert?

3 Beobachten Sie bei der Besichtigung eines Denkmals, wie sich die Menschen bei der Begegnung mit dem Denkmal verhalten. Wer nimmt was wie wahr? Was sagt das über die Gegenwart des Vergangenen aus?

Der Ost-West-Konflikt und seine Überwindung

M1 Anspruch auf Weltherrschaft
US-Karikatur, 1947

Nach dem Ende des Zweiten Weltkrieges war das Leben der Menschen in Europa jahrzehntelang von der politischen Teilung des Kontinents geprägt. Die Länder des Westens fühlten sich der freien Welt zugehörig, einer auf Demokratie, Menschenrechten und Marktwirtschaft begründeten Staatengemeinschaft unter Führung der USA. Die sozialistischen „Volksdemokratien" des Ostens standen dagegen in einem Abhängigkeitsverhältnis zur Sowjetunion. Sie übernahmen deren Wirtschaftssystem und sahen sich dem Ziel verpflichtet, eine sozialistische „klassenlose" Gesellschaft zu verwirklichen. Die USA auf der einen und die Sowjetunion auf der anderen Seite wurden zu Führungsmächten weltumspannender Blocksysteme, die sich vier Jahrzehnte lang feindlich gegenüberstanden. Der daraus entstandene „Kalte Krieg" brachte zuweilen – wie etwa in der Kuba-Krise – die Welt an den Rand eines dritten Weltkrieges.

ONLINE-Link
416900-0003

M2 Annäherung?
Bundeskanzler Helmut Schmidt und der Staatsratsvorsitzende der DDR Erich Honecker auf der Konferenz für Sicherheit und Zusammenarbeit in Europa, 1975

Das Nachkriegsdeutschland war von dieser Frontstellung in besonderer Weise betroffen, denn der sogenannte „Eiserne Vorhang“ verlief mitten durch Deutschland. Die Spaltung in zwei deutsche Staaten fand ihren Ausdruck in der 1961 von der DDR errichteten Mauer. Unter dem Einfluss der Besatzungsmächte fielen in Westdeutschland wirtschafts- und gesellschaftspolitische Entscheidungen, die die Entwicklung des wiedervereinigten Deutschlands bis heute prägen. Dazu gehört vor allem die Integration Deutschlands in die westliche Staatengemeinschaft und die Europäische Union. Dabei leistete die Aussöhnung zwischen Deutschland und Frankreich einen wichtigen Beitrag zur neuen Völkerverständigung und zum Frieden in Europa.
Seit den 1980er-Jahren wurde der „Eiserne Vorhang“ durchlässiger. Mit den Reformen des Kreml-Chefs Michail Gorbatschow begann ein grundlegender politischer Wandel in Osteuropa. Die UdSSR schwenkte mit ihrer Bereitschaft zu umfassenden Abrüstungsverhandlungen auf einen Kurs der Entspannung und Kooperation mit dem Westen ein.
Zwar versuchte die DDR-Regierung sich anfangs gegenüber allen Reformbestrebungen abzuschotten, doch eine Fluchtwelle von DDR-Bürgern gen Westen und Massendemonstrationen zwangen die SED-Führung am 9. November 1989, die innerdeutsche Grenze zu öffnen. Der von vielen nicht für möglich gehaltene Fall der Mauer und die rasch vollzogene deutsche Einheit wurden zum sichtbaren Zeichen für das Ende des Kalten Krieges.

Die folgenden Kapitel thematisieren den Ost-West-Gegensatz nach dem Zweiten Weltkrieg, die politische Entwicklung der beiden deutschen Staaten im Spannungsfeld dieses Konfliktes und schließlich den parallel zu diesen Geschehnissen voranschreitenden europäischen Annäherungsprozess.

M3 Öffnung des Grenzübergangs Glienicker Brücke nach West-Berlin
„Trabant“-Karawanen rollen in den Westen.

1 Der Ost-West-Konflikt

1.1 Die Formierung neuer Weltmächte

Nach dem Ersten Weltkrieg traten neben die alten europäischen Ordnungsmächte zwei neue Staaten mit Großmachtambitionen. Die Vereinigten Staaten mit ihren Leitideen von Frieden und Freiheit sowie als Gegenmodell die kommunistische Sowjetunion, die aus der Oktoberrevolution hervorgegangen war. In dieser Zeit formierten sich jene Gegensätze zweier Weltanschauungen, die nach 1945 während des Kalten Krieges zum Tragen kamen. Welche gesellschaftspolitische Entwicklung hatten beide Staaten zuvor durchlaufen? Und welche Stationen nahmen sie auf dem Weg zum Großmacht-Status?

1823	Monroe-Doktrin
1898	Beginn der imperialistischen Phase in der amerikanischen Außenpolitik
1917	Eintritt der USA in den Ersten Weltkrieg (April) Oktoberrevolution in Russland; Lenin propagiert Weltfrieden und Sozialismus
1922	Gründung der UdSSR
1941	Eintritt beider Staaten in den Zweiten Weltkrieg

USA: Isolationismus und Weltmachtstreben

Zwischen 1890 und 1918 legten die USA die Grundlagen für ihren Aufstieg zur Weltmacht. Die Zeit davor war geprägt von außenpolitischer Zurückhaltung, wie sie US-Präsident James Monroe im Jahr 1823 verkündet hatte. Er verlangte von den europäischen Staaten den Verzicht auf Einmischung und Kolonisation in der westlich-amerikanischen Interessensphäre und versprach dafür im Gegenzug die Nichteinmischung in Belange der europäischen Mächte (Monroe-Doktrin). Innenpolitisch waren die Bestrebungen im 19. Jahrhundert vor allem auf die Beendigung der Binnenkolonisation gerichtet, die sich an der Dynamik der „Manifest Destiny“ orientierte.
Erst zum Ende des 19. Jahrhunderts änderten sich die außenpolitischen Interessen des Landes. Im Krieg mit der schwach gewordenen Kolonialmacht Spanien wurden 1898 Kuba, Puerto Rico, die Inseln Wake und Guam sowie die Philippinen besetzt; Hawaii wurde annektiert. Damit bekamen die USA den karibisch-mittelamerikanischen Raum in den Griff und hatten entscheidende Brückenpfeiler nach Ostasien. Die Überproduktion der amerikanischen Agrarwirtschaft fand damit neue Absatz-, die expandierende Industrie neue Rohstoffmärkte.
Unter US-Präsident Theodore Roosevelt (1901 bis 1909) wurde der amerikanische Einflussbereich in Mittel- und Südamerika weiter ausgedehnt. Roosevelts Erklärung, die USA wollten im Karibischen Meer die Rolle einer Polizeimacht übernehmen, wurde von den Zeitgenossen als „big-stick-policy“ interpretiert. Sanft reden und einen „dicken Knüppel“ tragen – dies galt als Wahlspruch Roosevelts. Mit dem Bau des Panamakanals ab 1904 und dem Recht der immer-

Manifest Destiny Der Begriff bezeichnet nach nordamerikanischem Verständnis die „offenbare Bestimmung“, sich über den ganzen Kontinent auszubreiten. 1845 geprägt, wurde er im Mexikanischen Krieg (1846–1848) und mit dem Erwerb des Staates Oregon populär und bestimmte später den nordamerikanischen Imperialismus.

M1 **„Der Schutzmann der Welt"**
Amerikanische Karikatur auf Roosevelts „Politik des großen Knüppels" aus dem Jahr 1905. Die imperialistische Außenpolitik der USA wurde vielfach als „new diplomacy" bezeichnet.

währenden Nutzung, Besetzung und Kontrolle desselben wurde das Karibische Meer zu einem „amerikanischen Meer".

Die USA im Ersten Weltkrieg

Während des Ersten Weltkrieges demonstrierten die USA erstmals ihren Machtzuwachs. Obwohl Regierung und Öffentlichkeit grundsätzlich mit den demokratisch regierten Westmächten sympathisierten, traten die USA zunächst nicht in den Krieg ein. Ihre Unterstützung Englands und Frankreichs beschränkte sich auf Kreditvergabe sowie Nahrungs- und Waffenlieferungen. Das Versenken mehrerer amerikanischer Schiffe durch deutsche U-Boote führte im April 1917 dann aber doch zum unmittelbaren Kriegseintritt der USA. Ursächlich für diese Entscheidung des US-Präsidenten Woodrow Wilson (1913 bis 1921) waren neben wirtschaftlichen Überlegungen – bei einer Niederlage Großbritanniens und Frankreichs hätte sich die materielle und finanzielle Unterstützung der USA in Nichts aufgelöst – auch die Gedanken des amerikanischen Sendungsbewusstseins: War erst einmal das traditionelle autoritär-monarchische Staatensystem in Europa gestürzt, würde eine bessere Weltordnung möglich sein. Mehr noch: Dieser Krieg sollte nach den Vorstellungen Wilsons der letzte aller Kriege sein – „a war to end all wars". Zwar gelang es den Amerikanern, in kurzer Zeit eine leistungsfähige Kriegsindustrie aufzubauen und mit dem Einsatz von zwei Millionen Soldaten den Krieg zu entscheiden, doch Wilsons ehrgeizige Friedensvorstellungen und Pläne eines internationalen Sicherheitssystems fanden weder auf den Pariser Friedenskonferenzen 1919 noch in den Vereinigten Staaten genügend Unterstützung. So zogen sich die USA nach Kriegsende wieder aus Europa zurück.

Beteiligung im Zweiten Weltkrieg

Auch 1939 wollte die Mehrheit der US-Bevölkerung im gerade beginnenden Krieg in Europa neutral bleiben. Sie standen damit in Gegensatz zu US-Präsident Franklin D. Roosevelt (1933 bis 1945), der aus ideellen und wirtschaftlichen Gründen eine aggressive Expansion des antidemokratischen Deutschland nicht akzeptieren wollte. Erst die militärischen Erfolge des nationalsozialistischen Deutschlands leiteten einen Stimmungsumschwung in der Bevölkerung ein. Das „Leih- und Pachtgesetz" vom März 1941 ermöglichte es dem Präsidenten fortan, jedem Land Kriegsgüter und Rohstoffe zu liefern, dessen Verteidigung für die USA lebenswichtig erschien. Die Kriegslieferungen an Großbritannien und Frankreich erreichten bis zum Ende des Zweiten Weltkrieges rund 50 Milliarden Dollar. Die NS-Diktatur wurde zunehmend klarer als Bedrohung jeglicher Demokratie wahrgenommen und auch als Gefahr für amerikanische Investitionen. So verknüpften sich mit dem Kampf für eine demokratisch-freiheitliche Lebensform wirtschaftliche und machtpolitische Interessen.
Zwischen September 1940 und Dezember 1941 veränderte sich zudem das Verhältnis der USA gegenüber Japan. Die Achse Berlin-Rom-Tokio wurde nach der Besetzung Südindochinas und Saigons durch die Japaner deutlicher als Gefahr gesehen. Darauf reagierten die USA mit wirtschaftlichem Druck. Der japanische Überfall auf Pearl Harbor löste schließlich den Kriegseintritt der USA auf Seiten der Alliierten aus. Auch im Zweiten Weltkrieg sollte sich die Beteiligung der USA als kriegsentscheidend erweisen.

Russland im 19. Jahrhundert

Russland unterschied sich im 19. Jahrhundert sehr von den bürgerlichen Staatsordnungen, die sich in West- und Mitteleuropa durchgesetzt hatten. An der Spitze des russischen Staates stand der Zar, der im Stile eines Alleinherrschers regierte. Er stützte sich dabei

M2 Russland in den Grenzen von 1914

auf die orthodoxe Kirche, das Militär und den Beamtenapparat. Wirtschaft und Gesellschaft waren gegenüber den westeuropäischen Staaten rückständig. Erst gegen Ende des 19. Jahrhunderts kam es zu einer Phase der Industrialisierung.
Wie sollte Russland angesichts seiner wirtschaftlichen Rückständigkeit mit den großen europäischen Kolonialmächten gleichziehen, zumal es nicht einmal über einen ganzjährig eisfreien Hafen verfügte? Die Idee des sich nun entwickelnden Panslawismus verfolgte eine vorrangig kontinentale Expansion. Eroberte Gebiete wurden gezielt „russifiziert", dort vorherrschende kulturelle Eigenständigkeiten unterdrückt.
Zielgebiete der russischen Binnenkolonisation waren der Kaukasus, Nordpersien, Afghanistan, Taschkent, die Nordmongolei und Sibirien. Dort erschloss sich Russland mit Wladiwostok den ersehnten eisfreien Marinehafen. Die Politik um die Meerengen am Bosporus südlich des Schwarzen Meeres führte zum Konflikt mit dem Osmanischen Reich und darüber hinaus zum Streit mit England, Frankreich und Österreich, die alle ein Vordringen Russlands ins Mittelmeer verhindern wollten. Auch die imperialistischen Bestrebungen im Osten Asiens zogen eine militärische Konfrontation nach sich und führten 1904 zum Krieg mit Japan. Der endete mit einer Niederlage für das Zarenreich. Diese außenpolitische Demütigung verschärfte die ohnehin angespannte innenpolitische Situation erheblich. Es kam zur Oktoberrevolution von 1905 – doch noch gelang es Zar Nikolaus II., die revolutionäre Bewegung zu spalten.

Die Idee einer Weltrevolution

Die Niederlagen der russischen Armee während des Ersten Weltkrieges, der anhaltende Hunger und die Entbehrungen der Bevölkerung weckten Unzufriedenheit und Protestbereitschaft im Land. Diese Krisenstimmung löste 1917 die Oktoberrevolution aus – einen Wendepunkt in der Geschichte. Die Revolution stellte

Panslawismus Die Bewegung des Panslawismus formuliert den Wunsch eines politischen und kulturellen Zusammenschlusses aller Slawen. Insbesondere Michail Petrowitsch Pogodin (1800 – 1875) entwickelte die Idee einer Einigung slawischer Völker unter russischer Führung. Da das russische Vormachtstreben den slawischen Völkern im Osmanischen Reich galt, bekam dieser Panslawismus imperiale Züge und wurde zum Panrussismus.

die erste offene Herausforderung des kapitalistischen Systems dar, wurde sie doch zunächst von großer Begeisterung und utopischen Wunschbildern einer von der Fessel despotischer Macht befreiten Menschheit getragen. Von der geplanten Ausbreitung des Sozialismus erhofften sich die Aufständischen eine bessere, gerechtere Welt. Die westliche Welt reagierte verschreckt und entrüstet, zunächst weil sich ein wichtiger Alliierter im Moment entscheidender Kämpfe gegen Deutschland aus dem Krieg zurückzog. Aber auch, weil sich die Revolution als erster Schritt einer möglichen Weltrevolution darstellte.
Im Januar 1918 war Russland zu einer Sowjetrepublik der Arbeiter-, Soldaten- und Bauerndeputierten erklärt worden. Die einzige Waffe gegen die „imperialistischen Mächte" schien dem führenden Revolutionär Lenin die Idee einer weltweiten Revolutionsbewegung zu sein. Die politische Instabilität in der unmittelbaren Nachkriegsphase – gerade auch in Deutschland – verstärkte die Hoffnung der russischen Aufständischen, es komme nun die lang erwartete länderübergreifende Rebellion der Volksmassen. Für kurze Zeit – im November 1918 – schien Mitteleuropa tatsächlich ein Streitobjekt zwischen der kapitalistischen Weltanschauung und der ihren Umsturz erhoffenden revolutionären Bewegung. In dieser Stimmung kam es zur Gründung einer Kommunistischen Internationale im März 1919.
Die westlichen Regierungen unterstützten derweil jene Gruppierungen in Russland, die sich gegen die Revolution stemmten. Doch diese sozial und politisch uneinheitlich zusammengesetzten sogenannten „weißen Armeen" erwiesen sich als unfähig, sowohl ihr Vorgehen militärisch abzustimmen als auch bei der russischen Bevölkerung Rückhalt zu finden.

Von Lenin zu Stalin

Die Revolution setzte sich zwar durch – jedoch nur in Russland. Der Sieg war teuer erkauft, er kostete weit mehr als zehn Millionen Menschen das Leben. Der von Lenin gesteuerte kommunistische Umbau von Wirtschaft und Gesellschaft verlief nur schleppend, zu stark hatte der Bürgerkrieg das Land ausgelaugt. Innenpolitisch ging es nun um die Sicherung der Alleinherrschaft der kommunistischen Partei in den Händen einer Führungsgruppe.

Nach Lenins Tod (1923) und der bereits ein Jahr zuvor erfolgten Gründung der UdSSR riss Josef Stalin die gesamte Macht an sich, indem er zunächst den Parteiapparat gleichschaltete. Er ging von Lenins Konzept der Weltrevolution ab, stattdessen sollte nun der „Sozialismus in einem Land" aufgebaut werden. Die Landwirtschaft wurde konsequent kollektiviert und verstaatlicht, zudem wurde das Tempo der Industrialisierung enorm forciert. Widerständen gegen die radikale wirtschaftliche Umgestaltung begegnete Stalin mit Unterdrückung und brutalem Terror. Intellektuelle, Künstler, Angehörige nationaler Minderheiten und Oppositionelle fielen umfangreichen Verhaftungswellen in den 1930er-Jahren zum Opfer. Etliche der Inhaftierten wurden hingerichtet.
Außenpolitisch war die Sowjetunion lange Zeit isoliert. Erst 1933 wurde sie von den USA diplomatisch anerkannt, ein Jahr später erfolgte die Aufnahme in den Völkerbund. Als nützliches Instrument sowjetischer Interessenpolitik erwies sich die Kommunistische Internationale (Komintern), weil sie die sowjetische Führungsrolle im gesamtrevolutionären Prozess bestätigte und alle nichtsowjetischen Mitgliedsparteien verbindlich auf die Ziele des Kommunismus einschwor.

Verbündete Feinde

Waren die Beziehungen zwischen der Sowjetunion und den USA bis 1939 wenig entwickelt, so veränderten sich die Vorzeichen mit dem Ausbruch des Zweiten Weltkrieges. Präsident Roosevelt sah trotz einer generellen antikommunistischen Grundstimmung in den USA in Adolf Hitler und dem Nationalsozialismus die eigentliche Gefahr auf dem europäischen Kontinent. Nach dem deutschen Angriff auf die Sowjetunion im Juni 1941 bot er der UdSSR amerikanische Unterstützung an. Bis Kriegsende flossen über 143 Milliarden US-Dollar in die Sowjetunion. Das Zweckbündnis bedurfte allerdings gegenseitiger ideologisch-politischer Zurückhaltung. Deshalb löste Stalin im Mai 1943 sogar die Komintern auf. Solange das Ziel der Vernichtung des Nationalsozialismus die Alliierten einte, war eine Kooperation der beiden unterschiedlichen Weltanschauungen durchaus möglich.

M3 Wladimir Iljitsch Lenin (1870–1924)
Revolutionär

M4 Die Monroe-Doktrin

In der nach dem Präsidenten James Monroe (1817–1825) benannten Doktrin wird erstmals das neue nationale und demokratische Selbstbewusstsein des jungen Staates USA deutlich:

Wir sind stets eifrige und interessierte Zuschauer der Vorgänge in jener Gegend der Erdkugel gewesen, mit der wir so viel Verkehr haben und aus der wir herstammen. Die Bürger der Vereinigten Staaten hegen die freundschaftlichsten Gefühle für die Freiheit und das Glück ihrer Mitmenschen auf der anderen Seite des Atlantiks. An den Kriegen der europäischen Mächte in nur sie selbst angehenden Angelegenheiten haben wir nie irgendwelchen Anteil genommen, noch verträgt es sich mit unserer Politik, so etwas zu tun. Es ist nur, wenn unsere Rechte geschmälert oder ernstlich bedroht werden, dass wir Schädigungen übel nehmen oder Verteidigungsmaßnahmen treffen. Mit den Bewegungen auf dieser Halbkugel sind wir notwendig unmittelbar verbunden, und das aus Gründen, die allen aufgeklärten und unparteiischen Beobachtern offenkundig sein müssen. Das politische System der alliierten Mächte [gemeint ist die Heilige Allianz] ist in dieser Hinsicht wesentlich verschieden von dem Amerikas. [...] Wir sind es deshalb der Aufrichtigkeit und den freundschaftlichen Beziehungen, die zwischen den Vereinigten Staaten und jenen Mächten bestehen, schuldig, zu erklären, dass wir jeden Versuch ihrerseits, ihr System auf irgendeinen Teil dieser Hemisphäre auszudehnen, als gefährlich für unseren Frieden und unsere Sicherheit betrachten würden. In den vorhandenen Kolonien und Besitzungen irgendeiner europäischen Macht haben wir uns nicht eingemischt und werden uns nicht einmischen. Aber bei den Regierungen, die ihre Unabhängigkeit erklärt und aufrechterhalten haben und deren Unabhängigkeit wir nach reiflicher Erwägung und auf Grund gerechter Prinzipien anerkannt haben, könnten wir irgendein Eingreifen einer europäischen Macht mit dem Zweck, sie zu unterdrücken oder auf andere Weise ihr Schicksal zu bestimmen, in keinem anderen Licht sehen denn als Manifestation einer unfreundlichen Gesinnung gegen die Vereinigten Staaten.

Zit. nach: Botschaften der Präsidenten der Vereinigten Staaten von Amerika zur Außenpolitik 1793–1947. Bearbeitet von Herbert Strauß. Bern 1957, S. 26 f.

M5 Amerikanisches Sendungsbewusstsein

Der Historiker Detlef Junker charakterisiert die grundsätzlichen Sendungsziele der USA:

Die potentiell von Beginn an universale Sendungsidee war zunächst auf den nordamerikanischen Kontinent, dann auf die gesamte westliche Hemisphäre begrenzt. Sie nahm in der tatsächlichen Außenpolitik erst im 20.Jahrhundert – parallel zum Aufstieg der USA zur Supermacht – eine globale Dimension an. Die Ideologie folgte den realen Verhältnissen, war aber zugleich Ursache und Triebfeder außenpolitischen Handelns.

Die Expansion über den Kontinent wurde als manifest destiny gedeutet, als offenbare Bestimmung, als Naturgesetz, als heilsgeschichtlicher Auftrag, amerikanische Normen und Institutionen zu verbreiten. Besonders die territorialen Gewinne in den vierziger Jahren des 19. Jahrhunderts und die expansive Phase der US-Außenpolitik im Zeitalter des Imperialismus wurden von dieser Ideologie der manifest destiny begleitet. [...] Jedes Sendungsbewusstsein braucht zu seiner Realisierung den Feind. Es braucht die konkrete Negation, das Antiprinzip, das Reich des Bösen, das notfalls im Krieg bekämpft werden muss, um Fortschritt zu ermöglichen und die Sendung zu erfüllen – zur höheren Ehre Gottes, des wahren Glaubens, der eigenen Nation, der klassenlosen Gesellschaft, der Rassenreinheit, des demokratischen Fortschritts. Der Feind kann der fremde Barbar, der Antichrist (oder der Christ), der Wilde, der Heide, der Kapitalist, der Kommunist, der Faschist oder der Jude sein. Auch die amerikanische Zivilreligion hat die notwendigen Feindbilder entwickelt, die eine Nation mit der Seele einer Kirche zum Überleben braucht. Nach dem Muster des spätantiken Religionsstifters Mani haben die Amerikaner besonders ihre Kriege als radikale Gegenüberstellung eines guten und eines bösen Weltprinzips gedeutet.

Detlef Junker: Power and Mission. Was Amerika antreibt. Freiburg im Breisgau 2003, S. 19.

M6 Vier Freiheiten

Im Januar 1941 verpflichtete US-Präsident Roosevelt seine Politik auf vier Freiheiten:

Unsere Politik läuft auf Folgendes hinaus:

Erstens haben wir uns zu einer allumfassenden Landesverteidigung verpflichtet. Zweitens haben wir uns zur vollen Unterstützung aller jener standhaften Völker verpflichtet, die überall den Angreifern entschlossenen Widerstand leisten und hierdurch den Krieg von unserem Erdteil fernhalten. Drittens haben wir uns aus Moralprinzipien und in der Sorge um unsere eigene Sicherheit dazu verpflichtet, niemals zu einem Frieden unser Einverständnis zu geben, der von den Angreifern diktiert und von Beschwichtigungspolitikern unterstützt wird. Wir wissen, dass ein dauernder Friede nicht um den Preis der Freiheit anderer Völker erkauft werden kann.

Für die Zukunft, die wir zu sichern versuchen, erhoffen wir eine Welt, die sich auf vier wesentliche menschliche Freiheitsrechte gründet.

Das erste ist die Freiheit der Rede und der Meinungsäußerung überall in der Welt.

Das zweite ist die Freiheit für jeden, Gott auf seine Weise zu verehren überall in der Welt.

Das dritte ist die Freiheit von Not, was, international gesehen, so viel heißt wie wirtschaftliche Abkommen, die der Bevölkerung jedes Landes gesunde Friedensverhältnisse sichern, überall in der Welt.
Das vierte ist die Freiheit von Furcht, was, international gesehen, so viel heißt wie eine die ganze Welt betreffende Abrüstung bis zu dem Grade und so gründlich, dass keine Nation in der Lage sein wird, einen Angriffsakt gegen ein Nachbarland zu begehen, überall in der Welt.
Das ist kein Wunschbild eines fernen tausendjährigen Reiches. Das ist eine bestimmte Basis für eine Welt, wie wir sie in unserer Zeit und in unserer Generation schaffen können. Eine solche Welt ist der genaue Gegensatz zur sogenannten Neuordnung der Tyrannei, die die Diktatoren mit der Explosion ihrer Bomben zu schaffen versuchen.

F. D. Roosevelt: Links von der Mitte. Briefe, Reden, Konferenzen. Ausgewählt und zusammengestellt von Donald Day. Übersetzt von Peter Stadelmayer und Christian Hübener. S. 85.

M7 Ziel: Weltrevolution

Lenin hat mehrfach in seinen Reden darauf hingewiesen, dass die Weltrevolution in Folge der fortschreitenden Verelendung der Werktätigen durch den Kapitalismus keine Utopie sei, sondern Realität werde. 1919 erklärte er:

Es wird immer klarer, dass die über der ganzen Welt heraufziehende sozialistische Revolution keinesfalls nur in dem Sieg des Proletariats eines jeden Landes über die eigene Bourgeoisie bestehen wird. […] Wir wissen aber, dass die Imperialisten das nicht zulassen werden, dass alle Länder gegen ihren inneren Bolschewismus gerüstet und nur mit dem Gedanken beschäftigt sind, wie sie den Bolschewismus bei sich zu Lande besiegen können. […] Somit wird die sozialistische Revolution nicht nur und nicht hauptsächlich ein Kampf der revolutionären Proletarier eines jeden Landes gegen die eigene Bourgeoisie sein, nein, sie wird ein Kampf aller vom Imperialismus unterdrückten Kolonien und Länder, aller abhängigen Länder gegen den internationalen Imperialismus sein.

Zit. nach: Hermann Weber (Hg.): Lenin. Aus den Schriften 1895–1923. München 1967, S. 233.

M8 Sowjetunion als Weltmacht

Auf die Frage eines Korrespondenten der amerikanischen Zeitung „New York Evening Journal", wie er die zukünftige Entwicklung der Sowjets als Weltmacht sehe, antwortete Lenin im Jahr 1920:

Die Zukunft gehört in der ganzen Welt der Sowjetordnung. Das haben die Tatsachen bewiesen: Man beobachte nur in einem beliebigen Land, sagen wir vierteljährlich, die wachsende Zahl der Broschüren, Bücher, Flugschriften und Zeitungen, die für die Sowjets eintreten und mit den Sowjets sympathisieren. Anders kann es nicht sein: […] wenn diese gewaltige Mehrheit der Werktätigen einmal begriffen hat, dass die Sowjets ihnen die ganze Macht in die Hände geben und sie vom Joch der Gutsbesitzer und Kapitalisten befreien, wie kann da der Sieg der Sowjetordnung in der ganzen Welt verhindert werden? Ich kenne jedenfalls kein solches Mittel.

Zit. nach: W. I. Lenin: Werke, Bd. 30. Karl Dietz Verlag Berlin 1961/1976, S. 358 f.

Arbeitsaufträge

?

1. Erstellen Sie mit Hilfe der Texte M 4 und M 5 eine Mindmap zum Thema Sendungsbewusstsein. Formulieren Sie dazu eine passende Überschrift.
2. Beschreiben Sie Grundlagen und Wandel der amerikanischen Außenpolitik bis 1941 (VT, M 4, M 6).
3. Erarbeiten Sie wichtige Aspekte der russischen Revolutionsideologie (VT, M 7).
4. Vergleichen Sie die außenpolitischen Strategien der USA mit denen der UdSSR.
5. Stellen Sie die grundsätzlichen weltanschaulichen Gegensätze der USA und der UdSSR einander gegenüber (VT, M 5 bis M 8).

1.2 Der Kalte Krieg

Das Bündnis zwischen den USA und der UdSSR während des Zweiten Weltkrieges hatte sich vor allem über den gemeinsamen Gegner definiert. Nach dem Sieg über Hitler-Deutschland zerbrach die Allianz. Westen und Osten formierten sich neu. Ein „Eiserner Vorhang" zog sich mitten durch Europa und teilte die Welt für Jahrzehnte in einen von den USA angeführten West- und einen von der Sowjetunion dominierten Ostblock. Ein unbändiges Wettrüsten, Stellvertreterkriege und Konflikte, die den Globus fast in einen atomaren Weltkrieg stürzten, prägten die politische Situation.
Wie kam es zu dieser Blockbildung? Welche Ursachen lösten den Kalten Krieg aus, der die Welt vier Jahrzehnte lang in Atem hielt? Und wie gelang es trotz etlicher Krisensituationen, den großen Knall zwischen den beiden Supermächten zu vermeiden?

1947	Truman-Doktrin
1949	Gründung der NATO
1950–1953	Korea-Krieg
1955	Gründung des Warschauer Paktes
1962	Kuba-Krise
ab 1964	Die USA treten in den Vietnam-Krieg ein.

Ende der Kriegsallianz

Der Bruch der Anti-Hitler-Koalition zwischen den westlichen Alliierten und der Sowjetunion nach dem Ende des Zweiten Weltkrieges kam kaum überraschend. Zu groß waren die Unterschiede der jeweiligen Wertvorstellungen. Die westlichen Staaten waren geprägt durch ihre demokratische Bürgergesellschaft und eine liberale Marktwirtschaft, die einen freien Austausch der Ideen und Güter forderte. Die Sowjetunion versuchte dagegen ihren autoritär gelenkten Aufbau eines sozialistisch-kommunistischen Staates gegen „kapitalistisch-imperialistische" Einflüsse abzuschirmen.
Die USA waren gestärkt aus dem Zweiten Weltkrieg hervorgegangen: Ihre Wirtschaftskraft übertraf die der anderen Staaten bei weitem. Zudem schien sie militärisch unangreifbar, verfügte sie doch seit der Zündung der ersten Atombombe 1945 in Japan als erstes und einziges Land über Nuklearwaffen. Die Sowjetunion dagegen schien am Ende ihrer Kräfte. Sie hatte im Krieg über 20 Millionen Menschen und einen Großteil ihrer industriellen Infrastruktur verloren. Stalin fürchtete eine amerikanische Aggression und suchte sein Land mit einem Gürtel von Satellitenstaaten unter der Herrschaft kommunistisch gesinnter Regierungen in Ost- und Südosteuropa zu schützen. Dass US-Präsident Harry S. Truman keineswegs aggressiv-expansionistische Absichten hegte und dafür auch niemals die Unterstützung der amerikanischen Bevölkerung erhalten hätte, wollte der sowjetische Diktator nicht wahrhaben. Für die Abschottung des sowjetischen Machtbereichs prägte sich bald der Begriff des „Eisernen Vorhangs" aus.

Vorurteile und Misstrauen

Der Weg in den Kalten Krieg war dennoch keineswegs zwingend vorgezeichnet. Der Konflikt zwischen Ost und West entstand vor allem, weil das gegenseitige Misstrauen und die Vorurteile schier unüberwindbar waren. Während sich etwa Stalin über die Weigerung der US-Regierung empörte, die US-Atomwaffen unter internationale Kontrolle zu stellen, oder das Ausbleiben von Reparationslieferungen

M1 Ausdehnung des sowjetischen Machtbereichs nach 1945

aus der amerikanischen Besatzungszone in Deutschland beklagte, sah man auf amerikanischer Seite in nahezu allen politischen Entscheidungen der Sowjetunion einen expansiven Charakter, sei es das Hinauszögern der Räumung nordpersischer Erdölgebiete nach dem Ende des Krieges oder ein angeblich von Moskau gesteuerter kommunistischer Aufstand in Griechenland.

Blockbildung in West ...

In dieser Atmosphäre des Misstrauens entwickelte US-Präsident Truman im Jahr 1947 in einer Rede das dramatische Szenario eines schicksalhaften Kampfes zwischen den freiheitlichen Demokratien und den totalitären Diktaturen (Truman-Doktrin) und bot allen vom Kommunismus bedrohten Völkern amerikanische Hilfe an. Damit fand das in der US-Regierung bereits zuvor entwickelte Konzept des „containment", also der Eindämmung des Kommunismus, eine erste Anwendung. Es gründete sich auf der Furcht vor einer sowjetischen Expansion, der man mit einer Mischung aus wirtschaftlicher Hilfe für vermeintlich gefährdete Staaten und militärischer Aufrüstung begegnen wollte. Ausdruck dieser Strategie war in wirtschaftlicher Hinsicht der 1947 aufgelegte Marshall-Plan, der insbesondere den westeuropäischen Staaten Finanzhilfe für den Wiederaufbau in Milliardenhöhe zusagte und diese „immun" gegen den sich in Osteuropa ausbreitenden Kommunismus machen sollte (vgl. S. 231). Auf militärischer Ebene verfolgten die Gründung des nordatlantischen Verteidigungsbündnisses NATO von zunächst zwölf Mitgliedsländern (zehn westeuropäische Staaten, die USA und Kanada) im Jahr 1949 sowie die Errichtung weltweiter Militärstützpunkte und der Abschluss von Bündnisverträgen mit strategisch wichtigen Ländern die gleiche Zielsetzung. Der NATO-Vertrag entsprach sowohl den amerikanischen als auch den westeuropäischen Interessen. Die USA brauchten Stützpunkte und die Unterstützung nichtamerikanischer Truppen. Die Westeuropäer suchten ihrerseits den Schutz amerikanischer Atomwaffen. Fortan verpflichteten

M2 Karikatur aus der sowjetischen Zeitschrift „Krokodil“, 1950

Die Schrift auf dem Bild heißt „Westeuropa“.

M3 Karikatur aus der Zeitung „New York Herald Tribune“, 1949

sich die NATO-Mitgliedsstaaten zu politischer und militärischer Zusammenarbeit und zu gegenseitiger Hilfe im Falle eines Angriffs von außen.

... und Ost

Die Sowjetunion antwortete auf die Bemühungen des Marshall-Planes im Herbst 1947 mit der Gründung des Kommunistischen Informationsbüros (Kominform), der Nachfolgeorganisation der Komintern, und der Übertragung des stalinistischen Herrschaftssystems auf die osteuropäischen Staaten in ihrem Herrschaftsbereich. Diesen Staaten untersagte die Sowjetunion auch die Teilnahme am Marshall-Plan.

Stalin und sein Nachfolger Nikita S. Chruschtschow wollten neben der Schaffung günstiger Voraussetzungen für eine möglichst weltweite Ausdehnung des Sozialismus die unangefochtene Vormachtstellung der UdSSR im sozialistischen Lager sichern und ihren Aufstieg zur Weltmacht betreiben. Mit der Gründung des Warschauer Paktes schufen die sozialistischen Staaten 1955 schließlich ein Gegenstück zur NATO. Nationale Armeen der sozialistischen Bruderländer standen hier unter dem Oberbefehl der Sowjetunion. Die Außenpolitik gegenüber dem „kapitalistischen Imperialismus“ wurde gemeinsam abgestimmt.

Die Welt war nach dem Ende des Zweiten Weltkrieges somit in zwei Machtblöcke zerfallen, zwischen denen eine friedliche und konstruktive Verständigung nahezu unmöglich schien.

Gleichgewicht des Schreckens

Schon früh setzte auf beiden Seiten eine ungebremste militärische Aufrüstung ein. Zwar waren die USA seit 1945 die erste Nuklearmacht, doch mit der Zündung der ersten sowjetischen Atombombe vier Jahre später hatten sie dieses Monopol verloren. Ein beispielloser Rüstungswettlauf setzte nun ein, bei dem sowohl die USA als auch die Sowjetunion auf das Konzept der atomaren Abschreckung setzten: Im Kriegsfall sollte es möglich sein, nach einem atomaren Angriff zurückzuschlagen und den Gegner zu vernichten. Diese „Zweitschlagfähigkeit“ sollte den Gegner von einem Überraschungsangriff abhalten.

So entstand ein „Gleichgewicht des Schreckens“, das jedoch keineswegs stabil war, sondern eine sich ständig weiter drehende Rüstungsspirale in Gang hielt und die tödlichen Waffenarsenale derart ansteigen ließ, dass Ende der 1960er-Jahre beide Seiten in der Lage waren, ihren Gegner gleich mehrfach zu vernichten. Dieses gegenseitige Drohpotenzial und das Wissen, dass ein Atomkrieg von keiner der beiden Seiten zu gewinnen war, verhinderten letztlich einen großen direkten militärischen Konflikt der zwei Supermächte.

M4 Die Machtblöcke Mitte der 1960er-Jahre

Konflikte: Korea-Krieg

In den „heißen" Phasen des Kalten Krieges glaubte die Welt bisweilen, unmittelbar vor einem neuen Weltkrieg zu stehen. Solche Krisen gab es vor allem dort, wo die gegensätzlichen Ideologien der beiden Machtblöcke direkt aufeinandertrafen. Dies war in Europa der Fall, vor allem in Deutschland, aber auch in ferneren Gegenden, etwa in Korea.
Die Zündung der ersten sowjetischen Atombombe ebenso wie die Ausrufung der kommunistischen Volksrepublik China im Jahr 1949 hatten in den USA die Befürchtungen vor der Ausbreitung des Kommunismus verstärkt, zumal auch in Korea die Kommunisten auf dem Vormarsch schienen.
Korea war nach dem Zweiten Weltkrieg in zwei Besatzungszonen aufgeteilt worden: in ein amerikanisch besetztes Südkorea und ein sowjetisch besetztes Nordkorea, wo 1948 eine kommunistische Regierung an die Macht kam. 1949 wurden die Besatzungstruppen abgezogen, das Land blieb jedoch geteilt. Ein Jahr später marschierte die nordkoreanische Armee mit Unterstützung der Sowjetunion, die jedoch nicht direkt in den Krieg eingriff, in den Süden ein. Mit UNO-Mandat vom selben Tag griffen nun auch US-Soldaten ein. Dennoch überrannten die Nordkoreaner den Süden fast vollständig. Erst mit großem Materialeinsatz gelang es US-General MacArthur, diese zurückzuwerfen, die Grenze zum Norden zu überschreiten und die gegnerische Hauptstadt Pjöngjang einzunehmen. Doch Ende November 1950 kam es unter Beteiligung von 200 000 „freiwilligen" Chinesen zu einem groß angelegten Gegenangriff, der die Amerikaner wiederum zum Rückzug zwang. MacArthur drängte auf atomare Bombardierung des Nordens, doch seine Absetzung im April 1951 stoppte eine derartige Eskalation. Der Krieg kam schließlich an der alten Nord-Süd-Grenze zum Stehen. 1953 wurde ein Waffenstillstand geschlossen. Regierung und Öffentlichkeit in den USA werteten den Korea-Krieg als Beweis für die Richtigkeit des Containment-Konzepts.

Krise um Berlin

Im November 1958 wählte der sowjetische Staatschef Chruschtschow mit Berlin ebenfalls eine Nahtstelle der beiden Machtblöcke als Schauplatz des Kalten Krieges, indem er den Abzug der dort stationierten alliierten Truppen forderte. Das erfolgreiche Sputnik-Experiment im Oktober 1957, das mit den Erdumkreisungen des ersten Satelliten die Leistungsfähigkeit sowjetischer Raketentechnik demonstriert hatte, gab dem Sowjetführer ein Gefühl der Stärke. West-Berlin sollte nach seinen Vorstellungen eine „selbstständige politische Einheit" werden. Insgeheim war damit die Absicht verbunden, West-Berlin in die DDR zu integrieren. Das „Schlupfloch West-Berlin" war ein Dorn im Auge des Ostens, denn die Flüchtlingszahlen aus der DDR stiegen stetig. Die Krise erreichte mit dem Bau der Berliner Mauer im August

1961 ihren Höhepunkt und endete zugleich. Zwar hatte US-Präsident John F. Kennedy noch einen Monat zuvor die „Three essentials“ verkündet, indem er auf die Freiheitsgarantie für die West-Berliner, eine Truppenpräsenz des Westens sowie gesicherten Zugang nach West-Berlin pochte. Doch den Bau der Mauer nahmen die USA ohne Intervention hin.

Kuba-Krise

An den Rand eines dritten Weltkrieges führte 1962 die Krise um die Karibikinsel Kuba. Chruschtschow hatte dem verbündeten kubanischen Revolutionsführer Fidel Castro die Zustimmung zum Bau sowjetischer Raketenabschussrampen auf dem nur 150 Kilometer vom amerikanischen Festland entfernten Kuba abgerungen. Er hoffte, damit ein Gegengewicht zu den US-Raketenbasen in der Türkei in die Hand zu bekommen. Nach der Entdeckung dieses Vorhabens durch amerikanische Aufklärungsflugzeuge reagierten die USA mit der Verhängung einer Seeblockade und kündigten an, alle nach Kuba fahrenden Schiffe zu kontrollieren. Gleichzeitig forderte US-Präsident Kennedy den sowjetischen Regierungschef auf, die Raketenstellungen sofort abbauen zu lassen. Alle amerikanischen Einheiten wurden in höchste Alarmbereitschaft versetzt, während gleichzeitig sowjetische Schiffe mit Raketen und anderem militärischen Gerät auf dem Weg nach Kuba waren. In dieser schwersten Krise nach 1945 hielt die Welt eine Woche lang den Atem an. Erstmals stießen die beiden Supermächte der Weltpolitik unmittelbar aufeinander.
Nach Tagen qualvoller Spannung und eines diplomatischen Tauziehens hinter den Kulissen lenkten die Sowjets ein und befahlen die Beseitigung der Raketenanlagen auf Kuba. Gleichzeitig erklärten sich die USA bereit, ihre in der Türkei stationierten Raketen abzuziehen. So wahrten beide Rivalen ihr Gesicht und der Status quo war wieder hergestellt. Die Supermächte zogen daraus zwei Lehren: Um den Gesprächsfaden nie abreißen zu lassen, wurde mit dem „heißen Draht“ eine direkte Telefonverbindung zwischen Washington und Moskau installiert. Zudem war nun klar, dass es höchste Zeit war, zu Vereinbarungen über eine Rüstungskontrolle zu kommen.

M5 „Einverstanden, Herr Präsident, wir wollen verhandeln ...“
Die englische Karikatur aus dem Jahr 1962 zeigt Kennedy und Chruschtschow in der Kuba-Krise.

Der Vietnamkrieg, ...

Doch trotz erster Bemühungen um Entspannung sahen sich die USA nur kurz nach dem Ende der Kuba-Krise im südostasiatischen Vietnam ein weiteres Mal herausgefordert. Anders als in Korea und Kuba sollten sie jedoch mit ihrer Politik in Vietnam scheitern.
Der Versuch Frankreichs, das verlorene Kolonialreich in Südostasien wiederzubeleben, war 1954 gescheitert. Diese französische Niederlage bedeutete für Vietnam die Teilung in einen kommunistisch regierten Norden und in das nicht-kommunistische Südvietnam – eine Lösung also ähnlich wie in Deutschland bzw. Korea. Die antidemokratische Politik des südvietnamesischen Diktators Diem, der jegliche Opposition in seinem Land unterdrückte und dringend notwendige Bodenreformen hinauszögerte, führte bald zur Bildung einer „Nationalen Befreiungsfront“, die fortan für den Sturz Diems und die Wiederherstellung der Einheit Vietnams kämpfte. Diese auch als Vietcong bezeichnete Untergrundbewegung erhielt Unterstützung aus dem kommunistischen Norden und löste damit in den USA die Furcht aus, Gesamtvietnam könnte unter kommunistischen Einfluss geraten.

... Dominotheorie ...

Die amerikanische Vietnampolitik orientierte sich an der „Dominotheorie“. Sie besagte, dass aus dem pro-westlichen „Bollwerk gegen den Kommunismus“ kein Stein herausgebrochen werden dürfe, da sonst das gesamte antikommunistische Lager in Asien wie Dominosteine umzufallen drohe. So sicherten die US-Präsidenten Dwight D. Eisenhower, John F. Kennedy und Lyndon B. Johnson Südvietnam ihre Unterstützung zu. Die amerikanische Militärpräsenz in Südvietnam stieg stetig, bis schließlich auch amerikanische Soldaten direkt in den Kampf gegen den kommunistischen Vietcong und die sich nun ebenfalls engagierenden nordvietnamesischen Truppen eingriffen. Die USA verstrickten sich damit in einen Bürger- und Guerillakrieg, der mit herkömmlichen militärischen Mitteln und Strategien kaum zu gewinnen war. Es gab keine festen Fronten, Freund und Feind waren nicht immer zu unterscheiden und die Kämpfe zogen am stärksten die südvietnamesische Zivilbevölkerung in Mitleidenschaft, also diejenigen, die eigentlich geschützt werden sollten.

... und Rückzug

Als trotz des Einsatzes von nahezu 600 000 US-Soldaten der Gegner nicht zum Einlenken zu bewegen war, trat die US-Regierung 1973 den Rückzug an. Er war verknüpft mit der Preisgabe des südvietnamesischen Verbündeten, der zwei Jahre später kapitulierte. Die USA standen vor einem Scherbenhaufen: 58 000 amerikanische Soldaten waren gefallen, die amerikanische Wirtschaft angeschlagen, der Nimbus der amerikanischen Unbesiegbarkeit ebenso dahin wie der innenpolitische Konsens. Die Fernsehbilder des unmenschlichen Dschungelkrieges und die täglich steigende Zahl der Toten hatten die öffentliche Meinung in den USA gedreht. Nicht die Sowjetunion, sondern die USA erschienen plötzlich als imperiale Macht. Das Land stürzte in eine tiefe Krise des Selbstwertgefühls. Die amerikanische Weltpolitik stand in Frage, das gute Gewissen des freiheits- und friedensstiftenden Weltpolizisten auf dem Prüfstand. Der Vietnamkrieg stellte somit einen Höhe- und Wendepunkt amerikanischer Eindämmungspolitik dar. Mit diesem Krieg verloren die USA ihre „Unschuld einer selbstbewussten Supermacht".

Die Blockfreien

Nicht alle Staaten ließen sich in die beiden Machtblöcke einbeziehen. Jugoslawien und China etwa gingen ihre eigenen Wege des Kommunismus, ohne sich dem sowjetischen Machtanspruch zu beugen. Beide Staaten waren selbstbewusst und mächtig genug, eine sowjetische Einflussnahme abzulehnen. Zwischen den Fronten der bipolaren Welt entwickelte sich zudem die „Organisation der Blockfreien" (Non Aligned Movement), deren Absicht es war, das weltpolitische Gewicht und die wirtschaftliche Situation der Staaten der „Dritten Welt" zu stärken. Auf der Gründungskonferenz der Bewegung im indonesischen Bandung im Jahr 1955 kamen zunächst 23 Staaten zusammen. Das erste offizielle Gipfeltreffen fand 1961 im jugoslawischen Belgrad statt. Hier gab neben den Staatschefs Indiens (Nehru) und Ägyptens (Nasser) insbesondere Jugoslawien mit Staatspräsident Tito der Bewegung die Richtung einer vom Ost-West-Gegensatz unabhängigen und neutralen Politik. Politisch gesehen war die Wirkung der zum Großteil wirtschaftlich schwachen blockfreien Staaten eher unbedeutend. Ihre Ansprüche gegenüber den beiden Machtblöcken ließen sich kaum durchsetzen, denn die Blockfreiheit wurde von den Großmächten als politische Unentschiedenheit verstanden.

M6 Konflikte um Vietnam

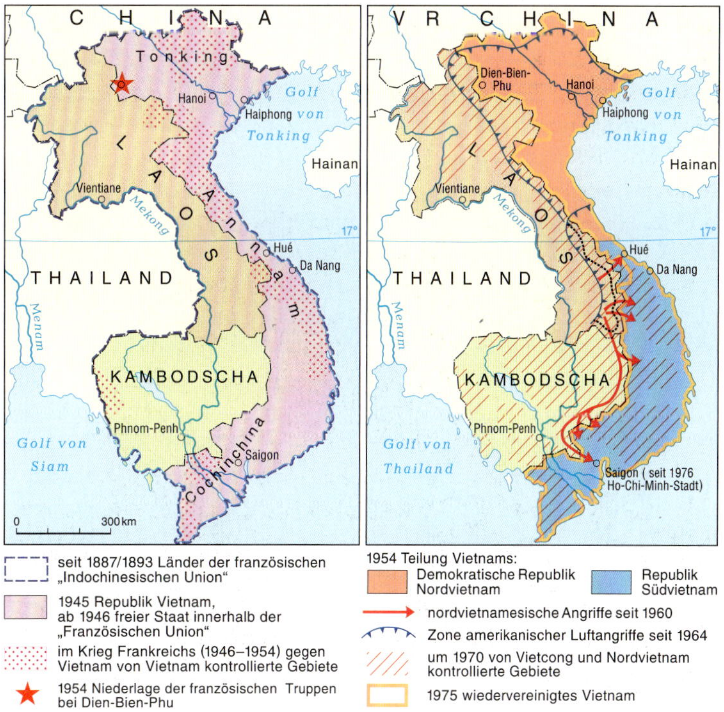

M7 **„Entwurf für ein Siegerdenkmal"**

Stalin, Roosevelt und Churchill in einer Karikatur von 1945

M8 **Der Kalte Krieg**

Der englische Historiker Eric Hobsbawm charakterisiert den Kalten Krieg wie folgt:

Die fünfundvierzig Jahre seit dem Abwurf der Atombomben bis zum Ende der Sowjetunion bilden keine ungebrochene, homogene Periode der Weltgeschichte. [...] Dennoch: Diese ganze Geschichte war durch die ungewöhnliche internationale Lage, die bis zum Fall der Sowjetunion geherrscht hat, von einem einzigen Muster geprägt: von der konstanten Konfrontation der beiden Supermächte, die aus dem Zweiten Weltkrieg hervorgegangen waren – vom sogenannten Kalten Krieg.

Der Zweite Weltkrieg war kaum zu Ende gegangen, als die Menschheit in einen (wie man es durchaus nennen kann) dritten Weltkrieg gestürzt wurde. Doch es war ein sehr eigenartiger Krieg. Der große Philosoph Thomas Hobbes hatte einst geschrieben: „Krieg besteht nicht nur aus Schlachten oder Kampfhandlungen, sondern auch aus einer Zeitspanne, in der der Wille, sich zu bekriegen, ausreichend vorhanden ist." [...] Der Kalte Krieg zwischen den beiden Lagern USA und Sowjetunion, der die internationale Szene während der zweiten Hälfte des kurzen 20. Jahrhunderts völlig beherrschte, hat fraglos eine solche Zeitspanne dargestellt.

Eric Hobsbawm: Das Zeitalter der Extreme. Weltgeschichte des 20. Jahrhunderts. München/Wien 1995, S. 285 f.

M9 **Der Bruch der Alliierten**

Der Historiker Bernd Stöver äußert sich zur Frage, weshalb es 1944/45 zum Bruch zwischen den Alliierten kam:

Der Bruch zwischen den Alliierten 1944/45 ist zum Teil als überraschende „Wende" interpretiert worden. Man kann sie aber auch schlicht als absehbare Rückkehr zu gewohnten Sichtweisen verstehen. Nachdem das gemeinsame Ziel erreicht war, zeigten sich die aufgestauten Konflikte und politisch-ideologischen Unterschiede umso deutlicher. Neben dem kontinuierlichen Streitpunkt um den Aufbau einer zweiten Front betraf der wichtigste politische Konflikt die Nachkriegsordnung. Was sollte mit den befreiten Staaten, was sollte vor allem mit Deutschland geschehen? Gemeinsame Erklärungen gab es genug, und die Westalliierten kamen Stalin weit entgegen. Sie akzeptierten schon während der Konferenz von Teheran Ende 1943 die sowjetischen Annexionen, die Stalin mit Hitler ausgehandelt hatte: Er durfte die Baltischen Staaten und das annektierte Ostpolen behalten. Polen sollte durch deutsche Gebiete entschädigt werden. Man konnte sich 1944 in einer Besprechung in Moskau sogar auf Einflusssphären in Ost- und Südosteuropa einigen. Zusammen mit den bereits vorher von Stalin gegebenen Zusagen über das Selbstbestimmungsrecht der Völker schien die demokratische Nachkriegsordnung gesichert.

Bernd Stöver: Der Kalte Krieg. München, 2. durchgesehene Auflage 2006, S. 18.

M10 **Die Ursachen des Kalten Krieges**

Eine Antwort auf die Frage, weshalb aus Kriegsverbündeten Feinde in Friedenszeiten wurden, gibt der englische Historiker Alan Wood:

Am 6. und 9. August 1945 warf die USA Atombomben auf die japanischen Städte Hiroshima und Nagasaki ab. Es ist an dieser Stelle nicht möglich, das komplexe Gewebe von militärischen, politischen und technologischen Argumenten zu untersuchen, das Trumans persönliche Entscheidung, diese fürchterliche neue Kriegswaffe einzusetzen, umgab. Es gibt jedoch eine große Anzahl von Dokumenten, die nahelegen, dass die Entscheidung ebenso von politischen Überlegungen hinsichtlich der Sowjetunion wie von militärischen Zielen gegenüber Japan motiviert war. Noch bevor die Bombe erfolgreich erprobt worden war, hat Truman mit Verweis auf die Russen, nicht die Japaner, bemerkt: „Wenn sie explodiert [...] werde ich einen Hammer für diese Jungs haben!" Der amerikanische Minister James Byrnes machte in einer Stellungnahme deutlich, dass der Besitz und die Vorführung der Wirkung der Bombe durch die USA, Russland in Europa fügsamer machen würde.

Er irrte sich. Wenn überhaupt, machte es Stalin noch unnachgiebiger in seinem Entschluss, seinen Griff über Osteuropa zu verstärken. Zwischen 1946 und 1949 wurden systematisch kommunistisch beherrschte Marionettenregierungen in Ostdeutschland, Polen, der Tschechoslowakei, Ungarn, Rumänien und Bulgarien eingeführt, wie sich auch die westlichen Verbündeten mit den USA bei ihrem Feldzug, die Ausweitung des Kommunismus in Europa um fast jeden Preis „einzu-

dämmen", zusammentaten. Im Falle von Jugoslawien deutete Marschall Titos ideologischer Bruch mit Stalin im Jahre 1948 an, dass Uneinigkeit innerhalb des Ostblocks zu Stalins Nachteil zu fördern, auszubauen und auszunutzen war. Deshalb wich die sogenannte „Truman-Doktrin" der „Eindämmung" nach und nach der Politik des „roll back" – das heißt, dem Versuch, das Gewaltmonopol der Sowjetunion in ihren „Satelliten-Staaten" zu untergraben und ihre kommunistischen Regierungen zu stürzen. Einige westliche Staatsmänner befürworteten, wenn auch nur privat, den Einsatz von Nuklearwaffen, um dies zu bewerkstelligen – also nicht so sehr eine Politik des „roll back" als eine des „Ausradierens"! Stalins Antwort waren eine Reihe von Säuberungen, Verhaftungen, Verbannungen, Prozessen und auch Hinrichtungen von osteuropäischen Politikern, die antisowjetischer Tendenzen [...] verdächtigt wurden, und durch Terror seine eigene Art des Sozialismus überall östlich der Elbe durchzusetzen. [...]
Im Jahre 1949 fanden zwei wichtige Ereignisse statt. Das erste war die Gründung der North Atlantic Treaty Organization (NATO), ein förmliches Militärbündnis von zwölf westeuropäischen und nordamerikanischen Mächten, das besonders gegen den Ostblock gerichtet war; das zweite war der Sieg der kommunistischen Revolution in China und die Gründung der Volksrepublik China. Obwohl die Sowjetunion bei Mao Tse-tungs Triumph keine Rolle gespielt hatte, vermehrte die Tatsache, dass die zwei größten und bevölkerungsreichsten Länder der Erde jetzt beide durch kommunistische Diktaturen regiert wurden, die Angst der kapitalistischen Mächte und der von ihnen abhängigen Dritte-Welt-Kolonien in Asien und anderswo. Der Kalte Krieg hatte sich jetzt von einem Konflikt über Einflusssphären in Europa zu einer globalen Konfrontation zwischen zwei militärischen Supermächten und ihren jeweiligen Verbündeten gewandelt, bei der beide ab 1953 mit der Wasserstoffbombe bewaffnet und folglich beide mit der potenziellen Macht ausgestattet waren, den gesamten Planeten in einen nuklearen Holocaust zu stürzen. Obwohl Stalin und Truman vielleicht die militärischen Absichten und/oder die Fähigkeiten des anderen in der Frühphase des Kalten Krieges missdeuteten, ist dies die schreckliche Verantwortung, die sie auf die Schultern ihrer politischen Erben legten, als sie beide, jeweils auf ihre Art, im Jahre 1953 von der politischen Bühne verschwanden.

Alan Wood: Stalin und der Stalinismus. Mainz 1995, S. 69 f.

M11 Der Eiserne Vorhang

Der englische Premier Winston Churchill schreibt in einem Telegramm an US-Präsident Truman am 12. Mai 1945:

Längs der russischen Front ist ein Eiserner Vorhang niedergegangen. Wir wissen nicht, was dahinter vor sich geht. Es scheint wenig Zweifel daran zu geben, dass die gesamten Gebiete östlich der Linie Lübeck-Triest-Korfu bald vollständig in ihren Händen sein werden. Diesem muss das weitere, enorme Gebiet hinzugefügt werden, das von den amerikanischen Armeen zwischen Eisenach und der Elbe erobert worden ist und das, so nehme ich an, in ein paar Wochen von der russischen Macht besetzt sein wird, wenn die Amerikaner sich zurückziehen.

Zit. nach: Ernst Deuerlein: Quellen zur Konferenz der „Großen Drei". München 1963, S. 96 ff.

M12 Mit eiserner Faust

In einem Brief an seinen Außenminister James F. Byrnes schreibt US-Präsident Truman am 5. Januar 1946:

Schon in Potsdam wurden wir vor vollendete Tatsachen gestellt und durch die Umstände geradezu gezwungen, der russischen Besetzung Ostpolens und der Besetzung des östlich der Oder liegenden Teils von Deutschland zuzustimmen. Das war ein beispielloser Affront. [...] Es besteht für mich kein Zweifel, dass Russland vorhat, in die Türkei einzufallen und sich der Meerengen zwischen Schwarzem Meer und Mittelmeer zu bemächtigen. Wenn man mit Russland nicht eine deutliche Sprache spricht und ihm mit eiserner Faust entgegentritt, ist der nächste Krieg in Sicht. Nur eine Sprache verstehen die Russen – „Wie viel Divisionen habt ihr?". Ich glaube nicht, dass wir uns noch länger auf Kompromisse einlassen sollten. [...] Ich habe es satt, die Sowjets weiter zu hätscheln.

Zit. nach: William Hillmann (Hg.): „Mister President" Harry S. Truman. Freiburg 1952, S. 39 f.

M13 Truman-Doktrin

US-Präsident Truman erinnert sich an seine Rede vor dem US-Kongress am 12. März 1947:

Es muss, glaube ich, der außenpolitische Grundsatz der Vereinigten Staaten werden, allen Völkern, deren Freiheit von militanten Minderheiten oder durch einen von außen ausgeübten Druck bedroht wird, unseren Beistand zu leihen.
Wir müssen, glaube ich, allen Völkern dabei helfen, ihre Geschichte selbst zu bestimmen. Unter einem solchen Beistand verstehe ich vor allem wirtschaftliche und finanzielle Hilfe zur Herstellung geordneter politischer Verhältnisse und zur Sicherung der wirtschaftlichen Stabilität. [...]
Anschließend charakterisierte ich die zwei großen Richtungen unserer Zeit:
Die eine Lebensform gründet sich auf den Willen der Mehrheit und ist gekennzeichnet durch freiheitliche Einrichtungen: eine repräsentative Regierung, unbeeinflusste Wahlen, Rechtsgarantien für die persönliche Freiheit, Rede- und Religionsfreiheit und Schutz vor politischer Unterdrückung.
Die andere Lebensform gründet sich auf den von einer Minderheit der Mehrheit gewaltsam aufgezwungenen Willen. Sie

stützt sich auf Terror und Unterdrückung, auf die Gleichschaltung der Presse und des Rundfunks, auf vorgeschriebene Wahlen und auf den Entzug der persönlichen Freiheit [...]. Die totalitären Regierungen wurzeln in dem üblen Boden der Armut und des Bürgerkriegs, sie saugen ihre Nahrung aus Elend und Not und erreichen ihr volles Wachstum dort, wo die Hoffnung auf ein besseres Dasein stirbt. Diese Hoffnung aber gilt es lebendig zu erhalten. Die freien Völker erhoffen von uns Hilfe für ihren Kampf um die Freiheit. Wenn wir Schwäche zeigen, gefährden wir den Frieden der Welt und schaden der Wohlfahrt unseres eigenen Landes.
Als ich endete, erhob sich der Kongress wie ein Mann und spendete Beifall. Nur Vito Marcantonio, der New Yorker Abgeordnete der Labour Party, blieb sitzen.
Die Rede kennzeichnet einen Wendepunkt der amerikanischen Außenpolitik, denn bald danach begann man die darin niedergelegten Grundsätze die „Truman-Doktrin“ zu nennen. Auch die Reaktion im Ausland bewies, dass ich den richtigen Ton getroffen hatte. Den beifälligen Stimmen aus der freien Welt stand das wütende Gekläff der Kommunisten und ihrer Mitläufer gegenüber. Der Trennungsstrich war gezogen: Jede Nation hatte von jetzt an zwischen den beiden Lebensformen zu wählen.

Harry S. Truman: Memoiren. Band 2. Stuttgart 1956, S. 114 f. (Übers.: Eduard Thorsch)

M14 „Zwei Lager“

Aus der Rede Andrej Schdanows, des Leiters der Kominform, in Warschau am 30. September 1947:

Das durch den Zweiten Weltkrieg veränderte Kräfteverhältnis zwischen der Welt des Kapitalismus und der Welt des Sozialismus hat die Bedeutung der Außenpolitik des Sowjetstaates noch erhöht und die Maßstäbe seiner außereuropäischen Aktivität erweitert. Die Aufgabe der Sicherung eines gerechten und demokratischen Friedens fasste alle Kräfte des antiimperialistischen und antifaschistischen Lagers zusammen. Auf dieser Grundlage wuchs und erstarkte die freundschaftliche Zusammenarbeit der UdSSR und der demokratischen Länder in allen Fragen der Außenpolitik. [...] Die Erfolge [...] des demokratischen Lagers passten den Imperialisten nicht. Bereits während des Zweiten Weltkrieges wuchs in England und in den USA ständig die Aktivität der reaktionären Kräfte, die danach strebten, das gemeinsame Vorgehen der alliierten Mächte zu hintertreiben, den Krieg in die Länge zu ziehen, die UdSSR ausbluten zu lassen. [...] Aber solange der Krieg andauerte, wagten die reaktionären Kreise Englands und der USA nicht, der Sowjetunion und den demokratischen Ländern mit offenem Visier entgegenzutreten. [...] Aber bereits in den letzten, dem Kriegsende vorausgehenden Monaten begann die Situation sich zu ändern. Bereits im Laufe der Besprechungen auf der Berliner Konferenz der drei Mächte im Juli 1945 zeigten die angloamerikanischen Imperialisten, dass sie nicht gewillt waren, die legitimen Interessen der Sowjetunion und der demokratischen Länder zu berücksichtigen.

Zit. nach: Eberhard Wilms (Hg.): Geschichte – Denk- und Arbeitsfach. Frankfurt/M. 1986, S. 155 f.

M15 Die Kuba-Krise 1962: Duell am Abgrund

a) Aus der Fernsehansprache Kennedys am 22. Oktober 1962:

Seit vielen Jahren haben sowohl die Vereinigten Staaten als auch die Sowjetunion ihre strategischen Kernwaffen mit großer Vorsicht stationiert und niemals den prekären Status quo gefährdet, der die Sicherheit dafür bot, dass diese Waffen nicht ohne lebenswichtige Herausforderung angewendet würden. Unsere eigenen strategischen Waffen sind nie unter dem Deckmantel der Geheimhaltung und der Irreführung auf das Hoheitsgebiet irgendeines anderen Landes verlegt worden, und unsere Geschichte zeigt – im Gegensatz zu der der Sowjets seit dem Zweiten Weltkrieg –, dass wir nicht danach streben, irgendein anderes Land zu beherrschen oder zu erobern oder unser System einem anderen Volk aufzuzwingen. [...] Diese geheime, schnelle und außerordentliche Massierung kommunistischer Raketen – in einem Gebiet, von dem sehr gut bekannt ist, dass es besondere und geschichtliche Bindungen zu den Vereinigten Staaten und den Nationen der westlichen Hemisphäre hat –, diese plötzliche und heimliche Entscheidung, zum ersten Male außerhalb der Sowjetunion strategische Waffen zu stationieren, ist eine absichtlich provokatorische und ungerechtfertigte Veränderung des Status quo, die von unserem Land nicht hingenommen werden kann, wenn unser Mut und unsere Versprechen von Freund und Feind noch ernst genommen werden sollen. Die dreißiger Jahre haben uns deutlich gelehrt: Aggressive Haltung führt, wenn sie unbeschränkt und unwidersprochen wachsen kann, letztlich zum Krieg. Unsere Nation lehnt den Krieg ab. Wir halten aber unser Wort. [...] Wir werden nicht verfrüht oder unnötigerweise einen weltweiten Kernwaffenkrieg riskieren, bei dem selbst die Früchte des Sieges in unserem Munde zu Asche würden. Aber wir werden vor diesem Risiko auch nicht zurückschrecken, wenn wir ihm gegenüberstehen.

Europa-Archiv, Jg. 1962, S. 571.

b) Aus dem Schreiben Chruschtschows an Kennedy vom 28. Oktober 1962:

Ich gebe meiner Befriedigung und Erkenntlichkeit Ausdruck für das rechte Maß und Ihre Einsicht in die Verantwortung, die Sie gegenwärtig für die Aufrechterhaltung des Friedens in der ganzen Welt tragen. Ich habe großes Verständnis für Ihre Befürchtung und für die Befürchtung des Volkes der Vereinigten Staaten von Amerika angesichts der Tatsache, dass die Waffen, die Sie als Angriffswaffen bezeichnen, wirklich gefährliche Waffen sind. [...] Wenn es uns mit Hilfe anderer Menschen guten Willens gelingt, diese gespannte Situation zu überwinden, so müssen wir auch dafür sorgen, dass keine anderen gefährlichen Konflikte ausbrechen, die zu einer thermonuklearen Weltkatastrophe führen können. [...] Wir müssen jetzt sehr vorsichtig sein und dürfen keine Schritte unternehmen, die der Verteidigung der in den Konflikt verwickelten Staaten nicht nützen, sondern nur Verstimmung schaffen und gar die Herausforderung zu einem verhängnisvollen Schritt darstellen könnten. Daher müssen wir Nüchternheit und Vernunft zeigen und uns derartiger Schritte enthalten.

Europa-Archiv, Jg. 1962, S. 586.

M16 Kurzer Prozess

Der Chef der südvietnamesischen Nationalpolizei, General Nguyen Ngoc Loan, erschießt einen gefangenen Vietcong-Offizier in den Straßen von Saigon (Foto, Februar 1968).

M17 Alternative zur Eindämmungspolitik

Der Historiker Detlef Junker über den Strategiewechsel in der amerikanischen Außenpolitik:

Ironischerweise war der kalte Krieger Nixon der einzige amerikanische Präsident nach 1945, der unter dem Druck des Vietnamkrieges eine außenpolitische Alternative zur Eindämmungspolitik entwickelte und teilweise in die Tat umsetzte. Er wurde angeregt und unterstützt von seinem nationalen Sicherheitsberater Henry Kissinger [...]. Kissinger wollte [den Amerikanern] ausgerechnet jenes Konzept der internationalen Beziehungen zurückgeben, von dem der Moralist und Missionar Wilson die Welt hatte erlösen wollen: das Konzept des Gleichgewichtes der Mächte. Selbst eine nur relative Stabilität der internationalen Beziehungen [...] war für Kissinger nur zu gewinnen, wenn die Existenz der Hauptmächte, unabhängig von ihrer jeweiligen inneren Ordnung, als legitim anerkannt, das heißt, wenn sie als Mächte nicht in Frage gestellt würden. Das Verhältnis der Staaten zueinander dürfe nicht von ihrer innenpolitischen Struktur abhängig gemacht werden, sondern von ihrem außenpolitischen Verhalten. So, wie es den Staatsmännern auf dem Wiener Kongress 1814/15 gelungen war, durch die Anerkennung dieses Prinzips für ein Jahrhundert den Frieden in Europa zu bewahren, so seien die USA aufgerufen, eine stabile tripolare, besser pentagonale Ordnung der Hauptmächte USA, Sowjetunion, China, Japan und Europa zu stiften. Die amerikanische Außenpolitik dürfe sich deshalb, so Kissinger, weder als eine „Unterabteilung der Theologie" noch als eine „Unterabteilung der Psychiatrie" verstehen. Die Politik der Falken, der Theologen, die in missionarischem Eifer die kommunistischen Systeme in der Sowjetunion, in China oder in Vietnam zum Einsturz bringen wollten, verfehlten ebenso die realistische Mitte wie die Politik der Tauben, der Psychiater, die immer von der Illusion ausgingen, die vermeintlich friedlichen Fraktionen innerhalb feindlicher Staaten durch Anreize zu stützen.

Detlef Junker: Power and Mission. Was Amerika antreibt. Freiburg im Breisgau 2003, S. 107 f.

Arbeitsaufträge

?

1. Definieren Sie den Begriff des Kalten Krieges in Ihren eigenen Worten (VT, M 8).
2. Erklären Sie, wie sich bereits am Ende des Zweiten Weltkrieges eine neue Weltordnung abzeichnete (VT, M 7, M 9).
3. Skizzieren Sie aus M 10 ein Strukturbild der Ursachen des Kalten Krieges.
4. Erarbeiten Sie sich einen Überblick über die Entwicklung amerikanischer Außenpolitik 1945 bis 1947 (VT, M 12, M 13). Leiten Sie daraus den Begriff „containment" ab.
5. Beurteilen Sie, weshalb Schdanows Rede (M 14) als Theorie der „Zwei Lager" galt und ob sie als „Kriegserklärung" der UdSSR verstanden werden kann.
6. Überlegen Sie mögliche Gründe, weshalb aus dem „Kalten Krieg" kein „heißer Krieg" wurde und inwiefern dafür die Kuba-Krise beispielhaft ist (VT, M 5, M 15).
7. Nennen Sie wichtige Motive der USA, sich in Vietnam zu engagieren. Erörtern Sie die Frage, ob Vietnam ein „Trauma" für die Vereinigten Staaten war und wie es die amerikanische Außenpolitik veränderte (VT, M 6, M 16, M 17).

1.3 Zwischen Spannung und Entspannung

Immer deutlicher zeigte sich, dass der Systemkonflikt unlösbar war. Die Kosten des beiderseitigen Wettrüstens uferten aus und die zahlreichen Konflikte führten – auch innenpolitisch – zu wachsender Ablehnung der Konfrontation zugunsten einer durch Kooperation geregelten Koexistenz. Das forderte von beiden Seiten die Anerkennung des Status quo.
So begann in den 1960er-Jahren eine Phase der Entspannung, ohne dass der Grundkonflikt beendet worden wäre. Die Chance für eine gemeinsame friedliche Zukunftsgestaltung schien greifbar. Doch neue Konfliktherde störten die Entspannungsbemühungen.

1956	Chruschtschows Überlegungen einer „friedlichen Koexistenz“
1963	Zwischen Washington und Moskau wird der „heiße Draht“ eingerichtet.
1972	Abschluss des SALT-I-Vertrages
1975	Unterzeichnung der KSZE-Schlussakte in Helsinki
1979	SALT-II-Abkommen (Juni) NATO-Doppelbeschluss (Dezember) Einmarsch der Sowjetunion in Afghanistan (Dezember)

Momente der Entspannung

Zahlreiche Entspannungsphasen überlagerten den Kalten Krieg und führten immer wieder zu Momenten der Deeskalation: so der 1952 als „Stalin-Note“ bekannt gewordene Vorschlag der Sowjetunion, das mittlerweile geteilte Deutschland unter einer neutralen demokratischen Regierung wieder zu vereinen, dessen Ernsthaftigkeit von Historikern noch heute diskutiert wird; oder der Versuch, sich 1955 auf einer ersten Gipfelkonferenz in Genf anzunähern, und die 1958 stattfindenden Verhandlungen über einen Teststopp für atomare Waffen, die allerdings ohne handfeste Ergebnisse blieben.
Diese frühen Bemühungen waren nicht von dauerhaftem Erfolg geprägt. Manche Vorschläge wurden von der Gegenseite schlichtweg nicht ernst genommen, manch Initiative versandete nach dem plötzlichen Aufflammen eines neuen Konfliktherdes. Entspannungsbemühungen waren zudem innenpolitisch meist umstritten und anfangs selten von Stringenz gekennzeichnet. So stehen die meisten dieser ersten Bemühungen um Entspannung für eine demonstrativ zur Schau getragene, politisch jedoch unverbindliche Bereitschaft zur Deeskalation.
Für erstes ernst zu nehmendes „Tauwetter“ sorgte Chruschtschows Vorstellung von der „friedlichen Koexistenz“ aus dem Jahr 1956. Der sowjetische Staatschef dachte dabei keineswegs an das Ende der Systemkonkurrenz oder einen Verzicht auf den weltweiten Sieg des Kommunismus. Er hielt es jedoch für denkbar, den gesellschaftlichen Konflikt zwischen sozialistischen und kapitalistischen Staaten auf den wirtschaftlichen Wettstreit zu begrenzen und ohne Einsatz militärischer Mittel auszutragen. Nicht immer hielt er sich jedoch an die von ihm formulierten Grundsätze. Der amerikanische Gegenentwurf war die von Präsident John F. Kennedy im Juni 1963 verkündete „Strategie des Friedens“, in welcher der friedliche Wettstreit betont wurde. Auf diese Strategie berief sich später die sozialliberale Regierungskoalition in Deutschland, als sie ihren Weg der Annäherung an den ostdeutschen Teilstaat und die osteuropäischen Länder beschritt.

Entspannung und Rüstungskontrolle

Zwar hatte die Kuba-Krise den beiden Blöcken die Gefahr der gegenseitigen Vernichtung unmittelbar vor Augen geführt, doch trotz aller Bemühungen um Entspannung füllten sich die atomaren Waffenarsenale weiter.
Erst das Anfang der 1970er-Jahre einsetzende Patt bei den atomaren und konventionellen Waffen ließ die Aussichtslosigkeit der ständig fortschreitenden Aufrüstung erkennen. Die enormen Kosten des Wettrüstens sowie eine generelle Müdigkeit gegenüber den ständig neu aufflammenden Konflikten waren weitere Gründe für das Bedürfnis nach Gesprächen über Rüstungskontrolle.
So fanden sich die Sowjetunion und die USA schließlich zu zwei SALT- Abkommen (Strategic Arms Limitation Talks) in den Jahren 1972 und 1979 bereit. Die Verträge legten jedoch nur die Obergrenzen für Raketensysteme fest, ohne die bereits vorhandenen riesigen Vernichtungspotenziale anzutasten. Von Abrüstung konnte also noch nicht die Rede sein. Auch die Verhandlungen zwischen NATO und Warschauer Pakt über die Verminderung der konventionellen Streitkräfte kamen jahrelang nicht von der Stelle.
Dennoch verbesserte sich das politische Klima merklich. Seinen Niederschlag fand das neue Denken etwa in den Ostverträgen der Bundesrepublik mit seinen osteuropäischen Nachbarn (vgl. S. 252), vor allem aber in den Ergebnissen der Konferenz für Sicherheit und Zusammenarbeit in Europa (KSZE). Das 1975 in Helsinki verfasste Schlussdokument der Konferenz, an der alle europäischen Staaten außer Albanien, dazu die USA und Kanada teilnahmen, verpflichtete alle Unterzeichnerstaaten zur Beachtung der Menschenrechte und der politischen Grundrechte ihrer Bürger. Das Dokument sollte in den kommenden Jahren beträchtliche Sprengkraft entwickeln, da sich einige osteuropäische Oppositionsgruppen fortan gegenüber ihren Regierungen auf die in Helsinki garantierten Grundrechte berufen konnten.

M1 „Hilfe, ich werde verfolgt" – der Rüstungswettlauf
Karikatur von Horst Haitzinger, 1981

Neue „Eiszeit"

Einen jähen Rückschlag erfuhren die Entspannungsbemühungen 1979 durch den Einmarsch sowjetischer Truppen in Afghanistan. Um die in Bedrängnis geratene kommunistische Regierung in Kabul zu stützen und um ein Übergreifen der „islamischen Revolution" aus dem Iran auf die islamischen Südrepubliken der UdSSR zu verhindern, besetzten sowjetische Truppen das unwegsame Land. Sie sollten sicherstellen, dass der kommunistische Staat nicht wieder an den „Klassenfeind" zurückfiel. Doch wie die Amerikaner im vietnamesischen Dschungel, verstrickte sich die sowjetische Armee in endlose Gebirgskämpfe gegen die von den USA unterstützten muslimischen Widerstandskämpfer. Erst Staatschef Michail Gorbatschow zog die Konsequenz und befahl 1988 den Rückzug.
Wegen der Intervention in Afghanistan und der trotz der Abrüstungsgespräche unverminderten Aufrüstung von Raketensystemen auf sowjetischer Seite beteiligten sich zahlreiche westliche Staaten an Wirtschaftssanktionen gegen die Sowjetunion. Die NATO verabschiedete zudem den Doppelbeschluss: Sollte die Sowjetunion in Verhandlungen nicht bereit sein, die jüngst installierten Mittelstreckenraketen abzubauen, würde man die Zahl der eigenen Raketenbasen entsprechend erhöhen.

Friedliche Koexistenz – Der Begriff meint, dass unterschiedliche geistige, ökonomische, politische und gesellschaftliche Systeme nebeneinander bestehen können. Eine friedliche Koexistenz wurde unter Chruschtschow zur außenpolitischen Leitlinie der UdSSR. Sie wollte den gesellschaftlichen Konflikt zwischen „sozialistischen" und „kapitalistischen" Staaten ohne Einsatz militärischer Mittel austragen.

M2 Schritte zur Entspannung zwischen Ost und West

a) Chruschtschow auf dem 20. Parteitag der KPdSU, 1956:

Bis auf den heutigen Tag möchten die Feinde des Friedens der Welt weismachen, die Sowjetunion habe die Absicht, den Kapitalismus in den anderen Ländern durch den „Export der Revolution" zu stürzen. Selbstverständlich gibt es unter uns Kommunisten keine Anhänger des Kapitalismus. Aber das bedeutet durchaus nicht, dass wir uns in die inneren Angelegenheiten der Länder, in denen kapitalistische Zustände bestehen, eingemischt haben oder einmischen wollen. [...] Wenn wir davon sprechen, dass im Wettbewerb der zwei Systeme das sozialistische System siegen wird, so bedeutet das keineswegs, dass der Sieg durch die bewaffnete Einmischung der sozialistischen Länder in die inneren Angelegenheiten der kapitalistischen Länder erreicht wird. Unsere Zuversicht auf den Sieg des Kommunismus gründet sich darauf, dass die sozialistische Produktionsweise gegenüber der kapitalistischen entscheidende Vorzüge besitzt. [...] Das Prinzip der friedlichen Koexistenz findet immer stärkere internationale Anerkennung. [...] Und das ist ganz gesetzmäßig, denn einen anderen Ausweg gibt es unter den gegenwärtigen Verhältnissen nicht. Es gibt tatsächlich nur zwei Wege: entweder die friedliche Koexistenz oder den furchtbarsten Vernichtungskrieg der Geschichte.

Rechenschaftsbericht des ZK der KPdSU an den 20. Parteitag. Berlin 1956, S. 38 ff.

b) Aus Kennedys „Friedensrede" in der Universität Washington, 1963:

Lassen Sie uns unsere Haltung gegenüber der Sowjetunion überprüfen. Der Gedanke ist entmutigend, dass die sowjetischen Führer wirklich glauben könnten, was ihre Propagandisten unablässig schreiben. Es ist entmutigend, eine kürzlich erschienene autoritative sowjetische Veröffentlichung über militärische Strategie zu lesen und Seite um Seite völlig grundlose und unglaubliche Behauptungen zu finden. [...] Es ist traurig, diese sowjetischen Erklärungen zu lesen und die Größe der Kluft, die uns trennt, zu erkennen. Es ist aber auch eine Warnung – eine an das amerikanische Volk gerichtete Warnung, nicht in die gleiche Falle wie die Sowjets hineinzutappen, sich nicht nur ein verzerrtes und verzweifeltes Bild von der anderen Seite zu machen. [...] Keine Regierung und kein Gesellschaftssystem sind so schlecht, dass man das unter ihm lebende Volk als bar jeder Tugend ansehen kann. Wir Amerikaner empfinden den Kommunismus als Verneinung der persönlichen Freiheit und Würde im tiefsten abstoßend. Dennoch können wir das russische Volk wegen vieler seiner Leistungen – sei es in der Wissenschaft und Raumfahrt, in der wirtschaftlichen und industriellen Entwicklung, in der Kultur und in seiner mutigen Haltung – rühmen. [...] Sollte heute – wie auch immer – ein totaler Krieg ausbrechen, dann würden unsere beiden Länder die Hauptziele darstellen. [...] Und selbst im Kalten Kriege – der für so viele Länder, unter ihnen die engsten Verbündeten der Vereinigten Staaten, Lasten und Gefahren bringt – tragen unsere beiden Länder die schwersten Lasten. Denn wir werfen beide für gigantische Waffen riesige Beträge aus – Beträge, die besser für den Kampf gegen Unwissenheit, Armut und Krankheit aufgewandt werden sollten. Wir sind beide in einem unheilvollen und gefährlichen Kreislauf gefangen, in dem Argwohn auf der einen Seite Argwohn auf der anderen auslöst und in dem neue Waffen zu wieder neuen Abwehrwaffen führen. Kurz gesagt: Beide, die Vereinigten Staaten und ihre Verbündeten sowie die Sowjetunion und ihre Verbündeten, haben ein gemeinsames tiefes Interesse an einem gerechten und wirklichen Frieden und einer Einstellung des Wettrüstens.

Europa-Archiv, Jg. 1963, S. 192 f.

c) Aus der KSZE-Schlussakte von Helsinki, 1975:

IV. Die Teilnehmerstaaten werden die territoriale Integrität eines jeden Teilnehmerstaates achten. Dementsprechend werden sie sich jeder mit den Zielen und Grundsätzen der Charta der Vereinten Nationen unvereinbaren Handlung gegen die territoriale Integrität, politische Unabhängigkeit oder Einheit eines jeden Teilnehmerstaates enthalten, insbesondere jeder derartigen Handlung, die eine Androhung oder Anwendung von Gewalt darstellt. [...]

V. Die Teilnehmerstaaten werden Streitfälle zwischen ihnen mit friedlichen Mitteln auf solche Weise regeln, dass der internationale Frieden und die internationale Sicherheit sowie die Gerechtigkeit nicht gefährdet werden. Sie werden bestrebt sein, nach Treu und Glauben und im Geiste der Zusammenarbeit eine rasche und gerechte Lösung auf der Grundlage des Völkerrechts zu erreichen. Zu diesem Zweck werden sie Mittel wie Verhandlung, Untersuchung, Vermittlung, Vergleich, Schiedsspruch, gerichtliche Regelung oder andere friedliche Mittel eigener Wahl verwenden, einschließlich jedes Streitregelungsverfahrens, auf das sich die beteiligten Parteien vor Entstehen des Streitfalles geeinigt haben.

Europa-Archiv, Jg. 1975, S. 439 f.

M3 War der NATO-Doppelbeschluss notwendig?

Der damalige CDU-Oppositionsführer und spätere Bundeskanzler Helmut Kohl schrieb in seinen 2004 erschienenen Erinnerungen:

Ich war mir im Herbst 1979 mit anderen Beobachtern völlig im Klaren darüber, dass es der Sowjetunion nicht gelingen durfte, ihr fast totales Übergewicht [...] bei den Mittelstreckenwaffen festzuschreiben. Ansonsten hätte sie dreierlei erreicht: Rein militärisch gesehen verfügte Moskau damit zum ersten Mal in der Geschichte über die sogenannte präventive Erstschlagkapazität mit modernen Nuklearwaffen.

Das bedeutete, daß die Sowjetunion sämtliche Nuklearwaffen, die in Westeuropa stationiert waren, durch einen „präventiven Nuklearschlag“ ausschalten konnte […]. Dies hätte den amerikanischen Präsidenten in die Situation gebracht, entweder sofort zu den nuklearen US-Interkontinentalwaffen greifen zu müssen und damit auch die Gefahr in Kauf zu nehmen, daß im Gegenschlag weite Teile Amerikas vernichtet würden, oder aber zu kapitulieren. Dies war eine neue, militärisch völlig inakzeptable Situation. […] Dieses Übergewicht der Sowjetunion hätte im Ergebnis zur Folge gehabt, daß Europa vom nuklearen Schutz der Vereinigten Staaten von Amerika abgeschnitten worden wäre. Die militärische Dominanz der Sowjetunion […] zog eine politische Dominanz nach sich, die eine Fülle von politischen, aber auch psychologischen Einschüchterungs- und Erpressungsmöglichkeiten bot. Dauerhaft konnte der Westen damit auf keinen Fall leben. In der Frage der Nachrüstung entschied sich im Grunde das Schicksal unserer gesamten Verteidigungsstrategie.

Helmut Kohl: Erinnerungen 1930–1982. München 2004, S. 554 f.

Text in alter Rechtschreibung

M4 Rüstung in Ost und West, Stand 1982

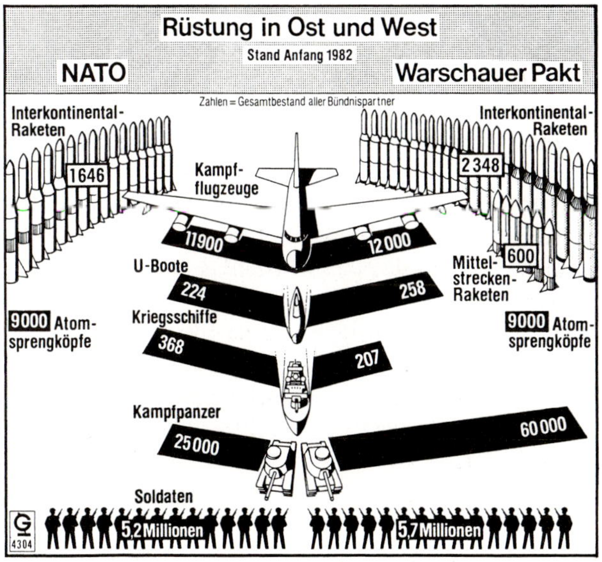

M5 Der Afghanistan-Krieg

Der langjährige Reporter der „New York Times“ Stephen Kinzer äußert sich zur Intervention der USA in Afghanistan:

Anfang der achtziger Jahre fingen Reagan und mehrere seiner engsten Berater an zu glauben, die afghanischen Rebellen seien, wenn man ihnen genug Geld und Waffen gebe, in der Lage, der Roten Armee eine regelrechte Niederlage beizubringen und ihr Land zum „russischen Vietnam“ werden zu lassen. Für die Finanzierung der Kampagne taten sie sich mit einem absonderlichen Partner zusammen – mit Saudi-Arabien. […] Saudi-Arabien war wegen seiner Rolle als lebenswichtiger Öllieferant den Vereinigten Staaten eng verbunden. Im Jahr 1984 machte sich Präsident Reagan dieses freundschaftliche Verhältnis zunutze und bat das Königshaus der Saudis um ihre Hilfe in Afghanistan. Die Saudis sahen sofort, dass sie, wenn sie der Bitte nachkamen, gleichzeitig [das befreundete] Pakistan stärken, Gruppen in Afghanistan, die im Fahrwasser Pakistans und seines fundamentalistischen Programms schwammen, unterstützen und sich Washington verpflichten konnten. Sie erklärten sich damit einverstanden, die amerikanische Hilfe für die Aufständischen in Afghanistan aus eigenen Mitteln zu verdoppeln. Zusammen mit Reagans Entschlossenheit, riesige Geldmengen in den Guerillakampf zu schleusen, führte dieses saudische Engagement zu einer der umfassendsten und kostspieligsten Operationen, die jemals von einem Geheimdienst durchgeführt wurden. Im Jahr 1986 ließ die CIA afghanischen Widerstandskämpfern vierhundertsiebzig Millionen Dollar zukommen und im folgenden Jahr sechshundertdreißig Millionen – wobei die Saudis jeweils noch einmal die gleiche Summe beisteuerten. In diesem Zeitraum formierten sich in der gesetzlosen Grenzregion zwischen Pakistan und Afghanistan gewalttätige Kräfte, die auf eine damals noch unvorstellbare Weise die Welt verändern sollten.

Stephen Kinzer: Putsch! Zur Geschichte des amerikanischen Imperialismus. Frankfurt/Main 2007, S. 403 f.

Arbeitsaufträge

1. Listen Sie die Schritte der Entspannung zwischen Ost und West auf (VT, M 2).
2. Diskutieren Sie die Ursachen der erneuten Verhärtung zwischen den Fronten Ende der 1970er-Jahre (VT, M 3).
3. Formulieren Sie mit Hilfe der Grafik (M 4) eine Zeitungsmeldung zum Thema Rüstungskontrolle. Finden Sie eine passende Überschrift.
4. Bewerten Sie auf der Grundlage von M 5 die amerikanische Außenpolitik in Afghanistan.

1.4 Das Ende des Kalten Krieges

Die letzte Phase des Kalten Krieges ging einher mit dem Zerfall der UdSSR. Sie brach zusammen, weil die Verheißungen des Sozialismus in der Realpolitik nicht eingehalten werden konnten und sich die Menschen in den kommunistischen Staaten zunehmend widersetzten. Dennoch kam der Zusammenbruch des kommunistischen Machtblocks für viele völlig überraschend. Zu festgefahren schien das System der Bipolarität zwischen Ost und West.
Das Ende des Kalten Krieges und der von den USA als Sieg empfundene Zusammenbruch der Sowjetunion trugen zur Festigung des nordamerikanischen Selbstverständnisses bei. Doch die einzig verbliebene Supermacht sah sich schon kurze Zeit später neuen Herausforderungen gegenüber. So hat das Ende dieser einen großen Rivalität neue Abgründe aufgetan und dabei Gegensätze formuliert, die sich in Kriegen bisher unbekannter Art Bahn brechen könnten.

1983	US-Präsident Reagan kündigt das Raketenabwehrsystem SDI an.
1985	Erstes Treffen zwischen Reagan und Gorbatschow in Genf
1987	Reagan und Gorbatschow unterzeichnen INF-Vertrag: Abschaffung aller Mittelstreckenraketen in Europa.
1990	Wiedervereinigung Deutschlands
1991	Ende der Sowjetunion und des Warschauer Paktes

M1 Ronald Reagan
US-Präsident
1981 – 1989

Verhärtete Fronten

Der Beginn der 1980er-Jahre kennzeichnet einen Tiefpunkt im Verhältnis zwischen den beiden Supermächten. Die Abrüstungsverhandlungen schienen durch das Vorgehen der Sowjetunion in Afghanistan und die Aufrüstung sowjetischer Mittelstreckenraketen endgültig am Ende. „Entspannung" wurde zum Unwort. Vielen galt der Versuch der Verständigung als gescheitert und folglich nur als Zeichen von Schwäche. Der ab 1981 amtierende US-Präsident Ronald Reagan vollzog die Wende zu einer Politik der Stärke. Mit dem Einstieg in die Entwicklung neuer Interkontinentalraketen und in die weltraumgestützte Raketenabwehr (SDI) läutete er eine neue Phase der Hochrüstung ein. Nach Jahren der Annäherung bezeichnete der neue US-Präsident den Kommunismus nun als Mittelpunkt des Bösen: Der Kalte Krieg sei ein Kampf „zwischen Recht und Unrecht, zwischen Gut und Böse".

Aufkommende Friedensbewegung

Das Scheitern der Verhandlungen mit der Sowjetunion über den Abbau ihrer Mittelstreckenraketen zog dem NATO-Doppelbeschluss gemäß die Stationierung neuer amerikanischer Raketenbasen in Westeuropa und dabei in erster Linie in der Bundesrepublik nach sich. Diese Entscheidung wurde in der Öffentlichkeit der westlichen Staaten überaus kontrovers diskutiert. In ganz Westeuropa formierte sich eine breite Friedensbewegung, die die Stationierung neuer westlicher Waffensysteme ablehnte, da sie in der Nachrüstung die Gefahr eines drohenden atomaren Krieges sah. Doch obwohl Millionen Menschen gegen die erneute Aufrüstung auf die Straße gingen und demonstrierten, setzten sich die Befürworter einer harten Linie durch.

Reformstau in der Sowjetunion

Obwohl die UdSSR sich als Weltmacht den USA ebenbürtig fühlen konnte, war vielen klar, dass sich dies allein aus ihrer militärischen Stärke ableitete. Auf anderen Gebieten hatte die Supermacht enorme Probleme, weil sie wirtschaftlich und technologisch rückständig und gegenüber den westlichen Industrienationen in keiner Weise konkurrenzfähig war. Wachs-

tumskrise und sinkende Arbeitsmoral gaben sich die Hand.
National und religiös motivierte Konflikte in den baltischen, asiatischen und islamischen Teilrepubliken bildeten zudem mit der rigorosen Verfolgung von Andersdenkenden die Grundlage für eine erstarkende Opposition, die zum Unsicherheitsfaktor für die kommunistische Führungsriege wurde. Dringend notwendige innenpolitische und wirtschaftliche Reformversuche verliefen aufgrund von Führungs- und Verwaltungsproblemen meist im Sande.

M2 Ungarn 1956: Ein Stalin-Denkmal wird gestürzt

Krisen hinter dem Eisernen Vorhang

Über Jahrzehnte hatte die Sowjetunion innenpolitische Krisen in ihrem Machtbereich stets mit Gewalt zu lösen versucht und aufkommende Oppositionsbewegungen radikal unterdrückt. 1953 wurde ein landesweiter Aufstand in der DDR ebenso mit Waffengewalt niedergeschlagen wie drei Jahre später in Ungarn: Als der damalige reformorientierte ungarische Ministerpräsident 1956 die Neutralität Ungarns und dessen Austritt aus dem Warschauer Pakt erklärt hatte, marschierten sowjetische Truppen in das Land und setzten eine neue, moskautreue Regierung ein. Hunderte oppositionelle Politiker und Intellektuelle wurden verhaftet, viele hingerichtet.
1968 war die Tschechoslowakei der nächste Schauplatz gewaltsamer sowjetischer Intervention. Der Vorsitzende der kommunistischen Partei Dubček hatte eine Demokratisierung des gesamten Systems angekündigt und einen Kommunismus mit menschlichem Antlitz versprochen. Doch auch dieser „Prager Frühling" wurde von den Truppen des Warschauer Paktes niedergeworfen. Um ähnliche Befreiungsbewegungen zu verhindern, verkündete der damalige sowjetische Regierungschef Breschnew, ein Ausscheren kommunistischer Staaten aus der sozialistischen Staatengemeinschaft unter keinen Umständen dulden zu wollen (Breschnew-Doktrin). Doch Ende der 1970er-Jahre kam es in Polen zur nächsten Auseinandersetzung. Die neu gegründete freie Gewerkschaft „Solidarnosc" schwang sich zu einem starken Gegenspieler der kommunistischen Regierung auf. Auf Bestreben der Sowjetunion wurde in Polen das Kriegsrecht verhängt und die Gewerkschaft verboten. Doch wie lange ließ sich dieser Druck auf oppositionelle Bewegungen gegen den Kommunismus aufrechterhalten?

Die neue Politik Gorbatschows

Der Wandel bahnte sich 1985 an, als Michail Gorbatschow sowjetischer Regierungschef wurde. Gorbatschow erkannte, dass das kommunistische System am Ende seiner Kräfte war und dringend saniert werden musste.
Die wirtschaftlichen Probleme und die Unzufriedenheit der Menschen mit dem System erforderten Veränderungen, sonst drohte ein völliger Zusammenbruch. Er versprach innenpolitisch mehr Demokratie, insbesondere mehr Meinungsfreiheit (Glasnost) und weitgehende wirtschaftliche Veränderungen (Perestroika).

M3 Michail Gorbatschow
Sowjetischer Staatschef 1985–1991

Breschnew-Doktrin Bezeichnet den vom sowjetischen Staatschef Leonid Breschnew aufgestellten Grundsatz einer beschränkten Souveränität der Staaten des „sozialistischen Lagers". Sie rechtfertigte (nachträglich) die militärische Intervention in der Tschechoslowakei 1968. Gleichzeitig erneuerte sie den sowjetischen Anspruch auf Vorherrschaft im kommunistischen Staatensystem. Nach dem Machtantritt Gorbatschows rückte die UdSSR durch die Betonung der Eigenverantwortlichkeit der sozialistischen Länder von der Breschnew-Doktrin ab.

Außenpolitisch regte er eine umfangreiche Abrüstung an. Die enormen Rüstungskosten waren für die Sowjetunion auf Dauer nicht mehr finanzierbar. Durch die geplante innen- und außenpolitische Stabilisierung glaubte Gorbatschow, den Machterhalt der UdSSR zu gewährleisten. Zudem wollte Gorbatschows Sicherheitspolitik einen stabilen Frieden schaffen, und zwar durch die Beendigung des Rüstungswettlaufs.

Endgültige Abrüstung

Ende 1987 unterzeichneten die beiden Staatschefs Reagan und Gorbatschow den Vertrag über den Abbau der atomaren Mittelstreckenraketen (INF-Vertrag) und erzielten damit einen echten Durchbruch bei den Abrüstungsbemühungen. Waren in vorigen Abkommen stets nur Obergrenzen definiert worden, wurde nun erstmals ein wirklicher Verzicht festgeschrieben, verbunden mit wirksamen Kontrollverfahren. Was zuvor jahrzehntelang undenkbar schien, wurde nun binnen kurzer Zeit Realität: der Abbau aller in Europa stationierten Kurz- und Mittelstreckenraketen, eine erhebliche Reduzierung der Interkontinentalraketen, die weitgehende Verminderung und Kontrolle der Atomsprengköpfe und eine fühlbare Verringerung der konventionellen Streitkräfte. Die logische Konsequenz dieser Selbstentwaffnung war die Auflösung des Warschauer Paktes im Februar 1991.

M4 Solidarnosc-Demonstration in Polen
Offiziell blieb die freie Gewerkschaft Solidarnosc bis 1989 verboten, Foto 1987

Zerfall des Ostblocks

Mit dem Verzicht auf jeglichen sowjetischen Führungsanspruch gegenüber anderen kommunistischen Staaten vollzog Gorbatschow einen weiteren radikalen Umbruch in der Außenpolitik. Er kündigte an, dass die Länder der „Dritten Welt" künftig den Sozialismus aus eigener Kraft aufzubauen hätten. Das bedeutete für diese entweder den wirtschaftlichen Bankrott oder die Notwendigkeit, sich dem Westen zu öffnen. Vor allem aber die beschränkte Souveränität der sozialistischen Staaten Osteuropas wurde durch die Idee eines „eigenen Weges" ersetzt. Die bislang abhängigen Staaten erhielten damit innen- und außenpolitisch volle Handlungsfreiheit.
Dies war der Anfang vom Ende des Ostblocks: In der UdSSR wie in den sowjetischen Satellitenstaaten Osteuropas führte der geplante Systemwandel zu einem prinzipiellen Systemwechsel. Die kommunistischen Regierungen wurden gestürzt, wenn auch viele ehemalige kommunistische Spitzenfunktionäre als Repräsentanten neu gegründeter, sich demokratisch gebender Parteien in hohen Ämtern blieben.
Auch der Zerfall des Vielvölkerstaates Sowjetunion war nicht mehr aufzuhalten. Die Unabhängigkeitsbestrebungen in den sowjetischen Einzelrepubliken nahmen zu. Nach und nach erklärten 15 nationale Staaten ihre Unabhängigkeit. Von ihnen vereinbarten elf als „Gemeinschaft Unabhängiger Staaten" (GUS) eine lockere wirtschaftliche und politische Zusammenarbeit. Offiziell hörte die Sowjetunion am 21. Dezember 1991 auf zu existieren.
Dass die Revolution im Ostblock weitgehend unblutig verlief, hatte vor allem zwei Gründe: Zum einen fehlte es den alten Regimen an Kraft und Selbstbewusstsein, sich den Freiheitsbewegungen zu widersetzen; Ineffizienz und Misswirtschaft, Funktionärshochmut und Spitzelwesen hatten sie um allen Kredit gebracht. Zum anderen übte der Westen Zurückhaltung und Hilfsbereitschaft und nutzte nicht die Schwäche des Rivalen aus, sondern unterstützte die Reformen.

Ein neues Europa

Auf einem Gipfeltreffen in Paris im November 1990 beschlossen die Staats- und Regierungschefs der KSZE-Staaten eine „Charta für ein neues Europa". Diese besiegelte definitiv das Ende des Kalten Krieges. Darin erklärten die Staaten feierlich, dass das „Zeitalter der Konfrontation und der Teilung Europas" abgelöst werden solle durch ein „neues Zeitalter der Demokratie, des Friedens und der Einheit". Als Leitziele wurden Menschenrechte, Rechtsstaatlichkeit, individuelle und wirtschaftliche Freiheit und soziale Gerechtigkeit ausgegeben. Die Herstellung der staatlichen Einheit Deutschlands im Oktober 1990 wurde als ein „bedeutsamer Beitrag" zu einer Friedensordnung in einem geeinten und demokratischen Europa gewürdigt.

Neue Fragen

Mit dem Ende des Kalten Krieges stellte sich trotz aller Erleichterung auch Verunsicherung ein. Der Westen, den viele als Sieger aus dem „Jahrhundertkonflikt mit dem Kommunismus" hervorgegangen sahen, musste sich die Systemfrage stellen: Wie konnte er sich ohne den alten Feind überhaupt definieren?
Zudem zeigte sich, dass das Ende des Ost-West-Konfliktes nicht gleichzusetzen war mit einem generellen Ende internationaler Auseinandersetzungen. Neue Konfliktfelder taten sich auf: Neben der Ausweitung des internationalen Terrorismus ist vor allem das Problem der globalen Rohstoffverteilung zu nennen. Der stetig steigende Rohstoffbedarf der Industriestaaten und der boomenden Schwellenländer wie China und Indien lässt sich dauerhaft von den begrenzten Ressourcen nicht decken. Die Folge sind jetzt schon heftige Auseinandersetzungen um die Frage einer gerechten Verteilung. Welche weltpolitischen Konflikte sich daraus entwickeln, welche Länder in Zukunft zu den Gewinnern, welche zu den Verlierern gehören, ist noch unklar. Wer einen Blick in die Zukunft wagt, der mag ein kommendes Zeitalter der Energiekonflikte sehen.

Der Kalte Krieg im Rückblick

Schon kurz nach dem Ende des Kalten Krieges setzte dessen Historisierung ein – also der Versuch, den jahrzehntelangen Konflikt historisch einzuordnen und zu bewerten. Besonders umstritten dabei ist die Frage nach den konkreten Ursachen des Kalten Krieges. Vereinfacht lassen sich diesbezüglich drei Positionen unterscheiden: die „traditionalistische", die „revisionistische" sowie die „postrevisionistische".
Erstgenannte macht die östliche Seite für die Entstehung des Kalten Krieges verantwortlich: Die UdSSR habe, auf den Ideen von russischem Großmachtstreben und Weltrevolution basierend, eine Welteroberungsstrategie verfolgt. Diese Strategie lasse sich an Stalins Politik in Ost- und Ostmitteleuropa erkennen. Truman-Doktrin und Marshall-Plan seien deshalb unabdingbare Gegenmaßnahmen gewesen.
Die „Revisionisten" widersprechen dieser Vorstellung von einer sowjetischen Expansionspolitik. Vielmehr habe die westliche Wirtschaft nach dem Ende des Zweiten Weltkrieges neue Absatzmärkte benötigt und deshalb auf Ausdehnung gedrängt. Der Versuch der USA, diese in Europa durchzusetzen, habe die UdSSR quasi genötigt, in Osteuropa eigenen Sicherheitsinteressen zu folgen.
Die sogenannten „Postrevisionisten" schließlich heben wechselseitige Fehlinterpretationen auf Seiten des Ostens sowie des Westens in der Nachkriegszeit hervor. Missverständnisse und falsche Einschätzungen der jeweils anderen Seite hätten zur Abschottung der beiden Lager geführt.

M5 Der Kalte Krieg am Boden
Auf einem Gipfeltreffen in Helsinki im September 1990 übergibt Michail Gorbatschow dem damaligen US-Präsidenten George Bush eine Karikatur über das Ende des Kalten Krieges.

M6 SDI

Zum Aufbau eines Abwehrschirms gegen sowjetische Interkontinentalraketen ordnete US-Präsident Ronald Reagan am 23. März 1983 offiziell die Strategic Defense Initiative (SDI) an:

Bei meinem Amtsantritt hegte ich einen entschiedenen Vorbehalt gegen unsere stillschweigende Übereinkunft mit der Sowjetunion in Fragen der Atomrüstung. Ich spreche über die „MAD-Politik" (Mutual Assured Destruction = gegenseitige Vernichtungsgarantie), das Konzept der Abschreckung, das so lange für Sicherheit sorgt, wie beide Seiten die Fähigkeit besitzen, einen atomaren Erstschlag mit einem nicht minder vernichtenden Raketenangriff zu beantworten. Dieser Zustand schien mir nicht dazu angetan, einen auf Dauer ruhig schlafen zu lassen. Er kam mir vor wie zwei Westernhelden im Saloon, die ununterbrochen ihre Pistolen auf den Kopf des Gegners gerichtet haben. Es musste eine bessere Lösung geben. Schon bald nach Beginn meiner ersten Amtszeit berief ich eine Sitzung des Vereinigten Generalstabes – der militärischen Führungsspitze des Landes – ein und sagte Folgendes: Bisher hat noch jede Angriffswaffe, die der Mensch erfunden hat, zur Erfindung entsprechender Defensivwaffen geführt. Sind wir in unserem technologischen Zeitalter nicht imstande, eine Abwehrwaffe zu entwickeln, die Atomwaffen gleich nach dem Start aus ihren Silos abfangen und zerstören kann? […] Das war die Geburtsstunde von SDI, jenem Programm, das wenig später von einigen Mitgliedern des Kongresses und in der Presse als „Krieg der Sterne" (Star Wars) bezeichnet werden sollte. Die Legenden schossen wie Pilze aus dem Boden. Eine von ihnen besagte, mein Vorschlag sei nur ein Verhandlungskniff, um die Sowjets zur Abrüstung zu bewegen. Daraufhin musste ich den Sowjets mindestens hundertmal versichern, dass es mir bei SDI nicht um einen Kuhhandel ging. Ich sagte ihnen, jedes andere Land, das gewillt sei, seine Atomraketen aufzugeben, könne meinetwegen an dem Programm teilhaben. Raketen bauen könnten wir schließlich alle. Aber eines Tages wird ein Verrückter auftauchen, der uns mit Atomraketen erpresst – was allerdings folgenlos wäre, wenn wir uns dagegen verteidigen könnten. […] Es mag Leute geben, die anderer Ansicht sind – doch wenn man mich fragen würde, worin in den folgenden fünf Jahren auf amerikanischer Seite der Hauptanlass für den historischen Durchbruch bei der Suche nach Frieden sowie bei den Bemühungen um eine Verbesserung unserer Beziehungen zur Sowjetunion lag, so lautet meine Antwort: in der Strategischen Verteidigungsinitiative im Verbund mit der allgemeinen Modernisierung unserer Streitkräfte.

Ronald Reagan: Erinnerungen. Ein amerikanisches Leben. Frankfurt/Main 1990, S. 571 f.

M7 Die Reformen Gorbatschows

a) Gorbatschow über Inhalte und Ziele von Perestroika:

Perestroika bedeutet, die stagnierenden Prozesse zu überwinden, alles zu beseitigen, was bremst […]. Perestroika bedeutet Initiative der Massen; Entwicklung der Demokratie auf breiter Basis, sozialistische Selbstverwaltung, Förderung von Initiativen und schöpferischer Arbeit, Stärkung von Ordnung und Disziplin, mehr Offenheit, Kritik und Selbstkritik in allen Bereichen unserer Gesellschaft; Perestroika bedeutet Intensivierung der gesamten sowjetischen Wirtschaft […]. Perestroika bedeutet vorrangige Entwicklung des sozialen Bereichs mit dem Ziel, die Bedürfnisse des sowjetischen Volkes […] immer besser zu befriedigen.

M. Gorbatschow: Perestroika. Die zweite russische Revolution. München 1987, S. 22 f. (Übersetzer: G. Burkhardt, R. Pfleiderer, W. Stroele).

b) Gorbatschow zu Glasnost:

Wir brauchen die Demokratie wie die Luft. Wenn wir dies nicht begreifen, und selbst wenn wir es begreifen, aber keine wirklichen, ernsthafen Schritte zu ihrer Erweiterung, ihrer Weiterentwicklung sowie zur breiten Einbeziehung der Werktätigen des Landes in den Prozess der Umgestaltung unternehmen, dann wird unsere Politik versagen, dann wird die Umgestaltung ersticken, Genossen.

Gorbatschows Rede vor dem ZK der KPdSU am 28.01.1987. Zit. nach: Neues Deutschland, Berlin [Ost] vom 30. Januar 1987.

c) Gorbatschow über „Neues Denken":

Sicherheit kann nicht mehr durch militärische Mittel hergestellt werden – weder durch nukleare Waffen und Abschreckung noch durch die unablässige Perfektionierung von „Schwert" und „Schild". Versuche, eine militärische Überlegenheit herstellen zu wollen, sind absolut unsinnig. Gegenwärtig werden solche Versuche im Weltraum unternommen. Dass dieser erstaunliche Anachronismus sich behaupten kann, ist eine Folge der aufgeblasenen Rolle der Militaristen in der Politik. Vom Standpunkt der Sicherheit aus ist das Wettrüsten zu einer Absurdität geworden, da es in logischer Konsequenz zur Destabilisierung der internationalen Beziehungen und schließlich zum nuklearen Konflikt führt. Da das Wettrüsten riesige Ressourcen von anderen, vordringlichen Projekten abzieht, wird dadurch der Grad der Sicherheit herabgesetzt und beeinträchtigt. Das Wettrüsten als solches ist ein Feind des Friedens. Der einzige Weg zur Sicherheit ist der der politischen Entscheidungen und der Abrüstung. Wirkliche und für alle gleiche Sicherheit kann in unserem Zeitalter nur durch die kontinuierliche Herabsetzung des Niveaus des strategischen Gleichgewichts garantiert werden, aus dem nukleare und andere Massenvernichtungswaffen völlig verbannt werden sollten.

Michael Gorbatschow: Perestroika. München 1989, S. 180. (Übersetzer: G. Burkhardt, R. Pfleiderer, W. Stroele).

M8 Kalter Krieg

Der Begriff wurde zur Jahrtausendwende den 100 Wörtern des Jahrhunderts zugerechnet:

Kalter Krieg, schlagwortartige Bez. für eine nichtmilitär. Konfrontation zweier Staaten oder Staatengruppen, die durch Begründung und Ausbau von Militärbündnissen, Wettrüsten, diplomatisch-polit. Druck, wirtschaftl. Kampfmaßnahmen, militär. Eingreifen in regionale Konflikte, ideolog. und propagandist. Unterwanderung sowie durch Aktivitäten von Nachrichtendiensten bzw. Förderung von Putschen und Staatsstreichen im jeweils anderen „Lager" ihre internat. Position zum Nachteil des anderen verbessern wollen, wobei die Konfrontation bis zum Rande eines Kriegsausbruches führen kann.

Zit. nach: Wolfgang Schneider: 100 Wörter des Jahrhunderts. Frankfurt/Main 1999, S. 147.

M9 Rückblick auf den Kalten Krieg

Der Historiker Edgar Wolfrum nennt folgenden Aspekt als Ursache für den Kalten Krieg:

Neuere Forschungen haben gezeigt, dass der Kalte Krieg aufgrund der vielen Gegensätze zwischen liberalkapitalistischer Demokratie und sowjetkommunistischer Mobilisierungsdiktatur zwar von vornherein wahrscheinlich, aber dennoch kein unvermeidliches Schicksal war, sondern auch aus Furcht und Fehlperzeptionen erwuchs. Das heißt nicht, dass er ein bloßes Missverständnis darstellte; angesichts der repressiven Festung des sowjetischen Ostens und der amerikanischen Eindämmungspolitik liegt eine solche Interpretation fern. Angetrieben jedoch wurde er durch die Logik des Sicherheitsdilemmas: Ost und West standen sich gegenüber, ohne durch eine gemeinsame Sicherheitsstruktur miteinander verbunden zu sein. So war weder die eine noch die andere Seite ganz sicher, ob die Gegenseite nicht doch aggressive Absichten hegte, und so kam es zu einer Eskalation der Ängste, die wiederum neue Präventivmaßnahmen auslöste.

Edgar Wolfrum: Die Bundesrepublik Deutschland 1949–1990. Stuttgart 2005, S. 141.

M10 Die neuen Kriege

Der Politikwissenschaftler Herfried Münkler charakterisiert die zukünftigen Kriege wie folgt:

Von der politischen Öffentlichkeit lange Zeit unbemerkt, hat der Krieg in den letzten Jahrzehnten schrittweise seine Erscheinungsform verändert: Der klassische Staatenkrieg, der die Szenarien des Kalten Krieges noch weithin geprägt hat, scheint zu einem historischen Auslaufmodell geworden zu sein; die Staaten haben als die faktischen Monopolisten des Krieges abgedankt, und an ihre Stelle treten immer häufiger parastaatliche, teilweise sogar private Akteure – von lokalen Warlords und Guerillagruppen über weltweit operierende Söldnerfirmen bis zu internationalen Terrornetzwerken –, für die der Krieg zu einem dauerhaften Betätigungsfeld geworden ist. [...] Sie werden durch reiche Privatleute, Staaten oder Emigrantengemeinden finanziell unterstützt, verkaufen Bohr- und Schürfrechte für die von ihnen kontrollierten Gebiete, betreiben Drogen- und Menschenhandel oder erpressen Schutz- und Lösegeld, und durchweg profitieren sie von den Hilfslieferungen internationaler Organisationen, da sie die Flüchtlingslager (oder zumindest die Zugänge zu ihnen) kontrollieren. Wie auch immer aber die Kriegsparteien zu den erforderlichen Mitteln gelangen – stets ist die Finanzierung des Krieges, anders als in den klassischen Staatenkriegen, ein wichtiger Aspekt der Kriegführung selbst. Die gewandelten Finanzierungsformen tragen entscheidend dazu bei, dass die neuen Kriege sich oftmals über Jahrzehnte erstrecken, ohne dass ein Ende in Sicht kommt.

Herfried Münkler: Die neuen Kriege. Reinbek bei Hamburg 2002, S. 7f.

Arbeitsaufträge

1 Setzen Sie sich mit der Argumentation Reagans auseinander (M 6). Stimmen Sie ihm zu?

2 Arbeiten Sie die Hauptgedanken Gorbatschows (M 7a – M 7c) heraus und vergleichen Sie diese mit denen seiner Vorgänger (Breschnew-Doktrin). Beurteilen Sie seine Politik aus heutiger Sicht.

3 Erörtern Sie, ob der Westen auf Gorbatschow reagierte oder ob er agierte (VT).

4 Nehmen Sie Stellung zu den Deutungen der Ursachen des Kalten Krieges (VT, M 8, M 9). Welche Position nimmt der Historiker Edgar Wolfrum (M 9) ein: die „traditionalistische", die „revisionistische" oder die „postrevisionistische"? Welcher Position würden Sie sich anschließen?

5 Recherchieren Sie eines der folgenden Themen: Ungarnaufstand 1956, „Prager Frühling", Streikbewegung in Polen. Präsentieren Sie Ihre Ergebnisse mit Hilfe einer Wandzeitung oder eines Vortrages.

6 Charakterisieren Sie die „neuen Kriege" (M 10) und suchen Sie dazu aktuelle Bezüge.

7 Überprüfen Sie Radio- und Fernsehnachrichten, Zeitungsberichte sowie das Internet danach, ob der "Kalte Krieg" wieder ein Thema ist.

2 Deutschland unter alliierter Besatzung

Mit der bedingungslosen Kapitulation des Deutschen Reiches am 8. und 9. Mai 1945 ging der Zweite Weltkrieg in Europa zu Ende. Deutschland war nun ein vollständig besiegtes und besetztes Land. Die Regierungsgewalt übernahm der Alliierte Kontrollrat, der aus den vier Oberbefehlshabern der Siegermächte USA, Großbritannien, Frankreich und Sowjetunion bestand. Das Land wurde in vier Besatzungszonen aufgeteilt, der jeweiligen Besatzungsmacht oblag die dortige Regierung. Deutschland glich bei Kriegsende einem Trümmerhaufen. Den Menschen fehlte es am Allernötigsten – Wohnungen waren ebenso knapp wie Lebensmittel oder Kleidung. Die meisten Deutschen litten zudem unter der als Katastrophe empfundenen militärischen Niederlage und fürchteten die Besatzungsherrschaft. Nur wenige betrachteten den 8. Mai als Tag der Befreiung von der NS-Diktatur.
Die Siegermächte standen vor großen Herausforderungen. Wie sollten sie dieses am Boden liegende Land wieder aufbauen? Und was für ein Deutschland sollte aus den Trümmern des untergegangenen Deutschen Reiches entstehen?

1943–1945	Auf den Kriegskonferenzen, insbesondere in Jalta (Februar 1945), berаten die Alliierten über die Behandlung Deutschlands nach Kriegsende.
8./9. Mai 1945	Bedingungslose Kapitulation des Deutschen Reiches
1945	Potsdamer Konferenz (Juli / August)
1945/1946	Im Nürnberger Prozess werden 12 Todesurteile gegen führende Repräsentanten des NS-Staates ausgesprochen.
1945–1947	In den Besatzungszonen werden politische Parteien zugelassen. Erste Wahlen finden auf kommunaler Ebene statt, 1947 folgen Landtagswahlen.

Alliierte Nachkriegspläne für Deutschland

Mit der Frage, was aus Deutschland werden sollte, hatten sich die alliierten Mächte schon während des Krieges beschäftigt. Bereits auf der Konferenz von Casablanca im Januar 1943 prägten der amerikanische Präsident Franklin D. Roosevelt und der britische Premier Winston Churchill die Formel von der bedingungslosen Kapitulation (unconditional surrender) und machten damit deutlich, dass die Alliierten bis zur vollständigen Niederlage Hitler-Deutschlands kämpfen würden. Was aus Deutschland nach dem Ende des Krieges werden sollte, war zu diesem Zeitpunkt noch ungewiss. Auf eine angestrebte Entmilitarisierung und Entnazifizierung der Deutschen konnte man sich einigen, unklar blieb jedoch die territoriale Ausgestaltung Deutschlands nach dem Krieg. Diskutiert wurde eine Verkleinerung, Zergliederung und Teilung Deutschlands. Im Herbst 1944 entwickelte der amerikanische Finanzminister Henry Morgenthau einen Plan, der einen vollständigen Abbau der Industrie und die Umwandlung Deutschlands in einen wesentlich kleineren Agrarstaat vorsah. Doch schon zu Beginn des Jahres 1945 wurden diese Überlegungen wieder verworfen.
Britische Experten warnten im Fall einer Aufteilung vor einer wirtschaftlichen Schwächung Deutschlands. Diese lag aber nicht im Interesse der Siegermächte: So planten die UdSSR, beträchtliche Reparationsleistungen von Deutschland für den Wiederaufbau des eigenen Landes zu fordern. Die Briten und Amerikaner befürchteten ihrerseits, dass eine verarmte deutsche Bevölkerung anfällig für kommunistische Ideen werden könnte. Da die Anti-Hitler-Koalition bereits bei Kriegsende aufgrund ideologischer Differenzen zwischen den Westmächten und der UdSSR deutliche

Risse aufzeigte, sahen Briten und Amerikaner im Kommunismus den zukünftigen Gegenspieler, dessen Einfluss in Europa zurückgedrängt werden sollte.

Die Konferenz von Potsdam

Waren die Vereinbarungen der Siegermächte während des Krieges noch recht vage, so änderte sich das auf der ersten Nachkriegskonferenz, die vom 17. Juli bis zum 2. August 1945 in Potsdam stattfand. Dort einigten sich die „Großen Drei", der britische Premier Winston Churchill bzw. dessen Nachfolger Clement Attlee sowie der neue amerikanische Präsident Harry S. Truman und der sowjetische Staatschef Josef Stalin, auf die Eckpunkte ihrer gemeinsamen Besatzungspolitik. Dies waren die sogenannten vier „Ds": Demokratisierung, Denazifizierung, Dezentralisierung und Demilitarisierung. Deutschland sollte demokratisch umgestaltet und die NSDAP mitsamt ihrer Untergliederungen aufgelöst werden. Alle Kriegsverbrecher sollten bestraft und das deutsche Volk umerzogen werden.
Auch wenn vorerst keine deutsche Zentralregierung vorgesehen war, sollte auf lokaler Ebene eine demokratische Selbstverwaltung aufgebaut werden. Politische Parteien sollten rasch wieder zugelassen werden. In militärischer Hinsicht sollten durch eine umfassende Abrüstung die Weichen für einen dauerhaften Frieden gestellt werden. Auch im wirtschaftlichen Bereich ging es den Siegermächten vorrangig darum, zu verhindern, dass von Deutschland jemals wieder ein Krieg ausgehen konnte. Die industrielle Produktion sollte zu diesem Zweck überwacht sowie dezentralisiert werden. Sie sollte aber ausreichen, um den Bedarf im Inland zu decken.
Kontrovers diskutiert wurde die Regelung der Reparationsfrage. Hier setzte sich Stalin mit seiner Forderung nach Reparationsleistungen in Höhe von 10 Milliarden Dollar durch. Stalin begründete seinen Anspruch nicht zuletzt mit den hohen Verlusten der UdSSR während des Krieges. Abgesehen von den materiellen Schäden hatte die Sowjetunion mit über 25 Millionen Toten die meisten Kriegsopfer zu beklagen. Um die Konferenz nicht ergebnislos platzen zu lassen, waren die Westmächte in Potsdam zu weitgehenden Zugeständnissen gegenüber den sowjetischen Forderungen bereit.

M1 Alliierte Visionen von Deutschland
Die Außenminister Marshall, Bidault und Bevin sowie Stalin entwerfen ihr Bild vom zukünftigen Deutschland (Karikatur im Nachrichtenmagazin Spiegel, 1947).

Ebenso umstritten war die Frage nach dem künftigen territorialen Zuschnitt Deutschlands, insbesondere der Umgang mit den deutschen Ostgebieten. Auf Drängen Stalins verständigten sich die Siegermächte schließlich darauf, das nördliche Ostpreußen mit Königsberg der Sowjetunion einzugliedern. Das südliche Ostpreußen und das übrige Ostdeutschland (Westpreußen, Pommern und Schlesien) wurden unter polnische Verwaltung gestellt. Damit bildete die Oder-Neiße-Linie faktisch die neue Westgrenze Polens, auch wenn eine endgültige Regelung erst in einem Friedensvertrag mit Deutschland getroffen werden sollte.

Unterschiedliche Vorstellungen der Alliierten

Auch wenn sich die Alliierten in Potsdam über die künftige Neuordnung Deutschlands im Grundsatz einigen konnten, waren die Risse in der Anti-Hitler-Koalition deutlich sichtbar. So traten die unterschiedlichen Interessen bezüglich der Gestaltung eines Nachkriegsdeutschlands klar zu Tage. Die USA wollten vor allem die militärische Entmachtung und eine Erziehung der deutschen Bevölkerung zur Demokratie nach amerikanischem Vorbild. Zudem strebten sie eine schnelle wirtschaftliche Stabilisierung ihrer Besatzungszone an. Den Briten ging es vor allem darum, ein militärisches Wiedererstarken der Deutschen zu verhindern. Die Franzosen strebten im Rahmen ihres Sicherheitsbedürfnisses nach einer dauerhaften politischen und wirtschaftlichen

Schwächung des Nachbarlandes. Diese erhofften sie sich von einer föderalistischen Neuordnung Deutschlands, einer internationalen Kontrolle des Ruhrgebiets und der Annexion des Saarlandes. Die Interessen der Sowjetunion lagen schließlich in umfangreichen Reparationsleistungen für die erlittenen Kriegsschäden. Zudem wollte sie die grundlegende Umgestaltung des gesamten Landes nach sozialistischen Staats- und Eigentumsvorstellungen. Die Schwierigkeiten der Alliierten, sich in Potsdam auf gemeinsame Ziele zu einigen, führten fortan zu einer weitgehend eigenständigen Verwaltung der Besatzungszonen nach den Vorstellungen der jeweiligen Besatzungsmacht. Damit waren die Weichen für eine Teilung Deutschlands bereits gestellt.

Nürnberger Prozesse ...

Bereits während des Krieges hatten sich die Alliierten darauf verständigt, die Kriegsverbrecher vor ein internationales Tribunal zu stellen. Auch wenn sich mit Adolf Hitler, Heinrich Himmler und Joseph Goebbels die unmittelbare NS-Führungsriege bei Kriegsende durch Selbstmord diesem Gerichtsverfahren entzogen hatte, gelang es den Siegermächten doch, einige der höchsten Repräsentanten des ehemaligen Deutschen Reiches vor einen internationalen Militärgerichtshof zu stellen. Der Nürnberger Prozess, der vom 20. November 1945 bis zum 1. Oktober 1946 dauerte, dokumentierte erstmals das gesamte Ausmaß der nationalsozialistischen Verbrechen. Von den 22 Angeklagten wurden zwölf zum Tode verurteilt, sieben erhielten Haftstrafen zwischen zehn Jahren und lebenslänglich, drei Angeklagte wurden freigesprochen. Im Anschluss an den Kriegsverbrecherprozess gab es in Nürnberg mehrere Nachfolgeprozesse gegen Juristen, Diplomaten, Wehrmachtsangehörige und Ärzte.

M2 Besatzungszonen in Deutschland nach dem Ende des Zweiten Weltkrieges

... und Entnazifizierung

Die Nürnberger Prozesse waren ein wesentlicher Beitrag zur Aufarbeitung der NS-Verbrechen in der unmittelbaren Nachkriegszeit. Sie führten jedoch dazu, dass sich die Debatte über die Schuld der Deutschen zunächst auf die NS-Führungsriege konzentrierte. Dies war nicht im Sinne der Besatzungsmächte, denn diese – allen voran die Amerikaner – strebten eine umfassende Entnazifizierung und Umerziehung des gesamten deutschen Volkes an. Dabei gingen die Amerikaner zunächst von einer Kollektivschuld der Deutschen aus. Jeder Deutsche hatte deshalb per Fragebogen Rechenschaft über seine Aktivitäten in der NS-Zeit abzulegen und aufzulisten, in welchen Untergliederungen der NSDAP er Mitglied gewesen war. Die Überprüfung erfolgte in der amerikanischen Zone durch Spruchkammern, die mit politisch unbescholtenen deutschen Laienrichtern besetzt waren. Diese teilten die Betroffenen in eine der fünf Kategorien „Hauptschuldige", „Belastete", „Minderbelastete", „Mitläufer" oder „Entlastete" ein. Angesichts der Masse der Einzelfälle erstickte die Entnazifizierung schon bald in der Bürokratie. Immer mehr Deutsche wurden als „Mitläufer" eingestuft, nur wenige Menschen wurden mit Strafen wie Geldbußen, Berufsverbot oder Aberkennung der Pension bis hin zur Einweisung in ein Arbeitslager belegt.
Ähnlich, wenn auch weniger rigide und schematisch, verlief die Entnazifizierung in der britischen und in der französischen Besatzungszone. Die Briten setzten auf den raschen Wiederaufbau der deutschen Verwaltung und scheuten deshalb nicht davor zurück, auch ehemalige Beamte des Dritten Reiches wiedereinzustellen. Die Entnazifizierung konzentrierte sich demnach nur auf NS-Spitzenfunktionäre. Die Franzosen hingegen entwickelten zunächst ein Konzept der Selbstreinigung („auto-épuration"). Die Entnazifizierung wurde durch unbelastete Deutsche unter Aufsicht der französischen Besatzungsmacht vorgenommen, bevor dann 1947 das amerikanische Spruchkammermodell übernommen wurde.
In der sowjetischen Besatzungszone ging man grundsätzlich mit größerer Härte gegen ehemalige Nationalsozialisten vor und verknüpfte das gesamte Verfahren mit der Einführung eines sozialistischen Gesellschaftssystems. Erklärten sich politisch Belastete bereit, am Aufbau einer antifaschistisch-sozialistischen Gesellschaft mitzuwirken, sah man von harten Strafen ab. Anderenfalls hatten sie mit harten Repressalien zu rechnen. Zudem wurde die Entnazifizierung auch als Vorwand benutzt, um gegen Kritiker und vermeintliche Gegner vorzugehen. Politisch unliebsame Personen ließen sich so bequem ausschalten. Bereits 1948 wurde die Entnazifizierung in der SBZ für beendet erklärt. In den Westzonen hingegen fand diese erst nach der Gründung der BRD im Jahre 1950 ihren offiziellen Abschluss.
Eine Bilanz der Entnazifizierung fällt zwiespältig aus. Viele der von den Entnazifizierungsmaßnahmen Betroffenen kehrten in der jungen Bundesrepublik in ihre Ämter und Berufe zurück – ganz so, als hätte es die NS-Zeit nie gegeben. Die alten Eliten konnten ihre Karrieren also meist relativ unbeschadet fortsetzen. So kam es in den ersten Jahren nach dem Krieg also nicht zu der erhofften breiten Aufarbeitung der NS-Vergangenheit. Festzuhalten bleibt aber auch, dass es in der späteren Bundesrepublik nicht mehr zu einem ernsthaften Wiederaufflackern nationalsozialistischen Gedankenguts kam.

M3 Die Hauptangeklagten im Nürnberger Kriegsverbrecherprozess
Auf der Anklagebank saßen unter anderem (untere Reihe von links): Hermann Göring, Rudolf Heß, Joachim von Rippentrop, Wilhelm Keitel (obere Reihe von links die 1., 6. 8. und 9. Person): Karl Dönitz, Franz von Papen, Albert Speer, Erich Raeder. Die Anklage lautete auf Verbrechen gegen den Frieden, Kriegsverbrechen und Verbrechen gegen die Menschlichkeit.

Der Wiederbeginn des politischen Lebens

Aus Deutschland sollte ein demokratisches Land werden - so hatten es die Siegermächte in Potsdam beschlossen. Doch dies war kein leichtes Unterfangen, wenn man bedenkt, dass die Deutschen - abgesehen von der Weimarer Republik (1918-1933) - keinerlei Erfahrungen mit demokratischen Strukturen vorweisen konnten. In weiten Teilen der Bevölkerung war ein obrigkeitsstaatliches, autoritäres Denken tief verwurzelt. Wie also gingen die Siegermächte vor?
Nachdem unmittelbar bei Kriegsende alle Nationalsozialisten verhaftet oder ihres Amtes enthoben worden waren, besetzten die westlichen Alliierten in ihren Zonen die wichtigsten Ämter mit Sozialdemokraten, Liberalen oder Konservativen. In Schlüsselpositionen gelangten sowohl Verfolgte des NS-Regimes als auch Politiker der Weimarer Zeit. Der Wiederbeginn des politischen Lebens verlief dabei zunächst dezentral, also auf kommunaler Ebene. Dies war ganz im Sinne der Besatzungsmächte, die Deutschland „von unten" demokratisieren und zunächst keine größeren politischen Strukturen zulassen wollten.
Anders gestaltete sich die Situation in der Sowjetischen Besatzungszone (SBZ). Hier wurde unter dem Deckmantel der Demokratisierung zielgerichtet ein sozialistischer Staat aufgebaut, was sich etwa daran zeigte, dass alle Schlüsselstellen in den neu gegründeten Ländern mit Kommunisten besetzt wurden. Überraschend schnell wurden in der SBZ am 10. Juni 1945 auch die ersten Parteien zugelassen. Kurze Zeit später gründeten sich dort die Kommunistische Partei (KPD) unter der Führung Walter Ulbrichts (11. Juni), die SPD unter dem Vorsitz Otto Grotewohls (15. Juni) sowie die CDU unter Jakob Kaiser (26. Juni).
Die Wiederzulassung von Parteien in der SBZ setzte die Westmächte unter Zugzwang: So kam es auch in den westlichen Zonen ab Sommer 1945 zur Neu- bzw. Wiedergründung mehrerer Parteien. Zur dominierenden Nachkriegsfigur der sich erneut gründenden Sozialdemokraten im Westen wurde der ehemalige Reichstagsabgeordnete Kurt Schumacher, der als Gegner der Nationalsozialisten etliche Jahre im Konzentrationslager verbracht hatte. Als völlig neue Parteien entstanden in dieser Zeit die CDU/CSU und die FDP. Die CDU, deren wichtigste Persönlichkeit der spätere erste Bundeskanzler Konrad Adenauer war, bildete sich als eine Art Sammlungsbewegung christlich-bürgerlicher Menschen, deren Ziel es war, eine überkonfessionelle Partei zu gründen. Sie konnte sowohl Mitglieder aus der ehemaligen katholischen Zentrumspartei für sich gewinnen als auch einstige Parteigänger der konservativ-protestantischen DNVP. Aus den Reihen der früheren DDP und DVP entstanden zunächst auf zonaler Ebene mehrere liberale Parteien, die sich 1948 unter dem Vorsitzenden Theodor Heuss zur FDP zusammenschlossen.

Erste Wahlen in den Besatzungszonen

In der amerikanischen Besatzungszone wurden in Bayern, Hessen und Württemberg-Baden bereits 1946 Wahlen auf Gemeindeebene durchgeführt, wenig später erfolgten diese auch in der britischen Zone. Bis Ende 1947 hatten alle Zonen über Landesverfassungen beraten und erste Landtagswahlen abgehalten. Dabei erreichten im Westen die CDU/CSU und die SPD die meisten Stimmenanteile.
In der Sowjetischen Besatzungszone ging die im April 1946 aus dem Zusammenschluss von SPD und KPD gegründete Sozialistische Einheitspartei Deutschlands (SED) als klarer Sieger aus den Wahlen hervor. Der Zusammenschluss von SPD und KPD war nur unter massivem politischen Druck zustande gekommen. Hatten Teile der SPD zu Beginn der Besatzungszeit durchaus eine Zusammenarbeit mit der KPD befürwortet, so führte die Position der KPD als verlängerter Arm der sowjetischen Besatzungsmacht zu einem allmählichen Abrücken von den Vereinigungsplänen. Erst nachdem die SPD-Führung unter Druck gesetzt wurde (so wurden einzelne SPD-Funktionäre verhaftet), stimmte sie dem Zusammenschluss und damit der Gründung der SED zu. Den gemeinsamen Vorsitz der SED übernahmen der Kommunist Wilhelm Pieck und der Sozialdemokrat Otto Grotewohl. Der SED gelang es in der Folgezeit, wichtige Schlüsselpositionen in Regierung und Verwaltung mit den eigenen Leuten zu besetzen.

Auf der Suche nach Heimat

Bei allem Bemühen um Wiederherstellung einer staatlichen Ordnung herrschte in der unmittelbaren Nachkriegszeit in weiten Teilen

M4 Flüchtlinge überqueren im Jahr 1945 die zerstörte Elbbrücke bei Tangermünde

Deutschlands ein heilloses Durcheinander. Dies lag auch an den zahlreichen Menschen, die bei Kriegsende in Deutschland unterwegs waren. Etwa 9 bis 10 Millionen Deutsche waren in den letzten Kriegsmonaten evakuiert worden, um dem Bombenhagel in den Städten zu entgehen. Diese wollten nun in ihre Heimatstädte zurückkehren. Geschätzte 10 bis 11 Millionen deutsche Soldaten befanden sich in Kriegsgefangenschaft. Sie wurden nach und nach entlassen und machten sich auf die Suche nach ihren Familien. Hinzu kamen die Flüchtlinge aus dem Osten, die auf der Suche nach einer neuen Heimat waren.
Aber auch eine andere Gruppe, die sogenannten „Displaced Persons", irrte in Deutschland umher. Zu ihnen zählten alle, die infolge des Zweiten Weltkrieges aus ihrer Heimat vertrieben, geflohen oder verschleppt worden waren, also ehemalige Zwangsarbeiter sowie die Überlebenden der Konzentrations- und Vernichtungslager. Alles in allem befanden sich bei Kriegsende 9 bis 11 Millionen „Displaced Persons" in Deutschland. Viele waren in Flüchtlingslagern untergebracht und wurden dort meist nur notdürftig versorgt. Für die Besatzungsmächte, die eine Rückführung der Betroffenen in deren Heimatländer organisierten, stellte diese Situation eine große Herausforderung dar, zumal viele, insbesondere jene aus Osteuropa, gar nicht in ihre Heimat zurück wollten. Sie hofften vielmehr, dem zerstörten Europa den Rücken kehren und in Amerika, Kanada oder Palästina ein neues Leben aufbauen zu können.

Alltag in Trümmern

Für die Deutschen waren die ersten Nachkriegsjahre eine Zeit des ständigen Improvisierens. Da die Wirtschaft am Boden lag, herrschte in allen Bereichen Not und Mangel. Nahrungsmittel waren knapp und konnten nur über Lebensmittelmarken bezogen werden. Im Winter 1946/47 betrug die durchschnittliche Ration zugeteilter Lebensmittel etwa 1000 bis 1500 Kalorien. Die Menschen hungerten und froren und mussten oft in Notquartieren und Behelfswohnungen leben. In dieser Not etablierte sich überall der Schwarzmarkt, auf dem Nahrungsmittel und andere Gegenstände (etwa Kartoffeln gegen Kohlen) getauscht wurden. Zum wichtigsten Tauschmittel gehörten

Schwarzmarkt In den ersten Nachkriegsjahren war die Versorgungslage in Deutschland äußerst kritisch. Die wenigen vorhandenen Nahrungsmittel und anderen Güter wurden von den Alliierten „bewirtschaftet", waren also nur mit Bezugsscheinen und Lebensmittelkarten zu erhalten. Vor allem in den Städten führte dies nach 1945 zur Entstehung von Schwarzmärkten, auf denen Waren getauscht wurden. Weit verbreitet waren auch sogenannte „Hamsterfahren". Bei diesen Fahrten aufs Land versuchten die Menschen, Kartoffeln, Obst und Gemüse sowie Holz zu ergattern.

in dieser Zeit Zigaretten, für die man auf dem Schwarzmarkt fast alles bekommen konnte. Auch die Familien mussten sich in dieser Zeit neu organisieren: Viele Frauen hatten ihre Männer während des Krieges jahrelang kaum gesehen und waren selbst zum Oberhaupt der Familie geworden. Manche Frauen hatten zwischenzeitlich einen neuen Partner gefunden. Und viele Kinder hatten ihren Vater nie kennen gelernt. Kam der Mann dann als Kriegsversehrter heim, musste sich die Familie neu zusammenfinden. Dies gelang allzu oft nicht, was die sprunghaft steigenden Scheidungszahlen der Nachkriegszeit belegen und eindrucksvoll in Wolfgang Borcherts Drama „Draußen vor der Tür" geschildert wird.

Flucht und Vertreibung

Auf der Potsdamer Konferenz hatten die Westmächte der Forderung Stalins nach einer Westverschiebung Polens und einer Umsiedlung der in den deutschen Ostgebieten lebenden Bevölkerung zugestimmt, wohl wissend, dass dieser Prozess seit Herbst 1944 schon in vollem Gange war. Bereits beim Vormarsch der Roten Armee hatte Stalin die eroberten Gebiete der Verwaltung der provisorischen polnischen Regierung unterstellt.

Da die Bevölkerung im Osten Deutschlands auf Befehl der NS-Regierung nicht evakuiert werden durfte, stand sie in den letzten Kriegsmonaten den vorrückenden Soldaten der Roten Armee hilflos gegenüber. Der deutsche Vernichtungskrieg im Osten Europas schlug nun in aller Härte auf die deutsche Bevölkerung zurück. Nach ersten Übergriffen von Rotarmisten auf die Zivilbevölkerung setzte eine beispiellose Massenflucht ein. Die Flüchtenden ließen ihr gesamtes Hab und Gut zurück und versuchten im eisigen Winter 1944/1945 in Richtung Westen zu gelangen.

Als die „Großen Drei" 1945 in Potsdam tagten, waren also in der Tat, so wie Stalin es zur Unterstützung seiner Forderungen formulierte, weite Landstriche im Osten bereits entvölkert. Nachträglich wurde festgelegt, dass die Umsiedlung der Deutschen aus Polen, der Tschechoslowakei, Rumänien und Ungarn in „geordneter und humaner Weise" stattfinden sollte. Insgesamt wurden zwischen 1944 und 1947 etwa 12 bis 14 Millionen Deutsche vertrieben, von denen schätzungsweise zwei Millionen während der Flucht starben. Etwa acht Millionen Menschen fanden in den westlichen Zonen eine neue Heimat. Da Frankreich seine Zone für Flüchtlinge sperrte, strömte die Masse in die ländlichen Gebiete der amerikanischen und britischen Zone. Zu Hauptaufnahmeländern wurden Schleswig-Holstein, Niedersachsen und Bayern. Rund vier Millionen Menschen fanden überdies in der SBZ eine neue Heimat. Oft gab es Probleme mit der einheimischen Bevölkerung, denn diese musste mit den Flüchtlingen nicht nur die Nahrung, sondern auch den Wohnraum teilen. Die schrittweise Integration der Flüchtlinge gelang erst durch das Wirtschaftswunder in den 1950er- und 1960er-Jahren. Die Flüchtlinge waren nun begehrte Arbeitskräfte und konnten sich langsam eine neue Existenz aufbauen.

Vertriebene gab es aber nicht nur unter Deutschen. Viele Polen, die in Gebieten wohnten, welche nach dem Krieg an die Sowjetunion fielen, wurden zwangsweise in die ehemaligen deutschen Gebiete umgesiedelt. Zudem wurden hunderttausende Sowjetbürger, die im Gefolge der deutschen Wehrmacht ihre Heimat verlassen hatten, in die Sowjetunion zurückgebracht.

Vertriebene/ Vertriebenenverbände

Nach dem Zweiten Weltkrieg wurden ca. 12–14 Millionen Deutsche aus den Ostgebieten des Deutschen Reiches vertrieben. Schon bald entstanden Gruppierungen, die den Vertriebenen in der Öffentlichkeit Gehör verschaffen wollten. Sogenannte Landsmannschaften setzten sich zum Ziel, das kulturelle Erbe der Heimat zu bewahren. Diese bildeten u. a. die Keimzelle des 1957 gegründeten Bundes der Vertriebenen (BdV). Auch parteipolitisch verfügten die Vertriebenen in der Nachkriegszeit über einiges Gewicht, stellten sie doch in der zweiten Regierung Adenauer den Vertriebenenminister.

Während sich die Vertriebenenparteien später nach und nach auflösten, existieren BdV und Landsmannschaften noch heute. Die Haltung der Vertriebenenverbände und Landsmannschaften ist bis heute im In- und Ausland höchst umstritten. So weigern sich diese teils bis in die Gegenwart, die Abtrennung der ehemaligen deutschen Ostgebiete endgültig anzuerkennen.

M5 Die „Großen Drei" auf der Potsdamer Konferenz

Großbritanniens Premier Churchill, US-Präsident Truman und der sowjetische Staatschef Stalin beraten in Potsdam über die Nachkriegsordnung in Deutschland.

M6 Aus dem Potsdamer Abkommen

Zusammenfassung der Ergebnisse der Potsdamer Konferenz, veröffentlicht am 2. August 1945:

Völlige Abrüstung und Entmilitarisierung Deutschlands und die Ausschaltung der gesamten deutschen Industrie, welche für eine Kriegsproduktion benutzt werden kann oder deren Überwachung. […]

Das deutsche Volk muss überzeugt werden, dass es eine totale militärische Niederlage erlitten hat und dass es sich nicht der Verantwortung entziehen kann für das, was es selbst dadurch auf sich geladen hat, dass seine eigene mitleidlose Kriegsführung und der fanatische Widerstand der Nazis die deutsche Wirtschaft zerstört und Chaos und Elend unvermeidlich gemacht haben. […]

Die endgültige Umgestaltung des deutschen politischen Lebens auf demokratischer Grundlage und eine eventuelle friedliche Mitarbeit Deutschlands am internationalen Leben sind vorzubereiten. […]

Unter Berücksichtigung der Notwendigkeit zur Erhaltung der militärischen Sicherheit wird die Freiheit der Rede, der Presse und der Religion gewährt. Die religiösen Einrichtungen sollen respektiert werden. Die Schaffung freier Gewerkschaften, gleichfalls unter Berücksichtigung der Notwendigkeit der Erhaltung der militärischen Sicherheit, wird gestattet werden. […]

In praktisch kürzester Frist ist das deutsche Wirtschaftsleben zu dezentralisieren mit dem Ziel der Vernichtung der bestehenden übermäßigen Konzentration der Wirtschaftskraft, dargestellt insbesondere durch Kartelle, Syndikate, Trusts und andere Monopolvereinigungen. Bei der Organisation des deutschen Wirtschaftslebens ist das Hauptgewicht auf die Entwicklung der Landwirtschaft und der Friedensindustrie für den inneren Bedarf (Verbrauch) zu legen.

Wolfgang Benz: Potsdam 1945. Besatzungsherrschaft und Neuaufbau im Vier-Zonen-Deutschland. München 1986, S. 207 ff.

M7 Die Zerstückelung Deutschlands

George F. Kennan, US-Botschafter in Moskau, warnt seine Regierung 1945 vor einer weiteren Zusammenarbeit mit der UdSSR. In einem Memorandum heißt es:

Die Idee, Deutschland gemeinsam mit den Russen regieren zu wollen, ist ein Wahn. Ein ebensolcher Wahn ist es, zu glauben, die Russen und wir könnten uns eines schönen Tages höflich zurückziehen, und aus dem Vakuum werde ein friedliches und stabiles Deutschland werden. Wir haben keine andere Wahl, als unseren Teil von Deutschland, den Teil, für den wir und die Briten die Verantwortung übernommen haben, zu einer Form von Unabhängigkeit zu führen, die so gesichert und überlegen ist, dass der Osten sie nicht gefährden kann. Das ist eine gewaltige Aufgabe für die Amerikaner. Aber sie lässt sich nicht umgehen. […]

Zugegeben, dass das die Zerstückelung Deutschlands bedeutet. Aber die Zerstückelung ist bereits Tatsache, wegen der Oder-Neiße-Linie. Ob das Stück Sowjetzone wieder mit Deutschland verbunden wird oder nicht, ist jetzt nicht wichtig. Besser ein zerstückeltes Deutschland, von dem wenigstens der westliche Teil als Prellbock für die Kräfte des Totalitarismus wirkt, als ein geeintes Deutschland, das diese Kräfte wieder bis an die Nordsee vorlässt.

George F. Kennan: Memoiren eines Diplomaten. Stuttgart 1968, S. 262 ff. (Übers.: Heidi von Alten)

M8 Was soll aus Deutschland werden?

Aus der Rede des US-Außenministers James F. Byrnes, die er am 6. September 1946 in Anwesenheit der vier Ministerpräsidenten der amerikanischen Zone hielt:

Im Jahr 1917 wurden die Vereinigten Staaten zur Teilnahme am Ersten Weltkrieg gezwungen. Nach diesem Krieg weigerten wir uns, dem Völkerbund beizutreten. Wir glaubten, uns den europäischen Kriegen fernhalten zu können und verloren das Interesse an europäischen Angelegenheiten. Dies schützte uns aber nicht davor, zum Eintritt in den Zweiten Weltkrieg gezwungen zu werden. Wir wollen jenen Fehler nicht wiederholen. Wir sind entschlossen, uns weiter für die Angelegenheiten Europas und der Welt zu interessieren. […]

Das amerikanische Volk will den Frieden. Es hat schon seit langem nicht mehr von einem strengen oder milden Frieden für Deutschland gesprochen. Darauf kam es auch wirklich niemals an. Was wir wollen, ist ein dauerhafter Friede. […]

Wir treten für die wirtschaftliche Vereinigung Deutschlands ein. Wenn eine völlige Vereinigung nicht erreicht werden kann, werden wir alles tun, was in unseren Kräften steht, um eine größtmögliche Vereinigung zu sichern. […] Die Potsdamer Beschlüsse sahen nicht vor, dass Deutschland niemals eine zentrale Regierung haben sollte. Sie bestimmten lediglich, dass es einstweilen noch keine zentrale Regierung geben sollte. Dies war nur so zu verstehen, dass keine deutsche Regierung gebildet werden sollte, ehe eine gewisse Form von Demokratie in Deutschland Wurzel gefasst und sich ein örtliches Verantwortungsbewusstsein entwickelt hätte. [...] Die amerikanische Regierung steht auf dem Standpunkt, dass jetzt dem deutschen Volk innerhalb ganz Deutschlands die Hauptverantwortung für die Behandlung seiner eigenen Angelegenheiten bei geeigneten Sicherungen übertragen werden sollte. [...] Die Vereinigten Staaten treten für die baldige Bildung einer vorläufigen deutschen Regierung ein. [...] Während wir darauf bestehen, dass Deutschland die Grundsätze des Friedens, der gutnachbarlichen Beziehungen und der Menschlichkeit befolgt, wollen wir nicht, dass es der Vasall irgendeiner Macht wird oder unter einer in- oder ausländischen Diktatur lebt. Das amerikanische Volk hofft, ein friedliches und demokratisches Volk zu sehen, das seine Freiheit und seine Unabhängigkeit erlangt und behält. [...] Das amerikanische Volk wünscht, dem deutschen Volk die Regierung Deutschlands zurückzugeben. Das amerikanische Volk will dem deutschen Volk helfen, zurückzufinden zu einem ehrenvollen Platz unter den freien und friedliebenden Nationen der Welt.

Rolf Steininger: Deutsche Geschichte seit 1945. Frankfurt 1996, S. 264 – 266.

M9 Ein Volk von Mitläufern

Der Journalist Ansgar Fürst über die Entnazifizierung:

Die deutsche Bevölkerung, die unmittelbar nach Kriegsende zwischen Apathie und Aufbruchstimmung schwankte, zeigte anfangs wohl in ihrer Mehrheit Verständnis dafür, dass eine politische Säuberung für den Neubeginn notwendig war. Aber diese Stimmung schlug im Herbst 1946 um. Ursache dafür waren die Erfahrungen mit der Entnazifizierung, die mehr und mehr als Siegerjustiz empfunden wurde [...]. Das Ziel einer moralisch-politischen Läuterung war mit dem schwerfälligen bürokratischen Formalismus einer millionenfachen Untersuchung von Einzelfällen ohnehin nicht zu erreichen. [...] Während die komplizierteren Fälle der wirklich Belasteten oft zurückgestellt wurden (und damit ungesühnt blieben), produzierten die Spruchkammern am laufenden Band Urteile, die in den meisten Fällen mit der Einstufung als „Mitläufer“ endeten, weswegen sie im Volksmund „Mitläuferfabriken“ genannt wurden. Der politische Säuberungswille erstickte in einer Masse von Bagatellfällen, während groteske Fehleinschätzungen dem bösen Vorurteil Nahrung gaben, dass man die Kleinen hängt und die Großen laufen lässt. [...] Etwas anderes kam hinzu: Ein Grundfehler des Säuberungsgesetzes war die Umkehrung der Beweislast, die nicht dem Ankläger die Last aufbürdete, den Beweis der Schuld zu führen, sondern den Beschuldigten dazu zwang, sich von den Vorwürfen zu reinigen. Das führte zu einer Flut bereitwillig ausgestellter „Persilscheine“, in denen selbst notorischen Nazis eidesstattlich ihre untadelige Gesinnung und ihre politische Harmlosigkeit als Voraussetzung für die „Weißwäsche“ attestiert wurde. [...] Immer mehr wurden die Spruchkammern zu einem Instrument der Rehabilitierung, was die Entnazifizierung in den Augen der Bevölkerung vollends zum Schwindel machte und von den Opfern der NS-Diktatur nur mit ohnmächtiger Empörung quittiert werden konnte. [...] Die statistische Bilanz der Entnazifizierung ist so die Bilanz einer großzügigen Rehabilitierungspolitik. Sie mag zwar die Integration ehemaliger Nazis in den sich neu bildenden demokratischen Staat erleichtert haben, aber sie verfehlte das hehre Ziel einer Selbstreinigung. Angesichts der tiefgreifenden Korrumpierung der deutschen Gesellschaft (allein acht Millionen Mitglieder der NSDAP) war der Gedanke einer Massensäuberung wohl von Anfang an verfehlt. [...] Die ernsthaftere Auseinandersetzung mit der Vergangenheit blieb damals in den Anfängen stecken und wurde dann durch den beginnenden Kalten Krieg und das Erlebnis des wirtschaftlichen Aufstiegs der Bundesrepublik verdrängt.

Ansgar Fürst: Die Bonner Republik. Freiburg 2001, S. 20 – 22.

M10 Über die „Umsiedlung“ der Deutschen aus dem Osten

In einer Rede des britischen Premiers Winston Churchill vor dem Unterhaus am 15. Dezember 1944 erläutert dieser seine Position zur geplanten Westverschiebung Polens:

Die Umsiedlung von mehreren Millionen Menschen müsste von Osten nach dem Westen oder Norden durchgeführt werden, ebenso die Vertreibung der Deutschen – denn das wurde vorgeschlagen – aus den Gebieten, die Polen im Westen und Osten gewinnt. Denn die Vertreibung ist, soweit wir in der Lage sind, es zu überschauen, das befriedigendste und dauerhafteste Mittel. Es wird keine Mischung der Bevölkerung geben, wodurch endlose Unannehmlichkeiten entstehen, wie z. B. im Fall Elsass-Lothringen. Reiner Tisch wird gemacht werden. Mich beunruhigt die Aussicht des Bevölkerungstausches ebenso wenig wie die großen Umsiedlungen, die unter modernen Bedingungen viel leichter möglich sind als je zuvor. [...] Ich sehe auch nicht ein, warum in Deutschland kein Platz für die Bevölkerung Ostpreußens und der anderen von mir erwähnten Gebiete sein sollte. Schließlich wurden bereits 6 bis 7 Millionen Deutsche in diesem schrecklichen Kriege getötet, in den sie zum zweiten Mal in einer Generation Europa ohne Zaudern gestürzt haben. Gegenwärtig, heißt es, würden 10 oder 12 Millionen Gefangene oder Ausländer in Deutschland als Sklaven gehalten, die, wie wir hoffen, ihrer Heimat und ihrem Land zurückgegeben werden, sobald der Sieg errungen ist. Überdies ist zu erwarten, dass noch mehr Deutsche in den Kämpfen des kommenden Frühjahrs getötet werden, denn wir müssen uns darauf gefasst machen, dass in dieser Zeit die schwersten Kämpfe dieses Krieges auszufechten sein werden.

Gotthold Rhode/Wolfgang Wagner (Hg.): Quellen zur Entstehung der Oder-Neiße-Linie in den diplomatischen Verhandlungen des Zweiten Weltkriegs. Stuttgart 1956, S. 159.

M11 **Fluchterinnerungen von Arno Surminski**

Der Schriftsteller Arno Surminski, 1934 im ostpreußischen Jäglack geboren, erlebte als Kind Flucht und Vertreibung aus seiner Heimat. Während er mit einem Flüchtlingstreck nach Schleswig-Holstein gelangte, wurden seine Eltern von der Roten Armee in die Sowjetunion deportiert, wo Vater und Mutter starben. In seinen literarischen und publizistischen Werken thematisiert Surminski das Schicksal der deutschen Flüchtlinge im und nach dem Zweiten Weltkrieg. Frei von Rachegefühlen oder Ressentiments setzt er sich in seinen Werken für die Versöhnung von Deutschen, Polen und Russen ein. In einem seiner Erinnerungsberichte heißt es:

Nein, es wurde nicht nur gemordet, vergewaltigt und gebrandschatzt. Es gab Fälle, in denen sich Offiziere schützend vor deutsche Frauen stellten und russische Soldaten Lebensmittel an deutsche Kinder verteilten, natürlich keine Schokolade oder Corned-beef-Dosen wie die Sieger im Westen, sondern oft nur trocken Brot, weil sie selbst nicht mehr besaßen. Kein Zweifel, in jenen Tagen, als die Welt aus den Fugen zu geraten drohte, hat es rührende Beispiele von Menschlichkeit gegeben. Nur kamen sie so schrecklich selten vor. Während der alte Mann mit dem NS-Abzeichen und dem Revolver in der Jackentasche unbehelligt blieb, wurden andere für nichts und wieder nichts erschossen, weil sie im Wege standen, weil sie Deutsche waren. Während ein Soldat Kinderlieder vorsang und Sahnebonbons verteilte, vergewaltigten andere im Raum nebenan deutsche Frauen. [...]

In der Rückschau [...] drängt sich vor allem ein Eindruck in den Vordergrund: die Selbstverständlichkeit, mit der herzliche Menschlichkeit und fassungsloses Grauen nebeneinander hergingen, als wären es Zwillingsschwestern. Es war alles möglich. Das Schicksal des Einzelnen hing von Zufällen ab, nicht von Schuld und Verdienst. [...]

Mit den Sammelbegriffen Flucht oder Vertreibung werden wir den Ereignissen des Kriegsendes nicht völlig gerecht. Jene Zeit war differenzierter, der Schrecken hatte viele Namen. Es gab die Flucht und später die Vertreibung. [...]

Die Flucht. Von ihr ist zu sagen, daß es eine rein deutsche Angelegenheit war. Zwar wurde sie durch das Näherrücken der Roten Armee ausgelöst, aber die Deutschen waren unter sich. Was auf der Flucht geschah, ist von den Deutschen zu verantworten. Das begann schon mit dem Zeitpunkt der Flucht. Hätte die deutsche Führung die Flucht früher zugelassen, Frauen mit Kleinkindern und alte Leute schon Weihnachten 1944 in den Westen geschickt, wäre das Unglück in Grenzen geblieben. Die Hinhaltetaktik der Führung hat die Leiden der Zivilbevölkerung erheblich vergrößert. Oft blieb die Flucht bis zum letzten Augenblick verboten; nicht wenige Trecks zogen entgegen dem ausdrücklichen Verbot der Behörden los. Es war keine Seltenheit, daß Flüchtlingstrecks in das Niemandsland zwischen die Fronten gerieten, weil sie zu spät aufgebrochen waren. Offensichtlich sollte die Zivilbevölkerung in Frontnähe gehalten werden, um zur Stabilisierung der Front beizutragen. Man erwartete eine größere Kampfbereitschaft der Soldaten, wenn es nicht um menschenleere Höfe ging, sondern um Frauen und Kinder. Die Verzögerungstaktik führte dazu, daß die Flucht in den tiefsten Winter fiel. An den Straßen standen Frauen mit steifgefrorenen Säuglingen. Die verschneiten Felder gaben für Mensch und Tier keine Nahrung her. [...] Da die Nebenstraßen unpassierbar waren, mußte der Flüchtlingsstrom auf die Hauptstraßen, traf dort mit Militärkolonnen zusammen, geriet unter Bomben und Tieffliegerbeschuß. [...] Angesichts des Durcheinanders von Militärkolonnen und Flüchtlingstrecks war es fast unvermeidlich, daß die Zivilbevölkerung bei den Luftangriffen in Mitleidenschaft gezogen wurde.

Ohne es zu wissen, haben die Fliehenden selbst zur Verschlimmerung ihrer Lage beigetragen. Viele glaubten bis zuletzt, als der Kanonendonner schon hörbar war, an den Endsieg. Den Krieg in der Nähe ihres Heimatdorfes hielten sie für einen vorübergehenden Einbruch. Der rührende Glaube, es werde schon wieder zurückgehen, das Heimatdorf werde freigekämpft, war so verbreitet, daß es vielfach zu einer Flucht auf Raten kam. [...]

Viele Flüchtlinge, die schließlich doch in die Mühlen des Krieges gerieten, wären unbehelligt durchgekommen, wenn sie die einmal begonnene Flucht nicht immer wieder unterbrochen hätten, weil sie auf die Rückkehr hofften. Die rührende Anhänglichkeit der Bevölkerung im Osten an die vertraute Umgebung, an die zurückgelassenen Tiere, die Gebäude und Felder, ja sogar an die Friedhöfe, hat viel zu diesem Zögern beigetragen. Wir können uns heute kaum noch vorstellen, was es für die sesshafte Bevölkerung des Ostens bedeutet hat, auf die Flucht zu gehen. Viele dieser Menschen kannten nur den eigenen Ort und die Kreisstadt; sie brachten es nicht über sich, einfach in die Eisenbahn zu steigen und davonzufahren.

Frank Grube/Gerhard Richter (Hg.): Flucht und Vertreibung. Deutschland zwischen 1944 und 1947. Hamburg 1980, S. 65 ff.

Text in alter Rechtschreibung

M12 **Die Eheprobleme der Heimkehrer**

Über die Schwierigkeiten der Familie in der Nachkriegszeit schreibt ein Arzt in der Zeitschrift „Frauenwelt" im November 1949:

Der Heimkehrer kommt oft aus jahrelanger Kriegsgefangenschaft zurück. Hoffnungslosigkeit, schlechte Unterbringung und Verpflegung, schwere Infektionskrankheiten, wie Typhus, Ruhr, Fleckfieber usw., haben seine Gesundheit ausgehöhlt, zumal er meistens schwere körperliche Arbeit bis zur Erschöpfung leisten musste. Insbesondere eine falsche und unzureichende Ernährung hat bei allen Heimkehrern einen Mangelzustand herbeigeführt, der sich in einer körperlichen, geistigen und seelischen Erschöpfung äußert. [...] Der Heimkehrer ist also schwer krank. [...] Die jahrelange

Mangelernährung hat auch zu einem Erlöschen der Funktion seiner Keimdrüsen geführt, so dass er eigentlich nicht als Mann, sondern als der älteste Sohn in die Familie zurückkehrt. Dieser Zustand ist sowohl dem Manne, wie der Frau natürlich nicht klar. Vielmehr führt er zu tragischen Missverständnissen, zu Misstrauen, Eifersucht und schließlich zur völligen Zerrüttung der Ehe.

Alexander von Plato/Almut Leh: „Ein unglaublicher Frühling". Erfahrene Geschichte im Nachkriegsdeutschland 1945 – 1948. Bonn 1997, S. 238.

M13 „Ha no – mer hawe schon alles besetzt"

Karikatur von Mirko Szeczuk

M14 Vom Zwangsarbeiter zum „heimatlosen Ausländer"

Über die schwierige Rückführung der ehemaligen Zwangsarbeiter nach dem Ende des Krieges schreibt der Freiburger Historiker Ulrich Herbert:

Für viele „Fremdarbeiter" war die Leidenszeit mit dem Einmarsch der alliierten Truppen [...] nicht zu Ende. Zwar gelang es den Alliierten, in kurzer Zeit die Verpflegung und Ernährung der vielen Millionen mit dem Sammelbegriff „Displaced Persons" (DPs) bezeichneten Ausländer, die sich bei Kriegsende in Deutschland aufhielten, sicherzustellen – eine erhebliche organisatorische Leistung. Aber schon bei der Frage der Rückführung der „DPs" begannen die Schwierigkeiten: Die meisten der Arbeitskräfte aus dem Westen wurden in den ersten Tagen und Wochen nach der Befreiung in die Heimat zurückgebracht – oder machten sich auf eigene Faust auf den Heimweg. Mit der Sowjetunion hatten die West-Alliierten schon auf der Konferenz in Jalta vereinbart, dass alle sowjetischen Staatsangehörigen unverzüglich in die UdSSR zurückzuschicken, zu „repatriieren" waren. Ein nicht unerheblicher Teil der sowjetischen Kriegsgefangenen und Zivilarbeiter aber stand in den Augen der sowjetischen Behörden unter Kollaborationsverdacht [...]. Die sowjetischen Kriegsgefangenen wurden schon aufgrund der Tatsache, dass sie sich hatten gefangen nehmen lassen, als Kollaborateure oder Deserteure verdächtigt und scharfen Repressionen unterworfen. Aber auch die Zivilarbeiterinnen und Zivilarbeiter aus der Sowjetunion wurden von den sowjetischen Militärbehörden „repressiert". Unmittelbar nach Kriegsende wurden alle Sowjetbürger auf deutschem Boden ebenso wie in allen anderen Ländern schnell registriert und kaserniert, um dann in die UdSSR repatriiert zu werden – auch gegen den Willen der Betroffenen. Im Machtbereich der Roten Armee wurden sie in „Filtrierlager" eingeliefert und langwierigen Untersuchungen unterzogen, die mit einem erheblichen Maß an Willkür verbunden waren. Diejenigen, denen Kollaboration mit den Deutschen nachgewiesen oder doch unterstellt wurde, wurden anschließend in Straflager verbracht. Die übrigen ehemaligen „Deutschlandarbeiter" kehrten zurück in ihre Heimat. Dort waren sie fortan Bürger zweiter Klasse .

Ulrich Herbert: Geschichte der Ausländerpolitik in Deutschland. Bonn 2003, S. 182/183. (Original: C. H. Beck 2001)

M15 Die demokratische Erneuerung Deutschlands

Aus dem Gründungsaufruf der KPD vom 11. Juni 1945:

Nicht nur der Schutt der zerstörten Städte, auch der reaktionäre Schutt aus der Vergangenheit muss gründlich hinweggeräumt werden. Möge der Neubau Deutschlands auf solider Grundlage erfolgen, damit eine dritte Wiederholung der imperialistischen Katastrophenpolitik unmöglich wird.

Mit der Vernichtung des Hitlerismus gilt es gleichzeitig, die Sache der Demokratisierung Deutschlands, die Sache der bürgerlich-demokratischen Umbildung, die 1848 begonnen wurde, zu Ende zu führen, die feudalen Überreste völlig zu beseitigen und den reaktionären altpreußischen Militarismus mit allen seinen politischen Ablegern zu vernichten. Wir sind der Auffassung, dass der Weg, Deutschland das Sowjetsystem aufzuzwingen, falsch wäre, denn dieser Weg entspricht nicht den gegenwärtigen Entwicklungsbedingungen in Deutschland. Wir sind vielmehr der Auffassung, dass die entscheidenden Interessen des deutschen Volkes in der gegenwärtigen Lage für Deutschland einen anderen Weg vorschreiben, und zwar den Weg der Aufrichtung eines antifaschistischen, demokratischen Regimes, einer parlamentarisch-demokratischen Republik mit allen Rechten und Freiheiten für das Volk.

An der gegenwärtigen historischen Wende rufen wir Kommunisten alle Werktätigen, alle demokratischen und fortschrittlichen Kräfte des Volkes zu diesem Kampf für die demokratische Erneuerung Deutschlands, für die Wiedergeburt unseres Landes auf!

Zit nach: Rolf Steininger: Deutsche Geschichte seit 1945. Frankfurt 1996, S. 188.

M16 Die Zwangsvereinigung von KPD und SPD

Aus einem Bericht der britischen Militärregierung über ein Gespräch zwischen dem britischen Diplomaten Christopher Steel und dem Vorsitzenden der Ost-SPD Otto Grotewohl kurz vor der Gründung der SED:

Grotewohl, anfangs noch guter Laune, sah mitgenommen und besorgt aus. Nach dem Essen kamen wir zur Sache, und als ich ihn nach den Einheitslisten fragte, sagte er, das Ende stehe kurz bevor. Ich sagte, wir können nicht verstehen, dass die SPD wirklich mit den Kommunisten zusammengehen könnte, es gebe doch wahrlich noch einen Unterschied zwischen Freiheit und Totalitarismus. Grotewohl sagte, das sei keine Frage von Programmen, sondern nackter Tatsachen. [...] Sie würden nicht nur persönlich unter stärksten Druck gesetzt (er sagte, sie würden von russischen Bajonetten gekitzelt), ihre Organisation in den Ländern sei völlig unterwandert. Männer, die ihm noch vor vier Tagen versichert hätten, sie seien entschlossen, Widerstand zu leisten, flehten ihn nun an, die Sache hinter sich zu bringen. Auf diese Leute sei jede nur mögliche Art von Druck ausgeübt worden, von dem Versprechen, ihnen einen Arbeitsplatz zu besorgen, bis zur Entführung am helllichten Tag, und wenn er, Grotewohl, den Widerstand fortsetzen würde, dann würden sie ganz einfach abgesetzt und durch Provinzausschüsse ersetzt werden. Im Übrigen habe weiterer Widerstand keinen Sinn, da sie sich von uns keine Hilfe mehr erhofften.

Auf meine Frage, was er damit meine, sagte Grotewohl, offensichtlich sei der „Eiserne Vorhang“ (er gebrauchte diesen Ausdruck) unverrückbar. [...] Dies alles hat mich sehr deprimiert; es sieht so aus, als würden die Russen jetzt ihre Glacéhandschuhe ausziehen.

Zit. nach: Rolf Steininger: Deutsche Geschichte seit 1945. Frankfurt 1996, S. 191/192.

Arbeitsaufträge

1 Erstellen Sie eine Übersicht über die jeweiligen Nachkriegspläne der vier Siegermächte und erläutern Sie diese vor dem historischen Hintergrund (VT, M1, M6). Beschreiben Sie dabei die Gemeinsamkeiten und Unterschiede bei den jeweiligen Besatzungszielen.

2 Nennen Sie die Gründe dafür, dass die Westmächte in Potsdam einer Westverschiebung Polens und damit einer Vertreibung der Deutschen zustimmten. Welche Vorteile versprach sich z. B. der britische Premier Churchill von der Umsiedlung? Und welche Folgen hatte diese Vereinbarung für die dort lebende Bevölkerung (VT, M10, M11)?

3 Suchen Sie im Internet oder in Bibliotheken nach Zeitzeugenberichten und Fotos über Flucht und Vertreibung und stellen Sie diese in der Klasse vor.

4 Recherchieren Sie, welche Landsmannschaften bzw. Vertriebenenverbände es noch heute in der Bundesrepublik gibt, und erkundigen Sie sich über deren Programme und Aktivitäten. Diskutieren Sie in der Klasse, ob es heute noch Sinn macht, dass es solche Verbände gibt.

5 Schildern Sie die Alltagsprobleme der Deutschen nach dem Kriegsende. Halten Sie Ihre Ergebnisse in einer Mind-Map fest (VT, M12, M13).

6 Befragen Sie ältere Menschen in Ihrer Stadt bzw. Gemeinde nach deren Erinnerungen an die Nachkriegszeit. Berichten Sie in der Klasse darüber.

7 Erkundigen Sie sich im Archiv ihrer Heimatstadt bzw. -gemeinde nach dem Einsatz von Zwangsarbeiterinnen und Zwangsarbeitern und versuchen Sie herauszufinden, was nach 1945 aus ihnen wurde.

8 Erklären Sie, welche Ziele die Besatzer mit der Entnazifizierung verfolgten, wie diese verlief und beurteilen Sie den Erfolg der Entnazifizierung (VT, M9).

9 Beschreiben Sie den Wandel der amerikanischen Deutschlandpolitik in den Jahren 1945/1946 anhand der Stuttgarter Byrnes-Rede (VT, M8). Überlegen Sie, welches Echo diese Rede bei den deutschen Politikern und der deutschen Öffentlichkeit gehabt haben könnte.

10 Fassen Sie zusammen, welche Parteien in der Nachkriegszeit gegründet wurden. Gehen Sie dabei auch auf die Entwicklung in der Sowjetischen Besatzungszone ein (VT, M15, M16).

11 Schildern Sie, wie es im April 1946 zur Gründung der SED kam (VT, M16). Welche Folgen hatte diese Parteigründung in der SBZ? Wie wurde diese im Westen wahrgenommen?

3 Die Gründung zweier deutscher Staaten

Hatten sich auf der Potsdamer Konferenz die Siegermächte noch um eine gemeinsame Deutschlandpolitik bemüht, so zeigte sich in den folgenden Monaten bald, dass dies eine Illusion gewesen war. Zwischen den Westmächten und der Sowjetunion kam es immer häufiger zum Streit über die Besatzungspolitik. Die Folge dieses Streits war eine immer stärkere Auseinanderentwicklung von Ost und West, die schließlich in der Gründung der Bundesrepublik Deutschland (BRD) und der Deutschen Demokratischen Republik (DDR) mündete. Damit waren – nur wenige Jahre nach dem Ende des Krieges – zwei deutsche Staaten entstanden.
War die deutsche Teilung angesichts der zunehmenden Konflikte zwischen den beiden Supermächten USA und UdSSR unvermeidlich? Und was waren die entscheidenden Etappen auf dem Weg zur Gründung der beiden deutschen Staaten?

1947	Mit dem Marshall-Plan versuchen die USA, Europa wirtschaftlich wieder aufzubauen.
1948/1949	Nach der Währungsreform und der Einführung der D-Mark im Westen kommt es zur Blockade Berlins durch die Sowjetunion.
1948	Die Westmächte beauftragen die westdeutschen Ministerpräsidenten mit der Einberufung einer verfassunggebenden Versammlung (Juli).
1949	Gründung der Bundesrepublik (23. Mai) Gründungstag der DDR (7. Oktober)

Marktwirtschaft kontra Sozialisierung

In den Jahren 1946/47 zeigte sich ein tiefer Riss zwischen den deutschlandpolitischen Vorstellungen der Westmächte und denen der Sowjetunion. Die USA und Großbritannien drängten auf Einführung der freien Marktwirtschaft in Deutschland und erhofften sich davon eine schnelle Wiederbelebung der Wirtschaft und damit sowohl die Überwindung von Hunger und Not als auch die Akzeptanz des Aufbaus einer demokratischen Gesellschaft. Dagegen hielt die sowjetische Besatzungspolitik an der Umsetzung ihrer rigiden Reparationsforderungen fest. Die UdSSR war – entgegen den Absprachen von Potsdam – dazu übergegangen, in ihrer Zone Reparationen aus der laufenden Produktion zu nehmen. Ein weiterer Bruch mit Potsdam war auch die Tatsache, dass die Westzonen nicht die dringend benötigten Nahrungsmittel im Austausch gegen Reparationslieferungen von der UdSSR erhielten. Hinzu kam, dass in der SBZ kurz nach dem Abschluss der Potsdamer Konferenz die Sozialisierung der Wirtschaft eingeleitet worden war. Bereits im September 1945 wurde eine Bodenreform durchgeführt, die den Grundstein für den Aufbau einer sozialistischen Planwirtschaft nach sowjetischem Muster legte. Unter dem Motto „Junkerland in Bauernhand" wurde das gesamte Land von Großgrundbesitzern, ehemaligen Nationalsozialisten sowie NS-Staatsbesitz enteignet, in einen Bodenfonds überführt und unter besitzlosen Landarbeitern, Flüchtlingen und Kleinbauern aufgeteilt. Insgesamt handelte es sich um rund 3,3 Millionen Hektar. Das entsprach etwa 35 % der landwirtschaftlichen Nutzfläche der SBZ.
Die Bodenreform schuf die Basis für weitere Kollektivierungsmaßnahmen im Bereich der Landwirtschaft: Nach der Gründung der DDR (1949) wurden Landwirtschaftliche Produktionsgenossenschaften (LPGs) ins Leben gerufen, denen die Kleinbauern, die nach der Bodenreform mit Land ausgestattet worden waren, beizutreten hatten.

M1 Plakat für den Marshall-Plan
Bundesrepublik, 1950

M2 Plakat gegen den Marshall-Plan
SBZ, 1948

Der Marshall-Plan

Das Vorgehen der Sowjetunion in ihrer Besatzungszone vergrößerte das Misstrauen der Westmächte und bewirkte eine Veränderung ihrer Deutschlandpolitik. Vor allem die USA zielten nun darauf ab, die westlichen Zonen zu einem Bollwerk gegen den sich anscheinend von Osten her über Europa ausbreitenden Kommunismus auszubauen. Diese Neuorientierung der amerikanischen Politik strebte wirtschaftliche und politische Stabilität in Deutschland und Europa an und mündete 1947 in ein finanzielles Hilfsprogramm für Europa, das Sachlieferungen wie Lebensmittel und Rohstoffe sowie Kredite für den Wiederaufbau beinhaltete. Der nach dem US-Außenminister George C. Marshall benannte Plan galt als Angebot an alle europäischen Länder, also auch an die osteuropäischen Staaten. Die einzige Bedingung für die Teilnahme am Wiederaufbauprogramm für Europa (auch „European Recovery Program" genannt) war die Verständigung aller beteiligten Staaten auf eine gemeinsame europäische Wirtschaftspolitik. Die Sowjetunion sperrte sich jedoch gegen den Marshall-Plan. Sie betrachtete ihn als Versuch der Amerikaner, den Einfluss der UdSSR in Europa einzudämmen. Auf Druck Stalins konnten die osteuropäischen Staaten deswegen ebenso wenig am Marshall-Plan teilnehmen wie die Sowjetische Besatzungszone – wodurch sich die Spaltung Deutschlands noch mehr vertiefte.

Für den Westen Deutschlands bedeutete der Marshall-Plan die Einbindung in die westliche Staatengemeinschaft und die Chance auf wirtschaftlichen Wiederaufbau. Bis 1957 erhielt Westdeutschland Hilfslieferungen von insgesamt 1,7 Milliarden Dollar. Diese Leistungen ermöglichten den raschen Aufbau des zerstörten Landes und begünstigten das spätere Wirtschaftswunder. Auch in psychologischer Hinsicht hatte der Marshall-Plan eine nicht zu unterschätzende Wirkung: Die USA erschienen vielen Menschen nun als Helfer in der Not, als Garant für Frieden und wirtschaftliche Stabilität. Dies ist bis heute in der kollektiven Erinnerung der Deutschen haften geblieben, genau wie die Millionen CARE-Pakete aus Amerika, in denen sich hochwillkommene Lebensmittelspenden befanden.

Die Gründung der Bizone

Der Kurswechsel in der amerikanischen Deutschlandpolitik zeigte sich auch in einer Rede des amerikanischen Außenministers Byrnes vor deutschen Politikern im September 1946. Byrnes machte den Deutschen Hoffnung auf eine wirtschaftliche Vereinigung Deutschlands und auf die baldige Bildung einer vorläufigen deutschen Regierung. Ziel der amerikanischen Deutschlandpolitik sei es, Deutschland zu einem friedlichen und demokratischen Land mit einer eigenständigen Regierung zu machen.

Nur wenige Monate später, am 1. Januar 1947, vereinigten Amerikaner und Briten ihre beiden Besatzungszonen zur Bizone. Dies sollte die administrative Zusammenarbeit erleichtern und die wirtschaftliche Lage in beiden Zonen verbessern. Zum höchsten Organ der Bizone wurde der Wirtschaftsrat, der aus von den Landesparlamenten gewählten Vertretern bestand und legislative Funktionen hatte. Dieser stellte die entscheidenden Weichen bei der Entwicklung hin zu einem westdeutschen Staat und wird deshalb oft als eine Art „Vorparlament" bezeichnet. Zum „vereinigten Wirtschaftsgebiet", der Bizone, trat nach langem Zögern im Jahr 1949 auch die französische Zone bei – aus der Bi- wurde die Trizone. Damit lief alles auf eine Spaltung Deutschlands hinaus. Dies zeigte sich auch anlässlich der Londoner Sechs-Mächte-Konferenz im Frühjahr 1948, auf der die Westmächte und die Benelux-Staaten erstmals ohne die UdSSR getagt und beschlossen hatten, dem deutschen Volk die Regierungsverantwortung wieder zu übergeben. Der sowjetische Militärgouverneur Sokolowski verließ daraufhin aus Protest den Alliierten Kontrollrat.

M3 Von dem Onkel dürft ihr nichts annehmen
Karikatur zum Marshall-Plan von Mirko Szewczuk, 1947

Die Währungsreform

Eine wichtige Voraussetzung für den Erfolg des wirtschaftlichen Wiederaufbaus und das Gelingen des Marshall-Planes war eine stabile Währung – auch in den Besatzungszonen. So bereiteten die Westmächte seit Anfang 1948 die Einführung einer neuen Währung, der Deutschen Mark (DM), vor. Schwarzmarkt und Tauschhandel sollten damit abgeschafft werden und die Wirtschaft neuen Schwung erhalten. Der Plan der Währungsreform wurde in der Öffentlichkeit streng geheim gehalten. Dadurch sollte verhindert werden, dass die Händler ihre Waren zurückhielten und sich die Versorgungsengpässe bis zur endgültigen Einführung der neuen Währung noch verschärften. Dies gelang jedoch nicht ganz: Viele Geschäftsleute horteten ihre Waren, so dass sich erst unmittelbar nach der Währungsreform die Schaufenster wieder füllten.

Am Abend des 18. Juni 1948 erhielten die Deutschen erste offizielle Informationen über das „Gesetz zur Neuordnung des deutschen Geldwesens". Mit dem 20. Juni 1948 wurde in den westlichen Besatzungszonen die D-Mark als offizielle Währung eingeführt. Jeder Deutsche durfte zunächst 60 Reichsmark umtauschen. Alle Löhne, Gehälter, Pensionen, Renten und Mieten wurden 1:1 umgestellt, private Schulden und alle Bank- und Sparguthaben hingehen im Verhältnis 10:1 abgewertet. Mit der Währungsreform galten alle Schulden des Deutschen Reiches als erloschen.

Zu den Gewinnern der Währungsreform zählten vor allem Besitzer von Sachwerten, also von Häusern oder anderen Besitzgegenständen, da diese nicht von der Reform betroffen waren. Wer sein Geld jedoch gespart hatte, musste praktisch zusehen, wie sein Kapital entwertet wurde.

Erst 1952 versuchte die Bundesregierung durch einen Lastenausgleich, die Härten der Reform abzumildern. Auch wenn von der Währungsreform nicht alle Menschen in gleicher Weise profitierten, erfreute sich die D-Mark schon bald wachsender Beliebtheit. Mit der Einführung der neuen Währung füllten sich die Läden, obwohl viele Gegenstände aufgrund des Preisanstiegs zunächst für viele unerschwinglich waren. Die Zeiten von Schwarzmarkt, Lebensmittelkarten und Bezugsscheinen gingen damit zu Ende.

Die Blockade Berlins

Als Reaktion auf die Einführung der D-Mark im Westen führte die SBZ am 23. Juni 1948 eine eigene Währungsreform durch. Dabei konnten 70 Reichsmark und Sparkonten bis 100 Reichsmark 1:1 umgetauscht werden, Sparkonten von 100 bis 1 000 Reichsmark wurden 5:1 und von 1 000 bis 5 000 Reichsmark 10:1 umgewandelt. Bankkonten von über 5 000 Reichsmark waren vom Umtausch ausgeschlossen.

Die Währungsreform in der SBZ war völlig improvisiert. Hatten die USA die neuen Geldscheine eigens in Amerika drucken lassen, so behalf man sich in der SBZ mit dem Überkleben der alten Geldscheine. Im Volksmund nannte man die neue Währung deshalb auch „Tapetenmark“.

Nach dem Willen der Sowjetischen Militäradministration sollte in ganz Berlin, also auch in den Sektoren der westlichen Alliierten, die Ostmark als Währung gelten. Dieses lehnten die Westmächte ab. Sie führten in ihren Sektoren die neue Westmark ein. Um Druck auf die Westmächte auszuüben und um die sich abzeichnende Gründung eines eigenen Weststaates zu torpedieren, sperrten daraufhin die Sowjets in der Nacht zum 24. Juni 1948 den gesamten Personen- und Güterverkehr nach Berlin. Auch Lebensmittelzufuhren und sogar die Stromlieferungen wurden eingestellt, so dass in West-Berlin im wahrsten Sinne des Wortes die Lichter ausgingen. Jetzt rächte sich die Tatsache, dass die Westmächte es versäumt hatten, sich die Zufahrts- und Zugangsrechte auf dem Landwege für das inmitten der SBZ liegende West-Berlin zu sichern.

Die Berlin-Krise spitzte sich schnell zu. Fast ein Jahr lang, bis zum 12. Mai 1949, wurde West-Berlin von den Westmächten aus der Luft versorgt. Nicht nur Lebensmittel, sondern auch Brennstoffe wurden über die sogenannte „Luftbrücke“ per „Rosinenbomber“ nach West-Berlin geflogen: insgesamt rund zwei Millionen Tonnen Lebensmittel, Kohle und Baumaterialien. Die geschätzten täglichen

M4 „Bewirtschaftung aufgehoben“
Nach der Währungsreform sind die Schaufenster der Läden plötzlich üppig gefüllt. Die von den Händlern vor der Währungsreform gehorteten Produkte werden sogar ohne Bezugsscheine zum Verkauf angeboten. Das Vertrauen in die neue Währung steigt damit erheblich.

Lastenausgleich In der Nachkriegszeit waren Vermögen und Besitz in Deutschland ungleich verteilt. Vor allem die Flüchtlinge aus den ehemaligen deutschen Ostgebieten hatten meist alles verloren. Im Westen gab es dagegen Millionen von Grund- und Hausbesitzern sowie Unternehmer, die von der Währungsreform profitiert hatten. Deshalb mehrten sich schon bald Forderungen nach einem Lastenausgleich. Diese mündeten in das Lastenausgleichsgesetz vom 14. August 1952. Der Lastenausgleich war eine Art Vermögenssteuer: Auf das am Stichtag der Währungsreform vorhandene Vermögen wurde eine Abgabe von 50 % fällig (25 % in der Landwirtschaft). Bis ins Jahr 1979 wurden etwa 114 Milliarden DM an das Bundesausgleichsamt abgeführt. Der Lastenausgleich trug dazu bei, dass sich die sozialen Unterschiede verringerten. Nach der deutschen Wiedervereinigung 1990 gab es eine ähnliche Aufbauhilfe, den Solidaritätszuschlag, der bis heute erhoben wird und dessen Gelder in den Aufbau Ost fließen.

M5 „Rosinenbomber" im Landeanflug
Ehemalige Transportflugzeuge und Bomber transportierten während der Luftbrücke Lebensmittel und Heizmaterial nach Berlin und versorgten so die blockierte Stadt. Alle drei Minuten landete ein Versorgungsflugzeug in Berlin.

Transportkosten lagen bei 150 000 Dollar. Finanziert wurde die Luftbrücke von den USA und durch die Erhebung zusätzlicher Steuern auf Genussmittel wie Kaffee oder Tee sowie auf Briefmarken in der Bizone. Nach langen Verhandlungen erklärte sich die sowjetische Besatzungsmacht schließlich am 4. Mai 1949 zu einer Aufgabe der Blockade bereit.
Die Auswirkungen der Blockade waren vielfältig. Zum einen veränderte sich die Rolle der Westmächte grundlegend: Aus Besatzern waren endgültig Schutzmächte geworden und insbesondere die Amerikaner konnten erheblich an Vertrauen und Sympathie bei der deutschen Bevölkerung gewinnen. Dagegen stieß das Verhalten der Sowjetunion auf heftige Ablehnung und förderte so den antikommunistischen Konsens in Westdeutschland. Durch Berlin verlief zudem nicht zuletzt durch das Vorhandensein unterschiedlicher Währungen fortan ein erkennbarer Riss. Aber auch in politischer Hinsicht war Berlin nun geteilt: Der Umzug des Berliner Magistrats in die Westsektoren und das Ausrufen eines Ost-Berliner Gegenmagistrats verdeutlichten die zunehmende Spaltung der Stadt.

Die Gründung der Bundesrepublik

Die Einführung der D-Mark im Westen war nicht nur der Beginn des wirtschaftlichen Wiederaufbaus, sondern beschleunigte auch die Gründung zweier deutscher Teilstaaten. Im Juli 1948 übergaben die Westmächte in Frankfurt den Ministerpräsidenten der westdeutschen Länder die sogenannten „Frankfurter Dokumente". Die Ministerpräsidenten erhielten damit den Auftrag, eine Versammlung einzuberufen, die eine demokratische Verfassung ausarbeiten sollte. Den Ministerpräsidenten war klar, dass der neu zu gründende Staat ein Staat ohne die SBZ werden würde. Deshalb betonten sie in den anschließenden Beratungen dessen Vorläufigkeit. Anstelle einer Verfassung wollten sie quasi als Provisorium ein Grundgesetz für einen demokratischen und föderalen Staat ausarbeiten.
Auf dem Verfassungskonvent von Herrenchiemsee (10. – 23. August 1948) berieten Experten über die Ausgestaltung dieses Grundgesetzes. Die Politiker waren sich einig, die Fehler der Weimarer Verfassung nicht wiederholen zu wollen. Präsidialregierungen, welche die Endphase der Weimarer Republik geprägt hatten, sollten künftig nicht mehr möglich sein. Die Machtbefugnisse des Staatsoberhauptes sollten erheblich eingeschränkt werden, die Stellung des Kanzlers sollte dagegen aufgewertet werden. Mit der Einführung einer 5 %-Hürde wollte man zudem verhindern, dass kleinere Parteien ins Parlament einziehen konnten. So sollte der für die Weimarer Republik schädlichen Parteienzersplitterung vorgebeugt werden. Elementare Grund- und Menschenrechte sollten eine herausragende Stellung einnehmen. Sie stehen aus diesem Grund gleich zu Beginn des Grundgesetzes.
In erstaunlich kurzer Zeit entstand der Entwurf eines Grundgesetzes, der dann am 1. September 1948 dem Parlamentarischen Rat zu weiteren Beratungen übergeben wurde. Dieser Versammlung gehörten insgesamt 65 Politiker jener Parteien an, die zuvor von den Landtagen in den drei Westzonen gewählt worden waren. Vorsitzender war der bereits 72-jährige CDU-Politiker Konrad Adenauer, der während der Weimarer Republik als Kölner Oberbürgermeister politische Erfahrungen gesammelt hatte und 1946 zum Vorsitzenden der CDU in der britischen Zone gewählt worden war.
Im Frühjahr 1949 war das Grundgesetz fertig ausgearbeitet. Am 8. Mai 1949 – also genau vier Jahre nach Kriegsende – wurde es vom Parlamentarischen Rat verabschiedet, und nur vier Tage später von den Westmächten

genehmigt. Am 23. Mai trat es offiziell in Kraft und rief mit der Bundesrepublik den westlichen Teilstaat ins Leben.
Gleichzeitig erließen die Besatzungsmächte jedoch ein Besatzungsstatut, das die Souveränität der Bundesrepublik einschränkte. Zwar erhielt der neue Weststaat ein „größtmögliches Maß“ an Selbstbestimmung, er war jedoch in zentralen Fragen, etwa der Außenpolitik, auf die Zustimmung der Westmächte angewiesen. Mit dem Besatzungsstatut behielten sich die westlichen Siegermächte zunächst das Recht vor, Deutschland auch weiterhin zu kontrollieren, um damit ein erneutes Abgleiten Deutschlands in eine Diktatur zu verhindern. Die junge Bundesrepublik wird daher oft auch als „Staat auf Probe“ bezeichnet.

Gründung der DDR

Parallel zur Bundesrepublik entstand auf dem Gebiet der SBZ als zweiter deutscher Staat die Deutsche Demokratische Republik. Die SED hatte mit der sogenannten „Volkskongressbewegung“ eine Art Vorparlament ins Leben gerufen, dessen Delegierte von Parteien und Organisationen entsandt worden waren. Zwar verfolgte der im Dezember 1947 tagende 1. Volkskongress nach außen hin das Ziel, die sich anbahnende Gründung eines westdeutschen Teilstaates zu verhindern, und forderte stattdessen eine gesamtdeutsche Regierung aus Vertretern aller deutschen Parteien. Doch tatsächlich ging es diesem von der SED dominierten Volkskongress vor allem um die Verwirklichung der deutschlandpolitischen Pläne der Sowjetunion.
Auf dem im März 1948 tagenden 2. Volkskongress wurde ein Deutscher Volksrat gewählt, dessen Verfassungsausschuss unter der Leitung Otto Grotewohls (SED) den Auftrag erhielt, eine Verfassung für einen ostdeutschen Teilstaat auszuarbeiten. Der Verfassungsentwurf entsprach den sozialistischen Vorstellungen der SED, sah er doch die Enteignung von Großgrundbesitz sowie die Sozialisierung von Bodenschätzen und bestimmten Betrieben vor. Im Oktober 1948 wurde der Entwurf vom Volksrat gebilligt, bevor er im März 1949 schließlich offiziell verabschiedet wurde.
Der dritte Volkskongress (Mai 1949) bestätigte diese sozialistische Verfassung. Die Teilnehmer des Kongresses, die nach einer zuvor von der SED erstellten Einheitsliste gewählt worden waren, bildeten aus ihren Reihen einen 2. Volksrat. Dieser konstituierte sich am 7. Oktober 1949 zur Provisorischen Volkskammer und setzte die Verfassung der damit neu gegründeten Deutschen Demokratischen Republik in Kraft. In der Volkskammer dominierte die SED. Otto Grotewohl (SED) bildete als Ministerpräsident die erste Regierung der DDR. Zum Präsidenten der DDR wurde der SED-Vorsitzende Wilhelm Pieck gewählt, der in seiner Antrittsrede die Gründung der DDR als eine „Wende der deutschen Geschichte“ bezeichnete.
Mit dem 7. Oktober 1949, dem Gründungstag der DDR, gab es nun also zwei deutsche Staaten. Die deutsche Teilung war endgültig besiegelt, auch wenn die Westmächte und die Regierung der Bundesrepublik der DDR jegliche Legitimation absprachen.

M6 **„Der Volkskongress tanzt“**
Zeitgenössische Karikatur aus westlicher Sicht

M7 Der Wiederaufbau Europas

Aus der Rede des US-Außenministers Marshall vom 5. Juni 1947:

Es ist nur logisch, dass die Vereinigten Staaten alles tun, was in ihrer Macht steht, um die Wiederherstellung gesunder wirtschaftlicher Verhältnisse in der Welt zu fördern, ohne die es keine politische Stabilität und keinen sicheren Frieden geben kann. Unsere Politik richtet sich nicht gegen irgendein Land oder eine Doktrin, sondern gegen Hunger, Armut, Verzweiflung und Chaos. Ihr Zweck ist die Wiederbelebung einer funktionierenden Weltwirtschaft, damit die Entstehung politischer und sozialer Bedingungen ermöglicht wird, unter denen freie Institutionen existieren können [...]. Jeder Regierung, die bereit ist, beim Wiederaufbau zu helfen, wird die volle Unterstützung der Vereinigten Staaten gewährt werden, dessen bin ich mir sicher. Aber eine Regierung, die durch Machenschaften versucht, die Gesundung der anderen Länder zu hemmen, kann von uns keine Hilfe erwarten. Darüber hinaus werden alle Regierungen, politische Parteien oder Gruppierungen, die es darauf abgesehen haben, das menschliche Elend zu einem Dauerzustand zu machen, um in politischer oder anderer Hinsicht Nutzen zu ziehen, auf den Widerstand der Vereinigten Staaten stoßen.

W. Ripper (Hg.): Deutschland im Spannungsfeld der Siegermächte. Frankfurt 1982, S. 205.

M8 Die Sowjetunion und der Marshall-Plan

Der sowjetische Außenminister Molotow am 2. Juli 1947:

Damit ist die Frage der amerikanischen Wirtschaftshilfe [...] für die britische und die französische Regierung zum Vorwand geworden, auf der Schaffung einer Organisation zu bestehen, welche [...] sich in die inneren Angelegenheiten dieser Länder einmischt. [...] Wozu kann dies führen? Heute kann ein Druck auf Polen ausgeübt werden, mehr Kohlen zu produzieren und sei es auf Kosten anderer polnischer Industrien, die eingeschränkt werden würden, weil irgendwelche europäischen Länder hieran interessiert sind. Morgen werden sie sagen, die Tschechoslowakei solle aufgefordert werden, ihre landwirtschaftliche Produktion zu erhöhen und ihren Maschinenbau einzuschränken, um Maschinen von anderen europäischen Ländern zu erhalten [...]. Was wird von der wirtschaftlichen Unabhängigkeit und Souveränität solcher europäischen Länder übrig bleiben? Wie können unter solchen Umständen die kleinen Länder und die schwächeren Staaten ihre nationale Wirtschaft und die Unabhängigkeit ihres Staates sichern? [...] Das wird dahin führen, dass [...] die amerikanischen Kredite nicht dem wirtschaftlichen Wiederaufbau Europas dienen, sondern der Ausspielung der einen europäischen Länder gegen die anderen europäischen Länder, je nachdem, wie es einigen starken Mächten, die nach der Herrschaft streben, zweckdienlich erscheint.

Zit. nach: K.-J. Ruhl (Hg.): Neubeginn und Restauration. München 1989, S. 372 ff.

M9 „Die Eingeborenen von Trizonesien"

Ein Karnevalslied aus dem Jahr 1948 befasst sich mit den Eigenschaften der Bürger von „Trizonesien":

Mein lieber Freund, mein lieber Freund,
die alten Zeiten sind vorbei,
ob man da lacht, ob man da weint,
die Welt geht weiter, eins, zwei, drei.
Ein kleines Häuflein Diplomaten
macht heut' die große Politik.
Sie schaffen Zonen, ändern Staaten,
und was ist hier mit uns im Augenblick?

(Refrain)
Wir sind die Eingeborenen von Trizonesien,
Hei-di-tschimela, tschimela-tschimela-tschimela-bumm!
Wir haben Mägdelein mit feurig wilden Wesien,
Hei-di-tschimela, tschimela-tschimela-tschimela-bumm!
Wir sind zwar keine Menschenfresser,
doch wir küssen umso besser.
Wir sind die Eingeborenen von Trizonesien,
Hei-di-tschimela, tschimela-tschimela-tschimela-bumm!

Doch, fremder Mann, damit du's weißt,
ein Trizonese hat Humor,
er hat Kultur, er hat auch Geist,
darin macht keiner ihm was vor.
Selbst Goethe stammt aus Trizonesien,
Beethovens Wiege ist bekannt.
Nein, so was gibt's nicht in Chinesien,
darum sind wir auch stolz auf unser Land.

Karl Berbuer: „Wir sind die Eingeborenen von Trizonesien" (1948)/ Karl Berbuer Musikverlag

M10 Die D-Mark – ein Kind des Kalten Krieges

Über die D-Mark als Garant einer funktionierenden, stabilen Demokratie schreibt ein Historiker:

Über die Grundzüge der Währungsreform 1948 wurde auf höchster politischer Ebene entschieden. Weitere Entscheidungen fielen bei geheimen Beratungen in Rothwesten, einer heruntergekommenen Kaserne unweit von Kassel. Dorthin brachten die Alliierten am 20. April 1948 mit Bussen eine Gruppe deutscher Finanzfachleute, die vom Währungsausschuss des bizonalen Wirtschaftsrates ausgewählt worden waren. Die Fenster der Busse hatte man verhängt, ein weiteres Indiz für die Bedeutung und die Geheimhaltung der Operation. [...] In diesem Rahmen wurden die letzten Schritte zur Währungsreform festgelegt. Deutsche Auffassungen wurden dabei fast durchgehend übergangen oder zurückgewiesen. [...] Die Deutsche Mark war [...] ein Kind des Kalten Krieges. Mit der Währungsreform stellte sich die Frage, welche Rolle die Sowjetunion in Deutschland künftig spielen würde, und die Blockade Berlins als Antwort auf die Währungsreform war abzusehen. Die schwerwiegende politische Entscheidung, eine westdeutsche Währung zu schaffen, lag eindeutig bei den Amerikanern, deutsche Politiker und Finanzfachleute hatten keine Mitsprache. Es war eine Frage der Beziehungen zwischen den Supermächten. Rückblickend können wir sagen, dass dieser Schritt entscheidend für den Erfolg der neuen Währung war und auch für den Erfolg der neuen Demokratie. Wenn zwei gegensätzliche Wirtschaftsordnungen durch eine einzige Währung verbunden worden wären, hätte keine realistische Erfolgschance bestanden. Die Deutsche Mark trat somit als Verkörperung der Marktwirtschaft und Absage an die Planwirtschaft ins Leben.

Harold James: Die D-Mark. In: Etienne François, Hagen Schulze (Hg.): Deutsche Erinnerungsorte. Bonn 2005, S. 373/374. (Original: C. H. Beck 2003)

M11 Die Parade der „Rosinenbomber"

Die Luftbrücke festigte die Allianz der West-Berliner mit der westlichen Welt:

462 Tage lang fliegen die einstigen Sieger ins eingeschnürte West-Berlin und versorgen die ganze halbe Stadt aus der Luft. Die westliche Welt applaudiert.

Ein Kampf ums Überleben. Die 2,2 Millionen Einwohner der West-Sektoren darben bei Tagesrationen von 30 Gramm Fett, 40 Gramm Büchsenfleisch, 50 Gramm Nährmitteln und 5 Gramm Käse. Sie leben von dem eingeflogenen Trockenei, von Trockenkartoffeln und Trockenmilch. Sie sitzen im Finstern; höchstens vier Stunden täglich gibt es Strom. Sie frieren; für die Wintermonate gibt es pro Kopf nur 25 Pfund Brennstoff.

Am Ende steht eine neue Allianz mit der westlichen Welt. Der Hilfsmarathon bewahrt die Halbstädter vor Hunger und Kommunismus und macht aus Besatzern Freunde. Den Bewohnern impft es Frontstadtgeist ein. Die Botschaft vom standhaften Insulaner – für lange Zeit wird sie zum Mythos des freien, des überlegenen Berlin. [...] Der SPD-Oberbürgermeister Ernst Reuter wird zur Symbolfigur leidenschaftlichen Durchhaltewillens. Am 9. September 1948 wendet er sich vor 300 000 Berlinern an die „Völker der Welt": „Schaut auf diese Stadt und erkennt, dass ihr diese Stadt und dieses Volk nicht preisgeben dürft." Die Drohungen der Sowjets binden die Berliner noch fester an den Westen. [...] Mindestens 4 500 Frachttonnen pro Tag, so haben Experten errechnet, braucht die Stadt fürs Nötigste. In der ersten Blockadewoche bringen es die zweimotorigen US-Flieger vom Typ C-47, den Halbstädtern bis heute als „Rosinenbomber" heilig, auf 1 273 Tonnen. [...] Insgesamt werden 2,1 Millionen Tonnen Blockadegut eingeflogen. [...] Bei Abstürzen und Bruchlandungen verlieren 31 Amerikaner, 39 Briten und 8 Deutsche ihr Leben. [...] Am 12. Mai 1949 geben die Sowjets [...] auf. Sie kassieren ihre erste große Nachkriegsniederlage.

Wolfgang Bayer: Die Parade der „Rosinenbomber". In: Der Spiegel: Die 50er Jahre, S. 138/139.

M12 Die Frankfurter Dokumente

Die Westmächte beauftragen die Ministerpräsidenten der westlichen Länder im Jahr 1948 mit der Ausarbeitung einer Verfassung:

In Übereinstimmung mit den Beschlüssen ihrer Regierungen autorisieren die Militärgouverneure der amerikanischen, britischen und französischen Besatzungszone in Deutschland die Ministerpräsidenten der Länder ihrer Zonen, eine Verfassunggebende Versammlung einzuberufen, die spätestens am 1. September 1948 zusammentreten soll.

Die Verfassunggebende Versammlung wird eine demokratische Verfassung ausarbeiten, die für die beteiligten Länder eine Regierungsform des föderalistischen Typs schafft, die am besten geeignet ist, die gegenwärtig zerrissene deutsche Einheit schließlich wiederherzustellen und die Rechte der beteiligten Länder schützt, eine angemessene Zentralinstanz schafft und Garantien der individuellen Rechte und Freiheiten enthält. [...]

Die Militärgouverneure werden den deutschen Regierungen Befugnisse der Gesetzgebung, der Verwaltung und der Rechtsprechung gewähren und sich solche Zuständigkeiten vorbehalten, die nötig sind, um die Erfüllung des grundsätzlichen Zwecks der Besatzung sicherzustellen. [...]

Die Militärgouverneure werden die Ausübung ihrer vollen Machtbefugnisse wieder aufnehmen, falls ein Notstand die Sicherheit bedroht, und um nötigenfalls die Beachtung der Verfassungen und des Besatzungsstatutes zu sichern.

Zit. nach: Rolf Steininger: Deutsche Geschichte seit 1945. Frankfurt 1996, S. 306/307.

M13 Auf dem Weg zur Bizone

Karikatur aus der Daily Herald, 1946

M14 Besatzungsstatut für die Bundesrepublik

Die Bundesrepublik wurde 1949 zum „bedingt souveränen Staat". Mit dem Besatzungsstatut behielten sich die Alliierten gewisse Mitbestimmungsrechte vor:

1. Die Regierungen Frankreichs, der Vereinigten Staaten und des Vereinigten Königreichs wünschen und beabsichtigen, dass das deutsche Volk während des Zeitraumes, in dem die Fortdauer der Besetzung notwendig ist, das mit der Besetzung zu vereinbarende größtmögliche Maß an Selbstregierung genießt. Abgesehen von den in diesem Statut enthaltenen Beschränkungen, besitzen der Bund und die ihm angehörenden Länder volle gesetzgebende, vollziehende und richterliche Gewalt gemäß dem Grundgesetz und ihren Verfassungen.

2. Um sicherzustellen, dass die Grundziele der Besetzung erreicht werden, bleiben auf folgenden Gebieten Befugnisse ausdrücklich vorbehalten […]:

Die Abrüstung und Entmilitarisierung, einschließlich der damit zusammenhängenden Gebiete der wissenschaftlichen Forschung, die Verbote und Beschränkungen der Industrie und die zivile Luftfahrt.

Die Kontrolle hinsichtlich der Ruhr, die Restitutionen, die Reparationen, die Dekartellisierung, die Entflechtung, die Handelsdiskriminierungen, die ausländischen Interessen in Deutschland und die Ansprüche gegen Deutschland.

Auswärtige Angelegenheiten, einschließlich internationaler Abkommen, die von Deutschland oder für Deutschland abgeschlossen werden. […]

3. Die Regierungen Frankreichs, der Vereinigten Staaten und des Vereinigten Königreichs hoffen und erwarten, dass die Besatzungsbehörden keinen Anlass haben werden, auf anderen Gebieten als den ihnen oben ausdrücklich vorbehaltenen einzugreifen. Die Besatzungsbehörden behalten sich indessen das Recht vor, auf Weisung ihrer Regierungen die Ausübung der vollen Gewalt ganz oder teilweise wieder zu übernehmen, wenn sie dies als wesentlich ansehen für die Sicherheit oder die Aufrechterhaltung der demokratischen Regierung in Deutschland oder als Folge der internationalen Verpflichtungen ihrer Regierungen. Bevor sie entsprechende Schritte unternehmen, werden sie die zuständigen deutschen Behörden von ihrer Entscheidung und deren Gründen förmlich unterrichten.

Zit. nach: Rolf Steininger: Deutsche Geschichte seit 1945. Frankfurt 1996, S. 313/314.

M15 Die Einheit Deutschlands aus Sicht der DDR

Wilhelm Pieck in einer Ansprache nach seiner Wahl zum Präsidenten der DDR am 11. Oktober 1949:

Es wird von der politischen Arbeit der fortschrittlichen demokratischen Kräfte in ganz Deutschland […] abhängen, ob die westlichen Besatzungsmächte ihre Pläne bis zum Ende durchführen können, oder ob diese Pläne durch den gemeinsamen Kampf des deutschen Volkes zerschlagen werden. In diesem Kampf wird die Gründung der Deutschen Demokratischen Republik, die Bildung einer souveränen deutschen Regierung in der deutschen Hauptstadt Berlin eine entscheidende Rolle spielen. Diese Regierung, die die Interessen des gesamten deutschen Volkes wahrnimmt und die Legitimation besitzt, für das ganze deutsche Volk zu sprechen, wird durch ihre Arbeit sich nicht nur das Vertrauen des Volkes erwerben, sondern auch zur Stärkung der Nationalen Front aller Deutschen beitragen und so den Kampf um den Frieden, um die nationale Einheit Deutschlands und die wirtschaftlichen Beziehungen zwischen Ost und West auf einer höheren Ebene fortsetzen und zum Siege führen.

Niemals wird die Spaltung Deutschlands, die Verewigung der militärischen Besetzung Westdeutschlands durch das Besatzungsstatut, die Losreißung des Ruhrgebiets aus dem deutschen Wirtschaftskörper von der Deutschen Demokratischen Republik anerkannt werden, und nicht eher werden wir ruhen, bis die widerrechtlich von Deutschland losgerissenen und dem Besatzungsstatut unterworfenen Teile Deutschlands mit dem deutschen Kerngebiet, mit der Deutschen Demokratischen Republik, in einem einheitlichen demokratischen Deutschland vereinigt sind.

Dokumente zur Außenpolitik der Regierung der DDR, Bd. 1. Ost-Berlin 1954, S. 15 f.

M16 Der Alleinvertretungsanspruch der Bundesrepublik

Bundeskanzler Konrad Adenauer in einer Erklärung vor dem Deutschen Bundestag vom 21. Oktober 1949:

Ich stelle Folgendes fest. In der Sowjetzone gibt es keinen freien Willen der deutschen Bevölkerung. Das, was jetzt dort geschieht, wird nicht von der Bevölkerung getragen und damit legitimiert.

Die Bundesrepublik stützt sich dagegen auf die Anerkennung durch den frei bekundeten Willen von rund 23 Millionen stimmberechtigten Deutschen. Die Bundesrepublik Deutschland ist somit bis zur Erreichung der deutschen Einheit insgesamt die alleinige legitimierte staatliche Organisation des deutschen Volkes. […]

Die Bundesrepublik Deutschland fühlt sich auch verantwortlich für das Schicksal der 18 Millionen Deutschen, die in der Sowjetzone leben. Sie versichert sie ihrer Treue und Sorge. Die Bundesrepublik Deutschland ist allein befugt, für das deutsche Volk zu sprechen.

1. Bundestag, Stenographische Berichte, S. 308 f.

M17 **Lastenausgleich**

Gerd Bucerius, ehemaliger CDU-Politiker, schildert im Jahr 1979 die persönlichen Folgen des Lastenausgleichsgesetzes:

Manchmal fällt einem der Abschied nicht schwer. Seit dem 1. April 1949 musste ich an das Finanzamt jedes Vierteljahr 650 Mark „Lastenausgleich“ zahlen, jährlich 2 600, in dreißig Jahren zusammen 78 000 Mark. Das ist vorbei. Eben habe ich die letzte Rate gezahlt. [...]

2 600 Mark im Jahr, das hat mich in den letzten Jahren nicht mehr getroffen. [...] Aber in den fünfziger Jahren gingen die Geschäfte schlecht. [...] Da war der Lastenausgleich eine arge Last. Sie war mir auferlegt worden, weil ich am Stichtag der Währungsreform (30. Juni 1948) Vermögen gehabt hatte. Dass ich es inzwischen verloren hatte, spielte keine Rolle. Wie mir ging es vielen: Über drei Millionen Westdeutsche, die etwas Vermögen gerettet hatten, sollten zahlen. [...] Das war die größte Vermögensabgabe der Weltgeschichte. Ein gewaltiges Gesetz; heute ist es fast vergessen. Wie kam es zustande? Nach dem Kriege waren in das Gebiet der heutigen Bundesrepublik (damals „Tri-Zone“ genannt) zunächst sechs, später fast zehn Millionen Vertriebene aus dem Osten gekommen, viele nur mit durchgewetzten Schuhsohlen, einige mit einem kleinen Koffer, die ganz Klugen mit Unterlagen darüber, was sie im Osten verloren hatten. Das waren zusammen etwa vierzig Milliarden Reichsmark. Der Bombenkrieg hatte zudem fast ein Drittel des deutschen Hausbesitzes zerstört. Verlust etwa zwölf Milliarden Reichsmark. Auch die Währungsreform hatte Schäden verursacht: Wer einem anderen ein Darlehen von tausend Reichsmark gegeben hatte, konnte nur noch zehn Prozent davon, also hundert deutsche Mark fordern. Wer ein Sparkassenguthaben von tausend Reichsmark hatte, bekam sogar nur 65 Deutsche Mark. [...] Die Vertriebenen, die Bombengeschädigten und die Währungsgeschädigten verlangten, wir sollten an ihrem Schicksal teilhaben; [...] ihre Unzufriedenheit drohte unsere Gesellschaft zu sprengen.

Gerd Bucerius: Rechnung für Hitlers Krieg. In: Die Zeit vom 13. April 1979.

Arbeitsaufträge

1 Erläutern Sie die wirtschaftspolitischen Ziele des amerikanischen Wiederaufbauprogramms für Europa (Marshall-Plan). Nennen Sie Gründe dafür, dass die osteuropäischen Staaten nicht an diesem Programm teilnahmen (VT, M 1, M 2, M 7, M 8).

2 Beschreiben Sie, wie sich die Marshall-Plan-Hilfe und die Berliner Luftbrücke psychologisch auf das Verhältnis zwischen den Westdeutschen und den amerikanischen Besatzern auswirkten (VT, M 5, M 11).

3 Analysieren Sie vor dem historischen Hintergrund den Text des Liedes M 9 und fassen Sie die Stimmung des Liedes zusammen.

4 Befragen Sie Zeitzeugen in Ihrer Heimatgemeinde nach ihren persönlichen Erfahrungen und Erlebnissen in der Besatzungszeit. Präsentieren Sie Ihre Zeitzeugenberichte vor der Klasse.

5 Erstellen Sie gemeinsam in der Klasse eine Zeitleiste mit den wichtigsten Stationen der Gründung der beiden deutschen Staaten. Suchen Sie in Büchern oder im Internet nach Fotos zu den einzelnen Ereignissen und fertigen Sie zu jedem Ereignis eine Wandzeitung an.

6 Erklären Sie, warum die D-Mark ein Kind des Kalten Krieges war (VT, M 10). Warum bildete sie eine wichtige Grundlage für eine stabile Demokratie? Wer zählte zu den Gewinnern und wer zu den Verlierern der Währungsreform?

7 Vergleichen Sie den Lastenausgleich der Nachkriegszeit mit dem heutigen Solidaritätszuschlag (VT, M 17). Diskutieren Sie, ob der Solidaritätszuschlag heute noch gerechtfertigt ist. Welche Argumente sprechen dafür, welche dagegen?

8 Nehmen Sie Stellung zu der Aussage „Bonn ist nicht Weimar“. Erläutern Sie dabei, in welchen zentralen Punkten sich das Grundgesetz (vgl. S. 55 und S. 64/65) von der Weimarer Verfassung (vgl. S. 107 und S. 111) unterscheidet.

9 Arbeiten Sie anhand der Frankfurter Dokumente und des Besatzungsstatuts heraus, warum die junge Bundesrepublik zunächst ein „Staat auf Probe“ war (VT, M 12, M 14).

10 Analysieren Sie, wie der erste deutsche Bundeskanzler den Alleinvertretungsanspruch der BRD begründet (VT, M 16).

11 Vergleichen Sie Adenauers Rede (M 16) vor dem Deutschen Bundestag mit der Ansprache Piecks (M 15). Charakterisieren Sie das Verhältnis zwischen BRD und DDR im Jahre 1949.

12 Diskutieren Sie, ob die Teilung Deutschlands hätte verhindert werden können.

Werkstatt Geschichte und Gesellschaft

Die Präsentationsprüfung – Tipps zur Vorbereitung und Themenfindung

Im Abitur wird im 5. Prüfungsfach die „Präsentationsprüfung" angeboten. Zur Vorbereitung auf diese Prüfung ist es ratsam, frühzeitig eine Liste mit interessanten, im Unterricht behandelten Themen zu erstellen. Das erleichtert die spätere Themenfindung vor der Prüfung.
Was aber wird in der Prüfung erwartet? Wie kann man sich vorbereiten? Welche Anforderungen gibt es im Fach Geschichte mit Gemeinschaftskunde?
Diese Überblicksseite fasst die wichtigsten Punkte zusammen.

Was wird in der Prüfung erwartet?
In der Präsentationsprüfung sollen Sie zeigen, dass Sie Ihr im Unterricht erworbenes fachliches Wissen und Können auch ansprechend präsentieren können.
Da es sich um eine Prüfung im Fach Geschichte mit Gemeinschaftskunde handelt, sollten beide Teilaspekte in Ihrem Thema vorkommen. Entscheiden Sie sich für ein gemeinschaftskundliches Thema, sollten Sie also den historischen Hintergrund einbeziehen. Wählen Sie eine historische Fragestellung, so sollten Sie den jeweiligen Gegenwartsbezug berücksichtigen.
Ganz wichtig ist es, über eine reine Darstellung des Themas hinauszugehen. Es wird erwartet, dass Sie nicht nur die Ereignisse chronologisch wiedergeben und beschreiben, sondern auch historisch-politische Fragestellungen aufwerfen und beantworten, Sachverhalte richtig einordnen und zu eigenen Bewertungen kommen. Deshalb sollte man sich zunächst

Checkliste zur Vorbereitung auf die Präsentationsprüfung

- Welche Themen interessieren mich?
- Eigenen sich diese für eine Präsentationsprüfung?
- Was sagt der Fachlehrer dazu?
- Wie könnte ich die Präsentation inhaltlich aufbereiten und strukturieren (Grobgliederung erstellen)?
- Welche Fragestellung ergibt sich? Gibt es Kontroversen oder Debatten zu meinem Thema?
- Wie könnte ich die Präsentation gestalten?
- Ist das alles in einer Woche machbar? Auf welche Fragen kann bzw. muss ich mich konzentrieren?
- Brauche ich technische Geräte (Overhead-Projektor, Beamer, ...)? Kann die Schule die benötigten Geräte am Prüfungstag bereitstellen?
- Welche weiterführenden Fragen bieten sich bei meinem Thema an? Wie könnte das Prüfungsgespräch verlaufen?

Themenbeispiele

Die EU nach der Osterweiterung – besteht die Gefahr einer Überdehnung der Europäischen Union?

Organisation und Planung des Völkermordes – die Wannseekonferenz und ihre Folgen

Leben mit der Mauer – Zeitzeugenberichte über das Leben in einer geteilten Stadt

Regiert uns die Lobby? – der zunehmende Einfluss von Verbänden, aufgezeigt an einem aktuellen Beispiel eine genaue Fragestellung überlegen und ein Thema wählen, an dem sich Kontroversen und Debatten aufzeigen lassen.

Wie findet man ein geeignetes Thema?
Beginnen Sie bereits ab der Jahrgangsstufe 1 damit, eine Liste mit interessanten Themen zu erstellen. Berücksichtigen Sie bei Ihren Überlegungen, dass Sie sich an den Lehrplaninhalten der Jahrgangsstufen 1 und 2 (Inhalte dieses Buches) orientieren müssen. Sprechen Sie rechtzeitig mit Ihrem Fachlehrer über Ihre Auswahl.
Überlegen Sie zudem, ob es eventuell Einzelaspekte gibt, die Sie noch vertiefend bearbeiten oder ob Sie historische und/oder politische Themen möglicherweise auch vor Ort näher untersuchen können.

Wie bereiten Sie sich auf die Prüfung vor?
Spätestens zehn Tage vor der mündlichen Prüfung müssen Sie eine Liste mit vier Themenvorschlägen inklusive einer Grobgliederung der jeweiligen Themen einreichen. Eine Woche vor der Prüfung bekommen Sie mitgeteilt, welches Thema ausgewählt wurde. Dann beginnt die eigentliche Vorbereitungszeit für die Prüfung. Ein gutes Zeitmanagement ist jetzt wichtig, denn die Uhr tickt. Sie müssen wichtige Entscheidungen treffen:

- Welche Präsentationsform eignet sich für mein Thema? Welche Medien setze ich ein?
- Welche technische Ausstattung benötige ich für die Präsentation (Beamer, Laptop, Overhead-Projektor, ...)?
- Wo finde ich Informationen und Quellen zu meinem Thema?
- Welche inhaltlichen Schwerpunkte setze ich? Welche Leitfrage möchte ich beantworten?
- Wie ist meine Präsentation aufgebaut (Einleitung, Hauptteil, Schluss)?

Wie läuft die Prüfung ab?
Unmittelbar vor Beginn der Prüfung müssen Sie den Prüfern eine kurze Gliederung des Themas sowie ein Quellen- und Literaturverzeichnis vorlegen. Die Prüfung beginnt dann mit einer zehnminütigen Präsentation Ihres Themas. Bei der Wahl Ihrer Medien sind Sie völlig frei. Achten Sie aber darauf, dass Inhalte und Medien zusammenpassen und dass Sie Ihre Präsentation nicht überfrachten. Die zehn Minuten sollten nicht überschritten werden.
Im Anschluss daran findet ein sogenanntes Kolloquium statt: Die Prüfer werden dabei sowohl Fragen zur Präsentation und zum Einsatz der Medien als auch weiterführende Fragen stellen, die an Ihr Thema anknüpfen. Es reicht also nicht aus, sich nur mit den unmittelbaren Inhalten der Präsentation auszukennen. Sie sollten auch darüber hinaus Ihre historisch-politischen Kenntnisse unter Beweis stellen können.

Beispiel für eine Grobgliederung

Thema: Die EU nach der Osterweiterung – besteht die Gefahr einer Überdehnung der Europäischen Union?

- Europa wird größer (neue Mitgliedstaaten seit 1957)
- Historische Voraussetzungen für die Osterweiterung: Mauerfall und Zusammenbruch des Ostblocks
- Die Ostweiterung 2004 und 2007
- Vor- und Nachteile der Osterweiterung im Überblick
- Politische Folgen der Osterweiterung: Die Notwendigkeit einer Reform der EU
- Aktueller Stand der Diskussion – Ausblick: Soll die EU noch größer werden?

Arbeitsaufträge

1 Erstellen Sie zu verschiedenen historischen und politischen Fragestellungen Listen mit Themen. Stellen Sie Ihre Themenliste in der Klasse vor und diskutieren Sie, ob sich die Themen für eine Präsentation eignen.

2 Entwerfen Sie zu vier Themen eine Grobgliederung und prüfen Sie diese auf ihre Umsetzbarkeit.

4 Deutschland zwischen Ost und West

M1 Westdeutsche Karikatur aus dem Jahr 1955
Mit „Ostverträgen“ sind hier Verträge gemeint, die die DDR in den Ostblock einbanden.

Der Kalte Krieg hatte 1949 zur Bildung von zwei deutschen Staaten geführt, deren Wirtschafts- und Gesellschaftsordnungen grundlegend verschieden waren. Während die Bundesrepublik sich um Westintegration bemühte, fand die DDR ihren Platz im sowjetischen Bündnissystem. Die Bundesrepublik setzte angesichts der westlichen Orientierung auf die Etablierung der Marktwirtschaft. Die DDR orientierte sich dagegen am sozialistischen Wirtschaftsmodell der Planwirtschaft. Beide deutsche Staaten entwickelten sich in nahezu entgegengesetzte Richtungen und wetteiferten dabei im In- und Ausland um Anerkennung und Wertschätzung. Man sprach damals von einem „Wettkampf der Systeme“ innerhalb Deutschlands.

1949	Konrad Adenauer wird erster Kanzler der Bundesrepublik Deutschland.
1953	Das sowjetische Militär schlägt in der DDR einen Aufstand nieder (17. Juni).
1955	Mit den Pariser Verträgen erhält die Bundesrepublik mehr Souveränität.
1961	Auf die anhaltende Abwanderung von DDR-Bürgern reagiert die DDR-Regierung mit dem Bau der Mauer (13. August).

Bundesrepublik: Westintegration

Der erste Deutsche Bundestag wählte im September 1949 den CDU-Vorsitzenden der britischen Zone, Konrad Adenauer, zum Bundeskanzler. Adenauer bildete eine Koalitionsregierung aus CDU/CSU, FDP und der nationalkonservativen DP. Führer der größten Oppositionspartei im Bundestag wurde der SPD-Fraktionsvorsitzende Kurt Schumacher. Die wirtschafts- und außenpolitischen Kompetenzen der ersten Bundesregierung waren durch das von den Westalliierten erlassene Besatzungsstatut noch deutlich eingeschränkt. Die Alliierte Hohe Kommission, bestehend aus den drei Hochkommissaren der USA, Großbritanniens und Frankreichs, bildete das oberste Kontrollorgan. Insbesondere die Kontrolle der Außenpolitik der Bundesrepublik hatten sich die Alliierten vorbehalten. Adenauer räumte deshalb der Rückgewinnung der deutschen Souveränität höchste Priorität ein. Dieses Ziel schien ihm nur erreichbar durch die Integration der Bundesrepublik in das westliche Bündnissystem. Das größte Hindernis auf diesem Weg, die französischen Vorbehalte gegen das Nachbarland, suchte Adenauer mit einer konsequenten Politik zugunsten eines vereinten Europa zu entkräften. Von der angestrebten

Westintegration erhoffte er sich in etwaigen Verhandlungen über eine zukünftige Wiedervereinigung Deutschlands eine stärkere Position gegenüber der sowjetischen Besatzungsmacht. Diese Politik war nicht unumstritten. Während Adenauer davon ausging, dass eine Wiedervereinigung nur von einem politisch und wirtschaftlich starken Weststaat mit Unterstützung der Bündnisstaaten zu erreichen sei, befürchtete die sozialdemokratische Opposition, dass jeder Schritt auf dem Weg zur Westintegration eine Wiedervereinigung in weite Ferne rücke. Schumacher stellte die Wiedervereinigung allen anderen Zielen voran. Diese schien ihm nur dann möglich, wenn beide Teilstaaten auf eine Eingliederung in die politischen Blöcke in Ost und West verzichteten.

Streit um Wiederbewaffnung

Erste Möglichkeiten, auf dem Weg zur Erlangung vollständiger Souveränität voranzukommen, sah Adenauer nach dem Ausbruch des Korea-Krieges 1950 (vgl. S. 201) und den dabei aufkommenden Diskussionen um den Aufbau einer deutschen Armee. Während der Vorschlag einer deutschen Wiederbewaffnung nur fünf Jahre nach Ende des Zweiten Weltkrieges von Bundeskanzler Adenauer befürwortet wurde, reagierte das Nachbarland Frankreich ablehnend. Um den militärischen Einfluss Deutschlands gering zu halten, schlug Frankreich eine europäische Verteidigungsgemeinschaft vor, in der alle größeren militärischen Einheiten national gemischt sein sollten. Als dieses Vorhaben 1954 am Widerspruch der französischen Nationalversammlung scheiterte, einigten sich die Alliierten stattdessen 1955 auf die Aufnahme der Bundesrepublik in die NATO. Den französischen Bedenken trugen sie Rechnung, indem sie die neu zu gründenden deutschen Verbände direkt dem NATO-Oberkommando unterstellten. So begann die Wiederbewaffnung der Bundesrepublik Ende 1955 mit der Einberufung der ersten Soldaten in die Bundeswehr. Im Juli 1956 wurde die allgemeine Wehrpflicht eingeführt.

Die Politik Adenauers in der Frage der Wiederbewaffnung stieß nicht nur im Nachbarland auf erhebliche Bedenken. Auch ein großer Teil der bundesdeutschen Bevölkerung protestierte leidenschaftlich. Insbesondere die SPD kritisierte den eingeschlagenen Kurs. Sie befürchtete eine weitere Vertiefung der deutschen Teilung.

Trotz aller innenpolitischen Querelen schien Adenauer mit seinem konsequenten Beharren auf Orientierung am westlichen Staaten- und Bündnissystem in die richtige Richtung zu steuern: Nachdem die Bundesrepublik sich vor dem Hintergrund des Kalten Krieges zu einem verlässlichen Partner der Westalliierten entwickelte, wollten die Westmächte ihr die Souveränität nicht länger vorenthalten. Der Deutschlandvertrag (1952 in Paris unterzeichnet, aber erst 1955 in geringfügig veränderter Form in Kraft getreten) besiegelte diesen Schritt, mit der Einschränkung allerdings, dass die Westmächte die Zuständigkeit für West-Berlin und die Deutschland als Ganzes betreffenden Fragen weiterhin behielten.

Anspruch auf Alleinvertretung

Trotz der entschiedenen Politik der Westintegration betonte die Adenauer-Regierung in den frühen 1950er-Jahren stets den Provisoriumscharakter Westdeutschlands und hielt an der im Grundgesetz verankerten Forderung nach Wiedervereinigung fest. Seit der Existenz der beiden deutschen Teilstaaten beharrte die Bundesrepublik darauf, alleine berechtigt zu sein, die Interessen Gesamtdeutschlands zu vertreten. Begründet wurde dieser Alleinvertretungsanspruch damit, dass die SED-Regierung in der DDR nicht durch freie Wahlen ins Amt gekommen sei und somit nicht demokratisch legitimiert sei. Die Westalliierten unterstützten zunächst diesen Kurs und gestanden der Bundesregierung zu, als einzige demokratisch gewählte Regierung für Gesamtdeutschland zu sprechen. Die Ostblockstaaten entwickelten dagegen die „Zweistaatentheorie": Auf dem Gebiet des ehemaligen Deutschen Reiches seien zwei souveräne deutsche Staaten entstanden. Jeder dieser Staaten könne für sich sprechen. Eine Wiedervereinigung sei allein Sache der beiden Länder.

Im Juni 1955 lud die Sowjetunion Bundeskanzler Adenauer nach Moskau ein. Dort sollte über die Aufnahme diplomatischer Beziehungen und über Handelsabkommen gesprochen werden. Normale Beziehungen, so lockte die Sowjetunion, könnten auch „zur Lösung des gesamtnationalen Hauptproblems des deutschen Volkes – der Wiederherstellung der Ein-

M2 Konrad Adenauer
Bundeskanzler 1949 – 1963

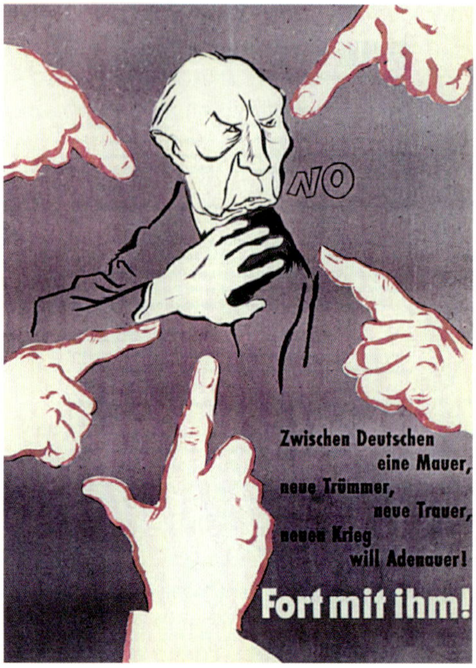

M3 Westintegration und Wiederbewaffnung aus unterschiedlichen Perspektiven
links: „Der Westen trotzt der Flut aus dem Osten" (westdeutsches Plakat, 1952).
rechts: „Fort mit Adenauer, der mit der Wiederbewaffnung Deutschland endgültig spaltet" (ostdeutsches Plakat, 1951/52).

heit des deutschen demokratischen Staates – beitragen". Die Aufnahme diplomatischer Beziehungen bedeutete allerdings, dass in Zukunft zwei deutsche Botschafter in Moskau amtieren würden. Damit war der Alleinvertretungsanspruch der Bundesregierung in Frage gestellt. Adenauer konnte die Einladung jedoch nicht ablehnen, da er hoffte, die Rückkehr der noch immer in der Sowjetunion internierten deutschen Kriegsgefangenen bewirken zu können. Adenauer erreichte dieses Ziel und akzeptierte im Gegenzug die Aufnahme diplomatischer Beziehungen.
1955 erklärte die Bundesregierung jegliche völkerrechtliche Anerkennung der DDR zu einem unfreundlichen Akt gegenüber der Bundesrepublik. Sie werde (mit Ausnahme der Sowjetunion) aufgrund ihres Alleinvertretungsanspruchs mit keinem Staat diplomatische Beziehungen unterhalten, der solche Beziehungen zur DDR eingehe. Mithilfe dieser nach dem Außenamts-Staatssekretär Hallstein genannten „Hallstein-Doktrin" gelang es der Bundesrepublik über ein Jahrzehnt, die DDR weitgehend diplomatisch zu isolieren.

Soziale Marktwirtschaft

Der Wettstreit der beiden deutschen Staaten vollzog sich nicht nur auf politischer Ebene, sondern auch im Bereich der Wirtschaft. Die Bundesrepublik orientierte sich schon früh an der sozialen Marktwirtschaft. Dieses von Ludwig Erhard, dem Leiter der Wirtschaftsverwaltung in der Bizone, propagierte Konzept sah

soziale Marktwirtschaft Dieses wirtschaftspolitische Konzept befürwortet die freie Entfaltung aller Marktkräfte im Sinne des Wirtschaftsliberalismus, will aber mit Regulierungsfunktionen des Staates ein Höchstmaß an sozialer Gerechtigkeit schaffen. Der Staat übernimmt die Aufgabe, sozial unerwünschte Entwicklungen einer freien Marktwirtschaft zu korrigieren, den freien Wettbewerb durch Verhinderung von Kartellen oder Monopolen zu schützen und die Einkommens- und Vermögensverteilung zugunsten der wirtschaftlich Schwachen zu steuern.

ein grundsätzlich an den Gesetzen des freien Marktes orientiertes Wirtschaftssystem vor. Der Staat sollte allerdings auf sozialen Ausgleich hinwirken und die unsozialen Folgen eines ungehemmten Kapitalismus abmildern.
Die soziale Marktwirtschaft gilt bis heute als Grundlage der deutschen Wirtschafts- und Sozialordnung. Nach anfänglichen Schwierigkeiten begann ab 1952 ein selbsttragender Wirtschaftsaufschwung mit rasant steigenden Produktions- und Exportzahlen. Hatte die Bundesrepublik im Jahr 1949 noch Güter im Wert von 6 Milliarden Mark exportiert, so waren es 1955 bereits Waren im Wert von 36 Milliarden. Die Arbeitslosenquote sank von 8,2 % (1950) auf 2,7 % (1955) und schließlich unter 1 Prozent im Jahr 1961.
Mehrere Faktoren waren ausschlaggebend für dieses „Wirtschaftswunder". Aufgrund der Marshall-Plan-Hilfen der USA stand reichlich Kapital für Investitionen zur Verfügung. Die durch Demontagen erzwungene Modernisierung der Fabrikanlagen und ein großes Potenzial an gut ausgebildeten und leistungswilligen Arbeitskräften ließen die Produktion emporschnellen. Die Binnenkonjunktur wurde durch einen gewaltigen Nachholbedarf an Konsumgütern stimuliert. Der deutsche Außenhandel schließlich traf zudem auf einen Weltmarkt, auf dem während und in Folge des Korea-Krieges eine steigende Nachfrage herrschte.
Die wirtschaftlichen Aufbauleistungen wurden begleitet von einem Netz flankierender Maßnahmen zur Unterstützung von sozial Schwachen, Kriegsgeschädigten und Flüchtlingen. Von besonderer Bedeutung war der 1952 geregelte Lastenausgleich, mit dessen Hilfe die kriegsbedingten Sachschäden und Verluste von Vertriebenen und Flüchtlingen aus den Ostgebieten und der sowjetischen Besatzungszone ausgeglichen werden sollten. Vermögensbesitzer, die den Krieg unbeschadet überstanden hatten, wurden mit einer in Raten zahlbaren Vermögensabgabe belastet.
Zu den zentralen sozialpolitischen Maßnahmen der 1950er-Jahre zählt auch die Neuregelung des zusammengebrochenen Rentensystems. Sie fand ihren Abschluss 1957 mit der Einführung des Umlageverfahrens („Generationenvertrag") und der dynamischen Altersrente, der regelmäßig vorzunehmenden Anpassung der Renten an die wirtschaftliche Entwicklung.

Das „Wirtschaftswunder" war die wohl größte wirtschaftliche Blütezeit in der deutschen Geschichte. Bei hohen Wachstumszahlen und wachsenden Sozialleistungen verdoppelten sich bis Anfang der 1960er-Jahre die Reallöhne und verdreifachte sich das Bruttoinlandsprodukt.
Keinesfalls unterschätzt werden darf die integrierende Kraft des wirtschaftlichen Erfolges für die Akzeptanz der jungen Demokratie in der bundesrepublikanischen Gesellschaft.

Aufbau der DDR: Ostintegration

Als die DDR gegründet wurde, war die Begeisterung für das Ziel, einen sozialistischen Staat zu erschaffen, bei einem Teil der jungen Aufbaugeneration groß. Doch schnell zeigte sich, dass demokratische Mitbestimmung in der DDR nicht gefragt war. Zwar existierte formal gesehen ein Mehrparteiensystem, doch die SED setzte ihren Führungsanspruch rigoros durch und unterdrückte jegliche Opposition.
Der junge ostdeutsche Teilstaat orientierte sich – wie sein westdeutsches Pendant – an der ihm verbundenen Besatzungsmacht. Dies war die Sowjetunion. Sie bestimmte die Zielrichtung der ostdeutschen Politik. Schnell wurde klar, dass auf dem Gebiet der DDR eine Diktatur über das Volk nach sowjetischem Muster entstand.
Unter dem Motto „Von der Sowjetunion lernen, heißt siegen lernen" kopierte die DDR das sowjetische Staats- und Gesellschaftsmodell. Dies geschah unter der maßgeblichen Leitung Walter Ulbrichts, der 1950 das Amt des Generalsekretärs des Zentralkomitees der SED und damit de facto die Führung der Partei übernommen hatte. Adenauers Politik der Westintegration fand somit unter Ulbricht ihre Entsprechung in der Ostintegration. So trat die DDR auch den östlichen Bündnissystemen bei: 1950 dem Rat für gegenseitige Wirtschaftshilfe und 1955 dem Warschauer Pakt.

M4 Walter Ulbricht
ab 1950 Generalsekretär des ZK der SED, ab 1960 Staatsratsvorsitzender

SED-Diktatur

Hinter der Fassade des „sozialistischen Mehrparteienstaates" entfaltet sich im Laufe der 1950er-Jahre ein Einparteienstaat stalinistischer Prägung. Wahlen wurden zwar durchgeführt, doch diese waren weder frei noch geheim noch gleich. Die Volksvertretung blieb auf Scheinfunktionen reduziert, weil die Sitzverteilung in der Volkskammer bereits vor den Wahlen feststand. Mittels einer engen Verflechtung von Partei- und Regierungsämtern gelang es der SED bald, die wichtigsten Positionen im Staat zu kontrollieren. Mit der Aufsicht über Medien, Bildungsystem und Kultur errang die SED außerdem ein Monopol über die veröffentlichte Meinung. Die Kontrolle der Bevölkerung sollte schließlich durch Massenorganisationen wie FDGB, Kulturbund, FDJ, Junge Pioniere und das Ministerium für Staatssicherheit (MfS, im Volksmund „Stasi") garantiert werden.

Staatlich gelenkte Planwirtschaft

Die Wirtschaftspolitik der DDR orientierte sich ebenfalls an den Vorgaben der Sowjetunion. Schon in den Jahren der sowjetischen Besatzung waren Großgrundbesitz und zentrale Produktionsunternehmen enteignet worden. 1952 leitete die SED-Führung dann das Programm des „planmäßigen Aufbaus des Sozialismus" ein. Ziele waren die Steigerung der Industrieproduktion, die Erhöhung der Arbeitsproduktivität sowie die forcierte Kollektivierung der Landwirtschaft. Unter dem Druck der SED wurden immer mehr private Betriebe in staatliche „volkseigene" Betriebe (VEB) und landwirtschaftliche Betriebe in Produktionsgenossenschaften (LPGs) umgewandelt. 1955 erzeugten „Volkseigene Betriebe" bereits 83 Prozent der Industrieprodukte. Der Großhandel war fast vollständig an den Staat übergegangen, der Einzelhandel zu zwei Dritteln. Zwar gelang es der DDR-Führung, das kriegszerstörte Wirtschaftssystem wieder aufzubauen, doch die Erfolge entsprachen nicht den Erwartungen. Die Leistungen der DDR-Wirtschaft blieben auf Dauer hinter dem Wirtschaftswachstum der Bundesrepublik zurück. Dies war zunächst auf schlechtere Ausgangsbedingungen zurückzuführen, wie den umfangreichen Demontagen durch die Sowjetunion und der fehlenden Marshall-Plan-Hilfe. Aber auch die Ausrichtung am sowjetischen Wirtschaftsmodell hemmte den Aufschwung. Devisenmangel aufgrund des Außenhandelsdefizits behinderte notwendige Rohstoffimporte. Die Entscheidung, die Schwerindustrie einseitig zu fördern, sorgte zusammen mit einem schwerfälligen Planungsapparat für eine dauerhafte Krise bei der Versorgung der Bevölkerung. Dies hatte zur Folge, dass viele gut ausgebildete Fachkräfte in die Bundesrepublik abwanderten.

Volksaufstand vom 17. Juni 1953

Der ökonomische Umbruch – Arbeitgeber war jetzt meist der Staat – führte dazu, dass soziale Spannungen zwischen Arbeitgebern und Arbeitnehmern auch zu politischen Gegensätzen wurden. Anhaltende Mangelwirtschaft, Bespitzelung und Unterdrückung der innenpolitischen Opposition durch den Staatssicherheitsdienst, Zwangsmaßnahmen gegen noch selbstständige Bauern und Gewerbetreibende sowie steigende Preise führten 1952/53 zu einer Krise der DDR. Als im März 1953 der sowjetische Diktator Stalin starb, reagierte die SED verunsichert auf innersowjetische Kurskorrekturen und verkündete mit dem „Neuen Kurs" im Juni Veränderungen in der Wirtschaftspolitik.

Planwirtschaft/ Zentralverwaltungswirtschaft	Nach langfristigen Plänen gelenkte, von politischen Zielsetzungen beeinflusste Wirtschaftsordnung, wie sie in der DDR und anderen sich auf den Sozialismus berufenden Staaten angeordnet wurde. Der Staat dirigierte zentral alle wirtschaftlichen Aktivitäten. Dazu gehörte die Festlegung der Produktionsziele, die Verteilung von Rohstoffen auf die einzelnen Branchen und Betriebe, die Zuteilung von Arbeitskräften und die Festsetzung von Löhnen und Preisen.
LPG	Die zwischen 1952 und 1960 durch Umwandlung von Privat- in Kollektiveigentum geschaffenen Landwirtschaftlichen Produktionsgenossenschaften waren Zusammenschlüsse vormals selbstständiger Bauern, in denen Grund und Boden, Maschinen und Geräte gemeinsam genutzt und der erwirtschaftete Gewinn auf die Mitglieder gemäß ihren Arbeitsleistungen verteilt wurde.
VEB (Volkseigener Betrieb)	Nach 1945 durch Enteignung vom Staat übernommener oder neu gegründeter staatlicher Betrieb. Das Attribut „volkseigen" ist irreführend, weil das Volk selbst (etwa die Arbeitnehmer) keine Verfügungsrechte ausübte.

Neben der Rücknahme von Preiserhöhungen wurde die Steigerung der Konsumgüterproduktion in Aussicht gestellt. Gegenüber den Forderungen der Arbeiterschaft nach Rücknahme einer im Mai verfügten erhöhten Arbeitsleistung je Arbeiter blieb die SED jedoch hart. Die neuen Arbeitsnormen bildeten den Anlass für den Streik der Bauarbeiter in der Berliner Stalinallee, aus dem sich am 17./18. Juni ein Aufstand entwickelte.
Vielerorts kam es zu Streiks und Demonstrationen, vor allem von Arbeitern. Bald wurde der Ruf nach freien Wahlen laut. Mit Unterstützung des sowjetischen Stadtkommandanten Berlins, der Panzer gegen die Aufständischen einsetzte, konnte die SED wieder Herr der Lage werden. Insgesamt forderte der Aufstand vermutlich rund 100 Menschenleben. In der Folge erklärte die DDR-Führung die Unruhen zu einem „faschistischen Putsch". Die Bevölkerung der DDR machte die bittere Erfahrung, dass eine gewaltsame Veränderung des politischen Systems zum Scheitern verurteilt war, solange die Sowjetunion das bestehende Regime in der DDR stützte.

M5 Mit Steinen gegen Panzer
Aufstand in Ost-Berlin, 17. Juni 1953

Berlin-Krise und Bau der Mauer

Unter Staatschef Chruschtschow betrieb die Sowjetunion, durch den Besitz der Atombombe (1953) und eigene Entwicklungen in der Weltraumtechnik („Sputnik", 1957) selbstbewusst geworden, eine Politik der Erweiterung des eigenen Einflussbereichs auch in Deutschland. So forderte die UdSSR im November 1958 die Umwandlung von West-Berlin in eine entmilitarisierte „freie Stadt". Gleichzeitig versuchte sie die Westmächte zur Anerkennung der DDR zu bewegen und kündigte den Abschluss eines separaten Friedensvertrages mit der DDR an. Die Westmächte reagierten ablehnend, befürchteten sie doch, dass eine freie Stadt West-Berlin auf Dauer nicht vor dem Zugriff der UdSSR sicher wäre.
Parallel steigerten sich die innenpolitischen Probleme des SED-Staates. Die Ende der 1950er-Jahre beschlossene Vollendung der Zwangskollektivierung landwirtschaftlicher Betriebe und die forcierte Verdrängung des privaten Mittelstandes aus Industrie und Handwerk führten zu einer erneuten Wirtschaftskrise mit den üblichen Versorgungsengpässen. Immer mehr Bürger verließen die DDR. In den Industriebetrieben spiegelte sich die Frustration über Lebens- und Arbeitsbedingungen in zahlreichen Arbeitsniederlegungen wieder. Der SED-Staat musste handeln.
Um weitere Abwanderungen der eigenen Bevölkerung zu verhindern, begann am 13. August 1961 mit dem Bau der Mauer die vollständige Absperrung der westlichen Sektoren Berlins von der DDR und dem Ostsektor der Stadt. Erschütternde Fluchtszenen spielten sich ab. Viele Menschen versuchten, in letzter Minute zu entkommen, sprangen aus Fenstern in den Westen. Nicht wenige mussten den Sprung in die Freiheit mit dem Leben bezahlen. Dass die Westmächte den Mauerbau tatenlos hinnahmen, erschütterte und schockierte viele Deutsche. Aber die Alliierten fürchteten, eine militärische Intervention könnte die Gefahr eines dritten Weltkrieges heraufbeschwören.

M6 Die Frage der Wiedervereinigung

Aus den „Erinnerungen" Konrad Adenauers, 1965:

Für ein besiegtes, besetztes Volk wie das deutsche bedeutet auswärtige Politik etwas ganz anderes als für ein Volk, das sich in normalen Verhältnissen befindet. Solange wir nur Objekt der Politik anderer Mächte waren, war auch jede Innenpolitik [...] sehr schwierig. Daher musste in erster Linie das Streben einer jeden Regierung unseres Landes zunächst darauf gerichtet sein, uns wieder zu einem freien, selbstständigen Faktor in der Außenpolitik werden zu lassen. Im Übrigen bedeutete in unserer Situation Außenpolitik gleichzeitig Innenpolitik, denn würde es uns auf Grund unserer Außenpolitik nicht gelingen, unsere Freiheit zu wahren, würden wir kommunistisch mit den entsprechenden innenpolitischen Konsequenzen.

Es würde die große Aufgabe der deutschen Politiker und der Politik der Westalliierten sein, den richtigen Augenblick zu sehen, in dem echte Verhandlungsbereitschaft bei Sowjetrussland vorhanden sein würde. Diese echte Verhandlungsbereitschaft der Russen würde sich dann ergeben, wenn sie einsähen, dass der Westen mindestens so stark wie Sowjetrussland war [...].

Gerade wir Deutsche, die wir im Spannungsfeld zwischen Ost und West liegen, hatten das größte Interesse daran, dass dieser Augenblick möglichst bald kam. Uns Deutschen lag nach all den Erfahrungen, die wir gemacht hatten, der Gedanke an Krieg absolut fern. Wir wollten den Frieden. Wir wollten aber auch unsere Freiheit, wir wollten die Wiedervereinigung Deutschlands und wir wollten ein einiges Europa. [...]

Die Frage der Wiedervereinigung Deutschlands durfte man nicht als eine Einzelfrage betrachten, die für sich allein gelöst werden könnte. [...] So sehr ich als Deutscher die Wiedervereinigung Deutschlands in Frieden und Freiheit wünsche und so sehr ich sie auch als Europäer wünsche, dessen Ziel es ist, endlich Frieden und friedlichen Wiederaufbau in ganz Deutschland zu sehen, so musste man sich doch als verantwortlicher Politiker darüber klar sein, dass diese fundamentale Frage der Wiedervereinigung Deutschlands mit einer ganzen Reihe anderer Fragen zusammenhing. [...]

Wir durften und dürfen namentlich in unserer christlichen Partei niemals vergessen, dass der Kampf gegen den Kommunismus sich nicht einfach erschöpft in Bemühungen um die Wiedererlangung der uns entzogenen Teile Deutschlands, sondern dass dahinter steht der Kampf zwischen Materialismus und christlicher Überzeugung, der Gegensatz zwischen russisch-kommunistischer Diktatur und einem freien Europa. Wenn es den freien Völkern der Welt nicht gelingt, dieses Gefühl für den Wert der christlich-europäischen Kultur zu steigern, dann wird die Zukunft nach meiner Überzeugung für weite Teile des Erdkreises sehr dunkel sein. Wenn die freie Welt wachsam bleibt, dann wird es vielleicht doch im Laufe der Zeit möglich sein, da auch Russland zur Erfüllung seiner innenpolitischen Aufgaben Zeit braucht, zu einem Zustand zu kommen, der der Welt echten Frieden verbürgt. Im gegenwärtigen Augenblick jedoch hilft nur ein bewaffneter Friede.

Zit. nach: Konrad Adenauer: Erinnerungen, Bd. 2. Stuttgart 1965, S. 9 ff.

M7 Was bringen Deutschland- und EVG-Vertrag?

Aus einer Rede des SPD-Abgeordneten Carlo Schmid im Bundestag am 9. Juli 1952:

Nun kann die Einheit Deutschlands doch nur zustande kommen, wenn die Russen – ja, auch die Russen – mit gesamtdeutschen freien Wahlen einverstanden sind. Und glaubt man denn, dass sie dazu bereit sein werden, wenn von vornherein feststehen soll, dass der Teil Deutschlands, den sie aufgeben, auf Grund einer heute geschaffenen vertraglichen Verpflichtung einem Block zugeschlagen werden soll, den dieses Russland nun einmal als feindlich empfindet? Als ich das in Straßburg einem Delegierten eines nordischen Landes sagte, gab er mir zur Antwort: „Ihr müsst euch eben damit abfinden: Uns ist es lieber, wir haben das halbe Deutschland ganz als das ganze Deutschland halb." Das mag da ein Gesichtspunkt für Dritte sein, aber für uns Deutsche kann das kein Gesichtspunkt sein!

Wir können uns dagegen nicht mit den Worten trösten, dass wir durch diese Verträge nunmehr zusammen mit dem Westen so stark werden, dass wir mit den Russen endlich die Sprache sprechen können, die sie allein verstehen. Glaubt man denn wirklich, mit diesen Verträgen die Russen zur politischen Kapitulation zwingen zu können? Wenn man die Zustimmung der Russen will, muss man ihnen doch eine Chance lassen, durch die sie kompensiert finden könnten, was sie aufgeben! [...]

Ich glaube nicht, dass die Antithesen schlüssig sind, die heute Morgen vorgetragen wurden: ob Anschluss an den Westen oder nicht; ob Schutz durch das Atlantikpaktsystem oder nicht; ob Integration Deutschlands in Europa oder nicht. [...] Echt scheint mir nur die eine Antithese zu sein: ob die Teilung Deutschlands oder die Wiedervereinigung in Freiheit angestrebt werden soll. Die Frage ist, ob die Verträge uns diese Wiedervereinigung bringen können. [...]

Sie sagen: Wir machen durch die Verträge uns und den Westen stark, und nur, wenn wir den Westen stark machen – in einer früheren Debatte wurde einmal gesagt: militärisch stark machen –, kann man den Russen gegenüber eine offensive Deutschland-Politik betreiben, denn sie verstehen nur die Sprache der Macht. Dazu sagen wir Ihnen: Die Macht, die wir dazu brauchten, schaffen diese Verträge nicht. Keiner unserer Partner ist durch diese Verträge zu konkreten politischen Maßnahmen für die Einheit Deutschlands verpflichtet. [...]

Es ist nicht wahr, dass es nur die eine Alternative gäbe, Satellit des Ostens oder Vasall des Westens zu sein. Es gibt die dritte: sich dem Westen in Formen zu verbinden, die der Osten nicht bedrohlich zu finden braucht, und mit dem Osten in ein Verhältnis freien Austauschs zu treten, das den Westen stärkt statt ihn zu schwächen. Nur so können wir zur Wiederherstellung eines freien einheitlichen Deutschland kommen.

Zit. nach: J. Hohlfeld (Hg.): Dokumente der deutschen Politik und Geschichte von 1848 bis zur Gegenwart, Bd 7. Berlin o. J., S. 378 ff.

M8 Erfolg der sozialen Marktwirtschaft

Ludwig Erhard, 1949 bis 1963 Bundesminister für Wirtschaft, äußerte sich 1956:

Die soziale Marktwirtschaft ist das tragende Ordnungsprinzip, nach dem das Wirtschaftsleben in der Bundesrepublik gestaltet worden ist und das die Voraussetzung für den außerordentlichen großen wirtschaftlichen Aufschwung war, den wir heute verzeichnen können und der im Ausland sogar als „Wirtschaftswunder" gilt. Das Wesen dieser Marktwirtschaft besteht hauptsächlich darin, dass der Wirtschaftsprozess, das heißt Produktion, Güter- und Einkommensverteilung, nicht durch obrigkeitlichen Zwang gelenkt, sondern innerhalb eines wirtschaftspolitisch gesetzten Ordnungsrahmens durch die Funktion freier Preise und den Motor eines freien Leistungswettbewerbs selbständig gesteuert wird. Freiheit, Selbstverantwortung und persönliche Initiative bei der Berufswahl, Erwerbstätigkeit und dem Konsum, die jedem als Produzenten und Verbraucher die Wahrnehmung der wirtschaftlichen Chancen eröffnen, sowie eine leistungsbedingte Einkommensvereilung sind die Antriebskräfte, die in der Marktwirtschaft zu einem Höchstmaß an Produktion und einer Steigerung des Wohlstands der gesamten Bevölkerung führen. Die Marktwirtschaft ist damit diejenige Wirtschaftsordnung, die ein Maximum der Produktivität, Wohlstandsmehrung und persönlicher Freiheit verbindet.

Die Erfolge, die dieses Wirtschaftssystem und die ihm entsprechende Wirtschaftspolitik in den vergangenen Jahren in der Bundesrepublik erringen konnten, liegen auf der Hand und werden heute auch allgemein anerkannt. Man denke nur daran, dass [...] das Realeinkommen der Arbeiter heute durchschnittlich um mehr als 20 vom Hundert, dasjenige der Industriearbeiter um mehr als 30 vom Hundert höher liegt als in der Vorkriegszeit. Die hohe Leistungsfähigkeit der Marktwirtschaft kommt vor allem aber auch auf den sozialpolitischen Gebieten zum Ausdruck. Sie war die Voraussetzung dafür, dass die durch den Krieg und seine Nachwirkungen bedingte Arbeitslosigkeit beseitigt und Vollbeschäftigung erzielt werden konnte, und dass darüber hinaus noch die Eingliederung der Millionen von Vertriebenen und Flüchtlingen in das Erwerbsleben relativ reibungslos gelang. Nicht zuletzt wäre die Steigerung des gesetzlichen Sozialaufwands [...] ohne die steile wirtschaftliche Aufwärtsentwicklung in der Bundesrepublik nicht möglich gewesen.

Diese Tatsachen lassen die Zusammenhänge erkennen, die heute zwischen Wirtschaftspolitik und Sozialpolitik bestehen. Einerseits sind umso weniger sozialpolitische Eingriffe und Hilfsmaßnahmen notwendig, je erfolgreicher die Wirtschaftspolitik ist. Trotzdem ist nicht zu leugnen, dass auch eine noch so gute Wirtschaftspolitik in der modernen Industriewirtschaft durch sozialpolitische Maßnahmen ergänzt werden muss. Andererseits gilt aber auch, dass eine erfolgreiche soziale Hilfe nur auf der Grundlage eines genügend hohen und wachsenden Sozialprodukts und damit einer leistungsfähigen Wirtschaft möglich ist.

Ludwig Erhard: Selbstverantwortliche Vorsorge für die sozialen Lebensrisiken. In: Bulletin des Presse- und Informationsamtes der Bundesregierung, Nr. 8, 12. Januar 1956. S. 59 f.

M9 Streikforderungen

Telegramm des Streikkomitees Bitterfeld an die DDR-Regierung vom 16. Juni 1953:

An die sogenannte Deutsche Demokratische Regierung in Berlin-Pankow

Wir Werktätigen des Kreises Bitterfeld fordern von Ihnen:

1. Sofortigen Rücktritt der sogenannten Deutschen Demokratischen Regierung, die sich durch Wahlmanöver an die Macht gebracht hat.
2. Bildung einer provisorischen Regierung aus den fortschrittlichen Werktätigen.
3. Zulassung sämtlicher großer demokratischer Parteien Westdeutschlands.
4. Freie und geheime direkte Wahlen spätestens in vier Wochen.
5. Freilassung sämtlicher politischer Gefangener (direkt politischer, sogenannter „Wirtschaftsverbrecher" und konfessionell Verfolgter).
6. Sofortige Abschaffung der Zonengrenzen und Zurückziehung der Volkspolizei.
7. Sofortige Normalisierung des sozialen Lebensstandards.
8. Sofortige Auflösung der sogenannten „National-Armee".
9. Keine Repressalien gegen auch nur einen Streikenden.

Der Morgen, Beilage vom 16./17. Juni 1953.

M10 Eingeschleuste Provokateure?

Demonstration der Bauarbeiter am 16. Juni 1953 aus der Sicht des SED-Organs „Neues Deutschland":

Am 16. Juni verursachten Gruppen von aus Westberlin eingeschleusten Provokateuren Zwischenfälle im demokratischen Sektor von Berlin. Das Ziel der Provokateure war, die durch die neuen großzügigen Maßnahmen unserer Regierung (Erleichterung im Verkehr zwischen Ost und West, Zulassung privater Industrie- und Handelsbetriebe usw.) angestrebte Verständigung zwischen den Deutschen zu torpedieren. Die Agenten bedienten sich dabei eines Teils der Bauarbeiter, die sie zu einer Demonstration veranlassten. Sie nutzten die Tatsache aus, dass unter den Bauarbeitern eine starke Erregung über die unzulässige administrative Art der Normenfestsetzung herrschte. Am Abend des 16. Juni drangen große Gruppen faschistischer Jugendlicher aus Westberlin in den demokratischen Sektor ein und versuchten vor allem in der Stalinallee Zerstörungen anzurichten. Die Erregung der Berliner Bauarbeiter über die falsche, teilweise gewalttätige Form der Normenfestsetzung auf zahlreichen Baustellen wurde von den in Westberlin sitzenden Feinden des friedlichen Aufbaus der DDR und ihren Agenten dazu benutzt, einen Teil der Bauarbeiter des demokratischen Sektors von Berlin, teilweise durch üble Methoden der Gewalt und Verhetzung, zum Verlassen ihrer Baustellen zu veranlassen. Im Verlauf der Demonstration, die ohne jede Behinderung durch die Volkspolizei durchgeführt wurde, konzentrierten die Provokateure ihre Aktivität vor allem darauf, alle Mitteilungen über die Erklärung des Politbüros des ZK der SED unmöglich zu machen. Unter den Linden versuchten die Provokateure, den Demonstrationszug der Bauarbeiter durch das Brandenburger Tor nach Westberlin zu führen. Dieses verbrecherische Spiel wurde von den demonstrierenden Bauarbeitern selbst verhindert. Sie stellten sich den Provokateuren entgegen und leiteten ihren Zug in die Wilhelmstraße.

Neues Deutschland vom 17. Juni 1953. Zit. in: Dokumentation der Zeit. Gesamtdeutsches Informationsarchiv. Hg. vom Deutschen Institut für Zeitgeschichte Berlin, Heft 49/1953, S. 262 f.

M11 Flüchtlinge aus der DDR in die Bundesrepublik und nach West-Berlin

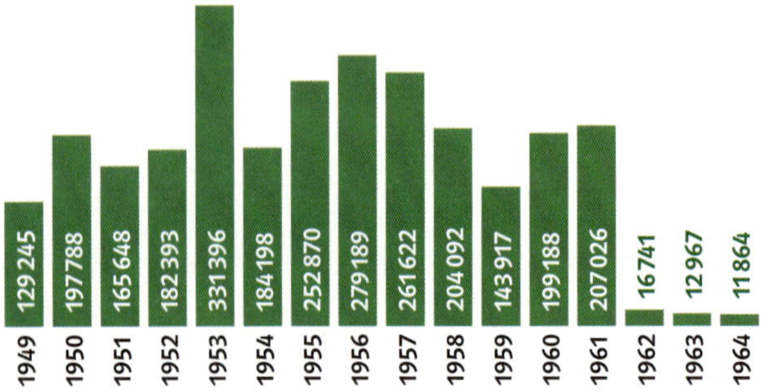

Zit. nach: DDR-Almanach 1990, S. 33 f.

M12 Berlin-Konflikt vor dem Bau der Mauer

a) Interview des Hamburger Verlegers Axel Springer und des Chefredakteurs der „Welt", Hans Zehrer, mit Nikita Chruschtschow am 29. Januar 1958:

Frage: Wäre es Ihrer Meinung nach nicht ein gutes Beginnen, wenn die Entwicklung zur Wiedervereinigung des deutschen Volkes mit der Normalisierung der Lage in Berlin beginnen würde?

Antwort: Tatsächlich ist die Lage, wie sie sich gegenwärtig in Berlin herausgebildet hat, nicht als normal zu bezeichnen. Berlin ist bekanntlich die Hauptstadt der Deutschen Demokratischen Republik, gleichzeitig aber ist der westliche Teil der Stadt – also der amerikanische, englische und französische Sektor – eine Art Insel innerhalb der Deutschen Demokratischen Republik. Die Militärbehörden der Westmächte in Berlin betonen auf jede Art ihre Rechte gerade als Besatzungsbehörden. Während in Westdeutschland einige für die Deutschen besonders lästige Beschränkungen des Besatzungsregimes aufgehoben worden sind, sind diese Beschränkungen in Westberlin weiter in Kraft. Es ist auch gut bekannt, dass das Territorium Westberlins weitgehend für die Durchführung von Untergrundarbeit gegen die deutsche Demokratische Republik und andere sozialistische Staaten ausgenützt wird. Ich sage es offen, dass im Ergebnis der Politik der Vereinigten Staaten, Englands, Frankreichs und auch der Bundesrepublik sich Westberlin in einen der krankhaftesten Auswüchse des Kalten Krieges verwandelt hat. Es scheint uns, dass es im Interesse der Berliner Bevölkerung unbedingt notwendig ist, die gegenseitige Spannung in den gegenseitigen Beziehungen zwischen den deutschen Behörden Ost- und Westberlins zu beseitigen und eine Zusammenarbeit zwischen ihnen sowohl im Bereich der kommunalen Selbstverwaltung wie auch in anderen Bereichen in Gang zu bringen. Ich glaube, wenn die Regierung der Bundesrepublik und der Westberliner Magistrat den Wunsch bekunden würden, sowohl eine für sie selbst als auch für die Deutsche Demokratische Republik annehmbare Lösung zum Ziel der Regelung der Berliner Frage zu finden, dass dann eine solche Lösung auch gefunden werden könnte, und die Sowjetunion eine solche Entwicklung der Dinge nur begrüßen würde.

Dokumentation der Zeit. Informationsarchiv. Hg. vom Deutschen Institut für Zeitgeschichte Berlin, Heft 162 (1958), S. 22 ff.

b) Das Beharren der Westmächte in West-Berlin begründete Präsident John F. Kennedy am 25. Juli 1961 in einer Fernsehansprache an das amerikanische Volk. Er nannte die drei „essentials" des Berlin-Status:

Berlin ist nicht ein Teil Ostdeutschlands, sondern ein separates Gebiet unter der Kontrolle der alliierten Mächte. Somit sind unsere diesbezüglichen Rechte klar definiert und tief verwurzelt. Aber zu diesen Rechten kommt noch unsere Verpflichtung hinzu, mehr als zwei Millionen Menschen die Selbstbestimmung ihrer Zukunft und die freie Wahl ihrer Lebensform zu gewährleisten – und diese Möglichkeit notfalls zu verteidigen.

Deshalb kann unserer Anwesenheit in West-Berlin und unserem Zugang zu dieser Stadt nicht durch irgendwelche Handlungen der Sowjetregierung ein Ende gesetzt werden. Schon vor langer Zeit wurde West-Berlin unter die Obhut des NATO-Schildes genommen, und wir haben unser Wort gege-

ben, dass wir jeden Angriff auf diese Stadt als einen gegen uns alle gerichteten Angriff betrachten werden. Denn West-Berlin – in seiner exponierten Lage 170 Kilometer inmitten Ostdeutschlands, umgeben von sowjetischen Truppen und dicht an den sowjetischen Versorgungslinien – spielt eine vielgestaltige Rolle. Es ist mehr als ein Schaufenster der Freiheit, ein Symbol, eine Insel der Freiheit inmitten der kommunistischen Flut.
Es ist noch weit mehr als ein Bindeglied zur freien Welt, ein Leuchtfeuer der Hoffnung hinter dem Eisernen Vorhang und ein Schlupfloch für die Flüchtlinge, West-Berlin ist all das. Aber darüber hinaus ist es jetzt – mehr denn je zuvor – zu dem großen Prüfstein für den Mut und die Willensstärke des Westens geworden, zu einem Brennpunkt, in dem unsere feierlichen, durch all die Jahre bis 1945 zurückreichenden Verpflichtungen jetzt mit den sowjetischen Ambitionen in grundsätzlicher Gegenüberstellung zusammentreffen.

Frankfurter Allgemeine Zeitung vom 27. Juli 1961, S. 4.

M13 Mauerbau in Berlin am 13. August 1961

M14 Fluchtgründe aus der DDR

in absoluten Zahlen, Juli 1961

Aufforderung zu „gesellschaftspolitischer Betätigung" (z. B. in FDJ, FDGB usw.)	**528**
Familienzusammenführung	**343**
Wunsch nach besseren Einkommens- und Wohnverhältnissen	**203**
Verstöße gegen das Passgesetz	**140**
Zwang zu Kollektivierung (LPG, PGH) oder staatlicher Beteiligung	**136**
Spitzelaufträge oder -verpflichtungen (i. d. R. durch das MfS)	**135**
Parteiaufträge	**84**
Beziehungen zum Westen	**81**
Versagen von Reisegenehmigungen oder legaler Umsiedlung in die Bundesrepublik	**68**
Angst vor Bestrafung	**63**
Verpflichtung zum Eintritt in die Nationale Volksarmee oder die Volkspolizei	**59**
Maßnahmen zur Verstaatlichung der privaten Wirtschaft	**59**
Politischer Widerstand gegen das Regime	**57**
Differenzen in der Ehe	**53**
Ost-West-Pendler	**53**
Ablehnung des oder Benachteiligung durch das Erziehungs- und Bildungssystem	**48**
Lohn- und Arbeitsschwierigkeiten	**47**

Bundesministerium für innerdeutsche Beziehungen (Hg.): Der Bau der Mauer durch Berlin. Bonn 1986, S. 21 f.

Arbeitsaufträge

1 Benennen Sie die unterschiedlichen außen- und deutschlandpolitischen Positionen der Adenauer-Regierung und der SPD-Opposition (VT, M 6, M 7).

2 Erklären Sie wichtige Prinzipien der sozialen Marktwirtschaft (VT, M 8).

3 Wie wird der Volksaufstand von 1953 in der DDR-Presse begründet (M 10)? Nennen Sie die wirklichen Ursachen und Anlässe (VT, M 9).

4 Erörtern Sie, warum Chruschtschow 1958 versuchte, die Westmächte und die Bundesrepublik aus West-Berlin zu drängen (M 12 a). Welche Teile seiner Rede hat Kennedy wohl als die drei „essentials" bezeichnet (M 12 b)?

5 Fassen Sie die in M 14 aufgeführten Fluchtgründe in Gruppen zusammen und finden Sie jeweils einen passenden Oberbegriff. Welche Gründe werden vorwiegend genannt?

6 Suchen Sie Gründe dafür, warum sich der Westen mit dem Bau der Berliner Mauer abfand. Erörtern Sie die Frage, ob der Bau der Mauer aus der Sicht der DDR eine erfolgreiche Maßnahme darstellte.

5 Wandel der Ostpolitik

M1 Menschliche Erleichterungen
Karikatur von Baumeister, Bundesrepublik 1973

Der Mauerbau 1961 hatte ebenso wie die Kuba-Krise 1962 deutlich gemacht, wie schnell aus den politischen Gegensätzen der Blöcke Kriegsgefahr entstehen konnte. In den USA und in der UdSSR entstand nach diesen Krisen die Bereitschaft zu politischer Entspannung, zur Anerkennung der Interessensphären des Gegners und zur Suche nach Wegen aus dem Kalten Krieg. Diese Entwicklung hatte auch Auswirkungen auf die innerdeutsche Politik. Die Forderung der Bundesrepublik, Fortschritte auf dem Gebiet der Ost-West-Entspannung von Zugeständnissen der UdSSR bei der Überwindung der deutschen Teilung abhängig zu machen, verlor auch im Westbündnis an Unterstützung. Mit Beginn der 1960er-Jahre schien die Deutschlandpolitik der Bundesregierung allmählich in eine Sackgasse zu geraten. Nun musste die Bundesrepublik selbst Wege suchen, die Grenzen zur DDR durchlässiger zu machen.

1970	Bundeskanzler Willy Brandt beginnt Verhandlungen mit den Ostblockstaaten, die zu Verträgen mit der UdSSR und mit Polen führen.
1971	Das Viermächte-Abkommen über Berlin bestätigt die Verantwortlichkeiten und Rechte der Alliierten in Berlin.
1972	Im Grundlagenvertrag erkennen die Bundesrepublik und die DDR wechselseitig ihre Grenzen an.
1973	Aufnahme beider deutscher Staaten in die UNO

Neuorientierung der Ostpolitik

Seit dem Mauerbau verstärkte die DDR ihre Bemühungen um diplomatische Anerkennung. Mit zahlreichen Ländern der „Dritten Welt" nahm sie Handelsbeziehungen auf. 1965 setzte sie durch, künftig eine eigene Mannschaft bei Olympischen Spielen aufstellen zu dürfen. Zwei Jahre später definierte die DDR in einem neuen Staatsangehörigkeitsgesetz sich selbst als eigene Staatsnation und kündigte damit die einheitliche deutsche Staatsbürgerschaft auf. Ziel dieser Abgrenzungspolitik gegenüber dem westdeutschen Nachbarn war die Anerkennung der Eigenständigkeit durch die Bundesrepublik und die internationale Staatengemeinschaft.

Derweil deutete sich vor dem Hintergrund einer Entspannungsphase im Kalten Krieg eine außenpolitische Neuorientierung in der Bundesrepublik an. Schon Bundeskanzler Ludwig Erhard (1963 – 1966) versuchte in vorsichtigen Schritten, mit den östlichen Nachbarländern gutnachbarschaftliche Beziehungen aufzubauen. Doch angesichts der Weigerung, die DDR als zweiten deutschen Staat und die Oder-Neiße-Linie als Westgrenze Polens anzuerkennen, blieb den Bemühungen Erhards der Erfolg versagt. Auch Bestrebungen der nachfolgenden Großen Koalition unter Kurt Georg Kiesinger, mit den Regierungen der Ostblockstaaten unter Ausschluss der DDR diplomatische Beziehungen aufzunehmen, waren wenig erfolgreich. Das Warschauer Bündnis antwortete mit der Vereinbarung, dass kein Mitgliedsstaat diplomatische Beziehungen zu Westdeutschland aufnehmen dürfe, bevor nicht die Bundesrepublik die DDR anerkannt hätte. Die Politik des Alleinvertretungsanspruchs war in eine Sackgasse geraten.

„Wandel durch Annäherung"

Mit der Bildung der sozial-liberalen Koalition und der Wahl des Sozialdemokraten Willy Brandt zum Bundeskanzler wurden im Jahr 1969 die Weichen in der Ostpolitik neu gestellt. In seiner Regierungserklärung anerkannte Brandt erstmals, dass „zwei Staaten in Deutschland" existierten. Zudem erklärte er, die neue Bundesregierung wolle ein weiteres Auseinanderleben der deutschen Nation verhindern und versuchen, „über ein geregeltes Nebeneinander zu einem Miteinander zu kommen". Im Frühjahr 1970 reiste Brandt als erster bundesdeutscher Regierungschef zu einem offiziellen Gipfeltreffen mit seinem ostdeutschen Kollegen Willi Stoph nach Erfurt.
Brandt wollte „Wandel durch Annäherung", suchte nach der erfolgreichen Westorientierung Adenauers nun die Verständigung mit den Nachbarn im Osten, ohne dabei die Westbindung infrage zu stellen. Diese neue Zielrichtung war von Brandts deutschlandpolitischem Berater Egon Bahr entwickelt worden.
Ziel seiner neuen Strategie war es auch, durch die Anerkennung der in Ostdeutschland und in Osteuropa gegebenen Realitäten in Verhandlungen über ein besseres Verhältnis zwischen den beiden deutschen Staaten einzutreten. Nur so ließen sich Veränderungen für die Menschen und langfristig auch für die deutsch-deutschen Beziehungen erreichen.

Ostverträge mit der UdSSR und Polen

Ergebnisse dieser neuen Ostpolitik waren Abkommen mit der Sowjetunion (Moskauer Vertrag, August 1970) und Polen (Warschauer Vertrag, Dezember 1970). Darin sicherten sich die Vertragspartner gegenseitigen Gewaltverzicht zu und akzeptierten den territorialen Status quo in Europa, also die deutsch-deutsche Grenze und die Westgrenze Polens. Die Akzeptanz der Oder-Neiße-Grenze durch die Bundesrepublik nahm den Polen die Angst vor einer gewaltsamen Grenzveränderung nach einer möglichen deutschen Wiedervereinigung. Für die deutsche Seite wiederum war es wichtig, dass nun auch Regelungen für die Übersiedelung von Deutschstämmigen aus Polen in die Bundesrepublik gefunden wurden.

Grundlagenvertrag

Nach den Verträgen mit der UdSSR und Polen war der Weg frei, um mit der DDR ins Gespräch zu kommen. Nach dem Willen der Brandt-Regierung sollte die innerdeutsche Grenze durchlässiger und die Kontaktaufnahme zwischen Ost- und Westdeutschen erleichtert werden.
Nach zähem Ringen kam es im Dezember 1972 zwischen der Bundesrepublik und der DDR zur Unterzeichnung des Grundlagenvertrages. Mit ihm erkannte die Bundesrepublik die DDR offiziell als gleichberechtigten und souveränen Staat an – wenn auch nicht im völkerrechtlichen Sinne. Die Bundesrepublik anerkannte vielmehr die Existenz von zwei Staaten innerhalb einer deutschen Nation. Deshalb konnten beide Staaten füreinander kein „Ausland" sein. So wurden auch nicht Botschaften, sondern „Ständige Vertretungen" in Bonn und Ost-Berlin eingerichtet. Dennoch war damit die deutsche Zweistaatlichkeit endgültig international

M2 Willy Brandt
Bundeskanzler 1969 – 1974

M3 Kniefall
Bundeskanzler Willy Brandt vor dem Mahnmal der Opfer des Warschauer Ghettos. Diese Geste als Ausdruck der Achtung vor den Opfern, der Betroffenheit und des Versöhnungswillens erregte weltweites Aufsehen.

anerkannt. Beide Staaten wurden bald darauf in die Vereinten Nationen (UNO) aufgenommen.
Im Gegenzug zur Anerkennung der Zweistaatlichkeit erleichterte die DDR den Handel und machte in humanitären Fragen Zugeständnisse, bis hin zur Erleichterung der Familienzusammenführung. Direkte Telefonate, die ungehinderte Berichterstattung von Journalisten, Reisen von West-Berlinern in den Osten und der „kleine Grenzverkehr" (kurzzeitige Reisen in grenznahe Gebiete) wurden nun möglich.

Viermächte-Abkommen

Parallel zu den Ostverträgen führten die vier Siegermächte des Zweiten Weltkrieges Verhandlungen über Berlin. Nirgendwo in Europa zeigten sich die Folgen des Kalten Krieges so deutlich wie in der geteilten Hauptstadt. Der Transitverkehr konnte von der Sowjetunion nach Gutdünken erleichtert oder behindert werden. 1971 aber garantierte sie im „Viermächte-Abkommen" erstmals den ungehinderten Transitverkehr zwischen der Bundesrepublik und Berlin. Die UdSSR akzeptierte weitgehend die faktische Zugehörigkeit West-Berlins zur Wirtschafts- und Rechtsordnung der Bundesrepublik Deutschland. Dies bedeutete einen wesentlichen Fortschritt in der Entspannungspolitik.

Innenpolitische Kontroversen

Die neue Ostpolitik spaltete die bundesdeutsche Bevölkerung in Gegner und Befürworter und führte im Parlament zu leidenschaftlichen Debatten. Die CDU/CSU-Opposition stand den sogenannten Ostverträgen äußerst kritisch gegenüber. Sie warf der Bundesregierung vor, mit dem Vertragswerk auf eine Wiedervereinigung Deutschlands zu verzichten und mit der Anerkennung der Oder-Neiße-Linie ohne Gegenleistungen einem zukünftigen Friedensvertrag vorzugreifen.
Aufgrund der knappen Mehrheitsverhältnisse im Bundestag versuchte die Union noch vor der Unterzeichnung des Grundlagenvertrages, im April 1972 Bundeskanzler Willy Brandt zu stürzen. Durch ein konstruktives Misstrauensvotum (vgl. S. 47) sollte Rainer Barzel (CDU) zum neuen Kanzler gewählt werden. Der Versuch scheiterte überraschend - wie sich später herausstellte wohl auch, weil manche Abgeordnete bestochen worden waren.
Als wenige Wochen später die Ratifikation der Ostverträge zur Debatte stand, entschloss sich die Opposition zur Stimmenthaltung. Sie machte damit den Weg für die parlamentarische Bestätigung der Verträge frei. Der große Wahlsieg der Regierung Brandt Ende 1972 bestätigte, dass mittlerweile die Mehrheit der bundesdeutschen Bevölkerung hinter der Ostpolitik stand. Auch die späteren christdemokratischen Regierungen unter Bundeskanzler Helmut Kohl bekannten sich zu dieser Politik.

DDR: Internationale Anerkennung

Der Grundlagenvertrag bedeutete für die DDR einen immensen außenpolitischen Erfolg. Nun, da der westdeutsche Teilstaat die Souveränität der DDR schriftlich anerkannt hatte, stand einer Akzeptanz durch die internationale Staatengemeinschaft nichts mehr im Wege. Nach der Unterzeichnung folgte bis 1978 die diplomatische Anerkennung der DDR durch 123 Staaten. Spätestens mit der Aufnahme in die UNO im Jahr 1973 konnte sie die außenpolitische Isolation durchbrechen.
Aber auch wirtschaftspolitisch wirkte sich der Grundlagenvertrag positiv aus. Der innerdeutsche Transithandel, der Zwangsumtausch für westdeutsche Besucher und nicht zuletzt das Freikaufen politischer Häftlinge durch die Bundesregierung spülten regelmäßig die so dringend benötigten Devisen in die Staatskasse.

M4 „Wandel durch Annäherung"

Der SPD-Politiker und spätere Bundesminister für wirtschaftliche Zusammenarbeit Egon Bahr war 1960 bis 1966 Presseamtsleiter in Berlin und Berater Willy Brandts in Deutschland- und ostpolitischen Fragen. Er galt später als „Architekt der Ostverträge". Aus einem Referat Bahrs, 15. Juli 1963:

Die Voraussetzungen zur Wiedervereinigung sind nur mit der Sowjetunion zu schaffen. Sie sind nicht in Ost-Berlin zu bekommen, nicht gegen die Sowjetunion, nicht ohne sie. Wer Vorstellungen entwickelt, die sich im Grunde darauf zurückführen lassen, dass die Wiedervereinigung mit Ost-Berlin zu erreichen ist, hängt Illusionen nach und sollte sich die Anwesenheit von 20 oder 22 gut ausgerüsteten sowjetischen Divisionen vergegenwärtigen. [...] Die amerikanische Strategie des Friedens lässt sich auch durch die Formel definieren, dass die kommunistische Herrschaft nicht beseitigt, sondern verändert werden soll. Die Änderung des Ost-West-Verhältnisses, die die USA versuchen wollen, dient der Überwindung des Status quo, indem der Status quo zunächst nicht verändert werden soll.

Das klingt paradox, aber es eröffnet Aussichten, nachdem die bisherige Politik des Drucks und Gegendrucks nur zu einer Erstarrung des Status quo geführt hat. Das Vertrauen darauf, dass unsere Welt die bessere ist, die im friedlichen Sinn stärkere, die sich durchsetzen wird, macht den Versuch denkbar, sich selbst und die andere Seite zu öffnen und die bisherigen Befreiungsvorstellungen zurückzustellen. [...] Wenn es richtig ist, und ich glaube, es ist richtig, dass die Zone dem sowjetischen Einflussbereich nicht entrissen werden kann, dann ergibt sich daraus, dass jede Politik zum direkten Sturz des Regimes drüben aussichtslos ist. Diese Folgerung ist rasend unbequem und geht gegen unser Gefühl, aber sie ist logisch. Sie bedeutet, dass Änderungen und Veränderungen nur ausgehend von dem zur Zeit dort herrschenden verhassten Regime erreichbar sind.

Zit. nach: Archiv der Gegenwart, 15. Juli 1963, S. 10700 f.

M5 Die deutschlandpolitische Position der CSU

Karl Theodor Freiherr von Guttenberg (CSU) in seiner Antwort auf die Regierungserklärung Willy Brandts am 29. Oktober 1969 im Bundestag:

Als ich in dieser Regierungserklärung las, dass es also zwei deutsche Staaten gebe, da habe ich dies als eine dunkle Stunde angesehen, eine dunkle Stunde für dieses Haus, für unser Volk; die Stunde nämlich, in der erstmals eine frei gewählte deutsche Regierung von einem „zweiten deutschen Staat" spricht. Und warum? Aus einem ganz einfachen Grund: Nicht aus irgendwelchen juristischen Überlegungen oder, wie vorhin gesagt wurde, aus irgendwelchen aus einem völkerrechtlichen Seminar abgeleiteten Formeln, sondern aus diesem Grund: Es gibt nur einen Souverän, der darüber befinden darf, der darüber befinden kann, ob auf deutschem Boden ein oder zwei Staaten bestehen; und dieser Souverän ist das deutsche Volk. Und also sage ich – objektiv –, dass keine deutsche Bundesregierung in dieser Lage das Recht hat, über das deutsche Volk hinweg, über den Kopf der betroffenen Deutschen hinweg einen zweiten deutschen Staat anzuerkennen [...].

Lassen Sie mich für mich und meine Freunde erklären, dass wir – und wir sind nicht ganz, aber beinahe die Hälfte in diesem Hause – unbeirrt weiterhin zu diesem Pseudostaat drüben dies sagen: Auch wir wissen, dass dort Macht ausgeübt wird, auch wir wissen, dass es dort ein Territorium gibt, auf dem und über das diese Macht ausgeübt wird; aber wir erklären, dass die Menschen drüben noch nicht befragt worden sind und in freier Abstimmung darüber entschieden haben, ob es zwei deutsche Staaten geben soll. Wenn sie hierüber einmal befragt sein werden, dann soll ihre Erklärung gelten, auch für uns.

Ich warne in diesem Zusammenhang davor, undeutliche, zweideutige, zwielichtige Begriffe in dieses Gebiet der Deutschlandpolitik einzuführen [...]. Der Katalog dessen, was man in Ost-Berlin von uns will, ist eindeutig. Ich brauche ihn nicht aufzuzählen. Ich fürchte nur, dass die Forderungen drüben umso höher werden, je mehr Konzessionsbereitschaft hier vermutet wird.

Dokumentation zur Deutschlandfrage. Zusammengestellt von H. v. Siegler, Hg. des Archivs der Gegenwart, Hauptband VI, Bonn/Wien/Zürich 1972, S. 10 f.

M6 Die Unterschrift des Jahres

Die Karikatur von H.E. Köhler nimmt Bezug auf die Ostverträge, Bundesrepublik, 1970

M7 Vertragliche Anerkennung der deutsch-polnischen Grenzen, Dezember 1970

Vertrag zwischen der Bundesrepublik Deutschland und der Volksrepublik Polen über die Grundlagen der Normalisierung ihrer gegenseitigen Beziehungen:

In der Erwägung, dass mehr als 25 Jahre seit Ende des Zweiten Weltkrieges vergangen sind, dessen erstes Opfer Polen wurde und der über die Völker Europas schweres Leid gebracht hat,

Eingedenk Dessen, dass in beiden Ländern inzwischen eine neue Generation herangewachsen ist, der eine friedliche Zukunft gesichert werden soll,

In dem Wunsche, dauerhafte Grundlagen für ein friedliches Zusammenleben und die Entwicklung normaler und guter Beziehungen zwischen ihnen zu schaffen,

In dem Bestreben, den Frieden und die Sicherheit in Europa zu festigen,

In dem Bewusstsein, dass die Unverletzlichkeit der Grenzen und die Achtung der territorialen Integrität und der Souveränität aller Staaten in Europa in ihren gegenwärtigen Grenzen eine grundlegende Bedingung für den Frieden sind,

sind [die Bundesrepublik Deutschland und die Volksrepublik Polen] wie folgt übereingekommen:

Artikel I (1) Die Bundesrepublik und die Volksrepublik Polen stellen übereinstimmend fest, dass die bestehende Grenzlinie, […] die westliche Staatsgrenze der Volksrepublik Polen bildet.

(2) Sie bekräftigen die Unverletzlichkeit ihrer bestehenden Grenzen jetzt und in der Zukunft und verpflichten sich gegenseitig zur uneingeschränkten Achtung ihrer territorialen Integrität.

(3) Sie erklären, dass sie gegeneinander keinerlei Gebietsansprüche haben und solche auch in Zukunft nicht erheben werden.

Artikel II (1) Die Bundesrepublik Deutschland und die Volksrepublik Polen werden sich in ihren gegenseitigen Beziehungen sowie in Fragen der Gewährleistung der Sicherheit in Europa und in der Welt von den Zielen und Grundsätzen, die in der Charta der Vereinten Nationen niedergelegt sind, leiten lassen.

(2) Demgemäß werden sie entsprechend den Artikeln 1 und 2 der Charta der Vereinten Nationen alle ihre Streitfragen ausschließlich mit friedlichen Mitteln lösen und sich in Fragen, die die europäische und internationale Sicherheit berühren, sowie in ihren gegenseitigen Beziehungen der Drohung mit Gewalt oder der Anwendung von Gewalt enthalten.

Bundesgesetzblatt 1972, II, S. 362 f.

M8 Vereinbarung zwischen der Bundesrepublik und der DDR

Aus dem Grundlagenvertrag, 21. Dezember 1972:

Die Hohen Vertrag schließenden Seiten […], ausgehend von den historischen Gegebenheiten und unbeschadet der unterschiedlichen Auffassungen der Bundesrepublik Deutschland und der DDR zu grundsätzlichen Fragen, darunter zur nationalen Frage, geleitet von dem Wunsch, zum Wohle der Menschen in den beiden deutschen Staaten die Voraussetzungen für die Zusammenarbeit zwischen der Bundesrepublik Deutschland und der DDR zu schaffen, sind wie folgt übereingekommen:

Art. 1. Die Bundesrepublik Deutschland und die DDR entwickeln normale gutnachbarliche Beziehungen zueinander auf der Grundlage der Gleichberechtigung. […]

Art. 4. Die Bundesrepublik Deutschland und die DDR gehen davon aus, dass keiner der beiden Staaten den anderen international vertreten oder in seinem Namen handeln kann. […]

Art. 6. Die Bundesrepublik Deutschland und die DDR gehen von dem Grundsatz aus, dass die Hoheitsgewalt jedes der beiden Staaten sich auf sein Staatsgebiet beschränkt. Sie respektieren die Unabhängigkeit und Selbstständigkeit jedes der beiden Staaten in seinen inneren und äußeren Angelegenheiten.

Art. 7. […] Sie werden Abkommen schließen, um auf der Grundlage dieses Vertrages und zum beiderseitigen Vorteil die Zusammenarbeit auf dem Gebiet der Wirtschaft, der Wissenschaft und Technik, des Verkehrs, des Rechtsverkehrs, des Post- und Fernmeldewesens, des Gesundheitswesens, der Kultur, des Sports, des Umweltschutzes und auf anderen Gebieten zu entwickeln und zu fördern.

Art. 8. Die Bundesrepublik Deutschland und die Deutsche Demokratische Republik werden ständige Vertretungen austauschen. Sie werden den Sitz der jeweiligen Regierung errichten.

Presse- und Informationsamt der Bundesregierung (Hg.): Jahresbericht der Bundesregierung 1972. Bonn 1973, S. 15 ff.

M9 Die Ostpolitik aus Sicht der DDR

Erich Honecker, seit 1971 Erster Sekretär der SED und Vorsitzender des Nationalen Verteidigungsrats, am 6. Januar 1972 vor Truppen der Nationalen Volksarmee über die Frage der nationalen Einheit:

Zwischen der sozialistischen DDR und der imperialistischen BRD gibt es keine Einheit und kann es keine Einheit geben. Das ist so sicher und so klar wie die Tatsache, dass der Regen zur Erde fällt und nicht zu den Wolken hinauffließt.

Dauergerede über „Einheit der Nation“ ändert nichts daran. Vielmehr handelt es sich um den Versuch, sich in die inneren Angelegenheiten der DDR einzumischen, und dieses Recht

gestehen wir niemandem in dieser Bundesrepublik Deutschland zu. Die Dinge liegen doch ganz klar. Unsere Republik und die Bundesrepublik Deutschland verhalten sich zueinander wie jeder von ihnen zu einem dritten Staat.
Die Bundesrepublik Deutschland ist somit Ausland, und noch mehr: Sie ist imperialistisches Ausland. Hier bei uns üben die Arbeiterklasse und ihre Verbündeten die politische Macht aus, in der Bundesrepublik Deutschland herrscht das monopolkapitalistische System – hier Sozialismus, dort Imperialismus. Die DDR gehört fest zur sozialistischen Staatengemeinschaft. Die Bundesrepublik Deutschland gehört zur imperialistischen NATO […].
Ich sage ganz klar: Wir haben, was Brandt und die Sozialdemokratie der Bundesrepublik Deutschland betrifft, keinerlei falsche Vorstellungen, und niemand sollte sie haben. Man darf Illusionen gar nicht erst aufkommen lassen.
Angesichts der Rolle, wie sie die Sozialdemokratie der Bundesrepublik Deutschland als staatserhaltende Partei des Monopolkapitals spielt, kann uns über ihre Funktion niemand etwas vormachen. Wir berücksichtigen aber auch besonders vom Standpunkt der Außenpolitik die positive Seite der Regierung Brandt. Wir werden auch künftig gegenüber der Bundesrepublik Deutschland prinzipiell eine Politik betreiben, so wie sie vom XIII. Parteitag unserer Partei beschlossen und auf der 4. Tagung des Zentralkomitees erneut bekräftigt wurde.
Diese Politik zielt darauf ab, die DDR fest in der sozialistischen Staatengemeinschaft zu verankern, vor allem das brüderliche Bündnis mit der Sowjetunion zu vertiefen und – gestützt darauf – einen aktiven Kurs der friedlichen Koexistenz zu verfolgen. Er dient dazu, möglichst günstige äußere Bedingungen für die weitere Entwicklung in der sozialistischen Gesellschaft auf dem von unserem VIII. Parteitag gewiesenen Wege zu schaffen.
Das ist sowohl für die Arbeiterklasse und das ganze Volk in unserer Republik als auch für die Werktätigen der BRD von Vorteil.

Dokumentation zur Deutschlandfrage, a. a. O., Hauptband VII, S. 361 f.

M10 Innerdeutscher Reiseverkehr

Jahr	Reisen aus der DDR in die BRD (in Tausend)		Reisen aus der BRD und West-Berlin in die DDR (in Tausend)	
	Rentner	Personen unter dem Rentenalter	gesamt	davon West-Berliner
1962	27		ca. 2000	
1967	1072		1424	60
1972	1079	11	6260	3320
1975	1370	40	7734	3210
1978	1433	49	7837	3260
1981	1601	37	5020	1800
1984	1607	61	5219	1600
1987	3800	1290	5500	ca. 1900

Zit. nach: Jürgen Theil: Das geteilte Deutschland 1961–1990. Quellen zur Geschichte und Politik. Stuttgart/Leipzig 2007, S. 76.

Arbeitsaufträge

1. Erarbeiten Sie anhand der Rede Egon Bahrs (M 4) die außen- und innenpolitischen Aspekte der neuen Ostpolitik.
2. Stellen Sie Argumente zusammen, die für und gegen die neue Ostpolitik angeführt wurden (VT, M 4, M 5).
3. Ordnen Sie das deutsche Bemühen um die Bewältigung der nationalsozialistischen Vergangenheit in die neue Ostpolitik der Bundesregierung ein (VT, M 3, M 7).
4. Beschreiben Sie die Ostpolitik Brandts aus der Sicht der DDR (M 9).
5. Erläutern Sie anhand von VT, M 8 und M 10 die Vorteile der neuen Ostpolitik für die Bevölkerung beider deutscher Staaten.

6 Gesellschaft im Wandel

M1a Studentendemonstration in West-Berlin
Foto 1968

M1b Punk in der Ost-Berliner U-Bahn
Foto 1986

Nach Jahren des wirtschaftlichen Aufbaus und des Ringens um außenpolitische Integration schienen sich die beiden deutschen Staaten Ende der 1960er-Jahre zu konsolidieren. Doch in ruhigere Fahrwasser gelangten die beiden Teile Deutschlands nur bedingt: Innenpolitische Spannungen rückten nun in den Blickpunkt. In der Bundesrepublik äußerten sich diese in einem Konflikt der Generationen. Ansichten, Lebensgefühle und Wertvorstellungen älterer und jüngerer Menschen klafften zunehmend auseinander. Jugendliche protestierten gegen die von ihnen als überkommen und spießig empfundenen Moral- und Ordnungsvorstellungen der Alten. Die aufkommende 1968er-Bewegung von Studenten fühlte sich als Wegbereiter einer neuen Gesellschaft.
In der DDR wurde zunächst jegliches Aufbegehren unterdrückt. Dennoch entwickelte sich auch hier, von den DDR-Machthabern widerwillig toleriert, eine eigene Jugendkultur der Rock- und Popmusik, der Jeans und Lederjacken, der Hippies und Langhaarigen.
Welche Ursachen gab es für den innenpolitischen Protest in Ost und West? Und wie reagierten die beiden deutschen Teilstaaten auf die Kritik am Staat?

1967/68	Studentenunruhen in der Bundesrepublik
1968	Bundestag billigt Notstandsgesetze.
1976	Der Liedermacher Wolf Biermann wird aus der DDR ausgewiesen. Der Regimekritiker Robert Havemann wird unter Hausarrest gestellt.
1977	Höhepunkt des Terrorismus der RAF: Der Arbeitgeberpräsident Hanns-Martin Schleyer wird entführt und ermordet.

„Mehr Demokratie wagen"

Die sozial-liberale Koalition Willy Brandts brachte frischen Wind in die Politik der Bundesrepublik. Außenpolitisch öffnete sich der westdeutsche Staat nach Osten und in der Innenpolitik stellte die Regierung Brandt ein Reformkonzept unter dem Motto „Mehr Demokratie wagen" vor. Es strebte eine umfas-

sende Modernisierung der Gesellschaft an. Die Reformen zielten auf mehr Mitbestimmung für alle Bürger in Wirtschaft und Gesellschaft, größere Chancengleichheit in Schule und Beruf sowie einen Zuwachs an sozialer Gerechtigkeit.
So wurden etwa den Arbeitnehmern mehr Mitspracherechte eingeräumt, sowohl in den Betrieben (Betriebsverfassungsgesetz 1972) als auch in den Aufsichtsräten der Großunternehmen (Mitbestimmungsgesetz 1976). Eine Reihe neuer Gesetze schrieb zudem soziale Verbesserungen fest: Das Bundesausbildungs-Förderungs-Gesetz (BAFöG) garantierte Studierenden und Schülern, die ihre Ausbildung nicht mit Mitteln ihrer Eltern finanzieren konnten, staatliche Unterstützung. Das Schlechtwettergeld sicherte Handwerkern und Bauarbeitern eine Ausgleichszahlung bei ungünstigen Witterungsbedingungen zu. Auch die Einführung der flexiblen Altersgrenze beim Eintritt in den Ruhestand und die Erhöhung des Arbeitslosengeldes bauten die sozialstaatlichen Sicherungssysteme aus.
Im Bereich der Familienpolitik sicherte ein neues Ehe- und Scheidungsrecht der Frau eine rechtlich verbesserte Stellung zu. Die Neufassung des Familienrechts (1977) schrieb die rechtliche Gleichheit der Ehepartner fest und verpflichtete beide zur Haushaltsführung und Kinderbetreuung. Fortan konnte der Mann seiner Ehefrau nicht mehr, wie es bis dahin geltendes Recht war, die Aufnahme einer Berufstätigkeit verbieten.
Die innenpolitische Reformpolitik der sozialliberalen Koalition war von heftigen Auseinandersetzungen in der Öffentlichkeit begleitet. Diese Diskussionen beschleunigten den Wandel des politischen und gesellschaftlichen Klimas in der Bundesrepublik, der sich seit den 1960er-Jahren andeutete.

Politisierung der Öffentlichkeit

Zwischen den späten 1960er- und den frühen 1980er-Jahren entfremdete sich die nach dem Krieg aufgewachsene junge Generation zunehmend von den Wertvorstellungen und Lebensmustern ihrer Eltern und Großeltern. Sie suchte nach persönlicher Selbstverwirklichung, vor allem aber demokratischer Mitbestimmung und stellte kritische Fragen nach der Rolle der Älteren im Nationalsozialismus. Die Jugendlichen setzten sich für neue Werte ein, wie soziale Chancengleichheit und Gerechtigkeit im eigenen Land, Solidarität mit der „Dritten Welt" oder einen behutsamen Umgang mit der Natur.
Erste Anzeichen des Jugendprotestes gegen die stark durch materielle Werte geprägte Leistungs- und Konsumgesellschaft hatten sich schon zu Beginn der 1960er-Jahre gezeigt, als lange Haare, Mini-Röcke und Popmusik die konventionellen Denk- und Lebensmuster der Erwachsenen herausforderten. Die Politisierung des Protestes vollzog sich unter dem Eindruck der moralischen Empörung über die US-Kriegsführung in Vietnam sowie dem Infragestellen der als autoritär empfundenen Gesellschaftsstrukturen in der Bundesrepublik.

Studentenbewegung

Ihren Höhepunkt erlebten die Proteste der 1960er-Jahre in der Studentenbewegung, die sich als sozialistisch geprägte „außerparlamentarische Opposition" (APO) begriff und den Abbau aller autoritären Strukturen sowie eine umfassende Reform der Hochschulen forderte. Die neuen Formen des politischen Protests, wie „Sit-Ins", „Teach-Ins" oder Protestmärsche provozierten staatliche Gegenmaßnahmen, die mitunter überzogen hart ausfielen. Demonstrationen, die in Straßenschlachten eskalierten, vor allem aber die Attentate auf den Studentenführer Rudi Dutschke und der gewaltsame Tod des Studenten Benno Ohnesorg heizten das innenpolitische Klima auf. Ohnesorg war nach einer Demonstration gegen den Staatsbesuch des persischen Schahs von einer Polizeikugel getötet worden. Für große Aufregung sorgten zudem die Notstandsgesetze (vgl. S. 54), mit denen die Große Koalition 1968 die Rechte des Staates im innen- oder außenpolitisch begründeten Notstand festlegte.
Die APO verlor zwar Ende der 1960er-Jahre an Bedeutung und zerfiel nach der Auseinandersetzung um die Notstandsgesetze, sie hinterließ aber merkliche Spuren in der Gesellschaft. Das politische und gesellschaftliche „Klima" hatte sich gewandelt. Mehr Bürger als zuvor waren bereit, sich politisch zu engagieren – in Parteien, Bürgerinitiativen oder den neuen sozialen Bewegungen, wie der Umwelt- oder der Friedensbewegung.

Terrorismus – Bewährungsprobe für den Staat

Die junge bundesrepublikanische Demokratie sah sich einer großen Bewährungsprobe gegenüber, als die aus einer Splittergruppe der APO entstandene terroristische „Rote Armee Fraktion" (RAF) versuchte, die revolutionäre Umgestaltung des Staates mit Gewalt zu erzwingen. Seit 1970 wollte die um Andreas Baader, Ulrike Meinhoff und Gudrun Ensslin gegründete RAF mit Brandstiftungen, Sprengstoffanschlägen und der Ermordung prominenter Vertreter von Staat und Wirtschaft das Gesellschaftssystem verändern. Ihren Höhepunkt erlebte die öffentliche Auseinandersetzung um den Terrorismus mit der Entführung und Ermordung des Arbeitgeberpräsidenten Hanns-Martin Schleyer und der Geiselnahme einer voll besetzten Lufthansa-Maschine im Jahr 1977. Ein Aufschrei des Entsetzens ging durch die Bundesrepublik.
Die Bundesregierung reagierte mit einer Verstärkung von Polizei und Verfassungsschutz sowie einer Verschärfung der Strafgesetze. Diese staatlichen Maßnahmen sollten dem Schutz der Demokratie vor Terrorakten dienen, waren jedoch heftig umstritten. Viele sahen durch die staatlichen Anordnungen die Grundrechte in Gefahr.

M2 Helmut Schmidt
Bundeskanzler
1974–1982

Aufkommen der Friedensbewegung

Ende der 1970er-Jahre waren es außenpolitische Entwicklungen, die das gesellschaftliche Klima der Bundesrepublik beeinflussten. Die Stationierung neuer sowjetischer Mittelstreckenraketen vom Typ „SS 20" im Westen der UdSSR, deren atomare Sprengköpfe auf die Bundesrepublik gerichtet waren, löste in der Bevölkerung Besorgnis aus. Dies tat auch die Reaktion des damaligen Bundeskanzlers Helmut Schmidt, der 1974 die Nachfolge von Kanzler Willy Brandt angetreten hatte. Er initiierte als Antwort auf die sowjetische Bedrohung den „NATO-Doppelbeschluss". Dieser sah vor, auf dem Boden der Bundesrepublik ebenfalls atomare Raketen zu stationieren, sofern die Sowjetunion nicht zur Begrenzung ihrer Waffen bereit sei.
Der Bundeskanzler geriet aufgrund seiner Nachrüstungsinitiative in innenpolitische Bedrängnis. Aus Furcht vor dem wachsenden Risiko eines atomaren Krieges bildeten sich in zahlreichen westlichen Ländern Friedensbewegungen – so auch in der Bundesrepublik. Die Friedensbewegung lehnte die Stationierung amerikanischer Atomraketen in der Bundesrepublik kategorisch ab und erhielt dabei Unterstützung von weiten Teilen der Bevölkerung, etwa von kirchlichen und gewerkschaftlichen Gruppen.
Auch die aus Teilen der politisch-sozialen Bewegungen neu gegründete Partei „Die Grünen" lehnte die atomare Bewaffnung ab. Zwischen 1980 und 1983 kam es immer wieder zu Blockaden von Atomwaffenlagern und zu Massendemonstrationen gegen die atomare Aufrüstung.

M3 Plakat der Friedensbewegung

DDR: Aufbau des Sozialismus?

Kennzeichnend für das politische, wirtschaftliche und gesellschaftliche Leben in der DDR war das große Auseinanderklaffen zwischen offizieller Darstellung und den tatsächlichen Gegebenheiten im „real existierenden Sozialismus". Seit dem Mauerbau zeichnete sich eine Festigung des Systems ab, da die Mauer eine weitere Abwanderung verhinderte und auf die Bevölkerung Druck ausübte, sich mit den Gegebenheiten zu arrangieren. Dennoch blieb die Akzeptanz der Politik gering.

Mit großem propagandistischem Aufwand wurde versucht, die Arbeitsmoral zu verbessern und die Wirtschaftlichkeit der Betriebe zu steigern, doch die Ergebnisse blieben unbefriedigend: Produktion und Lebensstandard wurden zwar verbessert, doch Versorgungsengpässe, mangelnde Qualität der Konsumgüter und der Abstand zur Bundesrepublik – im Vergleich der Wirtschaftsleistungen – sorgten für anhaltende Unzufriedenheit.

Unmut durch ungelöste Wirtschaftsprobleme

Erich Honecker, der 1971 seinem Vorgänger Walter Ulbricht als Staats- und Parteichef nachfolgte, versuchte mit der von ihm postulierten „Einheit von Wirtschafts- und Sozialpolitik" die Versorgung der Bevölkerung mit Konsumgütern zu verbessern. Dies schien zunächst erfolgreich: Der Wohnungsbau wurde gefördert, Löhne und Renten erhöht, die Arbeitszeit – vor allem für Frauen mit Kindern – gesenkt und das Erholungswesen ausgeweitet. Die industrielle Produktion wuchs und ermöglichte tatsächlich eine verbesserte Versorgung der Bevölkerung mit Konsumgütern.
Doch mit den teuren sozialpolitischen Reformen wirtschaftete die DDR über ihre Verhältnisse. Spätestens ab 1977, als staatliche Investitionen in die Mikroelektronik zu einem Rückgang der industriellen Zuwachsraten führten, wurde die Diskrepanz zwischen den Versprechungen und den Realitäten unübersehbar. Die DDR beutete rücksichtslos die eigene Infrastruktur aus und wirtschaftete das Verkehrsnetz, die Umwelt, den Altbaubestand und einen Großteil der Industrieanlagen herunter. Die Staatsverschuldung gegenüber dem Westen wuchs derweil in schwindelerregende Höhen und stieg von einer Milliarde D-Mark im Jahr 1970 auf 24 Milliarden im Jahr 1981.

Unterdrückung der Opposition

Jegliche Kritik am kommunistischen System wurde in der DDR zur „staatsfeindlichen Hetze" erklärt. Oppositionelle Bewegungen galten als Verbündete des „Klassenfeindes" und wurden kriminalisiert. Zuständig für die Verfolgung und Bespitzelung von politisch Andersdenkenden war das „Ministerium für Staatssicherheit". Oppositionelle, wie der linke Intellektuelle Robert Havemann, die Demokratisierung und Rechtsstaatlichkeit einforderten, waren andauernden Repressalien ausgesetzt. Großes Aufsehen erregte die Ausbürgerung des Liedermachers Wolf Biermann während einer Vortragsreise in Westdeutschland 1976. In der Folge wurden zahlreiche systemkritische Künstler und Intellektuelle inhaftiert, ausgebürgert oder unter Druck gesetzt.
Lediglich die evangelische Kirche genoss Ende der 1970er-Jahre einen gewissen politischen Spielraum. Kirchliche Institutionen übernahmen die Unterstützung junger Wehrdienstverweigerer und Menschenrechtsverteidiger, leisteten Rechtsberatung und moralischen Beistand in Lebensfragen. Viele Oppositionsgruppen mit ökologischem oder demokratischem Programm fanden hier einen gewissen Schutzraum.

Flucht ins Private

Obwohl die SED mit großem Aufwand den Ausbau ihrer Massenorganisationen wie „Freier Deutscher Gewerkschaftsbund" (FDGB) oder „Freier Deutscher Jugend" (FDJ) betrieb, war die Mitgliedschaft für große Teile der Bevölkerung eher eine ungeliebte Pflicht. Während in den Parteischriften die Erziehung der Menschen zum Sozialismus großes Gewicht einnahm, unterschieden sich Lebensorientierung und Freizeitbedürfnisse der Bevölkerung kaum von den Lebensmustern in westlichen Staaten. Der größte Teil der Bevölkerung suchte einen privaten Weg, sich mit dem SED-Staat zu arrangieren.
Es entstand eine „Nischengesellschaft", in der sich viele in den geschützten Privatraum zwischen Plattenbau-Wohnung und Wochenend-Datsche zurückzogen. Insbesondere in den Städten entwickelte sich zudem eine jugendliche Subkultur, die sich immer mehr von der offiziellen Parteilinie entfernte. Hausbesetzungen infolge der großen Wohnungsnot gerade junger Menschen und die Entwicklung einer eigenständigen Rockkultur waren Ausdruck einer anwachsenden Protestbewegung. Mitte der 1980er-Jahre hatte sich gegen den Willen der Partei eine alternative Kunst- und Kulturszene entwickelt, die vor allem die Jugendlichen in der DDR prägte.

M4 **Erich Honecker**
Staatsratsvorsitzender und Generalsekretär der SED, amtierte von 1971 bis 1989

M5 „Mehr Demokratie wagen"

Aus der Regierungserklärung von Bundeskanzler Willy Brandt vom 28. Oktober 1969:

Wir wollen mehr Demokratie wagen. Wir werden unsere Arbeitsweise öffnen und dem kritischen Bedürfnis nach Information Genüge tun. Wir werden darauf hinwirken, dass nicht nur durch Anhörungen in Bundestag, sondern auch durch ständige Fühlungnahme mit repräsentativen Gruppen unseres Volkes und durch eine umfassende Unterrichtung über die Regierungspolitik jeder Bürger die Möglichkeit erhält, an der Reform von Staat und Gesellschaft mitzuwirken.

Wir wenden uns an die im Freien nachgewachsene Generationen, die nicht mit den Hypotheken der Älteren belastet sind und belastet werden dürfen, jene jungen Menschen, die uns beim Wort nehmen wollen – und sollen. Diese jungen Menschen müssen aber verstehen, dass auch sie gegenüber Staat und Gesellschaft Verpflichtungen haben. Wir werden dem Hohen Hause ein Gesetz unterbreiten, wodurch das aktive Wahlalter von 21 auf 18, das passive von 25 auf 21 Jahre herabgesetzt wird. Wir werden auch die Volljährigkeitsgrenze überprüfen. Mitbestimmung, Mitverantwortung in den verschiedenen Bereichen unserer Gesellschaft wird eine bewegende Kraft der kommenden Jahre sein. Wir können nicht die perfekte Demokratie schaffen. Wir wollen eine Gesellschaft, die mehr Freiheit bietet und mehr Mitverantwortung fordert. [...]

Bildung und Ausbildung, Wissenschaft und Forschung stehen an der Spitze der Reformen, die es bei uns vorzunehmen gilt. [...] Die Bundesregierung wird in den Grenzen ihrer Möglichkeiten zu einem Gesamtbildungsplan beitragen. Das Ziel ist die Erziehung eines kritischen, urteilsfähigen Bürgers, der imstande ist, durch einen permanenten Lernprozess die Bedingungen seiner sozialen Existenz zu erkennen und sich ihnen entsprechend zu verhalten. Die Schule der Nation ist die Schule. Wir brauchen das 10. Schuljahr, und wir brauchen einen möglichst hohen Anteil von Menschen in unserer Gesellschaft, der eine differenzierte Schulbildung bis zum 18. Lebensjahr erhält. Die Bildungsplanung muss entscheidend dazu beitragen, die soziale Demokratie zu verwirklichen.

Zit. nach: Verhandlungen des 6. Deutschen Bundestages. Bd. 7. Bonn 1970, S. 20 ff.

M6 Altes und neues Familienrecht

a) Aus dem BGB in der bis 1977 gültigen Fassung:

§ 1355. Der Ehe- und Familienname ist der Name des Mannes. Die Frau ist berechtigt, durch Erklärung gegenüber dem Standesbeamten dem Namen des Mannes ihren Mädchennamen hinzuzufügen; die Erklärung muss öffentlich beglaubigt werden.

§ 1356. Die Frau führt den Haushalt in eigener Verantwortung. Sie ist berechtigt, erwerbstätig zu sein, soweit dies mit ihren Pflichten in Ehe und Familie vereinbar ist. Jeder Ehegatte ist verpflichtet, im Beruf oder Geschäft des anderen Ehegatten mitzuarbeiten, soweit dies nach den Verhältnissen, in denen die Ehegatten leben, üblich ist.

b) Aus dem BGB in der seit 1977 gültigen Fassung:

§ 1355. Die Ehegatten führen einen gemeinsamen Familiennamen (Ehenamen). Zum Ehenamen können die Ehegatten bei der Eheschließung durch Erklärung gegenüber dem Standesbeamten den Geburtsnamen des Mannes oder den Geburtsnamen der Frau bestimmen. Treffen sie keine Bestimmung, so ist Ehename der Geburtsname des Mannes. [...] Ein Ehegatte, dessen Geburtsname nicht Ehename wird, kann durch Erklärung gegenüber dem Standesbeamten dem Ehenamen seinen Geburtsnamen oder den zur Zeit der Eheschließung geführten Namen voranstellen. [...]

§ 1356. Die Ehegatten regeln die Haushaltsführung im gegenseitigen Einvernehmen. Ist die Haushaltsführung einem der Ehegatten überlassen, so leitet dieser den Haushalt in eigener Verantwortung. Beide Ehegatten sind berechtigt, erwerbstätig zu sein. Bei der Wahl und Ausübung einer Erwerbstätigkeit haben sie auf die Belange des anderen Ehegatten und der Familie die gebotene Rücksicht zu nehmen.

BGB, München 1973, 18. Auflage und 1980, 21. Auflage

M7 Der Protest formiert sich

Manifest der Opposition in der DDR, 1977:

Warum wird der Abstand DDR – Bundesrepublik in der Arbeitsproduktivität [...] immer größer? Warum ebben die Wellen der Ausreise-Anträge und die Versuche zur Republikflucht, selbst unter Einsatz des Lebens, nicht ab? Warum treten 94 % aller DDR-Bürger, also auch die Mehrheit der Funktionäre, Abend für Abend die geistige Republikflucht an und schalten auf ARD und ZDF? Weil der polit-ideologische Psychoterror unerträglich, die Flucht in eine andere Welt Notwendigkeit zum Überleben ist! Warum steigt der Verbrauch von Arzneimitteln in der DDR überdurchschnittlich hoch [...]? Warum hat die DDR Weltspitze bei Ehescheidungen, Selbstmordraten und Alkoholmissbrauch? Wo liegen die Defekte dieser Gesellschaft? Warum ist der Datschismus zur Hauptform des Lebens geworden? [...]

Die Familien sind [aufgrund der Schichtarbeit] Tag und Nacht getrennt, aber die Partei erhebt den Finger: Erzieht eure Kinder sozialistischer, sie sind labil! Am Wochenende darf Vater zur Kampfgruppe, Mutter übt ZV [Zivilverteidigung], der Sohn GST [Gesellschaft für Sport und Technik], die Tochter DRK – alles zum Schutz der Politbüro-Kaste! Von der Woche wollen wir gar nicht reden: Zeitungsschau, Agitatoren-Gespräch, Versammlungen in Partei, Gewerkschaft,

FDJ, DSF [Deutsch-Sowjetische Freundschaft], Partei-, FDJ- und Gewerkschaftsschuljahr – und überall die gleiche Leitartikel-Litanei. [...]
Wir fordern eine andere Politik: reale, kostendeckende Preise, entsprechend reale Planung, reale, den jetzigen Stand des Lebensniveaus garantierende Einkünfte für die Arbeiter, Handwerker, Angestellten. [...] Sämtliche Privilegien der Funktionäre müssen gestrichen werden. [...] Wir fordern die Abschaffung der Zensur gegenüber der Presse und den Verlagen. [...] Wir fordern den Abbau der riesigen, altmodischen und unmodernen Verwaltungsapparate [...]. Wir fordern nachdrücklich die Beseitigung des Verbots, über Fragen der Lebensqualität, besonders über die ökologischen Probleme, öffentlich zu diskutieren.

Anonym veröffentlicht in: Der Spiegel 32 (1978), Nr. 2, S. 26 ff.

M8 Härte gegen Jugendbewegungen

Michael Horschig, Gitarrist der Punk-Band „Namenlos", über die Anfänge einer Bewegung:

In den Jahren 1979 und 1980 sammelten sich die bis dahin einzeln umherstreunenden Punks in Ostberliner Diskotheken und Gaststätten, vor allem im Süden Berlins. [...]
Ab Anfang 1981 setzte die erste große Verfolgungswelle der Punks durch den Staat ein. Mit unerhörter Brutalität wollte der Staat nicht zulassen, was er nicht verhindern konnte. Festnahmen, Verhaftungen, der Druck der Behörden, Polizei, Betriebe, Schulen und Lehrerausbildungsstätten waren so stark, dass viele eingeschüchtert absprangen, sich ihren Auflagen gemäß von der Gruppe fernhielten oder ihr Äußeres veränderten. [...] Sie verurteilten wissentlich Unschuldige, wie Sid und Major, die sie ins Gefängnis sperrten, mit gnadenloser Härte der Urteile, die ihr ganzes Leben ruinierten: Beide bekamen um die fünf Jahre Berlin-Verbot, Meldepflicht, Arbeitsplatzbindung und nur einen provisorischen Personalausweis, der jeden Bullen zur Willkür ermächtigte. Bei Verstoß gegen die Auflagen ging man erneut in den Knast, so dass Sid wegen ein und derselben Sache fünfmal im Gefängnis war. Major musste als Berliner Eingeborene in ein kleines, abgeschiedenes sorbisches Dorf ziehen. Dort galt sie als die Fremde und noch dazu als Kriminelle. [...] Die Perversion, mit der die Polizei und Justiz vorgingen, die unvorstellbar brutalen Übergriffe durch diese, sollten mein Denken und Handeln nachhaltig beeinflussen. Spätestens hier hatte man die Bestätigung für alles subversive Tun und Handeln. Spätestens jetzt durfte man sich Staatsfeind nennen. Ich war Punk aus politischen Überlegungen, Punk war der Ausdruck meines Protestes und anarchistischen Denkens.

Michael Horschig: In der DDR hat es niemals Punks gegeben. In: Ronald Galenza/Heinz Havemeister (Hg.): Wir wollen immer artig sein ... Berlin 1999, S. 17 ff.

M9 Vorgehen des MfS der DDR gegen Systemkritiker

Maßnahmen gegen den Liedermacher Wolf Biermann vor seiner Ausweisung 1976:

Die Maßnahmen, die der Staatssicherheitsdienst der DDR gegen Wolf Biermann plante und z. T. durchführte, könnten als Beispiel für ein entsprechendes Vorgehen gegen kritische Künstler und Mitglieder der Friedens- und Bürgerrechtsbewegung angesehen werden. Stets war es das Bestreben, in den unmittelbaren Freundes- oder Familienkreis Spitzel einzuschleusen und die Oppositionellen beruflich zu schädigen und durch Vortäuschen oder Veranlassen von Straftaten oder Ausschweifungen persönlich zu diskreditieren. Die Zersetzung der Persönlichkeit durch Zerstören der Ehen und Freundschaftsbeziehungen oder der Gesundheit durch „medizinische" Maßnahmen wurde planmäßig betrieben. Das Einschleusen mehrerer Spitzel zugleich – bei Havemann, Biermann, Bohley [Bürgerrechtlerin] und vielen anderen – ermöglichte dem Staatssicherheitsdienst auch die Überwachung der Spitzel selbst. Hinzu kam das systematische Abhören von Telefongesprächen und Wohnungen. Überraschend war nach 1990 insbesondere die Erkenntnis, dass die SED diese Maßnahmen mit der Übersiedlung der Betreffenden nicht einstellte, sondern in der Bundesrepublik fortsetzte.

Der Spiegel, Jg. 1992, Nr. 5, S. 182

Arbeitsaufträge

?

1. Nennen Sie Merkmale einer demokratischen Ordnung, die Willy Brandt (M 5) herausstellt. Inwieweit reagiert er dabei auf Zeitströmungen?
2. Nennen Sie die Veränderungen, die sich seit der Mitte der 1960er-Jahre in der Gesellschaft der Bundesrepublik vollzogen, und gehen Sie auf die Folgen ein (VT).
3. Erklären Sie die Begriffe „Hausfrauenehe" und „Partnerehe" und setzen Sie diese zu den beiden Fassungen des BGB in Beziehung (VT, M 6).
4. Erläutern Sie, welchen Zwängen von Staat und Gesellschaft Jugendliche in der DDR ausgesetzt waren und welche Entfaltungsmöglichkeiten sie hatten (M 1 b, M 7 – M 9).

7 Friedliche Revolution und Überwindung der Teilung

M1 Überwindung der Mauer
Freudenszene vor dem Brandenburger Tor, November 1989

Der Zusammenbruch des SED-Regimes im Herbst 1989 kam für die meisten Menschen vollkommen überraschend. Tatsächlich wurde der Niedergang der DDR jedoch durch langjährige Fehlentwicklungen eingeleitet: Auf dem Gebiet der Wirtschaft hatte die DDR den Anschluss an das hoch technisierte Zeitalter verpasst. Überalterte Industrieanlagen, gesundheitsschädigende Umweltverschmutzung, renovierungsbedürftige Wohngebäude, unzureichende Straßen und Fernmeldeeinrichtungen waren drängende Probleme. Aus der ökonomischen Ineffizienz resultierte eine hohe Staatsverschuldung, die aus eigener Kraft nicht mehr bewältigt werden konnte. Mit den wachsenden Wirtschafts- und Versorgungsproblemen klafften Anspruch und Wirklichkeit des sozialistischen Systems immer mehr auseinander.
Dazu kamen vielerlei Einschränkungen der persönlichen Freiheit der Bürger, etwa bei der Arbeitsplatz- und der Berufswahl, die Bespitzelung durch den Staatssicherheitsdienst, die Pressezensur und die fehlenden Möglichkeiten, ins westliche Ausland zu reisen. Die Unzufriedenheit der Menschen entlud sich in einer Revolution, an deren Ende die Wiedervereinigung der beiden deutschen Teilstaaten stand.

1989	Massenflucht von DDR-Bürgern über Ungarn nach Österreich (Sommer) Die DDR öffnet ihre Grenzen nach Westen (9. November).
1990	Erste freie Volkskammerwahlen in der Geschichte der DDR (18. März) Deutsche Währungs-, Wirtschafts- und Sozialunion (1. Juli) Beitritt der neuen Länder der DDR zur Bundesrepublik (3. Oktober)

Die Opposition formiert sich

Im Grundlagenvertrag (1972) und in der KSZE-Schlussakte (1975) hatte sich die DDR zu Demokratie und zur Einhaltung der Menschenrechte bekannt. Auch wenn sich die Machthaber mit der Umsetzung schwer taten, eröffneten sich damit den Oppositionellen der DDR in begrenztem Umfang neue Handlungsräume. Seit Beginn der 1980er-Jahre wuchs die Zahl der Menschenrechts-, Umwelt- und Friedensgrup-

pen in der DDR an, die sich zunächst noch unter dem Dach der Kirche formierten. Der Staatssicherheitsdienst beobachtete sie argwöhnisch und versuchte, sie einzuschüchtern. Unter dem Eindruck der in Polen und Ungarn erzwungenen Veränderungen verloren die Menschen in der DDR jedoch allmählich ihre Angst vor den Machthabern: Während im benachbarten Polen aus der unabhängigen Arbeitergewerkschaft „Solidarnosc" eine Oppositionsbewegung erwuchs, hatte Ungarn 1982 einen inneren Reformprozess eingeleitet.
Ermutigt konnten sich die oppositionellen Kreise der DDR aber vor allem durch den Mitte der 1980er-Jahre vom neuen Generalsekretär der KPdSU Michail Gorbatschow eingeleiteten Kurs von Glasnost und Perestroika (Offenheit und Umgestaltung) fühlen. Dieser Kurswechsel wurde zur Grundlage einer umfassenden Reformbewegung in der Sowjetunion.

M2 **40 Jahre DDR**
Am 7. Oktober feierte die DDR runden Geburtstag. Staatschef Erich Honecker nimmt gemeinsam mit prominenten Staatsgästen die Parade der Armee ab, während in der Ferne die Rufe der Demonstranten zu hören sind.

Reformstarre und Wahlbetrug

Die Kritik der Bevölkerung in der DDR entzündete sich vor allem an den Einschränkungen der persönlichen Freiheit und den nach wie vor ungelösten Versorgungsproblemen mit Konsumgütern. Die Unzufriedenheit drückte sich Mitte der 1980er-Jahre in einer steigenden Zahl von Ausreiseanträgen aus. Doch die SED-Führung sperrte sich gegen die dringend notwendigen Reformen. Auch auf die dramatische Zunahme der Staatsverschuldung wurde nicht reagiert. Ein Absenken der Schuldenlast hätte zur Folge gehabt, den ohnehin bescheidenen Lebensstandard der Bevölkerung beträchtlich herabzustufen. Davor graute den SED-Oberen, die im Falle einer weiteren Verschlechterung der Versorgung offenen Aufruhr befürchteten. Die Kommunalwahlen im Mai 1989 machten deutlich, dass der zunehmende Unmut immer breitere Kreise erfasst hatte. Kirchliche Gruppen riefen dazu auf, den Wahlen fernzubleiben oder auf den vorgelegten Einheitslisten mit „Nein" zu stimmen. Sie organisierten außerdem die Beobachtung der Stimmenauszählung. Dabei offenbarte sich ein gravierender Wahlbetrug durch die SED. Einige Personen erstatteten daraufhin Anzeige wegen Wahlfälschung.

Massenflucht über Ungarn

Mit der Massenflucht von DDR-Bürgern wurde im Sommer 1989 die Instabilität des SED-Staates vor aller Welt sichtbar. Die „Abstimmung mit den Füßen" hatte ein folgenreicher Schritt der ungarischen Regierung möglich gemacht: Nachdem Ungarn im Mai 1989 die Grenzzäune zu Österreich abgebaut hatte, nutzten dies immer mehr DDR-Bürger zur Flucht in den Westen. Schlagartig wurde deutlich: Die Mauer hatte ihre Funktion verloren. Die DDR-Behörden erschwerten nunmehr die Einreise nach Ungarn, worauf Tausende Zuflucht bei den bundesdeutschen Botschaften in Warschau und Prag suchten. Nach teils wochenlangem Ausharren durften sie mit DDR-Sonderzügen in die Bundesrepublik reisen. Die DDR-Regierung, die am 7. Oktober in Gegenwart des sowjetischen Parteichefs Gorbatschow den 40. Jahrestag der DDR-Gründung beging, hatte der Ausreise zugestimmt. Sie wollte die Feiern nicht belasten.

Das Volk geht auf die Straße

Am Vorabend und während der Jubiläumsveranstaltung demonstrierten in Ost-Berlin und anderen Städten Zehntausende für Meinungsfreiheit und Reformen. Doch die SED-Führung zeigte sich starrsinnig und ließ die Kundgebungen gewaltsam auflösen. Die friedlichen Proteste der Bevölkerung rissen jedoch nicht ab. Am 9. Oktober gingen in Leipzig rund 70 000 Menschen für demokratische Reformen auf

M3 Montagsdemonstration während der Wendezeit

die Straße. Als die Polizei bei dieser Massendemonstration nicht eingriff, weil die sowjetische Staatsführung eine von den SED-Oberen erwogene gewaltsame Zerschlagung nicht unterstützen wollte, waren die Würfel zu Gunsten der friedlichen Volksbewegung gefallen. Die gewaltfreien Leipziger Montagsdemonstrationen, die immer mehr Menschen anzogen, wurden zum Symbol des Wandels. Das „Neue Forum" – eine Bürgerinitiative, die sich erst wenige Wochen zuvor gegründet hatte – wurde zum Sprachrohr des Aufbruchs.

Politische Wende und Öffnung der Grenzen

Unter dem Druck der anhaltenden Massenausreisen und der öffentlichen Demonstrationen wurde der reformunwillige SED-Generalsekretär Erich Honecker vom Politbüro zum Rücktritt gedrängt. Seinem Nachfolger Egon Krenz waren jedoch nur wenige Tage im Amt beschieden. Um dem Drängen der Bevölkerung nach Veränderung etwas entgegenzusetzen, diskutierte das Politbüro unter Vorsitz von Krenz eine Neufassung der Reiseregelung für DDR-Bürger. Am 9. November 1989 verkündete SED-Politbüromitglied Günter Schabowski auf einer Pressekonferenz voreilig, dass DDR-Bürger ab sofort über die innerdeutsche Grenze in die Bundesrepublik und nach West-Berlin ausreisen dürften. Diese Nachricht verbreitete sich wie ein Lauffeuer. Tausende Ostdeutsche eilten an die Grenze nach West-Berlin und drängten die Grenzsoldaten, die Übergänge zu öffnen. Nach der Öffnung der Schlagbäume lagen sich Menschen aus Ost und West in den Armen. Das Unvorstellbare war geschehen: Die Mauer war gefallen.

Eigenständigkeit oder Beitritt?

Wie sollte es mit der DDR nun weitergehen? Jene oppositionellen Gruppierungen, die als Erste auf die Straße gegangen waren, wollten eine reformierte, weiterhin eigenständige DDR. Sie sollte einen dritten Weg zwischen Kapitalismus und „real existierendem Sozialismus" einschlagen. Der größte Teil der DDR-Bevölkerung glaubte jedoch nicht mehr an die Reformierbarkeit des kommunistischen Systems. Der Wunsch, endlich so zu leben, wie die Menschen in der Bundesrepublik, war so groß, dass er noch bis zum Jahresende Hunderttausende dazu brachte, die DDR zu verlassen.
Von jenen, die blieben, sprach sich die Mehrzahl für einen schnellen Beitritt der DDR zur Bundesrepublik aus. Nach der Maueröffnung hatte viele das Ausmaß der immer deutlicher zutage tretenden Menschenrechtsverletzungen und wirtschaftlichen Schwierigkeiten in der DDR überrascht. Im Herbst 1989 war zur Gewissheit geworden, dass die DDR mit einem Netz von Spitzeln des Staatssicherheitsdienstes überzogen war. Meldungen über materielle Privilegien hoher Funktionäre lösten bei der DDR-Bevölkerung Verbitterung aus. Während der Montagsdemonstrationen wurden nun nicht mehr nur Reformen verlangt,

sondern die Vereinigung Deutschlands. Aus der Losung „Wir sind das Volk" wurde der Ruf „Wir sind ein Volk".
In dieser Situation legte Bundeskanzler Helmut Kohl dem Deutschen Bundestag ein „Zehn-Punkte-Programm" zur Überwindung der deutschen Teilung vor. Kohl plante eine „Vertragsgemeinschaft" mit der DDR, die langfristig in eine Wiedervereinigung beider Staaten münden könne. Voraussetzung für die dazu notwendigen Verhandlungen sei jedoch eine „demokratisch legitimierte Regierung der DDR".

Erste freie Wahlen

Zu den im März 1990 stattfindenden ersten und einzigen freien Volkskammerwahlen traten neben der SED, die sich jetzt PDS (Partei des Demokratischen Sozialismus) nannte, zahlreiche neu gegründete Parteien und politische Gruppierungen an. Teilweise kooperierten diese eng mit ihren Schwesterparteien in der Bundesrepublik. Im Wahlkampf schlossen sich die Ost-CDU und die neu gegründeten Parteien DSU (Deutsche Soziale Union) und Demokratischer Aufbruch zur „Allianz für Deutschland" zusammen. Die Allianz hatte sich für rasche wirtschaftliche Reformen und die schnelle Durchsetzung der deutschen Einheit ausgesprochen und erreichte mit rund 48 % der Wählerstimmen einen deutlichen Sieg. Die Ost-SPD, die vor der Vereinigung erst eine gesamtdeutsche Verfassung verabschieden wollte, kam nur auf 21,9 Prozent der Stimmen. Die Bürgerrechtsbewegung des Herbstes 1989 – sie trat als „Bündnis 90" an – konnte sogar nur 2,9 % der Wählerstimmen erringen. Zum neuen Ministerpräsidenten wurde der Ost-CDU-Vorsitzende Lothar de Maizière gewählt.

Währungs-, Wirtschafts- und Sozialunion

Die Bevölkerung der DDR hatte mit der Volkskammerwahl ein eindeutiges Votum für eine rasche Wiedervereinigung abgegeben. Auch die Bundesregierung trat nun energischer für diese Lösung ein. Die Schwierigkeiten, die nicht abreißende Zahl von Übersiedlern in der Bundesrepublik unterzubringen, sowie die fehlende Wettbewerbsfähigkeit der veralteten Staatsbetriebe der DDR zwangen zum raschen Abschluss eines Staatsvertrages.
Mit der „Währungs-, Wirtschafts- und Sozialunion", die am 1. Juli 1990 in Kraft trat, wurde der DDR buchstäblich über Nacht das komplette Wirtschafts- und Sozialsystem der Bundesrepublik übergestülpt. Dies kam einer Radikalkur für die ostdeutsche Wirtschaft gleich, die gegenüber der hoch überlegenen westdeutschen Konkurrenz hoffnungslos ins Hintertreffen geriet. Zumal durch den parallel verlaufenden Zerfall des Ostblocks die ehemaligen Exportmärkte der DDR wegbrachen. Die Folgen machten sich schnell bemerkbar: Zusammenbruch und Ausverkauf vieler Betriebe, wirtschaftlicher Kahlschlag in vielen Bereichen und eine rasch ansteigende Arbeitslosigkeit. Den Problemen standen allerdings auch deutliche Verbesserungen gegenüber. Von nun an war die D-Mark die gültige Währung in der DDR. Löhne und Renten wurden im Verhältnis 1:1 umgestellt, höhere Sparguthaben gemäß einer 2:1-Quote. Dies führte zu einer deutlichen Erhöhung der realen Kaufkraft.
Die Währungsunion war Voraussetzung für die Schaffung der deutschen Einheit. Hatten Lothar de Maizière und die Allianzparteien zunächst noch gezögert, so waren sie nunmehr bereit, den Beitritt zur Bundesrepublik gemäß dem damaligen Artikel 23 des Grundgesetzes zu vollziehen. Die Opposition in beiden Parlamenten hätte es vorgezogen, die Einheit durch eine neue gemeinsame, durch eine Volksabstimmung zu beschließende Verfassung (Art. 146 GG) zu begründen.

Deutschland wird souverän

Vor allem Frankreich und Großbritannien standen der sich abzeichnenden Vereinigung Deutschlands zunächst zögernd gegenüber. Erst als die Bundesregierung bekräftigte, keine Gebietsansprüche gegenüber Polen zu erheben, schwand das Misstrauen. Über die Bündniszugehörigkeit eines geeinten Deutschlands und das Ende der Oberhoheit der Alliierten über Berlin wurde in den „Zwei-plus-Vier"-Gesprächen verhandelt. Beteiligt waren die vier ehemaligen Besatzungsmächte und die beiden deutschen Staaten.
Die letzten Hürden auf dem Weg zur deutschen Einheit wurden bei einem Treffen zwischen Bundeskanzler Kohl und dem sowjetischen Staatschef Gorbatschow Mitte Juli 1990 aus dem Weg geräumt. Schon vorher hatte die Bundesregierung der UdSSR umfangreiche wirtschaftliche Unterstützung zugesagt. Gor-

M4 Helmut Kohl
Bundeskanzler
1982 – 1998

batschow erklärte sich zum Abzug der sowjetischen Truppen bereit und akzeptierte die NATO-Mitgliedschaft eines geeinten Deutschlands unter der Bedingung einer erheblichen Truppenreduzierung. Der am 12. September 1990 unterzeichnete „Zwei-plus-Vier-Vertrag" gab Deutschland schließlich seine volle Souveränität zurück.
Am 3. Oktober 1990 traten die Länder Brandenburg, Mecklenburg-Vorpommern, Sachsen, Sachsen-Anhalt und Thüringen der Bundesrepublik Deutschland bei. West- und Ost-Berlin vereinigten sich zum Bundesland Berlin. Der „Vertrag zwischen der Bundesrepublik Deutschland und der Deutschen Demokratischen Republik über die Herstellung der Einheit Deutschlands" bestimmte Berlin zur deutschen Hauptstadt. Mit Ausnahme weniger Übergangsregelungen galt nun Bundesrecht in ganz Deutschland.

Der „Aufbau Ost" ...

Der anfängliche Jubel über die Vereinigung der beiden deutschen Staaten wich schon bald zunehmender Ernüchterung. Viele Menschen hatten sich der Illusion einer sofortigen Angleichung an die westlichen Lebensverhältnisse hingegeben. Nahezu alle hatten das Ausmaß des wirtschaftlichen Verfalls im Osten unterschätzt. Erhebliche Investitionen wurden notwendig, um in den neuen Bundesländern veraltete Produktionsanlagen zu erneuern, Wohnungen zu bauen oder zu modernisieren und die erforderliche Infrastruktur (Straßen, Schienenwege, Telefon und Energieversorgung) zu schaffen. Die 8 000 ehemaligen „volkseigenen Betriebe" der DDR wurden einer Treuhandanstalt unterstellt, die sowohl die Sanierung und Privatisierung als auch die Stilllegung von nicht konkurrenzfähigen Betrieben veranlasste. Etliche Arbeitsplätze gingen dabei verloren. Um die Kosten der Einheit finanzieren zu können, wurde 1991 ein Solidaritätszuschlag von 7,5 % (ab 1998 5,5 %) eingeführt. Von westdeutscher Seite wird diese Sondersteuer – die auch von den Ostdeutschen zu bezahlen ist – teilweise kritisiert. Dabei wird übersehen, dass die DDR-Bürger zur Abgeltung der gesamtdeutschen Kriegsschuld gegenüber den Ostblockstaaten Erhebliches geleistet haben. Diese historischen Anstrengungen gleichen die heutigen Transferleistungen bei Weitem aus.

... dauert an

Der „Aufbau Ost" dauert wesentlich länger als 1990 allgemein erhofft. Die wirtschaftliche Kluft zwischen den alten und den neuen Bundesländern schließt sich nur langsam. Seit 2005 ist die Arbeitslosenquote in den neuen Bundesländern zwar kontinuierlich gesunken und gleichzeitig die Zahl der Ausbildungsplätze gestiegen. Dennoch ist die Arbeitslosenquote im Osten noch fast doppelt so hoch wie im Westen.
Nicht nur darüber sind viele Ostdeutsche verbittert. Manche fühlen sich bei der Umsetzung der deutschen Vereinigung ungerecht behandelt. Viele Funktionäre des DDR-Systems verloren damals ihre Ämter, dafür nahmen Westdeutsche Schlüsselpositionen ein. Westdeutsches Recht und westdeutsche Verwaltungsstrukturen mussten in den neuen Bundesländern übernommen werden, auch dort, wo es eigene sinnvolle Entwicklungen gegeben hatte, etwa bei der Kinderbetreuung. Viele Tarifverträge und staatlich festgelegte Mindestlöhne sehen bis heute für die Bewohner der neuen Bundesländer geringere Entgelte als für die Arbeitnehmer der ehemaligen Bundesrepublik vor. Das unterschiedliche Wählerverhalten und die Sympathie mancher Menschen für extreme Parteien belegen, dass die „innere Einheit" noch nicht von allen vollzogen wurde.
Bei allen Problemen darf aber nicht übersehen werden, dass schon vieles erreicht wurde. Die Milliardeninvestitionen haben die Modernisierung der kompletten Infrastruktur ermöglicht. Manche zukunftsträchtigen Industriezweige, wie Windenergie- und Solarenergie-Unternehmen, haben sich mittlerweile bewusst für eine Ansiedlung in den neuen Bundesländern entschieden. Vor allem aber können die Menschen in den neuen Bundesländern stolz darauf sein, sich durch eine friedliche Revolution von der DDR-Diktatur befreit zu haben. Ihre Demonstrationen für Freiheit und mehr Mitbestimmung sorgten dafür, dass die beiden ehemaligen deutschen Teilstaaten heute in einem gemeinsamen freiheitlichen, demokratischen Rechtsstaat vereint sind, der zu einem stabilen Bestandteil der zusammenwachsenden europäischen Gemeinschaft geworden ist.

M5 **Motive ausreisewilliger DDR-Bürger**

Aus einem Bericht des Ministeriums für Staatssicherheit vom 9. September 1989:

Als wesentliche Gründe/Anlässe für Bestrebungen zur ständigen Ausreise [...] werden angeführt:
– Unzufriedenheit über die Versorgungslage;
– Verärgerung über unzureichende Dienstleistungen;
– Unverständnis für Mängel in der medizinischen Betreuung und Versorgung;
– Eingeschränkte Reisemöglichkeiten innerhalb der DDR und nach dem Ausland;
– Unbefriedigende Arbeitsbedingungen und Diskontinuität im Produktionsablauf;
– Unzulänglichkeiten/Inkonsequenz bei der Anwendung/Durchsetzung des Leistungsprinzips sowie Unzufriedenheit über die Entwicklung der Löhne und Gehälter;
– Verärgerung über bürokratisches Verhalten von Leitern und Mitarbeitern staatlicher Organe, Betriebe und Einrichtungen sowie über Herzlosigkeit im Umgang mit Bürgern;
– Unverständnis über die Medienpolitik der DDR.

Hierzu im Einzelnen:

Unzufriedenheit über die Versorgungslage

Den größten Umfang im Motivationsgefüge nimmt die Kritik an der Versorgung der Bevölkerung ein. Auf Unverständnis stoßen vor allem anhaltende Mängel bei der kontinuierlichen Versorgung mit hochwertigen Konsumgütern (Pkw, Möbel, Textilien, Schuhe, Heimelektronik usw.) sowie Ersatzteilen, mit Baustoffen und Baumaterialien sowie mit bestimmten Waren des täglichen Bedarfs (z. B. hochwertige Lebensmittel, Frischobst, Gemüse, häufig wechselnde Artikel der „1 000 kleinen Dinge“). [...]

Die betreffenden Personen verweisen insbesondere auf das damit verbundene „Schlange stehen“, das Herumlaufen und die Suche nach bestimmten Artikeln [...]. Es wird Kritik am sogenannten doppelten Währungssystem, an Intershops, Valutahotels und an „Privilegien“ für Devisenbesitzer geübt. Der vorgenannte Personenkreis zweifelt – häufig unter Verweis auf die Beständigkeit bzw. Zunahme derartiger Erscheinungen – generell an der Lösung dieser die Bürger bewegenden Probleme.

Verärgerung über unzureichende Dienstleistungen

[...] Es wird insbesondere auf fehlende bzw. begrenzte Kapazitäten bei Reparatur und Dienstleistungen verwiesen. Fehlende Ersatzteile, z. T. lange Wartezeiten sowie die kundenunfreundliche Behandlung der Bürger im Dienstleistungsbereich, in Gaststätten sowie in Verkaufseinrichtungen stehen im Mittelpunkt kritischer Äußerungen. [...]

Abschließend wird darauf hingewiesen, dass die angeführten motivbildenden Faktoren z. T. verknüpft sind mit illusionären Vorstellungen über die „westliche Lebensweise“, insbesondere der Erwartung eines Lebens mit „besserer“ materieller Sicherstellung und „besseren“ beruflichen Verdienstmöglichkeiten, von mehr „Freizügigkeit“ zur Verwirklichung eines eigenen Lebensstils auf der Grundlage eines egoistischen Konsum- und Besitzstrebens [...].

Im untrennbaren Zusammenhang damit wirken aktuelle Entwicklungstendenzen in anderen sozialistischen Staaten [...], die zunehmend zu Zweifeln an der Perspektive und Sieghaftigkeit des Sozialismus überhaupt führen.

Zit. nach: V. Gransow u. K. H. Jarausch (Hg.): Die deutsche Vereinigung. Dokumente zu Bürgerbewegung, Annäherung und Beitritt. Köln 1991, S. 58 – 60.

M6 **Protest von Ärzten der Stadt Halle**

In einer Erklärung von über 100 Ärzten aus dem Oktober 1989 wird das Gesundheitswesen der DDR kritisiert:

Mit zunehmender Sorge müssen wir feststellen, dass der tatsächlich vorhandene Sozialismus – gemessen an den Zielen, die einst viele Menschen begeistert haben – auch auf wesentlichen Gebieten des Gesundheits- und Sozialwesens bisher versagt hat. Entgegen den Erfolgsmeldungen und Propagandastatistiken in unseren Medien, die in der Bevölkerung eine hohe Erwartungshaltung erzeugen, ergibt sich für uns durch fachliche Einblicke und tägliche Erfahrungen ein ganz anderes Bild:
– die medizinische Grundversorgung steht in krassem Widerspruch zu den Möglichkeiten eines modernen Industriestaates,
– der Krankenstand steigt, die Lebenserwartung sinkt,
– alte Menschen, die diese Republik aufgebaut haben, sind die Hauptbetroffenen, es reichen weder Pflege- noch Altenheime aus,
– trotz langfristiger Planung ist die ständige Verfügbarkeit selbst unverzichtbarer Medikamente nicht gewährleistet,
– die Wartelisten, sowohl auf dringende Untersuchungen als auch auf Operationen, verlängern sich ins Unvertretbare, [...]
– die Ignoranz gegenüber erkennbaren Entwicklungen, so der massenweisen Ausreise und Abwanderung von Ärzten, Schwestern und technischen Mitarbeitern, überlässt den Zurückgebliebenen unlösbare Probleme, [...]

Deshalb fordern wir:
– Schaffung demokratischer Strukturen auch im Gesundheits- und Sozialwesen,
– Pressefreiheit auch für Berichte über Missstände und Beseitigung der Zensur, auch in der Fachliteratur, [...]
– Kontrolle und Offenlegung von gesundheitsschädigenden Auswirkungen der Industrie,
– Anerkennung von Erscheinungen wie Rauchen von Kindern und Jugendlichen, Alkoholismus, hohe Selbstmordrate und zunehmende krankmachende psychosoziale Faktoren als vorwiegend gesellschaftliche und nicht medizinische Probleme.

Zit. nach: mdv transparent: Wir sind das Volk. Teil 2. Leipzig 1990, S. 32 f.

M7 Für unser Land

a) Aus einem Aufruf vom 26. November 1989, den zahlreiche bekannte Persönlichkeiten der DDR unterzeichneten:

Unser Land steckt in einer tiefen Krise. Wie wir bisher gelebt haben, können und wollen wir nicht mehr leben. Die Führung einer Partei hatte sich die Herrschaft über das Volk und seine Vertretungen angemaßt, vom Stalinismus geprägte Strukturen hatten alle Lebensbereiche durchdrungen. Gewaltfrei, durch Massendemonstrationen hat das Volk den Prozeß der revolutionären Erneuerung erzwungen, der sich in atemberaubender Geschwindigkeit vollzieht. Uns bleibt nur wenig Zeit, auf die verschiedenen Möglichkeiten Einfluß zu nehmen, die sich als Auswege aus der Krise anbieten.

Entweder können wir auf der Eigenständigkeit der DDR bestehen und versuchen, mit allen unseren Kräften und in Zusammenarbeit mit denjenigen Staaten und Interessengruppen, die dazu bereit sind, in unserem Land eine solidarische Gesellschaft zu entwickeln, in der Frieden und soziale Gerechtigkeit, Freiheit des einzelnen, Freizügigkeit aller und die Bewahrung der Umwelt gewährleistet sind.

Oder wir müssen dulden, daß, veranlaßt durch starke ökonomische Zwänge und durch unzumutbare Bedingungen, an die einflußreiche Kreise aus Wirtschaft und Politik in der Bundesrepublik ihre Hilfe für die DDR knüpfen, ein Ausverkauf unserer materiellen und moralischen Werte beginnt und über kurz oder lang die Deutsche Demokratische Republik durch die Bundesrepublik Deutschland vereinnahmt wird. Laßt uns den ersten Weg gehen. Noch haben wir die Chance, in gleichberechtigter Nachbarschaft zu allen Staaten Europas eine sozialistische Alternative zur Bundesrepublik zu entwickeln. Noch können wir uns besinnen auf die antifaschistischen und humanistischen Ideale, von denen wir einst ausgegangen sind. Alle Bürgerinnen und Bürger, die unsere Hoffnung und unsere Sorge teilen, rufen wir auf, sich diesem Appell durch ihre Unterschrift anzuschließen.

Berlin, den 26. November 1989

Text in alter Rechtschreibung

b) Leserbrief zum Aufruf „Für unser Land“:

Dem Aufruf „Für unser Land“ kann ich nicht zustimmen. Ich sehe hier bereits, wie sich gewisse Leute bestehende Privilegien sichern wollen. In der Frage von Wiedervereinigung oder Konföderation sollte es zu einem Volksentscheid kommen […]. 40 Jahre wurden die Vorzüge des Sozialismus in allen Tönen gepriesen, aber die traurige Realität sehen wir heute. […] Noch einmal Versuche eines Sozialismus, welche Jahre oder Jahrzehnte andauern, um am Ende noch tiefer zu stehen? Bedenkt, wir Menschen haben nur ein Leben! […] Nehmen wir also das Angebot vom deutschen Nachbarstaat an, denn der Preis dafür ist nicht zu hoch. Ein Volk, das „noch“ die gleiche Sprache spricht, gehört zusammen.

a und b zit. nach: Bernd Lindner: Die demokratische Revolution in der DDR 1989/90. Bonn 1998, S. 118.

M8 Gegen eine „Bananenrepublik“

Aus einem Flugblatt Ost-Berliner Studenten vom 19. Dezember 1989:

Wollt ihr die Bananenrepublik? Habt ihr das Recht auf Mitbestimmung in euren Betrieben gefordert, um von Daimler-Benz, Springer und Krupp entlassen zu werden? Habt ihr das Machtmonopol der SED gebrochen, um euch von der Macht der Monopole regieren zu lassen? Macht ihr der Politbürokratie die Privilegien streitig, um sie anderen zu geben? Habt ihr der Stasi den Laufpass gegeben, um euch den Verfassungsschutz ins Land zu holen?

Wollt ihr die Warteschlangen vor den Läden gegen Warteschlangen vor den Arbeits- und Sozialämtern eintauschen? Wollt ihr in Zukunft euren Wohlstand auf Kosten der Dritten Welt aufbauen? […] Wart ihr jahrelang stolz darauf, dass in unserem Land mit den Nazis abgerechnet wurde, um jetzt den Republikanern Tür und Tor zu öffnen? Beginnt ihr Umweltbewusstsein zu entwickeln, um es in Plastiktüten zu ersticken? Wollt ihr Mietwucher und Obdachlosigkeit auch hier?

Seid ihr auf die Straße gegangen, um euch jetzt BRDigen zu lassen? WIR NICHT!

Demo zum Kohlbesuch. Für den Erhalt der Souveränität der DDR! Gegen Ausverkauf und Wiedervereinigung!

Zit. nach: Andreas Grünberg: „Wir sind das Volk“. Der Weg der DDR zur deutschen Einheit. Quellen zur Geschichte und Politik. Stuttgart 1990, S. 24 f.

M9 Plakat bei einer Demonstration in Berlin

M10 Wer will die deutsche Wiedervereinigung?

Die „New York Times“ schrieb am 19. November 1989 zu ersten Spekulationen über eine sich anbahnende Wiedervereinigung:

Niemand war auf den plötzlichen Aufbruch und die unerwartete Öffnung der Mauer vorbereitet. Daher sollte es nicht überraschen, dass den guten Nachrichten viel beunruhigende Spekulation über ein gefürchtetes altes Thema folgte: die deutsche Wiedervereinigung. […] Aus vielen verschiedenen, aber guten Gründen ist kaum jemand dafür, dass eine Wiedervereinigung stattfindet. Man sehe sich zunächst einmal Ostdeutschland an. Seine kommunistischen Führer lehnen dezidiert eine politische Vereinigung ab, obwohl sie engere Wirtschaftsbeziehungen mit Westdeutschland begrüßen. Stärkere politische Bindungen würden sowohl ihre Machterhaltung als auch die Identität der DDR als sozialistischen Staat gefährden. Sogar die Oppositionsführer [der Bürgerbewegungen] wollen die Vereinigung nicht. Sie halten an dem Glauben an den Sozialismus fest; sie wollen ihren Staat reformieren statt ihn abzuschaffen und sie möchten Elemente eines freien Marktes mit einem umfassenden sozialen Sicherheitsnetz verbinden.

Man sollte auch Westdeutschland bedenken, dessen Bevölkerung schon fürchtet, durch den massiven Exodus aus dem Osten überschwemmt zu werden. […] Für Herrn Kohl steht Wiedervereinigung jetzt nicht auf der Tagesordnung. Obwohl Präsident Mitterrand sagt, dass er die deutsche Wiedervereinigung nicht fürchtet, will Frankreich sie nicht. Eine Vereinigung erschwert die Pariser Priorität eines schnellen Fortschritts der westeuropäischen Wirtschaftsintegration. Ein neues Vaterland mit 80 Millionen Deutschen würde das Gleichgewicht in der EG noch mehr in die westdeutsche Richtung verschieben.

Großbritannien teilt die französischen Sorgen davor, dass ein vergrößertes Deutschland die wirtschaftliche Supermacht Europas wird. Die Warnung von Premierministerin Thatcher vor vorschnellem Gerede über die Wiedervereinigung entspringt dem traditionellen englischen Wunsch, das kontinentale Gleichgewicht durch Widerstand gegen den Aufstieg eines übergroßen Rivalen zu erhalten.

Wie die Westeuropäer haben die Polen und andere Osteuropäer bittere historische Erinnerungen an frühere Großdeutschlands, deren Drang nach dem Osten auf ihre Kosten erfolgte. Und Polen ist ganz besonders besorgt, dass ein neu vereinigtes Vaterland die „verlorenen Gebiete“ im jetzt polnischen Schlesien und Ostpreußen wiederverlangt.

Washington will die Wiedervereinigung nicht, da sie die amerikanische Militärpräsenz in Westdeutschland beenden und die NATO ohne adäquaten Ersatz auflösen würde. […] Schließlich hat die Sowjetunion […] Angst vor einem Nationalismus, der aus der deutschen Vereinigung erwachsen könnte. Michail Gorbatschow ist ebenso besorgt, dass ein geeintes Deutschland eher sein Gewicht in Osteuropa als in einem vereinigten Westeuropa geltend machen würde. […]

Inzwischen bleibt das Hauptziel von Deutschen und Nicht-Deutschen die Integration Westdeutschlands in Westeuropa und die Schaffung eines Europas mit wirklich offenen Grenzen. Gäbe es ein besseres Ende für die qualvolle deutsche Geschichte oder eine größere Hoffnung für Europa?

Zit. nach: V. Gransow u. K. H. Jarausch (Hg.), a. a. O., S. 60 f.

M11 The march of the fourth reich

Karikatur von Bill Caldwell aus der englischen Zeitung „Daily Star“, Februar 1990

M12 Öffnung der Mauer

Essay der Berliner Zeitung „taz“ über die Nacht vom 9. auf den 10. November 1989:

Die Mauer provoziert. Sie steht da, als hätte sie an diesem Abend keine Nachrichten gehört. Als wüsste sie noch gar nicht, wie sinnlos sie geworden ist. Vor dem Brandenburger Tor ist sie so breit wie die Betten, aus denen viele Berliner soeben gestiegen sind, um in dieser Nacht dabei zu sein. Die Nacht, auf die wir 28 Jahre gewartet haben. Die Fernsehteams haben die Mauer taghell ausgeleuchtet, ein Wasserwerfer spritzt noch schüchtern von Ost nach West, mehrere hundert, vielleicht tausend umlagern die historische Stätte. Strahlende Gesichter. Siegesgeheul. Kinder unterm Weihnachtsbaum. Irgendwann ist der Erste raufgeklettert, magisch angezogen von dem symbolträchtigen und meistgehassten Bauwerk dieser Stadt. Die Berliner stürmen die Mauer. Kaum einer kommt oben an, ohne zu jauchzen und die Arme hochzureißen. „Die Mauer muss weg! Die Mauer muss weg!“, heißt die Parole des Abends. Nur der Chor ist schon von der Realität überholt. Das Gebrüll der Leute erscheint fast wie ein nachträglicher Vollzug, wie die hundertstimmige Bestätigung dessen, was immer noch viele nicht fassen können. Die Mauer ist weg. Das meistgebrauchte Wort: „Wahnsinn! Ick gloob's nich!“

Die unten staunen, die oben jubeln, und nicht nur die Kids. Auch einige ältere Herrschaften probieren den Klimmzug oder baumeln zentnerschwer an kräftig ziehenden Armen. Die Wasserwerfer jenseits der Mauer haben den Hahn wieder zugedreht. Polizei und aufmarschierende Nationale Volksarmee haben längst begriffen: Der Versuch, die Berliner Mauer zu spritzen, passt nicht in diese Zeit, nicht in diese Nacht, ein rauschbärtiger Hüne arbeitet wie besessen und entzückt die Massen. Er hat Fäustel und Meißel mitgebracht und schon mal begonnen, die Mauer abzutragen. Die obere Kante ist auf der Westseite bereits sichtbar angeknabbert. Die ersten Wetten werden abgeschlossen, wann der materielle Fall der Mauer dem politischen folgen wird.

taz vom 11. November 1989.

M13 „Der Osten fühlt sich unverstanden“

Der in Ost-Berlin aufgewachsene Journalist Robert Ide schreibt in einem Essay für den Berliner „Tagesspiegel“, 30. September 2007:

In der kleinen Stadt im Erzgebirge gibt es zwei Neubaugebiete. Zunächst das alte, dessen Betonklötze man schon von weitem sieht. Wie in fast jeder größeren Ansiedlung hatte die DDR-Führung hier ein paar Plattenblöcke Sozialismus errichtet. Die Bauten sind inzwischen aufgehübscht worden, die einst nach einem liberalen Antifaschisten benannte Straße heißt jetzt Tulpenweg. Die kleinen Unterkünfte mit neuer Heizung sind billig – und deshalb begehrt. Das neue Neubaugebiet bildet ebenfalls eine abgeschlossene Welt. Hier sind die neuen Einfamilienhäuser der Wende-Gewinner entstanden, vor den Garagen stehen schwere Autos, die schmalen Bürgersteige sind rot gepflastert. Wer einmal durch diese Ortschaft in der Ortschaft schlendert (oder durch eine der vielen anderen), wird bemerken, dass es den einen Osten, der immer öffentlich herbeizitiert und als schwer verständliches Ganzes untersucht wird, überhaupt nicht gibt. In fast jedem Ort kann man sehen, dass die Zeitenwende kein neues Glück über alle gebracht hat. Das wertvolle Geld ist an einigen Stellen kleben geblieben, ansonsten hat es sich schnell zurückgezogen. Nur wenige Schritte liegen zwischen verlassenen Gütern mit verfallenden Ställen und den mit frischen Blumen geschmückten Kataloghäusern. Diesen Unterschied gibt es auch innerhalb der ostdeutschen Regionen: der Millionärsboom an den Hängen des Elbtals neben den ausgedünnten Landstrichen an der Oder, aufstrebende Universitätsstädte wie Halle und Jena neben einem verödenden Mansfelder Land. Natürlich ist das normal in einer Wettbewerbsgesellschaft, natürlich war und ist das Alltag in der alten Bundesrepublik. In Ostdeutschland wissen nur viele nicht damit umzugehen. Die Prägung ist eine andere. Die Lebensverhältnisse haben sich aufgesplittet, die Hecken sind höher gewachsen. Nun schaut jeder nach seinen Rechten und beklagt, da sind sich immerhin alle einig, den fehlenden Gemeinsinn. Die Illusion von einer Gesellschaft der Gleichen – einst von der SED und heute von der Linkspartei verbreitet – wirkt fort. Sehnsüchte werden bedient nach einer Gesellschaft, in der keiner richtig hoch kommt und keiner richtig tief fällt. Dass es schon zu DDR-Zeiten viele Unterschiede gab, dass sich Karrieren nach dem Grad politischer Anpassung bemaßen, dass nicht jeder machen und werden konnte, was er wollte – das wird verdrängt. Gerechtigkeit, Sicherheit, Geborgenheit, auch Heimat. Nach diesen Werten sehnen sich sozialpolitischen Erhebungen zufolge vor allem unzufriedene Ostdeutsche. Hier empfinden gerade Ältere einen Verlust. Viele dieser Begriffe hatten in der DDR eine eigene Bedeutung. Sicherheit bedeutete Ruhe auf den Straßen und an der Grenze – wenn nötig mit Gewalt. Heimat und Vaterland fielen zusammen und mündeten in die Parole „Unsere Heimat DDR“. Nun ist die DDR weg und viele denken, sie hätten ihre Heimat verloren. […] 1,4 Millionen Menschen hat der Osten seit der Wende an den Westen verloren. Die jungen Flexiblen, die gut Gebildeten, die Frauen – sie gründen drüben Familien und Firmen. Es gehen jene Leute, die eine Gesellschaft braucht, um Hoffnung zu schöpfen, um sich selbst zu hinterfragen, um etwas Eigenes aufzubauen. Sie hinterlassen hübsch sanierte, aber vergreisende Lebensorte, in denen nur wenige Menschen in neuen Neubaugebieten wohnen. Lebensorte, in denen die Betriebe dicht machten, die Kneipen und jetzt die Schulen: Allein in Sachsen werden 800 geschlossen. Eine davon in der Kleinstadt im Erzgebirge. Nicht wenige der Zurückbleibenden flüchten sich in die Jammerei aus DDR-Tagen. Meckern, sich zurückziehen, nicht mehr teilnehmen, sich durch Trotz verweigern. Dieses Ritual wurde im ostdeutschen Alltag lange eingeübt. Zu DDR-Zeiten war es wichtig, das Private auszuweiten, um die eigene Freiheit zu vergrößern, um Grenzen, die der allgegenwärtige Staat gesetzt hatte, langsam zu verschieben. Heute haben sich Zwischentöne erübrigt, im öffentlichen Raum wird alles direkt gesagt, gefordert, im Konflikt ausgetragen. Viele Ostdeutsche kommen damit nicht zurecht, den Parteienstreit der Berliner Republik und die Amtssprache der neuen Bürokratie verstehen sie nicht. Ansprüche klar zu formulieren und sich etwa mit der Deutschen Rentenversicherung um eine Kur zu streiten, das wird schnell als Demütigung empfunden. So wie Arbeitslosigkeit eine tägliche Demütigung bleibt. Viele ziehen sich in Gedanken zurück in eine Welt, die es gar nicht mehr gibt.

Robert Ide: Wir teilen eine Welt zusammen. In: Der Tagesspiegel vom 30. September 2007.

M14 **„Hinter den sieben Bergen"**
Gemälde von Wolfgang Mattheuer, 1973. Der Maler, Grafiker und Bildhauer Wolfgang Mattheuer (1927–2004) verbrachte einen Großteil seines Lebens in Leipzig. Dort unterrichtete er ab 1965 als Professor an der Hochschule für Grafik und Buchkunst. 1974 legte er sein Lehramt nieder und arbeitete fortan als freischaffender Künstler. 1988 trat er nach 30-jähriger Mitgliedschaft aus der SED aus.

M15 **„Hinter den 7×7 Bergen"**
Gemälde von Wolfgang Mattheuer, 1993

Arbeitsaufträge

1 Nennen Sie Ursachen und Anlässe für die demokratische Revolution in der DDR (VT, M5, M6).

2 Erläutern Sie die Bedenken vieler DDR-Bürger gegen eine Vereinigung beider Teile Deutschlands (M7, M8). Warum siedelten trotzdem Zehntausende in die Bundesrepublik über?

3 Erläutern Sie die Vorbehalte anderer Staaten gegenüber der deutschen Wiedervereinigung (VT, M10, M11).

4 Begründen Sie, warum auch heute noch manche Menschen in den neuen Bundesländern „die innere Einheit" nicht vollzogen haben (VT, M13).

5 Interpretieren Sie die Gemälde des ehemaligen DDR-Künstlers Wolfgang Mattheuer (M14, M15). Beachten Sie die jeweilige Entstehungszeit.

Werkstatt Geschichte und Gesellschaft

Politische Karikaturen erschließen

Politische Karikaturen (von ital. „caricare“ = überladen, übertreiben) sind ironische oder witzige Zeichnungen mit dem Ziel, bestimmte Personen oder Sachverhalte des aktuellen Zeitgeschehens kritisch und pointiert zu skizzieren. Ziel ihrer Satire sind meist bekannte Politiker, politische Programme, politische Entscheidungen oder gesellschaftliche Zustände. Dabei sind die Karikaturen nie das reine Abbild der Wirklichkeit, es liegt vielmehr in ihrem Wesen, zu übertreiben und zuzuspitzen. Meist bemühen sie sich nicht um eine abwägende Betrachtung, sondern sind bewusst politisch einseitig.

Solche Zerrbilder agieren häufig aus der Sicht des Schwächeren, des wirtschaftlich Unterlegenen oder desjenigen, der für mehr Freiheit, Demokratie und Gerechtigkeit eintritt. Nur selten offenbart eine Karikatur beim oberflächlichen Hinsehen die ganze Breite ihrer Aussage. Der Betrachter wird vielmehr vom Zeichner zum intensiven Mitdenken aufgefordert. Der Wahrheitsgehalt der Karikatur stellt sich erst dann heraus, wenn die Aussage auf die Wirklichkeit bezogen und überprüft wird. Politische Karikaturen sind nicht einfach Illustration, die Heiterkeit erzeugen sollen. Sie wollen darüber hinaus bei dem Betrachter etwas bewirken, sie wollen ihn betroffen und nachdenklich machen und ihn vielleicht sogar politisch aktiv werden lassen.

M1 „Das sozialistische Paradies“ Karikatur von Horst Haitzinger, Oktober 1989. Dargestellt ist Erich Honecker.

Methodische Arbeitsschritte

1 Erkennen der Darstellung
- Wann und wo wurde die Karikatur erstmals veröffentlicht? Wer ist der Zeichner?
- Betrachten und beschreiben Sie die dargestellten Personen und Gegenstände.
- Stellen Sie eine Beziehung zwischen der Abbildung und der Legende her.

2 Erkennen des politischen Hintergrunds
- Finden Sie so viel als möglich über die abgebildeten Personen und den Hintergrund des Geschehens heraus.
- Welche Botschaft wollte der Zeichner verbreiten? Worüber machte er sich Sorgen?
- Fassen Sie die Aussage der Karikatur zusammen und nehmen Sie dazu Stellung.

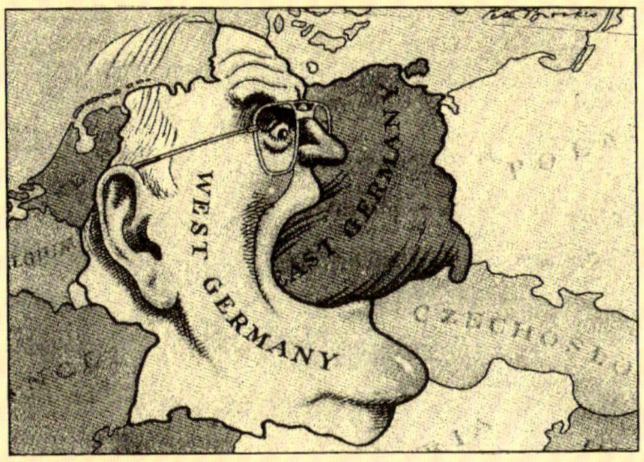

M2 Aus: The Spectator, London 24. Februar 1990

M3 Aus: Der Neue Weg, Halle, 26. Februar 1990

M4 Aus: Stuttgarter Zeitung, 25. Februar 1990
„Selbstverständlich freue ich mich über unseren Nachwuchs. Warum fragst du?“

M5 Karikatur zur Massenflucht, 1989

M6 „Die neue Mauer“, Karikatur 1992

Arbeitsaufträge

1 Beschreiben Sie die Karikaturen M 1 bis M 6. Deuten Sie die verwendeten Motive und Symbole. Entnehmen Sie dem vorangegangenen Kapitel, welche Ereignisse den Karikaturen zugrunde liegen.

2 Sammeln Sie aktuelle Karikaturen zu innerdeutschen wirtschafts- und sozialpolitischen Fragestellungen. Erklären Sie die Probleme, die von den Karikaturen aufgegriffen werden.

Werkstatt Geschichte und Gesellschaft

Zukunftswerkstatt

M1 Zwei polnische Jugendliche feiern den Europa-Tag in Warschau
Foto, 2004

Anlässlich des 50. Jahrestages der Europäischen Gemeinschaft bezeichnete der deutsche Außenminister Frank-Walter Steinmeier die EU als eine „Zukunftswerkstatt". Er meinte damit, dass bestehende Regelungen immer wieder hinterfragt, Ideen über Fortentwicklungen entworfen und dann auf ihre Realisierbarkeit hin überprüft werden müssen.
Die meisten Menschen in den 27 EU-Staaten befürworten den europäischen Zusammenschluss, wollen aber ihre nationale Identität nicht vollkommen aufgeben. Die Shell-Jugendstudie befragte deutsche Jugendliche zwischen 15 und 25 Jahren nach ihrer Meinung über einen einheitlichen Staat Europa: Waren es im Jahr 2002 noch 49 % der Jugendlichen, die sich Europa als einheitlichen Staat vorstellen konnten, so traf dies im Jahr 2006 nur noch auf 32 % zu. Was gab den Ausschlag für diesen Umschwung? Die gescheiterten Verfassungsreferenden in Frankreich und den Niederlanden, der Bürokratismus der EU-Institutionen oder die „Osterweiterung" der Union?

Die von Außenminister Steinmeier erwähnte Methode der Zukunftswerkstatt geht auf den Zukunftsforscher Robert Jungk zurück, der dazu schrieb: „Ziel der Arbeit in Zukunftswerkstätten ist, jeden interessierten Bürger in die Entscheidungsfindung miteinzubeziehen, die sonst nur Politikern, Experten und Planern vorbehalten ist. Wir wollen dem Einzelnen Mut machen und ihm zeigen, dass er durchaus über große Ziele mitreden kann." Dem entgegen gibt es in Deutschland keine Volksbefragung über die geplanten Reformen der Europäischen Union.
Was Ihnen auf staatlicher Ebene verwehrt ist, sollen Sie nun im Klassenverband durchführen. Sie haben dabei die Aufgabe, in Form einer Zukunftswerkstatt Kritik an der gegenwärtigen Situation der EU zu üben, Zukunftsentwürfe zu formulieren und Lösungsstrategien zu entwerfen. Überlegen Sie dabei, ob Sie die Europäische Union in ihrer heutigen Form für zukunftsfähig erachten. Wie kann es zum Beispiel gelingen, mehr soziale Gerechtigkeit zu erreichen? In der Zukunftswerkstatt sollen Sie Zukunftsperspektiven entwickeln und die Möglichkeiten der Durchsetzung Ihrer Ideen überprüfen.
Das Material M 2 gibt Ihnen einige Hinweise zu Themen, die sich für eine Hinterfragung anbieten.

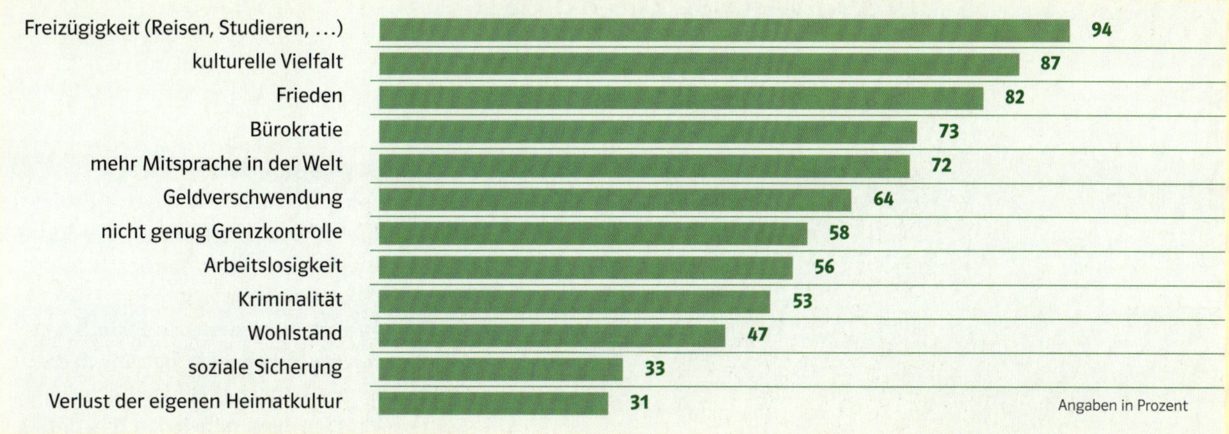

M2 Was verbinden Jugendliche heute mit Europa?
Aus der Shell-Jugendstudie 2006

Methodische Arbeitsschritte

1. In der **Vorbereitung** gilt es, das Thema zu konkretisieren.
2. In der ersten Hauptphase, der sogenannten **Kritikphase**, werden alle Teilnehmer der Runde aufgefordert, zu äußern, was ihnen an einem bestimmten Sachverhalt nicht gefällt. Es geht dabei um eine möglichst präzise Kritik von gegenwärtigen Problemen. An dieser Stelle soll noch nicht diskutiert werden. In einem unreflektierten Brainstorming werden alle Äußerungen gleichwertig behandelt und schriftlich festgehalten und nach Themen sortiert.
3. In der zweiten Hauptphase, der **Phantasiephase**, werden die aufgedeckten Probleme, Schwierigkeiten und Befürchtungen ins Positive gekehrt. Formulieren Sie wünschenswerte Zukunftsentwürfe – lassen Sie dabei Ihrer Phantasie freien Lauf. Utopien dürfen hier noch nicht auf Durchsetzbarkeit geprüft werden. Auch diese Ergebnisse werden schriftlich festgehalten.
4. In der dritten Hauptphase, der **Verwirklichungsphase**, sollen die Entwürfe aus der zweiten Phase mit den realen Verhältnissen der Gegenwart zusammengebracht und dabei Wege zu ihrer Durchsetzung gefunden werden. Nun darf diskutiert werden. Die Entwürfe werden auf ihre Realisierbarkeit (z. B. Finanzierbarkeit) untersucht, Hindernisse werden analysiert und Strategien zu deren Überwindung entwickelt.
5. In einer möglichen **Nachbereitung** werden konkrete Handlungsschritte in Angriff genommen. Versuchen Sie, Ihre Ideen in Form einer „permanenten Werkstatt" auch umzusetzen. Ihr Ziel sollte in einer positiven Veränderung bestehender Zustände bestehen.

Arbeitsaufträge

1. Minister Steinmeier betonte in seiner Rede, Europa müsse ein „soziales Gesicht" haben. „Unternehmerische Freiheit" gehöre genauso zur europäischen Erfahrung wie die „Mitbestimmungsrechte der Arbeitnehmer". Machen Sie Vorschläge, wie dieser scheinbare Gegensatz gelöst werden kann.
2. Nennen Sie neben historischen Erfahrungen weitere Gründe, die gegen einen Volksentscheid über die Fortentwicklung der Europäischen Union sprechen. Informieren Sie sich, warum die Franzosen, Niederländer und die Iren gegen Fortschritte bei der europäischen Einigung gestimmt haben.
3. Führen Sie in Ihrer Klasse eine „Zukunftswerkstatt" durch. Formulieren Sie auf Metaplankarten Ihre Befürchtungen, Ihre Ängste, Ihren Zorn. Ordnen Sie die Karten nach Schwerpunkten (Cluster). Kehren Sie die Kritikpunkte ins Positive. Prüfen Sie, ob die geäußerten Utopien zumindest teilweise zu verwirklichen sind.

8 Europa wächst zusammen

8.1 Erste Stationen der Einigung

M1 Fünfzig Jahre Römische Verträge
Karikatur Gerhard Mester, 2007

Mehr als 50 Jahre Römische Verträge – wer hätte mit einer solchen Erfolgsgeschichte der europäischen Einigung gerechnet? Der „Europäische Bundesstaat" ist in der Geschichte einmalig. Er ist durch eine klare föderale Kompetenzaufteilung zwischen EU und den Mitgliedstaaten gekennzeichnet. Durch die Währungs- und Wirtschaftsunion hat sich die Gemeinschaft zu einer neben den USA und dem südostasiatischen Raum führenden Wirtschaftsregion entwickelt, die jährlich mehr als ein Viertel des weltweiten Bruttoinlandsproduktes erzeugt.
Trotzdem sind viele Entscheidungen der EU umstritten. Kleine Länder fühlen sich von den großen Staaten über den Tisch gezogen, die wirtschaftlich starken von den schwachen finanziell überfordert, die Arbeitnehmer aufgrund des starken Konkurrenzdrucks ihrer sozialen Sicherheit beraubt. So bleibt trotz einer jahrzehntelangen gemeinsamen Geschichte noch vieles zu tun.

1951	Die Europäische Gemeinschaft für Kohle und Stahl (Montanunion) wird von den sechs Gründungsstaaten ins Leben gerufen.
1957	Die „Römischen Verträge" schaffen die Grundlage für einen gemeinsamen Markt.
1967	Gründung der Europäischen Gemeinschaft (EG)

Vom Europarat ...

Obwohl es bereits nach dem Ersten Weltkrieg Bestrebungen gab, die europäischen Staaten näher zusammenzuführen, kam es erst nach der Katastrophe des Zweiten Weltkrieges zu intensiven Verhandlungen über ein vereintes Europa. 1949 wurde der Europarat gegründet, der die Einheit und Zusammenarbeit zwischen den Menschen und Nationen Europas fördern sollte. Zunächst gehörten ihm zehn Staaten an, 2008 waren es 47. Da in ihm die Mitgliedsstaaten ihre Souveränität uneingeschränkt behielten und er nur einstimmige Beschlüsse fassen konnte, brachte er die politische Einigung Europas kaum voran. Doch immerhin verabschiedete der Rat 1950 die „Europäische Konvention zum Schutz der Menschenrechte und Grundfreiheiten". Bürgerinnen und Bürger, die diese Rechte verletzt glauben, können sich seit 1959 direkt an den „Europäischen Gerichtshof für Menschenrechte" in Straßburg wenden.

... zur Montanunion

Den entscheidenden Anstoß zu einer langfristigen Regelung der europäischen wirtschaftlichen Zusammenarbeit gab der französische

Außenminister Robert Schuman. Er schlug in einer Rede vor, mit Hilfe einer überstaatlichen Institution einen gemeinsamen Markt für Kohle und Stahl zu schaffen. Der Tag dieser Rede, der 9. Mai 1950, gilt als Geburtstag der heutigen EU. Ziel dieser Initiative war es, die deutsch-französischen Beziehungen zu verbessern und dadurch die Basis für eine europäische Gemeinschaft zu schaffen. Zugleich bot sie Frankreich die Möglichkeit, weiterhin über die deutschen Kohlereviere mitzuverfügen und die Kontrolle über die für eine eventuelle Rüstungsproduktion wichtige deutsche Stahlindustrie zu behalten. Der Schuman-Plan schränkte den Wettbewerb ein und garantierte mit dirigistischen Mitteln den Mitgliedern vorab feste Marktanteile. Bundeskanzler Adenauer stimmte dem Vorschlag zu, weil damit das Ruhrstatut fortfiel, das den Siegermächten einen erheblichen Einfluss auf die Eisen- und Stahlproduktion an der Ruhr ermöglicht hatte.
Bereits ein Jahr später, im April 1951, gründeten Deutschland, Frankreich, Italien und die Benelux-Staaten die „Europäische Gemeinschaft für Kohle und Stahl" (EGKS) – auch „Montanunion" genannt. Zum ersten Mal wurden damals nationale Hoheitsrechte auf eine übernationale Behörde übertragen. Damit war das sogenannte „Europa der Sechs" geschaffen. Das EGKS-Vertragswerk bildete die Keimzelle der heutigen Europäischen Union.

Römische Verträge und EWG

Der Versuch, das Modell der Montanunion auf eine gemeinsame Sicherheitspolitik zu übertragen und eine westeuropäische Verteidigungsgemeinschaft zu gründen, scheiterte am Veto der französischen Nationalversammlung. Die Integration der westeuropäischen Staaten geriet ins Stocken. Doch wiederum waren wirtschaftspolitische Interessen die Antriebskräfte der weiteren Entwicklung: Unter Vorsitz des belgischen Außenministers Spaak erarbeitete eine Kommission bis Anfang 1957 die Grundlagen für das Vertragswerk über die Europäische Wirtschaftsgemeinschaft (EWG) und die Europäische Atomgemeinschaft (EURATOM).
In den „Römischen Verträgen" vereinbarten die sechs unterzeichnenden Staaten, die schon zusammen die Montanunion gegründet hatten, die Errichtung eines gemeinsamen Marktes. Außerdem bekannten sie sich zu dem Ziel, ein vereinigtes Europa zu schaffen.
Der erste Schritt war die Gründung einer Wirtschaftsgemeinschaft mit einer gemeinsamen Agrarpolitik und einer Freihandelszone, also die Abschaffung von Binnenzöllen und Handelsbeschränkungen. Es folgte eine Zollunion mit einer gemeinsamen Handelspolitik und einem einheitlichen Zolltarif gegenüber „Drittstaaten". Im Jahr 1967 wurden EGKS, EWG und Euratom in der Europäischen Gemeinschaft (EG) zusammengeführt.

EFTA ...

Großbritannien lehnte das Integrationsmodell der EWG zunächst ab. Stattdessen schloss es sich 1960 mit Dänemark, Norwegen, Österreich, Portugal, Schweden und der Schweiz zur EFTA (European Free Trade Association) zusammen. Die Handelsschranken wurden abgebaut, doch gab es keinen gemeinsamen Außentarif gegenüber Nichtmitgliedstaaten („Drittländern"). Von Anfang an verstand sich die EFTA als Schutz gegen wirtschaftliche Nachteile durch die EWG. Eine Wirtschaftsunion oder gar eine politische Integration strebte sie nicht an. Großbritannien und Dänemark verließen 1973 die EFTA, um sich zusammen mit Irland der EG anzuschließen, die nach dieser ersten Erweiterung neun Mitglieder umfasste.

... und RGW

Die sozialistisch geprägten Staaten Osteuropas hatten sich bereits 1949 zum RGW (Rat für gegenseitige Wirtschaftshilfe) bzw. zum COMECON (Council for Mutual Economic Assistance) zusammengeschlossen. Er sollte deren Zentralverwaltungswirtschaften koordinieren, wurde aber im Grunde erst Ende der 1950er-Jahre vom sowjetischen Regierungschef Chruschtschow bewusst aktiviert – als Gegengewicht zur EWG und für die Einbindung der osteuropäischen Volkswirtschaften in das Vertragssystem der UdSSR. Es gelang jedoch nicht, ihn zu einer wirtschaftspolitischen Kraft gegen den Westen aufzubauen. Auch konnte von einer Gleichberechtigung der Mitgliedstaaten keine Rede sein. Vielmehr behielt die Sowjetunion stets ihre Vormachtstellung und bestimmte die Wirtschaftspolitik aller Länder.

M2 Die Erweiterung der Europäischen Union

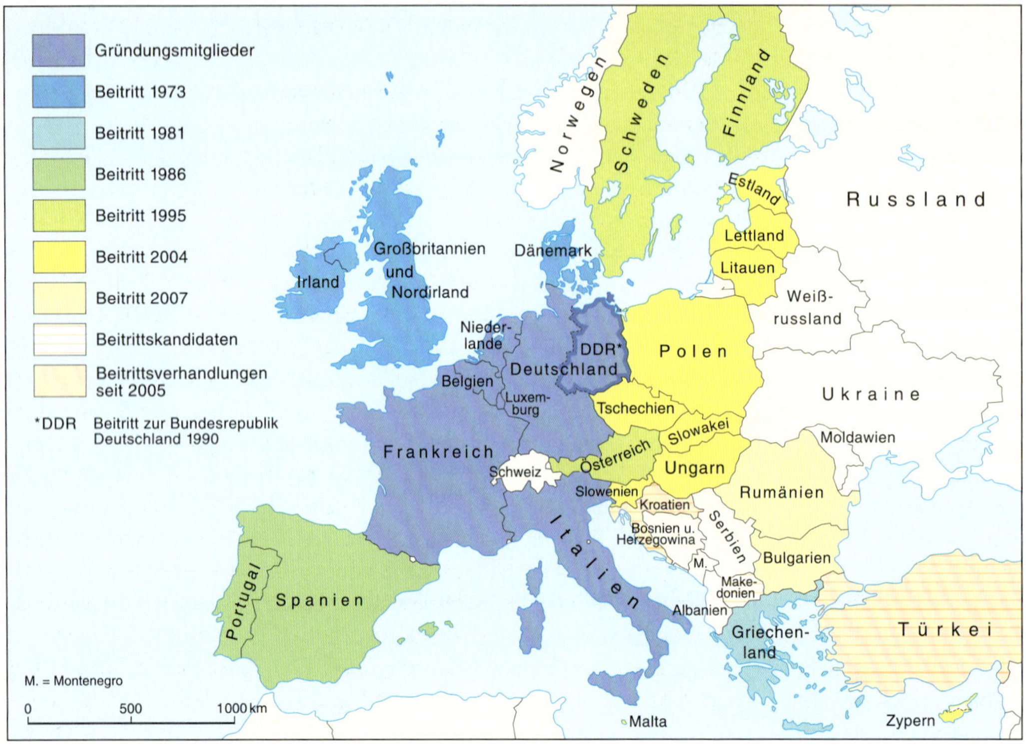

M3 Vereinigte Staaten von Europa

Aus einer Rede Winston Churchills, zu jener Zeit britischer Oppositionsführer, an der Universität Zürich, 1946:

Ich möchte heute über die Tragödie Europas zu Ihnen sprechen. Dieser edle Kontinent, der letzten Endes die schönsten und kultiviertesten Gebiete der Erde umschließt und sich eines gemäßigten und ausgeglichenen Klimas erfreut, ist die Heimat aller großen Stammvölker der westlichen Welt. Er ist die Quelle des christlichen Glaubens und der christlichen Ethik. Er war in alter und neuer Zeit der Ursprung fast jeglicher Kultur, Kunst, Philosophie und Wissenschaft. Wenn Europa einmal einträchtig sein gemeinsames Erbe verwalten würde, dann könnten seine drei- oder vierhundert Millionen Einwohner ein Glück, einen Wohlstand und einen Ruhm ohne Ende genießen. Und doch ist in Europa jene Reihe entsetzlicher nationalistischer Zwiste entstanden, ausgelöst von den deutschen Nationen, die wir sogar in unserem 20. Jahrhundert, während unseres eigenen Lebens den Frieden zerstören und die Hoffnungen der ganzen Menschen vernichten sahen.[…]

Doch es gibt ein Heilmittel, das allenthalben uns aus freien Stücken angewandt, wie durch ein Wunder die ganze Szene verwandeln und innerhalb weniger Jahre ganz Europa, oder wenigstens dessen größten Teil, eben so frei und glücklich machen könnte, wie es die Schweiz heute ist. Worin besteht dieses Heilmittel? Darin, dass man die europäische Familie, oder doch einen möglichst großen Teil davon, wiederaufrichtet und ihr eine Ordnung gibt, unter der sie in Frieden, Sicherheit und Freiheit leben kann. Wir müssen eine Art Vereinigte Staaten von Europa schaffen. […] Wenn Europa vor unermesslichem Elend, ja vor dem endgültigen Verderben bewahrt werden soll, dann ist ein Akt des Glaubens an die europäische Familie nötig und ein Akt des Vergessens, was die Verbrechen und Torheiten der Vergangenheit angeht. […] Der erste Schritt zur Neubildung der europäischen Familie muss eine Partnerschaft Frankreichs und Deutschlands sein. […] Es wird keine Erneuerung Europas geben ohne ein geistig großes Frankreich und ein geistig großes Deutschland.

Zit. nach: R. Foerster: Die Idee Europa 1300–1946. München 1963, S. 253 ff.

M4 Der Schuman-Plan

a) Memorandum von Jean Monet, einem politischen Berater Schumans, 3. Mai 1950:

Die Grundlage für die Überlegenheit, die die französischen Industriellen traditionsgemäß Deutschland zubilligen, liegt darin, dass es Stahl zu einem Preis produziert, mit dem Frankreich nicht konkurrieren kann. […] Schon verlangt Deutschland, seine Produktion von 11 auf 14 Millionen Ton-

nen zu erhöhen. Wir werden diese Forderung ablehnen, aber die Amerikaner werden darauf bestehen. [...] Es genügt, diese Tatsachen aufzuzählen. Man kann dann darauf verzichten, mit vielen Details ihre Folgen zu beschreiben: Deutschland in der Expansion, deutsches Exportdumping; der Ruf nach Schutz für die französischen Industriellen; Stopp oder Verschleierung der Liberalisierung des Handels; erneute Schaffung von Kartellen wie in der Vorkriegszeit; evtl. Ausrichtung der deutschen Expansion nach Osten als Vorstufe für politische Übereinkommen. Frankreich fällt in den Schlendrian einer geschützten Produktion zurück.[...]
Mit der von uns vorgeschlagenen Lösung verschwindet die Frage der Herrschaft der deutschen Industrie, deren Existenz in Europa eine Furcht verursachen würde, die Grund ständiger Unruhe wäre, schließlich die Vereinigung Europas verhindert und Deutschland erneut in den Abgrund stürzt. Diese Lösung schafft im Gegensatz dazu für die Industrie sowohl in Deutschland als auch in Frankreich Bedingungen gemeinsamer Expansion in der Konkurrenz, wobei jede Form der Beherrschung fortfällt.

Zit. nach: G. Ziebura: Die deutsch-französischen Beziehungen seit 1945. Pfullingen 1970, S. 196 ff.

b) Erklärung des französischen Außenministers Robert Schuman, 9. Mai 1950:
Die französische Regierung schlägt vor, die Gesamtheit der französisch-deutschen Kohlen- und Stahlproduktion unter eine gemeinsame Oberste Aufsichtsbehörde zu stellen, in einer Organisation, die den anderen europäischen Ländern zum Beitritt offen steht. Die Zusammenlegung der Kohlen- und Stahlproduktion wird sofort die Schaffung gemeinsamer Grundlagen für die wirtschaftliche Entwicklung sichern – die erste Etappe der europäischen Föderation – und die Bestimmung jener Gebiete ändern, die lange Zeit der Herstellung von Waffen gewidmet waren, deren sicherste Opfer sie gewesen sind.
Die Solidarität der Produktion, die so geschaffen wird, wird bekunden, dass jeder Krieg zwischen Frankreich und Deutschland nicht nur undenkbar, sondern materiell unmöglich ist. Die Schaffung dieser mächtigen Produktionsgemeinschaft [...] mit dem Zweck, allen Ländern, die sie umfasst, die notwendigen Grundstoffe für ihre industrielle Produktion zu gleichen Bedingungen zu liefern, wird die realen Fundamente zu ihrer wirtschaftlichen Vereinigung legen.

Zit. nach: Europa. Bd. 2. Bonn 1962, S. 680.

c) Aus einer Rede Konrad Adenauers über die Montanunion vor dem Deutschen Bundestag, 1951:
Als im Mai des Jahres 1950 Herr Schuman diesen Vorschlag machte, ging es ihm in erster Linie darum, die althergebrachten Gegensätze zwischen Frankreich und Deutschland dadurch aus der Welt zu schaffen, dass auf dem Gebiete der Grundstoffindustrien gemeinsam gearbeitet und dass dadurch jeder Gedanke, einer wolle gegen den anderen rüsten, unmöglich würde. Es handelte sich auch darum, psychologisch zu wirken. Wir müssen uns darüber klar sein, dass französische Bevölkerungskreise vielfach noch immer in dem Gedanken leben, dass Deutschland ein eventueller zukünftiger Gegner sein würde. Die psychologische Bedeutung, die Frage der Beruhigung solcher Befürchtungen im eigenen Lande und die Erweckung des Gefühls der Zusammengehörigkeit zwischen Deutschland und Frankreich waren die politischen Gründe, die Herrn Schuman damals gleitet haben. Aber wie bei wirklich konstruktiven Gedanken hat sich im Laufe der Entwicklung gezeigt, dass in diesem Vorschlag eine solche lebendige Kraft lag, dass man über den ursprünglichen Zweck jetzt schon weit hinausgekommen ist. Man hat seit dem Mai 1950 erkannt, dass die Integration Europas für alle europäischen Länder eine absolute Notwendigkeit ist, wenn sie überhaupt am Leben bleiben wollen.
Man hat weiter erkannt, dass man die Integration Europas nicht mit Reden, mit Erklärungen herbeiführen kann, sondern dass man sie nur herbeiführen kann durch gemeinsame Interessen und durch gemeinsames Handeln. Etwas Weiteres hat sich im Laufe der Verhandlungen ergeben. Ich glaube, dass wohl zum ersten Mal in der Geschichte, sicher der Geschichte der letzten Jahrhunderte, Länder freiwillig und ohne Zwang auf einen Teil ihrer Souveränität verzichten wollen, um die Souveränität einem supernationalen Gebilde zu übertragen. Das ist – ich betone das ausdrücklich –, wie mir scheint, ein Vorgang von welthistorischer Bedeutung, ein Vorgang, der das Ende des Nationalismus in all diesen Ländern bedeutet.

Verhandlungen des Deutschen Bundestages, 1. Wahlperiode, Bd. 8, S. 650.

Arbeitsaufträge

1 Nennen Sie wesentliche Stationen des europäischen Einigungsprozesses (VT).

2 Erklären Sie den Begriff „europäische Identität" (M 3).

3 Fassen Sie zusammen, wie Winston Churchill 1946, Robert Schuman 1950 und Konrad Adenauer 1951 jeweils die Notwendigkeit eines Vereinigten Europa begründen (M 3, M 4 b und c).

4 Beschreiben Sie die wirtschaftlichen Vorteile, die sich Frankreich von der Montanunion erhoffte (VT, M 4 a).

8.2 Die europäische Integration

M1 „Nein zu Lissabon"
Eine Parole von EU-Gegnern auf einer Mauer in Dublin, Foto 2008

Der Schock saß tief. Im Juni 2008 stimmten 53,4 Prozent der Iren gegen den Vertrag von Lissabon, der die Europäische Union handlungsfähiger machen sollte. Obwohl gerade Irland von seiner EU-Zugehörigkeit außerordentlich stark profitiert und sich vom Agrar- in einen modernen Industriestaat gewandelt hatte, zeigten die Menschen in einer Abstimmung ihre Vorbehalte gegenüber der EU. Als bürokratisch empfundene EU-Strukturen, Furcht vor Fremdbestimmung und Angst vor dem Verlust der nationalen Identität waren einige der Motive der Gegner. Hat die EU ein Identitätsproblem bei den Bewohnern der Mitgliedsländer?

1992	Durch den Vertrag von Maastricht wird die Europäische Union errichtet.
1995	Die EU wächst auf 15 Mitgliedsstaaten an.
1999	Elf EU-Staaten führen im Rahmen der Währungsunion den Euro als gemeinsames Zahlungsmittel ein.
2004	Die Europäische Verfassung wird (vorbehaltlich der Ratifizierung durch die Mitgliedstaaten) in Rom angenommen und 2005 in Volksabstimmungen in Frankreich und den Niederlanden abgelehnt.
2007	Im Vertrag von Lissabon wird die Verfassung in Form eines Reformvertrages der 27 EU-Staaten erneut beschlossen.

Binnenmarkt mit „vier Freiheiten"

In den 1980er-Jahren setzte in der EG eine intensive Reformdiskussion ein. Europas Stellung auf dem Weltmarkt schien gegenüber den Hauptkonkurrenten USA und Japan ins Hintertreffen zu geraten. Um mehr Wettbewerb innerhalb der Gemeinschaft und damit steigende Konkurrenzfähigkeit nach außen zu erreichen, wurde ein europäischer Binnenmarkt geschaffen. Die am 1. Januar 1993 in Kraft getretenen Regeln leiteten einen wirtschaftlichen Integrationsprozess ein. Viele unterschiedliche Vorschriften hinsichtlich der Beschaffenheit von Produkten, des Verbraucher- und des Umweltschutzes wurden vereinheitlicht. Auch die „vier Freiheiten“ (freier Personen-, Waren-, Dienstleistungs- und Kapitalverkehr) garantierten fortan mehr Wettbewerb. Arbeitnehmer, Selbstständige und Studenten können sich seither in jedem Staat der Europäischen Gemeinschaft niederlassen. Die meisten Berufsabschlüsse und Hochschuldiplome werden überall als gleichwertig anerkannt. Waren für den privaten Verbrauch, auch Kraftfahrzeuge, können in jedem Staat der EU erworben werden. Gleiches gilt für Dienstleistungen. Unionsbürger aus Deutschland können ihre Lebensversicherung z. B. zu einem günstigen Tarif bei einem Unternehmen in Großbritannien abschließen.

Ein weiterer Markstein der europäischen Integration war der 1992 in Maastricht abgeschlossene „Vertrag über die Europäische Union“, der auf eine „Vertiefung“ der Zusammenarbeit abzielte: Bis 1999 sollte die Wirtschafts- und Währungsunion vollendet sein, eine gemeinsame Außen- und Sicherheitspolitik verwirklicht und die Zusammenarbeit in der Sozial- und Rechtspolitik verstärkt werden. Das damals vereinbarte freie Spiel der Kräfte hat aber auch Schattenseiten: Große, europaweit tätige Unternehmen, die Billigpreise anbieten können, verdrängen kleinere Konkurrenten. Sie bevorzugen häufig jene Produktionsstandorte innerhalb der Union, wo Löhne, Steuern und Sozialabgaben am günstigsten erscheinen.

Der Schritt zur Währungsunion

Der Vertrag von Maastricht war zum Teil auf heftige Ablehnung von Bürgern in den einzelnen Mitgliedstaaten gestoßen, nicht zuletzt wegen der beschlossenen Währungsunion. Ein einheitlicher Wirtschaftsraum wäre jedoch ohne eine gemeinsame Währung unvollendet geblieben. Die Schwankungen der Wechselkurse hatten bis dahin ein erhebliches Handelshemmnis dargestellt. Exportwirtschaft, Kapitalanleger und Touristen waren zudem mit Umtauschgebühren belastet. Schon 1979 war deshalb ein Europäisches Währungssystem (EWS) eingeführt worden, mit dem die damaligen EG-Staaten die Wechselkursschwankungen ihrer Währungen in einer engen Bandbreite hielten.

Der Erfolg des EWS ermutigte die Mitglieder der Europäischen Gemeinschaft 1992, konkrete Schritte zur Einführung einer gemeinsamen Währung festzulegen. Danach galt als Voraussetzung für eine Mitgliedschaft in der Währungsunion die Erfüllung bestimmter „Konvergenzkriterien“: Die Inflationsrate darf nicht höher als 1,5 Prozentpunkte über der Inflationsrate der drei preisstabilsten Länder liegen, die Neuverschuldung darf nicht größer als drei Prozent des Bruttoinlandsproduktes (BIP) sein und die gesamte Staatsverschuldung nicht höher als 60 % des BIP. Der Europäische Rat bestätigte 1998 elf Staaten (Belgien, Deutschland, Finnland, Frankreich, Irland, Italien, Luxemburg, Niederlande, Österreich, Portugal und Spanien) die Erfüllung dieser Kriterien. Sie nehmen seit 1999 an der Währungsunion teil. Griechenland folgte ein Jahr später, Slowenien 2007, Zypern und Malta 2008 und die Slowakei 2009. Die EU-Staaten Schweden, Dänemark und Großbritannien entschieden sich gegen die neue Währung. Mit dem Inkrafttreten der Europäischen Währungsunion am 1. Januar 1999 wurden die Wechselkurse der nationalen Währungen an den Wert des Euro gebunden. Alle Geldbeträge der Beitrittsländer wurden in Euro umgerechnet. Für die D-Mark belief sich der Umstellungskurs 1 Euro = 1,95583 DM.

Die Europäische Zentralbank (EZB) in Frankfurt übernahm die alleinige Verantwortung für die Geldpolitik in der Euro-Zone. Neben der Sicherung des Geldwerts hat sie seither die Aufgabe, das reibungslose Funktionieren des Zahlungsverkehrs zu garantieren und die Währungsreserven (Gold, Devisen) der Mitgliedsländer zu verwalten. Am 1. Januar 2002 wurde der Euro als Bargeld eingeführt. Seitdem ist er in den Ländern der Währungsunion das alleinige gesetzliche Zahlungsmittel.

Die Integration der osteuropäischen Staaten

Nach dem Fall des „Eisernen Vorhangs“ strebten nahezu alle mittel- und osteuropäischen Staaten den EU-Beitritt an. Der Europäische Rat legte deshalb 1993 Kriterien für eine Mitgliedschaft fest. Dazu gehören die Garantie einer demokratischen und rechtsstaatlichen Ordnung, eine funktionsfähige Marktwirtschaft und die Fähigkeit, die aus dem Beitritt erwachsenen Verpflichtungen übernehmen zu können. 2002 beschlossen die 15 Staats- und

M2 Karikatur von Klaus Stuttmann, 2006

Regierungschefs der damaligen EU-Staaten, den Anträgen von zehn Ländern auf Mitgliedschaft zu entsprechen und diese 2004 in die Europäische Union neu aufzunehmen. Dabei handelt es sich um: Estland, Lettland, Litauen, Malta, Polen, Slowakei, Slowenien, Tschechische Republik, Ungarn und die Republik Zypern. 2007 traten zudem Bulgarien und Rumänien bei.
Die Integration der osteuropäischen Staaten wird von manchen Westeuropäern mit Skepsis gesehen, vor allem aus Furcht, die EU könne die Aufnahme der volkswirtschaftlich ärmeren Länder kaum verkraften. Befürworter halten entgegen, die EU müsse diesen Ländern, die sich von totalitären Diktaturen befreit hätten, eine Perspektive für eine demokratische und wirtschaftliche Aufwärtsentwicklung geben, vor allem, damit die politische Situation in Gesamteuropa stabil bleibe. Sie verweisen darauf, dass auch die Länder Irland, Spanien, Portugal und Griechenland nach ihrer Aufnahme einen wirtschaftlichen Aufschwung genommen hätten, der inzwischen auch der Gemeinschaft zugute komme.

Verhandlungen mit der Türkei

Die EU nahm auch Beitrittsverhandlungen mit der Türkei auf. Die Türkische Republik gehört schon seit 1996 der Europäischen Zollunion an und ist außerdem seit 50 Jahren Mitglied der NATO. Ihre wirtschaftliche Entwicklung macht große Fortschritte, das Durchschnittsalter der Bevölkerung ist entschieden geringer als das der Westeuropäer. Beim Kampf gegen den islamistischen Terror ist die Türkei ein zuverlässiger Partner der EU-Staaten. Ob die Beitrittsverhandlungen zum Erfolg führen, ist dennoch ungewiss.
Kritik an der Türkei wird vor allem auf dem Gebiet der Menschenrechte, etwa der Frage nach Meinungsfreiheit und dem Schutz von religiösen und ethnischen Minderheiten geübt. Noch immer ist es dort nicht möglich, kritisch über den Völkermord an den Armeniern während des Ersten Weltkrieges zu berichten. Streitpunkte sind auch der starke Einfluss des Militärs auf die türkische Regierung und deren hartes militärisches Vorgehen gegen kurdische Unabhängigkeitsbestrebungen sowie die Konflikte zwischen dem von Türken besiedelten Nordzypern und der griechischen, zur EU gehörenden, südlichen Republik Zypern.

Politische Entscheidungen innerhalb der EU

Durch Verträge zwischen den EU-Staaten sind Entscheidungsorgane der Gemeinschaft ins Leben gerufen und mit der Zeit mit immer mehr Kompetenzen ausgestattet worden. Die dort verabschiedeten Verordnungen, Richtlinien und Empfehlungen wirken sich immer stärker auf nahezu alle beruflichen und privaten Lebensbereiche der EU-Bürger aus. Die Vorschriften der EU werden vor allem von drei Organen getroffen: dem Ministerrat als Vertreter der nationalen Regierungen, dem Europäischen Parlament als Vertreter der Bürgerinnen und Bürger und der Europäischen Kommission, die von den Regierungen unabhängig ist und die gemeinsamen Interessen Europas wahrt.
– Der Ministerrat (Rat der Europäischen Union) ist das wichtigste Entscheidungsorgan. Die EU-Staaten führen turnusmäßig sechs Monate lang dort den Vorsitz. An jeder Ratssitzung nimmt ein Minister pro Mitgliedsland teil. Welche Minister dies jeweils sind, hängt vom Thema ab: Außenbeziehungen, Landwirtschaft, Verbraucherschutz, Umweltschutz oder andere. Der Rat übt legislative Befugnisse zusammen mit dem Europäischen Parlament aus. Auch über den EU-Haushalt entscheiden diese beiden Organe gemeinsam.
– Im Europäischen Rat (nicht zu verwechseln mit dem Rat der Europäischen Union) treffen sich die Regierungschefs der Mitgliedstaaten

viermal im Jahr. Dort werden oft Grundsatzfragen entschieden, über die der Ministerrat keine Einigung erzielen konnte.

- Das Europäische Parlament tagt in Straßburg und in Brüssel. Nur mit Zustimmung des Parlaments können neue Mitgliedstaaten in die EU aufgenommen und internationale Abkommen geschlossen werden. Zusammen mit dem Europäischen Rat entscheidet das Parlament über den Haushalt der EU sowie u. a. über die Verkehrs- und Umweltpolitik. Rund drei Viertel aller gesetzgeberischen Entscheidungen in der EU werden heute im Rahmen dieses „Mitentscheidungsverfahrens" getroffen. Politisches Gewicht hat das Parlament auch dadurch, dass es durch ein Misstrauensvotum die Kommission zum Rücktritt zwingen kann.
- Die Europäische Kommission ist als Exekutivorgan für die Durchführung der Gesetze und Verordnungen zuständig. Darüber hinaus hat sie das Initiativrecht für Gesetze und stellt den Haushaltsentwurf auf. Der Kommission obliegt zudem die Vertretung der Gemeinschaftsinteressen nach außen. Die 27 Mitglieder der Kommission werden von den Mitgliedstaaten ausgewählt. Ihre Ernennung bedarf der Zustimmung des Europäischen Parlaments. Der Kommission untersteht ein Verwaltungsapparat mit rund 23 000 Beschäftigten.
- Der Europäische Gerichtshof ist der gemeinsame Gerichtshof der EU. Seine Urteile sind für alle nationalen Gerichte und für alle EU-Bürger bindend. Jedes Unionsmitglied entsendet einen Richter.
- Der Europäische Rechnungshof soll als Kontrollorgan der EU Einnahmen und Ausgaben der Gemeinschaft prüfen. Er setzt sich aus einem Mitglied je EU-Mitgliedstaat zusammen.

27 Mitglieder – eine Verfassung?
Im Jahr 2001 gaben die EU-Regierungschefs eine ehrgeizige Erklärung ab: Die Europäische Union sollte eine einheitliche Verfassung mit gemeinsamen Grundrechten erhalten, um allen EU-Bürgern die Menschenrechte zu garantieren und um Entscheidungsverfahren zu beschleunigen. Bei Mehrheitsentscheidungen im EU-Ministerrat sollte danach künftig nicht mehr Einstimmigkeit gelten, sondern das Prinzip der doppelten Mehrheit. Damit käme ein Beschluss bereits dann zustande, wenn mindestens 55 Prozent der Mitgliedsländer, die zusammen 65 Prozent der EU-Bevölkerung repräsentieren, zustimmten.
Doch nicht alle Mitgliedstaaten stimmten der Neuordnung zu. Während in Deutschland Bundestag und Bundesrat den Verfassungsentwurf mit großer Mehrheit billigten, lehnten ihn Holländer und Franzosen 2005 in Volksabstimmungen ab. 2007 vereinbarten die EU-Regierungschefs deshalb in Lissabon, statt der Verfassung nur einen Vertrag über die wesentlichen Verfassungsinhalte abzuschließen. Für dessen Inkraftsetzung wären – mit Ausnahme des EU-Mitglieds Irland – nur parlamentarische Entscheidungen, also keine Volksabstimmungen erforderlich gewesen. An der Zustimmung der 27 EU-Parlamente bestand kein Zweifel. Aber die Iren stimmten im Juni 2008 gegen den Vertrag. Damit konnte die dringend notwendige EU-Reform zunächst nicht durchgeführt werden.

Gemeinsame Sicherheits- und Rechtspolitik
Der Vertrag von Maastricht von 1992 enthält auch Vereinbarungen über eine gemeinsame Außen- und Sicherheitspolitik (GASP). Dabei verpflichten sich die EU-Mitgliedsländer zwar zu einer Koordinierung ihrer jeweiligen nationalen Politik, verzichten aber nicht auf ihre Zuständigkeiten in diesen Bereichen. Die GASP gilt deshalb als „zweite Säule" der EU neben der ersten Säule, die durch Gemeinschaftsverfahren mit einer starken Stellung der EU-Organe gekennzeichnet ist. Da die meisten EU-Staaten gleichzeitig Mitglieder der NATO sind, ergibt sich eine enge Zusammenarbeit zwischen beiden Sicherheitssystemen.
Seit 2003 hat die EU zahlreiche friedenserhaltende Maßnahmen durchgeführt. Der wichtigste Einsatz fand in Bosnien und Herzegowina statt, wo 7000 Mann starke Streitkräfte der Europäischen Union (EUFOR) im Dezember 2004 die NATO-Friedenstruppen ablösten. 1999 beschlossen die EU-Mitgliedstaaten die Schaffung einer 60 000 Mann starken „schnellen Eingreiftruppe", die rasch in Krisengebiete geschickt werden kann. Es handelt sich dabei nicht um eine europäische Armee, sondern um Kontingente der nationalen Streitkräfte. Diese „Krisenreaktionskräfte" bewährten sich erstmals 2003 in Mazedonien.
Internationale Verbrechen und Terrorismus machen an den Landesgrenzen nicht halt. Die

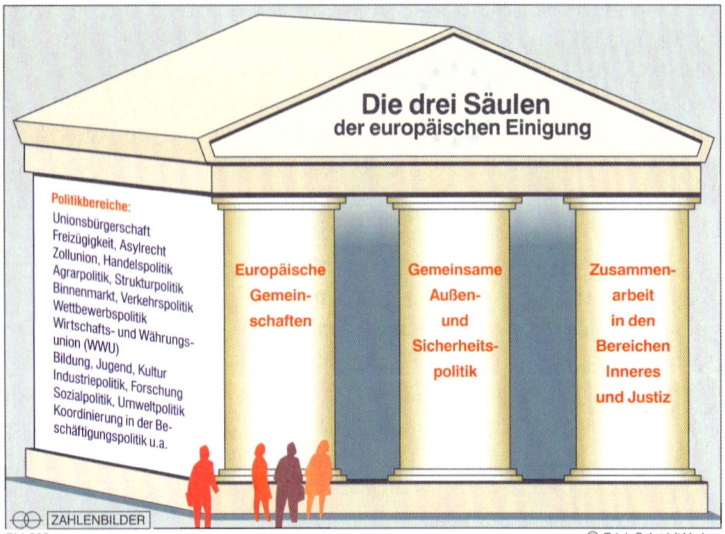

714 020 © Erich Schmidt Verlag

M3 Die drei Säulen des Einigungswerkes nach dem Maastrichter Vertrag

dritte in Maastricht beschlossene Säule des Einigungsprozesses kennzeichnet die Zusammenarbeit von Polizei und Justiz mit dem Ziel eines gemeinsamen Rechtsraums. Die zahlreichen unterschiedlichen Rechtssysteme, z. B. bei der Verfolgung von Straftaten, werden dabei schrittweise einander angeglichen. Bei der Strafverfolgung arbeiten die nationalen Ermittlungsbehörden der EU-Staaten immer enger zusammen. Der seit 2004 eingeführte europäische Haftbefehl macht langwierige Auslieferungsverfahren überflüssig.

Gemeinsame Agrarpolitik (GAP)

Rund 43 Prozent der Ausgaben des EU-Haushalts sind für die Landwirtschaft vorgesehen. Während die EU grundsätzlich liberale Handelssysteme anstrebt und auch Subventionen diesem Ziel dienen, dominieren bei der GAP dirigistische Maßnahmen in Form starker Eingriffe der EU in den Marktprozess. Im Mittelpunkt der Agrarpolitik stehen die Marktordnungen. In ihnen sind für wichtige Produkte wie Getreide, Fleisch sowie Obst- und Gemüsesorten Absatz und Preisgarantien festgelegt. Überschüsse werden auf Kosten des EU-Haushalts zu garantierten Mindestpreisen aufgekauft, die in der Regel höher als die Weltmarktpreise sind. Auch der Außenhandel ist reglementiert: Landwirtschaftliche Importe werden durch Zölle verteuert oder durch Mengenbeschränkungen verhindert, Exporte subventioniert. Dieses planwirtschaftliche System ist seit vielen Jahren einem wachsenden Reformdruck ausgesetzt. So haben die Marktordnungen lange Zeit zu erheblichen Überschussproduktionen geführt. Die Überschüsse mussten vernichtet, unterhalb der Garantiepreise exportiert oder mit Hilfe erheblicher Subventionen verarbeitet und verwertet werden, z. B. Milch zu Magermilchpulver für die Kälbermast.

Die Subventionierung der europäischen Landwirtschaft gerät immer mehr in Widerspruch zum Prinzip des freien Handels. Während für Gebrauchsgüter weltweit die Zölle abgebaut werden, gibt es in der Landwirtschaft, vor allem in der EU und den USA, immer noch Protektionismus, also die Abschottung der nationalen Märkte von preiswerten Importen. Die Welthandelsorganisation (WTO) fordert eine weltweite Liberalisierung des Agrarhandels, vor allem auch, um Entwicklungsländern die Exportchancen zu eröffnen.

Reformen sollen die Probleme lösen und die Agrarpreise innerhalb der EU allmählich auf Weltmarktniveau absenken. Um das Angebot zu senken, wurden den Bauern für die Stilllegung von landwirtschaftlichen Nutzflächen Prämien gezahlt. Diese Maßnahmen wurden jedoch gestoppt, weil weltweit Nahrungsmittel knapp geworden sind. Aber bei manchen Lebensmitteln, wie der Milch, gibt es weiterhin Überschüsse. Um sie zu verringern, gibt es für jeden Landwirt Höchstquoten, die er nicht überschreiten darf. Seit 2004 garantiert die EU für Milch keine Mindestpreise mehr, seit 2007 subventioniert sie auch nicht mehr den Milchexport. Dies bedeutet allerdings, dass sich die Landwirte und Molkereien nunmehr mächtigen Einzelhandelsketten gegenübersehen, die versuchen, den Milchpreis gering zu halten. Damit die Bauern trotzdem ihre Betriebe weiterführen können, werden sie von der EU mit Ausgleichzahlungen entschädigt. Ähnlich wie bei der Milch verfährt die Gemeinschaft bei vielen anderen landwirtschaftlichen Erzeugnissen – auch in den neuen EU-Staaten in Osteuropa, wo der Anteil der in der Landwirtschaft Beschäftigten wesentlich höher ist als in Westeuropa. So bleibt die EU-Agrarpolitik weiter ein hoch subventionierter Bereich.

M4 Milch im Abfluss

Aus Protest gegen zu geringe Preise, die ihnen vor allem Lebensmittelketten für ihre Milch bezahlten, streikten im Mai 2008 deutsche Bauern und vernichteten ihre Milch. Sie verlangen u. a. die Wiedereinführung von Exportsubventionen.

M5 Irland – geht der Aufschwung zu Ende?

Die Iren stimmten gegen die EU-Reform. Ein Journalist der Stuttgarter Zeitung nennt Gründe:

Allein in den letzten fünfzehn Jahren hat ein geradezu sensationeller Aufschwung die Iren in eine vollkommen neue Ära katapultiert. Vom Armenhaus Westeuropas ist Irland in Rekordzeit zu einem der reichsten Länder der Welt geworden. Die Kirchen haben sich geleert, die Straßen gefüllt. Häuser und Büros sind aus dem Boden geschossen. Computerriesen und Pharmagiganten zogen ein. Die Bevölkerungszahl schnellte in die Höhe.

Heute hält sich Irland für eines der globalsten Länder der Erde. Diese stürmische Entwicklung ist einer Kombination aus cleverer Steuerpolitik zu verdanken, gut gebildeten Fachkräften, eigenem Entwicklungspotenzial, einem englischsprachigen Standort in der Eurozone – und natürlich jahrzehntelanger EU-Unterstützung. Ohne die wäre Irland nicht geworden, was es heute ist. Das räumt man auch in Dublin oder Galway ohne weiteres ein. Denn Europa hat den Iren die Chance verschafft, sich aus dem Schatten des übermächtigen Nachbarn zu befreien.

Mit Irland, ihrem Findelkind, entdeckte die Europäische Gemeinschaft einen wichtigen neuen Lebenszweck und die Iren ein Projekt, mit dem sie sich identifizieren konnten. In Dublin wehte die Flagge Europas bereits, als andere Länder noch zögerten, sie zu entfalten. Die europäische Einheitswährung kam. Irlands goldenes Sternchen auf dem EU-Banner wurde zur Erfolgsstory. Doch dann kamen Wachstumsschmerzen: Der Neubau-Wildwuchs und das hohe Verkehrsaufkommen sind außer Kontrolle geraten. Die Infrastruktur wird den neuen Bedürfnissen nicht mehr gerecht. Das Abwassersystem ist überlastet. Vielerorts taugt das Trinkwasser nicht mal mehr zum Zähneputzen. Das hätte man sich 1973 nicht vorstellen können.

Schlimmer noch ist vielleicht, dass die sozialen Konventionen gelitten haben. Gewiss stößt man heute noch auf das Irland des „Cead mile Failte", des tausendfachen Willkommens. Aber der Ton ist geschäftsmäßiger geworden. Willkommen ist das Geld, nicht immer der Gast. Auf der Autobahn wird man von dicken Jeeps und BMWs so eingeschüchtert wie auf vielen anderen europäischen Schnellstraßen.

Die mächtigen Institutionen, die noch in den Siebzigern dem Land den Weg wiesen, haben sich selbst durch Korruption, durch Unmoral das Wasser abgegraben. Kindesmissbrauch und klerikale Heuchelei beschleunigten den Niedergang einer Kirche, die mit dem neuen Materialismus, Konsum, neuen Lebensformen und der Ankunft des BBC-Fernsehens in Bedrängnis geriet.

Eine gewisse Orientierungslosigkeit hat sich der Insel bemächtigt, just zu einem Zeitpunkt, da der Tiger-Boom sich seinem Ende zuzuneigen scheint. Die Bautätigkeit ist in diesem Jahr mit einem beängstigenden Ruck zum Stehen gekommen. Überseeunternehmen [...] erwägen Teilschließungen oder Abzug, Investitionen versiegen. Die Arbeitslosigkeit beginnt erstmals seit vielen Jahren wieder zu steigen, und das rapide. Arbeiter vor allem, aber auch Fischer und Kleinbauern sind betroffen. Die Sorge steht vielen ins Gesicht geschrieben. Was soll aus dem Wunderkind Irland werden, wenn das Wunder plötzlich zu Ende geht? Und künftig die Zuwendungen der EU, wegen Bedarfs an anderer Stelle, ausbleiben?

Aus der Tiefe des kollektiven Gedächtnisses tauchen Bilder auf, von vier und fünf Generationen zuvor, die aber immer noch schmerzhaft wirken können. Erinnerungen an Zeiten, in denen Irland fast verhungerte, die Kartoffelernte jahrelang ausblieb und die Kolonialmacht die Katastrophe ungerührt ihren Lauf nehmen ließ, weil es London so ins eigene ökonomische Konzept passte.

Peter Nonnenmacher. In: Stuttgarter Zeitung vom 21. Juni 2008.

In einer erneuten Abstimmung im Oktober 2009 stimmten 67,1 Prozent der Iren dem Vertrag von Lissabon zu. Vor dem Referendum hatten sich die 27 Staats- und Regierungschefs der EU auf Zugeständnisse an Irland geeinigt.

Standpunkte: EU-Beitritt der Türkei

M6 Der Historiker Hans-Ulrich Wehler

Russland, Weißrussland und die Ukraine, erst recht die Türkei sind nie Bestandteile des historischen Europa gewesen. Sie sind nicht durch die Antike, das römische Recht, die Reformation, geschweige denn die Aufklärung, nicht durch das okzidentale Bürgertum mit seinen autonomen Bürgerstädten, durch den europäischen Adel, das europäische Bauerntum geprägt worden, auch wenn die Aufholjagd seit Peter dem Großen und Atatürk anhält. […]

Im Hinblick auf die Türkei kommt die Grenze zwischen zwei Kulturkreisen hinzu, die seit der Gründung der laizistischen Republik vor achtzig Jahren keineswegs überwunden worden ist. […] Die Regierungen in Ankara haben mit Großzügigkeit gegenüber islamischen Forderungen, ja mit Kooperation mit der bedrohlich anhaltenden Strömung reagiert. An den staatlichen Schulen wurde der Religionsunterricht wieder eingeführt, islamistische Schulen fanden sich staatlich finanziert; 1990 wurden sie bereits von fünfzehn Prozent aller höheren Schüler besucht, und die Absolventen drängen mit Macht in den Staatsdienst. […]

Die Türkei ist ein Land wirtschaftlicher Rückständigkeit geblieben, das gerade einmal zwanzig Prozent des derzeitigen Bruttoinlandsprodukts erwirtschaftet. […] Mehr als fünfunddreißig Prozent der Erwerbstätigen arbeiten in einer teilweise archaisch erstarrten Landwirtschaft, meist auf der Basis zwergbäuerlicher Subsistenzbetriebe [= Selbstversorgungsbetriebe].

Das Migrantenproblem kann durch elastische Übergangsregelungen nur notdürftig abgemildert werden. […] Gerade wer auf der Integration besteht, darf vor der Dimension einer neuen Wanderungswelle und ihren Folgen nicht die Augen verschließen. […] Das geostrategische Argument zugunsten der Türkei hat seine dunkle Kehrseite. Warum nur sollte sich Europa […] Nachbarn wie den chaotischen Irak, die syrische Diktatur, die Iranische Theokratie [= religiös legitimierte Staatsgewalt] und erodierende Staaten wie Georgien und Armenien zulegen, überdies auch noch die explosive Kurdenfrage zu einem ihrer Binnenprobleme machen?

Hans-Ulrich Wehler. In: Frankfurter Allgemeine Zeitung vom 17. September 2004.

M7 Der Politologe Hakki Keskin, Bundesvorsitzender der türkischen Gemeinde in Deutschland

Keines der […] Mitglieder der EU hat einen solch lang andauernden Prozess der Mitgliedschaft zu durchlaufen wie die Türkei. Bereits am 31. Juli 1959 bewarb sich die Türkei um Mitgliedschaft in der europäischen Wirtschaftsgemeinschaft (EWG). […] Kein Zweifel, geographisch liegt nur ein kleiner Teil der Türkei auf dem europäischen Kontinent. Dieser Aspekt jedoch nach 40-jähriger Assoziierung der Türkei an die EU mit dem darin festgelegten Ziel einer EU-Mitgliedschaft nun zu thematisieren, scheint sehr weit hergeholt. […] Gerade diese geographische Lage der Türkei als ein Land in und eine Brücke zwischen zwei Kontinenten, Europa und Asien, verleiht ihr eine besondere Bedeutung für die EU.

Den Türken und der Türkei wird eine europäische Identität wegen ihrer unterschiedlichen Geschichte, Religion und Kultur aberkannt. Als ob es in Europa nur die christliche Religion, eine einheitliche Kultur und eine gleiche Geschichte für alle 27 EU-Mitgliedstaaten und somit auch eine bestimmte Identität gäbe. Zudem wird in dieser Vorstellung Identität als etwas historisch Eingefrorenes, also Statisches verstanden und bewertet. […] Es ist falsch, die islamische Religionsgemeinschaft, der ca. 1,3 Milliarden Menschen in mehr als 50 Ländern angehören, in Fragen der Auslegung und Ausübung als homogen zu betrachten. Es ist aber auch wahr, dass es in vielen islamischen Ländern Entwicklungen wie die Renaissance, die Aufklärung und die Trennung zwischen geistlicher und politischer Autorität, vergleichbar mit der in Europa, bis heute nicht gegeben hat. […] Die Türkei hat 1923, nach der Ausrufung der Republik, durch revolutionäre Umwälzungen diese Entwicklung der europäischen Aufklärung mit ihrer Trennung von Staat und Religion bereits […] erfolgreich nachvollzogen. […] Mit der Abschaffung des Sultanats im Jahre 1923 sowie ein Jahr später mit der Abschaffung des Kalifats als oberste Instanz der Scharia [=islamisches Rechtssystem] und der Aufnahme des Laizismus, der Trennung von Religion und Staat, in der ersten Verfassung der Republik Türkei, mit einer Rechtsreform, Bildungsreform, Schriftreform (anstelle der arabischen die lateinische Schrift), mit der Gleichstellung der Geschlechter, dem allgemeinen Wahlrecht für Frauen und in einer Reihe weitreichender Reformen in den Folgejahren wurde die Westorientierung der Türkei gezielt eingeleitet. […]

Mit völlig unbegründeten Fantasiezahlen über eine Zuwanderung von 10 bis 18 Millionen Menschen, die nach einem EU-Beitritt aus der Türkei in die EU abwandern würden, machte der Historiker Wehler den Menschen Angst. […] Prognosen wie diese sind jedoch durch die Erfahrungen mit den Ländern Spanien, Portugal und Griechenland nach ihrer Mitgliedschaft widerlegt. Dies ist damit zu erklären, dass die EU-Mitgliedschaft für die neuen Mitgliedstaaten die Möglichkeit eröffnet, dort durch neue Investoren Arbeitsplätze entstehen zu lassen.

Hakki Keskin: Die deutsch-türkische Debatte über den EU-Beitritt der Türkei. In: Siegfried Frech/Mehmed Öcal (Hg.): Europa und die Türkei. Schwalbach/Ts. 2006, S. 69 ff.

M8 **Umzug des Handyherstellers Nokia nach Rumänien**

Die Verlegung des Werks in Bochum mit zuletzt 2300 Beschäftigten hat in Deutschland Verärgerung ausgelöst:

Der [finnische] Handyhersteller Nokia hat angekündigt, seine Fabrik in Bochum zu schließen und nach Rumänien zu verlagern. An dieser Entscheidung gab es scharfe Kritik vonseiten der Gewerkschaften und der Politik. Sich zuerst ein Werk „sponsern" zu lassen [das Werk in Bochum wurde mit 88 Millionen Euro staatlicher Subventionen unterstützt], um sich dann sobald als möglich aus dem Staub zu machen, ruft Empörung hervor. Doch es herrschen die Gesetze der Globalisierung. Und dies ist auch nicht mit Emotionen zu ändern. Die wirkliche Frage ist, ob die Verlagerung eine kluge und richtige unternehmerische Entscheidung war. Hieran bestehen zu Recht Zweifel. Nokia geht nach Cluj vor allem wegen der günstigeren Lohnkosten. Und in der Tat verdient ein Werker in Rumänien weniger als in Bochum. Doch sind die benötigten Arbeitskräfte vor Ort auch wirklich zu den Kosten verfügbar? Und sind in der Kalkulation auch alle Zusatzkosten berücksichtigt? Wie sieht der Vergleich Cluj-Bochum bei einer kritischen Analyse aus? Cluj hat zwar eine bekannte Hochschule und einige kleine Elektrobetriebe, aber wohl kaum 3 000 bis 4 000 verfügbare Arbeitskräfte, die wissen, wie man ein Handy baut. Also wird Nokia überwiegend unqualifizierte Arbeitskräfte einstellen und ausbilden müssen.

In dieser Hinsicht haben viele internationale Unternehmen in den vergangenen Jahren bittere Erfahrungen gerade in Rumänien gemacht. So kann die Continental AG mit ihrem Werk in Timisoara ein Lied davon singen, wie es ist, permanent Menschen auszubilden. Nach der innerbetrieblichen Schulung konnte das Unternehmen diese nämlich kaum halten. Aufgrund der gestiegenen Qualifikation und der guten Referenz bei Conti, war es ein Leichtes für sie, einen neuen und besser bezahlten Job zu bekommen. Doch nicht nur Jobhopping ist als Karriere- und Gehaltsbeschleuniger bei den jungen Rumänen beliebt. Nach wie vor sehen die meisten ihre Zukunft im Ausland. Warum soll man für 600 Euro in einer Region mit schlechter Infrastruktur arbeiten, wenn man mindestens das Vier- bis Fünffache in einem westlichen Industrieland verdienen kann? Den Trainingsaufenthalt in Hannover nutzen nicht wenige rumänische Conti-Kräfte, um sich gleich hier für einen neuen Job zu bewerben. Besonders leicht war dies bei den innerbetrieblichen Jobangeboten des Konzerns.

In den 1990er-Jahren konnten Textilunternehmen die Lohnkosten in Rumänien nutzen. Doch diese Zeiten sind längst vorbei. Die Globalisierung nutzt nämlich nicht nur den Firmen, sondern auch den Arbeitskräften. Es gibt kein anderes Land in Europa, das eine so starke Abwanderung von jungen qualifizierten Arbeitskräften erlebt hat wie Rumänien. Nahezu vier Millionen Rumänen arbeiten mittlerweile im Ausland. [...]

Die Region Cluj leidet ganz besonders unter dem Arbeitskräftemangel. Die offizielle Arbeitslosigkeit liegt bei etwa drei Prozent. Bei qualifizierten Kräften können derzeit viele Stellen nicht besetzt werden oder nur zu Gehältern, die bei einem Vielfachen des Landesdurchschnitts liegen. Damit geht die Kalkulation nicht mehr auf. Nach Expertenmeinung wird Nokia mittelfristig die benötigten Arbeitskräfte in Cluj nicht mit dem jetzt vermuteten Kostenvorteil einstellen können.

Managermagazin vom 18. Januar 2008.

M9 **Osterweiterung**

Karikatur von Burkhard Mohr

Arbeitsaufträge

1 Begründen Sie, warum der Vertrag von Maastricht einen „Meilenstein" auf dem Weg zur Europäischen Union darstellt (VT, M 3). In welchen Bereichen setzt er neue Maßstäbe? Diskutieren Sie Schwierigkeiten bei der Realisierung.

2 Stellen Sie die Argumente für und gegen einen Beitritt der Türkei in die EU einander gegenüber (M 6, M 7).

3 Zeigen Sie wesentliche Wirkungsweisen des europäischen Agrarmarktes auf (VT). Begründen Sie, warum es weiterhin angebracht ist, zumindest kleinere Betriebe zu fördern.

4 Beschreiben Sie die Karikatur. Erörtern Sie, ob sich aus heutiger Sicht die Voraussage des Karikaturisten bestätigt hat (M 9).

Internationale Zusammenarbeit – Konflikte in der Weltgesellschaft

M1 11. September 2001

Das Datum und die Bilder sind aus der Erinnerung nicht mehr wegzudenken. Die Anschläge auf das World Trade Center und das Pentagon lösten eine bis dahin nicht gekannte Welle der Solidarität im Kampf gegen den Terrorismus aus.

Der 11. September 2001 ließ die Welt den Atem anhalten. Die Bilder der einstürzenden Türme des World Trade Centers lösten weltweit Angst, Trauer, Wut und Entsetzen aus. Nach dem Ende des jahrzehntelang schwelenden Ost-West-Konfliktes sah sich die Weltbevölkerung mit einer neuen Bedrohung konfrontiert: dem internationalen Terrorismus. Die Welt ist seit der Beilegung des Ost-West-Konfliktes nicht wesentlich sicherer geworden. Weiterhin entladen sich Konflikte in Form vor allem von Religions- und Nationalkriegen. Diesen Konflikten liegen zumeist tiefere Ursachen zugrunde. Dazu zählen die gravierenden Unterschiede zwischen Arm und Reich, sowohl zwischen den Weltregionen als auch innerhalb einzelner Gesellschaften. Folgen sind Hunger, Kampf um lebensnotwendige Ressourcen, Flucht und Auswanderung, Frustration wegen vorenthaltener politischer und gesellschaftlicher Teilhabe bis hin zu ideologischer Radikalisierung oder sogar Terrorismus.

ONLINE-Link
416900-0004

Die Kluft zwischen den wohlhabenden und den armen Ländern ist im Zeitalter der Globalisierung nicht kleiner geworden. Die Staaten der „Dritten Welt“ befinden sich in einem Teufelskreis von Problemen, aus dem sie sich kaum mit eigener Kraft befreien können. Eine Verbesserung ihrer Situation liegt auch im Interesse der reichen Länder. Die aus Armut und sozialen Missständen resultierenden Probleme machen nicht an den Grenzen der unmittelbar betroffenen Staaten halt, sei es die ausgebeutete Umwelt, etwa im Falle der zunehmenden Abholzung des Regenwaldes, die sich auf das Weltklima auswirkt; seien es die aus Bürgerkriegen resultierenden Flüchtlingsströme, die in anderen Ländern eine neue Heimat suchen; sei es die Überbevölkerung, die aus vielen Gründen dort am größten scheint, wo auch Armut und Not besonders verbreitet sind. Dazu kommt, dass die Industrieländer dringend auf Rohstofflieferungen, z. B. Erdöl, aus Ländern der „Dritten Welt“ und deshalb auf politisch stabile Verhältnisse in diesen Ländern angewiesen sind.

Ursachen von Konflikten und Lösungsansätze werden in den folgenden Kapiteln anhand mehrerer Beispiele untersucht. Dabei steht auch das neue Selbstverständnis Deutschlands im Blickpunkt, das nach der Wiedervereinigung und dem Zusammenbruch der autoritären Diktaturen in den östlichen Nachbarstaaten eine neue Rolle in der Weltpolitik einnimmt. Zunehmend stellt die Bundesrepublik Streitkräfte für humanitäre Hilfseinsätze und zur Konfliktbewältigung bereit.

M2 Arm und Reich in Schwellen- und Entwicklungsländern
Blick auf eines der größten Slumviertel in São Paulo, Brasilien

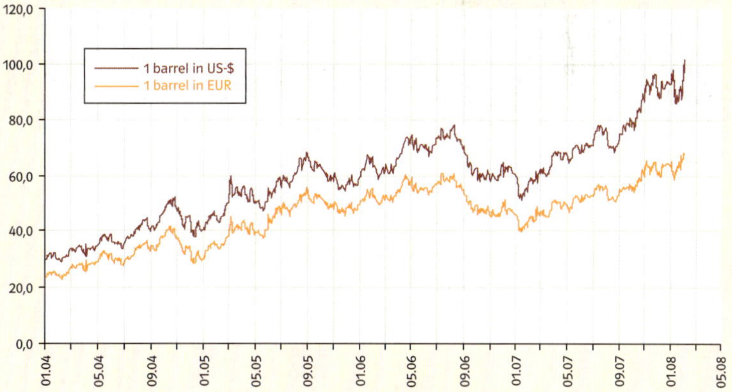

M3 Entwicklung der Rohölpreise in Dollar und in Euro 2004 – 2008
Die Preise haben sich in US-Dollar zwischen 2004 und 2008 um 243 %, in Euro um 184 % verteuert, nämlich von 23,50 auf 66,80 Euro pro Barrel (Fass mit 159 Litern).

1 Globale Sicherheitspolitik

1.1 Fallbeispiel Nahost

M1 Unterschiede in Kultur, Sprache und Religion
Orthodoxe Juden (links) und muslimische Frauen im Tschador (rechts)

Die Schlüssellage des Nahen Ostens im Schnittpunkt von Europa, Asien und Afrika und die wichtigen Erdölvorkommen am Persischen Golf haben zur Folge, dass Spannungen in diesem Gebiet auch die Interessen der Großmächte berühren und die ganze Welt beunruhigen. Kriegerische Auseinandersetzungen entstehen in dieser Region immer wieder, in der nationale, religiöse, soziale, wirtschaftliche und ideologische Gegensätze auf kleinstem Raum aufeinanderprallen. Seit der Staatsgründung Israels wird die Geschichte des Landes durch den Nahostkonflikt geprägt. Davon zeugen zwischenstaatliche Kriege und die permanente Konfrontation zwischen Israelis und Palästinensern.

1948	Der Staat Israel wird gegründet. Die arabischen Anliegerstaaten erkennen den jüdischen Staat nicht an.
1956	Im Sinai-Krieg besetzt Israel ägyptische Gebiete.
1967	Sechs-Tage-Krieg Israels gegen Ägypten, Syrien und Jordanien; Einnahme von Ost-Jerusalem; Besetzung der Sinai-Halbinsel, des Westjordanlandes, der Golan-Höhen und des Gaza-Streifens durch Israel
1973	Nach dem Jom-Kippur-Krieg verhängen die wichtigsten arabischen Ölexportländer ein Ölembargo gegen zahlreiche westliche Industriestaaten.
1978	Unterzeichnung des Abkommens von Camp David
1979	Ägypten und Israel schließen einen Friedensvertrag; Rückgabe der Sinai-Halbinsel an Ägypten bis 1982.
1993	Geheimverhandlungen zwischen Israel und der PLO bei Oslo; gegenseitige Anerkennung von Israel und der PLO
2006	Sieg der Hamas bei den Wahlen in den Palästinensergebieten

Gründung des Staates Israel

Als Ende des 19. Jahrhunderts immer wieder antisemitische Angriffe die Hoffnung vieler Juden auf eine vollständige gesellschaftliche Anerkennung in ihren europäischen Heimatstaaten enttäuschten, entwickelte sich die Bewegung des Zionismus (der Berg Zion ist hier als Symbol für Jerusalem und somit für Israel zu verstehen). Ihr Anliegen war ein jüdischer Staat im Land Israel, das zu dieser Zeit Teil des Osmanischen Reiches war. Auch wenn bereits 1882 bis 1903 eine erste jüdische Einwanderungswelle stattfand, war die Vorstellung eines eigenen Staates Israel zu dieser Zeit eine Utopie.
Nach Ende des Ersten Weltkrieges änderten sich die Bedingungen: Das Osmanische Reich verlor viele seiner Gebiete und Großbritannien übernahm das Land, das heute etwa Israel und Jordanien entspricht, als Mandat Palästina vom Völkerbund. Bereits 1917 hatte es die Zusage Lord Balfours (Balfour-Deklaration) für die Errichtung einer nationalen Heimstätte der Juden in Palästina gegeben.
Ab 1932 stieg die jüdische Zuwanderung deutlich an, weil viele Juden vor den antisemitischen Verfolgungen in Deutschland flohen. 1939 begrenzte Großbritannien nach einer Revolte der arabischen Bevölkerung Zuzug und Landverkauf für jüdische Einwanderer stark. Nach dem Zweiten Weltkrieg empfahl die UN-Vollversammlung – vor allem vor dem Hintergrund des Holocaust in Europa – die Teilung Palästinas in einen jüdischen und einen arabischen Staat. Jerusalem sollte eine neutrale Stadt werden.
Keine der Konfliktparteien war mit dem UN-Plan zufrieden. Als Großbritannien sein Mandat 1948 aufgab, rief eine Provisorische Regierung unter David Ben Gurion den Staat Israel aus. Unmittelbar darauf griffen Truppen der Arabischen Liga den neuen Staat an, um die Proklamation Israels rückgängig zu machen. Israel gelang es jedoch, den Angriff abzuwehren. Auf Vermittlung der UN wurden bis 1949 Waffenstillstandsabkommen mit den arabischen Nachbarstaaten geschlossen.
Während dieses als Unabhängigkeitskrieg bezeichneten Waffengangs und kurz darauf verließen viele arabische Bewohner Israel und zogen in Flüchtlingslager in die Nachbarstaaten (1948/49 waren es bereits 730 000, 1967 kamen weitere ca. 300 000 dazu). Bis heute bildet diese Flüchtlingsproblematik einen wesentlichen Streitpunkt zwischen Palästinensern und Israel, das eine Rückkehr der Flüchtlinge ablehnt. Es ist dieser Kernkonflikt, der, mit anderen Streitpunkten sowie mit machtpolitischen und globalen Auseinandersetzungen verschränkt, den Nahen Osten zu einer Region macht, die immer wieder von Krisen und militärischen Konflikten geprägt wird.

Sinai-Feldzug

Mit dem ägyptischen Präsidenten Abd-al-Nasser fand die arabische Welt einen Anführer und Fürsprecher, der den Gedanken einer panarabischen Nation prononciert vorbrachte und von vielen Arabern als Volksheld verehrt wurde. Als Ägypten 1956 die Meerenge von Tiran schloss und den Suez-Kanal verstaatlichte, griffen Großbritannien und Frankreich Ägypten an. Israel nutzte diese Lage, um seine eigene Stellung auszubauen und besetzte mit dem Sinai und dem Gaza-Streifen Gebiete, die 1957 – auf massiven Druck der USA – wieder geräumt und an UN-Streitkräfte übergeben wurden.

Sechs-Tage-Krieg

Auch 1967 war es das politische Bestreben Ägyptens, das zu einem neuen Konflikt führte: Als ägyptische Truppen im Sinai aufmarschierten, kam Israel einem drohenden Einfall der verbündeten arabischen Staaten zuvor. Innerhalb von sechs Tagen eroberten seine Truppen mit der Sinai-Halbinsel, dem Gaza-Streifen, den syrischen Golan-Höhen und dem Westjordanland ein Gebiet, das dreimal so groß war, wie der eigene Staat. Dem Weltsicherheitsrat und den USA gelang die Vermittlung eines Waffenstillstandes. Sie forderten, zunächst vergeblich, von Israel die Räumung der eroberten Gebiete und von den Arabern die Anerkennung des Staates Israel.

Jom-Kippur-Krieg

1973 fühlten sich die arabischen Staaten nach fieberhafter Aufrüstung stark genug, die „Schmach" von 1967 zu tilgen. Für den Angriff wurde der heiligste jüdische Feiertag ausgewählt, der Jom Kippur (Tag der Versöhnung). Diese Aggression brachte die israelischen Streitkräfte erstmals ernsthaft in Gefahr. Wieder vermittelte der Weltsicherheitsrat und

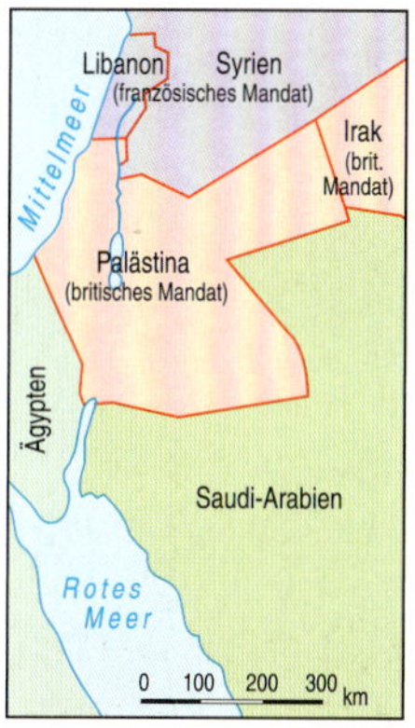

M2 Britisches Mandatsgebiet 1920–1948
1922 wurde Transjordanien östlich des Jordan weitgehend autonom, ab 1946 unter der Bezeichnung Jordanien unabhängig.

M3 David Ben Gurion
israelischer Ministerpräsident 1949–1963

wiederholte seine Forderungen von 1967. Da die westlichen Industriestaaten weitgehend die Partei Israels ergriffen, verhängten die arabischen Staaten vorübergehend ein Ölembargo, das auch in der Bundesrepublik zu spüren war, z. B. in Form von Sonntagsfahrverboten für PKWs.

Beginnender Friedensprozess

Diese militärischen Auseinandersetzungen hatten die Gefährlichkeit des Nahostkonfliktes auch für die westlichen Industriestaaten deutlich gezeigt. Nicht nur die Vereinten Nationen, auch die USA unter Präsident Jimmy Carter versuchten nun, eine Beilegung des Konfliktes zu erreichen.
Zwei weitere Entwicklungen spielten dabei zusätzlich eine Rolle. Zwischen Israel und Deutschland war es 1952 zu Kontakten auf Regierungsebene gekommen und die Bundesrepublik zahlte eine Wiedergutmachung für die nationalsozialistischen Verbrechen. Das Existenzrecht Israels ist Teil der Staatsräson der Bundesrepublik und aller westlichen Staaten bis heute.
Zum anderen hatte sich nach dem Sechs-Tage-Krieg ein Zusammenschluss zahlreicher kleinerer arabischer Kampfgruppen ergeben, die sich 1967 zur PLO (Palestinian Liberation Organization) unter Jassir Arafat zusammenfanden. Ihr Ziel war zunächst die Auslöschung Israels und die Schaffung eines eigenen palästinensischen Staates. Verwendet wurden dazu vor allem Mittel des Terrorismus. Dem Westen wurde dies etwa 1972 während der Olympischen Spiele in München oder bei der Entführung der Lufthansamaschine „Landshut" zur Freipressung von RAF-Häftlingen vor Augen geführt.
Zudem wuchs auch die Kritik an der israelischen Weigerung, besetzte Gebiete zu räumen und den Palästinensern einen eigenen Staat zuzugestehen.
Im Zuge der Friedensbemühungen trafen sich US-Präsident Carter und der ägyptische Staatspräsident Sadat sowie der israelische Ministerpräsident Begin 1978 in Camp David zu Gesprächen. Als Ergebnis verpflichtete sich Israel zur Räumung der Halbinsel Sinai und versprach, den arabischen Palästinensern im Westjordanland und dem Gaza-Streifen Selbstverwaltungsrechte zu gewähren. Ägypten erkannte Israel an. Die Zukunft Jerusalems blieb ungeklärt. Begin und Sadat erhielten dafür den Friedensnobelpreis. Sadat wurde 1981 bei einem Attentat ermordet.

Bürgerkrieg im Libanon

Nach dem Ausscheiden Ägyptens aus dem arabischen Bündnis brauchte Israel größere militärische Aktionen nicht mehr zu fürchten. So weitete die israelische Regierung in den Folgejahren den Siedlungsbau in den besetzten Gebieten aus – eine Politik, die innenpolitisch in Israel zunehmend auch in die Kritik geriet. 1982 führte Israel eine große Libanon-Invasion durch. Ministerpräsident Begin und sein Verteidigungsminister Scharon wollten die

Eroberungskriege	Regierungen versprechen sich dadurch für ihr Land mehr Macht und Reichtum. Mit vorgeschobenen Begründungen wie moralischer oder wirtschaftlicher Überlegenheit brachten im 19. Jahrhundert die Kolonialmächte große Teile Afrikas und Asiens unter ihre Herrschaft. In den 1930er- und 1940er-Jahren führten Deutschland und Italien unter dem Vorwand weltanschaulicher Überlegenheit Eroberungskriege in Europa und dem Mittelmeerraum.
Verteidigungskriege	Staaten, die fürchten, Opfer eines Eroberers zu werden, versuchen häufig, diesem zuvorzukommen. Auch Israel verteidigte sich 1967, als es seine arabischen Nachbarn angriff.
Religionskriege	Im Namen Allahs eroberten die Araber im frühen Mittelalter große Teile der arabischen Halbinsel, Nordafrikas, Vorderasiens und drangen bis in die Pyrenäen vor, um den Islam zu verbreiten. Um diese aus den heiligen christlichen Städten zu vertreiben, riefen die Päpste des Mittelalters wiederum die europäischen Christen zu Kreuzzügen auf. Im 16. und 17. Jahrhundert war die Glaubensspaltung zwischen Protestanten und Katholiken Anlass zu blutigen Religionskriegen. Im Irak bekämpfen sich derzeit die muslimischen Glaubensgemeinschaften der Sunniten und Schiiten.

PLO, die Teile des Libanon kontrollierte und von dort aus einen Guerillakrieg gegen Israel führte, vertreiben. Im Libanon herrschten zwischen dem christlichen und dem muslimischen Bevölkerungsteil bereits bürgerkriegsähnliche Zustände. Christliche Milizen, die mit Israel verbündet waren, verübten blutige Massaker in den palästinensischen Flüchtlingslagern Sabra und Chatila. Der Bürgerkrieg fand erst 1987 durch den Einmarsch syrischer Truppen ein erzwungenes und vorläufiges Ende.
Bis heute ist der Libanon jedoch instabil geblieben, was für Israel eine erhebliche Bedrohung beinhaltet. Grund dafür ist die schiitisch orientierte und vom Iran unterstützte Hisbollah (Partei Allahs), die immer wieder Anschläge auf Israel von libanesischem Territorium aus verübt.
Wie brisant diese Situation bis heute ist, zeigte das Jahr 2006: Zwei israelische Soldaten wurden entführt und weitere getötet. Die Hisbollah feuerte entlang der Grenze zahlreiche Raketen und Granaten auf israelisches Gebiet. Israels Regierungschef Ehud Olmert befahl der Armee daraufhin den Einmarsch in den Südlibanon. Nach sechs Wochen kam es zu einem Waffenstillstand, der seitdem von 13 000 Blauhelm-Soldaten der UNO überwacht wird, darunter auch 2 000 Marine-Soldaten der Bundeswehr.

Neue Friedensinitiativen

In den von Israel besetzten Gebieten häuften sich die Unruhen. 1987 kam es dort zu zivilem Ungehorsam wie Steuerverweigerung und Demonstrationen, aber auch gewaltsamem Widerstand gegen die Besatzungsmacht. Dieser Aufstand – Intifada genannt – offenbarte die tiefe Kluft zwischen Israelis und Palästinensern. Der wachsende Einfluss islamischer Organisationen auf die Palästinenser auf der einen, radikale jüdische Siedler auf der anderen Seite, vertieften die vorhandenen Gräben.
Trotz dieser Entwicklungen schien das Ende des Kalten Krieges auch für den Nahen Osten eine neue Ära des Friedens einzuleiten. Nach Geheimverhandlungen in Oslo 1993 unterzeichneten PLO-Chef Jassir Arafat und der israelische Ministerpräsident Jitzchak Rabin in Washington ein Abkommen, das erstmals die Schaffung eines aus dem Westjordanland und dem Gaza-Streifen bestehenden unabhän-

M4 Jerusalem
Als heiligste Stätte des Judentums gilt die Klagemauer, während die dahinter aufragende Omar-Moschee (sogenannter „Felsendom“) sowie die nebenan liegende Al-Aksa-Moschee zu den bedeutendsten Heiligtümern des Islam zählen. Auch für die Christen ist Jerusalem eine heilige Stadt, in der viele Orte an das Leben und den Tod Jesu erinnern.

Hisbollah (arab. = Partei Gottes): Die Hisbollah ist eine schiitische Bewegung im Libanon. Sie arbeitet als politische Partei, weitgehend unkontrolliert vom libanesischen Staat, aber im libanesischen Parlament vertreten, und hält zahlreiche soziale Einrichtungen bereit. Zudem verfügt sie über eine paramilitärische Einheit, mit der systematisch Anschläge auf Israel verübt werden. Wegen der Zugehörigkeit zu den Schiiten wird die Hisbollah vor allem vom Iran unterstützt.

Sunniten und Schiiten Sunniten und Schiiten sind die beiden großen Konfessionen des Islam. Die Mehrheit der Muslime sind Sunniten, sie halten an der Sunna (Überlieferung) und der Rechtmäßigkeit der Kalifentradition fest. Schiiten halten dagegen Ali und seine Nachkommen aus der Ehe mit der Prophetentochter Fatimah für die berechtigten Leiter der islamischen Gesamtgemeinde. Seit der Revolution 1979 steht der Iran unter schiitischer Herrschaft. Vor allem die Zugehörigkeit zu den Schiiten schafft eine starke politische Loyalität untereinander.

gigen Palästinenserstaates in Aussicht stellte. Eine palästinensische Autonomiebehörde sollte Schritt für Schritt die Macht übernehmen. Israel und die PLO erkannten einander an und vereinbarten eine schrittweise Selbstverwaltung der besetzen Gebiete. Viele Fragen blieben aber ungeklärt. Dazu gehörten die Zukunft der jüdischen Siedlungen, das Schicksal der palästinensischen Flüchtlinge und der Status von Jerusalem.
Trotzdem bedeuteten die in Oslo vereinbarten Abkommen zwischen Israel und den Palästinensern einen erheblichen Fortschritt. Israelische Truppen zogen sich aus den besetzten Gebieten zurück, ein palästinensisches Parlament und ein eigener Präsident – bis 2004 Jassir Arafat, dann Mahmud Abbas – wurden gewählt. Auch Jordanien schloss 1994 Frieden mit Israel, nicht dagegen Syrien und der Libanon. Hauptstreitpunkt war hier die Weigerung Israels, militärisch wichtige Gebiete zu räumen. Die Ermordung des israelischen Ministerpräsidenten Rabin 1995 durch einen radikalen jüdischen Siedler zeigte allerdings, wie sehr Extremisten bemüht waren, den Friedensprozess zum Scheitern zu bringen. Zu den Friedensgegnern gehören vor allem auch die Mitglieder der Hamas, einer religiösen sunnitischen Bewegung, die sich als wahre Vertreterin des palästinensischen Volkes versteht und jede Vereinbarung mit Israel ablehnt. Sie gewann bei den Parlamentswahlen in Palästina 2006 erhebliche Stimmanteile.

M5 Historischer Händedruck am 13. September 1993
Jitzchak Rabin und Jassir Arafat geben sich (von US-Präsident Bill Clinton aufgefordert) die Hand.

Wahlsieg der Hamas in den Autonomiegebieten

Die neue palästinensische Regierung wurde von Israel und den USA nicht anerkannt. Auch die EU klassifiziert die Hamas nicht als politische Partei, sondern als terroristische Vereinigung. Durch Demonstrationen, Angriffe auf israelische Siedlungen und Attentate, oft in Form von „Selbstmordanschlägen", versuchen die Anhänger der Hamas seitdem die israelische Herrschaft abzuschütteln. Die israelische Regierung reagierte darauf mit der Besetzung von Teilen der Autonomiegebiete und massivem Militäreinsatz, gezielten Tötungen von Führern der Untergrundorganisationen, sowie dem Bau einer acht Meter hohen Betonmauer, die Attentäter hindern soll, nach Israel einzudringen. Bei Polizei und Verwaltung in dem 45 Kilometer langen Gaza-Streifen hat die Hamas mittlerweile die Oberhand, während das Westjordanland weiterhin von der PLO regiert wird.

Israelische Siedlungspolitik

Ein wesentliches Hindernis bei der Lösung des Nahostkonfliktes bilden die jüdischen Siedlungen im Westjordanland und auf den Golan-Höhen. Ungefähr 270 000 der 7,2 Millionen Israelis leben zurzeit dort in jüdischen Wohngebieten, weitere 190 000 in abgetrennten Stadtteilen in Ost-Jerusalem. Die Wohngebiete werden von israelischem Militär gegen palästinensische Angriffe geschützt. Ein Netz

Hamas – Radikal-islamische sunnitische Gruppe der Palästinenser, die vor allem wegen ihrer Selbstmordattentate und Angriffe auf israelische Zivilisten und Soldaten bekannt geworden ist. Ihr Programm verlangt die Beseitigung Israels. In jüngster Zeit tritt die Hamas auch als politische Partei auf und errang bei den Wahlen zum Parlament in den autonomen Gebieten 2006 die absolute Mehrheit der Mandate.

von Straßen, die nur von israelischen Bürgern genutzt werden dürfen, verbinden die Siedlungen untereinander und mit dem israelischen Territorium. Sie behindern aber auch die wirtschaftliche Entwicklung in den Autonomiegebieten. 2005 räumte die israelische Regierung sämtliche Siedlungen im Gaza-Streifen, wo zu diesem Zeitpunkt 7500 Juden gelebt hatten, sowie vier kleinere Wohngebiete im Westjordanland. Von der internationalen Staatengemeinschaft werden die jüdischen Siedlungen in den besetzten Gebieten zumeist als völkerrechtswidrig verurteilt. In mehreren Resolutionen haben die Vereinten Nationen Israel vergeblich aufgefordert, den Siedlungsbau einzustellen.

Flüchtlingsfrage

Etwa 20% der Bevölkerung Israels haben arabische Wurzeln und bilden dort eine Bevölkerungsminderheit. 730 000 Palästinenserinnen und Palästinenser flohen 1948 nach der israelischen Staatsgründung oder wurden vertrieben. In einer zweiten Welle flüchteten 1967 350 000 Palästinenser nach der israelischen Besetzung aus dem Westjordanland, dem Gaza-Steifen und den Golan-Höhen. Das israelische Parlament (Knesset) lehnte schon 1948 die Rückkehr der Flüchtlinge ab, das hat sich bis heute nicht geändert. Die Vereinten Nationen leisten seit mehr als 50 Jahren humanitäre Hilfe für die palästinensischen Flüchtlinge in den von Israel besetzten Gebieten und in den Nachbarstaaten. Sie bezahlen vor allem umfassende Dienstleistungen im Bereich Bildung und Gesundheit. Von den Flüchtlingen leben rund ein Drittel in Flüchtlingslagern, während die restlichen in Dörfern und Städten außerhalb der Lager wohnen. In den 59 Flüchtlingslagern ist die Arbeitslosigkeit und demnach auch die Armut groß. Für einen Teil dieser Menschen stellt die UNO deshalb auch Nahrungsmittel bereit. Der Anteil der Flüchtlinge liegt im Gaza-Streifen bei 78% der Bevölkerung, im Westjordanland und in Jordanien bei jeweils 30%, im Libanon bei 10%. In allen Aufnahmestaaten außerhalb der Autonomiegebiete werden die Flüchtlinge als vorübergehende Einwohner gesehen und genießen keine staatsbürgerlichen Rechte.

Die Vereinten Nationen (UNO = United Nations Organization)

Die 1945 gegründete Organisation hat die Erhaltung des Friedens und der internationalen Sicherheit zum obersten Ziel. Alle 192 Mitgliedstaaten haben sich mit Unterzeichnung der „Charta der Vereinten Nationen“ verpflichtet, Streitigkeiten untereinander ausschließlich mit friedlichen Mitteln beizulegen und jede Anwendung und Androhung von Gewalt gegen die Unabhängigkeit und das Territorium anderer Staaten zu unterlassen. Die UN-Charta untersagt der UNO, sich in innere Angelegenheiten eines Staates einzumischen. Wenn aber in einem Land die Menschenrechte missachtet oder verletzt werden, sieht die UNO – wie im Kosovo – das Recht zur Intervention.

In der Generalversammlung, die jährlich in New York zusammentritt, hat jeder Mitgliedstaat eine Stimme. Der Sicherheitsrat trägt die Hauptlast für die Erhaltung des Weltfriedens. Er besteht aus 15 Mitgliedern, darunter fünf ständigen (China, Frankreich, Großbritannien, Russland, USA) und zehn nicht-ständigen. Als gerichtliches Forum für die Austragung zwischenstaatlicher Rechtsstreitigkeiten fungiert der aus 15 Richtern bestehende Internationale Gerichtshof in Den Haag.

M6 Konfliktthemen: Israel und seine Nachbarn

Konflikte

Grenzen	Siedlungen	Flüchtlinge	Jerusalem	Wasser
Die PLO will die Waffenstillstandslinie von 1949 als Grenze. Israel möchte Teile des Westjordanlandes seinem Staatsgebiet einverleiben, möglicherweise auch durch Gebietstausch. Durch Sperrzaun und Mauer liegen 8,6 % des Westjordanlandes bereits innerhalb der Grenzen Israels. Die Hamas will einen ausschließlich islamischen Staat Palästina. Syrien fordert die Rückgabe der Golan-Höhen, die Israel 1967 besetzt und 1981 annektiert hat. Israel will aus Sicherheitsgründen nur einen Teil räumen.	Im Westjordanland gibt es 121 offizielle jüdische Siedlungen, in denen 270 000 Menschen leben. Die Siedler kontrollieren 40 % des Westjordanlandes. Israel möchte die größeren Siedlungsgebiete in seinen Staat eingliedern, die Palästinenser fordern die Räumung der Gebiete wie 2005 im Gaza-Streifen.	Mehr als 4,3 Millionen 1948 und 1967 geflohener Palästinenser samt ihrer Nachkommen leben im Westjordanland, dem Gaza-Streifen und Israels Nachbarländern. Die Palästinenser fordern das Recht auf Rückkehr, Israel will den Flüchtlingen allenfalls eine Entschädigung zahlen. Die Situation der Flüchtlinge ist durch hohe Arbeitslosigkeit, häufige Abriegelungen ihrer Gebiete durch die israelische Armee und mangelhafte Waren- und Lebensmittelversorgung geprägt.	International gilt Jerusalem seit 1947 als eigenständige Stadt. Israel besetzte 1967 Ostjerusalem und annektierte es 1980. Neben 240 000 Palästinensern leben dort 190 000 jüdische Siedler in eigenen Stadtteilen. Die Palästinenser wollen Ost-Jerusalem zu ihrer Hauptstadt machen.	Seit 1967 kontrolliert Israel die Quellen der Flüsse Jordan und Jarmuk im Westjordanland und das gesamte Ufer des angrenzenden Sees Genezareth. Jüdische Siedler verbrauchen im Westjordanland 80 % des Grundwassers. Die Syrer fordern die Rückgabe der Golan-Höhen mit ihren Quellen.

Lösungsmöglichkeiten

- Deeskalation der Gewalt auf internationalen Druck
- Wirtschaftshilfen für die Flüchtlinge
- Verhandlungen Israels mit den Palästinensern und seinen Nachbarstaaten
- Einbeziehung von Mediatoren wie UNO, Russland, USA, EU
- Wirtschaftliche Annäherung zwischen den verfeindeten Staaten, z. B. durch Schaffung einer Freihandelszone
- Einsatz von Blauhelmsoldaten in Grenzregionen

M7 Jüdische Einwanderer nach Palästina

Periode	Zahl	Wichtigste Herkunftsländer
1892–1903	20 000–30 000	Russland
1904–1914	35 000–40 000	Russland, Polen
1919–1923	ca. 35 000	Sowjetunion, Polen
1924–1931	ca. 80 000	Sowjetunion, Polen
1932–1938	ca. 200 000	Polen, Deutschland
1939–1945	ca. 80 000	Polen, Deutschland, Rumänien, Ungarn, Tschechoslowakei
1945–1948	ca. 56 000	Polen, Rumänien

Nach: Angelika Timm: Israel. Geschichte des Staates seit seiner Gründung. Bonn, 3. Auflage 1998, S. 348.

M8 „Das Tote Meer macht sich auf und davon"

Wasserknappheit verschärft die Spannungen zwischen Israel und seinen Nachbarländern:

Das Tote Meer hat sich davongemacht. Seit Jahrzehnten befindet es sich auf schier unaufhaltsamem Rückzug. Inzwischen sinkt es jährlich um 80 bis 100 Zentimeter. Am tiefsten Punkt der Erde lag das Tote Meer, das zehnmal salziger ist als übliche Meere, schon immer. Aber damals, in den dreißiger Jahren, befand sich die Wasserfläche 380 Meter unter dem Meeresspiegel, inzwischen sind es 420 Meter.

Der Jordan, der das Tote Meer einst speiste, ist zu einem dreckigen Rinnsal verkommen. Wasser ist rar in Nahost. Jeder zapft an, was er kann. Israel unterhält am Westufer des

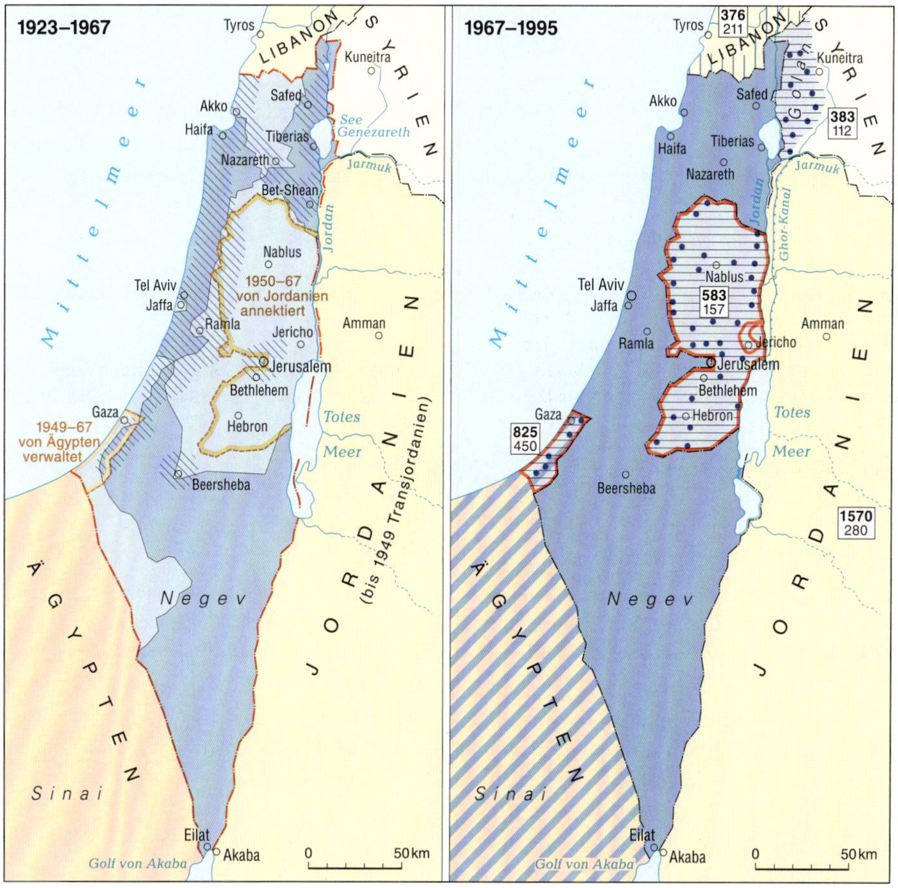

M9 **Der Staat Israel und palästinensische Gebiete 1923–1995**

Genezareth-Sees, dort, wo der Jordan entspringt, sein nationales Wasserwerk, die landesweit größte Versorgungsanlage. Am Ostufer leitet Jordanien den Fluss Yarmuk, einen Zuläufer des Jordan, in den König-Abdullah-Kanal ab. Syrien fängt seine Zuflüsse mit einem Staudamm auf. Und der Libanon hält ebenfalls für kleinere Bewässerungsprojekte zurück, so viel er kann. Was den Jordan heutzutage runtergeht, ist weniger als ein Sechstel der ursprünglichen Menge. Und davon ist das meiste Abwasser. […] Fast alle palästinensischen Dörfer lassen ihr Schmutzwasser in den Jordan fließen. Am Ende landet es im Toten Meer. […]

Von der kühnen Idee, das Tote Meer an den Tropf des Roten Meeres zu hängen, halten die allermeisten Umweltschützer wenig. Der nötige Bau eines 300 Kilometer langen unterirdischen Kanals könnte eine Naturkatastrophe auslösen. […] Die Befürworter, allen voran Israels Staatspräsident Schimon Peres, halten den Kanal indes für die perfekte Lösung, um das Tote Meer zu retten sowie zusätzliches Süßwasser unter optimaler Energieausnutzung zu gewinnen. Da zwischen Rotem und Totem Meer ein Gefälle von 400 Metern besteht, ließe sich auf dem Weg dorthin genügend Strom gewinnen, um das Wasser zunächst zu entsalzen. Davon profitieren würden die trinkwasserknappen Jordanier, aber auch Israelis und Palästinenser. Nur die beim Destillieren als Abfallprodukt abfallende Lake würde ins Tote Meer eingeleitet. Die allerdings wäre mit Alkalimetallen belastet.

Inge Günther. In: Stuttgarter Zeitung vom 28. Dezember 2007.

M10 „Wie hätte Hamas verlieren sollen?"

Der Libanese Georges Corm kommentiert die Erfolge der Hamas bei den Parlamentswahlen der palästinensischen Autonomiebehörde aus arabischer Sicht, 2006:

Man war geneigt, sich verwundert die Augen zu reiben, als im Januar 2006 die politischen Beobachter in aller Welt vom deutlichen Wahlerfolg der Hamas in Palästina überrascht waren. Mit ein wenig Menschenverstand hätte man diese Chronik eines angekündigten Sieges schon vorweg aufschreiben können.

Die Frage müsste eher umgekehrt lauten: Wie hätte die Hamas diese Wahlen überhaupt verlieren sollen? Die Palästinensische Autonomiebehörde unter maßgeblicher Führung der Fatah, des historisch wichtigsten Teils der PLO, hatte vergebens auf all ihre Trümpfe verzichtet und alle möglichen Konzessionen an den Staat Israel und die ihn unterstützende internationale Gemeinschaft gemacht: Sie hat das Existenzrecht Israels anerkannt, ohne dafür die reziproke Anerkennung des Rechts der Palästinenser auf einen eigenen Staat zu bekommen; sie hat [...] auf den bewaffneten Widerstand gegen die Besatzung verzichtet und die faktische Fortdauer der Kolonialisierung akzeptiert. Das Wiederaufkommen der Intifada im September 2000 als Reaktion auf die Sackgasse, in der die PLO angesichts der Unnachgiebigkeit Israels festsaß, führte zur erneuten Besetzung des größten Teils des Westjordanlands und des Gaza-Streifens durch die israelische Armee, zur weitgehenden Zerstörung der überwiegend EU-finanzierten Infrastruktur des palästinensischen Autonomiegebiets und zur dramatischen Absenkung des Lebensstandards. Die Israelis errichteten zahllose militärische Sperren, was es für die Palästinenser immer schwieriger machte, innerhalb der Gebiete zu reisen, die ihnen von ihrem Land noch geblieben waren.

Für die von allen Seiten im Stich gelassenen Palästinenser begannen nun zwei parallele Entwicklungen. Zum einen griffen bei der Bürokratie der PLO Ineffizienz und Korruption immer weiter um sich, was von allen westlichen Regierungen kritisiert wurde. Zum anderen setzte die Hamas den bewaffneten Kampf fort und trug ihn durch die Selbstmordattentate in die Zentren der israelischen Städte. Das machte sie zum Objekt unverhältnismäßiger israelischer Vergeltungsschläge, die insbesondere in Gaza zahlreiche zivile Opfer forderten. Jassir Arafat und sein Nachfolger an der Spitze der Palästinensischen Autonomiebehörde, Mahmud Abbas, wurden von Israel, den USA und der EU ständig unter Druck gesetzt, die Hamas – wenn nötig mit Gewalt – zur Räson zu bringen. Die Spannungen zwischen der Fatah und der Hamas verschärften sich immer mehr, und die Autonomiebehörde steckte militante Aktivisten ins Gefängnis. Doch die Palästinenser konnten gerade noch einen mörderischen Bürgerkrieg verhindern, den Israel sich wünscht, um jeder Form von bewaffnetem Widerstand ein Ende zu bereiten.

Die Hamas, die von den Israelis nach ihrer Gründung in den 1980er-Jahren als Gegengewicht gegen die laizistischen Widerstandbewegungen der Palästinenser unterstützt worden war, sammelte im Lauf der Jahre konkrete Erfahrungen an der Basis, und zwar auf sozialer wie auf militärischer Ebene. Dabei profitierte sie vom Scheitern des Osloer Abkommens und einer Kompromisspolitik der PLO, die keine realen Gegenleistungen in Sachen Unabhängigkeit und Einstellung der israelischen Siedlungspolitik gebracht hatte. Auch dank ihrer finanziellen Mittel, die sie für soziale Zwecke, aber auch für den bewaffneten Kampf gegen die Besatzungsmacht einsetzte, wurde die Hamas in dem Maß populär, in dem die Politik und das Verhalten der alten, verbrauchten PLO-Führung nur noch mehr Elend und Unterdrückung zur Folge hatte.

Georges Corm: Die Dynamik des islamischen Aufbegehrens: Religion und Nationalismus von Palästina bis Iran. In: Le Monde diplomatique, Nr. 7918, 10. März 2006, S. 14 f.

M11 „Angst frisst Zukunft"

Eine Korrespondentin der „Zeit" berichtet 2002 aus Israel:

Wo immer man hinkommt, reden die Menschen, sofern sie überhaupt noch darüber reden und sich nicht einfach abschotten, von den immer gleichen schlechten Nachrichten, über zwei Themen: mangelnde Sicherheit und die miserable Wirtschaftslage. Im Abfall der Supermärkte wühlen abends Bedürftige nach Verwertbarem; manche Eltern geben ihren Sprösslingen zwei Pausenbrote mit in die Schule, weil ein Freund neuerdings ohne Frühstück in den Unterricht kommt. Im Radio läuft ein Spendenaufruf, damit dieses Jahr zum Lichterfest Chanukka alle Kinder kleine Geschenke bekommen können. Kein Tag, an dem – neben verübten oder versuchten Anschlägen – nicht über Familien berichtet wird, die kaum noch über die Runden kommen. Suppenküchen erschrecken in einer einst von sozialistischen Idealen geprägten Gesellschaft, die zwar nie reich, aber an solche Bilder nicht gewöhnt war.

Im Jahr 2000 lebte jeder fünfte Israeli unterhalb der Armutsgrenze, die monatlich bei knapp 600 Euro für ein Paar, knapp 1 000 Euro für eine vierköpfige Familie liegt. Die Preise sind höher als in Deutschland; ein Gehalt reicht in der Regel nicht aus. Die Arbeitslosenquote liegt bei knapp elf Prozent, so hoch wie noch nie. Das gebeutelte Land zählt bereits das dritte Jahr mit negativem Wachstum – seit den sechziger Jahren gab es eine solche Krise nicht mehr. Während die Ausgaben im Verteidigungshaushalt wachsen, sinken Gehälter und Pensionen, bröckelt die kostenlose Gesundheitsversorgung. [...]

Noch können auch die Gutverdienenden weiterhin ihre teuren Jeeps und Luxuswohnungen unterhalten. Doch viele müssen immer öfter und länger in die Uniform schlüpfen, um mehrwöchige Reservedienste abzuleisten. Ein zusätzliches Risiko für den, der seinen Job noch nicht verloren hat – und eine weitere Belastung für die Wirtschaft.

Außerdem sinkt die Konsumbereitschaft. Wer geht nach einem Anschlag schon in eines der vielen neuen Einkaufszentren? In den vergangenen zwei Jahren machten 1000 Restaurants im ganzen Land Pleite. Der Absturz in die Krise trifft das Land unvorbereitet. Noch in den neunziger Jahren setzte Israel zu einem Höhenflug an: Die High-Tech-Industrie boomte, die Weltwirtschaft stand noch vor der großen Rezession, der Friedensprozess brachte ausländische Investitionen. Israel rangierte auf Platz sieben, vor Spanien und Italien, was den Lebensstandard anging.

Und in Netanja, mit seinen Cafés am Meer und den hohen Palmen auf der Strandpromenade, blühte der Tourismus. Heute stehen die 17 Hotels in der Stadt leer. [...] Netanja liegt 18 Kilometer von der Grünen Linie entfernt, die Israel vom Westjordanland trennt. Palästinenser wollen die Einwohner in ihrer Stadt nicht mehr sehen. Sie wurden von Gastarbeitern aus China, Thailand und Osteuropa ersetzt, die auf den Baustellen und in der Landwirtschaft arbeiten.

Auf 400 000 wird ihre Zahl im Land geschätzt. Das schafft zwar neue Probleme, aber auch hier gilt: Sicherheit kommt vor allem anderen.

Gisela Dachs. In: Die Zeit Nr. 51, 2002, S. 11.

M12 Die EU und der Nahost-Konflikt

Das Bemühen der Europäischen Union um eine Beilegung des Konfliktes:

Europa trägt eine historische Verantwortung für den Nahost-Konflikt. Der europäische Kolonialismus, die Weltkriege und ihre Folgen für die regionale Mächtekonstellation, der Holocaust, die Staatsgründung Israels und die europäische Beteiligung an den Anstrengungen des Kalten Krieges haben den Nahen Osten nachhaltig geprägt. Europa hat gar keine andere Wahl, als sich an den Aufräumarbeiten dieses historischen Scherbenhaufens zu beteiligen.

Die Grundposition der Europäischen Union im Nahost-Konflikt ist die Befürwortung einer Zwei-Staaten-Lösung. Übergeordnete Ziele sind das Existenzrecht und die Sicherheit des Staates Israel sowie die Selbstbestimmung der Palästinenser: ein demokratischer palästinensischer Staat auf der Basis der Grenzen von 1967, mit der Möglichkeit leichter Grenzveränderungen, Jerusalem als einer gemeinsamen Hauptstadt und eine akzeptable Lösung des Flüchtlingsproblems.

Die USA und Europa sind seit Jahrzehnten im Nahen Osten aktiv und darum bemüht, eine weitere Verschlechterung der Situation aufzuhalten. Während die USA in allen wichtigen Etappen des Friedensprozesses eine zentrale Rolle spielten, war der Part der EG/EU zwar eher bescheiden, aber dennoch wichtig, insbesondere was die Entwicklung von langfristigen Konzepten, die Unterstützung diplomatischer Initiativen und die finanzielle Unterstützung des Friedensprozesses angeht. In der ersten Phase des Friedensprozesses trat die EU also vor allem als Geldgeber auf, setzte durch die gezielte Förderung und Anerkennung der Autonomiebehörde jedoch auch ein politisches Zeichen. Eine gewisse, schrittweise Emanzipation von den USA hat stattgefunden. [...] Im Rahmen der „Roadmap"* steht die EU nun als gleichberechtigter diplomatischer Vertreter und internationaler Akteur neben den USA, Russland und der UNO. [...] Punkte, in denen die europäische und amerikanische Position und Herangehensweise sich unterscheiden, sind vor allem die Unterstützung der palästinensischen Autonomiebehörde durch die EU sowie der Barcelona-Prozess** als ein spezifisch europäischer multilateraler Ansatz, der von den USA mit kritischen Augen betrachtet wird.

Isabel Schäfer: Die Europäische Union und der Nahost-Konflikt. In: Aus Politik und Zeitgeschichte, Nr. 20, 10. Mai 2004, S. 46–54 (leicht verändert).

* Die vom sogenannten „Nahost-Quartett" (EU, Russland, UNO, USA) 2002 erarbeitete Roadmap (engl. = Straßenkarte, Routenplan) bezeichnet einen zeitlichen Plan zur Erreichung des Friedens im Nahen Osten. Den Palästinensern wurde darin ein unabhängiger Staat zuerkannt. Im Gegenzug wird von den Palästinenserbehörden die Anerkennung Israels und eine Abkehr vom Terrorismus gefordert. Israel soll sich aus dem Gaza-Streifen und dem Westjordanland zurückziehen, auf den weiteren Siedlungsbau verzichten und alle nach 2001 gebauten Siedlungen aufgeben.

** Barcelona-Prozess: Die 1995 in Barcelona ins Leben gerufene Euromediterrane Partnerschaft (EUROMED) bezeichnet die schrittweise Verbesserung der Zusammenarbeit der EU mit Staaten im südlichen Mittelmeerraum, darunter mit Israel. Angestrebt wird bis 2010 eine enge soziale und politische Kooperation der EU mit diesen Staaten und eine gemeinsame Freihandelszone.

Arbeitsaufträge

1. Sammeln Sie aktuelle Zeitungsausschnitte über Konflikte und Friedensbemühungen zwischen Israelis, der Autonomiebehörde und den Nachbarstaaten.
2. Beschreiben Sie die verschiedenen Konfliktebenen zwischen Israel und seinen Nachbarn (VT, M 6 – M 9).
3. Stellen Sie die wichtigsten Alltagsprobleme in den Palästinensergebieten zusammen. Betrachten Sie dabei u. a. Arbeitsmöglichkeiten, Mobilität, Versorgung mit Gütern (VT, M 6, M 10).
4. Nennen Sie Möglichkeiten der EU, sich in die Konfliktlösung im Nahen Osten einzubringen (M 6, M 12).
5. Erklären Sie, warum die Hamas (M 10) bei vielen Palästinensern Zustimmung findet. Wie wirken sich ihre Anschläge auf Israel, aber auch auf die Palästinenser aus (M 11)?
6. Diskutieren Sie die in M 6 aufgeführten Lösungsmöglichkeiten des Nahostkonfliktes. Wo sehen Sie die größten Hürden auf dem Weg zu einem dauerhaften Frieden in der Region?

1.2 Fallbeispiel Afghanistan – Kampf gegen den Terrorismus

M1 Kunduz, Afghanistan
Seit 2002 sind Bundeswehrsoldaten in Afghanistan als Teil der ISAF-Truppe im Einsatz. Bau des Feldlagers in Kunduz, August 2005.

Der Terroranschlag vom 11. September 2001 rief weltweit Entsetzen hervor: Islamistische Terroristen hatten mit entführten Passagiermaschinen das New Yorker World Trade Center und Teile des Pentagon zerstört. Der Terrorakt löste eine bislang ungekannte weltweite Solidarität aus und mündete in einem Schulterschluss der Völkergemeinschaft gegen den internationalen Terrorismus. Doch die Reaktion auf die Anschläge bestand nicht nur aus Bestürzung: Schadenfreude in Ländern der „Dritten Welt“ und unverhohlene Sympathien mit den Attentätern in arabischen Ländern lieferten scheinbar jenen Politikern Argumente, die vor einem Kampf der Kulturen zwischen westlichen Demokratien und der islamisch geprägten Welt gewarnt hatten. Ob die Anschläge tatsächlich Ausdruck eines Konflikts der Kulturen waren, ist umstritten.

Terrorismus (von lat. terrere = erschrecken): Politisch motivierte Gewaltanwendung extremistischer Gruppen oder Einzelpersonen. Terroristen verüben Angriffe auf meist symbolhafte Objekte oder Personen mit dem Ziel, Angst und Verunsicherung der Bevölkerung herbeizuführen und dadurch das politische Verhalten des Gegners zu beeinflussen. Unterschieden werden ideologischer Terrorismus (Forderung nach revolutionärer Veränderung von politischen und sozialen Strukturen), ethno-politischer Terrorismus (Streben ethnischer oder politischer Gruppen nach Unabhängigkeit oder Mitbestimmung) und religiös motivierter Terrorismus (basierend auf dem meist fundamentalistischen Verständnis einer Glaubenslehre). Oft verbinden sich verschiedene Motive miteinander.

ISAF (International Security Assistance Force) Friedenserzwingender Einsatz von NATO-Truppen in Afghanistan. Die ISAF soll den Wiederaufbau militärisch absichern.

Allianz gegen den Terror

Die USA bemühten sich unmittelbar nach den Attentaten mit diplomatischen Mitteln, eine weltweite politische Allianz für den Kampf gegen den Terrorismus zu schmieden. Schon einen Tag nach dem Terrorakt hatte der UN-Sicherheitsrat die Anschläge als Angriffshandlung sowie als „Bedrohung des Weltfriedens und der internationalen Sicherheit“ gewertet und das „naturgegebene Recht zur individuellen oder kollektiven Selbstverteidigung“ anerkannt. Die NATO verkündete erstmals in ihrer 52-jährigen Geschichte den kollektiven Verteidigungsfall nach Artikel 5 des Nordatlantikvertrages, der sämtliche Mitglieder des Bündnisses zum gegenseitigen Beistand verpflichtet. Die USA verzichteten zwar auf einen alle Mitglieder verpflichtenden NATO-Einsatz, baten aber um konkrete Hilfe beim Kampf gegen den internationalen Terrorismus. Auch Russland und China schlossen sich der Allianz gegen den Terror an. In der arabischen Welt wurden die Anschläge ebenfalls von den meisten Staaten verurteilt.
US-Präsident Bush erklärte den Kampf gegen den internationalen Terrorismus zum „ersten Krieg im 21. Jahrhundert“. Senat und Repräsentantenhaus der USA bewilligten ihrer Regierung sofort 40 Milliarden Dollar und erteilten ihr für die nun folgenden Entscheidungen alle zur Führung eines Krieges notwendigen Vollmachten. Als Hauptverantwortlicher der Anschläge galt Terroristenführer Osama bin Laden. In dem aus Saudi-Arabien stammenden Anführer der weltweit agierenden Terrororganisation Al-Qaida (Die Basis) sahen westliche Geheimdienste schon lange den mutmaßlichen Drahtzieher mehrerer Attentate gegen US-Bürger und US-Einrichtungen.

Im Visier: Afghanistan

Seit 1996 hatte bin Laden im durch Stammeskämpfe und Bürgerkriegsunruhen in chaotische Zustände versetzten Afghanistan Unterschlupf gefunden. Als sich die dort herrschende radikal-islamische Taliban-Regierung nach den Attentaten des 11. September weigerte, bin Laden auszuliefern, gerieten Afghanistan und sein fundamentalistisches Regime ins Visier der USA. Um die Hintermänner der Selbstmordattentäter zu fassen und die Stützpunkte bin Ladens zu zerstören, plante die US-Regierung den Sturz des Taliban-Regimes durch einen Militärangriff. Dabei sollten die mit der Taliban-Regierung verfeindeten Rebellen der Nord-Allianz eine tragende Rolle spielen.

M2 Osama bin Laden
meistgesuchter Terrorist, stammt aus einer der reichsten Familien weltweit, den saudischen Bin-Ladens

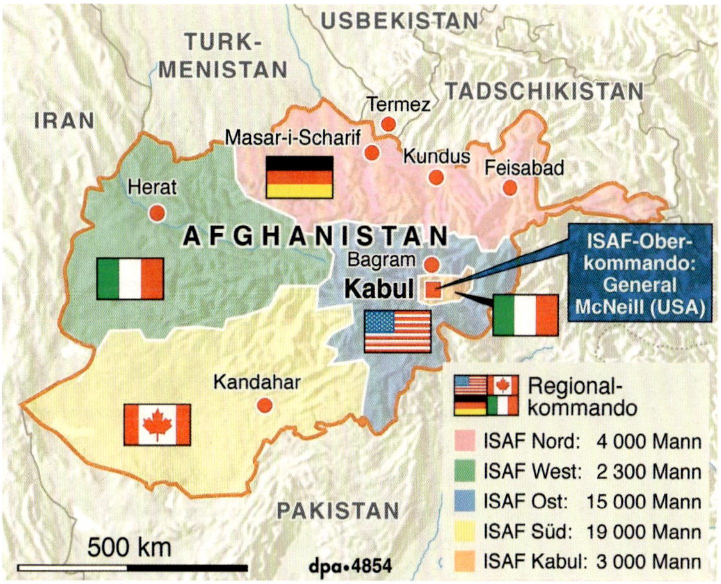

M3 Die ISAF in Afghanistan (Stand: 2008)

Fundamentalismus Kompromissloses Festhalten an politischen bzw. religiösen Grundsätzen und Ideen. Fundamentalismus bezeichnet politische oder religiöse Strömungen, die für ihre Auffassungen einen unbeirrbaren Wahrheitsanspruch erheben. Auch wenn es in nahezu allen Religionen fundamentalistische Strömungen gibt (z. B. radikale Protestanten und Katholiken in Nordirland, die sich jahrzehntelang bekämpften), steht in jüngster Zeit vor allem der islamische Fundamentalismus, der sogenannte Islamismus, im Brennpunkt. Islamisten wollen eine Gesellschaft, in der Staat und Religion nicht mehr getrennt sind und der Einfluss der westlichen Zivilisation zurückgedrängt wird. Eine Gemeinschaft soll entstehen, in der alle Bereiche des menschlichen Lebens unter religiösen Aspekten betrachtet und geregelt werden. Radikale Islamisten streben, notfalls mit Waffengewalt, eine islamistische Weltherrschaft an.

M4 Frauen in Afghanistan
Unter dem strengen Regime der Taliban mussten alle afghanischen Frauen in der Öffentlichkeit die Burka tragen – einen Schleier, der den ganzen Körper verhüllt. Auch heute trägt die Mehrheit die Burka, wie hier bei den Parlamentswahlen 2005.

Land und Bevölkerung

Afghanistan gehört zu den ärmsten und am wenigsten entwickelten Ländern der Welt. Nirgendwo ist die Kindersterblichkeit höher, 65 % der Bevölkerung sind Analphabeten. Im islamischen Vielvölkerstaat leben zehn verschiedene Völkergruppen, die jeweils ihre eigene Kultur und Sprache pflegen. Mit 40 % der etwa 26 Millionen in Afghanistan lebenden Menschen stellen die Paschtunen den größten Anteil. Sie siedeln vor allem in den südöstlichen Provinzen entlang der pakistanischen Grenze. Vorwiegend im Norden sind die Tadschiken ansässig. Sie stellen mit 25 % die zweitgrößte Bevölkerungsgruppe. Das von Bergen und Tälern zerklüftete Land macht es einer zentralen Regierungsgewalt schwer. Der gesellschaftliche Alltag ist vom Zusammenleben innerhalb der einzelnen Volksstämme geprägt. Die traditionellen Stammesgesetze gelten als verbindliches Recht.

Ein Land im Bürgerkrieg

Afghanistan, dessen Monarchen oft bei allen Volksstämmen Anerkennung fanden, wurde 1978 Republik. Als Ende der 1970er-Jahre die prosowjetische „Demokratische Volkspartei" nach einem Militärputsch die Macht im Land übernahm, kam es zum Bürgerkrieg. Sowjetische Truppen marschierten im Land ein und unterstützten über mehrere Jahre die kommunistische Regierung im Kampf gegen islamische Rebellen, die Mujaheddin. Diese wurden von Pakistan, Saudi-Arabien und den USA mit Waffen unterstützt. Man spricht deshalb oft von einem „Stellvertreterkrieg" zwischen den Supermächten im Kalten Krieg im Rahmen des Ost-West-Konfliktes.

Der gemeinsame Kampf der Rebellen gegen die Besatzungsmacht einigte zeitweise die zuvor zerstrittenen Volksstämme. Doch nachdem sich die sowjetischen Truppen 1989 aus Afghanistan zurückgezogen hatten, konkurrierten die unterschiedlichen Mujaheddin-Gruppen erneut um die Vorherrschaft im Land. Aus diesen Unruhen ging die von Pakistan unterstützte Bewegung der Taliban 1996 als Sieger hervor (arab. talib = Schüler, bes. Koranschüler). Die Taliban hatten 1995 begonnen, von Pakistan aus das Land zu erobern und besetzten 1996 Kabul. 2001 beherrschten sie 90 % des Landes. Viele Anführer der Taliban, zumeist Angehörige der Paschtunen, waren in pakistanischen Koranschulen ausgebildet worden. Ihr Ziel war ein radikal-islamisches Regime, das sich ausschließlich auf eine extreme Auslegung des Koran stützte. Die Taliban verboten der Bevölkerung Musik, Sport und Fernsehen. Viele Schulen und Universitäten wurden geschlossen. Männer wurden gezwungen, Bärte zu tragen, Frauen durften nur in männlicher Begleitung in einer Ganzkörperverschleierung (Burka) das Haus verlassen. Bei Verstößen gegen die aufgestellten Regeln drohten strenge Strafen bis hin zu öffentlichen Hinrichtungen. Zudem waren Frauen und Mädchen Schulbesuch und Berufstätigkeit versagt.

Die einzig verbliebene Opposition konnte sich nur noch in einem kleinen Landstrich im Norden des Landes halten. Diese „Nord-Allianz" war ein lockeres Bündnis aus ehemaligen Mujaheddin-Kämpfern der Volksstämme der Tadschiken, Usbeken und Hazaras.

Luftangriffe

Im Oktober 2001 begannen die USA und Großbritannien mit massiven Luftangriffen auf Afghanistan. Ziele der Bombardierungen waren Militäranlagen der Taliban und Stützpunkte von Terroristen. Der Einsatz von Bodentruppen im unwegsamen Gelände der Hindukusch-Gebirgsketten erschien den Angreifern in der Anfangsphase des Krieges zu riskant. Deshalb unterstützten sie die afghanische Nord-Allianz, die die herrschenden Taliban bereits seit deren Machtübernahme bekämpft hatte. Durch massive Luftunterstützung und umfangreiche Waffenlieferungen seitens der USA gelang es der Nord-Allianz, nun die militärische Oberhand zu gewinnen. Mithilfe von amerikanischen Spezialtruppen wurde die Hauptstadt Kabul erobert und am 7. Dezember schließlich mit Kandahar die letzte Bastion der Taliban eingenommen. Nach der Einnahme weiter Teile des Landes durch die Nord-Allianz begannen Einheiten der Alliierten, darunter auch Spezialkräfte der Bundeswehr, mit der Suche der Terroristen und in erster Linie nach bin Laden. Einzelne gefangene Taliban und mutmaßliche Al-Qaida-Terroristen wurden von US-Streitkräften, begleitet von internationalen Protesten, auf den US-Stützpunkt Guantánamo auf Kuba verschleppt.

Internationale Hilfe für Afghanistan

Noch während der Kampfhandlungen wurde außerhalb von Afghanistan bereits der Wiederaufbau des Landes geplant. Auf einer im Dezember 2001 stattfindenden UNO-Konferenz bei Bonn einigten sich die Vertreter der wichtigsten afghanischen Volksgruppen auf eine Übergangsregierung (Petersberger Abkommen). An deren Spitze sollte der Paschtunenführer Hamid Karsai stehen. Mit den Präsidentschaftswahlen im Oktober 2004, die Karsai bestätigten, den Parlamentswahlen im September 2005 und der darauf folgenden Konstituierung des afghanischen Parlaments wurden die institutionellen Voraussetzungen für die Wiedererrichtung eines handlungsfähigen afghanischen Staates geschaffen.
Um den Friedensprozess abzusichern, beschlossen die Vereinten Nationen unter dem Mandat der NATO die Entsendung einer internationalen Schutztruppe. Nach erfolgreicher Stabilisierung der Lage in der Hauptstadt Kabul erfolgte unter Führung der NATO seit 2003 die schrittweise Ausdehnung der ISAF in die Provinzen des Landes. Dabei kam den regionalen Wiederaufbauteams (Provincial Reconstruction Teams, PRT) eine zentrale Bedeutung zu. Sie bildeten auch die Grundlage für die Wiedererrichtung staatlicher Strukturen in einem gesicherten Umfeld.

Operation Enduring Freedom

Getrennt von der ISAF agiert das Anti-Terror-Bündnis unter dem UN-Kommando „Operation Enduring Freedom“ (OEF) mit 7000 Soldaten vor allem aus den USA. In diesem Rahmen werden auch gezielte Angriffe gegen die Taliban ausgeführt. Trotz des internationalen Truppeneinsatzes ist die Lage Afghanistans außerordentlich kritisch. Die Bevölkerung ist wegen des schleppenden Wiederaufbaus und der enttäuschenden Resultate bei der Armutsbekämp-

M5 Hamid Karsai
Gewählter Staatspräsident Afghanistans seit 2004

NATO (North Atlantic Treaty Organization)
Zehn westeuropäische Staaten (Belgien, Dänemark, Frankreich, Großbritannien, Island, Italien, Luxemburg, die Niederlande, Norwegen und Portugal) sowie die USA und Kanada gründeten 1949 die NATO. Hauptaufgabe der NATO war es, potenzielle Gegner durch die eigene militärische Stärke abzuschrecken. Ein wichtiger Bestandteil dieser Politik im Rahmen des Kalten Krieges war die Stationierung von umfangreichen Landstreitkräften im Westen des geteilten Deutschlands. Vier weitere Staaten (Griechenland, Türkei, Bundesrepublik Deutschland und Spanien) traten bis zum Ende des Ost-West-Konfliktes 1989 der Allianz bei. 1999 schlossen sich Polen, Ungarn und Tschechien dem Bündnis an, 2004 die baltischen Staaten, die Slowakei, Slowenien, Rumänien und Bulgarien. Der tief greifende Wandel durch das Ende des Ost-West-Konfliktes führte zu einer Erweiterung des sicherheitspolitischen Konzepts. Die Bündnispartner erklärten sich 1991 bereit, friedenserhaltende Maßnahmen, die von der UNO beschlossen werden, auch außerhalb ihres Gebietes („Out of Area“) militärisch abzusichern, wenn sie darum ersucht werden.

PRT (Provincial Reconstruction Teams)
Team für den Wiederaufbau vor Ort. Zu den Aufgaben der PRTs gehört der Aufbau von lokalen staatlichen Strukturen, Infrastruktur, Bildungseinrichtungen sowie einer Wasserversorgung. Die Teams bestehen aus zivilen Spezialisten, Beratern für Polizei- und Verwaltungsaufgaben und Soldaten. Sie sind Teil der ISAF-Mission.

---

fung frustriert. Gewaltsame Auseinandersetzungen von lokalen auf Autonomie bedachten Stammesältesten, von denen manche durch den Opiumanbau viel Geld verdienen und als Warlords die politische und militärische Kontrolle in ihrem Gebiet übernehmen, erschweren den Friedensprozess. Vor allem im Süden des Landes, wo die Taliban noch immer großen Einfluss ausüben, eskaliert die Gewalt. Immer häufiger werden Soldaten der internationalen Schutztruppe Opfer von Selbstmordanschlägen. Auch im Nachbarland Pakistan gewinnen in den Grenzregionen zu Afghanistan islamistische Extremisten immer größeren Einfluss.
Bei der afghanischen Bevölkerung werden die ISAF-Truppen meist freundlich aufgenommen, die OEF-Soldaten sorgen dagegen oft für Unmut, weil die Terrorbekämpfung immer wieder auch zu Opfern unter der Zivilbevölkerung führt. 2007 gab der Sicherheitsrat der Vereinten Nationen in einer Resolution seiner Sorge Ausdruck, dass die zunehmenden Aktivitäten der Taliban, der Al-Qaida und anderer illegaler Gruppen die Entwicklung in Afghanistan gefährden. Obwohl daraufhin die Truppenstärke der ISAF auf 40 000 Soldaten erhöht wurde, wird es immer fraglicher, ob die NATO den Friedensprozess erfolgreich zu Ende führen kann.

Deutschlands Rolle im Kampf gegen Terror

Unmittelbar nach den Terroranschlägen hatte Bundeskanzler Gerhard Schröder die Attentate als eine „Kriegserklärung an die gesamte zivilisierte Welt" bezeichnet und den USA „uneingeschränkte Solidarität" zugesichert. Im November 2001 musste der Deutsche Bundestag auf Antrag der Bundesregierung über einen Anti-Terror-Einsatz von bis zu 3 900 Bundeswehrsoldaten in Afghanistan abstimmen. Bundeskanzler Schröder, der den Widerstand einzelner Abgeordneter seiner Koalition befürchtete, verknüpfte die Abstimmung über den Militäreinsatz mit der Vertrauensfrage. Mit einer knappen Mehrheit von zwei Stimmen sprach sich der Bundestag daraufhin für den Einsatz deutscher Soldaten im afghanischen Krisengebiet aus. Ihr Hauptauftrag besteht in der Aufrechterhaltung der Sicherheit und Ordnung in Kabul und Umgebung sowie in der Region Kunduz, Feyzabad und Mazar-i-Sharif. 2007 stimmte der Bundestag mit großer Mehrheit der Entsendung von sechs deutschen Aufklärungs-Tornados nach Afghanistan zu. Sie sind auf dem Stützpunkt der deutschen Streitkräfte in Mazar-i-Sharif in Nordafghanistan stationiert und dienen der militärischen Aufklärung.

„Kein Kampfeinsatz"

Der deutsche Afghanistan-Einsatz unterliegt dem ausdrücklichen Vorbehalt des Bundestages, wonach der Bundeswehr die Anwendung „tödlicher Gewalt" nur zur Selbstverteidigung gestattet ist, nicht aber für offensive Militäreinsätze gegen die Taliban. Bis 2008 war die Bundeswehr im Rahmen des ISAF-Mandats nicht an Kampfeinsätzen beteiligt, sie durfte sich nur zum Selbstschutz wehren und noch nicht einmal Angreifer verhaften. Das musste gegebenenfalls die afghanische Armee übernehmen, die auch die Wachposten für die Stützpunkte der Bundeswehr stellt.
2008 stellte die Bundeswehr in Nord-Afghanistan ein zusätzliches Kontingent von 200 Soldaten für eine „Schnelle Eingreiftruppe", die sich auch an Kampfeinsätzen beteiligen darf. Das deutsche Afghanistan-Mandat erlaubt auch den Einsatz von bis zu 100 Spezialkräften im Rahmen der Operation Enduring Freedom (OEF). Außerdem sind ca. 300 Bundeswehrsoldaten im Seegebiet am Horn von Afrika zum Schutz der internationalen Seeschifffahrt vor terroristischen Angriffen im Einsatz.

Innere Sicherheit

Innenpolitisch reagierte die Bundesregierung auf die Attentate des 11. September mit massiv verstärkten Sicherheitsvorkehrungen. Nachdem erste Ermittlungen ergeben hatten, dass Terroristen aus dem Umfeld bin Ladens und einige der 19 Selbstmordattentäter vor dem Angriff in Deutschland gelebt hatten, war das Bedürfnis nach mehr Sicherheit und Schutz gegen potenziellen Terror groß. Im Dezember 2001 verabschiedete der Bundestag mit großer Mehrheit das zweite Anti-Terror-Gesetz. Es verschärfte die Auskunftspflicht von Banken, Telekommunikationsunternehmen und Luftfahrtgesellschaften gegenüber den Geheimdiensten und den Verfassungsschutzämtern, schuf die Grundlagen für eine Aufnahme von Körpermerkmalen (z. B. Fingerabdrücke) in Pässe und Ausweise, vereinfachte die Zugriffsmöglichkeiten der Sicherheitsdienste auf Daten

M6 Gegen den Bundeswehreinsatz in Afghanistan
Demonstranten des Ostermarsches in Berlin fordern den Abzug der Bundeswehr aus Afghanistan, Foto 2008.

des Ausländerzentralregisters und erweiterte die Verbotsgründe für Vereine von Ausländern. Ein Gesetz zur systematischen Online-Durchsuchung wurde vom Bundesverfassungsgericht für verfassungswidrig erklärt.

Ursachenforschung

Die weltweit ausgestrahlten Bilder der einstürzenden Twin Towers in New York und des brennenden Pentagon in Washington warfen die Frage nach den Ursachen der Terroranschläge auf. Warum hatten die Attentäter, im vollen Bewusstsein des eigenen Todes, entführte Passagiermaschinen in drei der bedeutendsten Gebäude der Vereinigten Staaten gejagt und dabei mehrere Tausend Menschen getötet? Schnell trat bei der Suche nach den Motiven der Täter deren fundamentalistisch-religiöse Überzeugung in den Blickpunkt. Die Attentäter und deren Hintermänner um den Hauptverdächtigen Osama bin Laden und dessen Terrornetzwerk Al-Qaida hatten sich in Interviews, Aussagen und gefundenen Briefen stets auf eine extreme Interpretation des Koran berufen. Die westliche Zivilisation gilt ihnen als Hauptfeind, der in einem Heiligen Krieg (Dschihad) vernichtet werden soll. Ihr Ziel ist eine islamistische Weltherrschaft. Breite Unterstützung in der islamischen Welt haben sie mit solchen Vorstellungen nicht. Die überwiegende Mehrheit der Muslime lehnt eine derart radikale Auslegung des Koran ab.
Der religiöse Fundamentalismus der islamistischen Attentäter ließ die These aufkommen, der Anschlag vom 11. September sei der Ausdruck eines weltweiten Kampfes der Kulturen. Den Begriff vom „clash of civilizations“ (eigentlich „Zusammenprall“ der Kulturen) hatte Mitte der 1990er-Jahre der amerikanische Politikwissenschaftler Samuel Huntington geprägt. Seine Kernaussage: Nach dem Ende des Ost-West-Konfliktes seien es nun die kulturellen Unterschiede der Menschen, die künftige Konflikte und Kriege auslösen würden. Kritiker dieser These verweisen auf die zahlreichen Gemeinsamkeiten der unterschiedlichen Kulturen und Religionen, sehen Konfliktpotenzial vielmehr im Kampf um wirtschaftliche und politische Macht. Die Gefahr liege im ökonomischen und sozialen Ungleichgewicht auf der Welt, das die Benachteiligten für radikale, fundamentalistische Bewegungen leicht empfänglich mache.

Dschihad (von arab. dschahada = sich für etwas einsetzen): Dschihad kann insbesondere den Einsatz für den Islam bedeuten. Daher auch die Bedeutung: Kampf für den Glauben.

M7 „Amerika zittert und Allah sei Dank"

Der mutmaßliche Terroristenchef Osama bin Laden über die Anschläge:

Die Schlacht zwischen dem Glauben und dem Unglauben hat begonnen. Allah hat den USA die Anschläge beschert. Ihre höchsten Gebäude wurden zerstört. Amerika zittert und Allah sei Dank. Was Amerika heute erlebt, erleben wir seit Jahrzehnten. Als eine kleine Einheit nun Amerika angegriffen hat, hat die ganze Welt geschrieen. Die Ungläubigen haben geschrieen und die Heuchler. Ich schwöre beim allmächtigen Allah, der den Himmel ohne Säulen geschaffen hat, dass die USA und die Leute, die in den USA leben, niemals von Sicherheit träumen können oder diese erleben, bevor wir diese nicht auch tatsächlich in Palästina erleben, und bevor alle ungläubigen Truppen vom Boden des Propheten verschwunden sind. Allah ist groß.

Der Tagesspiegel vom 8. Oktober 2001.

M8 Selbstmordattentäter

Wenige Tage nach den Anschlägen auf das World Trade Center schrieb der Schriftsteller Hans Magnus Enzensberger in der „Frankfurter Allgemeinen Zeitung":

Natürlich ist die Motivforschung für die Ermittler und die Geheimdienste von höchstem Interesse, weil sie auf die Spur der Täter führen kann. Auf die Frage, woher die psychische Energie stammt, die den Terror speist, kann die ideologische Analyse jedoch keine Antwort geben. Vorgaben wie links oder rechts, Nation oder Sekte, Religion oder Befreiung führen zu genau denselben Handlungsmustern. Der gemeinsame Nenner ist die Paranoia [Verfolgungswahn]. Auch im Fall des New Yorker Massenmordes wird man sich fragen müssen, wie weit das islamische Motiv trägt; jede beliebige andere Begründung hätte es auch getan.

Gewissheiten sind in einem derartige Dunkelfeld nicht zu haben. Doch eine Gemeinsamkeit praktisch aller terroristischen Handlungen, die wir kennen, lässt sich schwerlich übersehen. Das ist das Maß der Selbstzerstörung, auf das es die Akteure abgesehen haben. Das gilt nicht nur für konspirative Gruppen und für zahllose Warlords, Milizen und Paramilitärs, die große Teile Afrikas und Lateinamerikas verheeren, sondern auch für sogenannte Schurkenstaaten wie Nordkorea oder den Irak. Solche Diktaturen zielen weniger auf die Vernichtung ihrer wahren oder imaginären Feinde als auf den Ruin ihres eigenen Landes. Als bisher unerreichbarer Pionier in diesem Bestreben kann Hitler gelten, der dabei die Mehrheit der Deutschen hinter sich wusste. […] So verschieden also die Maßstäbe des Schreckens sind, eines scheint all diese Täter zu verbinden. Ihre Aggression richtet sich nicht nur gegen beliebige andere, sondern vor allem gegen sie selbst. Wenn der Terrorist dabei ein höheres Ziel für sich geltend machen kann, umso besser. Es kommt nicht darauf an, um welches Phantasma es sich handelt. Jede höhere Instanz tut es, irgendein göttlicher Auftrag, irgendein heiliges Vaterland, irgendeine Revolution. Im Notfall kommt der mordende Selbstmörder jedoch auch ohne solche Rechtfertigungen aus zweiter Hand aus. Sein Triumph besteht darin, dass man ihn weder bekämpfen noch bestrafen kann, denn das besorgt er selbst.

Frankfurter Allgemeine Zeitung vom 18. September 2001.

M9 Fanatismus

Karikatur von Horst Haitzinger

M10 Kampf der Kulturen?

Mit dieser These schien Samuel P. Huntington den Schlüssel zur Erklärung der Weltlage gefunden zu haben. Hilft sie heute weiter? Kommentar aus „Die Zeit", 2007:

Anfangs stand hinter dem Titel noch ein scheues Fragezeichen. „The Clash of Civilizations?" hieß der Aufsatz, den der amerikanische Politikwissenschaftler Samuel P. Huntington im Sommer 1993 in der Zeitschrift Foreign Affairs veröffentlichte und mit dem der angesehene Forscher auf einen Schlag in der breiten Öffentlichkeit berühmt wurde. Tatsächlich schien der Harvard-Professor den Schlüssel zur Erklärung der Weltlage gefunden zu haben: Im 21. Jahrhundert, so behauptete er, werde der alte Staatenkonflikt vom „Kampf der Kulturen" verdrängt. Während sein Kollege Francis Fukuyama noch fröhlich das „Ende der Geschichte" und den unblutigen Sieg von Marktwirtschaft und Liberalismus ausrief, tauchte Huntington das Weltgeschehen ins düster flackernde Licht von Konflikt, Kampf und Krieg. Sieben oder acht civilizations würden künftig in der globalen Arena aufeinanderstoßen – eine westliche, konfuzianische, japanische, islamische, hinduistische, slawisch-orthodoxe, latein-amerikanische und vielleicht auch eine afrikanische. Diese Großeinheiten seien durch Sprache, Geschichte und Religion

radikal voneinander geschieden, zutiefst unverträglich und zudem Feinde Amerikas. „The rest against the West."
Das Echo auf Huntingtons These war überwältigend, aber gespalten. Viele feierten ihn. [...] Andere sahen in ihm einen ideologischen Einpeitscher, der mit seiner haltlosen Kulturtheorie Amerikas Anspruch auf Weltherrschaft in Stein meißelt. Huntington selbst ließ sich nicht beirren und machte aus einer klappernden These ein dickes Buch. Kampf der Kulturen hieß es in der deutschen Übersetzung – diesmal ohne Fragezeichen.
Das Werk hat seine Wirkung nicht verfehlt. Nach jedem islamistischen Anschlag, erst recht nach dem New Yorker Massaker, fragte die Öffentlichkeit, ob Huntington nun Recht bekomme und der „Kampf der Kulturen" beginne. Seltsam nur, dass der kämpferische Gelehrte von diesem Anfangsverdacht nicht viel wissen will. In der Terrorattacke auf das World Trade Center erkennt er keinen Kulturkampf, sondern „den Angriff gemeiner Barbaren auf die zivilisierte Gesellschaft der ganzen Welt". Eindringlich warnte Huntington vor dem Irak-Krieg, weil dieser Geister herbeiriefe, die der Westen so schnell nicht wieder loswürde. „Ein solcher Angriff würde zu einem Krieg ganz anderer Art führen. Er würde große Teile der Bevölkerung und der Regierungen in der moslemischen Welt aufbringen, die jetzt die internationale Koalition gegen den Terror unterstützen."
Doch warum die plötzliche Zurückhaltung, die Angst des Zauberlehrlings vor der magischen Formel? Möglich, dass Huntington inzwischen klüger ist als manche, die sich triumphierend auf ihn berufen. Er scheint verstanden zu haben, dass Religion oft nur eine Maske ist, mit deren Hilfe brutale Anerkennungs- und Verteilungskonflikte getarnt werden. Vielleicht hat Huntington sogar eingesehen, dass der Fundamentalismus ein ganz und gar modernes Phänomen ist und erst mit der Kolonisierung entstand. Deshalb kommen die islamistischen Killer auch nicht aus dem Mittelalter oder einer vollends fremden und unverständlichen Kultur; sie kommen aus der Mitte der modernen Weltgesellschaft – und gerade das lässt uns am tiefsten erschrecken.
Ohnedies ist die Rede vom „Kampf der Kulturen" eine sehr gefährliche Falle. Wer sein politisches Handeln nach ihr ausrichtet, führt genau den Zustand herbei, dessen Schrecken er beschwört. Damit würde die Formel vom „Kampf der Kulturen" zu einer Diagnose, die sich selbst erfüllt. Inzwischen warnt Huntington selbst davor, den Kampf gegen den Terror auf dem Minenfeld der Kultur auszutragen, zum Beispiel als Kampf Gut gegen Böse, Licht gegen Finsternis. Er hat Recht. Nicht der Islam darf bekämpft werden, sondern nur das Verbrechen, das in seinem Namen verübt wird. Alles andere wird den Hass nur weiter anstacheln, Feindbilder bestätigen, den Hochmut zementieren und die Spirale der Gewalt weitertreiben, auf allen Seiten. Mit seiner Kulturalisierung nimmt der Konflikt die schlimmstmögliche Wendung, auch für Huntington. „Es ist nämlich das Ziel von Osama bin Laden, aus diesem Krieg einer Terrororganisation gegen die zivilisierte Gesellschaft einen Kampf der Kulturen zwischen dem Islam und dem Westen zu machen. Es wäre ein Desaster, wenn ihm das gelänge."

Thomas Assheuer. In: Die Zeit vom 09. Februar 2006.

M11 Die NATO in Afghanistan

Ein Redakteur des Deutschlandfunks beschreibt die Aufgaben der NATO und ihren Einsatz in Afghanistan, 2007:

Die NATO ist heute kein reines Militärbündnis mehr (wenn sie dies überhaupt einmal war), sondern ein politisches Bündnis, das die Interessen einer immer weiter wachsenden Zahl von europäischen Staaten mit denen der USA verbindet. Die USA werden damit zu einer europäischen Macht. Jede der beiden Seiten, die USA wie auch die Europäer, wissen, dass eine Durchsetzung der eigenen Interessen nicht ohne den jeweils anderen mehr möglich ist. Insofern ist die NATO ein wichtiges und effektives Instrument, diese Interessen miteinander zu verbinden und für ihre Formulierung und Durchsetzung seit über 50 Jahren eingespielte Verfahren zu nutzen. [...] In ihrer Struktur und Ausrichtung ist die NATO eine einzigartige Organisation. Sie verbindet militärische Fähigkeiten, integrierte militärische Operationsführung mit politisch gleichgerichtetem Handeln. Diese Alleinstellung unter den internationalen Organisationen ist unstrittig. Auf dieser Basis hat sie in allen wesentlichen Fragen der Vergangenheit ihre Handlungsfähigkeit unter Beweis gestellt. Aber wie ist dies heute? Heute führt die NATO gleichzeitig Friedensoperationen wie Kampfhandlungen in Afghanistan durch. [...]
Dreh- und Angelpunkt der militärischen Operationen der NATO ist es, in den Regionen, die man befriedet hat, präsent zu bleiben. Immer wieder aber berichten NATO-Offiziere, dass sie in Bereichen, aus denen sie Taliban vertrieben haben, selbst nicht langfristig bleiben können, da sie anderswo gebraucht werden. Dies hat negative Auswirkungen auf das Ansehen der ISAF-Truppen bei der Bevölkerung der Region. Oft werden die ISAF-Truppen sehr freundlich aufgenommen, wenn sie die Taliban vertreiben. Denn die Taliban sind sehr unbeliebt. Aber wenn die ISAF nach der Vertreibung selbst wieder abziehen muss, weil die Soldaten anderswo gebraucht werden, rücken in dieses Vakuum die Taliban wieder ein.
Dies wird dann für die Bevölkerung zum Problem. Wer mit ISAF zusammengearbeitet hat, muss um sein Leben fürchten. Die Taliban haben schon Kinder umgebracht, die einen Dollar-Schein in der Hosentasche hatten. Auch andere, die mit ISAF zusammengearbeitet haben, haben dies nicht überlebt. Deswegen finden die Taliban eine formale Unterstützung in den Regionen, in denen die ISAF nicht bleiben kann. So kommen die NATO-Militärs zu der Forderung, dass sie

M12 **Kunduz, Standort des Bundeswehrfeldlagers in Nordafghanistan**
links: Deutscher ISAF-Soldat auf dem Markt in Kunduz; rechts: Mädchenschule bei Kunduz.

mit rund 5 000 bis 6 000 zusätzlichen Soldaten die Lage in Afghanistan beherrschen könnten. [...]

Die militärische Lage in Afghanistan ist deutlich differenzierter, als sie durch die Berichterstattung von dort vermittelt wird. Die internen Berichte sprechen davon, dass trotz einiger Unruheherde immer mehr Provinzen stabilisiert werden können – mit der geschilderten Einschränkung. Die verstärkten Selbstmordanschläge sind daher eine Art Aufbäumen. [...] Immer mehr wird die afghanische Armee, die ANA, in die Operationen mit einbezogen. Hier gibt es aber noch gravierende Probleme. Bis jetzt hat die NATO rund 40 000 Soldaten ausgebildet. Von diesen stehen aber nur rund 24 000 wirklich einsatzbereit unter Waffen. [...] Wie wenig differenziert die Wahrnehmung Afghanistans in Deutschland ist, zeigt noch ein anderer Umstand. In diesem Jahr waren sechs von 13 Provinzen frei von Mohnanbau. In den anderen, vor allem in jenen Regionen, in die ISAF noch nicht vorgedrungen ist, wird dafür zurzeit umso mehr angebaut. [...] Ein weiteres Element ist die Polizeiausbildung. Die Bevölkerung gewinnt langsam Vertrauen in die eigenen Sicherheitsorgane.

Dieses differenzierte Bild zeigt, dass es durchaus noch Sinn macht, die Mission entsprechend ausgerüstet und ausgestattet fortzusetzen – vor allem wenn die Prognosen stimmen, dass in vier Jahren eine Transition [Übergang an heimische Sicherheitskräfte] denkbar wird.

Rolf Clement. In: Der Mittlerbrief. Informationsdienst zur Sicherheitspolitik, 22. Jg. Nr 4, 2007.

M13 **Auf Patrouille ist die Angst an Bord**

Die „Stuttgarter Zeitung" berichtet über den Bundeswehr-Einsatz in Afghanistan, 2008:

Früher waren sie mit leichten Geländewagen unterwegs, um nicht so massiv aufzutreten. Da verteilten sie auf ihren Patrouillen Decken und Hilfsgüter, wo die Not am größten war, und pflegten den lockeren Umgang mit der Bevölkerung. Sie wollten Vertrauen herstellen und das Gefühl von Normalität verbreiten. Das war vor dem 19. Mai 2007, als bei einem Anschlag auf dem Markt von Kunduz drei deutsche Soldaten starben, und es war vor dem 5. Oktober 2007, als es ein Selbstmordattentäter gezielt auf die Bundeswehr abgesehen hatte, sich auf die Motorhaube eines Jeeps warf und es nur dem Zufall zu verdanken war, dass der Mann abrutschte und mit seinem Sprengstoffgürtel im Straßengraben landete. Die Scheiben des Geländewagens barsten, die Insassen wurden verletzt, doch sie überlebten. Seit diesen Vorfällen verlassen nur noch gepanzerte Konvois das Feldlager der Bundeswehr in Kunduz [...]. Decken haben die Soldaten immer noch im Gepäck und ihr Auftrag, für Sicherheit und Ruhe zu sorgen, ist derselbe, aber sie gehen mit höherer Sensibilität dem Dienst nach. [...]

Seit Beginn des Einsatzes 2002 sind in Afghanistan 26 deutsche Soldaten gestorben; 13 bei Anschlägen, durch Minen oder Waffenunfälle; acht bei Flug- und Autounfällen; vier starben eines natürlichen Todes; einer verübte Suizid.

Erfolge im zivilen Bereich würden den Sinn des Einsatzes noch deutlicher machen. Aber auch hier Rückschläge. Einige von den Deutschen ausgebildete Polizisten sind von den besser bezahlenden Taliban abgeworben worden. Unkoordiniert bemühen sich Staat und Hilfsverbände um die einheimischen Bauern. Man zeigt ihnen, wie man Getreide statt Opium anbaut. Als sie ihre Ware nach einem mühseligen Transport dann im Süden verkaufen wollen, erleben sie eine böse Überraschung: Tonnenweise als Hilfsgut geliefertes Getreide machte die Preise kaputt. [...] Nur wenn es gelingt, dass weiterhin Schulen, Krankenhäuser und Brunnen gebaut werden, glauben die Afghanen an eine bessere Zukunft.

Matthias Marquart. In: Stuttgarter Zeitung vom 31. Januar 2008, S. 3.

M14 Die „Dritte Gewalt" in Afghanistan

Essay über die deutsche Hilfe bei Reformen der Rechtsprechung in Afghanistan, 2008:

Wahidullah ist Richter in der Provinz Takhar im Nordosten Afghanistans. Im März 2007 besucht er ein Seminar des Max-Plank-Instituts für ausländisches, öffentliches Recht und Völkerrecht in Kunduz, das wir mit Unterstützung des Auswärtigen Amtes durchführen. Es geht um die Rechte von Angeklagten in Strafverfahren. Wahidullah ist unser dankbarster Teilnehmer, denn er darf zwei Wochen lang seiner Heimat fernbleiben. Dort herrscht ein ehemaliger Mudschahedin-Führer, mit dem sich Wahidullah angelegt hat. Im kalten Januar ließ der Warlord seine Männer 25 Mandelbäume fällen – als Brennholz. Doch die Bäume gehörten nicht ihm. Von den Mandeln lebten mehrere Familien.

Die Beraubten ersuchten zunächst die „Schura" der Dorfältesten um Hilfe, doch die Alten wussten nur zu gut, dass ihr Einfluss vor den Kalaschnikows des Rechtsbrechers endet. So gingen die Familien zum Richter Wahidullah und erhoben Klage, um Schadenersatz zu verlangen. Wahidullah ließ die Klageschrift zustellen. Das war der Anfang vom Ende, wie er bald spürte: Am nächsten Morgen stürmte der Warlord sein Büro, ließ Wahidullah verprügeln und drohte mit schlimmeren Folgen für seine Familie, wenn er nicht zur Vernunft käme. Wahidullah kam zur Vernunft und zerriss die Klageschrift. Ein Einzelfall ist das leider nicht. Gewalt gehört zum Alltag der Justiz in Afghanistan. Immer wieder werden Richter bedrängt, bedroht und angegriffen. Den Staatsanwälten geht es nicht viel besser. Zugleich sind beide Berufsgruppen selbst für Korruption und Willkür bekannt. Bürger aller Schichten misstrauen ihnen. Es heißt, in zivilrechtlichen Prozessen erhalte Recht, wer mehr zahlt. Und in der Strafjustiz könne man sich freikaufen.

Das nötige Geld – einige zehntausend Dollar – können vor allem Kriminelle aus dem Drogen- und Waffenhandel aufbringen. Wenn kein Polizist, Staatsanwalt oder Richter zugreift, findet sich spätestens im Gefängnis ein Beamter, der den Weg in die Freiheit bahnt.

Doch wer genau hinsieht, entdeckt leise Anzeichen einer Besserung. Ein Beispiel ist die Ausbildung des juristischen Nachwuchses. Inzwischen haben mehrere Jahrgänge die afghanischen Universitäten verlassen, die ihr Studium erst nach der Talibanzeit aufnahmen. Sie studieren entweder islamisches Recht an einer Scharia-Universität oder die staatliche Gesetzgebung an einer Jura-Fakultät. Im Gegensatz zu ihren Vorgängern durften die Studenten relativ offen diskutieren und alle Bücher benutzen, die im Bazar zu finden sind. In Ermangelung afghanischer Lehrbücher arbeiten die Juristen vor allem mit iranischer Literatur. Das Niveau der Absolventen steigt von Jahr zu Jahr.

Tilmann Röder. In: Y. Magazin der Bundeswehr, Januar 2008, S. 80 f.

Arbeitsaufträge

?

1. Beurteilen Sie, inwiefern die Charakterisierung der Selbstmordattentate wenige Tage nach den Anschlägen durch Hans Magnus Enzensberger (M 8) aus heutiger Sicht zutrifft. Diskutieren Sie die Folgen des Terrors für islamische Staaten und für in westlichen Ländern lebende Muslime.
2. Erklären Sie, warum der Autor von M 10 Huntingtons These vom „Kampf der Kulturen" ablehnt.
3. Beschreiben Sie die wesentlichen Aufgaben der NATO (VT, M 11). Vor welchen Problemen stehen ihre Truppen in Afghanistan (M 13)? Mit welchen Zielsetzungen sind deutsche ISAF-Soldaten in Kunduz tätig (VT, M 12)?
4. Geben Sie wesentliche Inhalte von M 14 über den Zustand der Justiz in Afghanistan wieder. Warum sieht der Verfasser des Essays trotzdem Anzeichen für eine Besserung?

1.3 Militärische Friedenssicherung durch die Bundeswehr

M1 Bundeswehr in Afghanistan
Bundeswehrsoldaten auf Patrouille bei Mazar-i-Sharif im Norden des Landes, Foto 2007.

Bis zum Ende des Kalten Krieges waren Einsätze der Bundeswehr, die nicht der Landesverteidigung dienten, kaum vorstellbar. Bei internationalen Konflikten verwies die Bundesrepublik stets auf ihre historische Sonderrolle. Der Imperativ der Nachkriegszeit „Nie wieder Krieg!“ galt über die Parteigrenzen hinweg. Doch inzwischen hat sich vieles verändert. Die Bundeswehr beteiligte sich an NATO-Einsätzen auf dem Balkan und unterstützt die USA nicht nur beim Anti-Terror-Kampf in Afghanistan sondern auch beim Wiederaufbau des Landes. Deutsche Soldaten übernehmen weltweit mehr und mehr internationale Verantwortung, teilweise auch ohne Mandat der Vereinten Nationen. Die Neuorientierung führt auch in Deutschland immer wieder zu Diskussionen darüber, in welchem Ausmaß sich die Bundeswehr an der Lösung internationaler Konflikte beteiligen soll.

1955	Aufhebung des Besatzungsstatuts: Die Bundesrepublik wird mit Einschränkung souverän.
1956	Einführung der allgemeinen Wehrpflicht in der Bundesrepublik
1990	Die Bundesrepublik verpflichtet sich im „Zwei-plus-Vier-Vertrag“, die Bundeswehr auf 370 000 Mann zu reduzieren, und erhält die volle Souveränität.
1999	Kosovo: erster Kampfeinsatz der Bundeswehr
2001	Afghanistan: Die Bundeswehr beteiligt sich an Operationen gegen den internationalen Terror.
2006	Die Bundeswehr beteiligt sich an der Überwachung der libanesischen Küstengewässer.

Allgemeine Wehrpflicht

Wehrpflichtig sind in Deutschland alle Männer vom 18. bis zum 45. Lebensjahr, im Verteidigungsfall bis zum 60. Lebensjahr. Die Wehrpflicht kann auch durch den Dienst im Bundesgrenzschutz, bei der Feuerwehr oder dem Katastrophenschutz erfüllt werden. Frauen konnten sich nach der Gründung der Bundeswehr 1955 nur in Sanitätseinheiten oder im Militärmusikdienst engagieren. Im Jahr 2000 entschied der Europäische Gerichtshof auf die Klage einer jungen Elektromechanikerin hin, dass diese Regelung Frauen benachteilige. Seitdem können Frauen in allen Waffengattungen tätig sein.

Die Dauer des Grundwehrdienstes beträgt seit 2002 neun Monate. Dieser Dienst kann zusammenhängend oder mit Unterbrechungen geleistet werden. Dann werden in einem sechsmonatigen Abschnitt zunächst militärisches Grundwissen und Grundfertigkeiten vermittelt. Die verbleibenden drei Monate sind innerhalb von zwei Jahren zu absolvieren.

Im Anschluss an den Grundwehrdienst besteht die Möglichkeit, einen freiwilligen zusätzlichen - besser bezahlten - Wehrdienst von bis zu 14 Monaten zu leisten. Eine freiwillige Verlängerung des Grundwehrdienstes ist nur möglich, wenn der Wehrpflichtige bereit ist, sich an Auslandseinsätzen der Bundeswehr zu beteiligen. Männer, die lediglich neun Monate Wehrdienst absolvieren, nehmen grundsätzlich nicht an Auslandseinsätzen teil. Nach Ableistung ihrer Dienstzeit können die Wehrpflichtigen zu Militärübungen herangezogen werden. Wehrpflichtige können sich auch als Zeitsoldat bewerben und haben dann die Möglichkeit, z. B. die Offizierslaufbahn einzuschlagen.

Heute wird in der Bundesrepublik immer häufiger über eine Abschaffung der Wehrpflicht nachgedacht. Die USA, Belgien, Großbritannien, Frankreich und die Niederlande haben bereits Berufsarmeen.

„Innere Führung"

In der Weimarer Republik war die Armee ein „Staat im Staate", ein Fremdkörper im republikanisch-parlamentarischen System. In der Bundesrepublik steht die Bundeswehr unter politischer Führung. In Friedenszeiten ist ihr oberster Dienstherr der Bundesminister für Verteidigung; im Verteidigungsfall geht die Kommandogewalt auf den Bundeskanzler über. Innerhalb der Streitkräfte soll das Konzept der „Inneren Führung" die Grundwerte der Demokratie sichern.

Dieses Konzept zielt darauf ab, die Soldaten sowohl in die gesellschaftliche Ordnung des demokratischen Staates einzubinden, als auch als „Staatsbürger in Uniform" mit der Garantie der Menschen- und Bürgerrechte in die Streitkräfte zu integrieren. Alle Soldaten haben beispielsweise das aktive und passive Wahlrecht zu den parlamentarischen Gremien und das Koalitionsrecht, also das Recht, sich zur Vertretung ihrer Interessen zusammenzuschließen. Überzogener Drill und entwürdigende Befehle sind nicht zulässig. Betroffene Soldaten können in solchen Fällen den nächsthöheren Vorgesetzten, ein unabhängiges Gericht oder den Wehrbeauftragten anrufen. Dieser wird vom Deutschen Bundestag für eine Amtszeit von fünf Jahren gewählt. Er kann jederzeit alle Einheiten und Dienststellen der Bundeswehr unangemeldet besuchen und Akteneinsicht verlangen.

Zivildienst

Gemäß Art. 4 Abs. 3 GG darf niemand „gegen sein Gewissen zum Kriegsdienst an der Waffe gezwungen werden". Wer „aus Gewis-

M2 **Ulrike Flender,** erste Bundeswehrpilotin eines Kampfjets, 2006. Die Jetpilotin machte am Technischen Gymnasium Calw Abitur und verpflichtete sich für vier Jahre zur Bundeswehr.

sensgründen den Kriegsdienst mit der Waffe verweigert, [kann] zu einem Ersatzdienst verpflichtet werden" (Art. 12 a Abs. 2 GG). Das Verfahren der „Gewissensprüfung" ist mehrfach geändert worden. Seit 1984 entscheidet das Bundesamt für Zivildienst über den Antrag auf Anerkennung als Kriegsdienstverweigerer. Kriegsdienstverweigerer leisten einen zehnmonatigen zivilen Ersatzdienst (Zivildienst) im Sozialwesen oder im Natur- und Umweltschutz. Das Bundesverfassungsgericht hat entschieden, dass die gegenüber dem Wehrdienst längere Dauer zulässig ist, weil Wehrdienstleistende zu Wehrübungen herangezogen werden können. Wer sich für den Zivildienst entschieden hat, trägt als willkommener Helfer dazu bei, das hohe Versorgungsniveau des deutschen Sozialsystems aufrechtzuerhalten. Welcher Dienst gewählt wird, liegt praktisch weitgehend im Belieben des Einzelnen. Zwar müssen die Kriegsdienstverweigerer ihre Gewissensentscheidung in einem Antrag ausführlich begründen, doch wer heute als wehrpflichtiger Soldat zur Bundeswehr geht, ist faktisch ein Freiwilliger.

Personalstärke der Bundeswehr

Als im Oktober 1990 60 000 Soldaten der aufgelösten Nationalen Volksarmee in die Bundeswehr übernommen wurden, erreichte die Personalstärke der Bundeswehr mit 531 000 Personen den größten Umfang ihrer Geschichte. Der „Vertrag über die abschließende Regelung in Bezug auf Deutschland" (Zwei-plus-Vier-Vertrag) von 1990 schrieb die Reduzierung der deutschen Streitkräfte innerhalb von vier Jahren auf 370 000 Soldaten vor. Tatsächlich ging ihr Umfang bis Ende 1998 auf rund 330 000 Soldaten zurück. Verteidigungsminister Peter Struck reduzierte die Personalstärke der Bundeswehr 2004 dann auf 250 000 Soldaten. Davon sind rund 190 000 Berufs- und Zeitsoldaten, 34 000 Grundwehrdienstleistende und 21 000 freiwillig länger Wehrdienstleistende (Stand 2008). Neben dem militärischen Personal von rund 250 000 Personen beschäftigt die Bundeswehr 117 000 zivile Mitarbeiter. Gab es im Jahr 2000 rund 4 000 Soldatinnen, waren es 2007 nahezu 14 000. Dies entspricht einem Anteil von 7,3 Prozent an den Berufs- und Zeitsoldaten, im Sanitätsdienst sind es 30 Prozent. Geplant ist ein Frauenanteil bei der Bundeswehr von mindestens 15 Prozent.

Neue Rolle der Bundeswehr

Art. 87 a GG stellt fest, dass die Bundesrepublik „Streitkräfte zur Verteidigung" aufstellt, gemäß Art. 26 sind Angriffskriege verfassungswidrig. Anfragen der Verbündeten nach militärischen Einsätzen außerhalb des NATO-Gebietes („Out of Area") wies die Bundesrepublik stets mit dem Hinweis auf die Verfassungslage zurück. Internationalen Verpflichtungen kam sie dadurch nach, dass sie die Verbündeten und die Vereinten Nationen finanziell und logistisch unterstützte sowie militärisches Personal und Gerät für humanitäre Hilfsleistungen einsetzte – Hilfsflüge der Luftwaffe oder die Entsendung von Sanitätssoldaten galten nicht als militärische Einsätze im Sinne des Grundgesetzes. Nach der Wiedervereinigung mehrten sich die Stimmen im Ausland, die der Bundesrepublik keinen Sonderstatus im Kriegsfalle mehr zugestehen wollten. In die Diskussion geriet nun ein weiterer Passus im Grundgesetz: Art. 24 Abs. 2 ermöglicht es der Bundesrepublik, „sich zur Wahrung des Friedens einem System gegenseitiger kollektiver Sicherheit ein[zu]ordnen". Solche Systeme sind die NATO, die Vereinten Nationen oder die ESVP. Unter Berufung auf diesen Grundgesetzartikel beteiligte sich die Bundesrepublik seit Beginn der 1990er-Jahre zunehmend aktiv an friedenserhaltenden oder friedenserzwingenden Maßnahmen. 1993 nahm die Bundeswehr erstmals außerhalb des NATO-Gebiets innerhalb eines NATO-Einsatzes an der Überwachung eines im Auftrag der UNO über Bosnien-Herzegowina verhängten Verbots militärischer Flüge teil. Die Bundestagsfraktionen von SPD und FDP klagten dagegen vor dem Bundesverfassungsgericht. Im Juli 1994 genehmigte das höchste deutsche Gericht mit seinem Urteil den grundsätzlichen Einsatz bewaffneter deutscher Streitkräfte im

ESVP	Europäische Sicherheits- und Verteidigungspolitik (Beschluss des Europäischen Rates, Nizza 2000)

Rahmen eines Systems kollektiver Sicherheit, verpflichtete die Bundesregierung aber dazu, vor jedem Out-of-Area-Einsatz die Zustimmung des deutschen Bundestages einzuholen.

Bundeswehr im Einsatz

Die gewachsene Verantwortung Deutschlands, seine Verpflichtungen in UNO, NATO und EU haben dazu geführt, dass Deutschland seit der Wiedervereinigung in erheblichem Umfang Truppen für internationale Friedensmissionen stellt. Die wichtigsten Einsatzgebiete sind der Balkan, Afghanistan (vgl. S. 302 ff.) und der Libanon. 2006 war die Bundeswehr erstmals auch in Afrika aktiv.
Zusätzlich zu den friedenssichernden Einsätzen ist auch die Zahl humanitärer Hilfseinsätze der Bundeswehr stetig gewachsen. In der jüngeren Vergangenheit wurde u. a. nach Erdbeben in Pakistan, Überflutungen in Mosambik und der Tsunami-Katastrophe in Südostasien umfassend Hilfe geleistet. Auch deshalb hat sich das Berufsbild der Soldaten in den letzten Jahren grundlegend gewandelt. Im heutigen Einsatzumfeld müssen neben rein militärischen zunehmend politische, humanitäre, wirtschaftliche und kulturelle Aspekte berücksichtigt werden. Im Einsatzgebiet ergibt sich daraus die Notwendigkeit einer vernetzten Zusammenarbeit zwischen militärischen Kräften und zivilen Helfern.
Die Bundeswehr leistet auch im Innland bei schweren Katastrophen und Unglücksfällen wie Schneestürmen, Waldbränden, schweren Unfällen oder Hochwasserkatastrophen umfangreich Hilfe, z. B. beim Hochwassereinsatz 2002. Polizeiliche Aufgaben im Innern darf die Bundeswehr dagegen nicht übernehmen.

M3 Bundeswehr-Hubschrauber im Auftrag der UNO vor der Küste Beiruts

Beispiele für Bundeswehreinsätze

Europäische Union

Nach dem Ende des Bürgerkrieges in Bosnien und Herzegowina stellte Deutschland seit 1995 im Auftrag der NATO zur Überwachung und militärischen Absicherung des Friedensprozesses bewaffnete Streitkräfte zur Verfügung. Im Anschluss an die von der NATO geführten internationalen Friedensmission übernahm 2004 die EU die Verantwortung für den Militäreinsatz. Es ist die bisher größte militärische Operation im Rahmen der ESVP; sie wird ergänzt durch ein umfangreiches ziviles Engagement der EU. Dazu gehört die Unterstützung beim Wiederaufbau des zerstörten Landes und Hilfe bei der Rückführung zahlreicher Flüchtlinge.

NATO

Um die Krise im Kosovo zu beenden, beteiligten sich seit 1999 erstmals in der Geschichte der Bundeswehr im Auftrag der NATO deutsche Streitkräfte an einer bewaffneten militärischen Auseinandersetzung. Die Bundeswehr setzte dabei bis zu 3100 Soldaten ein. Die NATO führte zunächst Luftoperationen gegen die Republik Jugoslawien durch. Anschließend wurde der Einsatz militärischer und ziviler Kräfte zur Friedenssicherung im Kosovo vor allem durch die multinationale KFOR (Kosovo Force) erfüllt. Zu deren Hauptaufgaben gehört der Schutz von Minderheiten und von zurückkehrenden Flüchtlingen.

UNO

Auf Bitten der Vereinten Nationen und der libanesischen Regierung beteiligt sich Deutschland seit 2006 mit Schiffen und Aufklärungsflugzeugen an der Überwachung der libanesischen Küstengewässer mit dem Ziel, dort Waffenlieferungen für die Hisbollah zu unterbinden. Auch die israelische Regierung hatte einen deutschen Beitrag ausdrücklich erbeten. Durch den Einsatz werden die Voraussetzungen für einen stabilen Waffenstillstand zwischen Israel und dem Libanon geschaffen. Mit rund 2000 Soldatinnen und Soldaten kommt im Libanon das bisher größte deutsche Kontingent an einer von der UNO geführten Mission zum Einsatz.

M4 Bundeswehreinsätze im Rahmen von EU, NATO und UNO

M5 Innere Führung

Das „Weißbuch" (offizielle Dokumentensammlung zu einer Frage/Institution) der Bundeswehr von 2006 führt dazu aus:

Die Innere Führung als leitendes Prinzip für die Bundeswehr geht davon aus, dass die Funktionsbedingungen einsatzfähiger Streitkräfte mit den freiheitlichen Prinzipien eines demokratischen Rechtsstaats in Einklang zu bringen sind. Gerade vor dem Hintergrund der Besonderheiten des militärischen Dienstes ist es wichtig, dass die Soldatinnen und Soldaten über eine enge und bewusste Bindung an die in der Verfassung verankerten Werte und Normen verfügen. Nur wer die freiheitliche demokratische Grundordnung aktiv anerkennt, kann sie mit Überzeugung verteidigen. Nur wer rechtsstaatliche Grundsätze und Werte selbst in täglichen Dingen erlebt, entwickelt die erforderliche Bereitschaft, sich für sie einzusetzen. Daher verfügen die Soldatinnen und Soldaten der Bundeswehr über dieselben Grundrechte wie alle anderen Staatsbürgerinnen und Staatsbürger auch. Einschränkungen bestehen nur insoweit, als es durch die Anforderungen des militärischen Dienstes zwingend geboten ist. Sie bedürfen einer gesetzlichen Grundlage.

Ein zentrales Element der Konzeption der Inneren Führung ist das Leitbild vom Staatsbürger in Uniform. Die Soldatinnen und Soldaten sind als Staatsbürgerinnen und Staatsbürger wie alle anderen aufgerufen, gestaltender Teil der Gesellschaft zu sein. Sie engagieren sich außerhalb des Dienstes in politischen Parteien, Kirchen, Sozialverbänden, Vereinen sowie in anderen Gruppierungen und wirken aktiv an der Gestaltung des Gemeinwesens mit. Auch innerhalb des Dienstes wird von ihnen erwartet, dass sie sich mit den Rahmenbedingungen soldatischen Dienstes selbständig auseinandersetzen und eigene Positionen entwickeln, auf deren Grundlage sie sich mitverantwortlich in die militärische Auftragserfüllung einbringen. [...]

Die Innere Führung steht für die Erkenntnis, dass sicherheitspolitische Handlungsfähigkeit ein erfolgreiches Zusammenwirken von Politik, Gesellschaft und Armee voraussetzt. Auftrag und Aufgaben der Bundeswehr müssen deshalb in ein gesamtpolitisches Konzept eingebunden werden. Gerade auf ihrer engen und bewährten Verankerung in der deutschen Gesellschaft beruht die Stärke der Bundeswehr. [...]

Gleichzeitig sind die Soldatinnen und Soldaten in der neuen Bundeswehr – neben ihrer Funktion als Kämpfer – auch Helfer, Schützer und Vermittler. Dieses Anforderungsprofil verlangt von ihnen Analyse- und Handlungsfähigkeiten, die über rein militärische Aspekte weit hinausreichen. Politische Bildung hilft ihnen, die Komplexität der Krisenszenarien zu erfassen und politische Rahmenbedingungen zu beachten. Intensive ethisch moralische Bildung trägt nicht nur dazu bei, ein reflektiertes berufliches Selbstverständnis zu entwickeln, sondern fördert auch die Fähigkeit des Einzelnen, in moralisch schwierigen Situationen eigenverantwortlich zu handeln. Eine umfassende interkulturelle Bildung schärft das Bewusstsein für die religiösen und kulturellen Besonderheiten in den jeweiligen Einsatzgebieten. Dieser umfassende Bildungsansatz steigert die Motivation des Einzelnen, bindet sein Handeln an den Schutz von Freiheit und Frieden und stärkt seine Handlungssicherheit vor allem im Einsatz. Damit fördert die Innere Führung die Einsatzbereitschaft der Soldatinnen und Soldaten und trägt zum Ansehen der Bundeswehr in den Einsatzgebieten bei.

Bundesministerium für Verteidigung (Hg.): Weißbuch 2006 zur Sicherheit Deutschlands und zur Zukunft der Bundeswehr. Berlin 2006, S. 78 ff.

M6 NATO und EU: Partnerschaft oder Konkurrenz?

Zur Europäisierung der Sicherheitspolitik meint ein Politikwissenschaftler, 2007:

Mit der Konkretisierung der ESVP stellt sich grundsätzlicher die Frage nach dem Verhältnis der Europäer zur NATO und damit letztlich die Frage nach der Rolle der USA in und für Europa. Nach der Erweiterung der NATO auf 26 Mitgliedstaaten zum April 2004 und der Erweiterung der EU auf 27 Mitgliedstaaten zum Januar 2007 ist eine weitgehende Mitgliederkongruenz zwischen beiden Organisationen gegeben. [...] Daraus entsteht eine für die Kooperation zwischen NATO und EU eigentümliche Situation. Denn einerseits kooperieren die Mitgliedstaaten der EU – soweit sie zugleich Allianzmitglieder sind – in den gemeinsamen Gremien von NATO und EU – gewissermaßen mit sich selbst. Andererseits treten sie sich – vermittelt über die Institutionen und Einrichtungen von NATO und EU – als getrennte Akteure gegenüber. [...]

Es zeichnet sich eine Art Arbeitsteilung zwischen EU und NATO ab: Die Allianz wäre für robuste Kampfeinsätze zuständig, bei denen die Beteiligung der USA erforderlich ist, während die EU vorwiegend Friedenssicherungseinsätze übernehmen würde. Eine Arbeitsteilung, nach der die USA für die militärische Initiierung von Regimewechseln und die anschließende Demokratisierung zuständig sind und die Europäer dies öffentlich kritisieren, sich schlussendlich dann aber doch im Rahmen von NATO und EU an den folgenden Stabilisierungsmissionen beteiligen, kann gleichwohl kein Modell sein, das der Definition einer gemeinsamen transatlantischen Strategie förderlich ist. Vielmehr bedarf es einer genau abgestimmten Koordination von NATO und EU in allen Phasen.[...]

Angesichts des Spannungsverhältnisses zwischen dem Ausbau der ESVP und dem Bestand der NATO sind im Grundsatz zwei Modelle für die zukünftige Entwicklung der transatlantischen Sicherheitsbeziehungen denkbar: eine gleichberechtigte Zwei-Pfeiler-Allianz (erstens) und ein Konkurrenzverhältnis zwischen EU und USA (zweitens), das eher früher als später zum Zerfall der NATO führen müsste.

Johannes Varwick. In: Der Mittlerbrief. Informationsdienst zur Sicherheitspolitik, 22. Jg. Nr. 1, 2007.

M7 Streitkräfteabbau
Karikatur von Klaus Stuttmann, 2004

M8 „SPD streitet über Wehrpflicht"

Die Wehrpflicht ist in Deutschland umstritten. „Die Zeit" berichtet über die Diskussion innerhalb der SPD:

Schritt für Schritt rückt die SPD von der Wehrpflicht ab. Abgeschafft wird sie deshalb noch lange nicht, denn die CDU sieht in ihr ein Zukunftsmodell. Aber die Legitimationsprobleme werden immer größer. […]

Die Wehrpflicht gilt in den Augen der Kritiker in einer freiheitlichen Gesellschaft, die auf das freiwillige Engagement seiner Bürger setzt, als nicht länger zeitgemäß. Auch für die Integration der Bundeswehr in die Gesellschaft spiele die Wehrpflicht keine Rolle mehr. Dabei ist die Debatte in der Partei auch ein Ventil für das Unbehagen vieler Sozialdemokraten über die Auslandseinsätze der Bundeswehr. […]

Grundlage eines Kompromisses könnte das Konzept einer „freiwilligen Wehrpflicht" sein, das der Verteidigungspolitische Sprecher der SPD-Bundestagsfraktion, Rainer Arnold, bereits vor drei Jahren entwickelt hat. Arnold schlägt in einem Strategiepapier vor, die Wehrpflicht „weiterzuentwickeln". Kein Jugendlicher sollte demnach zum Dienst bei der Bundeswehr gezwungen werden. Vielmehr sollen Anreize geschaffen werden, die den Jugendlichen die Entscheidung für die Bundeswehr erleichtern. […]

Die Geschichte der Wehrpflicht in Deutschland ist fast 200 Jahre alt und voller Widersprüche. Sie hat ihre Wurzeln in der Französischen Revolution; im Deutschland des 19. Jahrhunderts leistete sie einen Beitrag zur Militarisierung der Gesellschaft. Nach dem Ersten Weltkrieg wurde die Allgemeine Wehrpflicht im Versailler Vertrag von den Siegerstaaten verboten. Die Nationalsozialisten allerdings setzten sich 1935 über dieses völkerrechtlich verbindliche Verbot hinweg und bereiteten mit ihr die Eroberungskriege vor. 1956 wurde in der Bundesrepublik die Wehrpflicht eingeführt. Nur so konnte im Kalten Krieg die erforderliche Truppenstärke für die Landesverteidigung erreicht werden. Allerdings betonten westdeutsche Politiker immer wieder auch die Bedeutung der Wehrpflicht für eine demokratische Armee sowie als Schule der Nation. Die DDR führte die Wehrpflicht 1962 nach dem Bau der Mauer ein.

Doch der Kalte Krieg ist längst Geschichte. Die Bundeswehr hat sich von einer Territorial- zu einer Interventionsarmee gewandelt. In dieser spielen Wehrpflichtige eine immer geringere Rolle. Bei Auslandseinsätzen der Bundeswehr, etwa im Kosovo oder in Afghanistan, werden nur Berufssoldaten eingesetzt oder Wehrpflichtige, die sich freiwillig länger verpflichten. […] Die Hauptlast der Truppe tragen also längst Berufs- und Zeitsoldaten. Die Wehrpflicht hingegen hat große Legitimationsprobleme. Trotzdem warnt das Verteidigungsministerium vor den „strukturellen Verwerfungen", die die Abschaffung der Wehrpflicht mit sich brächte. Vor allem bei der Nachwuchsrekrutierung gäbe es erhebliche Schwierigkeiten, schließlich müsste die Bundeswehr dann jedes Jahr bis zu 50 000 Jugendliche auf dem Arbeitsmarkt rekrutieren. Und so kritisieren denn auch die Befürworter der Wehrpflicht in der SPD, deren Kritiker hätten kein Rezept, wie eine Berufsarmee aussehen könne und wie diese Soldaten aus allen Schichten der Bevölkerung rekrutieren könne. Eine Berufsarmee berge „zu viele Risiken" […] und sei dazu teurer. Das Verteidigungsministerium schätzt die Mehrkosten auf 3,5 Milliarden Euro.

Christoph Seils: SPD streitet über Wehrpflicht. In: Die Zeit vom 10. August 2007.

Arbeitsaufträge

1. Stellen Sie dar, inwiefern sich die Rolle der Bundeswehr nach dem Ende des Kalten Krieges gewandelt hat (VT, M 4).
2. Erklären Sie die „Innere Führung" innerhalb der Bundeswehr (VT, M 5).
3. Erörtern Sie, inwieweit es notwendig erscheint, neben der NATO auch ein eigenes europäisches Militärbündnis zu schaffen (VT, M 6). Welche Schnittmengen bestehen zwischen beiden Zusammenschlüssen?
4. Nennen Sie Argumente von Teilen der SPD gegen die Wehrpflicht (M 8). Führen Sie eine Pro-Contra-Diskussion über Wehrpflicht bzw. Zivildienst.

Werkstatt Geschichte und Gesellschaft

Wehrdienst oder Zivildienst? Ein Rollenspiel

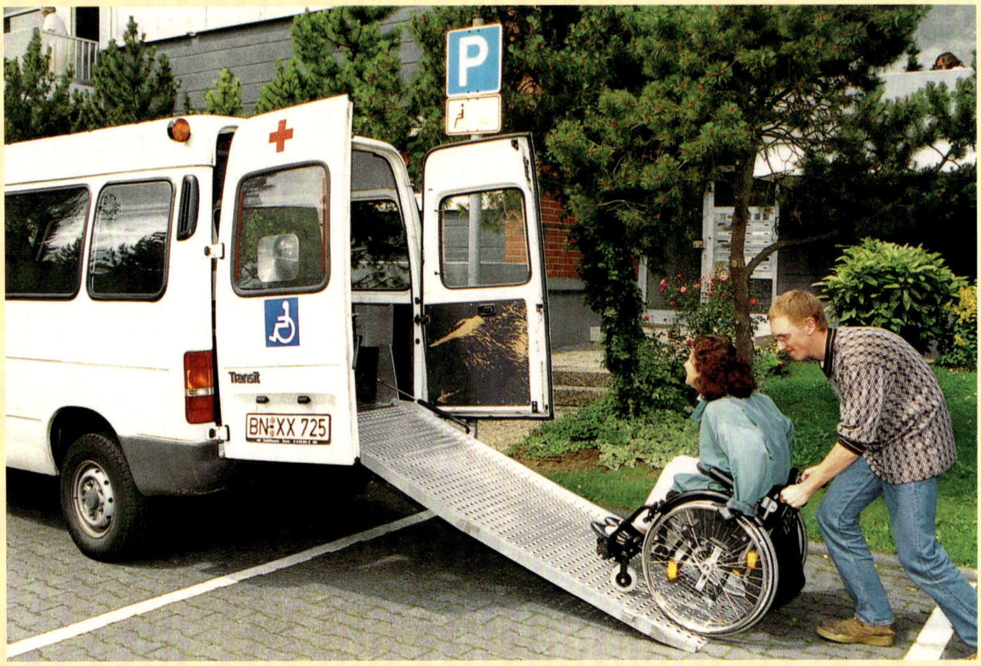

M1 Zivildienstleistender im Einsatz für das Deutsche Rote Kreuz
Die meisten „Zivis" leisten ihren Dienst in sozialen Einrichtungen und sind diesen als – vergleichsweise billige – Mitarbeiter willkommene und häufig auch unentbehrliche Helfer.

Wehrdienst oder Zivildienst? Mit dieser Entscheidungsfrage – die sich bisher nur männlichen Jugendlichen stellt – verbinden sich Problemstellungen unterschiedlichster Art, über die sich Schüler schon am Ende ihrer Schulzeit Gedanken machen müssen.
Grundsätzlich akzeptieren die meisten jungen Menschen eine Dienstpflicht, wenn sie davon überzeugt sind, dass es sich dabei um einen sinnvollen Dienst an der Gemeinschaft handelt. Mit welchem Dienst kann man aber der Gemeinschaft eher dienen – mit dem Dienst an der Waffe oder dem Dienst in sozialen Bereichen? Könnte man – für den Fall, dass man eher dem Zivildienst zuneigt – tatsächlich „Gewissensgründe" für sich geltend machen, wie es das Grundgesetz verlangt? Oder sind es vielleicht eher praktische Erwägungen, die den Ausschlag für oder gegen den Wehr- bzw. den Zivildienst geben?

Eine Hilfe bei der Entscheidung kann möglicherweise ein Rollenspiel sein. Dabei werden die Teilnehmer des Spiels (Einzelpersonen oder Gruppen) mit einem strittigen oder noch ungelösten Problem der Alltagswirklichkeit konfrontiert und übernehmen die Rolle eines am Konflikt Beteiligten. Indem eine Konflikt- oder Entscheidungssituation spielerisch simuliert wird, lernen die Spieler unterschiedliche mögliche Sichtweisen oder Auffassungen kennen und sich damit auseinanderzusetzen. Dies kann die Findung der eigenen Entscheidung erleichtern.
Je besser das Spiel vorbereitet wird, umso größeren Nutzen kann man daraus ziehen. Bewährt hat sich die Einteilung des Spiels in drei Phasen:

Methodische Arbeitsschritte

1 Spielvorbereitung

- Die Teilnehmer wählen möglichst aus ihrem eigenen Erfahrungsbereich Problemsituationen aus, die unterschiedliche Handlungsalternativen zulassen bzw. eine Entscheidung erfordern.
- Ein vorher bestimmter Spielleiter händigt den Spielern Rollenkarten aus, auf denen die Rolle jeweils knapp beschrieben wird. Zum Beispiel: Der Vater möchte, dass sein Sohn nach dem Abitur als Wehrdienstleistender zur Bundeswehr geht. Der Sohn dagegen will unbedingt Zivildienst im Pflegedienst eines Krankenhauses leisten.
  Die Verteilung der Rollen in der Gruppe muss sich nicht bzw. sollte sich möglichst nicht nach den tatsächlichen Ansichten der Teilnehmer richten.
- Vor der Durchführung des Spiels kann für jede Rolle eine Arbeitsgruppe gebildet werden, die dem Spieler beim Sammeln von Argumenten hilft.

2 Spieldurchführung

- Jeder Spieler vertritt möglichst überzeugend seine Rolle, untermauert seine Position mit stichhaltigen Argumenten, um den anderen von der Richtigkeit seiner Meinung zu überzeugen. Wichtig ist dabei weniger das schauspielerische Talent der Spieler als vielmehr die Schlüssigkeit ihrer Argumente bzw. ihrer Gegenargumente.

3 Reflexionsphase

- Nach dem Spiel diskutieren alle (auch die Beobachter), wie überzeugend die Rollen jeweils vertreten wurden. Sind die Spieler auf die Argumente ihrer Gegner eingegangen? Die Darsteller selbst äußern, wie sie sich in ihrer Rolle gefühlt haben. Würden Sie die Rolle auch in Wirklichkeit einnehmen wollen – würden sie sich anders entscheiden? Ergeben sich Konsequenzen aus den spielerischen Erfahrungen? Ergaben sich im Spiel neue Einsichten, Argumente, Möglichkeiten, einen Konflikt zu lösen?

M2 Rekruten beim Gelöbnis in Berlin
Die Wehrpflichtigen sprechen folgenden Text: „Ich gelobe, der Bundesrepublik Deutschland treu zu dienen und das Recht und die Freiheit des deutschen Volkes tapfer zu verteidigen."

Arbeitsaufträge

1. Führen Sie ein Rollenspiel zur Frage „Wehr- oder Zivildienst?" durch.
2. Diskutieren Sie anschließend über den Nutzen des Spiels. Welchen Vorteil hat es, die Rollen nicht nach persönlichen Vorlieben der Spieler zu vergeben?

2 Länder der „Dritten Welt"

2.1 Kennzeichen von Unterentwicklung

M1 Massenproduktion zu Niedrigstlöhnen
1 000 Beschäftigte arbeiten in dieser Halle in Ho-Chi-Minh-Stadt in Vietnam an der Schuhherstellung für einen multinationalen Konzern.

Entwicklungsländer sind Länder, die gegenüber den Industriestaaten in wirtschaftlicher und sozialer Hinsicht wesentlich schlechter dastehen. Sie werden auch als Länder der „Dritten Welt" bezeichnet. Merkmale sind wirtschaftlich-technische Rückständigkeit, deutliche soziale Unterschiede zwischen Arm und Reich, großes Bevölkerungswachstum, oft auch Unterernährung und Hunger. Zudem haben diese Länder häufig mit innenpolitischen Konflikten zu kämpfen. Zu Beginn des 21. Jahrhunderts leben weltweit 1,2 Milliarden Menschen – also ein Fünftel der Weltbevölkerung – in absoluter Armut.
In den letzten beiden Jahrzehnten konnten einige asiatische Länder wie China und Indien, aber auch mehrere lateinamerikanische Volkswirtschaften wirtschaftliche Erfolge vorweisen. Staaten, die wirtschaftlich an der Schwelle zu Industriestaaten stehen, werden als „Schwellenländer" bezeichnet. Allerdings sind in diesen „Billiglohnländern" die Arbeitsbedingungen oft hart, die Menschen, auch Frauen und Kinder, müssen Schwerstarbeit leisten und werden dafür nur unzureichend bezahlt. Die Verhältnisse dort erinnern an die europäischen Industrialisierungsprozesse im 19. Jahrhundert. Aber damals wie heute verbessern sich in den Schwellenländern die Einkommen, die Bildungs- und Gesundheitssysteme, die Ernährungssituation und die Lebenserwartung.

Finanzielle Probleme

Als Merkmal von Unterentwicklung gilt allgemein ein niedriges Bruttoinlandsprodukt (BIP: Wert aller im Land produzierten Güter und Dienstleistungen in einem Jahr) pro Kopf der Bevölkerung. Dieser Indikator ist jedoch nur bedingt aussagekräftig, da die statistische Erfassung der Daten in Gebieten mit einem hohen Anteil an Selbstversorgung oft schwierig ist. Die Angabe von Durchschnittswerten verdeckt außerdem die oft deutlichen Einkommensunterschiede. In den meisten Entwicklungsländern haben rund zwei Drittel der Bevölkerung weniger als das statistische Durchschnittseinkommen zur Verfügung. Die Einkommen des größten Teils der Bevölkerung sind derart niedrig, dass kaum etwas gespart oder investiert werden kann. Ein weiteres Problem ist die sogenannte Kapitalflucht, transferieren die Besserverdienenden doch ihr Geld häufig ins Ausland, statt es im eigenen Land anzulegen. Gipfelkonferenzen der G8-Staaten haben in den vergangenen Jahren mehrfach teilweise Schuldenerlasse für sehr arme und hoch verschuldete Länder beschlossen. Auch der Internationale Währungsfonds (IWF) hat mehrfach auf die Tilgung von Krediten verzichtet. Dadurch sollte erreicht werden, dass Gelder der Entwicklungshilfe in Zukunft nicht mehr für die Tilgung der Schulden verwendet werden müssen.

Bevölkerungswachstum

Ein weiteres wichtiges Merkmal von Entwicklungsländern ist ihr hohes Bevölkerungswachstum. Wenn die Erdbevölkerung in jeder Minute um 120 Menschen wächst, so werden 96 der neuen Erdenbürger in Entwicklungsländern geboren. Zurückzuführen ist dies auf eine hohe Geburtenrate, bei einer durch den medizinischen Fortschritt gleichzeitig sinkenden Sterberate. Die medizinische Versorgung selbst ist in Entwicklungsländern trotz erheblicher Verbesserungen nach wie vor unzureichend. Die Lebenserwartung ist gering, die Kindersterblichkeit groß.
Ebenso charakteristisch für Entwicklungsländer ist ein schlecht ausgebautes Bildungssystem, sodass viele Menschen weder lesen noch schreiben können. Viele Einwohner versuchen in der Stadt einen Weg aus der Armut zu finden. Die Verstädterung in den Ländern der „Dritten Welt" hat daher in den letzten Jahren dramatisch zugenommen.

Politische Instabilität

Hinzu kommen oftmals politische Instabilität, Korruption und gewalttätige Konflikte.
In vielen Entwicklungsländern herrschen diktatorische oder autoritäre Regime. Trotzdem hat man für diese Länder den Begriff des „schwachen Staats" geprägt. Die zumeist ohne demokratische Legitimation mit harter Hand agierenden Staatsführungen sind oft nicht in der Lage oder gewillt, die Entwicklung des Landes energisch voranzutreiben. Vielmehr nutzen die Herrschenden ihre Position oft zur persönlichen Bereicherung (Korruption, unkontrollierter Zugriff auf staatliche Gelder). Zur Aufrechterhaltung ihrer Herrschaft unterhalten sie meist einen starken Sicherheitsapparat. Ein großer Teil der Staatseinnahmen fließt in die Rüstung. Davon profitieren vor allem die Rüstungslieferanten in den Industriestaaten. Die Instabilität vieler afrikanischer Staaten beruht auch auf den unterschiedlichen Nationalitäten ihrer Bewohner mit verschiedenen Sprachen, Stammestraditionen und Religionen. Häufig geht diese Ungleichheit auf die Zeit des Imperialismus zurück, wo die Kolonialmächte Staatsgrenzen zogen, die einzelne Völker zerschnitten oder Stämme zusammenführten, die kaum Gemeinsamkeiten aufwiesen.

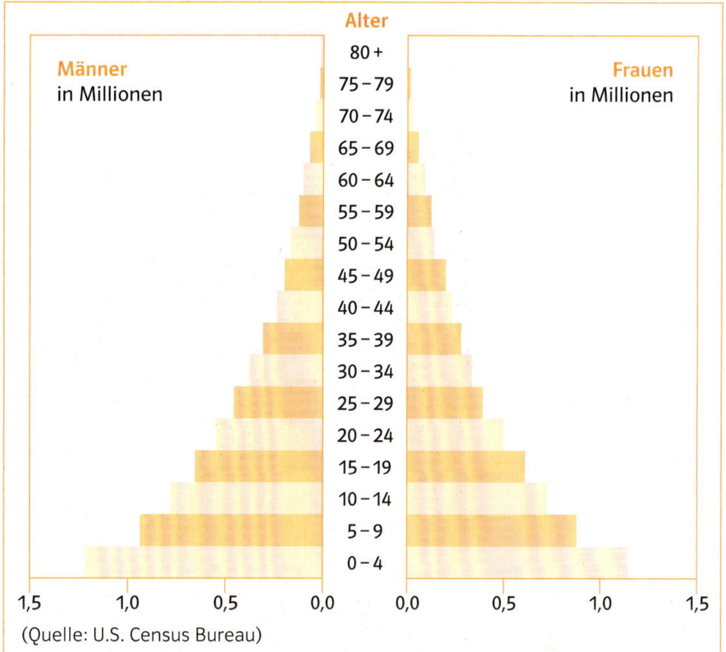

M2 Bevölkerungspyramide in Afrika, Beispiel Niger 2005

Landwirtschaft

Obwohl Hitze und Wassermangel die Nahrungsmittelerzeugung in vielen Ländern der „Dritten Welt" beschränken, trägt die Landwirtschaft häufig in erheblichem Umfang zum Bruttoinlandsprodukt bei. Der Grad der Industrialisierung ist dagegen meist recht niedrig. Verkehrswege und Kommunikationssysteme sind oft unzulänglich ausgebaut, Fachkräfte fehlen. Weil deshalb teure Fertigprodukte wie Maschinen importiert werden müssen, sind viele „Dritte Welt"-Staaten gegenüber dem Ausland verschuldet.
In vielen Entwicklungsländern existiert eine Art Doppelwirtschaft: die überkommene, auf niedrigem Niveau stehende Subsistenzwirtschaft zur Selbstversorgung und eine relativ gut entwickelte Exportwirtschaft. Exportiert werden meist neben geförderten Rohstoffen nur sogenannte „cash crops". Darunter versteht man landwirtschaftliche Exportprodukte,

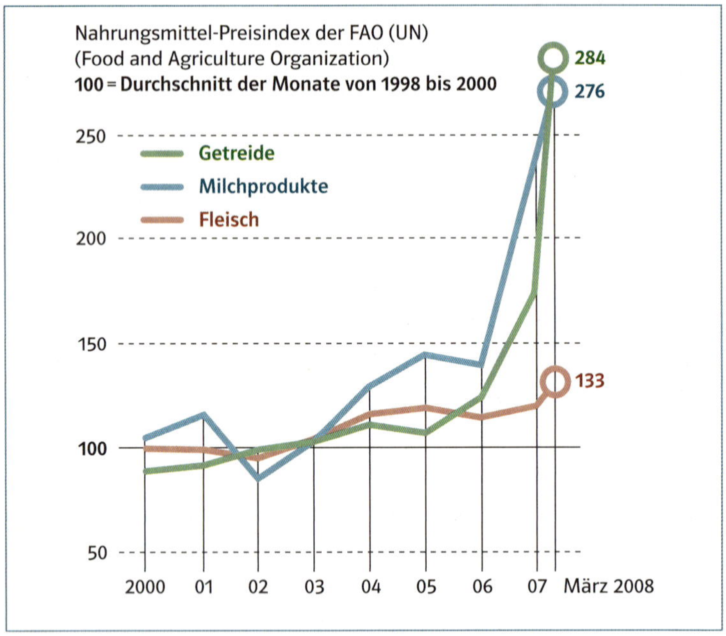

M3 Kostensteigerung bei Nahrungsmitteln (weltweit)

die meist auf Plantagen angebaut werden. Mit ihnen können zwar Devisen eingenommen werden, aber es entsteht auch eine starke Abhängigkeit von den Preisschwankungen auf dem Weltmarkt. Die Landwirtschaft bietet häufig nicht Ernährungssicherheit für die heimische Bevölkerung, sondern ist ausschließlich auf den Export ausgerichtet. So beruhen z. B. Ugandas Exporteinnahmen zu über 90 % auf Kaffee. Viele Kleinbauern, die sich und ihre Familien allein versorgen konnten, mussten in den vergangenen Jahrzehnten ihre Betriebe zugunsten der Plantagenwirtschaft aufgeben. Die Umwelt wird durch solche Monokulturen meist stark belastet, die Böden werden ausgelaugt.

Teure Grundnahrungsmittel

In den letzten Jahren sind die Preise für einige Grundnahrungsmittel stark gestiegen. Gründe dafür sind die wachsende Nachfrage aus Schwellenländern wie China und Indien, aber auch die zunehmende Verwertung von agrarischen Rohstoffen zur Herstellung von Treibstoff. Die oft arme Bevölkerung in den rasch wachsenden Ballungsgebieten ist dadurch immer weniger in der Lage, notwendige Nahrungsmittel zu beschaffen. Trotz der Intensivierung der Landwirtschaft in den letzten Jahrzehnten ist die Gefahr von Hungerkrisen gewachsen.

Hunger und Bevölkerungsexplosion haben verhängnisvolle Folgen: Menschen in Entwicklungsländern sind gezwungen, Wälder abzuholzen, um Brennholz zu gewinnen oder neue landwirtschaftliche Nutzflächen zu erschließen. Viele Gebiete sind überweidet und der Einsatz von Pestiziden zur Ertragssteigerung vergiftet Böden und Grundwasser. Durch den Kahlschlag in den Wäldern gerät der natürliche Wasserhaushalt aus dem Gleichgewicht, sodass Überschwemmungen oder Dürren drohen. Mehr als 25 % der Gesamtfläche Afrikas befinden sich in einem fortgeschrittenen Stadium der „Verwüstung"; das betrifft vor allem die Sahelzone.

Folgen der Globalisierung

Globalisierung bezeichnet die Zunahme des Austauschs von Menschen, Gütern, Kapital und Ideen über die Grenzen von Nationalstaaten hinweg. Dahinter stehen politische Entscheidungen wie die Öffnung von Grenzen, die Senkung von Importzöllen oder von Schranken im internationalen Kapitalverkehr. Die Folgen für Entwicklungsländer werden sehr unterschiedlich beurteilt. Befürworter einer weiteren Globalisierung erwarten, dass die ärmeren Länder in stärkerem Maße von ihr profitieren werden als die reichen Staaten. Ihrer Ansicht nach wird die Erleichterung des internationalen Handels dazu führen, dass immer häufiger dort produziert wird, wo die Löhne niedrig sind. In Wirklichkeit entfielen aber in den 1990er-Jahren nur 1,5 Prozent der weltweiten Direktinvestitionen auf Afrika. Die Niedrigstlohn-Argumentation vernachlässigt die nationalen Unterschiede in der Arbeitsproduktivität. Kritiker befürchten zudem, dass die Entwicklungsländer immer abhängiger von großen weltweit agierenden Konzernen werden, die den Export ihrer Rohstoffe und landwirtschaftlichen Erzeugnisse nur mit Niedrigstpreisen vergüten. Eindeutige Verlierer des Globalisierungsprozesses scheinen die meisten afrikanischen Staaten zu sein, aber auch einige südostasiatische Staaten wie Bangladesch, Pakistan und Sri Lanka.

Die Teilhabe am Globalisierungsprozess setzt stabile politische Institutionen, kontinuierliche und breitenwirksame Investitionen in Schulbildung und Weiterqualifikation sowie den Aufbau nationaler technologischer Kompetenz und sozialer Sicherungssysteme voraus. Von der weltweiten wirtschaftlichen Verflechtung können Staaten profitieren, deren politische Eliten die sich bietenden Chancen auch unterstützen und die Wirtschaft ihrer Länder an den Weltmarkt heranführen. Die Frage, wie Erfolg auf dem Weltmarkt erreicht werden kann, wird kontrovers diskutiert. Ein in den 1990er-Jahren von der Weltbank und dem Internationalen Währungsfonds (IWF) vorgeschlagenes Maßnahmenbündel setzt auf die Privatisierung öffentlicher Unternehmen, die Liberalisierung des Außenhandels und die Deregulierung der nationalen Wirtschaft. Dazu gehört auch, dass ausländische Unternehmen fast ungehindert tätig werden können, und dass Importzölle abgebaut werden. Umgekehrt belegen die Industrieländer, vor allem auch innerhalb der EU, Agrarimporte oft mit hohen Zöllen, um ihre eigene Landwirtschaft vor ausländischer Konkurrenz zu schützen. Zusätzlich gewähren sie ihren landwirtschaftlichen Betrieben hohe Subventionen. Zum Teil übersteigen diese Ausgaben dafür diejenigen der Entwicklungshilfe. Wettbewerb, der den Entwicklungsländern immer wieder als Motor des wirtschaftlichen Fortschritts empfohlen wird, findet von Seiten der Industrieländer nur sehr eingeschränkt statt.

M4 **Alltag in der Sahelzone**
Das Bild zeigt Menschen in Mali, die Brennmaterial gesammelt haben. Durch extensive traditionelle Rinderzucht sowie den Klimawandel breitet sich die Wüste immer weiter aus.

Schwellenland China

Einige Schwellenländer, wie China, wählten bei ihrer Handelspolitik eine Exportorientierung, kombiniert mit einer verzögerten Öffnung des Landes für Importe. Bevor sich die heimischen Unternehmen auf dem Weltmarkt bewähren mussten, wurden sie auf dem Binnenmarkt durch Zölle vor ausländischer Konkurrenz geschützt. China gelangen auf diesem Weg seit 1980 Exportsteigerungen von jährlich bis zu 20 Prozent. Das Land verließ sich dabei nur in begrenztem Umfang auf ausländische Kooperationspartner und behielt bei diesen „Joint Ventures" immer das eigene wirtschaftliche Interesse im Auge. Der Kapitalmarkt wurde streng reglementiert, feste Wechselkurse bildeten für die Exporteure eine stabile Kalkulationsgrundlage.

Internationale Entwicklungshilfe

Die Entwicklungshilfe wurde im vergangenen Jahrhundert in der Phase der Dekolonisierung ins Leben gerufen, um den jungen Staaten des Südens aufzuhelfen. Hinter dem menschenfreundlichen Motiv verbarg sich die Strategie des Kalten Krieges: Im Ringen um die weltweite Vorherrschaft versuchten die beiden großen Machtblöcke, der Westen und der Osten, die „Dritte Welt" von ihren marktwirtschaftlichen bzw. sozialistischen Wirtschaftsmodellen zu überzeugen. Die Großmächte erkauften sich die ideologische Bündnistreue der

G 8 (Gruppe der Acht)
Zu ihr gehören Deutschland, Frankreich, Großbritannien, Italien, Japan, Kanada, Russland und die USA. Die G 8 gilt nicht als internationale Organisation, sondern als informelles Abstimmungsforum. Von der Weltbevölkerung leben ca. 14 Prozent in G-8-Staaten. Diese erbringen aber zwei Drittel des Welthandels und des Welt-Bruttoinlandsproduktes. Auf einem jährlichen Weltwirtschaftsgipfel treffen sich die Staats- und Regierungschefs der G-8-Staaten und erörtern vor allem außenpolitische Themen. Außerdem findet zwischen den G-8-Staaten ein reger Meinungsaustausch auf der Ministerebene statt.

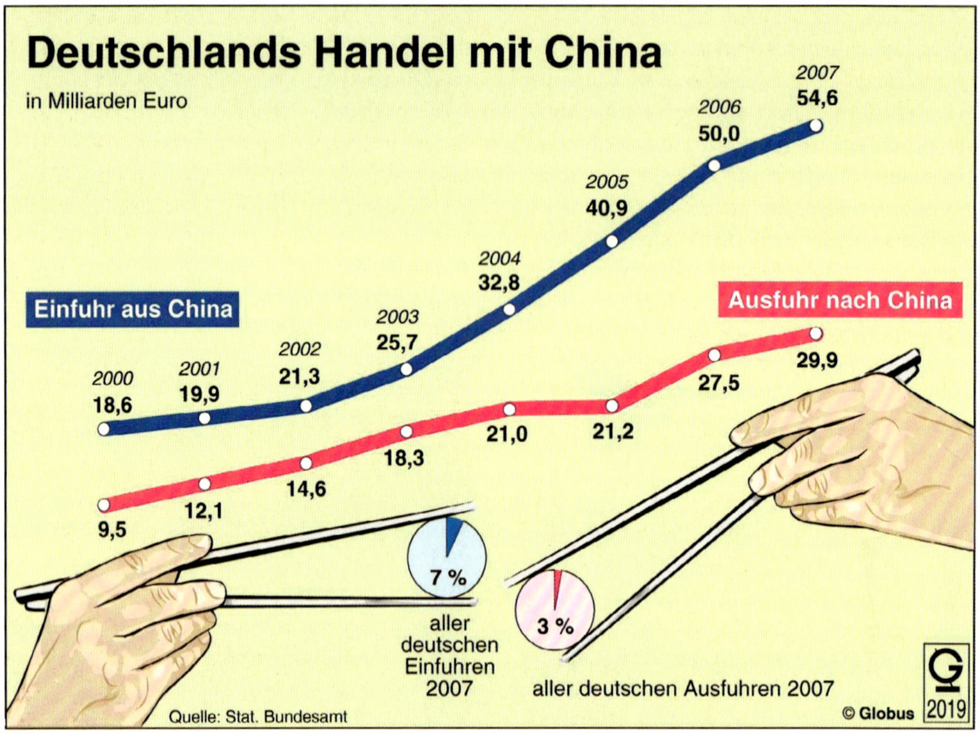

M5 China ist nach den USA und Europa die drittstärkste Wirtschaftsmacht der Welt

Regierungen des Südens durch großzügige Zuschüsse und Sachleistungen, einschließlich Rüstungsgütern. Dabei förderten sie auch die eigene Exportindustrie. Die Regierungschefs in Afrika, Asien und Lateinamerika griffen dankbar zu. Die Hilfe sicherte ihre Macht und entmündigte sie zugleich. Denn sie wurden abhängig von den Hilfslieferungen und mussten die daran geknüpften politischen Bedingungen akzeptieren.

Auch nach dem Kalten Krieg ist Entwicklungshilfe nicht frei von den Interessen der Industrieländer. Mehr als die Hälfte der in „Dritte-Welt"-Staaten investierten Gelder z. B. für technische Hilfe fließen an die Geberländer zurück und schaffen dort Arbeitsplätze. Europäer und Amerikaner sind auf die oft üppigen Bodenschätze der „Dritte-Welt"-Länder und teilweise auch auf die Lieferung solcher Nahrungsmittel, die in ihren Ländern nicht gedeihen, angewiesen und bemühen sich um ein gutes Handelsklima. Auch Schwellenländer wie Indien und China sind dort bereits aktiv, um zu exportieren und Rohstoffe einzukaufen. Dazu kommt, dass arme Krisenregionen wie Somalia und der Sudan als Drehscheibe für unkontrollierten Waffen- und Drogenhandel und als Rückzugsgebiete für Terroristen gelten. Wirtschaftliche Fortschritte in diesen Regionen unterstützen letztlich auch den Kampf der Industriestaaten gegen Terror und internationale Kriminalität.

Entwicklungshilfe Sammelbegriff für verschiedene Formen der Unterstützung und Förderung der Entwicklungsländer durch private, staatliche und internationale Organisationen der Industrieländer in Form von technischer Hilfe und Zusammenarbeit (Beratung, Bildung, …), Sachmittelhilfe (Investitionsgüter, Nahrung, …), Kapitalhilfe (z. B. Kredite) und handelspolitischer Zusammenarbeit (u. a. Abbau von Zöllen). Entwicklungshilfe hat generell das Ziel, die begünstigten Länder in die Lage zu versetzen, auf lange Sicht auf Hilfe von außen verzichten zu können.

Deutsche Entwicklungshilfe

Die Durchführung der Entwicklungshilfe Deutschlands ruht auf zwei Säulen. Zum einen sind dies einige halbstaatliche Träger wie die Deutsche Gesellschaft für technische Zusammenarbeit (GTZ) und der Deutsche Entwicklungsdienst (DED). Zum anderen kümmert sich eine Fülle von „Nicht-Regierungsorganisationen", etwa der Kirchen („Brot für die Welt", „Misereor"), der parteinahen Stiftungen und privater Institutionen („Deutsche Welthungerhilfe", „Terre des Hommes") um die Länder der „Dritten Welt".

Deutschland gehört mit staatlichen Hilfsmaßnahmen im Umfang von rund 5,1 Milliarden Euro pro Jahr (Angaben des Bundesministeriums für wirtschaftliche Zusammenarbeit, Stand 2008) zu den wichtigsten Geberländern. Die Bundesregierung hat angekündigt, die Ausgaben für Entwicklungshilfe bis zum Jahr 2010 deutlich zu erhöhen. Die anzustrebenden Ziele sind umfangreich: Bekämpfung der Armut, Sicherung des Friedens, Verwirklichung von Demokratie, Förderung der Gleichberechtigung von Frauen, gerechte Gestaltung der Globalisierung, Schutz der Umwelt, Bekämpfung von HIV/AIDS, Ausbau von erneuerbaren Energien, Erhaltung der biologischen Vielfalt.

Regionaler Schwerpunkt der deutschen Entwicklungspolitik ist Afrika. In Zukunft sollen mehr deutsche Mitarbeiterinnen und Mitarbeiter u. a. bei der technischen Zusammenarbeit vor Ort tätig sein, um die Abstimmung zwischen den verschiedenen Geldgebern und den Entwicklungsländern effektiver zu steuern.

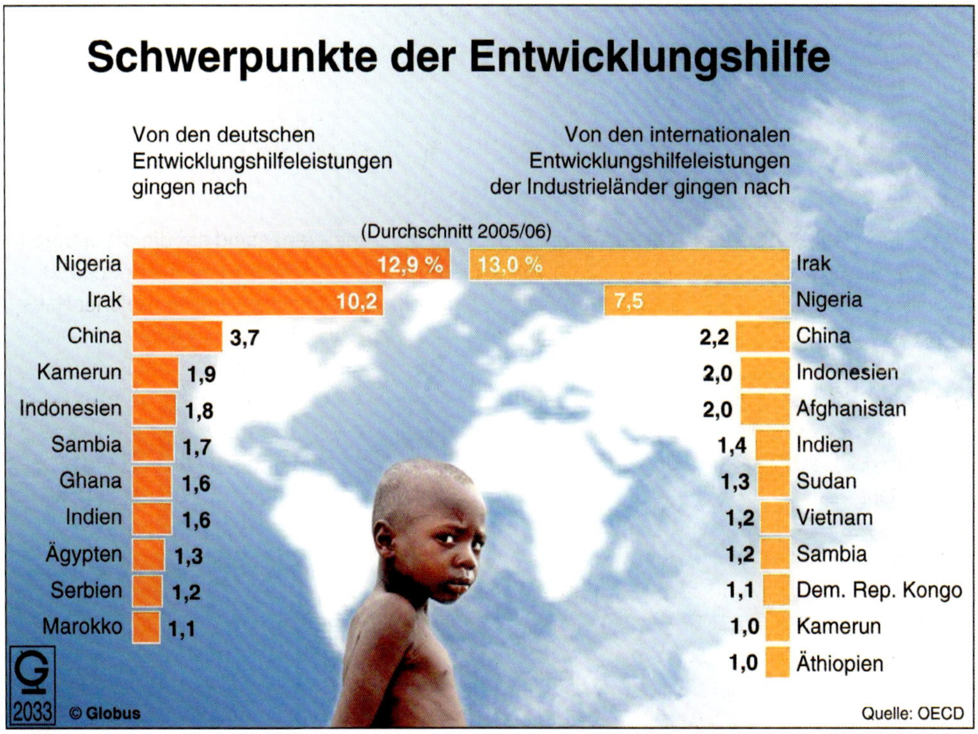

M6 Verteilung der Entwicklungshilfe 2005/2006

IREN	(International Regional Economic Network) Organisation, die von dem kenianischen Ökonomen James Shikwati ins Leben gerufen wurde und – von afrikanischer Seite – fordert, die Entwicklungshilfe sofort und komplett zu stoppen. Shikwati weist darauf hin, dass die Geber mit der Entwicklungshilfe eigene Ziele verfolgen (Arbeitsplätze für Entwicklungshelfer, Rohstoffe, politischer Einfluss). Er fordert dagegen eine wirkliche Liberalisierung der Märkte der „Ersten Welt" auch für afrikanische Produkte.

M7 Zur Afrikastrategie der Europäischen Union

Die Europäische Union koordiniert zunehmend die Entwicklungshilfe ihrer Mitgliedsländer:

Die Afrikastrategie spezifiziert die Umsetzung des Europäischen Konsensus in der Region, die auch in Zukunft Schwerpunkt der entwicklungspolitischen Zusammenarbeit der EU bleiben soll. Ihre Zielsetzungen entsprechen dem heute allgemein anerkannten Katalog der internationalen Entwicklungspolitik. Hauptziel sind die Minderung extremer Armut, eine Grundschulausbildung für alle Kinder, die Gleichstellung der Geschlechter und die Stärkung der Rechte von Frauen, die Verringerung der Kindersterblichkeit und Verbesserung der Gesundheit der Mütter, die Bekämpfung von HIV/AIDS, Malaria und anderer übertragbarer Krankheiten, die Sicherung der Umwelt und der Aufbau einer weltweiten Entwicklungspartnerschaft. Voraussetzung dafür ist Friede und Sicherheit. Die EU will Maßnahmen gegen entstehende oder bestehende Konflikte in allen Phasen, der Prävention, Intervention und Rehabilitation, unterstützen. Sie will die politische Stabilität in den Partnerländern stärken durch die Förderung effizienter zentralstaatlicher Institutionen, mit denen diese die notwendigen Reformen durchführen können, und durch Strukturen, die eine breite Streuung der Entwicklungsanstrengungen und eine Teilhabe der gesamten Bevölkerung ermöglichen. Die Beachtung von Menschenrechten und Demokratie soll verbessert, Korruption und organisierte Kriminalität sollen bekämpft werden. Sie hält dafür ein rasches, umfassendes und nachhaltiges, auf die Beseitigung der Armut ausgerichtetes Wirtschaftswachstum für erforderlich, das durch [...] marktorientierte Wirtschaftspolitik, Schaffung regionaler Märkte, besseren Zugang zum Weltmarkt und Stimulierung der Privatwirtschaft erreicht werden könne. Ferner sollen die Nahrungsmittelsicherheit, die Landwirtschaft und das Fischereiwesen gefördert und Infrastrukturprojekte des Verkehrs, der Wasserversorgung und der Energiegewinnung unterstützt werden. Schließlich will sie zur Erhaltung der kulturellen Vielfalt Afrikas, zur Bewältigung der zunehmenden Verstädterung, zur Kontrolle der Wanderungsbewegungen, zur Erhaltung der natürlichen Umwelt [...] und zur Wüstenbekämpfung beitragen.

Peter Molt: Zur Afrikastrategie der Europäischen Union. In: Aus Politik und Zeitgeschichte 48/2007, S. 34 ff.

M8 Globale Entwicklungsniveaus

Die Karte zeigt die durchschnittlichen Lebenstandards. Unberücksichtigt bleiben teilweise erhebliche Unterschiede innerhalb der Länder, etwa in China, Indien, Russland, USA oder auch Italien.

M9 **„Stammesdenken verhindert Modernisierung"**

Der „Tagesspiegel" nennt Ursachen der afrikanischen Rückständigkeit, 2008:

Wenn es den Konjunktiv nicht gäbe, für Afrika müsste er erfunden werden. Eigentlich müsste der schwarze Kontinent ebenso entwickelt sein wie Südamerika oder Asien. Was an Edelmetallen und anderen Bodenschätzen wertvoll ist, findet sich in seinem Boden: Afrika hat 88 Prozent aller Platinreserven, 73 Prozent aller Diamanten, 60 Prozent allen Kobalts und Mangans und 40 Prozent allen Goldes. Die Landwirtschaft könnte blühen und Überschüsse produzieren. Afrikas Flüsse böten ein immenses Potenzial für die Stromgewinnung. Allein das Aufstauen des Kongo würde genug Energie freisetzen, um damit fast den gesamten Kontinent zwischen Kap und Kairo zu beleuchten.

Müsste, könnte, würde – die Variationen des Konjunktivs beschreiben das Schicksal eines Kontinents und seiner 800 Millionen Menschen. Statt seinen Wohlstand zu mehren, ist Afrika weit hinter den Rest der Welt zurückgefallen. Trotz einzelner Fortschritte besteht sein Antlitz noch immer aus extremer Armut, Krankheit und Gewalt. […]

An dieser deprimierenden Bilanz ändern auch die ständigen Forderungen aus Europa nichts, doch endlich einmal die vermeintlichen „Erfolgsgeschichten" stärker hervorzuheben. Ganz davon abgesehen, dass keine einzige von ihnen anderswo als Erfolg gelten würde, handelt es sich um wenig repräsentative Länder wie die Steppenstaaten Botswana und Mali oder die Inselrepublik Mauritius, die zusammen auf kaum zwei Prozent der afrikanischen Gesamtbevölkerung kommen.

50 Jahre nach Beginn der Entkolonialisierung stellt sich immer dringlicher die Frage, warum Afrika als einziger Kontinent seit Jahrzehnten auf der Stelle tritt und mit Ausnahme des bis 1994 von Weißen regierten Südafrika fast komplett von der Weltwirtschaft abgekoppelt ist. Viele Menschen, insbesondere die Afrikaner selbst, machen noch immer den Kolonialismus für die Misere des Kontinents verantwortlich. Afrika, so heißt es, sei durch die Landnahme der Weißen deformiert und ausgeplündert worden. Dabei ist Europa zum Beispiel in Indochina ganz ähnlich vorgegangen. Vietnam war 1976 zerbombt und lag weit hinter Afrika. Heute gehört es zu den Boomländern dieser Welt.

Ins Innere Afrikas stießen die Europäer erst nach 1870 vor. Kaum 100 Jahre später waren sie, mit Ausnahme des südlichen Afrika, fast überall schon wieder verschwunden. In vielen Regionen währte ihre Herrschaft kaum ein halbes Jahrhundert. Dennoch sind Afrikas interne Strukturen offenbar derart brüchig, dass dem Kontinent, im Gegensatz zu Asien, kein Neuanfang gelingt.

Längst ist der ständige Verweis der Afrikaner auf die Übel der Kolonisation zu einer bequemen Ausrede für das eigene Versagen geworden. Natürlich haben Sklavenhandel und Kolonialismus ihren Anteil daran gehabt, dass Afrika es nie geschafft hat, auf eigenen Beinen zu stehen. Und natürlich haben die Afrikaner dadurch psychologisch Schaden genommen, sodass es vielen noch heute an Selbstwertgefühl mangelt. Aber der Kolonialismus hat auch wie nichts anderes die Modernisierung Afrikas angestoßen. Und eine konkrete Anleitung für das künftige Vorgehen bieten historische Schuldzuweisungen schon gar nicht. […]

Dass es auf dem schwarzen Kontinent ungleich häufiger zu Wahlmauscheleien kommt, liegt zum einen an dem aus westlicher Sicht fehlenden Demokratiebewusstsein. Wahlen schaffen aber auch Uneinigkeit und passen deshalb schlecht in das von Konsens und Harmonie geprägte Weltbild der Afrikaner. Zum anderen werden die Eigenheiten des (europäischen) Nationalstaats in Afrika mit den traditionellen Normen der dortigen Gesellschaften verknüpft. Geprägt wird dieses Wechselspiel von einer absolutistisch anmutenden, fast unumschränkten Machtfülle des afrikanischen Staatschefs und einem Verständnis vom Staat, das diesen als reine Einnahmequelle betrachtet. […] Dabei erfüllen die meisten Staaten des schwarzen Kontinents bis heute nicht die Grundkriterien souveräner Nationalstaaten. Sie kontrollieren oft weder ihr eigenes Staatsgebiet, noch verfügen sie landesweit über eine funktionierende Verwaltung. Schwache demokratische Institutionen korrespondieren direkt mit einer enormen Machtfülle des Präsidenten.

Die Unterstützung der Zivilgesellschaft im Rahmen der Entwicklungszusammenarbeit hat daran wenig geändert. Im Gegenteil: Die unverfrorene Selbstbedienungsmentalität der Eliten in Afrika hat dazu geführt, dass sich immer mehr seiner Staaten in Auflösung befinden und die dünne demokratische Decke weiter erodiert. Schon aus Enttäuschung über ihre fortgesetzte Verarmung bleiben viele Afrikaner deshalb einem Stammesdenken verhaftet und kennen keine stärkere Loyalität gegenüber der neu geschaffenen Nation. […]

Die Erwartung, dass Verstädterung und Industrialisierung wie ein großer Schmelztiegel wirken und die Unterschiede zwischen den Volksgruppen am Ende verwischen würde, hat sich als Trugschluss erwiesen. Stattdessen scheint es so, dass viele Menschen gerade in der unübersichtlichen Gesellschaft der Moderne nach einem emotionalen Anker suchen. Dabei verbindet die Ethnizität […] diese gefühlsmäßige mit einer handfest materiellen Komponente: Im Verteilungskampf um knappe Ressourcen werden Volksgruppen zu „pressure groups". Die Hinwendung zum eigenen Stamm kommt für den Einzelnen somit einer (überaus rationalen) Sozialversicherung gleich. […]

Ebenso schwer wie die Verantwortungslosigkeit seiner Eliten wiegt in Afrika aber auch, dass die vier Triebfedern der westlichen Modernisierung in Afrika kaum oder gar nicht existieren. Dazu zählen das Privateigentum, die Schule, die Bedeutung der Kernfamilie sowie eine politisch unabhängige Mittelklasse. Schon deshalb ist es zwecklos, dem Kontinent ein (westliches) Demokratiekonzept überzustülpen, das im afrikanischen Milieu keinen Nährboden hat. Stattdessen wird immer deutlicher, dass weder Kultur noch Demokratie einfach exportierbar sind. Auch lassen sich tiefe strukturelle Veränderungen in einer Gesellschaft nicht mit Geld von außen erkaufen. Sie müssen letzten Endes eigenständig erkämpft werden und aus dem jeweiligen Kontinent selber kommen. So erschwert zum Beispiel der afrikanische Zwang zum Teilen mit der Großfamilie und das weitgespannte Netz der Solidarität den Kapitalaufbau und wirkt leistungshemmend.

Was ist zu tun, um die Kluft zwischen Nord und Süd zu verringern? […] Neben den vielen Hilfsaktionen, die vor allem das eigene Gewissen beruhigen, sollte sich der wohlhabende Norden zuvorderst Gedanken über ein neues, ehrlicheres Verhältnis zum abgekoppelten Nachbarkontinent im Süden machen. Das gilt vor allem für eine neue Form der Hilfe und Zusammenarbeit. Es reicht eben nicht, viel Geld für eine bessere Regierungsführung (Good Governance) nach Afrika zu überweisen oder Wahlen zu beobachten, um dann am Ende alle undemokratischen Auswüchse und selbst den schlimmsten Wahlbetrug zu tolerieren. Zu diesem Zweck sind vor allem strikte Auflagen und Kontrollen für alle Hilfsprojekte und Zuwendungen vonnöten. Latente Schuldgefühle haben zu lange dazu geführt, dass Europa selbst gegenüber offen repressiven Regimes in Afrika kaum Druck ausübt – und damit nur allzu häufig den unerträglichen Status quo zementiert.

Hoffnung auf schnelle Besserung gibt es jedoch nicht. Dazu ist viel zu viel Zeit verschenkt worden. Heute sind zudem über 50 Prozent aller Afrikaner jünger als 14 Jahre und völlig unzureichend für die Zukunft gerüstet. Wir werden uns somit noch lange damit abfinden, dass in Afrika auf einen kleinen Aufschwung wie jetzt durch den Rohstoffboom lange Phasen der Stagnation folgen. Dieses Muster wird erst dann aufbrechen, wenn sich die Afrikaner nicht länger hinter der kolonialen Vergangenheit verschanzen, sondern endlich, wie die anderen Kontinente auch, den Sprung in die Moderne wagen und mehr Verantwortung übernehmen. Am besten lässt sich die Aussicht darauf vielleicht mit einer zweiten Ehe vergleichen: Die Erfahrung spricht dagegen, dafür spricht allein die Hoffnung.

Wolfgang Drechsler. In: Tagesspiegel vom 10. Februar 2008.

M10 Das Ende des Kolonialzeitalters in Afrika

M11 Kritik an der Entwicklungshilfe

Der Afrikakenner der Wochenzeitung „Die Zeit“ Bartholomäus Grill, kritisiert die Wirkung vieler Entwicklungshilfemaßnahmen:

Die Fragen der Kritiker sind grundsätzlicher Natur: Was haben sie gebracht, die nach einigen Schätzungen rund eine Billion Dollar, die der entwickelte dem unterentwickelten Teil der Welt seit den fünfziger Jahren des vergangenen Jahrhunderts überwiesen hat? Wieso wurden – vor allem in Afrika – viele Arme trotzdem ärmer?

Wir brauchen mehr und bessere Hilfe, antworten Entwicklungsagenturen, Kirchen und humanitäre Organisationen auf solche Fragen. Sie fordern, dass die reichen Staaten endlich ihr Jahrzehnte altes Versprechen einlösen, 0,7 Prozent des Bruttosozialprodukts für die Wohlfahrt des Südens abzuzweigen. Klingt einsichtig. Aber auch die Entwicklungsprofis können nicht bestreiten, dass in ihrer Arbeit ziemlich viel schiefgelaufen ist. […]

Am Anfang wurde auch das Prinzip der Importsubstitution als Allheilmittel propagiert. Die rückständigen Staaten sollten durch eine eigene, diversifizierte Produktion die Abhängigkeit von Einfuhren reduzieren. Sie ließen sich gewaltige Kredite aufdrängen, um all die nötige Infrastruktur und die

Fabriken zu bezahlen, und waren bald in der Schuldenfalle gefangen. Am Ende überstiegen die geleisteten Schuldendienste die erhaltene Entwicklungshilfe – es floss mehr Geld vom Süden in den Norden als umgekehrt.

Dann schrieben die Strukturanpassungsprogramme der Weltbank und des Internationalen Währungsfonds den kranken Staatspatienten neoliberale Rezepte vor: Privatisiert! Dereguliert! Liberalisiert! Die „unsichtbare Hand des Marktes“ werde alles richten. Aber in der Mehrzahl der Entwicklungsländer blieb die Hand des Marktes unsichtbar, und die Reformmedizin wirkte mitunter tödlich. Heute empfinden viele Menschen im Süden den weltweit entfesselten Kapitalismus als letzte Stufe einer Ausbeutungsgeschichte, die vor 500 Jahren begann. [...]

Eine gelungene Maßnahme kann sogar Schaden bringen: Da baut ein Land wie Ghana mit ausländischer Unterstützung ein brauchbares Gesundheitswesen auf, und schon setzt der Braindrain ein. Gut ausgebildete Ärzte und Krankenschwestern laufen scharenweise davon, weil sie in England mehr verdienen können. Dennoch handeln die Experten immer wieder so, als fände Entwicklung quasi unter Laborbedingungen statt. Sie wissen in der Regel viel zu wenig über die Sozialstrukturen, Kulturen und Traditionen ihrer Einsatzgebiete. [...] Berühmt geworden ist das Exempel der Fischfabrik in Nordkenia, die norwegische Experten bauten, um die periodischen Hungersnöte am Turkanasee zu überwinden und gleichzeitig Jobs zu schaffen. Sie stellten die Fabrik hin, merkten allerdings erst später, dass die beschenkten Nomaden sowohl den Fisch als auch die Lohnarbeit verschmähen. Und dass die Energiekosten für das Einfrieren der Fische in der Halbwüste ihren Handelswert um ein Mehrfaches übersteigen.[...]

Ausländische Experten und einheimische Eliten verbindet ein gemeinsames Interesse: Sie profitieren von der Hilfe. Entwicklungsgelder, neuerdings bevorzugt als direkte Budgetzuschüsse überwiesen, sind oft die einzigen flüssigen Mittel, die Kleptokraten [= Machthaber, die sich auf Kosten der Beherrschten bereichern] verteilen können, um ihre Macht zu zementieren. Bei den wirklich Bedürftigen kommen sie allerdings nur tröpfchenweise oder gar nicht an. Die Weltbank fand heraus, dass in Uganda nur 13 Prozent eines Bildungsprogramms zu den Schulen gelangten, ein Gutteil versickerte in den Taschen von ghost teachers, Phantomlehrern, die gar nicht existieren. [...]

Die schwerwiegendste Folge fortgesetzter Zuwendungen aber ist, dass sie die Eigeninitiative lähmen, das gilt für die Mächtigen und die Ohnmächtigen gleichermaßen. Alle erwarten, dass ihre Probleme von externen Akteuren gelöst werden, dass die milden Gaben auf sie herabregnen. „Ich brauche fünf Lastwagen, eine Schubraupe und ein paar Tonnen Zement“, erklärte vor Jahren ein Bürgermeister in Mosambik und überreichte dem ZEIT-Reporter eine Bestellliste. Diese Bettlermentalität ist eine Folge des Samaritertums, sie wird allgemein gepflegt, vom Straßenkind bis hinauf zum Staatspräsidenten, und paradoxerweise verstärken erfolgreiche Maßnahmen diese Haltung. [...]

Geht es nicht anders? Einen Masterplan, der überall menschenwürdige Verhältnisse herstellt, gibt es nicht. Aber es wird Zeit, Entwicklungshilfe nicht nur als moralische Selbstverpflichtung zu begreifen, sondern als globale Strukturpolitik. Die obszöne Ungleichheit gebiert Krieg und Terrorismus, verstärkt Flüchtlingsströme, zerstört die Lebensgrundlagen, und nur eine gerechtere Welt ist eine sichere Welt. Immerhin messen die Machtzentren des Nordens seit den Terroranschlägen vom 11. September 2001 Entwicklungsfragen eine sicherheitspolitische Relevanz bei. Zugleich spüren sie die Verschiebungen in der Hilfslandschaft: Ihre Interventionsmacht schwindet, weil neue, selbstbewusste Geber wie China, Indien oder Brasilien auftreten. [...]

Außerdem: Eine echte Wende beginnt bei uns im Norden – bei unserer kriminellen Wirtschafts- und Handelspolitik, bei unserer Almosenindustrie [...]. Alle Mühe wäre allerdings vergeblich, wenn die Eliten des Südens die Einsicht verweigerten, dass zuallererst sie selbst für das Wohl ihrer Nationen verantwortlich sind. Man muss den Druck auf die Mächtigen dort gewaltig erhöhen. Denn sie sind keine Opfer, sondern Mittäter, und sie sind nicht arm. Allein Afrikas Millionäre hocken auf rund 700 Milliarden Dollar, und noch einmal 400 Milliarden befinden sich in afrikanischen Privathänden außerhalb des Kontinents.

Trotz aller Kritik aber ist zu bedenken, dass die gesamten Transferleistungen des Nordens in einem halben Jahrhundert – jene Summe, die manche auf rund eine Billion Dollar schätzen – gerade einmal so hoch sind wie die globalen Rüstungsausgaben pro Jahr. Im Weltmaßstab geht es also um Peanuts. Und man sollte nicht vergessen, dass es Abertausende von engagierten Helfern und nützlichen Projekten gibt, ohne die es in mancher Krisenregion noch düsterer aussähe.

Bartholomäus Grill. In: Die Zeit vom 11. Januar 2007.

M12 „Aufbruchstimmung in Afrika“

Werbung für einen „Middle-East and Afrika-Fonds“ in der von einem Investmentfonds herausgegebenen Zeitschrift, 2008:

Der UN-Mitarbeiter Jude Aidoo staunte nicht schlecht: Als er kürzlich bei einem Afrika-Flug aus dem Senegal in die ugandische Hauptstadt Kampala reiste, zeigten die Bildschirme von Kenya Airways zwar – wie üblich – die Fluginfos in Englisch und dem einheimischen Suaheli. Zusätzlich aber auch in einer für afrikanischen Verhältnisse ungewöhnlichen Sprache: Mandarin. [...]

„Inzwischen gibt es so ein Art Chinatown hier in Dakar“, sagt Aidoo – ein kleines Zeichen für einen großen Trend: Afrika boomt, vor allem dank der Chinesen. „Und das Wachstum wird weitergehen", so der UN-Experte, der beruflich regelmäßig quer über den Kontinent reist. „Man darf in Afrika nicht vergessen, woher man kommt." Lange Zeit gab es gar kein Wachstum. Heute steht der Erdteil – zwischen tief verwurzelten Traditionen und rasant hereinströmenden Einflüssen internationaler Investoren – an der Schwelle zur Boomregion. Damit fällt nach Ansicht von Aidoo die „Final Frontier": Das letzte Stück unerschlossene Welt wird industrialisiert. Eine immense Herausforderung für Investoren: Mit 950 Millionen Einwohnern und einer Fläche von mehr als 30 Millionen Quadratkilometern ist Afrika nach Asien und vor Amerika der zweitgrößte Kontinent – ein Wirtschaftsraum, dreimal so groß wie Europa, allerdings mit einem Bruttosozialprodukt auf dem Niveau Bayerns. 2 000 eigenständige Sprachen stehen für kulturelle Vielfalt, rund fünfzig davon werden von mehr als einer Million Menschen gesprochen. Dazu kommen regional äußerst unterschiedliche Wirtschafts- und Lebensbedingungen. Laut Internationalem Währungsfonds (IWF) reicht das Bruttoinlandsprodukt der afrikanischen Staaten pro Einwohner von unter 500 US-Dollar – etwa in Zentralafrika – bis über 5 000 US-Dollar in Südafrika und Libyen.

Chinesische Firmen erobern zielsicher afrikanisches Terrain: In Khartum, der Hauptstadt Sudans, sind sie auf einer der größten Baustellen des Erdteils an der Entwicklung des futuristischen Geschäftsviertels Alsumut beteiligt. 15 Hotels, 44 Gewerbegrundstücke, rund 1 500 Appartements für über 50 000 Angestellte und etwa 7 000 Anwohner entstehen hier. Im Kongo hat die Regierung mit China im Januar 2008 ein Abkommen für die nächsten 30 Jahre zum Bau von Straßen, Krankenhäusern, Universitäten und Sozialwohnungen unterzeichnet. Eine dieser Straßen soll auf über 30 000 Kilometern Länge quer durch Urwald und endlose Steppen die Dschungelstadt Kisangani mit der sambischen Grenze verbinden. Im Gegenzug erhalten chinesische Firmen Lizenzen für den Abbau von Rohstoffen wie Kupfer, Gold und Kobalt. Zudem will China die Bergbaugebiete im Süden des Kongo mit dem Hafen Matadi im Westen verbinden. Südwestlich der kongolesischen Megacity Kinshasa soll eines Tages der Inga-Staudamm den ganzen Kontinent mit Strom versorgen. […]

Der Gesamtkontinent Afrika, obwohl immer noch der ärmste Erdteil, legt mittlerweile volkswirtschaftlich blendende Zahlen vor: Die Wirtschaftsleistung stieg 2007 um sechs Prozent; 2007 sollten es laut IWF 6,8 Prozent werden. Einzelne Staaten entwickeln sich besonders dynamisch – beispielsweise Angola, mit einem Plus von 27,2 Prozent in diesem Jahr voraussichtlich die am schnellsten wachsende Wirtschaft der Welt. Auch am nördlichen Rand des Kontinents, in Ägypten, boomt die Wirtschaft. 2007 betrug das Wachstum der dortigen Volkswirtschaft nach Schätzungen des IWF inflationsbereinigt gut sieben Prozent. […] Die Energie für diese rasanten Zuwachsraten liefert der Höhenflug der Rohstoffpreise. Viele afrikanische Staaten profitieren von einem regelrechten Konkurrenzkampf um das afrikanische Rohöl und Erdgas, der vom Aufschwung Chinas und Indiens angeheizt wird. Schon 2003 bezogen die USA rund 16 Prozent ihrer Ölimporte aus Westafrika. […] Genau diesen Anteil importierte China bereits 2007 aus Afrika. […] Für Gold liegt der augenblickliche Weltmarktanteil Afrikas […] bei 25 Prozent und für Diamanten bei 50 Prozent. Kakao kommt […] sogar zu 70 Prozent aus Afrika.

Michael Braun. In: Fonds Magazin 01/2008, S. 18 ff.

M13 Teufelskreise der Armut

Das Schaubild verdeutlicht verschiedene Faktoren, die Armut bedingen bzw. deren Folge sind. Die Aussage des Schaubildes ist jedoch nicht unproblematisch, da der Eindruck erweckt wird, Armut sei ein unabwendbares Schicksal. Tatsächlich gibt es zahlreiche Beispiele dafür, dass der Teufelskreis der Armut durchbrochen werden kann.

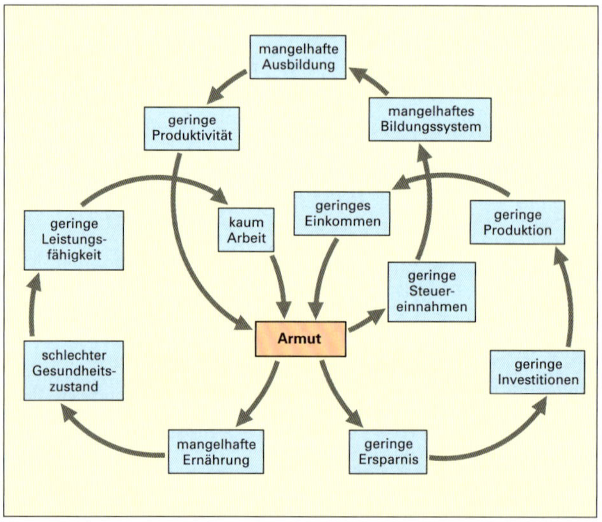

M14 AIDS-Epidemie in Afrika

Das frühe Sterben macht in einigen Ländern Afrikas jeden Fortschritt zunichte:

Die immer neuen Schreckensmeldungen vom Ausmaß der Epidemie in Afrika haben dazu geführt, die Bekämpfung der Krankheit zu einer der wichtigsten gesundheits- und entwicklungspolitischen Aufgaben der Weltgemeinschaft zu machen. […] Im Jahr 2003 trugen ca. 25 bis 28 Millionen Afrikaner den Virus in sich. Im selben Jahr haben sich 3,2 Millionen Menschen neu angesteckt. Dabei gibt es extreme Unterschiede in der Verbreitung der Epidemie sowohl innerhalb der einzelnen Länder als auch zwischen Stadt und Land. Während nur ein Prozent der mauretanischen Bevölkerung betroffen ist, führen Botswana und Swaziland mit 40 Prozent Infizierten weltweit die Statistik an.

Im Unterschied zu westlichen Ländern verbreitet sich AIDS in Afrika vornehmlich durch heterosexuelle Beziehungen und tangiert so die Geschlechterbeziehungen fundamental. In den besonders betroffenen Gebieten von Ost-, Zentral- und Südafrika sind vor allem die ökonomisch und sexuell aktivsten Bevölkerungsgruppen sowie die Jugendlichen zwischen 15 und 24 Jahren infiziert, wobei die Zahl der jungen Frauen die der jungen Männer um das Zweieinhalbfache übersteigt. Noch düsterer sieht die Zukunft aus, wenn man sich die Infektionswege genauer anschaut. Eine von fünf Müttern im südlichen Afrika trägt [...] das HI-Virus in sich; die Zahl der Waisen steigt angesichts der hohen Mortalität der Elterngeneration beständig.

Das nicht enden wollende Sterben setzt die Ordnung der Dinge außer Kraft. [...] Was sich auf individueller Ebene als persönlich familiäre Tragödie entfaltet, erschüttert auf kollektivem Niveau die bescheidenen Erfolge, die afrikanische Staaten trotz ständiger Katastrophenmeldungen erzielt haben. Eindeutiges Zeichen dafür ist der Rückgang der Lebenserwartung, die in den Ländern des südlichen Afrika dramatisch gesunken ist. In Botswana fiel sie von 64 Jahren (1980) auf 38; in Sambia von 54 auf 37 Jahre.

Die kurz- und langfristigen Konsequenzen für Wirtschaft und Gesellschaft sind längst nicht absehbar. Der durch AIDS bedingte Mangel an qualifizierten Arbeitskräften ist nicht so schnell ersetzbar und stellt neue Anforderungen an Unternehmen und das Arbeitsrecht. Das Bildungswesen steht angesichts der Tatsache, dass eine ganze Generation gut ausgebildeter Beamter, Unternehmer und Akademiker Opfer der Epidemie geworden sind, vor fast unlösbaren Problemen. [...]

Afrikas Städte sind voll von Plakaten, die vor ungeschütztem Geschlechtsverkehr warnen, dauerhafte Partnerschaften oder wenigstens Kondome empfehlen. Auch in den Medien ist das Thema ständig präsent, ohne dass die Bereitschaft der Bevölkerung zur Prävention nennenswert zugenommen hat. [...] Das Staatsversagen beschränkt sich indes nicht nur auf die präventive Ebene, sondern wirkt sich noch dramatischer bei der konkreten Bekämpfung der Seuche aus. Es fehlt an Grundlegendem. Mangelnde finanzielle Mittel verhindern eine flächendeckende Grundversorgung mit westlichen medizinischen Einrichtungen.

Ute Luig. In: Das Parlament vom 1. März 2004, S. 10.

Arbeitsaufträge

1 Beschreiben Sie wesentliche Kennzeichen der Unterentwicklung von Ländern der „Dritten Welt".

2 Nennen Sie Gründe, die der „Tagesspiegel" (M 9) für die Rückständigkeit vieler afrikanischer Staaten verantwortlich macht.

3 Diskutieren Sie die Kritik in der Wochenzeitung „Die Zeit" an der gegenwärtigen Entwicklungshilfe (M 11).

4 Erörtern Sie, ob der in M 12 beschriebene Aufschwung in vielen afrikanischen Ländern wirklich geeignet ist, die Armut langfristig zu bekämpfen. Nehmen sie auch zum Quellenwert von M 12 Stellung.

5 Nennen Sie Schwerpunkte der Entwicklungshilfepolitik der EU (M 7). Erklären Sie, wie der „Teufelskreis der Armut" (M 13) durchbrochen werden soll.

2.2 Fallbeispiel: Demokratische Republik Kongo – bittere Armut trotz Rohstoffreichtums

Am 1. Juni 2006 beschloss der Bundestag mit 440 Ja- und 135 Nein-Stimmen bei sechs Enthaltungen, sich mit 780 Bundeswehrsoldaten an einem auf vier Monate begrenzten Mandat an einer EU-Truppe zu beteiligen, die einen friedlichen Verlauf der für den 30. Juli 2006 angesetzten Präsidenten-, Parlaments- und Regionalwahlen im Kongo gewährleisten sollten. Europa reagierte damit auf den andauernden Bürgerkrieg und die Verelendung eines der größten Länder Afrikas.

19. Jahrhundert	Forschungsreisen (Henry Morton Stanley, David Livingstone) erwecken Interesse der Europäer an einer Kolonisierung des Kongo.
1884	König Leopold II. von Belgien übernimmt den „Unabhängigen Kongostaat“ als Privatbesitz.
1960	Nach Unruhen wird das Land in die Unabhängigkeit entlassen.
1961	Joseph-Désiré Mobutu regiert bis 1997.
1996	Aufstand der Tutsi gegen die Zentralregierung in Kinshasa; durch Uganda, Ruanda, Burundi und Angola unterstützt, erobert die sich später AFDL nennende Rebellenbewegung binnen acht Monaten weite Teile des Staatsgebietes.
1997	AFDL-Führer Laurent Désiré Kabila proklamiert sich zum neuen Staatspräsidenten.
1999	Die UNO beschließen die Einrichtung der Mission MONUC mit ca. 17 000 zivilen und militärischen Angehörigen.
2001	Präsident Laurent-Désiré Kabila wird bei einem Attentat getötet; die Nachfolge tritt sein Sohn Joseph Kabila an.
2006	Der Rat der Europäischen Union beschließt einen Militäreinsatz (EUFOR) zur Unterstützung von MONUC während der Präsidentschafts- und Parlamentswahlen in der Demokratischen Republik Kongo.

Der Kongo zur Zeit des Imperialismus

Vor der Kolonisierung bestanden mehrere Königreiche und Stammesfürstentümer auf dem Gebiet der heutigen Demokratischen Republik Kongo. Mit der Erforschung des Kongo-Gebietes durch die Briten Henry Morton Stanley und David Livingstone in der zweiten Hälfte des 19. Jahrhunderts wurden die Interessen europäischer Großmächte geweckt. Frühzeitig erkannten die Europäer die reichen Vorkommen an Rohstoffen. In der Provinz Katanga befinden sich große Anteile der Weltvorräte an Kupfer, Kobalt, Uran, Zink, Silber sowie Mangan- und Eisenerz. Die Kupfererze enthalten außerdem Beimischungen von Gold, Radium, Tantal und Blei. Zudem verfügt das Land über 10 bis 20 Prozent der Diamanten- und 50 Prozent der Kobaltreserven der Erde und über beträchtliche Erdölvorkommen. Hunderte von Verträgen, die der belgische König Leopold II. mit den Stammesfürsten abschloss, sicherten Belgien den Zugang zu den Rohstoffvorkommen in Zentralafrika. Auf der von Bismarck geleiteten Berliner Kongo-Konferenz 1884 wurde der Kongo (seit 1908 „Belgisch-Kongo“) dem belgischen Königshaus als Privatbesitz zuerkannt. Die Konferenzteilnehmer vereinbarten ferner freien Handel und freie Schifffahrt für die europäischen Großmächte im Kongobecken.

Bevölkerung

Mehr als 200 ethnische Gruppen und Stammeszugehörigkeiten der Bevölkerung prägen die Vielfalt des Landes. Etwa 80 Prozent der ca. 60 Millionen Einwohner gehören zu einem der zahlreichen Bantu-Stämme, 15 Prozent zu Sudan-Stämmen im Norden des Landes. Minderheiten bilden u. a. die Angehörigen der Tutsi im Osten des Landes. Das Stammesbewusstsein steht bis heute der Einheit des Staates und der Demokratisierung entgegen. Erschwerend kommt hinzu, dass die Mitglieder der einzelnen ethnischen Gruppen, beispielweise die Tutsi, von ihren Stammesangehörigen in den Nachbarländern getrennt leben. Die Sprachenvielfalt schränkt die Verständigung stark ein. Französisch ist seit der Kolonialzeit die Amtssprache. Zudem existieren noch drei weitere Hauptsprachen: Lingala wird von der Hälfte der Bevölkerung verstanden, Kikongo von 30 Prozent, Kiswaheli sprechen 10 Prozent. Alle vier Sprachen haben heute den Status von Nationalsprachen. Während der Kolonialzeit wurde der größte Teil der Bevölkerung missioniert. Über 90 Prozent der Bevölkerung sind heute Christen, drei Prozent Muslime und nur noch 5 Prozent gehören traditionellen afrikanischen Religionen an.

Belgische Herrschaft

Während der menschenverachtenden belgischen Herrschaft wurden die Bodenschätze des Landes brutal ausgebeutet und etliche Kongolesen versklavt. Millionen Menschen verloren dabei ihr Leben. Als Rohstofflieferant für die alliierte Kriegswirtschaft, u. a. von Uran für amerikanische Atombomben, blühte das Land im Zweiten Weltkrieg wirtschaftlich auf. Die Infrastruktur wurde ausgebaut, erste Industriebetriebe entstanden. Die afrikanische Bevölkerung lernte zwar lesen und schreiben, wurde aber nicht an der Verwaltung des Staates beteiligt.

Nach dem Zweiten Weltkrieg wuchs der Widerstand vieler Kongolesen gegen die Fremdherrschaft. Bis zur Unabhängigkeit des Landes am 30. Juni 1960 gelang es weder den kongolesischen, noch den belgischen Kräften, ein funktionierendes politisches System in Kongo zu etablieren. Das Parteiensystem war zersplittert, die Bevölkerung verfügte über keine politische Bildung, der allgemeine Wille,

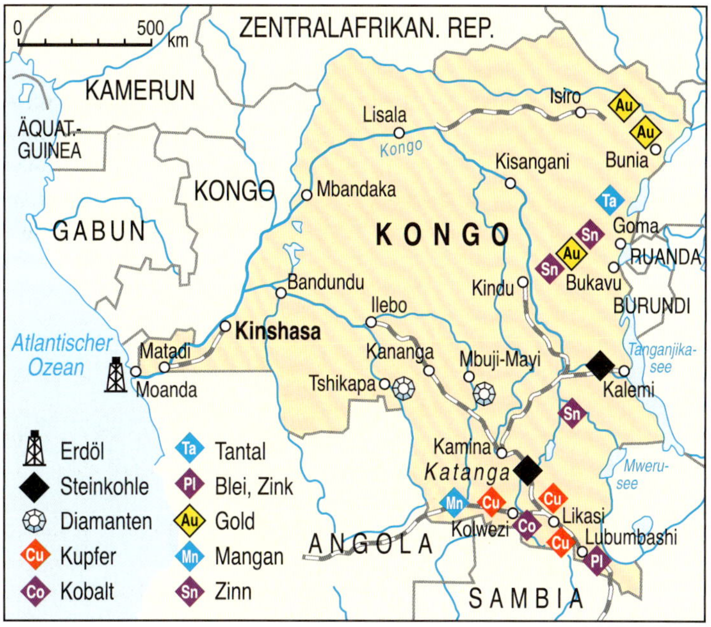

M1 Kongo: Bodenschätze

Imperialismus (von lat. imperium = Herrschaft, Herrschaftsgebiet): Ausdehnungspolitik eines Staates mit dem Ziel, politisch und wirtschaftlich abhängige Territorien zu erwerben. Das Zeitalter des Imperialismus meint die Epoche zwischen ca. 1880 und dem Beginn des Ersten Weltkrieges. Damals beteiligten sich an der territorialen Ausdehnung nicht mehr nur traditionelle Kolonialmächte wie Großbritannien, Frankreich oder Russland, sondern auch Italien, Belgien, das Deutsche Reich, die USA und Japan. Das Interesse an überseeischen Gebieten beschränkte sich nicht mehr auf die Interessen von Kaufleuten, Militärs und Forschungsreisenden, sondern beflügelte die Emotionen breiter Kreise der Bevölkerung und beeinflusste und bestimmte das politische Handeln der Regierenden.

demokratische Zustände einkehren zu lassen, fehlte. Der aufgrund wachsender Unruhen übereilte Rückzug Belgiens stellte die Unabhängigkeitsbewegung des Kongo vor erhebliche Probleme: Kaum ein Beamter war fachlich in der Lage, die überstürzt abgezogenen belgischen Fachleute zu ersetzen, weniger als 30 Kongolesen besaßen 1960 einen Universitätsabschluss. Regionale und ethnische Führer hatten deshalb zum Teil eine größere Macht als die Regierung in Kinshasa.

Der Kongo nach der Unabhängigkeit

Nachdem eine erste gewählte Regierung unter Patrice Lumumba gescheitert war, übernahm 1961 der Stabschef Mobutu die Herrschaft. Zwar gelang es Mobutu, sich dauerhaft als Herrscher im Kongo zu etablieren und dem Land nach den ersten Jahren des Chaos eine Ordnung zu geben. Sein Regierungsstil aber gründete auf Gewalt, Korruption und Repression. Die Erlöse aus den Bodenschätzen kamen nicht dem Land zugute. Stattdessen bereicherten sich die obersten Führungskräfte, Korruption gehörte zum politischen Tagesgeschäft. Um zu verdeutlichen, dass die Kolonialzeit überwunden war, veranlasste Mobutu 1971 die Umbenennung des Kongo in Zaire, das diesen Namen bis zum Ende seiner Herrschaft 1997 behielt. Das politische System von Zaire ähnelte dem sowjetischer Regime. Die Machtfülle Mobutus war unbeschränkt und die Opposition zersplittert, einzelne Putschversuche und Studentenunruhen wurden mithilfe der Streitkräfte niedergeschlagen.

Mit dem Völkermord an den Tutsi in Ruanda 1994 brach auch der Bürgerkrieg in Kongo wieder aus. Während der Kriegswirren entstand eine Rebellen-Streitmacht, die von Laurent-Désiré Kabila angeführt wurde. Ihm gelang es, den mittlerweile auch international isolierten Mobutu zu stürzen. Er benannte Zaire in „Demokratische Republik Kongo" um. Auf Betreiben von Ruanda und Uganda wurde der Regierung Mobutu ein Ende gesetzt und im Mai 1997 Kabila als neuer Staatspräsident vereidigt. Während seiner Regierungszeit trat der Konflikt um Rohstoffe zwischen Rebellen, Nachbarstaaten und kongolesischer Regierung offen zutage. Massenflucht und Hunger waren die Folge.

Im Januar 2001 fiel Laurent-Désiré Kabila einem Attentat zum Opfer, sein Sohn Joseph Kabila folgte ihm als Staatspräsident nach. Ihm gelang es, die zerrütteten Verhältnisse zu bessern und vor allem die Ausplünderung der rohstoffreichen Ostprovinzen unter dem Einfluss der ugandischen, ruandischen und burundischen Regierung abzuschwächen. Nach den Wahlen 2006, die Kabila bestätigten, zogen die EU-Truppen wieder ab. Bürgerkriegskämpfe sowie schlechte Lebensbedingungen dauern an.

M2 Flüchtlingslager im Kongo 2005

M3 Herr Kibala macht Staat

Vor zwei Jahren kehrte ein Kongolese aus Deutschland in seine Heimat Süd-Kivu zurück. Nun bekämpft er als Vizegouverneur das Chaos:

Wenigstens die Erde könnte endlich Ruhe geben. Der Boden hat wieder gezittert, nicht weiter schlimm, nur ein kleines Nachbeben. Kibala inspiziert den Riss, der sich wie eine schwarze Ader über die Decke seines Amtszimmers schlängelt, und murmelt halblaut vor sich hin, was die deutsche Bauaufsicht dazu sagen würde: „Sofort räumen und abreißen." Solche Sätze, kurz und konsequent, tun gut, auch wenn sie außer ihm keiner hört. Probleme erkennen, Normen anwenden, Lösungen finden – so kennt er das aus seinem alten Leben, damals als Ingenieur im Tiefbauamt im rheinischen Troisdorf und später bei der Deutschen Bahn. Aber jetzt sitzt er in diesem morschen Büro in Bukavu im Osten des Kongos, wo Krisen und Probleme nicht warten, bis sie an der Reihe sind, sondern einfach über einen hereinbrechen. Es ist neun Uhr morgens, und der Tag riecht schon nach Ärger.

In Kabare, nur wenige Kilometer von Bukavu, plündern seit gestern Soldaten der kongolesischen Armee Häuser, weil sie keinen Sold bekommen haben. Die Lehrer, seit vier Monaten ohne Lohn, drohen mit Streik.

[...] Jean Claude Kibala, der an diesem Tag 43 Jahre alt wird, was ihm erst um die Mittagsstunden auffällt, ist der neue Vizegouverneur der Provinz Süd-Kivu und als solcher zuständig für Verwaltung und Finanzen. Er weiß immer noch nicht, wie viele der 275 Lohnempfänger des Gouverneursamts hier wirklich arbeiten und wie viele Karteileichen sind, für die jemand doppelt kassiert, was nach kongolesischer Lesart nicht unter den Tatbestand des Betrugs, sondern unter Selbsthilfe fällt. Se débrouiller, sich durchbeißen, heißt das hier. [...]

17 Jahre lang hat er in Deutschland gelebt, den rasanten Absturz seines Landes aus der Ferne beobachtet, bis er es 2006 nicht mehr aushielt und als Parlamentskandidat in seine Heimatprovinz Süd-Kivu zurückging. Der erste Anlauf in der Politik scheiterte. Zwei Jahre später bot ihm die Soziale Bewegung für Erneuerung, ein Zusammenschluss von Bürgerorganisationen, die Kandidatur für das Amt des Vizegouverneurs an.

Papi ist Kibalas Leibwächter, ein dünner, hoch aufgeschossener Kerl mit viel zu großem Jackett und ständig besorgter Miene, was am Bewegungsdrang seines Chefs liegen mag. Es ist 10.30 Uhr, die Auszahlung der April-Gehälter wurde erneut verschoben, Kibala will nach Kabare. Offenbar haben sich die Bewohner dort zum Protest gegen die Armee versammelt, was böse enden kann. [...]

Still ist es in Kabare, totenstill. Keine Rauchsäulen, keine Schüsse, keine Demonstranten. Hinter der Kurve zum Gemeindehaus sehen wir, warum. Alle Beteiligten dieses kleinen kongolesischen Dramas haben sich zu Ehren des Vizegouverneurs in Reih und Glied aufgestellt. Vorneweg die Offiziere der plündernden Brigade, dann die Polizisten, dann die Gemeindevorsteher und die Pastoren. Ein Tusch ertönt, Hacken werden zusammengeknallt, Kommandos gebrüllt, Kibala nimmt mit würdevoller Miene die Parade ab und verschwindet zum Krisengespräch mit Offizieren und dem Polizeichef, der schnell noch einem unbotmäßigen Untergebenen einen Fußtritt verpasst.

Auf dem Dorfplatz kehrt wieder Totenstille ein. Etwa 200 Menschen, Bauern, Lehrer, Markthändlerinnen, viele mit abgewetzten Bibeln unterm Arm, starren auf die Soldaten der 14. Brigade, die sich auf einer Wiese versammelt haben, Panzerfaust oder Kalaschnikow über der Schulter. Dann ein trockenes Klicken, der Reporter vom „Rundfunk des Volkes Bukavu" hat sein Aufnahmegerät eingeschaltet, plötzlich reden alle drauflos: „Monsieur, gestern morgen haben sie den Stall eingetreten und alle fünf Ziegen mitgenommen", „bei mir den ganzen Maniok-Vorrat", „unser Feuerholz, und meinem Sohn haben sie die Rippen gebrochen" Gebrochene Rippen verheilen, aber fünf Ziegen – das ist in diesem Land Sparbuch und Altersversorgung zugleich.

Die Täter starren zurück. Rund 50 Soldaten haben sich in einer Lehmbaracke ohne Dach einquartiert. Es ist feucht, es stinkt, und für einen Moment wirkt dieser Haufen Schwerbewaffneter ebenso erbärmlich wie bedrohlich. „Was soll hier schon passiert sein?", sagt einer achselzuckend. „Wir haben keinen Sold gekriegt, also müssen wir uns selber helfen." Se débrouiller.

Andrea Böhm: Herr Kibala macht Staat. In: Zeit Online 29/2008 S. 3 (http://www.zeit.de/2008/29/Kibala-Kongo)

Arbeitsaufträge

1 Nennen Sie Ursachen der Bürgerkriege im Kongo und der Konflikte mit den Nachbarstaaten (VT).

2 Überlegen Sie, welche Möglichkeiten für eine Intervention wie die der MONUC oder der EUFOR bestehen. Begründen Sie Ihre Meinung.

Auf einen Blick

Die politische Willensbildung

Das Verhältnis von Wählern und Gewählten beschränkt sich keineswegs darauf, dass Staatsbürger bei Wahlen ihre Stimme abgeben, um dann den gewählten Repräsentanten alle politischen Entscheidungen allein zu überlassen. Die politische Mitbestimmung des Einzelnen reicht weiter: In Parteien, Verbänden, Bürgerinitiativen und sozialen Bewegungen kann jeder Einzelne mitwirken und Einfluss auf politische Entscheidungen nehmen. Diese Organisationen sind ein entscheidendes Mittel, um die Bürgerinnen und Bürger aus ihrer Hilflosigkeit gegenüber einer übermächtigen Staatsmacht zu befreien und sie als Glieder einer Gesellschaft handlungsfähig zu machen. Organisierte Gruppen suchen die staatliche Willensbildung im Sinne der von ihnen vertretenen Überzeugungen und Interessen direkt oder über Einwirkungen auf die öffentliche Meinung zu beeinflussen. Sie tragen den Regierungen und Parlamenten ihre Wünsche und Sorgen vor und bieten sich mitunter an, den staatlichen Behörden Aufgaben abzunehmen und in eigener Regie durchzuführen. Eine wichtige Rolle der Transformation der Einzelinteressen bilden dabei die Medien. Sie müssen frei berichten können, ein breites Spektrum unterschiedlicher Meinungen abbilden, untereinander konkurrieren und nicht von wirtschaftlichen Interessen abhängig sein.

So entstehen Gesetze

Der Deutsche Bundestag ist der Ort der Gesetzgebung. Gesetzesinitiativen können von der Bundesregierung ausgehen, aus der Mitte des Bundestages entstehen oder vom Bundesrat kommen. Erst nachdem sich die Abgeordneten in den Gremien des Bundestages sorgfältig mit einer Gesetzesvorlage beschäftigt haben, kann ein Gesetz den Bundestag passieren. Bei der ersten Lesung geht es meist um die Diskussion von Grundsatzfragen. Dieser Prozess wird oft durch die direkte Überweisung an die zuständigen Ausschüsse abgekürzt. Dort wird der Gesetzentwurf von Fachpolitikern der Fraktionen auf seine Inhalte und Folgewirkungen überprüft, wobei Sachverständige zu Anhörungen eingeladen werden können. Meist mit Vorschlägen zu Änderungen versehen, wird er anschließend im Plenum in zweiter und dritter Lesung beraten. Wenn zwischen Bundestag und Bundesrat keine Einigkeit über ein Gesetzesvorhaben besteht, kann der Vermittlungsausschuss einberufen werden. Hat ein Gesetz Bundestag und Bundesrat erfolgreich passiert, wird es unterzeichnet und im Bundesgesetzblatt veröffentlicht.

Die Legitimation politischer Herrschaft

Die Abgeordneten, die in den Bundestag gewählt werden, erhalten vom Bürger ein Mandat. Sie sind Beauftragte des Volkes für eine begrenzte Zeit, bis ein neuer Bundestag gewählt wird. Bei den Wahlen legt jeder Wähler mit seiner Erststimme fest, wer ihn im Bundestag vertreten soll. Jeder Kandidat, der in seinem Wahlkreis die Mehrheit der Erststimmen erhält, kommt mit einem Direktmandat in das Parlament. Die Bundesrepublik ist in Wahlkreise aufgeteilt. Entscheidend für das Kräfteverhältnis der Parteien ist die Zweitstimme. Durch sie bestimmt der Wähler, welche Partei oder welche Koalition so stark wird, dass sie aus ihrer Mitte die Bundeskanzlerin oder den Bundeskanzler wählen kann. Allerdings gilt für die zur Wahl stehenden Parteien die Fünfprozentklausel. Jede Partei muss, sofern sie nicht mindestens drei Direktmandate erringt, bundesweit mindestens fünf Prozent der Zweitstimmen erhalten, wenn sie in den Bundestag einziehen will.

Grundrechte in Deutschland

Grundrechte sind die in Verfassungen aufgelisteten staatlich garantierten Freiheitsrechte des Individuums gegenüber der Staatsmacht. Die Idee, dass es angeborene unveräußerliche individuelle Menschenrechte gibt, konnte sich nur in langen historischen Prozessen entwickeln. Für sie muss heute noch in vielen Staaten Überzeugungsarbeit geleistet werden. Die persönlichen Grundrechte müssen gegen die Interessen der jeweils Herrschenden durchgesetzt werden.
In Deutschland verabschiedete die Frankfurter Nationalversammlung 1849 einen Grundrechte-Katalog für den Entwurf der

deutschen Reichsverfassung, auf den jedoch erst 1919 die Verfassung der Weimarer Republik und dann 1949, das Grundgesetz der Bundesrepublik Deutschland Bezug nahmen. Die im Grundgesetz niedergelegten Grundrechte binden Gesetzgebung, vollziehende Gewalt und Rechtsprechung als unmittelbar geltendes Recht.

Volksentscheide

Volksbegehren und Volksentscheide sind Instrumente direkter Demokratie. Mit einem Volksbegehren kann die Wahlbevölkerung Gemeinderäten oder Länderparlamenten eine Gesetzesvorlage unterbreiten. Mit Hilfe eines Volksentscheids, auch Plebiszit oder Referendum genannt, können die Wahlberechtigten unmittelbar eine politische Entscheidung herbeiführen. Auf Bundesebene kennt das Grundgesetz Volksbegehren und -entscheide bisher nur in Zusammenhang mit der Neugliederung des Bundesgebiets. Seit vielen Jahren wird kontrovers darüber diskutiert, ob darüber hinaus auch weitere direkte Entscheidungsmöglichkeiten, so auch die Direktwahl des Bundespräsidenten, eingeführt werden sollten.

Demokratische Regierungssysteme

Unter einer Staatsform versteht man die politische Organisationsform eines Staates, die sich nach der Stellung des Staatsoberhauptes richtet. Man unterscheidet Monarchien und Republiken. Republiken können parlamentarisch, präsidentiell, semipräsidentiell oder in Form einer Direktorialverfassung ausgerichtet sein. Beim parlamentarischen Regierungssystem (z. B. Deutschland) werden Staatsoberhaupt und Regierungschef von Abgeordneten gewählt, beim präsidentiellen (z. B. USA) von der wahlberechtigten Bevölkerung. Beim semipräsidentiellen Regierungssystem (z. B. Frankreich) existiert wie im parlamentarischen eine zweiköpfige Exekutive aus Präsident und Regierungschef. Der Regierungschef wird vom direkt gewählten Präsidenten ernannt, muss aber vom Parlament bestätigt werden. In der Schweiz existiert eine sogenannte Direktorialverfassung, die Eigenheiten des präsidentiellen und des parlamentarischen Regierungssystems miteinander verbindet. Die Regierung bildet ein Kollegialorgan aus verschiedenen Parteien. Die Funktion des Bundespräsidenten wird in einem festgelegten Rhythmus von einem Mitglied der Regierung mitübernommen.

Arbeitsaufträge

?

1. Beschreiben Sie Formen organisierter Gruppen, die es dem Einzelnen ermöglichen, an der politischen Willensbildung mitzuwirken.
2. Unterscheiden Sie die Aufgaben von Verbänden von denen politischer Parteien.
3. Erklären Sie, auf welche Weise es einer Bürgerinitiative gelingen kann, ihre Interessen durchzusetzen.
4. Begründen Sie, warum Pressekonzentrationen eine Gefahr für den demokratischen Staat darstellen.
5. Stellen Sie die wesentlichen Stationen des Zustandekommens eines zustimmungspflichtigen Bundesgesetzes dar.
6. Vergleichen Sie bei der Neuwahl eines Bundeskanzlers die Vertrauensfrage und das Misstrauensvotum.
7. Unterscheiden Sie im Grundgesetz garantierte Freiheits-, Gleichheits- und Unverletzlichkeitsrechte.
8. Nennen Sie Unterschiede zwischen dem präsidentiellen, semipräsidentiellen und parlamentarischen Regierungssystem.

Auf einen Blick

Streben nach Einheit und Freiheit

Nach dem Ende der napoleonischen Herrschaft, die auch viele Teile Deutschlands einbezogen hatte, zerfiel das Heilige Römisch Reich Deutscher Nation in 39 fast souveräne Einzelstaaten. Um die Mitte des 19. Jahrhunderts formten sich in vielen dieser Staaten starke Bewegungen liberaler und demokratischer Oppositionsgruppen. Gemeinsam war ihnen die Forderung nach nationaler Einheit. Die Demokraten verlangten zudem die Absetzung der Fürsten. Die deutschen Liberalen, die vor allem aus dem Besitz- und Bildungsbürgertum kamen, wollten die Fürstenherrschaft zwar schwächen, aber nicht beseitigen.
Frankfurt am Main wurde zum wichtigsten Schauplatz der sich aus diesen Strömen speisenden Revolution. Am 18. Mai 1848 trat dort die Nationalversammlung in der Paulskirche erstmals zusammen. Die Abgeordneten hatten die doppelte Aufgabe, eine Verfassung zu beschließen und eine zentrale Regierungsgewalt zu schaffen. Zu den Hauptgegenständen der Beratungen gehörte auch die Frage der territorialen Abgrenzung des deutschen Nationalstaates. Nachdem der preußische König nicht bereit war, die Kaiserkrone aus den Händen der Abgeordneten anzunehmen, blieb das Werk der Paulskirche ohne entscheidenden Erfolg. Die Revolution scheiterte.
Die Einheit Deutschland wurde dann „von oben" unter preußischer Führung diktiert. Der militärische Sieg Preußens über Österreich brachte die Entscheidung zugunsten der „kleindeutschen" Lösung. Die Gründung des Norddeutschen Bundes und die Niederlage Frankreichs im Deutsch-Französischen Krieg waren weitere Stationen auf dem Weg zur Proklamation des preußisch-deutschen Kaiserreiches am 18. Januar 1871. Das Deutsche Reich war eine konstitutionelle Monarchie mit einer großen Machtfülle für Kaiser und Reichskanzler und nur eingeschränkten Rechten des Reichstages. Unter Kaiser Wilhelm II. wandelte sich die deutsche Außenpolitik zur unverhüllten Machtpolitik, die schließlich in den Ersten Weltkrieg mündete.

Die Weimarer Republik

Als Zeit der Weimarer Republik wird die Phase der deutschen Geschichte zwischen 1918 und 1933 bezeichnet. Die Epoche ist gekennzeichnet durch den gescheiterten Versuch einer intensiven Demokratisierung nach der Abschaffung der Monarchie. Die Novemberrevolution 1918 am Ende des Ersten Weltkrieges führte in Deutschland zum Sturz des Kaisers und zur Wahl einer verfassunggebenden Nationalversammlung. Die neu ausgearbeitete Verfassung machte aus dem deutschen Kaiserreich eine demokratische Republik. Die Enttäuschung über die Ergebnisse der Friedensverträge nach dem Ersten Weltkrieg erschwerte die Akzeptanz der neuen Staatsform bei großen Teilen der Bevölkerung. Vor allem die Reichswehr und Teile der konservativen Eliten sehnten sich weiterhin nach einem starken, charismatischen Machthaber.
Staatsoberhaupt war nunmehr der gewählte Reichspräsident mit seinen übergroßen Machtbefugnissen. Die Reichsregierung war vom Vertrauen des Reichstages abhängig, der die Gesetzgebung ausübte und die Regierung kontrollierte. Gesetze konnten aber von der Regierung auch ohne Parlament durch Notverordnungen des Reichspräsidenten in Kraft gesetzt werden. Von 1919 bis 1933 gab es 21 verschiedene Reichsregierungen. Dass sie oft nur unter Schwierigkeiten zustande kamen und häufig wechselten, schadete dem Ansehen der Republik in der Bevölkerung.
Die ersten Reichsregierungen konnten sich noch auf parlamentarische Mehrheiten stützen. Doch nach der Wirtschaftskrise 1929, als infolge des Anwachsens der Nationalsozialisten und Kommunisten bei Reichstagswahlen keine regierungsfähige Mehrheiten mehr zustande kamen, wurde das Präsidialsystem zur vorherrschenden Gesetzgebungsform. Die Regierungen setzten ihre Politik mit Hilfe des Reichspräsidenten durch und entzogen sich der parlamentarischen Kontrolle. Das ständige Wachsen des politischen Radikalismus und die geringen Erfolge der Reichsregierungen bei der Bekämpfung der Wirtschaftskrise führten 1933 zum Ende der Republik.

Der Nationalsozialismus

Mit der Machtübernahme der Nationalsozialisten am 30. Januar 1933 wurden die Kontinuitätslinien in der Geschichte der deutschen Demokratie jäh unterbrochen. Binnen weniger Monate errichteten die Nationalsozialisten unter Führung Adolf Hitlers eine totalitäre Diktatur, die rasch die gesamte deutsche Gesellschaft erfasste. Rechtsstaatliche Grundsätze, wie Grund- und Menschenrechte, wurden außer Kraft gesetzt. Politische Gegner und Andersdenkende wurden verfolgt. Parteienverbote machten die NSDAP zur einzig verbliebenen Partei und schufen so den Einparteienstaat. Die Terrorherrschaft des Polizei- und SS-Apparates etablierte ein System staatlicher Gewalt, dem bestimmte Minderheiten schutzlos ausgeliefert waren. „Schutzhaft“, Gestapo und Konzentrationslager waren zentrale Institutionen von Verfolgung und Willkür.

Die nationalsozialistische Politik war hochgradig ideologisch motiviert. Die NS-Ideologie war menschenverachtend und basierte auf einem rassistischen Weltbild. Alle Menschen, die nicht dem nationalsozialistischen Ideal entsprachen, sollten aus der deutschen Gesellschaft ausgeschlossen werden. Die Verfolgungspolitik richtete sich vor allem gegen Juden, aber auch gegen Behinderte, Sinti und Roma sowie andere Minderheiten. Die große Mehrheit der Deutschen fühlte sich allerdings als Teil der von den Nationalsozialisten beschworenen „Volksgemeinschaft“ und akzeptierte die NS- Diktatur.

Die aggressive Außenpolitik des nationalsozialistischen Deutschland war schon früh auf Krieg ausgelegt und missachtete von Beginn an internationale Verträge. Die deutsche Wirtschaft wurde durch konsequente Aufrüstung auf einen zukünftigen Krieg ausgerichtet. Mit dem Überfall des Deutschen Reiches auf Polen am 1. September 1939 begann der Zweite Weltkrieg. Nach den militärischen Besetzungen und Siegen gegen die nord- und westeuropäischen Nachbarn und der Eroberung des Balkans führten die Deutschen ab Juni 1941 einen verbrecherischen Weltanschauungskrieg gegen die Sowjetunion. Dieser Vernichtungskrieg richtete sich auch gegen die feindliche Zivilbevölkerung und tötete Millionen Menschen.

Der Krieg in Europa ermöglichte den Nationalsozialisten auch die Radikalisierung ihrer Judenpolitik. Systematisch wurden die Juden im gesamten besetzten Europa verfolgt, in Vernichtungslager deportiert und schließlich ermordet.

Die Auseinandersetzung mit der nationalsozialistischen Diktatur und dem Völkermord prägen Politik und Gesellschaft in Deutschland bis heute.

Arbeitsaufträge

?

1. Beschreiben Sie die Verfassung des Deutschen Bundes nach 1815.
2. Nennen Sie wesentliche Aufgaben der Nationalversammlung in der Paulskirche 1848/49.
3. Erläutern Sie, warum die Revolution von 1848/49 scheiterte.
4. Charakterisieren Sie die Innen- und Außenpolitik des Deutschen Kaiserreiches nach 1871.
5. Vergleichen Sie die Regierungsform einer Räterepublik mit der eines parlamentarischen Regierungssystems.
6. Erklären Sie jeweils Ursachen und Wirkungen der Inflation und der Weltwirtschaftskrise.
7. Diskutieren Sie in der Klasse, welche Rolle die NS-Vergangenheit in der deutschen Politik und Gesellschaft heute noch spielt.
8. Welche Konsequenzen ziehen Sie persönlich aus der Beschäftigung mit der Geschichte des Nationalsozialismus?
9. Erörtern Sie, inwieweit sich Geschichte wiederholen könnte. Könnte es heute noch einmal in einer modernen westlichen Gesellschaft ein Phänomen wie den Nationalsozialismus geben?

Auf einen Blick

Ost-West-Konflikt und Kalter Krieg

Die als Weltmächte etablierten USA und Sowjetunion standen sich zum Ende des Zweiten Weltkrieges nicht sofort in offener Polarisierung gegenüber. Ihre Kooperation im Kampf gegen das nationalsozialistische Deutschland schien zunächst Chancen für eine Weltfriedensordnung im Rahmen der neu begründeten Vereinten Nationen zu bieten. Die Sowjetunion hatte sich in den Kriegskonferenzen der Alliierten seine Einflusszone in Ostmitteleuropa sowie auf dem Balkan gesichert. Andererseits sah sie in der durch die USA proklamierten Politik des freien Handels ebenso wie in der Bindung von Kreditzusagen an politische Bedingungen eine Bedrohung ihres politischen Systems. Machtpolitik und ideologische Gegensätze verstärkten sich gegenseitig in ihrer Wirkung und mündeten 1946/47 in den Kalten Krieg. Meist waren es Stellvertreterkriege, die den erbitterten Ost-West-Gegensatz prägten. So der Koreakrieg (1950 – 1953), in dem die USA das verbündete Südkorea, die kommunistische Volksrepublik China dagegen Nordkorea unterstützten, aber auch der Vietnamkrieg (1964 – 1973), bei dem Südvietnam mit Hilfe amerikanischer Truppen gegen die kommunistische Untergrundbewegung Vietcong kämpfte.
Im Jahr 1962 standen sich die USA und die UdSSR erstmals unmittelbar gegenüber. Während der Kuba-Krise schrammten die beiden Supermächte nur knapp an einem neuen Weltkrieg vorbei. Auch die Berlin-Krise, die 1961 den Bau der Mauer zur Folge hatte, kennzeichnete die erbitterte Gegnerschaft der Machtblöcke.

Deutschland unter alliierter Besatzung

Die von den westlichen Alliierten besetzten Zonen Deutschlands, in denen der Produktionsaufschwung bereits 1948/49 wieder einsetzte, profitierten bald von der westlichen Bündnispolitik. US-Präsident Truman hatte diese schon 1947 als Mittel zur Eindämmung kommunistischer Einflüsse in Europa bezeichnet. Der Marshall-Plan, der umfangreiche Auslandskredite bereitstellte, verstärkte den wirtschaftlichen Aufschwung im Westen und gleichzeitig die Trennung vom Ostblock, der die Hilfe ablehnte. Die in Potsdam 1945 beschlossene Trennung in unterschiedliche Besatzungszonen war bereits ein erster Schritt auf dem Weg zur Entstehung zweier deutscher Teilstaaten. Zumal die Entwicklung in der Sowjetischen Besatzungszone einen völlig anderen Verlauf nahm als die in den Westzonen. Die rasche gesellschaftliche Umgestaltung mit der weitgehenden Kollektivierung der Landwirtschaft und der Verstaatlichung der Produktionsmittel zeigte, dass sich die SBZ stark an ihrer Besatzungsmacht – der Sowjetunion – orientierte. Während die Sowjetunion der sozialistischen SED den Weg zu einer kommunistischen Diktatur in der SBZ ebnete, förderten die drei Westmächte in ihren Zonen den Aufbau einer parlamentarischen Demokratie.

Die Gründung zweier deutscher Staaten

Eine Voraussetzung für die Wirksamkeit des Marshall-Plans war die im Juni 1948 durchgeführte Währungsreform. Die Einführung der neuen Währung in den Westsektoren von Berlin bildete für die Sowjetunion den Anlass zur Berlin-Blockade. Der Versuch scheitert jedoch. Kurz nach dem Beginn der Berlin-Blockade erhielten die Ministerpräsidenten der westdeutschen Länder von den drei Militärgouverneuren den Auftrag zur Ausarbeitung einer Verfassung. Das daraufhin vom Parlamentarischen Rat erarbeitete „Grundgesetz der Bundesrepublik Deutschland“ wurde nach Genehmigung durch die Militärgouverneure am 23. Mai 1949 feierlich verkündet. In der SBZ erarbeitete daraufhin ein „Volksrat“ eine „Verfassung der Deutschen Demokratischen Republik“. Mit der Gründung der DDR am 7. Oktober 1949 wurde die Existenz zweier deutscher Teilstaaten zur Realität.

Deutschland zwischen Ost und West

Beide deutsche Staaten wurden Schritt für Schritt in die jeweiligen Machtblöcke integriert. Den politischen Kurs der Bundesrepublik Deutschland prägte maßgeblich der erste Bundeskanzler Konrad Adenauer mit seinem Konzept der politischen und wirtschaftlichen Westintegration.

Von Anfang an belastete die ständige Flucht von qualifizierten Arbeitskräften in den Westen die DDR-Wirtschaft. Die meisten Menschen flohen über das noch offene West-Berlin. Durch den Bau der Berliner Mauer am 13. August 1961 wurde auch dieser Fluchtweg geschlossen. Mit dem Mauerbau und der Kuba-Krise erreichte der Kalte Krieg seinen Höhe- und Wendepunkt. Im Rahmen einer weltweiten Entspannungspolitik war die Regierung Brandt/Scheel 1970 bereit, die nach dem Zweiten Weltkrieg in Europa entstandenen Grenzen anzuerkennen und Gewaltverzichtsverträge abzuschließen. Die neue Ostpolitik schloss auch die „Normalisierung" der Beziehungen beider deutscher Staaten mit ein. Der Grundlagenvertrag schuf die Basis für ein geregeltes Nebeneinander.

Überwindung der deutschen Teilung

Ökonomische Zwänge und das Aufbegehren der Menschen in den sozialistischen Staaten waren es, die schließlich zum Ende des Kalten Krieges führten. Nach der Berufung Michail Gorbatschows zum Generalsekretär der KPdSU im Jahr 1985 hatten in der Sowjetunion Entwicklungen begonnen, die schließlich das Ende der Nachkriegsordnung herbeiführten. Gorbatschow propagierte einen radikalen Umbau (Perestroika) von Wirtschaft und Gesellschaft und die Diskussion politischer Zustände in aller Öffentlichkeit (Glasnost). Die Vorgänge in der Sowjetunion ermutigten Reformkommunisten und Oppositionelle in den osteuropäischen Staaten, zunächst vor allem in Polen und Ungarn. Im Zuge dieser Veränderungen befreiten sich 1989 auch die Menschen in der DDR von der SED-Herrschaft und erstritten ein Jahr später die Wiedervereinigung. Der Zerfall der Blöcke und die Durchlässigkeit von Grenzen mündeten in einem weltweiten Globalisierungsprozess.

Europa wächst zusammen

Die deutsche Nachkriegsgeschichte ist untrennbar mit der Integration in die Europäische Gemeinschaft verbunden. Die Einbindung der Bundesrepublik in ein gemeinsames Europa war entscheidend für das Vertrauen der Staaten Westeuropas nach den Erfahrungen des Zweiten Weltkrieges. Am 9. Mai 1951 hatte der französische Außenminister Robert Schuman die Errichtung einer Europäischen Gemeinschaft für Kohle und Stahl vorgeschlagen. Dies war der Beginn eines gemeinsamen Marktes von zunächst sechs Staaten, der dann in die Europäische Gemeinschaft einmündete und dem sich immer mehr Staaten anschlossen.

Mit dem 1993 in Kraft getretenen Maastricher Vertrag begaben sich die Mitgliedstaaten auf den Weg einer vertieften europäischen Zusammenarbeit. Mit ihm wurde die EU gegründet, bestehend aus einer reformierten Europäischen Gemeinschaft mit einer gemeinsamen Außen- und Sicherheitspolitik sowie der Zusammenarbeit im Bereich Justiz und Inneres. Der Vertrag gab ferner den Fahrplan einer Wirtschafts- und Währungsunion vor. Im Jahr 2007 gehörten der EU bereits 27 Mitgliedstaaten an.

Arbeitsaufträge

?

1. Beschreiben Sie die Grundvorstellungen, die die USA und die Sowjetunion im Kalten Krieg leiteten.
2. Erstellen Sie eine Übersicht über die jeweiligen Nach kriegspläne der vier Siegermächte über die Zukunft Deutschlands.
3. Erklären Sie, warum es 1953 zum Volksaufstand in der DDR kam und warum 1961 zum Mauerbau.
4. Fassen Sie zusammen, welche Ereignisse die Entspannungspolitik zwischen Ost und West begünstigten.
5. Schildern Sie wesentliche Ereignisse, die zur deutschen Wiedervereinigung führten.
6. Nennen Sie Probleme, die im Zuge der Wiedervereinigung gelöst werden mussten.
7. Beschreiben Sie wesentliche Stationen des europäischen Einigungsprozesses.
8. Bewerten Sie die Ergebnisse des europäischen Einigungsprozesses aus heutiger Sicht.

Auf einen Blick

Globale Sicherheitspolitik

Das Ende des Ost-West-Konfliktes hat die Globalisierung außen- und sicherheitspolitischer Probleme beschleunigt. Mit dem Zusammenbruch der Sowjetunion und der deutschen Wiedervereinigung war der Kalte Krieg zu Ende gegangen. An seine Stelle traten neue Bedrohungen. Zu den aktuellen globalen Herausforderungen gehören neben vielerlei ethnisch und religiös geprägten Bürgerkriegen in Ländern der „Dritten Welt" seit Jahrzehnten schwelende Konflikte im Nahen Osten und in Afghanistan.

Nahostkonflikt

Als Nahostkonflikt bezeichnet man die häufigen Auseinandersetzungen zwischen den arabischen Staaten und Israel. Seine Geschichte beginnt mit der jüdischen Einwanderung und Besiedelung Palästinas seit dem ausgehenden 19. Jahrhundert. Erstmals eskalierte der Konflikt mit der Unabhängigkeitserklärung Israels 1948.

Der Nahe Osten ist heute von einer friedlichen Lösung weit entfernt, zumal auch die palästinensischen Parteien tief zerstritten sind. Während die gemäßigte Fatah-Bewegung Israel als Staat anerkennt, sind die im Gaza-Streifen regierenden radikal-islamischen Hamas dazu nicht bereit. Auch Israel beharrt weiterhin konsequent auf seinen Positionen und will etwa die jüdischen Siedlungen im Westjordanland nicht aufgeben.

Für Deutschland ist Israel trotz der Gräuel des Holocaust, die zum wesentlichen Motiv der jüdischen Staatsgründung wurden, ein verlässlicher Freund und Handelspartner geworden. Deutschland und Europa tragen eine historische Verantwortung für den Nahostkonflikt. Der europäische Kolonialismus, die Weltkriege und ihre Folgen für die regionale Mächtekonstellation, der Holocaust und die Staatsgründung Israels haben den Nahen Osten nachhaltig geprägt.

Die Grundposition der Europäischen Union im Nahostkonflikt ist die Befürwortung einer Zwei-Staaten-Lösung. Übergeordnete Ziele sind das Existenzrecht und die Sicherheit des Staates Israel, ein demokratischer palästinensischer Staat, Jerusalem als gemeinsame Hauptstadt und eine akzeptable Lösung des Flüchtlingsproblems.

Konfliktfeld Afghanistan

In Afghanistan ist Deutschland vor allem aktiv, um einen Beitrag im internationalen Kampf gegen den Terrorismus zu leisten. Seit den 1970er-Jahren herrschten in Afghanistan Krieg und Bürgerkrieg. Bis heute leidet das Land unter den Folgen der schweren Zerstörungen, der Verminung ganzer Landstriche, ethnisch motivierter Spannungen und organisierter Kriminalität. Seit Januar 2002 unterstützt die Bundeswehr im Rahmen eines UN-Mandats zusammen mit bis zu 37 anderen Nationen als Teil der International Security Assistance Force (ISAF) den Wiederaufbau des Landes. Neben der Ausbildung von afghanischen Sicherheitskräften kümmern sich die Soldaten der Bundeswehr im Norden Afghanistans um die Wiederherstellung der Infrastruktur des Landes und unterstützen die afghanische Regierung bei der Auslieferung humanitärer Hilfsgüter und der geregelten Rückkehr von Flüchtlingen.

Bundeswehr

Auch bei Auslandseinsätzen der Bundeswehr gilt das Leitbild der Inneren Führung. Dabei bestimmen die Garantie der Grundrechte und die Gültigkeit rechtsstaatlicher Prinzipien das militärische Handeln. Der Grundsatz, dass Soldatinnen und Soldaten „Staatsbürger in Uniform" sind und keine von der Gesellschaft abgeschiedene Bevölkerungsgruppe, hat dazu geführt, dass die Bundeswehr seit ihrer Gründung 1955 nicht nur zu einer zuverlässigen Berufsgruppe zur Sicherheitsvorsorge geworden ist, sondern auch zu einem selbstverständlichen Bestandteil der Gesellschaft.

Länder der „Dritten Welt"

In den letzten Jahren wird über Umfang und Wirksamkeit von Entwicklungshilfe überaus kontrovers diskutiert. Aber es herrscht Einigkeit darüber, dass die Hilfsmaßnahmen nicht ausreichen und dass die Zahl der in absoluter Armut lebenden Menschen nicht geringer geworden ist. Wesentliche Ursachen dafür sind neben den zu geringen Hilfsmaßnahmen vor allem die internen Probleme der „Dritte Welt"-Länder in Afrika: Korruption, schamlose Bereicherung der zivilen und militärischen Machthaber, ein nicht bewältigtes koloniales Erbe und ethnische Auseinandersetzungen aufgrund willkürlicher Grenzziehungen. Das Ende des Ost-West-Konfliktes tat ein Übriges. Viele der „Dritte Welt"-Staaten waren jetzt für die beiden Supermächte nicht mehr interessant. Von westlichen Staaten wurde Entwicklungspolitik fortan als Interessenpolitik betrieben – zu Lasten der Staaten, die weder Rohstoffe besitzen noch Nahrungsmittel exportieren können. Auch diejenigen Länder der „Dritten Welt", die über reiche Rohstoffreserven und fruchtbare Ackerflächen verfügen, profitieren nur unzureichend von diesem Reichtum. Steigende Rohstoff- und Agrarpreise kommen ihnen kaum zugute. Die Ausbeutung und Vermarktung übernehmen ausländische Konzerne, die meist nur von ihren eigenen wirtschaftlichen Interessen geleitet sind. Entwicklungsländer mit ihren schwachen Regierungen und Verwaltungen sind fast immer die Verlierer. Sie ziehen kaum Gewinne aus ihrem natürlichen Reichtum.

Kongo

Ein unrühmliches Beispiel dafür ist die Demokratische Republik Kongo. Das flächenmäßig drittgrößte Land des afrikanischen Kontinents ist trotz seines Reichtums an Bodenschätzen eines der ärmsten Länder der Welt. Als Folge von jahrzehntelanger Diktatur und von Bürgerkriegen ist die wirtschaftliche und soziale Infrastruktur weitgehend zerstört. Drei von vier Kongolesen sind unterernährt und 70 Prozent der rund 60 Millionen Einwohner haben keinen Zugang zu Gesundheits- und Bildungseinrichtungen. Das Bruttoinlandsprodukt lag 2005 noch unter dem des Jahres 1958. Nachdem Präsident Laurent-Desiré Kabila im Januar 2001 einem Attentat zum Opfer fiel und sein Sohn Joseph die Amtsgeschäft übernahm, bereitete sich das Land auf einen Neubeginn vor. Erste wirtschaftliche, soziale und politische Reformen wurden eingeleitet. Diesen positiven Trend unterstützte auch die Gesellschaft für Technische Zusammenarbeit (GTZ) im Auftrag des Bundesministeriums für wirtschaftliche Zusammenarbeit und Entwicklung. Auch durch deren Hilfe gab es erste Erfolge bei der sozialen Eingliederung ehemaliger Kindersoldaten, beim Naturschutz, der Trinkwasserversorgung, im Gesundheitswesen und bei der Schulbildung. Um den Demokratisierungsprozess im Kongo zu unterstützen, beschloss der Bundestag im Juni 2006 Hilfe durch die Bundeswehr. 780 Bundeswehrsoldaten beteiligten sich am Einsatz einer etwa 2100 Mann starken EU-Kampftruppe, um einen friedlichen Verlauf der für den 30. Juli angesetzten ersten Präsidenten-, Parlaments- Stich- und Regionalwahlen im Kongo zu gewährleisten. Insgesamt waren an der Aktion Soldaten aus 19 EU-Staaten und der Türkei beteiligt.

Arbeitsaufträge

1. Fassen Sie wesentliche Ursachen des Nahostkonfliktes zusammen.
2. Beschreiben Sie Problemfelder, die bei einem dauerhaften Frieden zwischen Israel und den Palästinensern gelöst werden müssten.
3. Diskutieren Sie die Sinnhaftigkeit des „Out-of-Area"-Einsatzes der NATO-Truppen in Afghanistan.
4. Erklären Sie das Prinzip der „Inneren Führung" bei der Bundeswehr.
5. Erstellen Sie eine Liste mit Argumenten, die für und die gegen die Beibehaltung der Wehrpflicht sprechen.
6. Erörtern Sie wesentliche Kennzeichen der Unterentwicklung von Ländern der „Dritten Welt".
7. Nennen Sie Gründe, die für die Rückständigkeit vieler afrikanischer Staaten verantwortlich sind.
8. Beschreiben Sie Ursachen der Bürgerkriege im Kongo und der Konflikte mit seinen Nachbarstaaten.

Methoden aus dem Band für die Eingangsklasse

Statistiken darstellen und interpretieren

1 Fragen zum Verfasser
- Wer hat die statistischen Zahlen für das Schaubild ermittelt (z. B. Statistisches Bundesamt)?
- Wer hat aus den Zahlen Kurven oder ein Schaubild gezeichnet (z. B. Nachrichtenagentur, neutraler Bilderdienst, Partei, Verband, Interessengruppe)?
- Wann wurden die Daten erhoben?

2 Fragen zu Inhalt und Darstellungsform
- Wie werden die statistischen Daten dargestellt: als Tabelle oder Schaubild, in absoluten Zahlen oder Prozentangaben?
- Ist die Darstellung übersichtlich, sind die Achsen sorgfältig mit korrekten Maßeinheiten beschriftet?

3 Fragen zu den Erkenntnissen
- Was sagen die Daten genau? Lassen sich Entwicklungen ablesen?
- Gibt es Zusammenhänge zu anderen Entwicklungen und Materialien?
- Ist der Maßstab so gewählt, dass die Daten den Intentionen des Auftraggebers der Kurve oder des Schaubildes entgegenkommen?
- Für welchen Adressatenkreis ist das Schaubild/die Kurve gedacht (Wähler, Zeitungsleser, Wissenschaftler, …)? Ist es für diesen Personenkreis verständlich?

Bildquellen interpretieren

1 Einzelheiten beschreiben
- Welches Thema, welches Ereignis, welche Szene ist dargestellt?
- Welche Personen sind zu erkennen?

2 Zusammenhänge untersuchen
- Wie sind die Figuren im Bild angeordnet? Ist eine Handlung erkennbar?
- Wie wurden bei der Bildgestaltung die Bildmittel (Farben, Größenverhältnisse, Perspektive) eingesetzt?
- Wie wurden die Bildelemente ausgearbeitet (Genauigkeit der Darstellung)? Was lässt sich über die Bedeutung der Bildelemente sagen?
- Welche der Bildelemente könnten symbolisch zu verstehen sein?

3 Bild deuten (mit Hilfe der Bildlegende)
Folgende Fragen klären:
- Wann ist das Bild gemalt worden?
- Wer hat es in Auftrag gegeben? Warum?
- Was sollte mit dem Bild erreicht werden?
- Welche Gesamtdeutung ergibt sich?

Textquellen auswerten

1 Fragen zum Verfasser
- Wer hat den Text verfasst? Was wissen Sie über den Autor?

2 Fragen zum Text
- Worum geht es in dem Text, welche Personen und Orte werden genannt, welche Ereignisse beschrieben?
- Gibt es Begriffe, die Sie nicht verstehen? Schlagen Sie in einem Lexikon nach oder benutzen Sie die „Suchmaschine“ im Internet.
- Unterteilen sie den Text in einzelne Abschnitte und versehen sie jeden mit einer Überschrift.
- Welche Form hatte die Quelle ursprünglich? (Rede, Vertrag, Verordnung, …)

3 Fragen zum Adressaten
- Wann wurde die Quelle veröffentlicht?
- Wer sollte den Text lesen oder hören? (Wähler, Zeitungsleser, Stadtbürger, …)
- Welchen Zweck hatte der Text? (Anordnung, Information, Propaganda, …)

Schwierige Sachtexte verstehen – das Exzerpt

1 Wichtige Textstellen markieren
- fachwissenschaftlichen Text „bearbeiten“, also wichtige Stellen im Text unterstreichen
- Text mit Randnotizen versehen (Einleitung, These, Argumente, Schlussfolgerung, Resultate, …)
- abhängig vom jeweiligen Text kann es auch hilfreich sein, zu den einzelnen Abschnitten Überschriften zu finden

2 Notizen machen
- während des Lesens Notizen machen und zentrale Aspekte des Textes herausschreiben

- bei längeren Texten Notizen mit einem Hinweis auf die jeweilige Zeilennummer oder Seitenzahl versehen – das erleichtert das spätere Wiederfinden der jeweiligen Textstelle

3 Leitfragen beantworten
- Mit welchem Thema beschäftigt sich der Verfasser des Textes?
- In welchem Kontext ist der Text entstanden (Datum, Bezugnahme auf bestimmte Ereignisse, andere wissenschaftliche Texte, ...)?
- Was versucht der Verfasser zu erklären? Welche Kernaussagen bzw. Thesen vertritt er?
- Zu welchen Ergebnissen kommt er? Welche Schlussfolgerungen zieht er aus seiner Argumentation?

4 Textinhalt schriftlich wiedergeben
- Text in eigenen Worten zusammenfassen
- wichtige Aspekte als Zitat notieren

5 Text bewerten
- Stimmen Sie der Aussage des Textes zu?
- Ist die Argumentation des Autors in sich schlüssig oder eher widersprüchlich?
- Welche Gegenargumente bzw. Gegenthesen könnten angeführt werden?

Quellen und Texte im Original erschließen

1 Text durchlesen
- versuchen, die groben Zusammenhänge zu verstehen

2 Text in Abschnitte untergliedern
- unbekannte Vokabeln, die zur Texterfassung notwendig sind, im Wörterbuch nachschlagen

3 Wichtigste Punkte der Abschnitte herausarbeiten
- wesentliche Aussagen in Stichworten festhalten

4 Text zusammenfassen und dabei folgende Fragen beantworten
- Von wann und woher stammt der Text (Erscheinungsdatum, -ort)?
- Worum geht es in dem Text?
- Was ist wichtig? Gibt es zentrale Aussagen, Fragestellungen oder Thesen?

Eine Karte gibt Auskunft

1 Thema der Karte erfassen
- Über welches Thema gibt die Karte Auskunft (z. B. Politik, Wirtschaft, Soziales, Kultur, Umwelt)?
- Beachten Sie dazu die Überschrift und die Legende.

2 Karte geographisch einordnen
- Welcher Raum wird gezeigt?
- Welche Orte werden hervorgehoben?
- Vergleichen Sie im Geographie-Atlas, um welche heutigen Gebiete es sich handelt.

3 Karte chronologisch einordnen
- Über welche geschichtliche Epoche informiert die Karte?
- Bezieht sie sich auf ein bestimmtes Jahr, einen kurzen oder einen langen Zeitabschnitt?

4 Legende einbeziehen
- Vergleichen Sie Einzelheiten der Karte mit der Legende.
- Was bedeuten die Zeichen, Farben, Linien und Pfeile in der Karte?

5 Kritische Analyse der Karte
- Beurteilen Sie die Aussagekraft der Karte.
- Erscheint die Sichtweise der Karte objektiv?
- Sind manche Einzelheiten übergewichtet?
- Fehlen Aspekte?

Weiterführende Literatur

Partizipation – Teilhabe an der Herrschaft

Ackermann, Paul: Bürgerhandbuch. Bd. 484 der Schriftenreihe der Bundeszentrale für politische Bildung. Bonn 2005.

Hachmeister, Lutz: Grundlagen der Medienpolitik. Bd. 695 der Schriftenreihe der Bundeszentrale für politische Bildung. Bonn 2008.

Leif, Thomas/Speth, Rudolf (Hg.): Die fünfte Gewalt. Lobbyismus in Deutschland. Bd. 514 der Schriftenreihe der Bundeszentrale für politische Bildung. Bonn 2006.

Marschall, Stefan: Parlamentarismus. Baden-Baden 2005.

Neumann, Lothar F./Schaper, Klaus: Die Sozialordnung der Bundesrepublik Deutschland. Bd. 649 der Schriftenreihe der Bundeszentrale für politische Bildung. Bonn 2008.

Schiele, Siegfried/ Breit, Gottfried: Vorsicht Politik. Bonn 2008.

Schmidt, Manfred G.: Das politische System Deutschlands. Bd. 600 der Schriftenreihe der Bundeszentrale für politische Bildung. Bonn 2007.

Streben nach Einheit und Freiheit – Deutschland im 19. Jahrhundert

Langewiesche, Dieter: Europa zwischen Restauration und Revolution 1815 - 1849. München 1989.

Nipperdey, Thomas: Deutsche Geschichte 1800 -1866. München 1998.

Nipperdey, Thomas: Deutsche Geschichte 1866 -1918. München 1998.

Schnerb, Robert: Das Bürgerliche Zeitalter. Europa als Weltmacht 1815 - 1914. Zürich 1971.

Wehling, Hans-Georg/Hauser-Hauswirth, Angelika: Die großen Revolutionen im deutschen Südwesten. Stuttgart 2000.

Zulling, Peter: Deutsche Geschichte von 1871 bis zur Gegenwart. Bd. 523 der Schriftenreihe der Bundeszentrale für politische Bildung. Bonn 2006.

Die Weimarer Republik

Kolb, Eberhard: Die Weimarer Republik. München 2002.

Longerich, Peter: Deutschland 1918 - 1933: Die Weimarer Republik. Handbuch zur Geschichte. Hannover 1995

Mommsen, Hans: Aufstieg und Untergang der Republik von Weimar 1918 - 1933. Berlin 1998.

Winkler, Heinrich August: Weimar 1918 - 1933. Die Geschichte der ersten deutschen Demokratie. München 1998.

Nationalsozialistische Diktatur und Zweiter Weltkrieg

Benz, Wolfgang: Geschichte des Dritten Reiches. München 2000.

Benz, Wolfgang: Der Holocaust. München 1995.

Benz, Wolfgang (Hg.): Legenden, Lügen, Vorurteile. Ein Wörterbuch zur Zeitgeschichte. Erw. Aufl. München 1992.

Benz, Wolfgang/Graml, Hermann/Weiß, Herrmann (Hg.): Enzyklopädie des Nationalsozialismus. Stuttgart 1997.

Broszat, Martin/Frei, Norbert: Das Dritte Reich im Überblick. Chronik, Ereignisse, Zusammenhänge. Aktualisierte TB-Ausgabe. München 2007.

Burleigh, Michael: Die Zeit des Nationalsozialismus. Eine Gesamtdarstellung. Frankfurt a. M. 2000.

Evans, Richard J.: Das Dritte Reich. Bd. 1: Aufstieg. München 2004.

Evans, Richard J.: Das Dritte Reich. Bd. 2: Diktatur. München 2006.

Hildebrand, Klaus: Das Dritte Reich. 6. neu bearb. Auflage. München 2003.

Kershaw, Ian: Der NS-Staat. Geschichtsinterpretationen und Kontroversen im Überblick. Reinbek 1994.

Pohl, Dieter: Holocaust. Die Ursachen, das Geschehen, die Folgen. Freiburg, Basel, Wien 2000.

Schreiber, Gerhard: Der Zweite Weltkrieg. München 2002.

Tiedemann, Markus: „In Auschwitz wurde niemand vergast." 60 rechtsradikale Lügen und wie man sie widerlegt. München 2000.

Wendt, Bernd Jürgen: Deutschland 1933-1945. Das „Dritte Reich". Hannover 1995.

Wildt, Michael: Geschichte des Nationalsozialismus. Göttingen 2008.

Der Ost-West-Konflikt und seine Überwindung

Alvaro, Alexander/Zorn, Steffen: Die Situation der Grund- und Menschenrechte innerhalb der EU. Hamburg 2007.

Badstübner, Evemarie: Befremdlich anders. Leben in der DDR. Berlin 2000

Brunn, Gerhard: Die Europäische Einigung von 1945 bis heute. Bd. 472 der Schriftenreihe der Bundeszentrale für politische Bildung. Bonn 2006.

Frei, Norbert, Jugendrevolte und globaler Protest 1968. Bd. 699 der Schriftenreihe der Bundeszentrale für politische Bildung. Bonn 2008.

Görtemaker, Manfred: Kleine Geschichte der Bundesrepublik Deutschland. Bd. 380 der Schriftenreihe der Bundeszentrale für politische Bildung. Bonn 2004.

Hobsbawm, Eric: Das Zeitalter der Extreme. Weltgeschichte des 20.Jahrhunderts. München-Wien. 1995.

Junker, Detlef: Power and Mission. Was Amerika antreibt. Freiburg im Breisgau 2003.

Kleßmann, Christoph (Hg.): Die doppelte Staatsgründung. Deutsche Geschichte 1945 - 1955. Bd. 298 der Schriftenreihe der Bundeszentrale für politische Bildung. Bonn 1991.

Kraushaar, Wolfgang (Hg.): Die RAF. Bd. 657 der Schriftenreihe der Bundeszentrale für politische Bildung. Bonn 2008.

Steininger, Rolf: Der Kalte Krieg. Frankfurt/M. 2003.

Stöver, Bernd: Der Kalte Krieg 1947 - 1991. Bd. 613 der Schriftenreihe der Bundeszentrale für politische Bildung. Bonn 2007.

Stöver, Bernd: Der Kalte Krieg. 2., durchgesehene Auflage, München 2006.

Internationale Zusammenarbeit – Konflikte in der Weltgesellschaft

Böhler, Katja/Hoeren, Jürgen: Afrika. Bd. 426 der Schriftenreihe der Bundeszentrale für politische Bildung. Bonn 2003.

Gareis, Sven B./Varwick, Johannes: Die Vereinten Nationen. Aufgaben, Instrumente und Reformen. Stuttgart 2006.

Hubel, Helmut: Weltpolitische Konflikte. Eine Einführung. Baden-Baden 2005.

Oz, Amos: Israel und Deutschland. Bd. 509 der Schriftenreihe der Bundeszentrale für politische Bildung. Bonn 2006.

Weltbank/bpb (Hg.). Weltentwicklungsbericht 2007. Bonn 2007.

Yaron, Gil: Jerusalem. Bd. 675 der Schriftenreihe der Bundeszentrale für politische Bildung. Bonn 2008.

Personenregister

Sachregister

Glossarbegriffe und die Seite, auf der sie erläutert werden, sind in der jeweiligen Kapitelfarbe gesetzt.

Bildnachweis

Umschlag: Corbis (William Gottlieb), Düsseldorf; **8:** AKG (Dieter E. Hoppe), Berlin; **9, M2:** Picture-Alliance (Bernd Weißbrod/dpa), Frankfurt; **9, M3:** Picture-Alliance (dpa/Jan Woitas), Frankfurt; **12:** Picture-Alliance (dpa/BPA/Hans-Christian Plambeck), Frankfurt; **13:** Oliver Stilz, Aichwald; **14:** aus: Stuttgarter Zeitung v. 17.11. 2007, Friederike Groß, Stuttgart; **15:** Picture-Alliance, Frankfurt;**18:** Ullstein Bild GmbH, Berlin; **19:** Mester/CCC/www.c5.net; **21:** Jupp Wolter/CCC,www.c5.net; **22:** Erich Schmidt Verlag GmbH, Berlin; **26:** Klett-Archiv (J. Kochendörfer, Aichwald), Stuttgart; **28:** Mester/CCC/www.c5.net; **30:** Picture-Alliance, Frankfurt; **32; 33:** Erich Schmidt Verlag GmbH, Berlin; **36:** CCC, www.c5.net (Stuttmann/www.c5.net), Pfaffenhofen a.d. Ilm; **40:** AKG, Berlin; **41:** Picture-Alliance, Frankfurt; **44:** Picture-Alliance (dpa/dpaweb/Stephanie Pilick), Frankfurt; **47:** Bergmoser & Höller Verlag AG, Aachen; **49 A. Merkel:** Picture-Alliance (dpa/Felix Heyder), Frankfurt; **49 E. Ollenhauer:** Ullstein Bild GmbH, Berlin; **49 E. Stoiber:** Picture-Alliance (Klaus Franke), Frankfurt; **49 F.J. Strauß:** Ullstein Bild GmbH (KPA), Berlin; **49 G. Schröder:** Picture-Alliance (dpa/Tim Brakemeier), Frankfurt; **49 H. Kohl:** Ullstein Bild GmbH (BPA), Berlin; **49 H. Schmidt:** Ullstein Bild GmbH (BPA), Berlin; **49 H.-J. Vogel:** Ullstein Bild GmbH (Boness/IPON), Berlin; **49 J. Rau:** Ullstein Bild GmbH (R. Janke), Berlin; **49 K. Adenauer:** Presse- und Informationsamt der Bundesregierung, Berlin; **49 K.G. Kiesinger:** Ullstein Bild GmbH (BPA), Berlin; **49 K. Schumacher:** AKG, Berlin; **49 L. Erhard:** Ullstein Bild GmbH (Sven Simon), Berlin; **49 O. Lafontaine:** Ullstein Bild GmbH (R. Janke), Berlin; **49 R. Barzel:** Keystone, Hamburg; **49 R. Scharping:** Ullstein Bild GmbH (R. Janke), Berlin; **49 W. Brandt:** Ullstein Bild GmbH, Berlin; **49 F.W. Steinmeier:** Picture-Alliance (dpa/Wolfgang Kumm), Frankfurt; **52:** Picture-Alliance (ZB/Jens Kalaene), Frankfurt; **57:** CCC, www.c5.net (Mester), Pfaffenhofen a.d. Ilm; **58:** Picture-Alliance (Henry Ripke/dpa), Frankfurt; **59:** Institut für Zeitungsforschung, Dortmund; **61:** Presse- und Informationsamt der Bundesregierung, Berlin; **63, M8:** Picture-Alliance (dpa), Frankfurt; **63, M9:** Klett-Archiv (Kochendörfer), Stuttgart; **66; 68; 70:** Erich Schmidt Verlag GmbH, Berlin; **71:** Picture-Alliance, Frankfurt; **72:** Jürgens Photo, Berlin; **73:** Erich Schmidt Verlag GmbH, Berlin; **76:** Generallandesarchiv Karlsruhe, J-S Karikaturen, Nr. 111; **77, M2:** BPK Berlin/(c) VG Bild-Kunst, Bonn 2008; **77, M3:** Süddeutsche Zeitung, Photo, München; **78; 82; 85; 86:** AKG, Berlin; **87; 94:** BPK, Berlin; **99, M5:** Historisches Museum (Fotoarchiv/Frank Berger), Frankfurt; **99, M6:** DHM, Berlin; **100:** AKG, Berlin; **102, M1 a, b:** BPK, Berlin; **103:** Friedrich Ebert-Stiftung, Bonn; **104:** AKG, Berlin; **105:** BPK, Berlin; **106:** Hessisches Landesmuseum, Darmstadt; **107:** Langewiesche-Brandt Verlag, Ebenhausen; **108:** Klett-Archiv, Stuttgart; **115:** AKG, Berlin; **116:** BPK, Berlin; **118:** Otto Dix, Die Großstadt, Tryptichon, Kunstmuseum, Stuttgart, VG Bild Kunst, Bonn, 2008; **119, M2:** BPK, Berlin; **119, M3:** Landesmedienzentrum Baden-Württemberg, Stuttgart; **120:** VG Bild Kunst Bonn, 2008; **121:** Bridgeman Art Library (Archives Charmet), Berlin; **124:** Rolf Ballhause, Plauen; **126:** AKG, Berlin; **127:** Stiftung Archiv der Akademie der Künste, Berlin/Heartfield, John; **128, M5:** Archiv der Sozialen Demokratie der Friedrich-Ebert-Stiftung, Bonn; **129, M5 a:** ullstein bild (Stary), Berlin; **129, M5 b:** Langewiesche-Brandt Verlag, Ebenhausen; **129, M5 c:** Langewiesche-Brandt Verlag, Ebenhausen; **129, M5 d:** Bundesarchiv, Koblenz; **135; 136:** BPK, Berlin; **138:** DHM, Berlin; **142:** Stadtarchiv, Nürnberg; **143:** AKG, Berlin; **145:** Ullstein Bild GmbH, Berlin; **147:** aus: Klaus-Jörg Ruhl: Brauner Alltag. 1933–1939 in Deutschland. Düsseldorf (Droste) 1981, S. 119; **151:** Interfoto, München; **153:** KZ-Gedenkstätte Dachau, Dachau; **159:** The Nation, 1993; **160:** aus: Zeman, Das Dritte Reich in der Karikatur, Heyne Verlag, München 1984, S. 167; **162:** FOCUS (Focus, Hamburg Magnum), Hamburg; **169:** BPK, Berlin; **170:** Stadtarchiv, Baden-Baden; **175:** The Auschwitz-Birkenau State Museum, Oswiecim; **179:** Süddeutsche Zeitung Photo, München; **181 Bonhoeffer:** Ullstein Bild GmbH, Berlin; **181 Hermann:** Gedenkstätte Deutscher Widerstand, Berlin; **181 Leber:** Ullstein Bild GmbH, Berlin; **181 Scholl:** Ullstein Bild GmbH, Berlin; **181 Stauffenberg:** AKG, Berlin; **189, M1 links, rechts:** Klett-Archiv (Henning Küppers), Stuttgart; **189, M1 unten:** Ullstein Bild GmbH (imagebroker.net), Berlin; **191, M2:** Bundesbildstelle, Bonn; **191, M3:** AKG, Berlin; **193:** Archiv Gerstenberg, Wietze; **195:** AKG, Berlin; **202:** Daily Mail, London 1962; **207:** Ullstein Bild GmbH (AP), Berlin; **209:** CCC/Horst Haitzinger/www.c5.net; **211:** GLOBUS Infografik GmbH, Hamburg; **212:** vario images GmbH & Co.KG, Bonn; **213, M2:** AKG, Berlin; **213, M3:** Ullstein Bild GmbH (Reuters), Berlin; **214:** Corbis (Peter Turnley), Düsseldorf; **215:** The Associated Press GmbH, Frankfurt am Main; **219:** aus: Der Nebelspalter, Schweiz; **221:** Ullstein Bild GmbH (Leone), Berlin; **223:** Getty Images (Fred Ramage/Keystone), München; **225:** Corbis (Bettmann), Düsseldorf; **228:** Wilhelm-Busch-Museum Hannover/Deutsches Museum für Karikatur und kritische Grafik; **231, M1:** BPK, Berlin; **231, M2:** Landesarchiv NRW Staats- und Personenstand, Detmold; **232:** Besitz: Haus der Geschichte, Bonn; **233:** Ullstein Bild GmbH (dpa), Berlin; **234:** Ullstein Bild GmbH, Berlin; **235:** Mirko Szewczuk, Die Welt; **237:** Die Welt, 2.8.1946; **242:** Wilhelm-Busch-Gesellschaft e.V., Hannover; **243:** Presse- und Informationsamt der Bundesregierung, Berlin; **244, M3 links:** Münchner Stadtmuseum, München; **244, M3 rechts:** AKG, Berlin; **245:** Keystone Pressedienst GmbH, Hamburg; **247:** Ullstein Bild GmbH, Berlin; **251:** Corbis (Bettmann), Düsseldorf; **252:** CCC/Baumeister, www.c5.net; **253, M3:** Ullstein Bild GmbH, Berlin; **255:** H. E. Köhler, Wilhelm-Busch-Gesellschaft e.V., Hannover; **258, M1 a:** Cornelius Meffert/stern/Picture Press, Hamburg; **258, M1 b:** Jörg Knoefel, Berlin; **260, M2:** SPD – Der Parteivorstand, Berlin; **260, M3:** Friedrich Ebert-Stiftung, Bonn; **261:** Ullstein Bild GmbH (Sven Simon), Berlin; **264:** Ullstein Bild GmbH, Berlin; **265:** Picture-Alliance, Frankfurt; **266:** Picture-Alliance (dpa/Rehm), Frankfurt; **267:** Ullstein Bild GmbH (BPA), Berlin; **270:** Schoelzel, Andreas, Berlin; **271:** Bulls Press, Frankfurt; **273, M14:** (c) VG Bild-Kunst, Bonn 2008; **273, M15:** Galerie Schwind, Frankfurt/Main/(c) VG Bild-Kunst, Bonn 2008; **274:** CCC, www.c5.net (www.c5.net, Haitzinger), Pfaffenhofen a.d. Ilm; **275, M3:** Busse/CCC,www.c5.net; **275, M4:** Luff/CCC,www.c5.net; **275, M5:** CCC, www.c5.net (Kohlbrenner/CCC, www.c5.net), Pfaffenhofen a.d. Ilm; **275, M6:** Hanel, CCC,www.c5.net; **276:** corbis, Katarina Stoltz/Reuters, Düsseldorf **277:** aus: Shell Deutschland, (Hg)., Frankfurt/Main 2006, S. 160; **278:** Mester/CCC/www.c5.net; **282:** AP, Peter Morrison Frankfurt/Main; **284:** Stuttmann/CCC/www.c5.net; **286:** Erich Schmidt Verlag GmbH, Berlin; **287:** ddp Deutscher Depeschendienst GmbH (Volker Hartman), Berlin; **289:** CCC, www.c5.net (Mohr), Pfaffenhofen a.d. Ilm; **290, M1:** FOCUS (Magnum/Susan Meiselas), Hamburg; **291, M2:** Ullstein Bild GmbH (AP), Berlin; **291, M3:** TECSON-Digital, Felde; **292, M1 links:** laif (Amit Shabi), Köln; **292, M1 rechts:** Picture-Alliance (dpa/dpaweb), Frankfurt; **293:** AKG (Bildarchiv Pisarek), Berlin; **295:** Corbis (Annie Griffiths Belt), Düsseldorf; **296:** Corbis (Reuters), Düsseldorf; **302:** Picture-Alliance (Peter Endig), Frankfurt; **303, M2:** Picture-Alliance (AFP), Frankfurt; **303, M3:** Picture-Alliance (Globus Infografik), Frankfurt; **304:** Picture-Alliance (dpa/dpaweb), Frankfurt; **305:** Picture-Alliance (dpa/epa Olivier Matthys), Frankfurt; **307:** Ullstein Bild GmbH (Christian Bach), Berlin; **308:** Haitzinger/CCC,www.c5.net; **310, links:** Picture-Alliance (dpa), Frankfurt; **310, rechts:** Picture-Alliance (ZB/Peter Endig), Frankfurt; **312:** Keystone (Jose Giribas), Hamburg; **313; 315:** Picture-Alliance (dpa), Frankfurt; **317:** Stuttmann/CCC/www.c5.net; **318:** Picture-Alliance (dpa), Frankfurt; **319:** Bundesbildstelle, Bonn; **320:** AP, Richard Vogel, Frankfurt/Main; **323:** Picture-Alliance (epa/Nic Bothma), Frankfurt; **324; 325:** Picture-Alliance (Globus Infografik), Frankfurt; **334:** Picture-Alliance (dpa), Frankfurt

Nicht in allen Fällen war es uns möglich, den Rechteinhaber der Abbildungen ausfindig zu machen. Berechtigte Ansprüche werden selbstverständlich im Rahmen der üblichen Vereinbarungen abgegolten.

1492 1776

1077 1517

ISBN 978-3-12-416900-6